北京农村年鉴

2017

中国农业出版社

领导调研与考察

10月11日，中共北京市委书记郭金龙（右五）视察通州区棚改工作

11月25日，北京市代市长蔡奇等一行到平谷区大兴庄镇西柏店村调研“美丽智慧乡村”建设模式

6月21日，副市长林克庆陪同农业部副部长于康震出席在平谷区举行的全国农产品质量安全宣传周活动

都市型现代农业

三夏收获现场

延庆区翻转犁作业

作物蒸渗系统

丰台区庄户品种展示基地温室

昌平区食用百合

数字植物实验室

北京市农林科学院新品种介绍

白灵京科4号

博　悦

红穗芒-苗期（7月）

金甜1号

京番104单果

京花11

京松1号

京研迷你9号

迷你京绿栗

农科玉368 (国审玉2016009)

新农村建设

怀柔区琉璃庙镇白河北村搬迁新房

延庆区旧县镇白河堡村新村风貌

丰台区中华名枣园

平谷区广场公园

通州区凉水河整治工程

通州区北关大道跨通惠河桥——“青叶伏波”亮相通惠河

民俗旅游与观光

丰台区南苑乡南苑村北京国际汽车露营公园

大兴区长子营镇留民营民俗旅游村

房山区霞云岭绿海红歌沟域—
金水湖景区木屋民宿

昌平草莓

平谷桃花

山区经济与生态建设

门头沟区斋堂镇爨底下村冬景

房山区周口店镇黄山店村坡峰岭景区秋色

密云区石城镇石城村古长城遗迹

平谷区十八弯沟域景观

平谷区挂甲峪村

延庆区延河水环境治理工程

农村改革与集体经济发展

北京市农民专业合作社信用评价体系建设项目暨首批试点启动大会召开

4月28日，“优农佳品”APP上线，开启北京市农产品互联网销售多元化时代

1月21日，门头沟区农村土地承包经营权确权登记颁证工作部署会

7月,北京农商银行面向大兴推出北京市首个集体经营性建设用地入市专项融资产品

农村社会事业

朝阳区高碑店乡高碑店村漕运庙会舞狮

“5·12”农业防灾减灾日宣传进农村进社区

6月15日，延庆区井庄镇北地村举办农村老年教育交流活动（摄影：鲁书华）

门头沟区农口系统"红歌颂党"合唱比赛

市新农办组织煤改清洁能源课题组赴四川绵阳长虹集团考察

市新农办组织专家到朝阳区金盏乡东村进行课题调研

基层组织建设

房山区霞云岭绿海红歌沟域——堂上党旗广场

丰台区农村基层党组织干部培训班

2015—2016年度“北京最美的乡村”

大兴区魏善庄镇魏庄村

房山区周口店镇黄山店村

通州区于家务乡仇庄村

怀柔区渤海镇田仙峪村

顺义区高丽营镇一村

大兴区魏善庄镇半壁店村

密云区穆家峪镇辛安庄村

海淀区苏家坨镇柳林村

门头沟区妙峰山镇水峪嘴村

丰台区王佐镇魏各庄村

平谷区镇罗营镇东四道岭村

门头沟区斋堂镇灵水村

朝阳区黑庄户乡幺铺村

延庆区旧县镇盆窑村

延庆区永宁镇上磨村

昌平区十三陵镇上口村

房山区蒲洼乡东村

怀柔区宝山镇超梁子村

通州区台湖镇外郎营村

密云区巨各庄镇水树峪村

《北京农村年鉴》编辑委员会

《北京农村年鉴》编辑部

主　　编　吴宝新

副 主 编　曹四发（常务）　康　森　魏惠东　张英洪

执行主编　徐再城

成　　员　卢宏升　杨秋玲　王　伟

特约编辑　（按姓名笔画排序）

才庆学　王　东　王　磊　王小东

王文生　王克武　王春华　王海龙

冯晓晴　甘国再　田亚南　任　荣

任志刚　刘大根　刘艳艳　华　蕾

孙学臻　毕　珊　齐　智　齐庆栓

李云忠　李东伟　李永翔　李志敬

李灵犀　李景辉　杨　琦　杨中杰

杨建平　汪凌波　沈晓军　肖　兵

苏棣棠　陈立玺　周立轩　周洪生

郑　贤　郑海峰　侯　进　侯书江

禹万新　费连荣　赵　颖　席俊克

涂宏汉　聂观涛　贾　雪　贾寒智

郭亚天　郭建强　高精华　曹冀鲁

梁自山　符乃清　黄生斌　葛继新

解　巍　管　龙　蔡晓东

凡　例

一、《北京农村年鉴》是集中反映北京郊区经济和社会发展情况的大型资料性工具书和史料文献。在中共北京市委农村工作委员会和北京市农村工作委员会的领导下，由北京市农村经济研究中心主持编纂。

二、《北京农村年鉴》以马列主义、毛泽东思想、邓小平理论、“三个代表”重要思想、科学发展观为指导，深入贯彻习近平总书记系列重要讲话精神，运用丰富、翔实的资料和客观、真实的记述，使社会各方面增进对北京郊区农村的认识与了解，促进北京地区各行业和国内外与京郊农村的合作、交流，也为地方史志的编写积累珍贵的历史资料。

三、依据年鉴编纂惯例，当年出版的《北京农村年鉴》，标为本年度，而反映上个年度的情况。为增强年鉴的时效性，对本年度年初中共中央和中共北京市委、北京市人民政府发布的指导农业和农村工作的重要文件，也予以收入。

四、《北京农村年鉴》基本写作形式为条目体，并选载适量文章，辅以图片、表格，使读者对北京郊区情况有一完整了解。

五、《北京农村年鉴》所设栏目与类目基本固定，而依据年度变化情况作适当调整。

六、《北京农村年鉴》稿件，由北京市委农工委、北京市农委各职能部门，北京市农业系统各单位，各郊区，并邀请各有关部门，确定专人撰写，均经各部门主管领导审阅。有关数据采用国家和市统计部门发布的权威数字；未列入国家和市统计范围的，采用业务部门经过核实、可以发布的数字。

目　　录

特　　载

文件选载

总 述

大 事 记

城乡发展一体化

都市型现代农业

郊区二、三产业

郊区生态与基础设施建设

山 区 建 设

农 业 科 技

农村改革与管理

农村生活与农村社会保障

农村社会事业

农村社会管理

农村法制建设

组织建设

郊 区 农 情

市农业系统行政、事业机构

统计资料

索　　引

特 载

中共中央 国务院
关于深入推进农业供给侧结构性改革
加快培育农业农村发展新动能的若干意见

（2016年12月31日）

经过多年不懈努力，我国农业农村发展不断迈上新台阶，已进入新的历史阶段。农业的主要矛盾由总量不足转变为结构性矛盾，突出表现为阶段性供过于求和供给不足并存，矛盾的主要方面在供给侧。近几年，我国在农业转方式、调结构、促改革等方面进行积极探索，为进一步推进农业转型升级打下一定基础，但农产品供求结构失衡、要素配置不合理、资源环境压力大、农民收入持续增长乏力等问题仍很突出，增加产量与提升品质、成本攀升与价格低迷、库存高企与销售不畅、小生产与大市场、国内外价格倒挂等矛盾亟待破解。必须顺应新形势新要求，坚持问题导向，调整工作重心，深入推进农业供给侧结构性改革，加快培育农业农村发展新动能，开创农业现代化建设新局面。

推进农业供给侧结构性改革，要在确保国家粮食安全的基础上，紧紧围绕市场需求变化，以增加农民收入、保障有效供给为主要目标，以提高农业供给质量为主攻方向，以体制改革和机制创新为根本途径，优化农业产业体系、生产体系、经营体系，提高土地产出率、资源利用率、劳动生产率，促进农业农村发展由过度依赖资源消耗、主要满足量的需求，向追求绿色生态可持续、更加注重满足质的需求转变。

推进农业供给侧结构性改革是一个长期过程，处理好政府和市场关系、协调好各方面利益，面临许多重大考验。必须直面困难和挑战，坚定不移推进改革，勇于承受改革阵痛，尽力降低改革成本，积极防范改革风险，确保粮食生产能力不降低、农民增收势头不逆转、农村稳定不出问题。

2017年农业农村工作，要全面贯彻党的十八大和十八届三中、四中、五中、六中全会精神，以邓小平理论、“三个代表”重要思想、科学发展观为指导，深入贯彻习近平总书记系列重要讲话精神和治国理政新理念新思想新战略，坚持新发展理念，协调推进农业现代化与新型城镇化，以推进农业供给侧结构性改革为主线，围绕农业增效、农民增收、农村增绿，加强科技创新引领，加快结构调整步伐，加大农村改革力度，提高农业综合效益和竞争力，推动社会主义新农村建设取得新的进展，力争农村全面小康建设迈出更大步伐。

一、优化产品产业结构，着力推进农业提质增效

1. 统筹调整粮经饲种植结构。按照稳粮、优经、扩饲的要求，加快构建粮经饲协调发展的三元种植结构。粮食作物要稳定水稻、小麦生产，确保口粮绝对安全，重点发展优质稻米和强筋弱筋小麦，继续调减非优势区籽粒玉米，增加优质食用大豆、薯类、杂粮杂豆等。经济作物要优化品种品质和区域布局，巩固主产区棉花、油料、糖料生产，促进园艺作物增值增效。饲料作物要扩大种植面

积，发展青贮玉米、苜蓿等优质牧草，大力培育现代饲草料产业体系。加快北方农牧交错带结构调整，形成以养带种、牧林农复合、草果菜结合的种植结构。继续开展粮改饲、粮改豆补贴试点。

2. **发展规模高效养殖业。**稳定生猪生产，优化南方水网地区生猪养殖区域布局，引导产能向环境容量大的地区和玉米主产区转移。加快品种改良，大力发展牛羊等草食畜牧业。全面振兴奶业，重点支持适度规模的家庭牧场，引导扩大生鲜乳消费，严格执行复原乳标识制度，培育国产优质品牌。合理确定湖泊水库等内陆水域养殖规模，推动水产养殖减量增效。推进稻田综合种养和低洼盐碱地养殖。完善江河湖海限捕、禁捕时限和区域，率先在长江流域水生生物保护区实现全面禁捕。科学有序开发滩涂资源。支持集约化海水健康养殖，发展现代化海洋牧场，加强区域协同保护，合理控制近海捕捞。积极发展远洋渔业。建立海洋渔业资源总量管理制度，规范各类渔业用海活动，支持渔民减船转产。

3. **做大做强优势特色产业。**实施优势特色农业提质增效行动计划，促进杂粮杂豆、蔬菜瓜果、茶叶蚕桑、花卉苗木、食用菌、中药材和特色养殖等产业提档升级，把地方土特产和小品种做成带动农民增收的大产业。大力发展木本粮油等特色经济林、珍贵树种用材林、花卉竹藤、森林食品等绿色产业。实施森林生态标志产品建设工程。开展特色农产品标准化生产示范，建设一批地理标志农产品和原产地保护基地。推进区域农产品公用品牌建设，支持地方以优势企业和行业协会为依托打造区域特色品牌，引入现代要素改造提升传统名优品牌。

4. **进一步优化农业区域布局。**以主体功能区规划和优势农产品布局规划为依托，科学合理划定稻谷、小麦、玉米粮食生产功能区和大豆、棉花、油菜籽、糖料蔗、天然橡胶等重要农产品生产保护区。功能区和保护区内地块全部建档立册、上图入库，实现信息化精准化管理。抓紧研究制定功能区和保护区建设标准，完善激励机制和支持政策，层层落实建设管护主体责任。制定特色农产品优势区建设规划，建立评价标准和技术支撑体系，鼓励各地争创园艺产品、畜产品、水产品、林特产品等特色农产品优势区。

5. **全面提升农产品质量和食品安全水平。**坚持质量兴农，实施农业标准化战略，突出优质、安全、绿色导向，健全农产品质量和食品安全标准体系。支持新型农业经营主体申请“三品一标”认证，推进农产品商标注册便利化，强化品牌保护。引导企业争取国际有机农产品认证，加快提升国内绿色、有机农产品认证的权威性和影响力。切实加强产地环境保护和源头治理，推行农业良好生产规范，推广生产记录台账制度，严格执行农业投入品生产销售使用有关规定。深入开展农兽药残留超标特别是养殖业滥用抗生素治理，严厉打击违禁超限量使用农兽药、非法添加和超范围超限量使用食品添加剂等行为。健全农产品质量和食品安全监管体制，强化风险分级管理和属地责任，加大抽检监测力度。建立全程可追溯、互联共享的追溯监管综合服务平台。鼓励生产经营主体投保食品安全责任险。抓紧修订农产品质量安全法。

6. **积极发展适度规模经营。**大力培育新型农业经营主体和服务主体，通过经营权流转、股份合作、代耕代种、土地托管等多种方式，加快发展土地流转型、服务带动型等多种形式规模经营。积极引导农民在自愿基础上，通过村组内互换并地等方式，实现按户连片耕种。完善家庭农场认定办法，扶持规模适度的家庭农场。加强农民合作社规范化建设，积极发展生产、供销、信用“三位一体”综合合作。总结推广农业生产全程社会化服务试点经验，扶持培育农机作业、农田灌排、统防统治、烘干仓储等经营性服务组织。支持供销、邮政、农机等系统发挥为农服务综合平台作用，促进传统农资流通网点向现代农资综合服务商转型。鼓励地方探索土地流转履约保证保险。研究建立农业适度规模经营评价指标体系，引导规模经营健康发展。

7. **建设现代农业产业园。**以规模化种养基地为基础，依托农业产业化龙头企业带动，聚集现代生产要素，建设“生产＋加工＋科技”的现代农业产业园，发挥技术集成、产业融合、创业平台、核心辐射等功能作用。科学制定产业园规划，统筹布局生产、加工、物流、研发、示范、服务等功能板块。鼓励地方统筹使用高标准农田建设、农业综合开发、现代农业生产发展等相关项目资金，集中建设产业园基础设施和配套服务体系。吸引龙头企业和科研机构建设运营产业园，发展设施农业、精准农业、精深加工、现代营销，带动新型农业经营主体和农户专业化、标准化、集约化生产，推动农业全环节升级、全链条增值。鼓励农户和返乡下乡人员通过订单农业、股份合作、入园创业就业等多种方式，参与建设，分享收益。

8. **创造良好农产品国际贸易环境**。统筹利用国际市场，优化国内农产品供给结构，健全公平竞争的农产品进口市场环境。健全农产品贸易反补贴、反倾销和保障措施法律法规，依法对进口农产品开展贸易救济调查。鼓励扩大优势农产品出口，加大海外推介力度。加强农业对外合作，推动农业走出去。以“一带一路”沿线及周边国家和地区为重点，支持农业企业开展跨国经营，建立境外生产基地和加工、仓储物流设施，培育具有国际竞争力的大企业大集团。积极参与国际贸易规则和国际标准的制定修订，推进农产品认证结果互认工作。深入开展农产品反走私综合治理，实施专项打击行动。

二、推行绿色生产方式，增强农业可持续发展能力

9. **推进农业清洁生产**。深入推进化肥农药零增长行动，开展有机肥替代化肥试点，促进农业节本增效。建立健全化肥农药行业生产监管及产品追溯系统，严格行业准入管理。大力推行高效生态循环的种养模式，加快畜禽粪便集中处理，推动规模化大型沼气健康发展。以县为单位推进农业废弃物资源化利用试点，探索建立可持续运营管理机制。鼓励各地加大农作物秸秆综合利用支持力度，健全秸秆多元化利用补贴机制。继续开展地膜清洁生产试点示范。推进国家农业可持续发展试验示范区创建。

10. **大规模实施农业节水工程**。把农业节水作为方向性、战略性大事来抓，加快完善国家支持农业节水政策体系。加大大中型灌排骨干工程节水改造与建设力度，同步完善田间节水设施，建设现代化灌区。大力实施区域规模化高效节水灌溉行动，集中建成一批高效节水灌溉工程。稳步推进牧区高效节水灌溉饲草料地建设，严格限制生态脆弱地区抽取地下水灌溉人工草场。建立健全农业节水技术产品标准体系。加快开发种类齐全、系列配套、性能可靠的节水灌溉技术和产品，大力普及喷灌、滴灌等节水灌溉技术，加大水肥一体化等农艺节水推广力度。全面推进农业水价综合改革，落实地方政府主体责任，加快建立合理水价形成机制和节水激励机制。全面推行用水定额管理，开展县域节水型社会建设达标考核。实施第三次全国水资源调查评价。

11. **集中治理农业环境突出问题**。实施耕地、草原、河湖休养生息规划。开展土壤污染状况详查，深入实施土壤污染防治行动计划，继续开展重金属污染耕地修复及种植结构调整试点。扩大农业面源污染综合治理试点范围。加大东北黑土地保护支持力度。推进耕地轮作休耕制度试点，合理设定补助标准。支持地方重点开展设施农业土壤改良，增加土壤有机质。扩大华北地下水超采区综合治理范围。加快新一轮退耕还林还草工程实施进度。上一轮退耕还林补助政策期满后，将符合条件的退耕还生态林分别纳入中央和地方森林生态效益补偿范围。继续实施退牧还草工程。推进北方农牧交错带已垦草原治理。实施湿地保护修复工程。

12. **加强重大生态工程建设**。推进山水林田湖整体保护、系统修复、综合治理，加快构建国家生态安全屏障。全面推进大规模国土绿化行动。启动长江经济带重大生态修复工程，把共抓大保护、不搞大开发的要求落到实处。继续实施林业重点生态工程，推动森林质量精准提升工程建设。完善全面停止天然林商业性采伐补助政策。加快推进国家公园建设。加强国家储备林基地建设。推进沙化土地封禁与修复治理。加大野生动植物和珍稀种质资源保护力度，推进濒危野生动植物抢救性保护及自然保护区建设。加强重点区域水土流失综合治理和水生态修复治理，继续开展江河湖库水系连通工程建设。

三、壮大新产业新业态，拓展农业产业链价值链

13. **大力发展乡村休闲旅游产业**。充分发挥乡村各类物质与非物质资源富集的独特优势，利用“旅游＋”、“生态＋”等模式，推进农业、林业与旅游、教育、文化、康养等产业深度融合。丰富乡村旅游业态和产品，打造各类主题乡村旅游目的地和精品线路，发展富有乡村特色的民宿和养生养老基地。鼓励农村集体经济组织创办乡村旅游合作社，或与社会资本联办乡村旅游企业。多渠道筹集建设资金，大力改善休闲农业、乡村

旅游、森林康养公共服务设施条件，在重点村优先实现宽带全覆盖。完善休闲农业、乡村旅游行业标准，建立健全食品安全、消防安全、环境保护等监管规范。支持传统村落保护，维护少数民族特色村寨整体风貌，有条件的地区实行连片保护和适度开发。

14. **推进农村电商发展**。促进新型农业经营主体、加工流通企业与电商企业全面对接融合，推动线上线下互动发展。加快建立健全适应农产品电商发展的标准体系。支持农产品电商平台和乡村电商服务站点建设。推动商贸、供销、邮政、电商互联互通，加强从村到乡镇的物流体系建设，实施快递下乡工程。深入实施电子商务进农村综合示范。鼓励地方规范发展电商产业园，聚集品牌推广、物流集散、人才培养、技术支持、质量安全等功能服务。全面实施信息进村入户工程，开展整省推进示范。完善全国农产品流通骨干网络，加快构建公益性农产品市场体系，加强农产品产地预冷等冷链物流基础设施网络建设，完善鲜活农产品直供直销体系。推进“互联网＋”现代农业行动。

15. **加快发展现代食品产业**。引导加工企业向主产区、优势产区、产业园区集中，在优势农产品产地打造食品加工产业集群。加大食品加工业技术改造支持力度，开发拥有自主知识产权的生产加工设备。鼓励食品企业设立研发机构，围绕“原字号”开发市场适销对路的新产品。实施主食加工业提升行动，积极推进传统主食工业化、规模化生产，大力发展方便食品、休闲食品、速冻食品、马铃薯主食产品。加强新食品原料、药食同源食品开发和应用。大力推广“生产基地＋中央厨房＋餐饮门店”、“生产基地＋加工企业＋商超销售”等产销模式。加强现代生物和营养强化技术研究，挖掘开发具有保健功能的食品。健全保健食品、特殊医学用途食品、婴幼儿配方乳粉注册备案制度。完善农产品产地初加工补助政策。

16. **培育宜居宜业特色村镇**。围绕有基础、有特色、有潜力的产业，建设一批农业文化旅游“三位一体”、生产生活生态同步改善、一产二产三产深度融合的特色村镇。支持各地加强特色村镇产业支撑、基础设施、公共服务、环境风貌等建设。打造“一村一品”升级版，发展各具特色的专业村。支持有条件的乡村建设以农民合作社为主要载体、让农民充分参与和受益，集循环农业、创意农业、农事体验于一体的田园综合体，通过农业综合开发、农村综合改革转移支付等渠道开展试点示范。深入实施农村产业融合发展试点示范工程，支持建设一批农村产业融合发展示范园。

四、强化科技创新驱动，引领现代农业加快发展

17. **加强农业科技研发**。适应农业转方式调结构新要求，调整农业科技创新方向和重点。整合科技创新资源，完善国家农业科技创新体系和现代农业产业技术体系，建立一批现代农业产业科技创新中心和农业科技创新联盟，推进资源开放共享与服务平台基地建设。加强农业科技基础前沿研究，提升原始创新能力。建设国家农业高新技术产业开发区。加大实施种业自主创新重大工程和主要农作物良种联合攻关力度，加快适宜机械化生产、优质高产多抗广适新品种选育。加强中低产田改良、经济作物、草食畜牧业、海洋牧场、智慧农业、农林产品精深加工、仓储物流等科技研发。加快研发适宜丘陵山区、设施农业、畜禽水产养殖的农机装备，提升农机核心零部件自主研发能力。支持地方开展特色优势产业技术研发。

18. **强化农业科技推广**。创新公益性农技推广服务方式，引入项目管理机制，推行政府购买服务，支持各类社会力量广泛参与农业科技推广。鼓励地方建立农科教产学研一体化农业技术推广联盟，支持农技推广人员与家庭农场、农民合作社、龙头企业开展技术合作。深入推进绿色高产高效创建，重点推广优质专用品种和节本降耗、循环利用技术模式。实施智慧农业工程，推进农业物联网试验示范和农业装备智能化。发展智慧气象，提高气象灾害监测预报预警水平。深入推行科技特派员制度，打造一批“星创天地”。加强农村科普公共服务建设。

19. **完善农业科技创新激励机制**。加快落实科技成果转化收益、科技人员兼职取酬等制度规定。通过“后补助”等方式支持农业科技创新。实施农业科研杰出人才培养计划，深入推进科研成果权益改革试点。发展面向市场的新型农业技术研发、成果转化和产业孵化机构。完善符合农业科技创新规律的基础研究支持方式，建立差别化农业科技评价制度。加强农业知识产权保护和运用。

20. **提升农业科技园区建设水平。**科学制定园区规划，突出科技创新、研发应用、试验示范、科技服务与培训等功能，建设农业科技成果转化中心、科技人员创业平台、高新技术产业孵化基地，打造现代农业创新高地。支持园区产学研合作建立各类研发机构、测试检测中心、院士专家工作站、技术交易机构等科研和服务平台。支持园区企业和科研机构结合区域实际，开展特色优势产业关键共性技术研发和推广。完善国家农业科技园区管理办法和监测评价机制。

21. **开发农村人力资源。**重点围绕新型职业农民培育、农民工职业技能提升，整合各渠道培训资金资源，建立政府主导、部门协作、统筹安排、产业带动的培训机制。探索政府购买服务等办法，发挥企业培训主体作用，提高农民工技能培训针对性和实效性。优化农业从业者结构，深入推进现代青年农场主、林场主培养计划和新型农业经营主体带头人轮训计划，探索培育农业职业经理人，培养适应现代农业发展需要的新农民。鼓励高等学校、职业院校开设乡村规划建设、乡村住宅设计等相关专业和课程，培养一批专业人才，扶持一批乡村工匠。

五、补齐农业农村短板，夯实农村共享发展基础

22. **持续加强农田基本建设。**深入实施藏粮于地、藏粮于技战略，严守耕地红线，保护优化粮食产能。全面落实永久基本农田特殊保护政策措施，实施耕地质量保护和提升行动，持续推进中低产田改造。加快高标准农田建设，提高建设质量。有条件的地区可以将晒场、烘干、机具库棚、有机肥积造等配套设施纳入高标准农田建设范围。引导金融机构对高标准农田建设提供信贷支持。允许通过土地整治增加的耕地作为占补平衡补充耕地的指标在省域内调剂，按规定或合同约定取得指标调剂收益。推进重大水利工程建设，抓紧修复水毁灾损农业设施和水利工程，加强水利薄弱环节和“五小水利”工程建设。因地制宜推进平原地区农村机井油改电。

23. **深入开展农村人居环境治理和美丽宜居乡村建设。**推进农村生活垃圾治理专项行动，促进垃圾分类和资源化利用，选择适宜模式开展农村生活污水治理，加大力度支持农村环境集中连片综合治理和改厕。开展城乡垃圾乱排乱放集中排查整治行动。实施农村新能源行动，推进光伏发电，逐步扩大农村电力、燃气和清洁型煤供给。加快修订村庄和集镇规划建设管理条例，大力推进县域乡村建设规划编制工作。推动建筑设计下乡，开展田园建筑示范。深入开展建好、管好、护好、运营好农村公路工作，深化农村公路管养体制改革，积极推进城乡交通运输一体化。实施农村饮水安全巩固提升工程和新一轮农村电网改造升级工程。完善农村危房改造政策，提高补助标准，集中支持建档立卡贫困户、低保户、分散供养特困人员和贫困残疾人家庭等重点对象。开展农村地区枯井、河塘、饮用水、自建房、客运和校车等方面安全隐患排查治理工作。推进光纤到村建设，加快实现4G网络农村全覆盖。推进建制村直接通邮。开展农村人居环境和美丽宜居乡村示范创建。加强农村公共文化服务体系建设，统筹实施重点文化惠民项目，完善基层综合性文化服务设施，在农村地区深入开展送地方戏活动。支持重要农业文化遗产保护。

24. **提升农村基本公共服务水平。**全面落实城乡统一、重在农村的义务教育经费保障机制，加强乡村教师队伍建设。继续提高城乡居民基本医疗保险筹资水平，加快推进城乡居民医保制度整合，推进基本医保全国联网和异地就医结算。加强农村基层卫生人才培养。完善农村低保对象认定办法，科学合理确定农村低保标准。扎实推进农村低保制度与扶贫开发政策有效衔接，做好农村低保兜底工作。完善城乡居民养老保险筹资和保障机制。健全农村留守儿童和妇女、老人、残疾人关爱服务体系。

25. **扎实推进脱贫攻坚。**进一步推进精准扶贫各项政策措施落地生根，确保2017年再脱贫1 000万人以上。深入推进重大扶贫工程，强化脱贫攻坚支撑保障体系，统筹安排使用扶贫资源，注重提高脱贫质量，激发贫困人口脱贫致富积极性主动性，建立健全稳定脱贫长效机制。加强扶贫资金监督管理，在所有贫困县开展涉农资金整合。严格执行脱贫攻坚考核监督和督查巡查等制度，全面落实责任。坚决制止扶贫工作中的形式主义做法，不搞层层加码，严禁弄虚作假，务求脱贫攻坚取得实效。

六、加大农村改革力度，激活农业农村内生发展动力

26. **深化粮食等重要农产品价格形成机制和收储制度改革**。坚持并完善稻谷、小麦最低收购价政策，合理调整最低收购价水平，形成合理比价关系。坚定推进玉米市场定价、价补分离改革，健全生产者补贴制度，鼓励多元市场主体入市收购，防止出现卖粮难。采取综合措施促进过腹转化、加工转化，多渠道拓展消费需求，加快消化玉米等库存。调整完善新疆棉花目标价格政策，改进补贴方式。调整大豆目标价格政策。科学确定粮食等重要农产品国家储备规模，优化中央储备粮品种结构和区域布局，改革完善中央储备粮管理体制，充分发挥政策性职能作用，严格政策性粮食监督管理，严防跑冒滴漏，确保储存安全。支持家庭农场、农民合作社科学储粮。

27. **完善农业补贴制度**。进一步提高农业补贴政策的指向性和精准性，重点补主产区、适度规模经营、农民收入、绿色生态。深入推进农业"三项补贴"制度改革。完善粮食主产区利益补偿机制，稳定产粮大县奖励政策，调整产粮大省奖励资金使用范围，盘活粮食风险基金。完善农机购置补贴政策，加大对粮棉油糖和饲草料生产全程机械化所需机具的补贴力度。深入实施新一轮草原生态保护补助奖励政策。健全林业补贴政策，扩大湿地生态效益补偿实施范围。

28. **改革财政支农投入机制**。坚持把农业农村作为财政支出的优先保障领域，确保农业农村投入适度增加，着力优化投入结构，创新使用方式，提升支农效能。固定资产投资继续向农业农村倾斜。发挥规划统筹引领作用，多层次多形式推进涉农资金整合。推进专项转移支付预算编制环节源头整合改革，探索实行"大专项+任务清单"管理方式。创新财政资金使用方式，推广政府和社会资本合作，实行以奖代补和贴息，支持建立担保机制，鼓励地方建立风险补偿基金，撬动金融和社会资本更多投向农业农村。建立健全全国农业信贷担保体系，推进省级信贷担保机构向市县延伸，支持有条件的市县尽快建立担保机构，实现实质性运营。拓宽农业农村基础设施投融资渠道，支持社会资本以特许经营、参股控股等方式参与农林水利、农垦等项目建设运营。鼓励地方政府和社会资本设立各类农业农村发展投资基金。加大地方政府债券支持农村基础设施建设力度。在符合有关法律和规定的前提下，探索以市场化方式筹集资金，用于农业农村建设。研究制定引导和规范工商资本投资农业农村的具体意见。对各级财政支持的各类小型项目，优先安排农村集体经济组织、农民合作组织等作为建设管护主体，强化农民参与和全程监督。

29. **加快农村金融创新**。强化激励约束机制，确保"三农"贷款投放持续增长。支持金融机构增加县域网点，适当下放县域分支机构业务审批权限。对涉农业务较多的金融机构，进一步完善差别化考核办法。落实涉农贷款增量奖励政策。支持农村商业银行、农村合作银行、村镇银行等农村中小金融机构立足县域，加大服务"三农"力度，健全内部控制和风险管理制度。规范发展农村资金互助组织，严格落实监管主体和责任。开展农民合作社内部信用合作试点，鼓励发展农业互助保险。支持国家开发银行创新信贷投放方式。完善农业发展银行风险补偿机制和资本金补充制度，加大对粮食多元市场主体入市收购的信贷支持力度。深化农业银行三农金融事业部改革，对达标县域机构执行优惠的存款准备金率。加快完善邮储银行三农金融事业部运作机制，研究给予相关优惠政策。抓紧研究制定农村信用社省联社改革方案。优化村镇银行设立模式，提高县市覆盖面。鼓励金融机构积极利用互联网技术，为农业经营主体提供小额存贷款、支付结算和保险等金融服务。推进信用户、信用村、信用乡镇创建。支持金融机构开展适合新型农业经营主体的订单融资和应收账款融资业务。深入推进承包土地的经营权和农民住房财产权抵押贷款试点，探索开展大型农机具、农业生产设施抵押贷款业务。加快农村各类资源资产权属认定，推动部门确权信息与银行业金融机构联网共享。持续推进农业保险扩面、增品、提标，开发满足新型农业经营主体需求的保险产品，采取以奖代补方式支持地方开展特色农产品保险。鼓励地方多渠道筹集资金，支持扩大农产品价格指数保险试点。探索建立农产品收入保险制度。支持符合条件的涉农企业上市融资、发行债券、兼并重组。在健全风险阻断机制前提下，完善财政与金融支农协作模式。鼓励金融机构发行"三农"专项金融债。扩大银行与保险公司合作，发展保证保险贷款产品。深入推进农产品期

货、期权市场建设，积极引导涉农企业利用期货、期权管理市场风险，稳步扩大“保险＋期货”试点。严厉打击农村非法集资和金融诈骗。积极推动农村金融立法。

30. **深化农村集体产权制度改革。**落实农村土地集体所有权、农户承包权、土地经营权“三权分置”办法。加快推进农村承包地确权登记颁证，扩大整省试点范围。统筹协调推进农村土地征收、集体经营性建设用地入市、宅基地制度改革试点。全面加快“房地一体”的农村宅基地和集体建设用地确权登记颁证工作。认真总结农村宅基地制度改革试点经验，在充分保障农户宅基地用益物权、防止外部资本侵占控制的前提下，落实宅基地集体所有权，维护农户依法取得的宅基地占有和使用权，探索农村集体组织以出租、合作等方式盘活利用空闲农房及宅基地，增加农民财产性收入。允许地方多渠道筹集资金，按规定用于村集体对进城落户农民自愿退出承包地、宅基地的补偿。抓紧研究制定农村集体经济组织相关法律，赋予农村集体经济组织法人资格。全面开展农村集体资产清产核资。稳妥有序、由点及面推进农村集体经营性资产股份合作制改革，确认成员身份，量化经营性资产，保障农民集体资产权利。从实际出发探索发展集体经济有效途径，鼓励地方开展资源变资产、资金变股金、农民变股东等改革，增强集体经济发展活力和实力。研究制定支持农村集体产权制度改革的税收政策。深化集体林权制度改革。加快水权水市场建设，推进水资源使用权确权和进场交易。加快农村产权交易市场建设。

31. **探索建立农业农村发展用地保障机制。**优化城乡建设用地布局，合理安排农业农村各业用地。完善新增建设用地保障机制，将年度新增建设用地计划指标确定一定比例用于支持农村新产业新业态发展。加快编制村级土地利用规划。在控制农村建设用地总量、不占用永久基本农田前提下，加大盘活农村存量建设用地力度。允许通过村庄整治、宅基地整理等节约的建设用地采取入股、联营等方式，重点支持乡村休闲旅游养老等产业和农村三产融合发展，严禁违法违规开发房地产或建私人庄园会所。完善农业用地政策，积极支持农产品冷链、初加工、休闲采摘、仓储等设施建设。改进耕地占补平衡管理办法，严格落实耕地占补平衡责任，探索对资源匮乏省份补充耕地实行国家统筹。

32. **健全农业劳动力转移就业和农村创业创新体制。**完善城乡劳动者平等就业制度，健全农业劳动力转移就业服务体系，鼓励多渠道就业，切实保障农民工合法权益，着力解决新生代、身患职业病等农民工群体面临的突出问题。支持进城农民工返乡创业，带动现代农业和农村新产业新业态发展。鼓励高校毕业生、企业主、农业科技人员、留学归国人员等各类人才回乡下乡创业创新，将现代科技、生产方式和经营模式引入农村。整合落实支持农村创业创新的市场准入、财政税收、金融服务、用地用电、创业培训、社会保障等方面优惠政策。鼓励各地建立返乡创业园、创业孵化基地、创客服务平台，开设开放式服务窗口，提供一站式服务。

33. **统筹推进农村各项改革。**继续深化供销合作社综合改革，增强为农服务能力。稳步推进国有林区和国有林场改革，加快转型升级。深化农垦改革，培育具有竞争力的现代农业企业集团。深化经济发达镇行政管理体制改革。全面推行河长制，确保2018年年底前全面建立省市县乡四级河长体系。扩大水资源税改革试点。继续加强农村改革试验区和国家现代农业示范区工作。开展农村综合性改革试点试验。尊重农民实践创造，鼓励基层先行先试，完善激励机制和容错机制。加强对农村各类改革试点试验的指导督查，及时总结可复制可推广经验，推动相关政策出台和法律法规修改，为推进农业供给侧结构性改革提供法治保障。扎实做好第三次全国农业普查工作。

各级党委和政府必须始终坚持把解决好“三农”问题作为全党工作重中之重不动摇，重农强农调子不能变、力度不能减，切实把认识和行动统一到中央决策部署上来，把农业农村工作的重心转移到推进农业供给侧结构性改革上来，落实到政策制定、工作部署、财力投放、干部配备等各个方面。要深入贯彻党的十八届六中全会精神，切实增强“四个意识”，将全面从严治党要求落实到农村基层，严格落实农村基层党建工作责任制，坚持整乡推进、整县提升，切实加强农村基层党组织建设，全面规范农村基层党组织生活，持续整顿软弱涣散村党组织，选好管好用好农村基层党组织带头人，实行村党组织书记县级备案管理，强化村级组织运转经费保障，发展壮大村级集体经济。扎实推进抓党建促脱贫攻坚工作，充分发挥村党组织第一书记的重要作用。县乡纪委要把查处侵害群众利益的不正之风和腐败问题作为主要工作任务。加强农民负担监管。完善村党组织领导的村民自治有效实现形式，加强村务监督委员会建设，健全务实管用的村务监督机制，开展以村民小组、自然村为基本单元的村民自治试点工作。深化农村社区建设试点。培育与社会主义核心价值观相契合、与社会主义新农村建设相适应的优良家风、文明乡风和新乡贤文化。提升农民思想道德和科学文化素质，加强农村移风易俗工作，引导群众抵制婚丧嫁娶大操大办、人情债等陈规陋习。强化农村社会治安管理、法律宣传教育服务和信访工作。加大“三农”工作宣传力度，为农村改革发展稳定营造良好氛围。

让我们更加紧密团结在以习近平同志为核心的党中央周围，锐意进取，攻坚克难，扎实推进农业供给侧结构性改革，以优异成绩迎接党的十九大召开！

北京市副市长卢彦在北京市农村工作会议上的报告

（2017 年 4 月 27 日）

同志们：

这次会议的主要任务是，深入贯彻党的十八大和十八届三中、四中、五中、六中全会精神，深入贯彻习近平总书记视察北京工作重要讲话精神，深入贯彻中央农村工作会议精神，总结 2016 年工作，安排 2017 年任务。市委、市政府对这次会议非常重视，会前，市委常委会、市政府常务会议分别专题研究了“三农”工作及提交这次会议讨论的文件，郭金龙书记、蔡奇市长对当前和今后一个时期城乡发展一体化工作提出了要求、指明了方向。一会儿，郭金龙书记还将作重要讲话，我们要认真学习领会，深入贯彻落实。下面，我先讲几点意见。

一、落实新理念，“十三五”城乡发展一体化实现良好开局

2016 年，北京市“三农”工作切实践行新发展理念，各项工作进展顺利，主要任务完成较好，城乡一体化发展保持良好态势，为全局工作提供了有力支撑。主要表现在“六个继续”：

一是郊区城镇化建设继续稳步前行。郊区各区立足自身区位，深入落实京津冀协同发展战略，紧紧抓住非首都功能疏解机遇，“瘦身健体”、腾笼换鸟，初步实现了从“聚集资源求增长”向“疏解功能谋发展”的转变。城乡结合部加快建设，第一批朝阳区 6 个乡城市化试点完成 90％腾退任务和 70％绿化任务，农民全部整建制转居，疏解人口 10.8万。特色小城镇加快发展，3 个中国特色小镇、7 个全国美丽宜居小镇、一批市级重点小城镇，围绕特色产业培育和重大项目建设，梯次发展。美丽乡村建设扎实推进，新开展 300 个美丽乡村建设，完成农宅抗震节能改造7.6万户，启动实施山区搬迁3 811户、7 687人，农村基础设施建设和管护进一步健全完善。农村“煤改清洁能源”超常规推进，完成 663 个村、22.7万户“煤改电、煤改气”任务，农村“电气化”水平显著提升；对未进行清洁能源改造的村庄实现优质燃煤全覆盖，取暖季共配送优质燃煤138.8万吨。

二是农业“调转节”继续深入推进。调减小麦等高耗水作物 20 万亩①，粮食面积调减已完成“十三五”计划任务的 70％。划定禁养区5 202.3平方公里，关停搬迁 379 家养殖场。推广节水抗旱品种 50 余万亩，新增改善节水灌溉 10 万亩，农业用新水减少4 500万立方米。休闲农业和乡村旅游接待游客4 548万人次、同比增长12.5％。成立了北京农业互联网联盟，开通近 80 个“农邮通”服务站，一批农产品电商企业和农业行业垂直电商平台快速发展。与张承地区农业合作进一步加深，新建成一批环京蔬菜基地和养殖基地。成功举办世界月季洲际大会、第四届农业嘉年华和全国都市现代农业现场交流会，充分展示了北京农业发展的新面貌。

三是郊区生态服务保障水平继续提升。新增造林绿化面积 19 万亩，全市森林覆盖率达到42.3％，

① 15 亩＝1 公顷。

其中平原地区森林覆盖率提升了1.8个百分点、达到26.8%。完成了污水治理第一个三年行动方案，启动了第二个三年行动方案，全市污水处理能力提升了70%，污水处理率达到90%。建成27条生态清洁小流域，新增京冀生态水源保护林10万亩，密云水库蓄水量突破16亿立方米。全面实现农作物秸秆综合利用和禁烧，化肥、农药总用量同比分别减少17.7%、2.4%，覆盖全市的动物无害化收集处理体系全面建成。调整了山区生态公益林支持政策，生态公益林补助标准由40元/亩提高到70元/亩，直接使127万农民受益受惠。

四是农民收入继续保持“两个快于”。统筹抓好转移就业、改革发展、精准帮扶、农村民生等工作，2016年农村居民人均可支配收入22 310元，实际增长7%，增速连续8年快于城镇居民；农村20%低收入户人均可支配收入9 359元，实际增长8.7%，增速连续6年快于农民整体。完成低收入农户、低收入村精准识别、建档立卡工作。

五是农村改革继续深化。农村承包土地确权颁证完成总体任务的60%，集体建设用地实现首宗地块入市交易，农民闲置住宅盘活利用试点稳步扩大。集体产权制度改革深入推进，农民专业合作社进一步规范化发展。农村金融服务向普惠制方向稳步发展，新型农业经营主体获得5.7亿元的政策性融资支持。农业科技成果权益改革初见成效，新品种商业转化、新技术市场推广能力明显增强，玉米、蔬菜、杂交小麦、蛋种鸡等品种研发与推广处于国内领先地位。

六是农村社会继续保持和谐稳定。182个乡镇党委、3 906个村级党组织完成换届选举，乡村两级基层领导班子的学历、年龄等各方面结构进一步优化，彻底消除了“白点村”。在全市村党组织和党员中深入开展“两学一做”学习教育，农村基层组织建设进一步巩固和加强。完善村干部待遇保障机制，加强农村精神文明和宣传思想建设，实现基层矛盾纠纷排查调处常态化管理，农民群众对城乡一体化发展的获得感明显增强。

在肯定成绩的同时，我们也应清醒看到，当前“三农”工作中一些困难仍然存在，不少难点问题还需要更大的突破。首先是农民持续增收难。占农民收入75%左右的工资性收入增速连续四年下降，农民收入增速也由2014年高出城镇居民1.4个百分点，到2016年仅高出城镇居民0.1个百分点，进而到2017年一季度农民收入增速比城镇居民低了0.9个百分点，其中工资性收入下降幅度比较大，农民增收动能乏力，继续保持“两个快于”的压力很大。其次是以集体土地制度为主要内容的改革创新难。由于各区普遍还未编制集体建设用地规划，土地有效供给、集约减量、节约利用形势严峻，宅基地改革亟需有新的应对、新的突破。再次是在优质安全农产品的有效供给、均衡供给方面还有待进一步提高，农业供给侧结构性改革的任务还较重，“调转节”中“转”的动能还不够，“节”的压力还很大，包括节水、节肥、节药、节劳力，也包括降成本、降能耗，都还有较大的提升空间。

二、提高认识，抓住机遇扎实推动城乡一体化发展

2月23—24日，习近平总书记时隔三年再到北京视察并发表重要讲话，是对我们工作的再动员、再部署、再激励。当前，全市上下正在按照市委十一届十三次全会要求，聚精会神学习领会贯彻习总书记重要讲话精神，深入推进京津冀协同发展，加快疏解非首都功能，努力做好城市规划建设。在深入思考“建设一个什么样的首都，怎样建设首都”这一重大时代课题时，我们必须要弄清楚“城乡一体化发展是为了什么，‘三农’工作是为了谁”，瞄准“新坐标”、找准“路线图”、突出“着力点”，围绕中心、强化责任，服务全局，在工作中坚持首善标准、高点定位、问题导向，统筹生产、生活、生态，进一步突出农业农村的生态保障功能、进一步加强农业农村的生活休闲功能、进一步优化“菜篮子”生产供应功能，为国际一流的和谐宜居之都建设增绿色、加服务、添动能，努力开创农业农村发展更加美好的明天。

第一，必须牢牢把握主题，在疏解整治中提升城乡一体化发展水平。

这些年来，我市贯彻落实中央一号文件的主题都是推进城乡一体化发展，这是市委市政府结合北京实际作出的重大判断和重要决策。在京津冀协同发展进程中，疏解整治促提升是当前和今后全市的一项重点工作和重要任务，这对于加强城乡统筹、落实“多规合一”，对于加快城乡一体化发展来说，是个重大的历史性机遇，我们必须要进一步聚焦，进一步行动。大力疏解非首都功能，压缩生产空间

规模，全面清理整治镇村产业小区和工业大院，加快推进不符合首都功能定位的产业退出或改造升级。大幅度扩大绿色生态空间，大力整治污水、违法建设、农业面源污染等突出环境问题，更好地发挥郊区农村生态屏障、宜居空间、战略腹地的作用。抓住建设北京城市副中心、北京新机场，筹办冬奥会、世园会，承接中心城教育、医疗、文化等功能转移的重大机遇，加快推进郊区功能调整、布局优化和产业升级，推动农村城镇化和城乡一体化发展。

第二，必须紧紧围绕主线，在推进农业供给侧结构性改革中提升农业现代化发展水平。

北京市是都市型农业农村工作，农业农村最突出的特点、最大的贡献是生态，都市型现代农业、休闲农业体现的是先进的生产方式。按照市委、市政府的要求，本市的农业不仅不会“清零”，还要挖掘特色、提升品质、做强品牌，农业不仅要体现“农”味，还要体现“京”味，真正让“京”字牌农产品畅销、热销。我们要把握自己的特点和特色，在更宽视野、更大尺度中统筹谋划首都农业农村发展，坚持稳中求进工作总基调，抓住“调转节”这条工作主线，加快转变农业发展方式，创新农业服务方式，深入推进农业供给侧结构性改革。着重围绕让市民“吃得放心、游得开心”，持续改善种养结构、改善供给结构、改善要素使用，不断提升都市型现代农业和乡村休闲旅游水平，不断增强生态产品、休闲产品和优质农产品的供给能力，实现保有效供给、保安全供给、保多元化供给。

第三，必须始终坚持问题导向，在补齐“三农”短板中提升全面小康建设水平。

当前，农业还是现代化建设的短腿，农村还是全面建成小康社会的短板。我们必须要紧密结合我市农村实际，以解决农民切身利益问题、持续增加农民收入作为根本政策取向，不断加大农村改革力度，绵绵用力，久久为功，培育农村发展新动能。在推进“互联网＋”、发展适度规模经营、深化集体产权制度改革中，更加重视培育新型农业经营主体和职业农民，发挥农民主体作用，鼓励支持农民创新创业；在新型城镇化发展、新农村建设、生态环境保护中，充分调动农民的积极性，让农民更好地参与进来、融入其中；在促进农民转移就业、农民增收特别是低收入农户增收工作中，更加注重精准施策、精准帮扶，确保广大农民有更多获得感。

三、围绕中心，全力做好 2017 年“三农”重点工作

贯彻落实中央农村工作会议和中央 1 号文件精神，市委、市政府结合我市实际，研究制定了《关于坚持疏解整治促提升扎实推动城乡一体化发展的意见》。文件明确 2017 年全市农业农村工作的指导思想和总体要求是，以习近平总书记视察北京重要讲话精神为根本遵循，牢固树立和贯彻落实新发展理念，牢牢把握首都城市战略定位，以“调转节”为农业供给侧结构性改革的主线，以疏解非首都功能与整治突出环境问题、承接中心城区功能转移与优化提升首都核心功能为重点，加大城乡统筹与农村改革力度，协调推进新型城镇化与农业现代化，在疏解整治中谋发展，在承接提升中增动能，推动城乡一体化发展取得新进展，实现农业增效、农民增收、农村增绿。

各部门、各区、各乡镇要认真抓好文件的贯彻落实，在深入学习总书记重要讲话精神中对标对表，在全市大局中找准坐标方位，在发展进程中聚焦聚力，紧密结合自身实际创新思路、开拓工作。2017 年要集中力量推进五个方面工作：

（一）抓好城乡一体化发展的“三个节点”

城乡结合部、小城镇和农村代表和反映了农村城镇化的不同阶段和表现形态，是城乡一体化发展的重要节点支撑，不论哪一个环节薄弱、哪一个节点不强，都会直接影响某个区域乃至整个全局的协调发展，不论是平原地区还是山区，都要坚持因地制宜、分类施策、协同发展。

一是扎实推进城乡结合部建设。城乡结合部是“大城市病”的“病灶”之一，是既治标又治本的关键节点。按照“一绿建成、全面实现城市化”要求，全市将“一绿”地区按乡（场）划分为 24 个实施单元，分四批梯次加以推进。2017 年，基本完成第一批朝阳区 6 个乡城市化建设试点，全面推进第二批朝阳东坝、大兴旧宫等 6 个单元城市化建设试点，力争下半年启动丰台等区 6 个实施单元建设试点，第四批 6 个试点最晚在 2018 年上半年启动实施。各郊区都要围绕节地减人增绿目标，加快低端、低效用地腾退，加大对人口无序聚集的治理力度，深入开展打击违法建设专项行动，继续开展公共安全隐患综合整治，以减量发展提升环境质量

和治理水平。

二是科学推进功能性特色小城镇建设。小城镇是功能疏解与承接以及引领农村城镇化的重要衔接点。要坚持特色引领、试点带动，重点围绕承接中心城功能疏解、重大项目建设和新型特色产业培育，结合城镇功能布局调整，进一步强化规划、土地、财政、金融等配套政策的集成创新，统筹生产、生活、生态空间布局，探索引导功能性项目、特色文化资源、品牌企业落户小城镇，推动区域内资源整合、项目组合和产业融合，促进教育、医疗、旅游休闲、信息和现代服务业聚集发展，打造宜居宜业宜游环境，促进农民就近就业、就地城镇化。这里要特别强调一点，要坚持镇域统筹规划，以功能和产业合理确定建设规模，严禁打着特色小城镇名义违法违规搞圈地开发，严禁搞大规模的房地产开发，确保小城镇健康可持续发展。

三是加快推进美丽乡村建设。要从生活便利、生态良好、环境整洁等方面找差距、补短板，着力改善和提升农村人居环境，努力把星罗棋布的村庄打造成星光灿烂的美丽乡村。大力推进基础设施"六网"改造提升工程，重点做好电力、燃气管线改造，在山区乡村积极探索分布式污水处理和供暖模式。继续推进农村地区冬季清洁取暖工作，完成700个村庄的"煤改清洁能源"任务，基本实现城六区和南部平原地区"无煤化"目标。山区搬迁和农民住宅抗震节能改造两项工作，2017年都到了阶段性收尾时期，要完成年度任务，并研究谋划下一步的改造任务。做好历史文化名镇名村和传统村落保护与发展工作，发掘和保护一批处处有历史、步步有文化的传统乡村，公布第一批市级传统村落名录，培育形成良好的乡村文化生态。

（二）打好都市型现代农业发展的"四张牌"

从2017年起，本市要整体创建国家农业可持续发展试验示范区、国家现代农业示范区、国家农产品质量安全城市和国家现代种业自主创新试验示范区，这"四张牌"是农业的"金字招牌"，代表了绿色、安全、现代和可持续，体现了农业的"高精尖"。北京的农业，必须要瞄着这"四张牌"的建设任务要求，突出绿色生态导向，坚持适度规模经营、特色发展、科技示范的方向，深入推进"调转节"，深入推进农业供给侧结构性改革，促进农业发展由过度依赖资源消耗、主要满足"量"的需求，向追求绿色生态可持续、更加注重满足"质"的需求转变，切实增加绿色优质农产品和生态产品供给。

2017年，重点围绕八项具体任务，确实取得实质性的创新突破：一是把农业节水作为方向性、战略性大事来抓。聚焦农业的"两田一园"，地下水严重超采区要继续调减高耗水的粮食种植；启动实施区域规模化高效节水灌溉行动，用3年时间基本实现高效节水灌溉设施全覆盖；严格落实用水限额管理制度，加快推动节水栽培技术广泛应用；强化机制节水，认真总结房山、顺义等区农业水价改革试点经验，落实区政府主体责任，全面推动农业水价综合改革，加快建立合理水价形成机制和节水激励机制。二是大力推进农业清洁生产。实施化肥、农药使用减量行动计划，全面推广测土配方施肥、水肥一体化、绿色防控、统防统治等技术，开展设施农业土壤改良。加快推进农业、园林绿化废弃物资源化利用，继续做好畜禽养殖场污染治理，积极推进设施农业生产"无煤化"，全面禁止秸秆焚烧。三是做精做优城市"菜篮子"。重点围绕农产品品种优化、品质提升、品牌创优，加强现代农业产业园建设，促进大桃、苹果、草莓、西瓜、葡萄、板栗和规模养殖等产业提质增效。强化"菜篮子"区长负责制，组织开展考核工作。切实加强与津冀等外埠农业的协作，着力提高优质鲜活农产品综合生产和供应能力。四是进一步健全农产品质量安全监管体制。落实农产品质量和食品安全属地管理责任，加强农业生产过程管控，严格流通加工环节监管，加大抽检监测力度。强化品牌保护，进一步提升"三品一标"认证率。五是推动"互联网＋"现代农业发展。提升农业生产智能化、精细化水平，支持建设一批智慧农园、果园等农业物联网示范工程。加强乡村物流体系建设，鼓励邮政、快递企业参与鲜活农产品物流配送，支持在郊区建设一批"农邮通"服务站。利用互联网整合农业、旅游、文化等特色资源，继续推进"一村一品＋电商"建设，不断提高乡村吸引力。六是深入推进科研成果权益改革试点。鼓励种业科技人员创新创业，以种业科技和人才体制改革为突破口，加快构建以科研院所、高校为主的基础公益性研究和以企业为主的商业化育种"双轮驱动"的种业创新发展体系，抓好南繁基地建设，推动种业更快更好地发展。七是加快推动乡村休闲旅游提档升级。以市民需求为导向，创新农旅结合、农科结合、农文结合等发展模式，启动 100 个旅游休闲村镇创建工作，不断丰富乡村旅游业态和产品。为解决乡村旅游“用地难、用不好”的困局，2017 年《意见》中专门作了明确规定，要加大盘活农村存量建设用地力度，允许村庄改造、宅基地整理、沟域建设等节约出的建设用地，通过入股、联营等方式，重点支持乡村休闲旅游养老等产业和农村一、二、三产融合发展；在统一规划和确保安全的前提下，试点探索在民俗旅游专业村镇允许村民利用合法宅基地建设二层或三层为主体的自用住宅，发展特色民宿和乡村酒店，促进农民创新创业。八是大力推进生态环境建设。抓住春季造林绿化、治水除污的大好契机，持续推进北京城市副中心、城乡结合部、冬奥会举办地等重点区域和重大生态工程建设，在具备条件的郊区推动有一定规模的郊野公园、森林公园或湿地公园建设，加快构建大尺度绿色生态空间，2017 年平原地区森林覆盖率提高 1 个百分点。严格落实“河长制”，制定永定河综合治理与生态修复行动计划，加快实施新一轮污水治理和再生水利用工作三年行动方案，年内力争完成 141 条段黑臭水体、140 个村的污水治理任务，全面消除建成区黑臭水体。

（三）扎实推动农村“三块地”改革

习总书记指出：新形势下深化农村改革，主线仍然是处理好农民和土地的关系。这几年，我们围绕“土地流转起来”，初步探索了承包土地确权、集体建设用地赋能、宅基地盘活的“三块地”改革路径，并得到中农办、农业部等部门的肯定和指导，下一步，还要加大改革的力度，激活要素，释放活力。

对于集体经营性建设用地改革，郭金龙书记在市委常委会、市委深改组会议上多次强调“西红门镇集体经营性建设用地乡镇统筹的做法是我们自己做的试点，不搞土地拍卖，集体持有长期受益，这个做法要下决心推广”。2017 年，郊区每个区都要开展一个乡镇统筹的试点，按照村级土地入股、乡镇统筹运营、市区统一规划、科学测算“拆占（建）比”的实施路径，将零星分散的建设用地归集使用，推动集体建设用地腾退减量、集约节约利用、产业“腾笼换鸟”、环境优化改善、人口调控等目标实现。同时，结合北京城市总体规划编制，落实“多规合一”，推动各区开展集体建设用地规划编制工作。2017 年还是北京市集体经营性建设用地 3 年入市试点的最后一年，要按照中央要求，深入总结大兴区集体经营性建设用地入市试点经验，提供制度借鉴和政策参考。

对于农村承包土地，要按照中央“三权分置”的意见，结合实际，着力在“放活经营权”上做文章。要支持农民开展土地股份合作，通过土地入股、订单生产、代耕代种等多种形式，引导土地经营权向新型经营主体流转，促进适度规模经营。2017 年要基本完成承包经营权确权登记颁证工作，建成全市农村土地承包经营权信息系统平台，继续试点探索农村承包土地的经营权抵押贷款。要加强流转合同的管理和服务，加强对工商资本租赁农地监管和风险防范，促进土地经营权公开、公平、规范流转。

对于闲置农宅及宅基地，要继续总结有关区盘活农村闲置房屋的经验做法，按照政府引导、集体组织、农民主体、企业参与、市场化运作的模式，创新管理方式、建设模式和服务手段，提高多元化主体共同参与盘活农村闲置资产的积极性，发展健康养老和休闲旅游产业，把这些“沉睡的资产”变成农民长期的收益。同时，要加快推进农村宅基地确权登记颁证工作，积极争取中央支持，在更大的空间范围内研究探索宅基地改革试点。

（四）紧扣“三个环节”促农民增收

实践证明，就业、培训和帮扶，是持续促进农民增收的重要措施，也是培育农民主体地位、调动农民积极性的有效手段，只能加强，不能削弱。

要大力促进农民转移就业。在本市农民的收入构成中，工资性收入是农民增收的“主引擎”，如果这个增长的态势放缓，那农民整体收入保持较快增长的势头就会下来，所以必须要高度重视农民转移就业，压实各区主体责任，采取切实有力的措施加以干预。要强化政策支撑，研究符合城市功能定位的促进就业帮扶的政策，实施农村劳动力转移就业工程，拓展转移就业空间，提升就业质量，将就业困难人员“托底”安置机制延伸至农村，继续保持工资性收入增长势头。要加强农民就业技能培训，有效对接城市功能布局调整、对接重大工程项目建设、对接小城镇特色产业发展，不断增强农民参与城市发展的就业能力。要继续发挥公益性岗位的“稳定器”作用，研究适当增加岗位数量和提高工资补贴水平，特别是要落实好平原造林养护、农村管水员、保洁员、保安等岗位雇用本地劳动力的政策要求，切实解决“40、50”等群体就业难的问题。

要加快培养新型经营主体和职业农民。北京农业“谁来种地、谁来经营”的问题，已经越来越突出的摆在我们眼前。2017年，要实施新型职业农民激励计划，统筹利用市农职院、市农科院、市农学院和市农广校等高校院所、科研推广机构资源，加快完善新型职业农民教育培训体系。要创新职业农民培训模式，实施以需求为导向的精准培训，加快培育一批青年农场主、专业大户、农业职业经理人。支持大中专毕业生、退役军人、科技人员等返乡下乡人员创业创新，领办合作社、创办家庭农场、林场或农业园区等经营组织。要提升新型经营主体和职业农民信息化专业技能，增强其电子商务应用和市场营销推广能力。加强对全科农技员、管水员等岗位人员的专业培训，提高其技术服务水平。

要扎实推进低收入农户帮扶。低收入帮扶，2016年主要还是做调查、识别、登记等一些基础工作，2017年才是真正的首战之年，各项政策要落地，必须做到“有的放矢”，将“六个一批”的帮扶举措对准7.26万个低收入农户，聚焦234个低收入村，将帮扶责任逐一落实到乡镇、村。要将低收入专项帮扶资金主要用于扶持产业发展，支持特色林果业、种植业等产业升级，着力解决销售渠道问题，切实增强“造血”能力。鼓励各区积极创新产业帮扶政策，可采取异地购置物业、建立投融资平台等有效措施，发挥帮扶资金“药引子”的作用，帮助低收入农户鼓起发展志气、掌握谋生技能、积极就业创业，争取帮扶资金效应最大化、长期化。进一步做好社保、教育、医疗、养老、助残等工作帮扶，充分发挥好驻村工作队、第一书记的作用，调动各部门和社会各界力量，形成全面覆盖、协同有效的帮扶合力。要加强低收入帮扶工作督查考核，严格帮扶资金使用监管。坚决制止帮扶工作中的形式主义做法，全过程要突出“精准”两字，防止大水漫灌，不搞层层加码，严禁弄虚作假。

（五）“双管齐下”扎紧制度笼子

2017年2月，中央第十一巡视组反馈了在北京巡视“回头看”的情况，其中明确指出“基层党建工作薄弱、‘小官巨腐’问题依然严重”等，这对我们来说犹如猛击一掌。必须要拿出正视问题的自觉和强烈的政治担当，不回避、不遮掩，明确责任，立行立改，真正管深、管细、改到位，切实从根子上解决问题。

全面加强农村基层组织建设。要深入贯彻党的十八届六中全会精神，将全面从严治党要求落实到农村基层。严格落实农村基层党建工作责任制，建立区委、乡镇党委书记抓农村基层党建责任清单，全面规范农村基层党组织生活，重点解决农村地区党的领导弱化、党的建设缺失、党的观念淡漠，组织涣散、纪律松弛等问题，管好用好农村基层党组织带头人，层层压实责任、层层传导压力，全面提高基层党建工作水平。集中用两年时间开展软弱涣散村党组织整顿工作，加强区、乡镇干部驻村指导、帮扶和服务，充分发挥第一书记及其派出单位作用，确保整顿期全部实现提升、转化率不低于90%的目标。区、乡镇纪检监察机关，要把查处违反农村集体资产管理规定、侵占集体资产、侵害群众利益的不正之风和腐败问题，以及在推进农村改革中“不作为、乱作为”等作为主要工作任务，加大监督执纪问责力度，形成震慑力。同时，要切实加强农村社会治安综合治理、消防安全、法律宣传教育服务和信访工作，维护农村和谐稳定，营造良好氛围环境。

全面加强集体资产监督管理。结合农村土地确权和农村集体产权制度改革，进一步推进集体资产清产核资工作，建立健全集体资产登记、保管、使用、处置等制度，实行台账管理。严格落实各区及各乡镇党委、政府的属地管理职责，切实加强农村集体经济组织审计监督，做好日常财务收支等定期审计和村干部任期经济责任等专项审计，并根据实际对集体资产量大的农村集体经济组织以及土地补偿款、财政转移支付补贴等重点资金实行年度审计全覆盖，对审计发现的问题，严格督促整改，对涉嫌违纪违法案件，及时移送相关部门严厉查处。充分发挥农业、规划国土、园林、水务、民政、财政、审计等相关部门对农村集体资产监督管理的职能作用，形成工作合力。进一步深化村务、财务公开和民主管理工作，强化村务监督委员会建设。加强服务体系建设和监督管理，引导农村产权规范流转和公开交易。

同志们，“三农”工作使命光荣，城乡一体化意义重大，做好2017年各项工作，我们重任在肩，必须担当、开拓和争先。让我们在市委、市政府的坚强领导下，撸起袖子加油干，扎实推动城乡一体化发展，为建设国际一流的和谐宜居之都作出新的更大贡献，以优异成绩迎接党的十九大胜利召开！

文 件 选 载

中共北京市委　北京市人民政府关于进一步推进低收入农户增收及低收入村发展的意见

（2016 年 4 月）

近年来，全市认真落实《中共北京市委 北京市人民政府关于推进农村经济薄弱地区发展及低收入农户增收工作的意见》（京发〔2012〕15 号），采取一系列综合帮扶措施，低收入农户增收工作取得显著成效，低收入村发展保持良好态势。为深入贯彻中央扶贫开发工作会议精神，进一步加大帮扶力度，持续推进低收入农户增收和低收入村发展，结合本市实际，现提出以下意见。

一、对象范围

（一）低收入农户

以 2015 年家庭人均可支配收入低于 11 160 元为基本标准，综合考虑家庭财产和消费支出等情况，将符合条件的农户认定为低收入农户。

（二）低收入村

将村民人均收入明显低于全市农民平均水平，低收入农户数量超过本村农户总数的 50%并达到一定规模，村庄基础设施建设和社会事业发展相对滞后，村集体经济较为薄弱的行政村认定为低收入村。

二、总体要求

（三）指导思想

全面贯彻落实党的十八大和十八届三中、四中、五中全会精神，深入学习贯彻习近平总书记系列重要讲话和对北京工作的重要指示精神，牢固树立创新、协调、绿色、开放、共享的发展理念，充分发挥政治优势和制度优势，把精准帮扶作为基本方略，坚持帮扶与经济社会发展相互促进，坚持帮扶与生态保护并重，坚持帮扶与社会保障有效衔接，采取有力、有效措施，切实增强低收入农户自我发展能力，促进全体人民共享改革发展成果。

（四）基本原则

党委领导，政府主导。充分发挥党委总揽全局、协调各方的领导核心作用，严格执行低收入农户增收一把手负责制。强化政府责任，引领市场、社会协同发力，形成专项帮扶、行业帮扶、社会帮扶互为补充的大帮扶格局。

分类施策，精准帮扶。解决好扶持谁、谁来扶、怎么扶的问题，切实提高精准帮扶水平，让低收入农户有更多的获得感。创新帮扶工作路径，由“大水漫灌”向“精准滴灌”转变，提高帮扶的针对性和实效性。

保护生态，绿色发展。牢固树立绿水青山就是金山银山的理念，把生态保护放在优先位置，确保实现绿色发展。加大生态补偿力度，让低收入农户从生态保护与建设中得到更多实惠。

农民主体，勤劳致富。处理好政府、社会帮扶与自身努力的关系，发扬自力更生、艰苦奋斗、勤劳致富精神，充分调动帮扶对象的主动性、积极性和创造性，培育自我发展能力，立足自身实现增收致富。

改革创新，健全机制。创新体制机制，推进城乡要素平等交换和公共资源均衡配置。突出问题导向，创新帮扶资源使用方式，增强帮扶对象“造血”能力。创新帮扶考评体系，重在考核政策落实和帮扶成效。

（五）目标任务

“十三五”期间，确保低收入农户人均可支配收入增速高于全市农民平均水平，提前实现比2010年翻一番的目标；低收入村自主发展能力不断增强，现行标准下的低收入村全部消除。

三、实施分类帮扶

（六）扶持产业帮扶一批

统筹使用涉农资金，重点支持低收入村、低收入农户发展符合首都城市功能定位的特色产业。推进低收入村“一村一品”特色产业体系建设，扶持一批低收入农户参与度高的优势支柱产业。积极培育农业龙头企业和低收入村的农民专业合作社，充分发挥其组织带动作用，强化其与低收入农户的利益联结机制。依托低收入村的自然资源和生态环境，推进沟域经济发展；发展乡村旅游业和农产品加工业，加快一、二、三产业融合，使低收入农户分享到农业全产业链和价值链增值收益。加大对低收入村农产品品牌推介营销支持力度。支持电商企业拓展农村业务，与专业合作社和农户建立直采直供关系；对低收入农户开设网店给予支持并加强相关培训。加大金融帮扶力度，对符合条件的低收入农户创业提供小额贷款及财政贴息。支持低收入村集体经济发展，充分发挥农村集体经济组织带动作用。

（七）促进就业帮扶一批

大力促进低收入农户劳动力转移就业创业。统筹各类培训资源，以就业为导向，加大对低收入农户劳动力培训力度，并增强培训的针对性和有效性，确保低收入农户劳动力至少掌握一门致富技能。通过转移就业求职登记和失业登记，将有求职意愿的低收入农户劳动力纳入全市公共就业服务体系。鼓励各类企业和农业经营主体吸纳当地低收入农户劳动力就业。加大对农村新就业形态的支持。加大对低收入农户中纯农就业家庭劳动力转移就业的帮扶力度。结合社会管理服务需求，大力开发公益性就业岗位，扩大托底安置就业困难人员规模。落实用人单位招用低收入农户的就业困难人员岗位补贴和社会保险补贴政策。各区可根据实际对跨区就业的低收入农户劳动力给予交通补助。扶持巧娘工作室发展，加强助残扶贫基地建设，吸纳低收入农户妇女和残疾人就业。

（八）山区搬迁帮扶一批

优先对低收入村、低收入农户实施山区搬迁工程，确保到2020年符合搬迁标准、有搬迁意愿、搬迁条件成熟的低收入村、低收入农户全部完成搬迁。集成农宅改造、交通建设、农田水利、土地整治、地质灾害防治、林业生态等涉农政策及资金和社会帮扶资源，支持搬迁新村公共服务设施和基础设施建设。利用城乡建设用地增减挂钩政策支持山区搬迁。坚持安居与发展并重，着力培育和发展后续产业，确保搬得出、稳得住、能致富。支持搬迁安置点发展物业经济，增加搬迁户财产性收入。

（九）生态建设帮扶一批

加大对低收入村的生态保护和修复力度。支持开展历史遗留工矿废弃地复垦利用，加快推进生态清洁小流域建设。完善山区生态公益林生态效益促进发展机制和管护机制，以生态服务价值为依据对山区农民进行合理的生态效益补偿，并逐步提高补偿标准，最大程度发挥生态效益补偿政策对促进低收入农户增收的拉动作用。开发更多绿色生态公益性就业岗位并逐步提高岗位待遇，优先录用低收入农户劳动力参与生态建设和管护工作。

（十）社会保障兜底一批

逐步提高城乡最低生活保障标准，对无法依靠产业扶持和就业帮扶增收的低收入农户实行政策性保障兜底；调整完善社会救助家庭经济状况核查办法，将所有符合条件的困难农户纳入低保范围，做到应保尽保；健全低保分类救助政策，对低保家庭中的老年人、未成年人、重度残疾人等重点救助对象，提高救助水平；建立农村低保与低收入农户帮扶的数据互通、资源共享信息平台，实现动态监测管理，做到工作机制有效衔接。推进城乡居民基本医疗保险制度整合，健全稳定可持续筹资调整机制，做好大病保障和大病保险工作；对低收入农户参加城乡居民医疗保险个人缴费部分予以补贴；对城乡居民医疗保险和大病保险支付后自负费用仍有困难的低收入农户，加大医疗救助、临时救助、慈善救助等帮扶力度。建立城乡居民基础养老金、福利养老金合理调整机制；逐步完善城乡居民养老保险参保缴费激励约束机制，鼓励低收入农户参加城乡居民养老保险。全面落实困难残疾人生活补贴和重度残疾人护理补贴制度。

（十一）社会力量帮扶一批

广泛动员全社会力量，合力推进帮扶工作。健全党政机关、国有企事业单位、人民团体、驻京部队定点帮扶机制，2016 年实现低收入村定点帮扶全覆盖；对低收入村比较多的乡镇，开展市属机关、市属大型国有企业及高校定点帮扶活动；建立定点帮扶考核评价机制，提高帮扶的实效性。鼓励支持民营企业、社会组织、志愿者及其他个人参与帮扶。引导社会帮扶重心下移，自愿包村包户，做到低收入农户都有党员干部或爱心人士结对帮扶。充分发挥各民主党派、无党派人士在人才和智力帮扶上的优势和作用；工商联系统组织民营企业开展“百企联百村”结对帮扶活动。通过政府购买服务等方式，鼓励各类社会组织开展到村到户的精准帮扶。全面及时公开帮扶捐赠信息，提高社会帮扶公信力和美誉度。

四、强化政策保障

（十二）加大财政投入力度

发挥政府投入在低收入农户增收工作中的主体和主导作用，积极开辟新的资金渠道，确保财政资金投入力度与低收入农户增收任务相适应。“十三五”期间，市级加大投入力度，安排资金重点扶持低收入村、低收入农户产业发展项目，鼓励有条件的地区按照统一规划、统筹建设的原则，充分挖掘财力、物力、人力潜能，通过异地联建、联购经营性物业等多种形式，增加低收入村集体资产和物业经营收入，提升“造血”功能；市、区安排的各项惠民政策、项目和工程，要最大限度地向低收入村和低收入农户倾斜；各区要根据工作任务，切实加大资金投入。要以低收入村为平台，建立健全帮扶多规划衔接、多部门协调的长效机制，整合目标相近、方向类同的涉农资金，提高资金使用效益。按照权责一致原则，支持各区以重点项目为平台，把各类资金捆绑集中使用。鼓励在促进低收入农户增收工作中推广应用政府与社会资本合作、政府购买服务等模式。各区要建立帮扶公告公示制度，强化社会监督，保障资金在阳光下运行。

（十三）探索资产收益扶持政策

在不改变用途的情况下，财政资金投入设施农业、水利、乡村旅游等项目形成的资产及财政支持的经营性物业，具备条件的可折股量化给低收入村和低收入农户，尤其是丧失劳动能力的低收入农户，资产可由村集体、合作社或其他经营主体统一经营。要强化监督管理，明确资产运营方对财政资金形成资产的保值增值责任，建立健全收益分配机制，确保资产收益及时回馈低收入农户。探索低收入村闲置农宅盘活试点。鼓励各区探索其他资产收益扶持项目。

（十四）提升社会事业发展水平

教育经费向农村基础教育倾斜，改善农村中小学办学条件和师资力量，促进城乡义务教育均衡发展。普及高中阶段教育，率先从低收入农户学生实施普通高中和中等职业教育免除学杂费用政策，确保未升入普通高中的初中毕业生都能接受中等职业教育。鼓励、支持未升入本科院校的低收入农户高中毕业生接受高等职业教育。加大对低收入农户大学生的救助力度，对低收入农户离校未就业的高校毕业生提供就业支持。鼓励市属高校、中等职业学校定向招收低收入农户学生，并给予一定的优惠政策。加强低收入村医疗卫生设施和人才队伍建设，多渠道解决医务人员不足问题。加快将符合条件的低收入村卫生室纳入新农合定点医疗机构范围。以农村居民实际需求为导向，整合资源，完善低收入村文化体育设施，开展群众喜闻乐见的文体活动。加强低收入村妇女、儿童和养老服务工作。有关扶持政策向少数民族低收入村适度倾斜。

（十五）加强基础设施建设

围绕提升农村人居环境、建设美丽乡村的各项重点任务，加快电网改造、安全饮水、农村道路、垃圾污水处理、宽带网络等基础设施项目建设，并健全运营管护机制。村级公益事业一事一议财政奖补政策优先支持低收入村，到 2020 年实现低收入村一事一议项目全覆盖。加快推进低收入农户住房抗震节能改造及危房改造。加大低收入村传统村落保护力度。加大以工代赈投入力度，支持农村山水林田路建设。小型农田水利工程等建设项目向低收入村倾斜。财政支持的微小型建设项目，允许按照一事一议方式直接委托低收入村村级组织自建自管。加大资金投入，支持乡村公路提级改造、安全设施建设和危桥改造。加强地质灾害防治体系建设。

（十六）发挥科技、人才支撑作用

加大科技帮扶力度，解决低收入村特色产业发展和生态建设中的关键技术问题。强化基层农技推广体系建设，进一步发挥村级全科农技员作用，加快先进适用技术成果转化。加大政策激励力度，鼓励各类人才扎根低收入村建功立业，对表现优秀的人员在职称评聘等方面给予倾斜。加强新型职业农民培训，加大对低收入村干部、合作组织带头人、农村实用人才等的培训力度。

五、切实加强组织领导

（十七）强化帮扶增收领导责任

各级党委和政府要把低收入农户增收及低收入村发展工作作为重大政治任务来抓，切实增强责任感、使命感和紧迫感，解决好思想认识不到位、体制机制不健全、工作措施不落实等突出问题。建立市级统筹、区负总责的领导机制，层层落实工作责任，层层签订责任书。市社会主义新农村建设领导小组要统筹制定具体标准和目标要求，建立健全监测考核机制，建立年度督查和通报制度。市各相关部门要严格履行职责，充分运用行业资源做好帮扶工作，抓紧制定具体措施并认真落实。各区党委和政府承担主体责任，书记和区长是第一责任人，要抓好政策制定、组织动员、项目下达、资金使用、推进实施等工作；加强与精准帮扶工作要求相适应的机构和队伍建设，充实配强工作力量。乡镇要抓好各项工作的具体落实，低收入农户增收工作任务重的乡镇要有专门干部负责帮扶工作。加强社会监督，对帮扶政策落实情况和成效开展第三方评估。

（十八）加强基层组织建设

把低收入农户增收和低收入村发展工作纳入农村党的建设“三级联创”活动考核评价。选好配强村领导班子，鼓励退休党员干部、退伍军人、高校毕业生到低收入村工作。根据低收入村的实际需求，精准选配第一书记，精准选派驻村工作队。加大驻村干部考核力度，不稳定增收不撤队伍。集中整顿软弱涣散村党组织，提高低收入村党组织的创造力、凝聚力、战斗力，发挥好工会、共青团、妇联等群团组织的作用。各村特别是低收入村的领导班子，要把低收入农户增收工作作为重要任务，积极探索带领农民增收致富的有效途径。加强低收入村村务监督委员会建设，落实好“四议一审两公开”、村务联席会等制度，健全党组织领导的村民自治机制。研究制定村干部基本待遇和基本保障实施办法，建立村干部基本报酬财政托底机制和社会保险财政补贴机制，提高村干部待遇保障水平。

（十九）健全精准帮扶工作机制

各区要抓好精准识别、建档立卡、到村到户这个关键环节，以“区为单位、分级负责、精准识别”为原则，按照“自愿申请、民主评议、公示公告、分级审定”的程序，精准识别帮扶对象，对每个低收入农户、低收入村建档立卡。要组织力量逐村逐户摸清低收入成因和发展需求，因地制宜研究帮扶措施并给予分类指导，确保扶持对象精准、项目安排精准、资金使用精准、措施到户精准、因村派人精准、增收成效精准。要定期对建档立卡的低收入农户、低收入村进行全面核查，建立台账，实行有进有出的动态管理。要加强农村低收入统计监测体系建设，提高监测能力和数据质量，实现帮扶信息数据共享。2016年上半年，各区要完成低收入农户、低收入村识别认定、建档立卡，以及低收入农户精准帮扶措施制定和低收入村产业发展规划编制工作。

（二十）努力营造良好氛围

大力弘扬自力更生、艰苦奋斗的优良传统，激发低收入农户和低收入村的积极性、主动性和创造性，鼓励其通过勤奋劳动实现增收致富。加强乡风文明建设，培育和践行社会主义核心价值观，振奋广大农村干部群众精神，坚定改变面貌增收致富的信心和决心。坚持正确的舆论导向，全面宣传农村低收入帮扶工作取得的成就，准确解读相关决策部署、政策举措，生动报道各区各部门精准帮扶的丰富实践和先进典型，对在低收入农户增收工作中作出突出贡献的组织和个人给予表彰。

中共北京市委　北京市人民政府关于落实发展新理念　全面提高新时期城乡一体化发展水平的意见

（2016 年 5 月 12 日）

2016 年及今后一个时期，全市农业农村工作要全面贯彻落实党的十八大和十八届三中、四中、五中全会精神，深入贯彻习近平总书记系列重要讲话和对北京工作的重要指示精神，认真落实中央农村工作会议精神，紧紧围绕“五位一体”总体布局和“四个全面”战略布局，牢固树立创新、协调、绿色、开放、共享的发展理念，坚持服务首都城市战略定位，坚持城乡一体化发展方向，把坚持农民主体地位、增进农民福祉作为农村一切工作的出发点和落脚点，加快推进农村改革向纵深迈进，加快推进新型城镇化与美丽乡村建设双轮驱动，加快推进郊区疏功能、转方式、治环境、补短板、促协同，加快推进都市型现代农业向集约、高效、绿色、安全发展，加快推进乡村治理迈上新台阶，不断巩固农业农村好形势。力争到 2020 年，城乡发展一体化体制机制进一步健全，首都生态环境质量、郊区城镇承载能力、农村生活水平进一步提升，实现高水平的城乡发展一体化；适度规模经营引领的现代农业产业、生产、经营体系基本建立，一、二、三产业深度融合发展，都市型现代农业质量与效益进一步提升，实现高水平的农业现代化；努力保持农民增收“两个快于”（农村居民收入增速快于城镇居民、低收入农户收入增速快于全市农民平均水平）的势头，提前实现农村居民人均收入、低收入农户收入比 2010 年翻一番的目标。

一、坚持创新发展，持续深化农村改革

以改革创新为驱动，紧紧围绕保护农村集体资产所有权、农户土地承包经营权和农民财产权，深入推进“新三起来”（土地流转起来、资产经营起来、农民组织起来），加快构建和完善城乡资源要素双向自由流动的体制机制，不断激发农村发展活力。

1. 深化农村土地制度改革。加快推进农村土地承包经营权确权登记颁证工作，依法赋予农民更加充分而有保障的土地承包经营权，力争到 2016 年年底前完成总体任务的 60%，并开展确权登记颁证信息平台建设。规范引导农村承包土地的经营权有序流转，加强工商资本租赁农地监管和风险防范。落实《国务院关于开展农村承包土地的经营权和农民住房财产权抵押贷款试点的指导意见》，开展农村承包土地的经营权抵押贷款试点工作。统筹研究集体建设用地利用规划编制工作。在符合规划和用途管制的前提下，鼓励乡镇、村集体经济组织以自主开发、联营联建等方式，利用存量集体建设用地发展适宜区域功能定位的二、三产业。稳妥推进大兴区集体经营性建设用地入市试点工作，加快建立农村集体经营性建设用地使用权流转和增值收益分配制度，探索建立城乡统一的土地交易平台。在全面完成前期村庄地籍调查试点工作的基础上，稳步扩大试点范围。总结经验，稳步推进盘活农村闲置房屋发展健康养老、乡村旅游试点，切实增加农民和集体经济组织收入。按照非首都功能疏解和人口调控要求，深入开展工业用地弹性出让和现状存量工业用地盘活优化利用政策研究，探索建立城镇低效用地再开发激励机制。

2. 深化农村集体经济产权制度改革。深入推进赋予农民对集体资产股份权能改革试点，建立健全新型股份合作经济组织股东登记制度，引导股权固化管理，探索股权继承及有偿退出机制。鼓励集体资产经营管理创新，加快推进第一道、第二道绿化隔离地区及重点城镇化地区的乡镇级产权制度改革，已经启动城市化试点、整建制农转居试点、集

体建设用地统筹利用试点的乡镇，2016 年内要取得阶段性进展。探索将财政资金投入农业农村形成的经营性资产，由集体经济组织及其成员持股，让集体组织成员长期分享资产收益；健全非经营性资产集体统一运营管理机制，确保农村集体资产安全。根据国家安排，研究落实促进农村集体产权制度改革的税收优惠政策。完善集体经济收益分配制度，不断提高按股分红比例。组织通州区做好农村产权流转交易市场建设试点工作，为建立健全市、区、乡镇、村四级农村产权流转交易服务体系积累经验。深化集体林权制度改革，进一步明确林地林木资源权属，推广林权抵押贷款、森林保险。大力推进农村集体“三资”（资金、资产和资源）管理示范区建设，健全完善农村集体经济合同管理制度，规范村级会计委托代理制度，全面提升财务管理规范化水平。

3. **推进农业供给侧结构性改革**。以有效供给为导向，围绕需求进行生产，使农产品品种、质量和流通方式更加契合消费者需求，逐步形成结构更加合理、保障更加有力的农产品供给体系。主动适应超大城市消费升级的需要，优化产品结构、产业结构和生产力布局，发展农业产业带（群），提高生产组织化程度，突出区域特色。加快农业园区建设，大力推进规模化经营、标准化生产、品牌化营销，引导农业生产经营单位实行订单化生产。加强农产品质量安全认证和地理标志保护利用，全面提高本市肉蛋奶、果菜菌等农产品的质量、效益和安全水平，不断提升市场竞争力。发挥属地政府作用，调动产销两端积极性，推进自产农产品流通模式创新。

4. **加快培育新型农业经营主体**。完善财政、信贷保险、用地用电等政策，加快形成有利于培育新型农业经营主体的政策体系。加快农民合作社规范化建设，拓宽合作社服务领域，加强产业链建设和供应链管理，让社员分享加工、销售环节的增值收益。支持农民合作社开展“农社对接”和发展农产品加工流通，支持和鼓励供销合作社与农民合作社在农资采购、供应、产品销售和农产品加工等领域进行联合。继续实施涉农企业上市培育工程，鼓励支持农业产业化龙头企业由生产性为主向以服务性为主转型发展。继续开展“百企联百社”活动，不断完善龙头企业与农民的利益联结机制，通过直接投资、参股经营、签订长期合同等方式，带动农民合作社规模经营、规范发展。创新山区生态林经营管理体制，加快构建新型林业经营体系。进一步整合各类教育培训资源，健全完善农业广播电视学校体系，建立公益性培训制度，定向培养职业农民；充分利用龙头企业、农民合作社、“农民田间学校”等资源，开展委托式、订单式培训，加强实用专业技能培训；实施农业农村电商人才培育工程，对职业农民、新型农业经营主体负责人和乡村干部等进行培训，提高其应用电子商务能力。

5. **加快农业科技体制机制改革**。创新研发、推广和应用主体的利益联结机制，释放农业科研机构和科研人员活力，完善激励政策，发挥企业的主体作用和领军人才的支撑作用，不断提升农业科技创新能力。深入推进种业领域科研成果权益分配改革，探索成果权益分享、转移转化和科研人员分类管理机制，推动现代种业加快发展。推进京津冀现代农业协作，在节水、高产高效、质量安全、智能装备、生态环保、繁种育种等农业重点领域，开展关键共性技术研发与应用，实施农业科技创新重点专项和重点工程，打造科技创新高地。完善农业科技服务体系，加强现代农业产业技术体系北京创新团队和全科农技员队伍建设，积极推行推广型教授、推广型研究员制度，优化农业科技人才队伍。深化北京国家现代农业科技城建设，完善知识产权入股、参与分红等激励机制，鼓励和支持科研人员、各类实用人才到农民合作社、农业企业等生产一线创新创业、任职兼职，加快推进具有自主知识产权的农业新品种、新技术、新成果转化应用。

6. **深化农村金融改革**。进一步完善农村金融扶持政策，放大财政支农政策效应，引导推动金融资本投入“三农”，解决“融资难”“融资贵”问题。明确条件、标准和范围，加大对新型农业经营主体的贴息奖励。支持龙头企业融资平台建设，拓宽企业融资途径。开展新一轮农民专业合作社内部资金互助试点，加强评估、抵押和交易体系建设，增强农村合作经济的“造血”机能和内生活力。进一步扩大政策性农业保险保障范围、提高保障程度，开发一批北京区域特色险种，并从保成本逐步向保价格、保安全、保收入延伸。鼓励保险向金融服务延伸，继续扩大农业保险保单质押贷款规模，开展小额信贷保证保险试点。普及和强化金融法治意识，提升新型农业经营主体信用意识和信用等级。完善农村金融与风险管理信息平台，加强农业保险信息化管理。

二、坚持协调发展，加快推进新型城镇化与美丽乡村建设

统筹推进城乡结合部、新城、小城镇、美丽乡村建设，加快补齐农村短板，加快解决城乡发展不平衡问题，构建现代城镇体系。聚焦平原地区的新型城镇化，着力提高土地集约节约利用水平，着力提高基础设施、公共服务保障水平，加快产业升级，发挥好服务保障首都核心功能的作用，做好非首都功能疏解和中心城高端产业及功能的承接工作，不断提升辐射带动力。

7. **加快推进城乡结合部建设。**实施城乡结合部建设三年行动计划，编制完成中心城城乡结合部专项规划。着力推动第一道绿化隔离地区已确定的各项建设任务落地实施，2016 年朝阳区 6 个乡的城市化建设任务完成 70％以上，其他区确定的乡镇城市化建设任务取得实质性进展，新启动 5 个乡镇的城市化建设。在第二道绿化隔离地区，深入总结海淀区东升镇、大兴区西红门镇的经验做法，推动集体建设用地腾退减量和集中集约利用，使集体建设用地更好服务和推动城乡发展。加快电网改造、安全饮水、农村道路、垃圾污水处理、宽带网络等基础设施项目建设，补足城乡结合部基础设施短板，提升区域环境水平。坚持依法治理，严格集体建设用地管理，严禁新增违法建设，加强社会管理，强化人口规模调控。

8. **加快推进郊区新型城镇化建设。**把握区域功能定位，坚持以人为本、产城融合、职住平衡的发展理念，坚持走集约、智能、绿色、低碳的新型城镇化道路。统筹推进通州区、房山区、大兴区国家级新型城镇化综合试点工作，加快其他新城建设。大力支持小城镇建设，着力培育和谐宜居、富有活力、各具特色的现代化小城镇。围绕重大项目建设，统筹规划建设雪上运动小镇、世园小镇、环球影城小镇、新机场服务小镇、历史文化小镇等一批特色小城镇和新型农村社区；围绕首都城市功能布局，科学规划一批适宜京津冀协同发展的功能性小城镇。以提升小城镇公共服务、生态环境水平为重点，加大投资力度，努力建设资源节约型、环境友好型小城镇。围绕非首都功能疏解，制定鼓励措施，加快重点小城镇及产业园区的低端业态疏解，积极承接中心城疏解的高端产业，促进“腾笼换鸟”；大力发展战略性新兴产业、生产性服务业和生活性服务业，吸引品牌企业入驻，改善镇域经济供给体系，促进农村劳动力就近就业。探索农民住房保障机制，支持在条件具备的小城镇或新型农村社区规划建设安置房、公租房，将棚户区改造政策支持范围扩大到本市国家级重点镇，促进农村人口就地城镇化。维护进城落户农民的土地承包权、宅基地使用权、集体收益分配权，鼓励引导其依法自愿有偿转让上述权益。继续做好征地农转非工作，以区为责任主体，统筹解决资金缺口，加快消化解决应转未转的积存指标；新批征地农转非指标半年内必须完成，逐步提高户籍人口城镇化率。

9. **加快推进美丽乡村建设。**完善本市美丽乡村建设标准，2016 年启动 300 个美丽乡村建设。加大农村电网改造提升力度，优化农村用能结构，2016 年完成农村地区 400 个村庄煤改清洁能源、5.6万户农宅抗震节能改造任务，对未纳入煤改清洁能源计划的村庄，全部实施优质燃煤替代；加大劣质燃煤治理力度。因地制宜启动实施农村基础设施“六网”（供水管网、污水管网、垃圾收运处理网、电网、乡村路网、互联网）改造提升工程，建立健全部门联动机制和长效管护机制，确保设施运行安全、保障有效。筛选一批技术先进、经济适用、绿色环保的科技成果和实用技术在农村基础设施建设中推广应用，促进农村生活方式转变。加强农村饮用水水源保护，健全完善水质定期检测制度。制定传统村落保护的指导意见，加快推进传统村落保护规划编制和实施工作；启动门头沟区灵水村、房山区水峪村保护和利用试点，探索传统村落保护和利用的有效途径。继续推进农村人居环境综合整治，把农村环境整治支出纳入区财政预算。认真做好村级公益事业建设一事一议财政奖补工作，支持改善农村公共设施和人居环境。

三、坚持绿色发展，大力转变农业农村发展方式

大力发展绿色农业，建设绿色农村，打造绿色

郊区。树立大农业观，推进都市农田、城市森林、生态水系、绿色廊道、山区生态屏障统筹一体；大力转变农业发展方式，继续走高端高效高辐射的都市型现代农业道路；大力实施山水林田湖生态保护和修复工程，提高农林水保障体系质量和供给效率。

10. **加快推进农业结构调整。**以全市整体创建国家现代农业示范区为契机，建立健全调结构、转方式、发展高效节水农业的政策保障体系。按照国家统一安排，重点推进粮食种植“三补合一”改革，健全完善菜田补贴制度，开展休耕与冬季生态作物种植补贴试点。进一步深化农业生产空间结构调整，划定粮田、菜田和果园；整合建设资金，提高建设标准，注重产能提升，统筹推进高标准农田建设、农业基础设施建设和土地整治，将高标准农田建设情况纳入区、乡镇政府耕地保护目标责任考核内容。严格执行《北京市新增产业的禁止和限制目录》，推进农业领域非首都功能疏解，禁止新建、扩建规模化畜禽养殖场（育种、科研用途除外）；划定畜禽养殖禁养区，2016 年年底前，依法关闭或搬迁禁养区内的畜禽养殖场。加快推进“一区一镇多园”高效节水灌溉试点，认真总结经验，有序推进各区高效节水灌溉设施建设。总结房山区农业水价综合改革试点经验，加快推进农业用水计量和限额管理，完善农业水价政策。推进农田水利设施建设管理改革，加强农民用水协会和管水员队伍建设。2016 年，实现新增改善节水灌溉面积 10 万亩，农业用新水下降 5%左右，灌溉水有效利用系数提高到0.71以上。

11. **发展多种形式适度规模经营。**规范引导土地流转，支持通过转包、转让、出租、互换、入股，形成土地流转、土地托管、土地入股等多种规模经营模式。适应规模经营发展需要，大力发展农业生产性服务业，支持新型农业服务主体开展代耕代种、联耕联种、农田托管、统防统治、加工储藏等多种类型的专业化、规模化和市场化服务。实施农业社会化服务支撑工程，探索创新政府购买农业公益性服务机制。

12. **创新发展“互联网+”现代农业。**发挥本市互联网领域优势，应用大数据、云计算、物联网、移动互联网等技术，促进互联网与农业关键环节深度融合，改造提升传统农业，加快转变农业发展方式。大力推进农业电子商务发展，构建农业电商综合服务体系，培育和壮大农业电子商务主体，探索线上线下融合、城市乡村贯通的农产品流通和农业生产资料销售电子商务模式，促进本地农产品销售。鼓励有条件的农业龙头企业建设行业垂直服务平台，抢占行业制高点。支持各类合作社依托区域优势产业，实施“一村一品一电商”示范工程，加大对通过电子商务创业的农民授信和贷款支持。支持新型农业经营主体与电了商务平台、城市社区对接，发展预售式、订单式等以销定产模式及农产品个性化定制服务；依托农事节庆活动，开展全方位的线上线下宣传活动，提高在线营销能力。充分利用邮政网点、供销合作社基层网点等资源，探索建立一批农业电子商务区域集散网点，提高农产品流通效率。健全和完善农业电子商务工作和服务体系，加强信息化服务和预测预警，促进惠农政策向农产品销售环节倾斜。

13. **加快推动休闲农业和乡村旅游提档升级。**加强用地、规划、金融、创业创新等方面政策支持，采取融资担保、财政贴息、设立产业投资基金等方式扶持休闲农业与乡村旅游发展，推进农业与旅游、教育、文化、健康养老等产业深度融合。在土地利用总体规划中统筹考虑休闲农业和乡村旅游项目合理用地需求，同时支持有条件的乡村通过盘活农村闲置房屋、集体建设用地、“四荒地”、废弃矿山、水面等资产资源发展休闲农业和乡村旅游。引导和支持社会资本开发农民参与度高、受益面广的休闲旅游项目，全面提高休闲农业园区和旅游乡村公共服务水平，打造一批高水平的特色休闲旅游村镇。支持引导农家乐提档升级，通过标准化管理提升服务质量，鼓励发展特色民宿。支持乡村旅游合作社发展，提高组织化程度。保护和传承优秀传统文化，合理开发农业文化遗产和传统村落，提升乡村旅游和农产品文化附加值。充分发挥会展农业带动作用，全力办好 2016 年世界月季洲际大会、第四届北京农业嘉年华、2016 年国际作物科学大会等。推动科技、人文等元素融入农业，发展农田艺术景观、阳台农艺、庭院农业等创意农业，让休闲农业进城市、进社区。推进农耕文化教育进校园，统筹利用现有资源建设农业教育和社会实践基地，引导公众特别是中小学生参与农业科普和农事体验。

14. **加快推进园林绿化建设。**落实本市绿化隔离地区和“五河十路”绿色通道生态林用地及管护政策，巩固造林绿化成果，提升专业化管护水平，更好地发挥平原地区生态林的功能效益，同时提高农民的土地收益水平。高标准实施北京城市副中心园林绿化三年行动计划，加快北京新机场周边、2022年冬奥会场馆区等重点区域、重要节点的大尺度森林、湿地和绿地建设，提升重点功能区的绿化水平。推进本市国有林场改革，启动国家公园建设试点。2016年，新增城市绿地6 000亩、平原地区森林湿地8万亩，实施人工造林6万亩、低效林改造6万亩、森林健康经营60万亩；加快推动绿色产业转型升级，大力发展花卉园艺、林下经济、森林旅游、观光采摘等绿色产业，新发展规模化苗圃3万亩，新建和改造提升果园4万亩。

15. **加大农业生态保护体系建设**。加强农业面源污染治理，全面推广测土配方施肥和绿色防控技术，大力推广使用商品化有机肥和高效低毒低残留农药，开展水肥一体化利用，减少化学肥料和农药使用量。加强养殖业粪污治理，畜禽养殖场、养殖小区要实施雨污分流，并配备粪便污水贮存、处理、利用设施。强化动物疫情疫病监测防控，提升病死动物无害化处理能力。落实农作物秸秆禁烧联合工作机制，加强综合利用，坚决杜绝焚烧。大力推进农业标准化，加强动植物防疫安全和行业生产安全建设，着力提升农业综合监管能力。

16. **加强水污染防治工作**。制定实施进一步加快推进污水治理和再生水利用工作三年行动方案，完成平原地区地下饮用水水源环境状况调查评估和分区污染防治方案编制工作。划定河湖水生态保护红线，开展河道清淤疏浚及两侧垃圾专项整治行动，加快推进第一批24条河段黑臭水体治理。采取城镇管网延伸、集中处理和分散处理相结合等多种方式，优先解决好城乡结合部、重要水源地和民俗旅游村等区域的污水治理。积极探索政府与社会资本合作的水务建设管理机制。

17. **推进山区可持续发展**。加强山区基础设施和环境建设，进一步增强山区的生态保护、水源涵养、旅游休闲、绿色产品供给等功能，加快建设环境优美、基础设施完善、产业融合的新山区。统筹规划和利用自然沟域内森林、山水景观等资源，吸引社会资本参与山区建设；建立北京山区沟域经济发展联盟，打造一批服务首都、富裕农民的生态服务型沟域经济带。重点建设和提升怀柔区五彩九渡、昌平区延寿、延庆区大庄科冰川绿谷、密云区云蒙风情大道等10条沟域，建设生态清洁小流域245平方公里。继续开展山区险村险户搬迁工作，完成3 811户、7 687人的搬迁任务。完善山区公益林生态效益促进发展机制和生态林管护机制，进一步提高管护水平。

四、坚持开放发展，加强京津冀农林水合作

加强京津冀三地间的农林水合作，探索建立协同推进机制，推动本市农业生产功能向外布局，加快构建大尺度的生态空间和生态系统。

18. **深化京津冀生态建设协作**。继续推进京津风沙源治理、三北防护林、太行山绿化等国家重点生态工程建设，提升森林生态功能和碳汇能力，建设一批森林疗养、森林体验教育、森林文化展示等试验示范区。协同构建京津保森林湿地群，围绕建设张（家口）承（德）生态涵养区，实施京冀生态水源保护林建设，构建环首都生态安全圈。配合国家有关部门建立京津冀及周边地区水污染防治联动协作机制，重点完善监测预警、信息共享、应急响应等工作机制。协同张（家口）承（德）地区共同开展饮用水水源地保护，合作建设生态清洁小流域，推进永定河、北运河、潮白河、大清河等跨界河流的绿色生态河流廊道治理和水系连通工程，加大对官厅水库、密云水库等的生态修复和污染治理力度。探索推进门头沟区永定河峡谷—河北怀来、房山区十渡—河北野三坡、怀柔区满韵汤河—河北丰宁、平谷区金海湖—天津蓟县、密云区雾灵香谷—河北兴隆等沟域景观协同发展，打造跨区域的沟域经济带。

19. **积极推动农业协同发展**。探索建立京津冀农业发展协同推进机制，推动三地产业统筹布局、联动发展。推动本市农业生产功能向外布局，协同建设京津冀都市现代农业区，加快建设环京津蔬菜基地、奶源生产基地和肉类供应基地，推进农业生产基地与首都市场产销对接。探索建立市场准入、检测结果互认和质量可追溯制度，提升京津冀地区农副产品质量安全水平。优化现代种业发展空间布局，打造环绕京津冀、辐射全国的种业发展格局。继续加强南繁基地建设。发挥北京农业的带动作用，鼓励和支持科研院所、涉农企业开展多种形式的跨地区经营、合作和服务，

通过输出技术、装备、标准，促进优质种子、品牌农产品走出去。

五、坚持共享发展，不断增进农民福祉

把改善和提高广大农民群众生活水平作为根本的政策取向，全面推进城乡公共服务均等化，让农民分享现代化成果，有更多的获得感。

20. 下大力气抓好低收入农户增收工作。调整低收入农户及低收入村认定标准，制定“十三五”时期促进低收入农户增收的相关政策和措施，实施扶持产业、促进就业、山区搬迁、生态建设、社会保障、社会帮扶的“六个一批”分类帮扶措施，进一步推进低收入农户增收及低收入村发展。加大投入力度，市级安排资金重点扶持低收入村、低收入农户产业发展项目。鼓励有条件的地区按照统一规划、统筹建设的原则，充分挖掘财力、物力、人力潜能，通过异地联建、联购经营性物业等多种形式，增加低收入村集体资产和物业经营收入。大力促进低收入农户劳动力转移就业创业。优先对低收入村、低收入农户实施山区搬迁工程。提高山区生态林补偿标准，最大程度发挥生态效益补偿政策对促进低收入农户增收的拉动作用。市、区安排的各项惠民政策、项目和工程，要最大限度地向低收入村和低收入农户倾斜。对无法依靠产业扶持和就业帮扶增收的低收入农户实行政策性保障兜底。健全党政机关、国有企事业单位、人民团体、驻京部队定点帮扶机制。2016 年 6 月底前要完成精准识别、建档立卡工作，12 月底前实现低收入村定点帮扶全覆盖。

21. 继续提高农村社会保障和公共服务水平。整合城乡居民基本医疗保险制度，通过统一城乡基本医疗保障的覆盖范围、筹资政策、保障待遇、医保目录、定点管理及基金管理，实现城乡居民享有公平的基本医疗保险权益。继续做好城乡居民大病保险和 17 类重大疾病保障工作，完善政策措施，加强与医疗救助等工作的有效衔接，确保参保人员待遇。加强村级医疗卫生机构建设，着手实施 847 个“空白村”的医疗卫生机构建设及相应人员配置，建立乡村医生岗位管理制度，提高岗位吸引力，多渠道解决医务人员不足问题。整合农村义务教育经费保障机制和城市义务教育奖补政策，建立城乡统一、重在农村的义务教育经费保障机制。加强市级优质教育资源统筹，推动城乡教育资源均衡配置，实施高等院校农村专项招生计划。继续完善城乡统一的就业失业管理制度，将更多农村劳动力纳入促进就业帮扶政策范围，更好地促进农村劳动力就地就近转移就业和创业。建立城乡统筹的公共文化体育服务体系建设协调机制，使文化体育资源向农村倾斜，并通过美丽乡村、特色文化村和特色体育村示范带动，促进农村公共文化体育事业全面发展。

22. 大力促进乡风文明。深入开展中国梦主题宣传教育，加强农村思想道德建设，扎实推进社会主义核心价值观建设，倡导契约精神、法治精神、科学精神，增强农民的首都意识、法治意识、社会责任意识，不断筑牢团结奋斗、共建小康的共同思想基础。弘扬中华民族优秀传统文化，深化文明村镇、星级文明户、五好文明家庭等群众性精神文明创建活动，培育文明乡风、优良家风、新乡贤文化，提高农民文明素质和农村文明程度。继续开展“寻找北京最美的乡村”宣传评选活动，吸引社会各界力量共建美丽乡村，共享美好生活。广泛开展具有乡村特色的文化活动，抓好乡村文化骨干队伍建设，继续办好北京市农民艺术节，进一步丰富农民群众精神文化生活。

六、加强和改善党对“三农”工作领导

坚持党总揽全局、协调各方的领导核心作用，坚持党政主导、农民主体、村民自治、社会协同的乡村治理机制，深化农村基层民主法治建设，不断提高农村基层社会治理水平。

23. 提高党领导农村工作水平。坚持把解决好“三农”问题作为工作重中之重不动摇，以更大的决心、下更大的气力加快补齐农业农村短板。不断健全党委统一领导、党政齐抓共管、党委农村工作综合部门统筹协调、各部门各负其责的农村工作领导体制和工作机制。严格落实各级党委抓农村基层党建工作责任制，发挥区委“一线指挥部”作用，明确各区委农工委协助组织部门抓农村基层党建工作的责任，加大抓乡促村工作力度。加强城乡发展一体化前瞻性、全局性、储备性政策研究，健全决策咨询机制。鼓励和支持各有关区实行差别化改革探索，对批准开展的农村改革试点，要不断总结可复制、可推广的经验，推动相关政策出台。各级财

政要继续加大对农业农村的投入，确保力度不减弱、总量有增加。加强农村宣传思想工作，广泛宣传优秀基层干部、道德模范、身边好人等的先进事迹，讲好乡村故事、传播乡村声音，为“三农”发展营造良好的舆论氛围。

24. **加强农村基层党组织建设。**巩固拓展党的群众路线教育实践活动和“三严三实”专题教育成果，推动全面从严治党向基层延伸；按照中央部署深入开展“两学一做”学习教育，进一步解决农村党员队伍在思想、组织、作风、纪律等方面存在的问题，进一步增强政治意识、大局意识、核心意识、看齐意识和首善意识。始终坚持农村基层党组织领导核心地位不动摇，充分发挥农村基层党组织的战斗堡垒作用和党员的先锋模范作用，不断夯实党在农村基层执政的组织基础。深化城乡基层党建“三级联创”活动，建立各级党组织书记抓基层党建责任清单，健全完善基层党建工作“三级联述联评联考”机制。创新完善农村基层党组织设置，加强农村社区、城中村、城乡结合部、外来流动人口聚集地等的党建工作，确保党的组织和党的工作全面覆盖、有效覆盖。加强乡村两级干部队伍建设，抓好乡镇领导班子和村“两委”换届选举工作，选好配强乡镇领导班子和村“两委”班子。发挥村党组织“第一书记”队伍作用，持续整顿软弱涣散村党组织，切实建强基层组织。实施农村后备干部人才培养工程，储备一批扎根乡土的农村公共管理服务人才。健全以财政投入为主的经费保障制度，建立村干部基本报酬财政保障机制和社会保险财政补贴机制。落实“两个责任”，严肃处理违反党规党纪的行为，着力解决基层干部不作为、乱作为问题。加强审计监督，重点在土地征收、涉农资金、新农村建设、“三资”管理等领域加大治理力度。

25. **创新和完善乡村治理机制。**加强乡镇服务型政府建设，推动乡镇政府转变工作职能，完善基层公共服务体系。进一步加强村务公开和民主管理工作，完善村民会议或村民代表会议制度和民主决策程序，全面落实“四议一审两公开”工作机制，强化农民群众在村级事务管理中的主体地位。健全完善村务监督机制，理顺村务监督机构与其他村级组织的关系，切实发挥村务监督委员会作用，落实群众监督权。推广实施民主恳谈会、村民理事会、民情沟通日等制度，畅通群众诉求表达机制，稳步推进农村基层协商民主。围绕控违拆违、环境整治、民主管理等重要工作，健全完善乡规民约、村民自治章程等社会规范，充分发挥其在社会治理中的积极作用。鼓励各区探索优化整合农村公益性岗位，对农村各类公益性管护队伍进行统筹管理，提升其服务能力。深化农村社区建设试点工作，完善多元共治的农村社区治理结构。深入开展平安创建活动，着力推进农村立体化社会治安防控体系建设，提高应对处置突发事件的能力，提升农村公共安全防控水平。加强农村法治建设，深入开展“法律进农村”活动，进一步巩固完善法律顾问制度。

北京市农村工作委员会
关于印发《2016 年市农委系统推进京津冀协同发展工作要点及任务分工》的通知

（2016 年 2 月 29 日）

两委机关各处室，市农委系统各单位：

根据市委、市政府关于推进京津冀协同发展的一系列工作部署及要求，我委制定了《2016 年市农委系统推进京津冀协同发展工作要点及任务分工》，现印发给你们，请结合工作实际认真贯彻落实。

2016 年市农委系统
推进京津冀协同发展工作要点及任务分工

根据《贯彻落实本市〈关于贯彻京津冀协同发

展规划纲要的意见〉的分工方案》(京办发〔2015〕21号)、《北京市推动京津冀协同发展工作要点(2015—2017年)》(京政办发〔2015〕55号),以及《北京市落实〈贯彻落实京津冀协同发展规划纲要分工方案〉的实施方案》《北京市推进京津冀协同发展2016年重点项目》等一系列文件精神,市农委梳理了本系统2016年推进京津冀协同发展的工作要点,明确了任务分工。

一、推进本市农业“调转节”

1. 严禁在全市区域内新建高耗水农业。严格执行《北京市新增产业的禁止和限制目录》,除科学研究、籽种繁育性质项目和休闲观光等农业经营项目外,确保全市不出现畜牧、水产养殖新建扩建项目。(责任单位与处室:市农委产业发展处,市农业局粮经处)

2. 引导和推动高耗水农业有序调减。2016年,全市粮食种植占地面积减少5万亩,生猪出栏量减少20万头,肉禽出栏量减少200万只。(责任单位与处室:市农委产业发展处,市农业局粮经处、畜牧处)

3. 大力发展高效节水农业。推进农业节水,继续实施4大节水工程、推广6种节水模式和30余项节水技术。2016年,推进结构调整减少农业用水500万立方米,推广应用高效节水设施和农艺节水技术实现节水3 000万立方米。(责任单位与处室:市农委产业发展处,市农业局粮经处)

4. 推进生态农业建设。以清洁空气、净化水源、改良土壤为目标,制定实施土壤环境综合治理行动计划,开展化肥、农药减量、秸秆综合利用、畜禽养殖污染防治等工作。2016年,测土配方施肥技术基本实现全覆盖,推广生物、物理防治和精准施药技术55万亩,抓好秸秆禁烧和综合利用工作。(责任单位与处室:市农委产业发展处,市农业局能源生态处)

5. 调整农业结构,强化生态功能,大力发展都市型现代农业。推进籽种农业、观光农业、会展农业发展,重点抓好通州国际种业园区建设、北京农业嘉年华活动。(责任单位与处室:市农委产业发展处、协调联络处,市农业局粮经处)

二、推进本市农村改革试点示范

1. 稳步推进通州区农村改革试验区工作。根据农业部《关于第二批农村改革试验区和试验任务的批复》(农政发〔2014〕5号),加强对通州区的指导和监督,稳步推进“农村集体产权流转交易市场建设”改革试验工作。一是开展区、镇两级交易市场的建设,区级交易中心利用现有场地,配套完善相关设备设施,设计、安装配套基本办公设备及信息发布和交易的网络系统,初步搭建起通州区产权流转交易中心;各乡镇交易服务站设立产权流转交易服务窗口一处、简易交易场所一处、矛盾纠纷调解室一间。二是进一步建立健全信息网络系统,搭建通州区农村产权流转交易网络平台,平台涵盖农村产权交易信息汇集发布、综合业务审批、网络竞价服务三大系统。(责任单位与处室:市农委经管处,市农经办金融处)

2. 稳步开展大兴区农村股份合作改革试点工作。按照《农业部、中农办、国家林业局关于积极发展农民股份合作赋予农民对集体资产股份权能改革试点工作的批复》(农经发〔2015〕7号),2016年,指导大兴区全面开展试点工作,加快推进农村土地承包经营权确权登记颁证工作,研究集体资产股份有偿退出及继承、抵押、担保权等制度设计。(责任单位与处室:市农委经管处)

3. 协助推进土地要素市场一体化改革。按照中央和市委市政府统一部署,配合市相关部门,慎重稳妥推进农村土地制度改革试点,建立城乡统一的建设用地市场;开展土地整治机制政策创新试点。(责任单位与处室:市农委经管处,市农经办土地承包处)

4. 探索农业试点示范。一是开展农作物病虫专业化统防统治与绿色防控融合推进试点。二是开展动物布病综合防控试点。三是开展国家农产品质量安全县试点。四是开展生猪价格指数保险试点。(责任单位与处室:市农业局粮经处、应急处、农产品质量安全处,市农委发展规划处)

三、推进本市特色小城镇、新型农村社区试点及美丽乡村建设

1. 推进农民就近城镇化。一是落实中共中央

办公厅、国务院办公厅《印发〈关于深入推进农村社区建设试点工作的指导意见〉》（中办发〔2015〕30号）和北京市人民政府《关于开展新型农村社区试点建设的意见》（京政发〔2011〕22号）要求，积极探索有效途径，加快推进48个新型农村社区试点建设。二是继续加强和完善小城镇基础设施和公共服务设施建设，进一步提高小城镇的承载能力。三是加强统筹协调，指导推进特色小城镇建设。四是配合推进通州、大兴、房山国家新型城镇化综合试点。（责任单位与处室：市农委村镇处）

2. **推进美丽乡村建设**。完善《北京市美丽乡村建设评价指标体系》，完成5.6万户农宅抗震节能改造，推动300个美丽乡村建设。（责任单位与处室：市农委村镇处）

3. **加强大气污染治理**。一是加大农村用能结构调整优化力度，大力治理农村散煤，完成农村地区400个村煤改清洁能源；二是推进低速货车结构调整工作。（责任单位与处室：市农委村镇处、流通处，市农业局农机处）

四、推进京津冀现代农业协同发展机制创新

1. **加强农业规划衔接与协同推进**。一是研究编制本市落实京津冀现代农业协同发展规划的实施方案。二是加强京津冀农业部门合作，以"保供给、保安全、保生态"为目标，统筹规划三地自然资源、生产要素和发展空间，重点推进"菜篮子"、农产品质量安全、农业信息化、联合执法监管、农业产业化、科技教育、农垦经济和社会发展、畜牧兽医事业、循环农业、休闲农业、现代种业等方面的协同发展。（责任单位与处室：市农业局蔬菜处，市农委流通处）

2. **加强农业信息协同**。一是按照建成一套区域农产品市场信息采集标准、稳定一批市场监测点、形成一支信息采集分析队伍、建成一套稳定可靠的数据报送工具、建设一个整合三地历史数据的基础数据库等"五个一"的要求，建立统一规范的京津冀农产品市场信息体系，强化农产品市场监测预警。二是加强北京农产品市场信息对天津、河北的推送共享服务，发挥市场信息对产销对接的引导作用。三是京津冀联合申报国家项目，共同探索农业大数据建设和分析试点。（责任单位与处室：市农业局信息中心）

3. **探索金融资本合作**。探索创新金融资本协同支农机制，加强两地金融担保、保险、信贷和社会资本合作，加大农业综合开发支农力度。积极引导金融资本支持农业产业项目、基础设施、农产品流通、新型经营主体等发展，通过市场化运作，提高公共服务与金融服务有机结合。支持各类金融资本有序开展金融贷款、保险、担保等业务，拓宽农业发展融资渠道。制定严格的风险防控机制，健全担保、保险、信用评价等体系，保障金融资本合理收益，有效降低金融风险。（责任单位与处室：市农委发展规划处）

4. **加强农业联合执法**。进一步完善京津冀农业执法协作机制，重点制定农业联合执法方案，分别就种子、农药、兽药、动检、屠宰、渔政管理组织联合执法活动，重点查处涉及农产品质量安全、农业生态安全、动植物疫情传播、生产经营假劣农资、跨省市经营种苗的案件。（责任单位与处室：市农业局政策法规处）

5. **完善工作协调推进机制**。拟于2016年北京农业嘉年华活动期间，设立天津市、河北省展馆，举办第二次京津冀现代农业协同发展工作座谈会，促进京津冀三省市及有关部门开展全方位、多层次、多形式的交流沟通。（责任单位与处室：市农委协调联络处、办公室、流通处，市农业局蔬菜处）

五、推进京津冀农业生态环境协作共建

1. **加强农业生态环境建设**。一是依托京津冀土肥水协同发展创新联盟，编制《京津冀土肥水科技发展规划》，协作开展化肥减量、旱作农业节水、耕地质量建设与提升、污染土壤修复、农膜回收利用等工作。二是在生态循环农业示范区建设、畜禽规模养殖场粪污处理设施、水产养殖用水循环利用设施改扩建等方面加大合作研究和支持力度，做好流域面源污染防控，强化水源地保护，推进区域农业生态环境改善。三是联合推进实施秸秆禁烧和秸秆综合利用政策，紧抓关键时段、交界地段，开展协同执法。（责任单位与处室：市农业局能源生态处）

2. **加强水生生物资源保护**。以"放流滤食鱼类、涵养京畿水源"为主题，京津冀三方在官厅

水库联合举办“2016年水生生物资源增殖放流暨渔政联合执法启动仪式”，部署三地增殖放流和渔政执法工作同步展开，实现拒马河流域、官厅水库、潮河、白河等水域放流时间、禁渔时间、执法时间“三统一”。（责任单位与处室：市农业局水产处）

3. **开展农作物绿色防控示范。**新建蔬菜病虫害全程绿色防控示范基地40个，其中北京10个、天津10个、河北20个。（责任单位与处室：市农业局蔬菜处）

4. **开展农产品质量安全协作试点。**统一制定京津冀农产品质量检测标准执行目录，探索三地统一标准、检测结果互认、信息预警、舆情监测、追溯管理、案件协查、问题产品处置等工作机制，定期开展农产品质量安全风险交流活动，统筹检测技术人员培训工作。（责任单位与处室：市农业局农产品质量安全处）

六、推进京津冀农业产业对接协作

1. **加强农产品产销合作。**一是加强产销规划引导和政策支持，鼓励北京企业在津冀地区建设蔬菜、畜禽、水产品生产基地和农产品深加工基地，支持首农、二商、京粮等市属龙头企业环京农业生产基地建设，鼓励三地企业共建农产品生产基地冷链物流设施，促进环京津1小时鲜活农产品物流圈建设。二是围绕“菜篮子”产品供给，继续支持本市企业在环京周边地区建设蔬菜生产基地2万亩左右，以及畜禽生产基地3～5家。三是通过北京农业嘉年华、廊坊农产品交易会、河北省（固安）蔬菜博览会等平台，重点向北京蔬菜流通商贸企业推介河北蔬菜，推动“农批对接”“农超对接”“农社对接”“农校对接”。协助津冀两地农产品在京展销、开展品牌推介、建设直营店等活动。四是积极推进农产品批发市场建设，健全完善与河北省农产品产销对接机制。（责任单位与处室：市农委流通处，市农业局产销办、蔬菜处，北京农产品中央批发市场管委会中央物流园有限公司、中央批发市场有限责任公司）

2. **加强现代种业合作。**一是以小麦、玉米、瓜菜、马铃薯、畜禽、冷水性鱼类为重点，开展良种选育联合攻关，打造合作育种基地。二是落实京津冀一体化农作物品种审定机制，做好非主要农作物品种登记互认工作，组织夏玉米、水稻、小麦联合区试验工作，开展京津冀生态区小麦、玉米品种联合展示示范工作。（责任单位与处室：市农业局粮经处）

3. **加强休闲农业合作。**以河北省滨海和京津冀三地休闲渔业、京杭大运河（天津段）、太行山沟域绿色经济区、燕山生态休闲农业区、坝上地区乡村冰雪运动和满蒙文化等为重点，加强休闲农业规划设计、资源开发、品牌打造和服务培训等方面的交流合作，共同打造休闲农业游精品线路。合作开展休闲农业市场宣传推广活动，共同在京开展沿海休闲渔业推广活动，联合编辑《2016—2017京津冀休闲垂钓游》。（责任单位与处室：市农业局粮经处，市农委协调联络处、山区处、流通处）

4. **加强动植物疫病联防联控。**一是联合开展动植物检疫性有害生物的风险评估，统筹布局重大动植物疫情的监测区域和监测点，进一步提高监测时效性。二是统一动植物疫情除治的技术规范，开展联合技术培训和现场观摩，提高专职检疫员队伍的业务水平。三是联合查办动植物检疫重大案件，打击跨地区违法违规行为，共同维护种子种苗市场检疫秩序。四是推动建立统一的信息平台，共享病虫害发生信息，相互通报防控工作的进展情况，抓好区域间应急防控工作的协调。五是继续加强京城动物免疫隔离墙建设，抓好北京11个区与河北18个县（市、区）的5个小片动物疫病联防工作。六是组织开展京津冀三地重大动物疫情应急演练会，推进三地动物疫情联防联控和应急处置能力提升。（责任单位与处室：市农业局应急处）

七、构建“4+N”农业产业合作格局

1. **推进京张蔬菜产销合作。**根据市政府要求及《京张蔬菜产销协作框架协议（2013—2017）框架协议》，2016年，市农委继续安排专项资金，支持张家口坝上地区发展蔬菜膜下滴灌2万亩左右，共同打造供京冷凉蔬菜基地。（责任单位与处室：市农委流通处，市农业局蔬菜处）

2. **推进京承农业战略合作。**一是抓好承德市农民合作社骨干进京培训班，完善现代农业“公司+合作社+农户”发展模式。二是推进农产品质量安全协作试点，将承德市部分农产品质量安全检测技

术人员纳入北京市农业局面向基层检测技术人员的培训计划。(责任单位与处室：市农委流通处、北京农职院农村实用技术服务中心，市农业局农产品质量安全处)

3. **推进与滨海新区协作。**重点支持首农集团等龙头企业在津合作建设的重大项目，共同打造农产品进出口贸易的新高地，引领两市涉农企业“走出去”。(责任单位与处室：市农委流通处)

4. **推进与曹妃甸协作。**发挥本市农业产业化龙头企业协会作用，引导和支持本市企业到曹妃甸发展种养及加工业，共建农副产品保障供应基地。(责任单位与处室：市农委产业发展处、流通处，市农业局蔬菜处)

八、推进京津冀农业科技交流与合作

1. **推进农业科技协同创新。**由京津冀农科院牵头，持续开展精品蔬菜安全生产与供应科技攻关与示范、草莓产业提升与科技示范、菜篮子安全物联网管理系统研发、杂交小麦品种选育与示范、重金属污染农田修复技术研发与示范、优质鸡健康养殖技术研究与示范等六个专项行动。(责任单位与处室：市农科院科研处)

2. **推进农业科技成果推广。**组织京津冀农业技术推广部门，集中建设科技成果转化应用基地，广泛开展农业技术培训，大规模普及种养殖方面成型配套的先进适用技术。(责任单位与处室：市农业局科教处)

3. **推进农机技术推广合作。**搭建一体化农机技术推广服务平台，深入推进粮经、蔬菜、养殖、林果、生态五大产业的农机技术推广合作，重点合作推广秸秆全量化利用技术、土壤机械化深松技术、大棚结构改造和全程机械化、畜禽粪污机械化处理技术、大田作物综合节水技术等先进适用农机化技术。(责任单位与处室：市农业局农机处)

北京市农村工作委员会
关于印发《北京市级现代农业示范区创建管理办法（试行）》的通知

(2016 年 4 月 22 日)

郊区各区农委：

2015 年，我市制定了《北京市国家现代农业示范区建设实施方案（2015—2020 年）》，构建了现代农业示范区、现代农业示范乡镇、现代农业示范基地（特色产业村）、家庭农场和专业大户四级横向体系。到 2020 年，在顺义、房山两个国家现代农业示范区的创建基础上，北京市将建成门头沟区、通州区、昌平区等 8 个市级现代农业示范区。2015 年年底，通州区和大兴区已通过市级现代农业示范区的申请。为了加快推进北京市整市创建国家现代农业示范区，进一步规范市级现代农业示范区的创建、监测、评审、验收工作，我们制定了《北京市级现代农业示范区创建管理办法（试行）》（以下简称《管理办法》）。现印发给你们，请参照《管理办法》参加创建工作。

北京市级现代农业示范区
创建管理办法（试行）

第一章　总　　则

第一条　按照北京市社会主义新农村建设领导小组《关于印发〈北京市国家现代农业示范区建设实施方案（2015—2020 年）〉的通知》（京新农发〔2015〕1 号）的要求，到 2020 年，北京市要创建 10 个市级现代农业示范区。为做好北京市级现代农业示范区的创建工作，特制定本办法。

第二条　门头沟区、昌平区、平谷区、怀柔区、密云区、延庆区等 6 个区开展北京市级现代农业示范区创建、年度监测及 2020 年评审验收时适用本办法；通州区、大兴区已申报了市级示范区的

创建，开展年度监测及2020年评审验收时适用本办法；房山区、顺义区为国家现代农业示范区，参加年度监测时适用本办法。

第三条　参加北京市级现代农业示范区的申报、监测、评审、验收时，要确保填报数据真实可靠、发展水平客观真实。

第二章　管理机构

第四条　北京市创建国家现代农业示范区联席会议制度成员单位在职责范围内为市级现代农业示范区创建提供协助支撑。

第五条　北京市创建国家现代农业示范区联席会议制度办公室（以下简称“办公室”）负责组织市级现代农业示范区的申报、监测、评审、验收。

第六条　北京市创建国家现代农业示范区技术服务中心协助开展申报材料初审、年度监测、现场考察、指标体系评分等工作。

第三章　评价办法

第七条　采取指标体系评价与专家考察评价相结合的评价办法。

第八条　指标体系评价：由各区自行填写测评。从农业物质装备水平、科技推广水平、经营管理水平、支持水平、产出水平、可持续发展水平、示范镇（一村一品）创建水平等7个一级指标26项二级指标进行评价，总分为120分。

第九条　专家考察评价：专家组实地考察申报区内2～3个农业园区和示范基地的建设情况，听取示范区发展规划和建设方案汇报，审查验收材料。专家评价体系包括是否体现都市农业发展特色、示范区建设总体规划的合理性、区内农业园区和示范基地建设水平、农业一、二、三产融合发展情况等13项内容，总分为120分。

第四章　申　　报

第十条　2016年，门头沟区、昌平区、平谷区、怀柔区、密云区、延庆区等6个区由区农委向“办公室”提出创建申请。

第十一条　提交以下申请材料：

（一）创建现代农业示范区申报书；

（二）创建现代农业示范区建设水平自评价报告；

（三）现代农业示范区总体规划；

（四）近三年推动本辖区农业发展的意见、实施方案、获得国家及北京市的农业方面的奖项复印件等其他相关辅助材料。

第五章　年度监测

第十二条　门头沟区、房山区、通州区、顺义区、大兴区、昌平区、平谷区、怀柔区、密云区、延庆区每年都要参加示范区建设水平监测，并根据要求上报相关材料。

第十三条　年度监测仅开展指标体系评价内容的监测。

第六章　评审验收

第十四条　2020年，组织门头沟区、通州区、大兴区、昌平区、平谷区、怀柔区、密云区、延庆区参加评审验收。

第十五条　由区政府提交以下评审材料：

（一）创建期间现代农业示范区总结报告；

（二）创建期间现代农业示范区建设水平自评价报告；

（三）创建期间推动本辖区农业发展的意见、实施方案、获得国家及北京市的农业方面的奖项复印件等其他相关辅助材料。

第十六条　2020年10月，办公室组织都市农业、生态农业、农业规划、农业管理等方面专业人员组成专家组，对各区建设情况进行评审、验收。专家组成员应当具有高级专业技术职称或处级以上职务，终审评审专家不少于5名（为单数），进行现场考察，并组织召开专家评审会，出具书面评审意见。

第十七条　办公室在组织专家实地考察评价的基础上，结合评价指标体系的评分，对参加创建的示范区进行验收。

（一）指标体系评分：参见第八条，以2019年的数据为准；

（二）专家评分：参见第九条；

（三）记分方法：评审综合得分＝指标体系评价得分×1/2＋专家实地考察评估得分×1/2，总分为120分。

第十八条　达到85分以上的即可通过验收。

第七章　公示公告

第十九条　通过验收的市级现代农业示范区名

单将在市农委官方网站上公示 7 日。

第二十条　公示期满后，对没有异议的示范区，正式挂授“北京市级国家现代农业示范区”牌，进行公告并表彰。

第八章　附　　则

第二十一条　本办法自发布之日起实行。

第二十二条　本办法由北京市创建国家现代农业示范区联席会议制度办公室负责解释。

附件 1　北京市级现代农业示范区监测评价指标体系

附件 2　北京市级现代农业示范区创建专家评分表

附件 1

北京市级现代农业示范区监测评价指标体系

一级指标	权重	二级指标	权重	测算指标							
				指标名称	权重	单位	基本实现现代化目标值	全面实现现代化目标值	现状值	得分	备注
1. 物质装备水平	14	农业基础设施建设水平	7	（1）高标准农田面积比重	7	%	60	75			
		农业机械装备水平	7	（2）农作物耕种收综合机械化水平	7	%	75	90			
2. 科技推广水平	16	农业科技服务能力	5	（3）大专学历以上农业技术推广服务人员占比	5	%	80	95			
		农业劳动力素质	5	（4）持专业证书的农业劳动力占比	5	%	35	60			
		农业信息化基础支撑水平	6	（5）农户计算机拥有率	1	台/百户	50	80			
				（6）具备农业综合信息服务能力的乡镇比重	3	%	75	100			
				（7）“12316”等农业信息服务热线覆盖率	2	%	100	100			
3. 经营管理水平	28	规模化发展、园区化建设、标准化生产水平	18	（8）土地适度规模经营比重	4	%	40	70			
				（9）畜禽规模化养殖比重	4	%	60	80			
				（10）水产标准化健康养殖比重	4	%	50	75			
				（11）“三品”基地面积占耕地面积比重	3	%	40	50			
				（12）标准化覆盖率	3	%					
		农业产业化水平	3	（13）农产品加工业产值与农业总产值比值	3	倍	2.7	3.5			
		农业组织化水平	4	（14）农户参加农民合作社比重	4	%	55	75			
		社会化服务水平	3	（15）农林牧渔服务业增加值占农林牧渔业增加值的比重	3	%	4	6			
4. 支持水平	13	财政支持水平	8	（16）农林水事务支出占农林牧渔业增加值的比重	8	%	15	20			
		金融投入水平	5	（17）农业保险深度	2	%	1	1.5			
				（18）单位农林牧渔业增加值的信贷资金投入	3	元	0.8	1.1			

（续）

一级指标	权重	二级指标	权重	测算指标							
				指标名称	权重	单位	基本实现现代化目标值	全面实现现代化目标值	现状值	得分	备注
5. 产出水平	9	农产品质量安全水平	3	（19）农产品质量安全抽检合格率	3	%	100	100			
		农民收入水平	6	（20）农民人均可支配收入	6	元	20 000	30 000			
6. 可持续发展水平	20	耕地保护水平	6	（21）耕地保有率	6	%	100	100			
		水资源利用水平	4	（22）农田灌溉水有效利用系数	4		0.6	0.7			
		农业节能减排水平	4	（23）单位能耗创造的农林牧渔业增加值	4	万元/吨标煤	2.2	3			
		劳动生产率	6	（24）劳均农林牧渔业增加值	6	元	35 000	60 000			
7. 示范镇创建水平	20	示范镇创建	10	（25）都市型现代农业示范镇占农业乡镇的比重	10	%	25	50			
		一村一品示范村（特色产业村）创建	10	（26）一村一品示范村（特色产业村）占区域内村庄的比重	10	%	1	3			

附件 2

北京市级现代农业示范区创建专家评分表

序号	评分内容	标准分	专家评分
1	是否体现本区都市现代农业发展特色	10	
2	示范区建设总体规划是否合理可行	10	
3	农业园区和示范基地建设水平	10	
4	示范区创建工作的组织管理水平	10	
5	示范区现代农业发展物质装备基础	10	
6	建立农业项目资金整合机制	10	
7	创新农业投融资服务机制	10	
8	新型经营主体培育情况	10	
9	农业保险工作推进情况	10	
10	农业适度规模经营工作推进情况	10	
11	农业一、二、三产融合发展情况	10	
12	“互联网＋农业”推进情况	5	
13	生态农业工作推进情况	5	
	总分	120	

北京市农村工作委员会 关于印发《北京都市型现代农业（高效农业）示范乡镇创建工作管理办法（试行）》的通知

（2016 年 4 月 22 日）

郊区各区农委：

2015 年，我市制定了《北京市国家现代农业示范区建设实施方案（2015—2020 年）》，构建了现代农业示范区、现代农业示范乡镇、现代农业示范基地（特色产业村）、家庭农场和专业大户四级横向体系。目前，在现代农业示范乡镇层面我市已有 53 个示范乡镇参与创建工作。为了进一步推动北京市国家现代农业示范区建设，提升全市示范乡镇的创建水平，科学评价示范镇，我们修订、完善了《北京都市型现代农业（高效农业）示范乡镇创建工作管理办法（试行）》（以下简称《管理办法》）。现印发给你们，请下发到区内各示范乡镇并参照《管理办法》组织示范乡镇参加创建工作。

北京都市型现代农业（高效农业）示范乡镇创建工作管理办法（试行）

第一章 总　　则

第一条 为推动北京市国家现代农业示范区建设，落实《关于开展北京都市型现代农业（高效农业）示范镇创建活动的实施意见》（京政农函〔2012〕101 号），推进北京都市型现代农业（高效农业）示范乡镇（以下简称“示范乡镇”）的创建工作，特制定本办法。

第二条 北京都市型现代农业（高效农业）示范乡镇的申报、考核、验收适用于本办法。

第二章 管理机构

第三条 北京市农村工作委员会（以下简称“市农委”）负责示范乡镇的申报、考核、验收的组织工作。北京都市型现代农业（高效农业）示范乡镇建设管理办公室提供技术支持。

第三章 申报受理

第四条 全市范围内以种植业、养殖业为农业主导产业的乡镇均可申报。

第五条 申报创建示范乡镇的，应当向市农委提交以下材料：

（一）《北京都市型现代农业（高效农业）示范乡镇申报书》；

（二）本乡镇近三年都市型现代农业发展报告；

（三）近三年之内编写的农业发展规划。

第六条 各乡镇将材料报送至所在区农委，经区农委同意后统一报送市农委。

第七条 市农委组织专家结合申报材料进行择优筛选，确定入选名单，并通告各区。

第四章 监测考核

第八条 示范乡镇（含已验收合格的）每年要参加市农委的监测、考核，并根据要求上报相关材料。

第九条 考核内容包括工作推进情况、产出情况、“三化”推进情况、加分项等。考核总分为 110 分。

（一）工作推进情况（20 分）

由 4 个具体指标组成，包括是否编制都市型现代农业（高效农业）专项规划、是否成立推进都市型现代农业（高效农业）的专门机构或领导小组、是否组织人员开展或参加相关培训和学习考察、有无全国一村一品示范村镇或北京市特色产业村。

（二）产出情况（35 分）

由 5 个具体指标组成，包括农林牧渔总产值增速、人均农林牧渔总产值、亩均农林牧渔总产值、农村居民人均可支配收入增速、设施农业产出率。

（三）规模化、标准化、园区化（生态保护）

推进情况（45 分）

根据不同的发展定位，平原乡镇和山区（半山区）乡镇参照不同的评价指标。

1. 平原乡镇的评价指标（附件 1）。由 9 个具体指标组成，包括土地适度规模经营比重、畜禽规模化养殖比重、亩均化肥施用量、节水灌溉面积比重、农田灌溉水有效利用系数、农作物耕种收综合机械化率、农户参加农民专业合作组织比重、农产品抽检合格率、“三品”基地面积占耕地面积比重。

2. 山区（半山区）乡镇的评价指标（附件 2）。由 9 个具体指标组成，包括耕地保有率、畜禽标准化养殖场产量比重、亩均化肥施用量、节水灌溉面积比重、林木覆盖率、“美丽乡村”所占比重、农户参加农民专业合作组织比重、农产品抽检合格率、“三品”基地面积占耕地面积比重。

（四）加分项（10 分）

各乡镇在上述考核内容或以往工作基础之上，对于在农业一、二、三产融合发展方面成效显著、成绩突出，以及在创新工作机制、发展特色鲜明、取得成效显著、起到很好示范带动作用的，酌情给予加分。

第十条　示范乡镇建设水平评价包括发展水平评价和发展速度评价。

发展水平评价。通过比较年度综合得分评价各示范乡镇发展水平。示范乡镇建设水平综合得分等于或高于 70 分即为合格。

发展速度评价。通过比较年际综合得分评价各示范乡镇发展速度。示范乡镇年际间综合得分增量小于 2 分为发展速度较慢，2～4 分为发展速度平稳，4 分以上为发展速度较快。

第五章　组织验收

第十一条　各区农委对本辖区内已完成三年创建工作的示范乡镇统一进行验收。

第十二条　每年的 9 月 30 日前，乡镇政府需向所在辖区的农委提交以下验收材料：

（一）示范乡镇创建总结报告；

（二）三年创建期的示范乡镇都市型现代农业建设水平年度监测报告；

（三）示范乡镇都市型现代农业建设总体规划；

（四）成立推进示范镇的专门机构或领导小组的文件或会议纪以及要近三年推动本乡镇农业发展的意见、实施方案、获得国家及北京市的农业方面的奖项复印件等其他相关材料。

第六章　区级初审

第十三条　各区农委组织都市农业、生态农业、农业规划、农业管理等方面专业人员组成专家组进行验收。专家组成员应当具有高级专业技术职称或副处级以上职务，每次验收专家不少于 5 名（为单数）。

第十四条　示范乡镇创建期末（三年）考评分值达 70 分以上为合格，90 分以上为优秀。

第十五条　验收结束后，将各乡镇申报材料、评审专家签到表、专家评审意见以及评审结果报送市农委复审。

第七章　市级复审

第十六条　市农委组织都市农业、生态农业、农业规划、农业管理等方面专业人员组成专家组，审核各区农委的评审结果，并随机抽取 20％的、已通过区级初审的示范镇进行复审，复审包括现场考察和答辩。专家组成员应当具有高级专业技术职称或处级以上职务，每次验收专家不少于 5 名（为单数）。

第十七条　市级复审中若发现与区级初审结果不一致的情况，则视该示范乡镇的初审结果无效并由其所在区农委做出书面说明。

第八章　公示公告

第十八条　未通过验收的乡镇需补充材料、进行有针对性的改进后于下一年再进行验收。

第十九条　验收合格的示范乡镇名单将在市农委官方网站上公示 7 日。

第二十条　公示期满后，对没有异议的示范乡镇，正式挂授“北京都市型现代农业（高效农业）示范乡镇”牌，进行公告并表彰。

第九章　监督管理

第二十一条　按照市农委要求进行年度监测，根据年度监测结果，对于排名前 20 名的乡镇，在市农业领域专项转移支付年度考核里予以加分；对于排名后 10 名的乡镇进行约谈；对连续三年在年度监测中得分在 50 分以下的乡镇取消其创建资格。

第二十二条　正在创建中和已验收合格的示范乡镇存在以下事实之一的，实行一票否决制，取消其参加“北京都市型现代农业（高效农业）示范乡镇”的创建资格。

（一）擅自改变土地用途性质，侵占基本农田的；

（二）损坏农民利益，造成恶劣社会影响的；

（三）农地非农化，丧失基本农业生产功能的；

（四）发生重大生产安全、农产品质量安全事故和动植物疫情，造成严重后果的；

（五）在示范乡镇考评过程中伪造数据资料，弄虚作假的。

第十章　附　　则

第二十三条　本办法自公布之日起施行，《北京都市型现代农业（高效农业）示范乡镇创建评价考核办法（试行）》（京政农函〔2015〕38 号）同时废止。

第二十四条　本办法由北京市农村工作委员会负责解释。

附件 1　北京都市型现代农业（高效农业）示范乡镇评价考核表（平原乡镇适用）

附件 2　北京都市型现代农业（高效农业）示范乡镇评价考核表（山区、半山区乡镇适用）

附件 3　北京都市型现代农业（高效农业）示范乡镇名单

附件 4　北京市山区（半山区）乡镇名单

附件 1

北京都市型现代农业（高效农业）示范乡镇评价考核表（平原乡镇适用）

考评内容	单位	数值	标准分	考评分	计分标准
一、工作推进情况	—	—	20		
1. 是否编制都市型现代农业（高效农业）专项规划	—		5		编制得 5 分，未编制得 0 分
2. 是否成立推进都市型现代农业（高效农业）的专门机构或领导小组	—		5		成立得 5 分，未成立得 0 分
3. 是否组织人员开展或参加相关培训和学习考察	—		5		组织得 5 分，未组织得 0 分
4. 有无全国一村一品示范村镇或北京市特色产业村	—		5		有得 5 分，无得 0 分
二、产出情况	—	—	35		
5. 农林牧渔总产值增速	%		7		超过本区平均水平 20%得 7 分，达到本区平均水平得 3 分，未达到本区平均水平得 0 分
6. 人均农林牧渔总产值	万元		7		超过本区平均水平 20%得 7 分，达到本区平均水平得 3 分，未达到本区平均水平得 0 分
7. 亩均农林牧渔总产值	万元		7		超过本区平均水平 20%得 7 分，达到本区平均水平得 3 分，未达到本区平均水平得 0 分
8. 农村居民人均可支配收入增速	%		7		超过本区平均水平 20%得 7 分，达到本区平均水平得 3 分，未达到本区平均水平得 0 分
9. 设施农业产出率	元/亩		7		超过全市平均水平 20%得 5 分，达到全市平均水平得 2 分，未达到全市平均水平得 0 分
三、规模化、标准化、园区化推进情况	—	—	45		
10. 土地适度规模经营比重	%		5		高于全市平均水平得 5 分，其余得 0 分
11. 畜禽规模化养殖比重	%		5		高于全市平均水平得 5 分，其余得 0 分
12. 亩均化肥施用量	千克/亩		5		低于全市平均水平得 5 分，其余得 0 分

（续）

考评内容	单位	数值	标准分	考评分	计分标准
13. 节水灌溉面积比重	%		5		高于全市平均水平得5分，其余得0分
14. 农田灌溉水有效利用系数	—		5		高于全市平均水平得5分，其余得0分
15. 农作物耕种收综合机械化率	%		5		高于全市平均水平得5分，其余得0分
16. 农户参加农民专业合作组织比重	%		5		高于全市平均水平得5分，其余得0分
17. 农产品抽检合格率	%		5		高于全市平均水平得5分，其余得0分
18. “三品”基地面积占耕地面积比重	%		5		高于全市平均水平得5分，其余得0分
四、加分项	—	—	10		各乡镇在上述考核内容基础之上，报送材料规范及时、创新工作机制、发展特色鲜明、取得成效显著、起到很好示范带动作用的，酌情给予适当加分。
总计			110		

指标解释

1. 是否编制都市型现代农业（高效农业）专项规划：在近5年内编制过都市型现代农业、高效农业、设施农业、生态农业等规划并得到上级部门的批准。

2. 是否成立推进都市型现代农业（高效农业）的专门机构或领导小组：在近三年内成立过推进都市型现代农业（高效农业）的机构或领导小组。

3. 是否组织人员开展或参加相关培训和学习考察：参加了上一年度市农委组织的都市农业示范镇培训与学习考察。

4. 有无全国一村一品示范村镇或北京市特色产业村：镇域内有村、镇被评为全国一村一品示范村镇或北京市特色产业村。

5. 农林牧渔总产值：本乡镇农、林、牧、渔业全部产品的总量，它反映一定时期内农业生产总规模和总成果。

6. 人均农林牧渔总产值＝农林牧渔业总产值/一产从业人数。

7. 亩均农林牧渔总产值＝农林牧渔业总产值/农用地面积。

8. 农村居民人均可支配收入增速：反映地区农民收入情况。

9. 设施农业产出率＝设施农业总产值/设施农业实际利用面积。

10. 土地适度规模经营比重：实际经营农业土地的主体数量（包括农户、集体农场、合作社和企业）与农用地面积的比值。

11. 畜禽规模化养殖比重：规模化养殖数量与占总养殖量的比重。指生猪、肉牛、奶牛、羊、肉鸡、蛋鸡规模化养殖量与其相应养殖总量比值的加权合计，是反映现代畜牧业发展水平的重要指标。计算公式：畜禽规模化养殖比重＝ $\sum_{i=1}^{6} A_i \times X_i$ ，其中，A为生猪、肉牛、奶牛、羊、肉鸡、蛋鸡规模化养殖场年出（存）栏量分别占其养殖总量的比重，X为生猪、肉牛、奶牛、羊、肉禽、禽蛋产值分别占猪、牛、奶产品、羊、肉禽、禽蛋产值之和的比重，i为畜产品代码。

生猪、羊规模化养殖量是指年出栏500头以上的生猪、100只以上的羊规模化养殖场（户）年出栏生猪或羊的数量。肉牛、奶牛规模化养殖量是指年出栏50头以上的肉牛、年存栏100头以上的奶牛规模化养殖场年出栏肉牛、存栏奶牛的数量。肉鸡、蛋鸡规模化养殖量是指年出栏10 000只以上的肉鸡、年存栏2 000只以上的蛋鸡规模化养殖场年出栏肉鸡、存栏蛋鸡的数量。相关数据从畜牧部门的行业统计资料中采集。

12. 亩均化肥施用量＝化肥施用量/（农作物播种面积＋果园面积＋桑园面积）。

13. 节水灌溉面积比重＝使用节水灌溉的耕地面积/耕地总面积。

14. 农田灌溉水有效利用系数＝（总灌溉水量一灌溉过程中的损失量）/总灌溉水量。

15. 农作物耕种收综合机械化率：是衡量粮食作物机耕、机播、机收水平的综合性指标，按照机耕、机播、机收各40%、30%、30%的权重进行加权求和计算。计算公式为：农作物耕种收综合机械化率=农作物机耕水平×40%+农作物机播水平×30%+农作物机收水平×30%。

16. 农户参加农民专业合作组织比重=参加农民专业合作社的农户/总农户。

17. 农产品抽检合格率=抽检农产品合格数量/抽检数。

18. “三品”基地面积占耕地面积比重：反映无公害、绿色、有机食品基地面积占耕地总面积的比重=三品认证的粮、菜、果等生产面积/耕地面积。

附件 2

北京都市型现代农业（高效农业）示范乡镇评价考核表（山区、半山区乡镇适用）

考评内容	单位	数值	标准分	考评分	计分标准
一、工作推进情况	—	—	20		
1. 是否编制都市型现代农业（高效农业）专项规划	—		5		编制得 5 分，未编制得 0 分
2. 是否成立推进都市型现代农业（高效农业）的专门机构或领导小组	—		5		成立得 5 分，未成立得 0 分
3. 是否组织人员开展或参加相关培训和学习考察	—		5		组织得 5 分，未组织得 0 分
4. 有无全国一村一品示范村镇或北京市特色产业村	—		5		有得 5 分，无得 0 分
二、产出情况	—	—	35		
5. 农林牧渔总产值增速	%		7		超过本区平均水平 20%得 7 分，达到本区平均水平得 3 分，未达到本区平均水平得 0 分
6. 人均农林牧渔总产值	万元		7		超过本区平均水平 20%得 7 分，达到本区平均水平得 3 分，未达到本区平均水平得 0 分
7. 亩均农林牧渔总产值	万元		7		超过本区平均水平 20%得 7 分，达到本区平均水平得 3 分，未达到本区平均水平得 0 分
8. 农村居民人均可支配收入增速	%		7		超过本区平均水平 20%得 7 分，达到本区平均水平得 3 分，未达到本区平均水平得 0 分
9. 设施农业产出率	元/亩		7		超过全市平均水平 20%得 5 分，达到全市平均水平得 2 分，未达到全市平均水平得 0 分
三、规模化、标准化、生态推进情况	—	—	45		
10. 耕地保有率	%		5		高于全市平均水平得 5 分，其余得 0 分
11. 畜禽标准化养殖场产量比重	%		5		高于全市平均水平得 5 分，其余得 0 分
12. 亩均化肥施用量	千克/亩		5		低于全市平均水平得 5 分，其余得 0 分
13. 节水灌溉面积比重	%		5		高于全市平均水平得 5 分，其余得 0 分
14. 林木覆盖率	%		5		高于全市平均水平得 5 分，其余得 0 分
15. “美丽乡村”所占比重	%		5		高于全市平均水平得 5 分，其余得 0 分
16. 农户参加农民专业合作组织比重	%		5		高于全市平均水平得 5 分，其余得 0 分
17. 农产品抽检合格率	%		5		高于全市平均水平得 5 分，其余得 0 分
18. “三品”基地面积占耕地面积比重	%		5		高于全市平均水平得 5 分，其余得 0 分
四、加分项	—	—	10		各乡镇在上述考核内容基础之上，报送材料规范及时、创新工作机制、发展特色鲜明、取得成效显著、起到很好示范带动作用的，酌情给予适当加分。
总计			110		

指 标 解 释

1. 是否编制都市型现代农业（高效农业）专项规划：在近5年内编制过都市型现代农业、高效农业、设施农业、生态农业等规划并得到上级部门的批准。

2. 是否成立推进都市型现代农业（高效农业）的专门机构或领导小组：在近三年内成立过推进都市型现代农业（高效农业）的机构或领导小组。

3. 是否组织人员开展或参加相关培训和学习考察：参加了上一年度市农委组织的都市农业示范镇培训与学习考察。

4. 有无全国一村一品示范村镇或北京市特色产业村：镇域内有村、镇被评为全国一村一品示范村镇或北京市特色产业村。

5. 农林牧渔总产值：本乡镇农、林、牧、渔业全部产品的总量，它反映一定时期内农业生产总规模和总成果。

6. 人均农林牧渔总产值＝农林牧渔业总产值/一产从业人数。

7. 亩均农林牧渔总产值＝农林牧渔业总产值/农用地面积。

8. 农村居民人均可支配收入增速：反映地区农民收入情况。

9. 设施农业产出率＝设施农业总产值/设施农业实际利用面积。

10. 耕地保有率：指本年末耕地总面积与上年末耕地总面积的比值，反映了耕地面积的变动幅度。计算公式：耕地保有率＝本年末耕地总面积/上年末耕地总面积×100%。耕地面积数据从统计年鉴中采集。

11. 畜禽标准化养殖场产量比重：农业部或北京市认定的畜禽养殖标准化示范场存栏量与总存栏量的比值。计算公式：畜禽标准化养殖场（小区）产量比重＝A/B×100%，其中，A为生猪、肉牛、奶牛、羊、肉鸡、蛋鸡标准化养殖场年存栏量之和，B为总存栏量。

12. 亩均化肥施用量＝化肥施用量/（农作物播种面积＋果园面积＋桑园面积）。

13. 节水灌溉面积比重＝使用节水灌溉的耕地面积/耕地总面积。

14. 林木覆盖率：林地面积与土地总面积的比值。

15. “美丽乡村”所占比重：农业部或北京市认定的“美丽乡村”数量与全乡镇行政村数量的比值。

16. 农户参加农民专业合作组织比重＝参加农民专业合作社的农户/总农户。

17. 农产品抽检合格率＝抽检农产品合格数量/抽检数。

18. “三品”基地面积占耕地面积比重：反映无公害、绿色、有机食品基地面积占耕地总面积的比重＝三品认证的粮、菜、果等生产面积/耕地面积。

附件3

北京都市型现代农业（高效农业）示范乡镇名单

2015年，北京市共有11个区53个乡镇申报都市农业（高效农业）示范镇。示范镇名单如下：

通州区（6个）：西集镇、永乐店镇、漷县镇、潞城镇、于家务乡、张家湾镇

顺义区（7个）：北务镇、杨镇、赵全营镇、龙湾屯镇、大孙各庄镇、张镇、木林镇

延庆区（4个）：大榆树镇、康庄镇、沈家营镇、八达岭镇

大兴区（6个）：庞各庄镇、采育镇、魏善庄镇、长子营镇、青云店镇、榆垡镇

平谷区（3个）：峪口镇、马昌营镇、夏各庄镇

昌平区（5个）：兴寿镇、崔村镇、百善镇、小汤山镇、马池口镇

密云区（5个）：太师屯镇、巨各庄镇、穆家峪镇、十里堡镇、东邵渠镇

门头沟区（5个）：清水镇、雁翅镇、斋堂镇、妙峰山镇、军庄镇

海淀区（1个）：上庄镇

房山区（7个）：琉璃河镇、韩村河镇、窦店镇、石楼镇、张坊镇、长阳镇、良乡镇

怀柔区（4个）：北房镇、长哨营镇、杨宋镇、九渡河镇

附件 4

北京市山区（半山区）乡镇名单

区	山区乡镇（48个）	半山区乡镇（35个）
门头沟区	潭柘寺镇、妙峰山镇、王平镇、雁翅镇、斋堂镇、清水镇	永定镇、龙泉镇、军庄镇
房山区	十渡镇、蒲洼乡、霞云岭乡、南窖乡、大安山乡、佛子庄乡、河北镇、周口店镇	青龙湖镇、张坊镇、大石窝镇、长沟镇、城关镇、闫村镇、韩村河镇、史家营镇
昌平区	流村镇、延寿镇、兴寿镇	阳坊镇、南邵镇、崔村镇、十三陵镇、南口镇
平谷区	镇罗营镇、熊儿寨乡、黄松峪乡、金海湖镇	峪口镇、刘家店镇、王辛庄镇、大华山镇、山东庄镇、南独乐河镇、夏各庄镇、东高村镇
怀柔区	喇叭沟门乡、长哨营乡、汤河口镇、宝山镇、琉璃庙镇、怀北镇、雁栖镇、渤海镇、九渡河镇	桥梓镇、怀柔镇
密云区	大城子镇、东邵渠镇、不老屯镇、新城子镇、太师屯镇、石城镇、冯家峪镇、古北口镇、北庄镇、高岭镇	西田各庄镇、河南寨镇、溪翁庄镇、巨各庄镇、穆家峪镇
延庆区	千家店镇、永宁镇、大庄科乡、四海镇、香营乡、井庄镇、刘斌堡乡、珍珠泉乡	张山营镇、旧县镇、八达岭镇、大榆树镇

北京市农村工作委员会
关于印发《2016年农业领域专项转移支付整合资金考核办法》的通知

（2016年4月22日）

郊区各区农委：

现将《2016年农业领域专项转移支付整合资金考核办法》印发给你们，请结合实际认真贯彻落实。

2016年农业领域专项转移支付整合资金考核办法

为深入贯彻落实市农村工作会议精神，推进完善财政支农专项转移支付改革试点工作，现根据市财政局、市农委、市园林绿化局、市水务局联合下发的《关于推进北京市财政支农专项转移支付改革试点工作的通知》（京财农〔2014〕2908号）要求，制定2016年农业领域专项转移支付整合资金考核办法。

一、资金安排及使用

2016年农业领域专项转移支付整合资金全市安排7亿元，已于2015年10月提前下达各区，支出列入功能分类“农林水支出”类“农业”款。

农业领域专项转移支付整合资金实行项目管理，年底执行完毕。各区根据市《2016年农业领域重点工作目录》（以下简称《目录》）（详见附件），全部落实到具体项目和建设单位。在统筹用好农业领域专项转移支付整合资金的同时，应充分整合用好一般转移支付资金及其他相关涉农专项转移支付资金，还可根据工作需要安排一定区级财政配套资金。《目录》中，农民增收、新三起来、都市农业、沟域经济村镇建设中的“美丽乡村建设”和“智慧乡村建设”项目，由农业领域专项转移支付整合资金安排；村镇建设中的“重点小城镇”“新型农村社区试点建设”“农村基础设施长效管护”项目，在一般转移支付资金足额保障；村镇建设中的“农村地区煤改清洁能源和减煤换煤”“农宅抗震节能改造”“传统村落保护”项目，从其他中央及市级专项转移支付资金安排，各区按要求配套资金。

二、考核方案及要求

（一）组织实施

市农委统筹负责农业领域专项转移支付整合资金指导、安排及考核工作。制定当年农业领域重点工作目录，提出目标，组织考核。会同市财政局根据各区工作执行情况及资金使用情况，确定下一年度农业领域专项转移支付整合资金安排。

各区按照“市属事权、区级落实”的要求负责具体项目编制和实施，资金预算和管理。各区主管区长负责，区农委统一组织，会同区财政等相关部门，结合本区“三农”工作实际，根据《目录》确定具体项目、资金预算，组织乡镇、村、建设单位等具体实施。《目录》中，属于市政府折子工程、新农村折子工程及全市重点工作的，各区必须按要求完成；其他项目属于当年农业领域重点工作，各区也应确保完成。项目及资金安排报市农委、市财政局备案。

（二）考核方案

考核工作涉及全市13个区，包括：朝阳区、海淀区、丰台区、门头沟区、房山区、通州区、顺义区、大兴区、昌平区、平谷区、怀柔区、密云区、延庆区。

市农委根据各区报备的2016年项目组织考核。重点考核各区项目完成情况、工作成效、资金落实情况等。市农委发展规划处总体牵头负责协调考核工作，村镇建设处具体负责组织相关部门及相关处室按照相关文件要求组织村镇建设相关工作的考核，发展规划处牵头组织市农委、市农业局相关处室对其他工作进行考核。

考核结果作为2017年农业领域专项转移支付整合资金安排的主要依据，对未按计划完成任务、资金未足额到位、未整合配套好相关资金的，核减下一年度预算。

（三）时间安排

5月30日前，各区完成项目组织，报市农委、市财政局备案。

6月30日前，市农委组织检查项目落地及资金安排情况。

8月31日前，各区对项目实施情况进行自查，提交自查报告。

9月30日前，市农委组织考核打分。

10月31日前，市农委会同市财政局根据考核结果及下一年度工作计划，确定2017年农业领域专项转移支付整合资金安排。市财政局提前下达2017年度农业领域专项转移支付整合资金。

附件　2016年农业领域重点工作目录（略）

北京市农村工作委员会
关于印发《2016年北京市农业农村信息化重点工作》的通知

（2016年5月5日）

市农委系统各单位，郊区各区农委：

现将《2016年北京市农业农村信息化重点工作》印发给你们，请结合实际认真贯彻落实。

2016年北京市农业农村信息化重点工作

2016年是“十三五”开局之年，做好全市农业农村信息化工作，要全面贯彻落实党的十八大、十八届三中、四中、五中全会和习近平总书记系列讲话精神，立足首都城市战略功能定位和京津冀协同发展新格局，坚持创新、协调、绿色、开放、共享的发展理念，推动“互联网＋”在农村经济社会各领域深度融合，以促进农业供给侧结构性改革、提升乡村治理与公共服务的现代化水平、促进农民增收为目标，以数据资源开发利用为主线，着力拓展信息化在生产、经营、管理、服务中的应用深度和广度，使北京市农业农村信息化工作再上新台阶。

一、推广智能化生产示范，助力农业供给侧结构性改革

1. 实施农业物联网示范推广工程，在龙头企业、农民专业合作社示范社等生产经营主体开展设施农业物联网设备的部署与应用，开展物联网在养殖业、休闲农业中的应用试点，培育有特色、可复制推广的“互联网+”都市型现代农业示范区。

2. 提升“北京221物联网应用服务平台”服务水平，面向生产者，提高对精细化农事管理、病虫害预防、质量安全追溯等生产全流程的服务能力；面向经营者，提高优质农产品布局、产量、质量等实时数据服务能力；面向管理者，提高基于大数据的决策分析服务能力；强化平台集聚资源和通道作用，逐步形成多方共建、线上线下互动的现代农业服务体系。

3. 围绕我市现代农业重点领域，有针对性地开展以信息技术为支撑的现代化装备和产品研发，并逐步推广。

二、发展农业电子商务，促进农产品优质优价

4. 按照农业部部署，根据我市实际，开展农业电子商务试点，探索生鲜农产品和休闲农业电子商务发展路径，逐步形成农产品电商标准体系、全程冷链物流体系、休闲农业质量监督体系等一系列运营模式和制度规范。

5. 完善农业电子商务公共服务支撑，整合京津冀的农业、市场等资源，引导社会力量投资建设和运营农业电子商务“三中心一平台”，三中心：农产品电子商务培训中心（位于昌平，京乐承建），农业电商创业中心（位于大兴，中科电商谷承建），农业电商线下体验店聚集中心及创客中心（位于大兴，金奇树公司承建），一平台为农业电商综合平台（尚农三才承建），为京郊农民、合作社发展农业电子商务提供找得着、看得到、有保障的创业、物流、培训等服务，为农业电子商务提供公共服务支撑。

6. 鼓励各郊区整合区域优质农产品、仓储物流资源，发展多种模式的农业电子商务；鼓励各类新型农业生产经营主体，依托区域优势产业，开展多种形式的网络销售，实施“一村一品一电商”示范工程。

三、优化资源配置，提高农村公共服务质量

7. 按照平原区不少于5个村、山区不少于3个村的数量标准，从基础设施、产业发展、乡村治理、公共服务等层面，继续推进智慧乡村建设，注重总结前期经验，发掘基层共性与个性需求，探索可持续发展机制。

8. 按照农业部部署，全面推进信息进村入户工程，在提高数量的基础上，不断提升标准型和专业型益农信息社的服务效能。

9. 加强对现有网站和应用系统分门别类的梳理，从政府决策、“三农”服务、公众需求等不同方面不断完善，持续提升决策和服务水平。

四、强化数据开发利用，提升现代化治理能力和水平

10. 强化数据资源开发利用，推进涉农信息资源平台一期工程建设，理顺生产、采集、加工、存储、管理、利用、共享的运行体系和标准规范，完成基础平台搭建，开展基于大数据的分析决策服务。

11. 扎实推进农村土地承包经营权确权登记颁证信息平台建设，建立确权登记颁证数据库和业务系统，实现农村土地承包合同、权属登记、经营权流转等业务工作的精细化管理。

12. 完善农村“三资”监管平台，强化农村管理信息化灵活扩展应用与数据共享服务能力，形成多层级、多用户、多功能的综合应用平台；为低收入村户立档建卡，服务于精准扶贫工作。

五、夯实基础，营造良好发展环境

13. 加强领导，完善机制。调整市农委系统信息化领导小组，明确各部门职责，强化市区统筹协同、部门联动的农业农村信息化运行机制；探索建立京津冀农业农村信息化合作与共享机制；发挥农业农村信息化示范基地、龙头企业，以及互联网农业联盟的示范引领作用，在各项重点工作推进过程中，加强与互联网企业、成熟社会化平台的对接合作，营造政府引导、企业主导的发展格局。

14. 开展“十三五”时期全市农业农村信息化规划编制工作，明确发展目标和重点任务；各单位根据职责，加强调查研究，按照全市政务云和政府投资信息化项目全流程管理的要求，完善顶层设计，形成“十三五”项目库，优化信息化运维体系建设。

15. 建立覆盖市、区两级农业农村信息化部门的信息安全联系协调和信息通报机制，按照国家和全市要求，全面开展信息安全等级保护工作，完善安全运维体系建设，持续加强信息安全保障水平。

16. 加强农业农村信息化培训服务体系建设，整合多方资源，开展农业智能化技术、电子商务、新媒体营销培训，切实提高新型农业生产经营主体信息化水平；结合智慧乡村、信息进村入户等工程，持续开展农民信息化能力培训，提升农民利用现代信息技术，特别是运用手机上网发展生产、便利生活和增收致富的能力。

北京市农村工作委员会
关于开展市级农民专业合作社示范社
监测工作的通知

（2016 年 5 月 9 日）

郊区各区农委、经管站，农民专业合作社服务中心：

根据《市农委关于对本市农民专业合作社市级示范社实行监测考核及动态管理的通知》（京政农发〔2013〕26 号）要求，今年本市继续开展市级农民专业合作社示范社（以下简称“示范社”）监测工作，现将有关监测事项通知如下。

一、监测对象

市农委《关于公布 2014 年北京市农民专业合作社市级示范社名录的通知》（京政农函〔2014〕30 号）和市农委等 11 家单位《关于公布 2015 年北京市农民专业合作社市级示范社名录的通知》（京政农函〔2015〕61 号）公布的 216 家市级农民专业合作社示范社。

二、工作要求

今年监测工作以监测合作社发展数据为主，不进行示范社动态调整，请各区按时报送以下监测材料：

（一）示范社按照《市级示范社发展情况统计监测表》（附件 2）内容填写监测表报所在区主管部门。

（二）区主管部门将示范社汇总后填报《市级示范社发展情况统计过录表》（附件 1）并将电子版上报市农委。

（三）示范社将 2015 年度财务报表（资产负债表、盈余表、盈余分配表）电子版报送区主管部门，由区主管部门统一上报市农委。财务报表应以合作社报表格式上报，以公司报表格式上报的，区主管部门应给予指导，调整为合作社报表格式后上报。

（四）请各区农委会同经管站或农民专业合作社服务中心，明确一个具体承担部门，认真组织监测工作，指导合作社如实填报相关数据，对于没有填报数据的示范社，请各区上报文字说明，说明合作社具体情况。

请各区将《市级示范社发展情况统计过录表》（附件 1）、未能提供监测数据的合作社情况说明、各示范社《市级示范社发展情况统计监测表》（附件 2）和财务报表电子版于 2016 年 7 月 29 日（星期五）18：00 前报送市农委。

附件 1　市级示范社发展情况统计过录表（区部门填报）

附件 2　市级示范社发展情况统计监测表（示范社填报）

附件 1

市级示范社发展情况统计过录表（区部门填报）

合作社名称	合作社登记成员数量	合作社登记成员数量 其中：本市农民成员人数	出资成员人数	成员出资总额（万元）	合作社主营产品	产品主要销往地区	主营产品上年度产值（万元）	合作社种植总面积（亩）	合作社种植总面积 其中：社员家庭种植面积	合作社流转土地种植面积	合作社畜禽总存栏（万头\只）	合作社畜禽总存栏 其中：社员存栏规模	上年度资产总额（万元）	上年度资产总额 其中：固定资产总额	上年度生产经营和服务总收入（万元）	上年度生产经营和服务总收入 其中：服务性收入	上年度可供分配盈余总额（万元）	上年度可供分配盈余总额 提取公积金总额	上年度可供分配盈余总额 按交易量返还	上年度可供分配盈余总额 按出资额返还	农社对接情况 直销店（点）个数	农社对接情况 上年度产品销售量（吨）	农社对接情况 上年度产品销售额（万元）	冷藏或产品加工设施面积（平方米）	上年度银行贷款余额（万元）	上年度接受政府扶持资金数额（万元）

附件 2

市级示范社发展情况统计监测表
（示范社填报）

示范社全称					
详细通讯地址				邮政编码	
法定代表人姓名		联系电话			
登记成员人数		其中：本市农户成员人数			
出资成员人数		成员出资总额（万元）			
合作社主营产品		基地、产品认证情况		产品注册商标名称	
主营产品产值（万元）		合作社畜禽总存栏（万头/只）		其中：社员家庭存栏规模	
合作社种植总面积（亩）		其中：社员家庭种植面积（亩）		合作社流转土地种植面积（亩）	
建立农社对接直销店（点）个数		农社对接产品销售量（吨）		农社对接产品销售额（万元）	
冷藏和产品加工设施面积（平方米）		产品主要销往地区	本区县　本市　外省市　国外		
成员主要农资统一采购率（%）		成员主要产品统一销售率或服务提供率（%）			
上年度资产总额（万元）		其中：固定资产总额（万元）			
上年度生产经营和服务总收入（万元）		其中：服务性收入（万元）			
上年度可供分配盈余总额（万元）		提取公积金总额（万元）			
按交易量（交易额）返还盈余总额（万元）		按出资额返还盈余总额（万元）			
上年度银行贷款余额（万元）		上年度接受政府扶持资金数额（万元）			

北京市农村工作委员会关于印发《市农委贯彻落实〈法治政府建设实施纲要（2015—2020年）〉的实施方案》的通知

（2016年9月5日）

两委机关各处室：

《市农委贯彻落实〈法治政府建设实施纲要（2015—2020年）〉的实施方案》已经两委办公会讨论通过，现印发给你们，请结合实际，认真贯彻执行。

市农委贯彻落实《法治政府建设实施纲要（2015—2020年）》的实施方案

为全面贯彻落实《中共中央国务院法治政府建设实施纲要（2015—2020年）》（以下简称《纲要》）精神，确保市农委各项工作依法有序开展，根据《北京市法治政府建设实施方案（2015—2020年）》要求，结合我委实际，制定本实施方案。

一、指导思想

以党的十八大和十八届三中、四中、五中全会精神为指导，深入贯彻党中央“四个全面”的战略布局，认真落实法治政府建设的总体部署，全面推进两委法治政府建设各项工作。

二、总体目标

未来5年，要把学习贯彻《纲要》精神作为一项重要政治任务，抓好《纲要》精神的贯彻落实工作。全面深入推进法治政府建设，在法治轨道上开展工作，提升运用法治思维和法治方式的能力。全面依法履行行政管理各项职能。建立健全重大事项依法科学民主决策机制，编制权力清单、责任清单并实行动态管理，建立有效化解农村社会矛盾长效机制，行政效能得以充分发挥，法治意识得以普遍增强，各项工作法治化水平显著提升。

三、主要任务

（一）加强对法治政府建设工作的领导

贯彻落实《纲要》关于加快法治政府建设的要求，积极采取措施推进法治政府建设。市农委主要领导是本委推进法治政府建设的第一责任人，将法治政府建设摆在全委工作的重要位置，切实履行第一责任人的职责。定期召开会议，研究和部署推进法治政府建设和依法行政工作具体任务和措施。开展依法行政、法治政府建设宣传工作，加强农村法制宣传教育工作，广泛宣传法治政府建设的目标、工作部署、先进经验、典型做法，正确引导舆论、凝聚社会共识，营造郊区农村关心、支持和参与法治政府建设的良好氛围。

（二）落实权力清单制度并实行动态管理

坚持法定职责必须为，法无授权不可为，行政行为依法为，进一步落实权力清单制度，建立权力清单动态管理机制。按照职权法定、权责一致和公开透明的原则，将两委外部行政职权即对公民、法人和其他组织权利义务产生直接影响的具体行政行为进行梳理，向社会公众主动公开我委法定职能、法律依据、职责范围、办事流程、监督方式等事项。

（三）建立健全依法科学民主决策机制

1. 建立健全两委办公会集体讨论决定制度。对涉及重大“三农”问题的政策建议、指导性文件、管理规定等事项，按照程序由主管处室负责提出，报主管委领导审定后，提交办公会集体讨论决定。凡遇重大行政决策等事项必须坚持集体讨论决定的原则。

2. 完善行政规范性文件合法性审核制度。对涉及公民、法人和其他经济组织权利义务的行政规范性文件，从形式和内容上进行合法性审核。按照法定要求和程序予以公布，未经公布的不得作为行政管理的依据。公布 30 日内及时报市政府备案。

3. 完善重大行政决策风险评估制度。对涉及农村经济社会发展和人民群众切身利益的重大政策和重大项目，出台前都要进行风险评估。建立专家咨询、公众参与和专业机构测评相结合的风险评估机制。

4. 完善行政决策责任追究制度。完善行政决策监督和制度，明确监督主体、监督内容、监督对象、监督程序和方式。对在决策中违反规定、造成重大损失或严重不良影响的，依法追究相关人的责任。

5. 建立行政决策集体讨论档案制度。经两委办公会集体讨论事项要纳入档案管理，归档文件要完整、准确，装订成册，统一管理。做好保密工作，确保档案安全。

（四）加强政府法律顾问制度建设

认真贯彻落实《北京市人民政府关于加强政府法律顾问工作的意见》，进一步健全两委法律顾问制度。吸收专家和律师参加法律顾问队伍，完善法律顾问参与依法行政和重大决策工作机制。

（五）建立健全有效化解农村社会矛盾纠纷机制

建立市农委党员干部定期接待群众来访制度。进一步规范接待人民群众来访有关程序，进一步畅通机关党员干部倾听基层群众呼声和民意的渠道，从制度上为机关党员干部了解社情民意，解决群众诉求，化解矛盾纠纷奠定坚实基础。建立健全维护人民群众权益的制度体系，完善人民群众利益表达和协商沟通机制。建立完善信访工作的复查复核制度。贯彻落实农业部《关于积极推进通过法定途径分类处理信访投诉请求工作的通知》精神，对涉法涉诉事项，引导通过司法途径依法维权。

（六）做好行政复议工作

畅通复议申请渠道，进一步完善《市农委行政复议工作暂行规程》和《市农委行政复议答复暂行规程》，连同市农委行政复议工作机构设置、职责及复议范围等规定通过首都之窗市农委网站向社会公开。根据市法制办《关于进一步加强本市行政复议工作规范化建设的意见》精神，为充分发挥行政复议在建设法治政府、化解行政争议方面的促进作用，认真贯彻落实《市农委关于加强行政复议工作规范化建设的实施方案》，加强领导，明确职能，落实责任制，进一步细化行政复议各项工作任务和流程。

（七）进一步完善监督检查机制

1. 建立健全依法行政专项考评制度。将依法行政专项考评工作纳入绩效考核工作之中，严格做好依法行政年度考评工作。各处室都要明确一名考评工作联络人，做好依法行政半年和全年自查工作，将考评结果作为机关公务员任用奖惩的重要依据之一。

2. 严格行政问责制度。坚持有错必纠，有责必问，对有令不行，有禁不止，行政不作为、乱作为、失职渎职、违法行政等行为一律依法追究相关领导和责任人员的责任。

（八）全面提高法治思维和依法行政能力

加强和完善领导干部学法制度。采取自学与集中培训相结合的方式，有针对性地开展依法行政学习，形成领导干部学法长效机制。加大《政府信息公开条例》等法律法规的培训力度。完成“七五”普法各项工作和任务，围绕农村热点问题，举办区县、乡镇领导干部法律知识培训班，为城乡一体化和新农村建设营造良好的法治环境。

四、进度安排

（一）基础强化阶段（2015—2017 年）

1. 2015 年年底前完成权力清单、责任清单编制工作。

2. 2016 年年底前完成权力清单、责任清单网上对外公布和动态管理工作。

3. 2017 年年底前进一步完善法律顾问制度。

4. 2017 年年底前建立行政决策集体讨论档案制度，完善重大决策风险评估机制，完善政府信息公开制度，完善行政复议制度，规范信访工作程序制度。

（二）普及提高阶段（2018—2019 年）

对照标准查找问题，进一步完善各项工作制度，举办法治政府建设和依法行政培训班，全面提高法治思维和依法行政能力，提升依法行政的能力和水平。

（三）总结阶段（2020 年年底）

全面总结前 4 年法治政府建设工作情况，完成 2020 年年底前实现党的十八大提出的基本建成“法治政府”的目标。

北京市社会主义新农村建设领导小组综合办公室关于在"煤改清洁能源和减煤换煤"推进工作中有关投标企业资格审查的通知

（2016 年 5 月 27 日）

郊区各区新农办，石景山区发展改革委：

目前，各区按照市政府部署和市相关部门的文件要求正在积极推进本区"煤改清洁能源和减煤换煤"工作，但根据基层反映和要求，现对投标企业资格审查过程中，集团总公司和其控股生产公司谁参加投标问题通知如下。

市新农办下发的《北京市 2016 年农村地区村庄"煤改清洁能源和减煤换煤"推进工作指导意见》（京新农办函〔2016〕3 号中要求："投标企业必须是该产品的实体生产、制造企业。具有销售、售后服务代理协议的代理企业参加投标，必须以该产品原实体生产企业的名义进行投标……严禁单纯性中间代理机构投标。"该要求所指的代理企业（机构）是与产品实体生产企业没有股权关系的代理企业（机构），是单纯性的代理关系，没有股权关系。目前，一些区和企业反映，有的集团总公司名下具有实体控股（或独资）的生产制造公司，其集团总公司与控股（或独资）子公司不是代理关系，而是控股（或独资）关系，但在企业投标时即使出具了工商部门给出的股权证明也不许集团公司投标。针对上述情况，市新农办认为，当前在疏解非首都功能的背景下，北京市区周边已限制设立生产性加工企业，有些企业是总部在城区，其控股（或独资）的加工企业设在郊区或外地，对于这样的企业，在满足以下条件前提下的实体企业可参加投标：

1. 总部公司和其控股（或独资）的外地加工企业要出具工商部门给出的股权证明。

2. 其总公司是其控股（或独资）的外地加工企业的控股方或独资方。

3. 要求投标企业要满足市新农办下发的《北京市 2016 年农村地区村庄"煤改清洁能源和减煤换煤"推进工作指导意见》（京新农办函〔2016〕3 号）中的全部相关条件。

4. 在一个项目中这两方企业不允许同时投标。

北京市社会主义新农村建设领导小组综合办公室关于印发《2016 年北京市 463 个重点村庄煤改清洁能源工程督查方案》的通知

（2016 年 9 月 29 日）

郊区各区新农办，石景山区发展改革委：

为贯彻落实张高丽副总理 1 月 4 日和 5 月 20 日对北京市大气污染治理的讲话精神，确保在 2016 年 10 月底前按时完成 463 个村庄、18.9万户"煤改清洁能源"任务，确保实现"双百"目标，即：463 个"煤改清洁能源"村庄住户 100％完成取暖设备安装任务和使用清洁能源取暖，463 个"煤改清洁能源"村庄区域内 100％实现"无煤化”。决定在全市范围内针对 463 个重点村庄“煤改清洁能源”实施情况开展督查工作。现将《2016 年北京市 463 个重点村庄煤改清洁能源工程督查方案》印发给你们，请认真组织实施。

2016 年北京市 463 个重点村庄煤改清洁能源工程督查方案

为贯彻落实张高丽副总理 1 月 4 日和 5 月 20 日对北京市大气污染治理的讲话精神，确保在 2016 年 10 月底前，按时完成 463 个村庄、18.9万户“煤改清洁能源”任务，确保实现“双百”目标，即：463 个“煤改清洁能源”村庄住户 100％完成取暖设备安装任务和使用清洁能源取暖，463 个“煤改清洁能源”村庄区域内 100％实现“无煤化”。特制订以下工作方案。

一、督查目标

各区人民政府是完成 463 个“煤改清洁能源”村庄“双百”目标的责任主体，各区要切实履行督查工作的主体责任。在 10 月底前，各区要对本区“煤改清洁能源”村庄 100％的入户督查，全面掌握本区“煤改清洁能源”村庄取暖设备的安装情况。在 2016—2017 年度整个取暖季期间要再次完成 100％的入户督查，全面掌握取暖设备的使用情况和 463 个煤改清洁能源村庄村域内无煤化情况。

二、督查内容

督查内容主要包括 463 个村庄“煤改清洁能源”工作中取暖设备的安装、使用情况以及“无煤化”落实情况等内容。在 10 月 31 日前重点督查户内取暖设备安装情况；11 月 1—15 日，重点督查取暖设备测试情况；在 11 月 15 日取暖季开始后，重点督查取暖设备使用情况和村庄“无煤化”落实情况。

三、区级督查

各区政府要把此次督查工作作为督促、检查本区“煤改清洁能源”工作进度和任务完成质量状况的一项重要措施，认真抓实抓好。

1. 摸清底数，建立台账。各区新农办要对本辖区内列入全市 463 个“无煤化”改造的村庄实施台账管理，要将每个村庄的户主姓名、门牌号、户内人数、改造方式、设备类型及台数等内容登记造册，并报市新农办备案。

2. 制定方案，认真核查。各区要制定本区的督查方案，科学安排督查人员，制定周密的督查计划。要建立区、乡镇（街道）、村（社区）的三级的责任制，做到“区领导包镇”、“镇领导包村”和“村干部包户”，确保层层落实。要及时将本区的督查方案和责任制报市新农办备案。各区、乡镇要抽调人员建立督查队伍，安排人员逐村逐户核查，不留死角。在核查过程中要制定并填写核查表单，保存有关资料，确保核实的内容全面、具体、真实。

3. 借助外力，全面检查。各区要委托第三方机构对本区全年的“减煤换煤及煤改清洁能源”工作进行检查，每周要有计划的对列入 463 个无煤化改造任务的村庄进行逐村逐户的检查，要建立检查台账，详细记录检查内容。第三方机构在对企业售后服务和设备质量状况进行检查的基础上，重点检查取暖设备的安装和使用情况。各区要在每月 15 日和月底分两次将区级各部门和第三方开展的督查情况汇总后报市新农办。

4. 发动群众，举报有奖。各区要建立举报有奖机制，充分发动群众，凡是举报农户在“煤改清洁能源”后还继续使用燃煤取暖或取暖使用劣质煤情况的线索，经核查属实，可以兑现奖励，动员全社会广泛参与到农村地区“无煤化”工作中。

四、市级抽查

市新农办会同相关部门及第三方机构对全市各区工作开展情况进行督查，对各区“煤改清洁能源”村庄取暖设备安装与使用情况进行抽查，及时掌握各区工作进展。

1. 走村入户，抽查暗访。市农工委、市农委班子成员和相关处室要走村入户进行抽查。市农委村镇处组织人员采取“分人、分区、分村”暗访的措施，各组每周都要深入负责的区“逐村、抽户”进行入户调查。2016 年 11 月 15 日取暖季前，要将全市每个区的典型村庄进村抽查一遍；年底前，要对 463 个村全部进村抽查。入户抽查过程中，要详细了解住户取暖设备的安装和使用情况等第一手信息，每周五整理汇总。

2. **委托检查，全面覆盖。**市新农办要委托第三方机构对各区“煤改清洁能源”工作整体情况和取暖设备安装情况和取暖设备使用率等进行全面核查，每周报送督查报告。检查内容为：10月底前，重点检查取暖设备安装情况，11月15日前检查取暖设备测试情况，11月15日后检查取暖设备正常使用情况，11月底前要实现全覆盖。

3. **通报进展，督促整改。**建立市级通报制度，市新农办会同相关部门依据市级督查、各区自查、第三方检查和群众举报等信息，对各区、部门、乡镇的“工作落实不到位、完成任务不及时、取暖设备不使用”等问题，市新农办将向市委、市政府汇报，纳入市政府煤改清洁能源专项督查内容，并在全市范围内通报，以鼓励先进、督促落后，营造“比、学、赶、帮、超”的工作氛围。各区要针对发现的问题迅速整改，不得影响全市整体工作进程。

五、有关要求

1. **高度重视，迅速行动。**各区要认真落实国家环保部下发的《关于落实京津冀大气污染防治强化措施（2016—2017年）加强月调度工作的通知》要求，如果发现463个村中有“冒烟”现象，环保部将进行通报、追责，特别是房山、丰台、大兴、通州南城四区还被纳入了全国76个城市的环保监测排名。因此，2016年全市463个村的煤改清洁能源督查工作十分重要，各区务必要高度重视，迅速开展督查，确保完成本区的督查目标。

2. **多措并举，杜绝燃煤。**第一各区要研究“煤改清洁能源”村庄内炉具的回收政策，要对现有炉具进行全部回收，以防止“煤改清洁能源”的村庄再使用燃煤。第二各区要组织取暖设备供应企业充分利用互联网技术，搭建设备运行管理平台，动态监控取暖设备的出水温度、室内温度、运行时段等各种信息，实现随时调阅、查看取暖设备的运行状况和运行效果等。第三各区要组织环保、城管、工商、质监等部门加强对“煤改清洁能源”村庄燃煤销售、存放使用的联合执法检查，加强综合治理，村自为战，严厉打击燃煤的销售使用，确保“煤改清洁能源”村庄内无燃煤销售、无燃煤存放和无燃煤使用。

3. **提前安排，保障应急。**各区要制定好极端天气下居民取暖的应急预案，做好突发事件下的供暖工作，确保突发事件下能够有效保障农村地区居民的取暖需求。

4. **强化宣传，树立新风。**加强宣传动员，引导群众自觉参与到“无煤化”工作中来，加快改变生活习惯，积极使用清洁能源。

2016年市级“减煤换煤及煤改清洁能源”督查组分工情况

为加强市级“减煤换煤及煤改清洁能源”督查工作的力度，确保及时掌握全市各区工作进展，市新农办将联合市委督查室、市政府督查室、市环保局、市发展改革委、市财政局等部门，联合第三方中国节能协会，邀请北京市农村地区“煤改清洁能源”专家顾问组成员及有关专家，成立联合督查组，在全市各区通过走村入户的方式开展督查工作。具体各督查组分工情况如下：

第一组

组长：郭子华（市农委村镇处）

副组长：陈富彬

成员：王水、王京（中国节能协会）

参与部门：市财政局、有关专家

督查区：大兴、顺义、石景山、怀柔

第二组

组长：张群山（市农委村镇处）

副组长：李军（北京节能环保中心）

成员：许海生、王毅工（中国节能协会）

参与部门：市发展改革委、有关专家

督查区：通州、门头沟、平谷

第三组

组长：魏红（市农委督查处）

副组长：王梁

成员：陈明、柴博（中国节能协会）

参与部门：市政府督查室、有关专家

督查区：海淀、丰台、昌平、延庆

第四组

组长：李文超（市农委村镇处）

副组长：刘岩

成员：林运鑫、秦鹏（中国节能协会）

参与部门：市委督查室、市环保局、有关专家

督查区：朝阳、房山、密云

北京市社会主义新农村建设领导小组综合办公室关于进一步做好 2016 年度优质燃煤供应保障工作的通知

（2016 年 10 月 14 日）

郊区各区新农办：

近期，煤炭及其制品价格和公路运输费用明显上涨，一定程度上对本市优质燃煤保障供应工作产生不利影响。为确保各区做好 2016 年度全市农村地区优质燃煤的供应保障工作，确保农村地区用户冬季正常用煤，现将有关事项通知如下：

一、针对此轮价格上涨情况，市新农办、市环保局、市财政局等部门高度重视并及时进行协调研究。由于价格波动市级部门暂不出台关于燃煤的新增补助政策。

二、各区新农办要及时向区领导和有关部门进行汇报沟通，针对近期煤炭价格急速上涨的实际情况，结合本区的招标价格，认真分析各中标企业的库存、生产等实际情况，采取有效措施，确保农村地区农户过冬取暖用煤。

三、要加大工作推进力度，督促各中标企业及时向农户、设施农业等需求方配送优质燃煤，确保全市农村地区优质燃煤全覆盖。

四、各区新农办要组织区质监部门加大优质燃煤配送企业的抽检和质量监督，确保配送的优质燃煤符合我市优质燃煤标准。

五、各区要充分发挥各职能部门的作用，严厉打击劣质燃煤在本区的销售、运输和使用行为，同时要加强对群众的宣传发动，村自为战，杜绝劣质燃煤的违法销售行为。

北京市社会主义新农村建设领导小组综合办公室关于加强农村地区“煤改清洁能源”和“减煤换煤”生产使用安全工作的通知

（2016 年 11 月 28 日）

郊区各区新农办：

为落实全国安全生产电视电话会议精神和市委市政府相关部署，认真吸取江西丰城电厂“11·24”特别重大事故的教训，举一反三，严格做好全市农村地区“煤改清洁能源”和“减煤换煤”的生产和使用安全工作，保障农村住户的生命和财产安全，现就有关工作通知如下：

一、明确责任，全面落实农村地区“煤改清洁能源”和“减煤换煤”工作生产使用安全责任制

农村地区“煤改清洁能源”和“减煤换煤”工作涉及“煤改电”“煤改气”和燃煤及燃煤炉具使用等多个方面。各区新农办要协同配合各职能单位做好各方面安全生产相关工作。其中，要协同配合电力部门做好“煤改电”中的电力设施、农户用电等安全工作；协同配合燃气企业做好“煤改气”中的燃气管线、农户用气等安全工作；协同配合质监部门做好燃煤产品质量的监测；督促电取暖设备、燃气取暖设备、燃煤炉具等设备生产企业做好设备质量安全和使用安全工作。各责任单位要加强对各相关设施的安全检查，发现问题及时解决和排除，要加强对农户安全使用的培训和检查，发现使用不当的行为及时指导和纠正，对检测不合格的产品要严肃查处，严禁使用不合格产品。要督促各乡镇政府认真落实本辖区“煤改清洁能源”和“减煤换煤”住户的安全责任，各村要将取暖设备、产品使用安全纳入村规民约，纳入村民自治章程，确保在农村地区“煤改清洁能源”和“减煤换煤”工作各个生产使用环节安全责任制的严格落实。

二、明确范围，做好农村地区“煤改清洁能源”和“减煤换煤”工作生产使用安全隐患的排查

各区新农办要协调配合各责任单位，认真做好农村地区“煤改清洁能源”和“减煤换煤”工作生产和使用安全隐患的排查。排查重点：一是已完成施工的内外电力供应、燃气供应的所有线路、管线的运行安全；二是户内供电线路、燃气管线的安全，特别是电线负荷承载能力、燃气管线密封、户内电源闸箱和燃气阀门等使用安全；三是户内电取暖、燃气取暖、燃煤取暖等各类取暖设备的质量安全和运行使用安全；四是燃煤取暖的烟筒或烟道的畅通，屋内安装一氧化碳报警器，房屋通风等安全保障措施；五是各区自我实施但尚未完成施工的“煤改清洁能源”工程施工安全和施工后运行使用安全；六是过去在新农村建设中已经建设并仍在使用的吊炕、沼气、秸秆气化等设施的质量维护和使用安全；七是政府实施补贴的液化气罐和村内液化气储存站点或储存箱的质量安全和使用安全；八是本区在“煤改清洁能源”“减煤换煤”和新农村建设中实施的其它相关工程设施的生产、质量和使用安全等。

三、加强宣传，提高农村地区实施“煤改清洁能源”和“减煤换煤”住户的安全意识

各区新农办要充分利用本区各类媒体和各种舆论宣传工具，加大对农村地区“煤改清洁能源”和“减煤换煤”相关设备质量安全和产品使用安全的宣传教育，增强群众在各类设备、产品生产使用中的安全意识。要督促产品生产安装企业加大对农户安全使用的培训和教育，特别是企业要明确告知用户安全操作规程，要印制发放设备操作规程卡、宣传册或明白纸，确保用户真正做到会安全操作和使用。针对空气源热泵运行的性能和安全要求，各乡镇、村和企业要共同限制用户不许私自接连燃煤锅炉，严禁出现燃煤锅炉爆炸的现象。

四、加强监督，加大对农村地区“煤改清洁能源”和“减煤换煤”工作生产使用安全的监督

各区新农办要充分发挥统筹协调作用，要积极配合安全生产监督管理部门做好农村地区“煤改清洁能源”和“减煤换煤”生产使用安全监督和监管，要积极配合区相关职能部门努力做好本区农村地区“煤改清洁能源”和“减煤换煤”的生产和使用安全工作，监督检查各相关企业努力开展并做好取暖设备、产品的质量监控和安全使用工作，对发现没有落实好安全责任并仍存在安全隐患的单位和企业要及时采取措施，并及时向区政府汇报，提出相关整改意见和建议，配合相关执法部门督促其立即进行落实整改，确保本区在农村地区“煤改清洁能源”和“减煤换煤”工作中不发生任何质量安全事故。

北京市社会主义新农村建设领导小组综合办公室关于开展低收入农户和低收入村精准识别及建档立卡工作的通知

（2016 年 5 月 4 日）

郊区各区人民政府：

为贯彻落实市委市政府《关于进一步推进低收入农户增收及低收入村发展的意见》（京发〔2016〕11 号），抓好精准识别、建档立卡这个关键环节，现将本市低收入农户和低收入村精准识别及建档立卡工作明确如下。

一、精准识别及建档立卡工作的重要意义

（一）精准帮扶是中央确定的基本方略

《中共中央国务院关于打赢脱贫攻坚战的决定》指出，要把精准扶贫、精准脱贫作为基本方略，扶贫开发贵在精准，重在精准，必须解决好扶持谁、谁来扶、怎么扶的问题，做到扶持对象精准、项目安排精准、资金使用精准、措施到户精准、因村派人精准、脱贫成效精准。尽管我市没有国家下达的扶贫任务，但在低收入农户及低收入村帮扶工作中，同样必须认真贯彻中央精神，把精准帮扶作为基本方略。

（二）精准识别及建档立卡是开展精准帮扶的重要基础

习近平总书记在中央扶贫开发工作会议上的讲话强调，扶贫必先识贫，要解决好“扶持谁”的问题，确保把真正的贫困人口弄清楚，把贫困人口、贫困程度、致贫原因等搞清楚，才能做到因户施策、因人施策。精准识别就是要解决“扶持谁”的问题，建档立卡就是要搞清楚低收入状况、成因及需求。只有通过精准识别及建档立卡，做到对象明、底数清，才能因地制宜制定分类帮扶措施，才能变“大水漫灌”为“精准滴灌”。因此，精准识别及建档立卡是开展精准帮扶的关键环节，关系到帮扶政策能不能精确瞄准，关系到社会的公平正义，关系到农村地区的和谐稳定。

（三）精准识别及建档立卡是开展行业帮扶及社会帮扶的有力支撑

市委市政府《关于进一步推进低收入农户增收及低收入村发展的意见》指出，要引领市场、社会协同发力，形成专项帮扶、行业帮扶、社会帮扶互为补充的大帮扶格局。通过精准识别及建档立卡，建立低收入农户监测信息系统，可为有关部门及社会各界开展帮扶搭建平台，各单位能够通过系统快速准确地找到帮扶对象、了解帮扶需求，有针对性地制定帮扶政策、采取帮扶措施。通过对建档立卡信息的持续监测及系统分析，还能对低收入农户增收工作进行科学研判，对帮扶成效进行客观评估，并在此基础上进一步改进帮扶工作。

（四）精准识别及建档立卡是对农村基层组织的强化和对各级干部的生动教育

精准识别及建档立卡需要按照公开、透明、民主的原则，认真履行民主评议、公示公告等程序。这是促进农村基层民主建设的过程，是对农村基层组织的一次大考，是对农村基层组织战斗力的培训和检验。通过动员各级干部参与建档立卡工作，可以使他们真正接触群众一线，真正了解群众所急，真正感受国情民情，使他们积累群众语言，看问题、做决策、办事情更加接地气，是对党的群众路线的实践和发扬。

二、低收入农户精准识别及建档立卡的标准和步骤

（一）认定标准

以 2015 年家庭人均可支配收入低于 11 160 元为基本标准，综合考虑家庭财产和消费支出等情况，将符合条件的农户认定为低收入农户。

1. 低收入农户认定以家庭为单位。低收入农户家庭，是指全部或部分家庭成员具有农业户籍的家庭；在农村定居、家庭成员中既有农业户口也有非农业户口的，计为一户低收入农户。家庭成员是指家庭中具有法定赡养、扶养或者抚养关系的人员，主要包括配偶、未成年子女、已成年但不能独立生活的子女、与父母户口所在地相同的未婚子女、父母双亡且由祖父母或外祖父母作为监护人的未成年或者已成年但不能独立生活的孙子女或外孙子女等。

2. 家庭人均可支配收入计算方法以统计口径为主。具体指标解释见附件1。

3. 低收入农户认定要综合考虑家庭财产及消费情况。

家庭人均收入低于认定标准，但有以下情形的，原则上不得纳入低收入农户：①有轿车的；②子女条件较富足，有足够赡养能力的；③购置商品房或门面房的；④长期不在农村居住，属于空挂户的；⑤各区认为的其他情况。

家庭人均收入高于认定标准，因病、因学、因灾等家庭支出较高，影响基本生活的，可酌情纳入低收入农户。

4. 各区可根据本文件的要求，结合本区实际，制定低收入农户认定的具体标准。

（二）工作步骤

按照“宣传动员、自愿申请、入户核查、民主评议、乡镇审定”的流程，整户识别。

1. 宣传动员。区、乡镇、村开展宣传动员工作，宣传本次识别认定的目的意义、标准、程序和要求。宣传要到村到户，确保精准识别工作家喻户晓。

2. 自愿申请。在区、乡镇领导下，各村组织农户自愿申请。

3. 入户核查。组织力量对申请农户开展入户核查，填写《低收入农户登记表》。入户核查过程中发现不符合标准的，适时进行调整，形成初选名单。

4. 民主评议。各村召开村民大会或村民代表大会对初选名单进行民主评议，撰写会议记录，形成拟认定名单，并在村内进行公示，公示期7天。公示无异议后，报乡镇政府审核。

5. 乡镇审定。乡镇对拟认定名单进行审核，审核通过后，形成正式认定低收入农户名单，在相应村公告，公告期7天。

6. 建档立卡。各乡镇或村组织力量将正式认定的低收入农户的《低收入农户登记表》信息，以村级账号录入本市低收入农户监测信息系统。

7. 精准帮扶。在区政府指导下，各乡镇会同各村根据低收入农户建档立卡信息，逐户制定精准帮扶计划，明确帮扶责任人，填写《低收入农户帮扶情况表》，以村级账号录入本市低收入农户监测信息系统。

各区可根据本文件精神，结合本区实际，进一步明确民主评议的程序和要求。低收入农户精准识别过程中的参考文本见附件2，《低收入农户登记表》见附件3，《低收入农户帮扶情况表》见附件4。

三、低收入村精准识别及建档立卡的标准和步骤

（一）认定标准

将村民人均收入明显低于全市农民平均水平，低收入农户数量超过农户总数的50%并达到一定规模，村庄基础设施建设和社会事业发展相对滞后，村集体经济较为薄弱的行政村认定为低收入村。

1. 低收入村认定的基本标准。一是村内低收入农户数量要超过农户总数的50%；二是全村人均收入原则上不能超过全市农民平均水平的80%；三是村内低收入农户原则上要在30户以上。

2. 低收入村认定要综合考虑多种因素。要在满足基本标准的基础上，综合考虑村集体经济、社会事业、基础设施等因素，将经济社会发展明显滞后的行政村认定为低收入村。

各区可根据本文件要求，结合本区实际，制定低收入村认定具体标准。

（二）工作步骤

按照“宣传动员、自愿申请、乡镇审核、区级审定”的流程，整村识别。

1. 宣传动员。在低收入农户识别认定完成后，乡镇向符合条件的村宣传低收入村认定标准和程序。

2. 自愿申请。村两委按照决策程序，自愿提出申请，报所在乡镇审核。

3. 乡镇审核。各乡镇组织力量到提出申请的

村开展核查，填写《低收入村登记表》。核查过程中发现不符合标准的，适时进行调整，形成初选名单。各乡镇将低收入村初选名单，在全乡镇进行公示，公示期 7 天。

4. 区级审定。经公示无异议后，各乡镇将低收入村初选名单报区政府复审，区政府进一步核实后，形成审定名单，在相应乡镇公告，公告期 7 天。

5. 建档立卡。各乡镇组织力量将正式认定的低收入村的《低收入村登记表》信息，以乡镇级账号录入本市低收入农户监测信息系统。

6. 精准帮扶。区政府会同乡镇政府根据低收入村建档立卡信息，逐村制定精准帮扶计划，明确帮扶责任人，填写《低收入村帮扶情况表》，以乡镇级账号录入本市低收入农户监测信息系统。

低收入村精准识别过程中的参考文本见附件 5，《低收入村登记表》见附件 6，《低收入村帮扶情况表》见附件 7。

四、精准识别及建档立卡的工作要求

（一）加强组织领导

各区要根据本文件要求，结合本区实际，制定本区精准识别及建档立卡工作实施方案。要成立精准识别及建档立卡工作领导小组，或建立由区农委、经管、统计、民政、人力社保、卫生、民委、残联等部门参加的联席会议制度，明确工作的牵头部门，并明确建档立卡工作的具体负责单位或负责人。各乡镇、村最近一个时期内要统筹力量，集中精力做好低收入农户和低收入村精准识别及建档立卡工作。要充分发挥乡镇干部、驻村工作队、第一书记、村干部、村会计、农经信息员、大学生村官等的作用，开展到村到户的调查及建档立卡工作。工作量大的，可通过多种方式加强工作力量。

（二）强化宣传培训

要召开动员部署会议，并开展到村到户的宣传工作，将相关政策宣传到每个村和每个农户，确保群众的知情权和参与权。市级将组织各区开展精准识别及建档立卡等相关业务培训，各区、各乡镇也要开展培训，使相关工作人员都能够完整准确地掌握相关政策。

（三）实事求是，精准识别

要在前期调查摸底的基础上，认真开展精准识别工作。识别认定要坚持实事求是的原则，不下达指标，符合条件的低收入农户、低收入村要全部计入，不符合条件的不计入。

（四）因地制宜，制定精准帮扶措施

要结合建档立卡工作，逐村逐户摸清低收入成因及帮扶需求，因村因户制定精准帮扶措施，并编制低收入村产业发展规划。

（五）做好资料归档及信息录入工作

精准识别、建档立卡过程中的申请书、民主评议记录、各级报送名单、公示公告照片、登记表等资料，要整理归档。低收入农户、村建档信息要完整，并准确、符合逻辑地录入低收入农户监测信息系统，确保电子档案与纸质档案相一致。低收入农户监测信息系统由市级统一开发，提供各区使用。

（六）保障工作条件

要切实保障精准识别、建档立卡及后续监测的经费，并提供必要的工作条件。相关经费由各区自行安排解决。

五、其他事项

（一）时间节点

请各区于 2016 年 5 月 20 日前，将本区精准识别及建档立卡工作实施方案，报市新农办。2016 年 6 月 30 日前，将本区识别认定的低收入农户、低收入村结果，正式函报市新农办。2016 年 7 月 20 日前，将《低收入农户登记表》《低收入村登记表》信息录入低收入农户监测信息系统。

（二）联系方式

联系人：赵翔宇；电话：83978160；传真：83978464；

邮箱：xietiaochu@bjnw. gov. cn；

地址：北京市西城区枣林前街 70 号中环大厦 A 座 515 室。

附件 1　农民可支配收入指标解释

附件 2　低收入农户精准识别参考文本

附件 3　低收入农户登记表及指标解释

附件 4　低收入农户帮扶情况表

附件 5　低收入村精准识别参考文本

附件 6　低收入村登记表及指标解释

附件 7　低收入村帮扶情况表

附件1

农民可支配收入指标解释

可支配收入　指调查户在调查期内获得的、可用于最终消费支出和储蓄的总和，即调查户可以用来自由支配的收入。可支配收入既包括现金，也包括实物收入。按照收入的来源，可支配收入包含四项，分别为：工资性收入、经营净收入、财产净收入和转移净收入。计算公式为：

可支配收入＝工资性收入＋经营净收入＋ 财产净收入＋转移净收入

其中：经营净收入＝经营收入－经营费用－生产性固定资产折旧－生产税

财产净收入＝财产性收入－财产性支出

转移净收入＝转移性收入－转移性支出

家庭人均可支配收入　家庭人均可支配收入＝农户家庭成员总可支配收入/家庭成员数。

工资性收入　指就业人员通过各种途径得到的全部劳动报酬和各种福利，包括受雇于单位或个人、从事各种自由职业、兼职和零星劳动得到的全部劳动报酬和福利。

工资。指就业人员通过劳动从单位或雇主获取的各种现金报酬，包括定期发放的计时计件劳动报酬，交通、住房、取暖等各类补贴，过节费、加班费等。工资应包括各种扣款，如工作单位代扣的应由个人承担的养老保险、医疗保险、失业保险和住房公积金等，同时把所扣除的各项费用分别计入相应的消费支出或转移性支出中。

实物福利。指单位或雇主免费或低价提供给员工的各种实物产品和服务折价。

其他。指就业人员获取的、除工资以外的其他现金劳动报酬以及单位缴纳的各种社会保障费。

经营净收入　指住户或住户成员从事生产经营活动所获得的净收入，是全部经营收入中扣除经营费用、生产性固定资产折旧和生产税之后得到的净收入。计算公式为：

经营净收入＝经营收入－经营费用－生产性固定资产折旧－生产税

第一产业净收入。指住户或住户成员从事第一产业（农业、林业、牧业、渔业）生产经营活动所获得的净收入，是全部经营收入中扣除经营费用、生产性固定资产折旧和生产税之后得到的净收入。

第二产业净收入。指住户或住户成员从事第二产业的生产经营活动所获得的净收入，是全部经营收入中扣除经营费用、生产性固定资产折旧和生产税之后得到的净收入。

第三产业净收入。指住户或住户成员从事第三产业生产经营活动所获得的净收入，是全部经营收入中扣除经营费用、生产性固定资产折旧和生产税之后得到的净收入。

财产净收入　指住户或住户成员将其所拥有的金融资产、住房等非金融资产和自然资源交由其他机构单位、住户或个人支配而获得的回报并扣除相关的费用之后得到的净收入。财产净收入包括利息净收入、红利收入、储蓄性保险净收益、转让承包土地经营权租金净收入、出租房屋净收入、出租其他资产净收入等。

转移净收入　计算公式为：转移净收入＝转移性收入－转移性支出

转移性收入。指国家、单位、社会团体对住户的各种经常性转移支付和住户之间的经常性收入转移。包括养老金或退休金、社会救济和补助、政策性生产补贴、政策性生活补贴、救灾款、经常性捐赠和赔偿、报销医疗费、住户之间的赡养收入，以及本住户非常住成员寄回带回的收入等。转移性收入不包括住户之间的实物馈赠。

转移性支出。指调查户对国家、单位、住户或个人的经常性或义务性转移支付。包括缴纳的税款、各项社会保障支出、赡养支出、经常性捐赠和赔偿支出以及其他经常转移支出等。

附件2

低收入农户精准识别参考文本

低收入农户申请书

__________村委会：

我家家庭人口____人，其中有劳动能力____人。2015年家庭人均可支配收入____元。特申请为低收入农户。（家庭因教育、医疗等导致的低收入可简要说明。）

诚信声明

当前，我家不存在以下情况：①有轿车；②子女条件较富足，有足够赡养能力；③购置商品房或门面房；④长期不在农村居住，属于空挂户；⑤各区认为的其他情况。

如经查，有以上情况，我家自愿退出低收入农户，并承担相应责任。

申请人（签字）：______

______年____月____日

______村村民代表大会民主评议会议记录

时间：______

地点：______

参会人数：____，占村民代表总数的____%。

主持人：______ 记录人：______

内容：______

______

结果：______

______

参会人员签字：______

______

附：______村村民代表大会民主评议统计表

序号	户主姓名	家庭人口数	劳动力数量	2015 年家庭人均可支配收入（元）	得票数	得票率（%）

______村低收入农户拟认定名单公示

根据《低收入农户、低收入村精准识别及建档立卡工作实施方案》要求，通过自愿申请、入户核查、民主评议等程序，拟将本村____等______户（______人）认定为低收入农户，现予以公示（名单附后）。如有异议，请从即日起 7 日内向村委会提出意见。

监督电话：______

______村（盖章）

______年____月____日

附：______村低收入农户拟定名单

序号	户主姓名	家庭人口数

关于审核确认低收入农户的报告

______乡（镇）人民政府：

根据《低收入农户、低收入村精准识别及建档立卡工作实施方案》要求，我村通过农户申请、入户核查、村民代表大会民主评议、村内公示等程序，初步认定____等____户（____人）为低收入农户。现将我村拟认定低收入农户名单汇总上报（名单附后），请予审核。

______村（盖章）

______年____月____日

附：______村低收入农户初选名单

序号	户主姓名	家庭人口数	劳动力数量	2015 年家庭人均可支配收入（元）

______乡（镇）低收入农户名单公告

根据《低收入农户、低收入村精准识别及建档立卡工作实施方案》要求，我乡（镇）对拟定的低收入农户______户____人进行了审核，同意将______等______户（______人）确定为低收入农户，现予以公告（名单附后）。

______乡（镇）人民政府（盖章）

______年____月____日

附：______乡（镇）低收入农户名单

序号	行政村	户主姓名	家庭人口数

附件 3

低收入农户登记表

一、家庭基本情况

家庭住址：__________ 区___________ 镇（乡）__________村____________________

A1 户主姓名：___________ 联系电话：__________________

A2 家庭类型（可复选）：□残疾人户 □少数民族户 □民政低保户 □民政低收入家庭 □水库移民户 □山区搬迁户 □其他

序号	A3 姓名	基本情况								
		A4 性别	A5 证件类别	A6 证件号码	A7 户籍类别	A8 与户主关系	A9 民族	A10 政治面貌	A11 文化程度	A12 在校生状况
1	户主					户主				
2										
3										
4										
5										
6										

序号	A3 姓名	健康情况		就业情况						社保情况	
		A13 健康状况	A14 是否能生活自理	A15 劳动能力	A16 就业状况	A17 就业所在地	A18 就业类别	A19 就业行业	A20 就业时间	A21 是否参加医疗保险	A22 参加类别
1	户主										
2											
3											
4											
5											
6											

二、家庭生产情况

B1 家庭承包的土地、水面面积				主要作物名称 2		面积（亩）	
B1a 承包、确权的耕地面积（亩）				主要作物名称 3		面积（亩）	
B1b 承包、确权的林果地面积（亩）				主要作物名称 4		面积（亩）	
B1c 承包、确权的养殖水面面积（亩）				B3b 经营养殖业情况			
B2 流出的土地、水面面积				养殖名称		规模（存栏数）	
B2a 流出的耕地面积（亩）				B3c 经营农家乐			
B2b 流出的林果地面积（亩）				餐位（个）		床位（个）	
B2c 流出的养殖水面面积（亩）				休闲采摘主要品种		面积（亩）	
B3 家庭实际经营情况				年接待人次（人）			
B3a 经营种植业、林果业情况				B3d 其他经营名称			
主要作物名称 1		面积（亩）		B4 是否参与农民专业合作社 □是 □否			

三、家庭生活情况

C1 住房类型 □砖木结构 □砖混结构 □石头房 □土房 □其他		C4 家庭住房是否危房	□是 □否
C2 住房面积（平方米）		C5 是否通有线电视	□是 □否
C3 住房完工时间（年）		C6 是否通宽带网络	□是 □否

四、家庭收入情况

D1 家庭工资性收入（元）		D3i 粮食、农资、农机等生产类补贴（元）	
D2 家庭经营净收入（元）		D3j 救灾、捐赠、慰问等其他补助金（元）	
D2a 一产净收入（元）		D3k 获得的其他收入（元）	
D2b 二产净收入（元）		D4 家庭其他收入	
D2c 三产净收入（元）		D4a 土地流转租金（元）	
D3 从村集体或政府获得的收入		D4b 出租房屋等其他资产净收入（元）	
D3a 生态补偿金（元）		D4c 子女等亲友赡养金（元）	
D3b 村集体分红（元）		D4d 储蓄利息、赔偿等其他收入（元）	
D3c 村集体福利（元）		D5 调减项合计（元）	
D3d 领取低保金（元）		D6 家庭年可支配收入（元）	
D3e 领取养老保险金或离退休金（元）		D7 家庭年人均可支配收入（元）	
D3f 医疗保险报销医疗费（元）		D8 教育、医药支出（元）	
D3g 医疗、教育、住房等救助金（元）		D8a 教育支出（元）	
D3h 老年人、残疾人、水库移民等补助金（元）		D8b 医药支出（元）	

填表人：＿＿＿＿＿＿ 联系电话：＿＿＿＿＿＿ 户主签字：＿＿＿＿＿＿ 填表时间：＿＿年＿＿月＿＿日

《低收入农户登记表》指标说明

一、基本情况

A1 户主姓名：户主一般是指家庭事务主要决策者或经济的主要支撑者。

A2 家庭类型（可复选）：□残疾人户 □少数民族户 □民政低保户 □民政低收入家庭 □水库移民户 □山区搬迁户 □其他

可复选，在所选项前的“□”中打“√”。

残疾人户：家庭成员中存在有残疾证的残疾人的农户；少数民族户：家庭成员中有少数民族的农户；民政低保户：民政部门当年认定的低保户；民政低收入家庭：民政部门当年认定的低收入家庭；水库移民户：指家庭成员领取大中型水库移民后期扶持资金（600元/人・年）的家庭；山区搬迁户：享受市、区两级山区农民搬迁政策补助的农户。

A3 姓名：填写家中成员的姓名，以本人身份证登记的名字为准，如无身份证，则以户口簿上登记的名字为准。

A4 性别：1. 男 2. 女。

A5 证件类别：1. 有残疾人证的残疾人填写残疾人证 2. 其他填写身份证。

A6 公民身份号码或残疾证号码：（必填）

采用二代身份证或户口簿提供的身份证号码（18位）填写。无证者需经当地公安户籍部门甄别并出具身份证号码证明，方可填入系统。如本人持有中华人民共和国残疾人证（二代），直接填写二代残疾人证号码（第二代《残疾人证》采用全国统一编码，由18位身份证号加1位残疾类别代码和1位残疾人等级代码共20位代码组成）。

A7 户籍类别：1. 农业 2. 非农业。

A8 与户主关系：

1. 配偶：指户主的妻子和丈夫。

2. 子女：指户主的子女。

3. 父母：指户主的父母或继父母、养父母。

4. 岳父母或公婆：指户主配偶的父母或继父母、养父母。

5. 祖父母：指户主或配偶的祖父母、外祖父母、曾祖父母、外曾祖父母。

6. 媳婿：指户主子女的配偶。

7. 孙子女：指户主的孙子女、外孙子女、孙媳婿、外孙媳婿、重孙子女、重孙媳婿、重外孙子女、重外孙媳婿。

8. 兄弟姐妹：指户主及其配偶的兄弟姐妹以及他们的配偶。

9. 其他：指上述情况之外的本户其他成员。

A9 民族：1. 汉族　2. 满族　3. 回族　4. 蒙古族　5. 苗族　6. 壮族　7. 瑶族　8. 朝鲜族　9. 其他。以本人身份证登记的民族为准，如无身份证，则以户口簿上登记的民族为准。

A10 政治面貌：1. 中共党员　2. 团员　3. 群众　4. 民主党派

A11 文化程度：1. 未上学　2. 小学　3. 初中　4. 高中　5. 大专　6. 大学本科　7. 硕士研究生及以上。在校生不必填写。

A12 在校生状况：仅家庭成员中的在校学生填写。1. 学前教育　2. 小学　3. 初中　4. 高中　5. 中职　6. 高职　7. 大专　8. 大学本科　9. 硕士研究生及以上。

A13 健康状况：指过去六个月内的健康状况。1. 健康　2. 长期慢性病　3. 患有大病　4. 残疾。患病与残疾都有的，填写对健康影响最大的。

A14 是否能生活自理：是否需要人长期照顾。1. 是　2. 否。仅非健康人员或幼儿填写，其他健康人员默认“是”。

A15 劳动能力：仅 16 周岁以上的填写。1. 普通劳动力　2. 技能劳动力　3. 丧失劳动力　4. 学生　5. 两劳人员　6. 现役军人。

普通劳动力是指具有劳动能力，但没有取得职业资格证书的人员（非学生、两劳人员、现役军人）。技能劳动力指经过技术等级考试合格后，获得人力社保部统一颁发的相应等级的职业资格证书的具有劳动能力的人（非学生、两劳人员、现役军人）。丧失劳动力是指由于年老、疾病、残疾而丧失劳动能力的人。

对残疾人有劳动力的界定应根据残疾人本人在生活生产中的实际情况准确判断，并在村民大会讨论和村委会核实中据实评判残疾人有无劳动力，避免主观上将残疾人直接列入无劳动能力的救助对象。原则上除一、二级肢体残疾人、精神残疾人、智力残疾人之外，其他类别和等级的成年残疾人都应视为有劳动力。

A16 就业状况：仅普通劳动力和技能劳动力填写。1. 已就业　2. 未就业。

已就业的填写 A17-A20。

A17 就业所在地：1. 本村　2. 村外乡内　3. 乡外区内　4. 区外市内　5. 市外

A18 就业类别：1. 家庭自主经营　2. 务工　3. 公益性岗位就业。公益性岗位不算在务工里，单独填写。若存在兼业情况，选择往前一年内就业时间长的填写。

A19 就业行业：1. 农业　2. 林业　3. 牧业　4. 渔业　5. 乡村旅游业　6. 建筑业　7. 制造加工业　8. 交通运输业　9. 销售、家政等服务业　10. 散工　11. 其他。若存在兼业情况，选择往前一年内就业时间长的填写。

A20 就业时间：往前一年内就业时间。1. 1～3 个月　2. 4～6 个月　3. 7～9 个月　4. 9～12 个月。

A21 是否参加医疗保险：1. 是　2. 否。

A22 参加类别：1. 新型农村合作医疗保险　2. 城镇居民基本医疗保险　3. 城镇职工基本医疗保险。

二、家庭生产情况

B1 家庭承包的土地、水面面积：指确权的耕地、林果土地资源。

B1a 承包的耕地面积：指种植小麦、玉米、杂粮、蔬菜等农作物的土地面积，包括确权（确地、确利、确股）后自己经营的、租给他人的、流转的、因各种原因闲置或抛荒的土地。按土地承包经营权证或土地承包合同等的相关面积填表，以亩为单位。

B1b 承包的林果地面积：是指种植水果、干果等经济林果作物的土地面积，包括确权（确地、确利、确股）后自己经营的、租给他人的、流转的、因各种原因闲置或抛荒的土地。按土地承包经营权证或土地承包合同等的相关面积填表，以亩为单位。

B1c 承包的养殖水面面积。是指承包的养殖水产品的水面面积，以亩为单位。

B2 流出的土地、水面面积：

B2a 流出的耕地面积：指家庭承包的耕地中，经营权通过转包、转让、出租等方式流转到其他单位（或户）的土地面积。以亩为单位。

B2b 流出的林果地面积：指家庭承包的林果地中，经营权通过转包、转让、出租等方式流转到其他单位（或户）的土地面积。以亩为单位。

B2c 流出的养殖水面面积：指家庭承包的养殖水面中，经营权通过转包、转让、出租等方式流转到其他单位（或户）的水面面积。以亩为单位。

B3 家庭实际经营情况：指农户家庭实际经营的土地面积。包括确权后自己经营的土地面积、租种他人的土地面积，不包括确权后流出的土地面积。

B3a 经营种植业、林果业情况：指小麦、玉米、杂粮、蔬菜、西甜瓜等大田作物，草莓、花卉、食用菌、中草药等经济作物，苹果、梨、桃、柿子、葡萄、杏、枣、红果等鲜果作物，板栗、核桃等干果作物。填写主要作物具体名称 1～3 种，并填写相应面积，以亩为单位。

B3b 经营养殖业情况：指利用猪、牛、羊、驴、鸡、鸭、鹅、蜜蜂、水产品等畜禽动物，取得肉、蛋、奶、蜜等产品。填写主要养殖畜禽名称，并填写现状养殖规模（存栏数），以头、只、群、吨等为单位。

B3c 经营农家乐：指从事住宿、餐饮、农产品采摘等乡村旅游接待。

餐位指最大接待同时用餐人数。床位指最大接待同时住宿人数。年接待人次填写 2015 年接待总人次。休闲采摘指经营蔬菜、西甜瓜、草莓、苹果、梨、桃、柿子、葡萄、杏、枣、红果等作物采摘，填写主要采摘品种，并填写相应面积，以亩为单位。

B3d 其他经营名称：1. 建筑　2. 装修　3. 批发零售　4. 交通运输　5. 其他。

B4 是否参与农民专业合作社：1. 是　2. 否。农民专业合作社是在农村家庭承包经营基础上，同类农产品的生产经营者或者同类农业生产经营服务的提供者、利用者，自愿联合、民主管理的互助性经济组织。

三、家庭生活情况

C1 住房类型。略。

C2 住房面积：是指农户自有住房建设面积。不包括仓库等作为生产用途房屋面积。无房户的住房面积为 0。

C3 住房完工时间：指住房的建筑完工时间，填写四位数字，如“1981”年。如本住宅经过翻修和改建，则按照翻修和改建完成时的年份填写。

C4 家庭住房是否危房：农村危房是指通过维修加固方式不能消除危险，必须拆除重建的农房。具体指依据住房城乡建设部制定的《农村危险房屋鉴定技术导则（试行）》，承重结构承载力已不能满足正常使用要求，房屋整体出现险情，构成整幢危房的情形。

C5 是否通宽带网络：略。

C6 是否通有线电视：略。

四、家庭收入情况（收入及支出全部填写 2015 年数据）

D1 家庭工资性收入：指就业人员通过各种途径得到的全部劳动报酬和各种福利，包括受雇于单位或个人、从事各种自由职业、兼职和零星劳动得到的全部劳动报酬和福利。

工资。指就业人员通过劳动从单位或雇主获取的各种现金报酬，包括定期发放的计时计件劳动报酬，交通、住房、取暖、用餐等各类补贴，过节费、加班费等。工资应包括工作单位代扣的应由个人承担的养老保险、医疗保险、失业保险和住房公积金，同时将其计入 D5 调减项。

实物福利。指单位或雇主免费或低价提供给员工的各种实物产品和服务折价。

其他。指就业人员获取的、除工资以外的其他现金劳动报酬以及单位缴纳的各种社会保障费。

D2 家庭经营净收入：指家庭或家庭成员从事生产经营活动所获得的净收入，是全部经营收入中扣除经营费用、生产性固定资产折旧和生产税之后得到的净收入。计算公式为：经营净收入＝经营收入－经营费用－生产性固定资产折旧－生产税。

第一产业净收入　指家庭或家庭成员从事第一产业（农业、林业、牧业、渔业）生产经营活动所获得的净收入。

第二产业净收入　指家庭或家庭成员从事第二产业（工业、建筑业等）的生产经营活动所获得的净收入。

第三产业净收入　指家庭或家庭成员从事第三产业（运输业、餐饮业、服务业等）生产经营活动所获得的净收入。

D3 从村集体或政府获得收入：略。

D4 家庭其他收入：略。

D5 调减项合计：包括个人所得税，个人缴纳的养老、医疗、失业保险等社会保险金，个人缴纳的住房公积金，赡养支出，生活贷款利息支出等的总和。

D6 家庭年可支配收入：指家庭成员全年获得的、可用于最终消费支出和储蓄的总和，即家庭可以用来自由支配的收入。可支配收入既包括现金，也包括实物收入。

可支配收入＝工资性收入＋经营净收入＋从村集体或政府获得收入＋家庭其他收入－调减项。（D6＝D1＋D2＋D3＋D4－D5）

D7 家庭年人均可支配收入：指家庭成员总可支配收入/家庭成员数。

D8 教育、医药支出。

D8a 教育支出：指家庭成员上学的总支出，包括学杂费、基本生活费等。

D8b 医药支出：指家庭成员的医药费总支出。

附件 4

低收入农户帮扶情况表

低收入农户户主姓名：__________ 身份证号____________

一、低收入原因（“因学”是指因家中子女上学导致低收入，“缺创业资金”是指缺乏创业启动资金或生产成本投入资金而导致低收入，“自身发展动力不足”是指因个人懒惰、缺乏致富意愿或安于现状等因素导致低收入。）					
主要低收入原因（单选）：□因病 □因残 □因学 □因灾 □缺技术 □缺劳力 □缺创业资金 □自身发展动力不足 □其他					
次要低收入原因（0－2 项）：□因病 □因残 □因学 □因灾 □缺技术 □缺劳力 □缺创业资金 □自身发展动力不足 □其他					
二、帮扶计划（可复选）					
□农村实用技能培训 □转移就业技能培训 □推荐就业 □扶持产业 □小额贷款 □市场销售 □教育救助 □医疗救助 □残疾人救助 □老年人救助 □其他					
三、帮扶责任人					
序号	帮扶责任人姓名	帮扶单位名称	联系电话	开始时间	结束时间
1					
2					
3					
四、帮扶措施					
描述具体帮扶措施（帮扶项目、金额等）。					
五、帮扶成效					
描述帮扶后的增收成效。					

注：先填写第一、二项，录入低收入农户监测信息系统。第三、四、五项待后续帮扶工作推进后填写。

填表人：_______单位：__________职务：______联系电话：______

填表时间：____年____月____日

附件5

低收入村精准识别参考文本

低收入村申请书

______乡（镇）人民政府：

本村辖自然村____个，共有____户，____人，农户____户____人，其中低收入农户____户____人，低收入农户占全村农户总数的____%，2015年村民人均可支配收入______元，村集体经济收入____万元。（各村可根据本村自然条件、经济发展、基础设施、公共服务等情况进行简要说明。）

特申请为低收入村。

________村（盖章）

______年____月____日

______区______乡（镇）低收入村拟定名单公示

根据各行政村申请，我乡（镇）于____年____月____日召开乡（镇）党政领导班子会议，按照低收入村认定标准，结合各村状况，拟定____村等____个行政村为低收入村。现进行公示（名单附后）。如有异议，请从即日起7日内向本乡（镇）人民政府提出意见。

监督电话：____________

______乡（镇）人民政府（盖章）

______年____月____日

附：______乡（镇）低收入村拟定名单

序号	行政村	农户总数	农户家庭总人数	低收入农户总数	低收入农户总人数	2015年农民人均可支配收入	2015年村集体经济收入

______乡（镇）人民政府关于审核确认低收入村的报告

______区人民政府：

根据《低收入农户、低收入村精准识别及建档立卡工作实施方案》要求，本乡（镇）通过行政村申请、乡（镇）党政班子会议研究，初步拟定____村等______个村为低收入村。现将低收入村拟定名单上报（名单附后），请予审核。

______乡（镇）人民政府（盖章）

______年____月____日

附：______乡（镇）低收入村拟定名单

序号	行政村	农户总数	农户家庭总人数	低收入农户总数	低收入农户总人数	2015年农民人均可支配收入	2015年村集体经济收入

______区低收入村名单公告

根据《低收入农户、低收入村精准识别及建档立卡工作实施方案》要求，经村委会申请和乡镇政府审核等程序，经区政府研究，确定________村等______个村为低收入村，现予以公告（名单附后）。

______区人民政府（盖章）

______年____月____日

附：______区低收入村名单

序号	乡镇	行政村	农户总数	农户家庭总人数	低收入农户总数	低收入农户总人数	2015年农民人均可支配收入	2015年村集体经济收入

低收入村登记表

______区______镇（乡）________村

填表人：____________　联系电话：____________

填表日期：__________

村书记签字：________　联系电话（手机）：______

一、基本情况

A1村庄类型______（可多选）。

□山区村　□半山区村　□平原村　□少数民族村　□市级民俗旅游村　□传统村落　□北京最美乡村　□水库移民接收村　□其他

A2 村庄辖自然村数______个。

A3 人口结构。

全村总数		其中：					
		涉农户总数		低收入农户总数		长期在村居住户总数	
户数	人数	户数	人数	户数	人数	户数	人数

A4 涉农户数中特殊群体情况。

低保户总数		残疾人总数		老人总数		因病丧失劳动能力总数	
户数	人数	涉及户数	人数	涉及户数	人数	涉及户数	人数

二、产业情况

B1 村庄主导产业为______（单选）。

□林果业（水果、林果等） □传统大田种植业（小麦、玉米等） □经济作物种植业（蔬菜、中草药等） □休闲农业与乡村旅游业 □农产品加工业 □养殖业 □制造业（含手工业） □其他产业请注明__________

B2 村庄产业资源情况。

项目	总面积（亩）
全村土地总面积（以下 5 项之和）	
1. 耕地面积	
其中：（1）有效灌溉面积	
（2）温室大棚面积	
2. 林地面积	
其中：（1）经济林面积	
（2）生态林面积	
（3）林下经济面积	
3. 荒地面积	
4. 水域面积	
5. 建设用地面积	
其中：（1）用于经营的建设用地	
（2）农宅数量（填写套数）	全村农宅共____套，其中闲置农宅____套。

B3 村庄农业产业情况。

农业产业作物种类	面积（亩）	年产量（吨）	年收入（万元）
主要作物 1			
主要作物 2			
主要作物 3			

B4 村庄林业产业情况。

林业产业作物种类	面积（亩）	年产量（吨）	年收入（万元）
主要作物 1			
主要作物 2			
主要作物 3			

B5 村庄畜牧养殖业情况。

养殖种类	存栏数量（头、只、群等）	产品名称（肉、蛋、奶、蜜）	年出栏或年产量（头、只、吨等）	年收入（万元）
主要种类 1				
主要种类 2				

B6 村庄休闲农业与乡村旅游业情况。

B6a 休闲旅游依托的特色资源________（按重要性排序，最多选 2 项）

①自然、人文历史景观资源 ②特色产品 ③特色餐饮 ④特色民俗活动 ⑤其他

B6b 农家乐（院）户数________户，农家乐户均年收入______万元。

B6c 本村乡村旅游从业人员数______人，年接待人次______人，年乡村旅游总收入______万元。

B7 村庄其他产业情况。

产业名称__________，年总收入______ 万元，吸纳本村农民就业______ 人。

B8 本村在工商注册的农民专业合作社数量____个，合作社实际成员数______ 人，其中本村成员数______ 人，年经营收入______ 万元。

B9 本村合作社的行业领域________（单选）。

□林果业（鲜果、干果等） □种植业（粮食作物、蔬菜、花卉、中草药等） □养殖业 □休闲农业与乡村旅游业 □其他领域请注明________

三、就业情况

C1 村庄涉农户劳动力总人数______人，已就业劳动力________人。

其中，一产就业______人，二产就业____人，三产就业______人。

C2 村庄涉农户已就业劳动力就业所在地：本村就业______人，村外就业______人。

C3 本村就业涉农户劳动力就业岗位分布（单位：人）。

农林牧渔产业	休闲农业与乡村旅游业	公益性岗位就业	农产品加工业	制造业	手工业	其他	合计

C4 村庄涉农户劳动力公益性岗位就业情况。

岗位名称	岗位待遇（元/月）	岗位数量（个）	安置低收入农户劳动力数量（个）
生态林管护员			
农村保洁员			
农村管水员			
乡村公路养护员			
村级动物防疫员			
综治协管员			
村邮员			
全科农技员			
垃圾分类员			
社保协管员			
计生专干			
残疾人专职委员			
公厕管理员			
乡村医生			
其他_____			

四、收入情况

D1 村民年人均可支配收入________（元）。

D2 村民主要收入来源为____________（按重要性排序多选，最多选2项）。

①村外打工　②村内打工　③村内农林产业经营　④村内民俗旅游业经营　⑤村内其他产业经营　⑥财产性收入　⑦转移性收入　⑧其他来源请注明______

D3 村级集体经济年总收入______万元。其中：

D3a 山水林田、厂房等出租收入______万元。

D3b 村集体产业运营收入______万元。

D3c 村级公益事业专项补助经费______万元。

D3d 生态补偿收益收入______万元。

D4 村级集体经济年总利润______万元。

五、基础设施情况

E1 道路交通。

E1a 进村主要道路路面材料：□水泥　□柏油　□沙石　□其他

进村主要道路路面状况：□完好　□部分损毁　□大面积损毁

E1b 村内主要道路路面材料：□水泥　□柏油　□沙石　□其他

村内主要道路路面状况：□完好　□部分损毁　□大面积损毁

E1c 村内主要道路是否有路灯：□是　□否

如有，____盏。其中：太阳能路灯____盏。

E1d 是否通公共交通：□是　□否

E2 饮水。

E2a 村民主要饮水来源：□乡镇联村水厂供水　□村级自备井　□其他水源请注明______。

E2b 村民是否实现安全饮水：□是　□否

E2c 饮水管网老化是否及时修复：□是　□否

E2d 村民饮用水是否收费：□是　□否

E3 垃圾、污水处理。

E3a 生活垃圾是否集中收集处理：□是　□否

如是，处理方式：□集中清运至区处理厂　□就近填埋　□其他请注明________

E3b 生活污水是否经过集中处理：□是　□否

是否是水源地村庄：□是　□否

E4 电网、宽带。

E4a 是否实施农村电网升级改造：□是　□否

如是，实施时间____年。

E4b 村内电网负荷：________千瓦，户均负荷：________千瓦。

村内实施采暖煤改电户数：________户，占本村户数的______%。

E4c 村内是否通光纤：□是　□否

E5 住房。

E5a 在本村有宅基地的户数______户，全村宅基地的院数______个。

E5b 本村危房数量______个；实施农宅抗震节能改造的户数______户。

E6 村庄是否有公共浴室：□是　□否　如是，是否收费：□是　□否

E7 村民炊事主要能源类型：□柴草　□优质燃煤　□液化石油气　□沼气　□电　□其他请注明______

E8 村民采暖主要能源类型：□柴草　□优质燃煤　□天然气　□电　□空气源热泵　□其他请注明______

E9 村庄基础设施管护情况。

项目	年度管护支出（元）	管护资金来源（可多选）
道路		□政府　□村集体　□村民自筹　□其他
路灯		□政府　□村集体　□村民自筹　□其他
饮水设施		□政府　□村集体　□村民自筹　□其他
垃圾处理设施		□政府　□村集体　□村民自筹　□其他
污水处理设施		□政府　□村集体　□村民自筹　□其他
电网设施		□政府　□村集体　□村民自筹　□其他
宽带设施		□政府　□村集体　□村民自筹　□其他
公共浴室		□政府　□村集体　□村民自筹　□其他
公共厕所		□政府　□村集体　□村民自筹　□其他
绿化		□政府　□村集体　□村民自筹　□其他
雨洪利用		□政府　□村集体　□村民自筹　□其他
其他 1		□政府　□村集体　□村民自筹　□其他
其他 2		□政府　□村集体　□村民自筹　□其他

（续）

六、公共服务情况

F1 本村内卫生服务站（卫生室）数量______个。如没有，最近的卫生服务站（卫生室）步行需____分钟。

F2 村卫生服务站（卫生室）是否纳入新农合报销____。　□是　□否

F3 参加新农合人数______人，占应参合人数的______%。

F4 参加及享受养老保险情况。

项目	参加人数	享受人数（已退休）	平均养老水平（元/月）
城镇职工养老保险			
城乡居民养老保险			
享受城乡福利养老金	—		

七、山区搬迁（山区村填写）

G1 村庄搬迁情况

项目	搬迁状态（打√）	完成搬迁时间或计划完成搬迁时间（年）	是否整村搬迁（A是 B否）	搬迁去向（A就地搬迁 B易地搬迁）	搬迁户数（户）	搬迁人数（人）
G1a 已搬迁						
G1b 正在搬迁						
G1c 列入搬迁计划						
G1d 未列入搬迁计划，有搬迁意愿						
G1e 不需要搬迁		—	—	—	—	—

G2 如未列入搬迁计划，有搬迁意愿，需要搬迁的原因是______（单选）。

□处于地质灾害易发区 □处于洪水易发区 □处于生存条件恶劣区（居住分散、地理位置偏远、交通不便、缺乏发展资源等）

八、党建情况

H1 村庄党员人数______。

H2 村党支部成员____人，村委会成员____人，交叉任职______人。

H3 村书记、主任基本情况。

项目	姓名	性别	年龄	文化程度（A未接受正式教育 B小学 C初中 D高中 E大专及以上）	从哪年开始任职（填写四位数年份）	是否一肩挑（A是 B否）
村书记						
村主任						

H4 村庄是否有驻村工作队或第一书记______。A是 B否

如有，来自________________。

H5 村庄大学生“村官”人数______。

九、村庄未来产业发展思路

I1 目前本村产业发展的主要制约因素是：____（按重要性排序，最多选 2 项）。①缺乏劳动力 ②缺乏经营管理人才 ③基础设施薄弱 ④产业技术或农产品品种落后 ⑤产业链条短、附加值低 ⑥村民组织化程度低 ⑦缺乏销售渠道 ⑧缺乏创业启动资金 ⑨村民增收意愿不强 ⑩缺乏产业发展资源 ⑪其他请注明________

I2 村庄未来计划发展的主导产业是：______（按重要性排序，最多选 2 项）

①无产业发展潜力 ②林果业（水果、林果等） ③传统大田种植业（小麦、玉米等） ④经济作物种植业（蔬菜、中草药等） ⑤休闲农业与乡村旅游业 ⑥农产品加工业 ⑦养殖业 ⑧制造业（含手工业） ⑨其他请注明________

I3 产业发展最需要哪些方面的支持：________（按重要性排序，最多选 2 项）

①产业基础设施 ②产业配套设施 ③培训 ④科技 ⑤市场销售 ⑥小额贷款 ⑦农民专业合作社建设 ⑧其他请注明__________

《低收入村登记表》指标说明

一、基本情况

A1 村庄类型（可多选）。

□山区村 □半山区村 □平原村 □少数民族村 □市级民俗旅游村 □传统村落 □北京最美乡村 □水库移民接收村 □其他

可复选，在所选项前的“□”中打“√”。

A2 村庄辖自然村数______个。

A3 人口结构。

全村总数含外来常住人口，包括农业户籍和非农户籍总户数、人数。涉农户是指全部或部分家庭成员具有农业户籍的家庭总数、人数；在农村定居、家庭成员中既有农业户口也有非农业户口的，

计为一户。长期在村居住户为每年有 6 个月以上在村居住的总户数、人数。低收入农户数不必填写，由系统自动生成。

A4 涉农户数中特殊群体情况。低保户总数是行政村家庭年人均纯收入低于当地最低生活保障标准并领取低保补助的总户数、人数。残疾人总数是有残疾证的总人数、涉及的总户数。老人总数是男 60 周岁，女 55 周岁以上的老人总数、涉及的总户数。因病丧失劳动能力总数是劳动年龄内（男16～60 周岁、女 16～55 周岁）因病丧失劳动能力的总人数、涉及的总户数。

此项仅填写涉农户情况。

二、产业情况

B1 村庄主导产业____（单选）。□林果业（水果、林果等） □传统大田种植业（小麦、玉米等） □经济作物种植业（蔬菜、中草药等） □休闲农业与乡村旅游业 □农产品加工业 □养殖业 □制造业（含手工业） □其他产业请注明________

其中，林果业从种植业中单列；传统大田种植业为小麦、玉米、水稻等传统大田作物；经济作物种植业为杂粮、蔬菜、中草药、花卉、食用菌等经济作物。若为其他项，请填写名称。

B2 村庄产业资源情况。全村土地总面积为耕地面积、林地面积、荒地面积、水域面积、建设用地面积五项之和。

其中，耕地指种植小麦、玉米、杂粮、蔬菜等农作物的土地，包括熟地，新开发、复垦、整理地，休闲地（含轮歇地、轮作地）。有效灌溉面积指灌溉工程设施基本配套，有一定水源、土地较平整，一般年景下当年可进行正常灌溉的耕地面积。

林地指成片的天然林、次生林和人工林覆盖的土地，包括经济林、生态林等各种林木的成林、幼林和苗圃等。林地中林下经济面积指发展林下养殖和种植的林地面积。

荒地包括草地和荒山、荒沟、荒丘、荒滩等未利用土地。

B3 村庄农业产业情况。指小麦、玉米、杂粮、蔬菜、西甜瓜等大田作物，草莓、花卉、食用菌、中草药等经济作物。

作物种类填写主要作物名称，不超过 3 种，填写 2015 年数据。

B4 村庄林业产业情况。指苹果、梨、桃、柿子、葡萄、杏、枣、红果等鲜果作物，板栗、核桃等干果作物。

作物种类填写主要作物名称，不超过 3 种，填写 2015 年数据。

B5 村庄畜牧养殖业情况。指利用猪、牛、羊、驴、鸡、鸭、鹅、蜜蜂、水产品等畜禽动物，取得肉、蛋、奶、蜜等产品。

养殖种类填写主要养殖畜禽名称，不超过 2 种，填写 2015 年数据。存栏数量、年出栏或年产量填写要带单位，头、只、群、吨等。

B6 村庄休闲农业与乡村旅游业情况

B6a 休闲旅游依托的特色资源：自然、人文历史景观资源指风景区、历史古迹等。特色产品指当地的干鲜果品、杂粮、花卉、中草药、工艺品等。特色餐饮指豆腐宴、菊花宴等。特色民俗活动指民族风情、节庆活动等。

B6b、B6c 填写 2015 年数据。

B7 村庄其他产业情况。其他产业指建筑、装修、加工、制造等。填写 2015 年数据。

B8 农民专业合作社是在农村家庭承包经营基础上，同类农产品的生产经营者或者同类农业生产经营服务的提供者、利用者，自愿联合、民主管理的互助性经济组织。填写 2015 年数据。

B9 略

三、就业情况

仅填写涉农户劳动力就业情况，填写 2015 年数据。

C1 中，已就业劳动力人数要小于等于劳动力总人数；一、二、三产就业总人数要等于已就业劳动力人数。

C2 中，本村就业与村外就业总人数要等于已就业劳动力总人数。

C3 中，具体岗位分布总数也要等于已就业劳动力总人数。

四、收入情况

D1 村民年人均可支配收入________元。填写 2015 年数据。

D2 村民主要收入来源：

其中，财产性收入为房产租赁，土地流转、产权林权改革分红、集体分红福利等；转移性收入为养老金或退休金、社会救济和补助、政策性生产补贴、政策性生活补贴、救灾款、经常性捐赠和赔偿、报销医疗费、住户之间的赡养收入等。选其他请填写名称。

D3 村级集体经济年总收入______万元。是指村集体经济组织及村企业收入总和，包含主营业务收入、营业外收入、投资收入及其他收入。填写2015年数据。

D3a 至 D3d 略。

D4 村级集体经济年总利润______万元。指村集体经济组织及村企业的年净利润总和。填写2015年数据。

五、基础设施情况

E1 道路交通

E1a 进村主要道路路面状况：指村外通达到本村村委会驻地的主要道路路面铺设的材料品质状况。路面状况包括水泥、柏油、沙石及其他路面。如果村外通达本村村委会驻地的道路多于一条，按道路等级最高的路面状况填写。

E1b 村内主要道路路面材料：指本村地域内的主要道路，如通向各自然村的道路，村中心和主要聚居点的道路路面铺设的材料品质状况，路面状况包括水泥、柏油、砂石及其他路面。不包括国道、省道等进村公路在本村地域内的路段。

E1c 村内主要道路是否有路灯：指本村地域内的主要道路是否由村集体或其他单位统一组织安装了路灯。道路两旁由住户零星安装在门前的灯不包括在内。

E1d 是否通公共汽车：指有公共交通汽车通过，并设有公交汽车站。

E2 饮水

E2a 略

E2b 饮水是否安全：饮水安全是指饮用水量有保障，水质安全。水量有保障指的是正常年份每人每天可获得的水量不低于20升；水质安全指的是水质符合国家生活饮用水卫生标准的相关要求。

E3 至 E8 略。

E9 管护情况：其他项请填写名称。管护支出填写2015年数据。

六、公共服务情况。略

F1 至 F3 略。

F4 养老保险：参加人数指当前缴费人数；享受人数指已退休领取养老金人数。

七、山区搬迁（山区村填写）。略

八、党建情况。略

九、村庄未来产业发展思路

I1 目前本村产业发展的主要制约因素是：

其中，“缺创业资金”是指缺乏创业启动资金或生产成本投入资金而导致低收入；“村民增收意愿不强”是指因村民懒惰、缺乏致富意愿或安于现状等因素导致低收入；其他填写名称。

I2 村庄未来计划发展的主导产业：

其中，无产业发展潜力指村庄因资源匮乏等不具备基本产业发展条件；林果业从种植业中单列；传统大田种植业为小麦、玉米、水稻等传统大田作物；经济作物种植业为杂粮、蔬菜、中草药、花卉、食用菌等经济作物；其他填写名称。

I3 产业发展最需要哪些方面的支持：

其中：产业基础设施指田间路、景观路、灌溉设施等基础设施；产业配套设施指厂房、加工冷藏设备等配套设施；培训指转移就业技能培训、农业实用技术培训、乡村旅游等服务人员培训、经营管理人才培训等；科技指新技术、新品种等；市场销售指销售渠道、品牌建设等；其他填写名称。

附件 7

低收入村帮扶情况表

＿＿区＿＿镇（乡）＿＿村

一、低收入原因（“缺创业资金”是指缺乏创业启动资金或生产成本投入资金而导致低收入，“村民增收意愿不强”是指因村民懒惰、缺乏致富意愿或安于现状等因素导致低收入，“缺乏产业发展资源”指缺少耕地、林地等必要产业发展资源导致低收入。）					
主要原因＿＿（单选）。□缺乏劳动力 □缺乏经营管理人才 □基础设施薄弱 □产业技术或农产品品种落后 □产业链条短、附加值低 □村民组织化程度低 □缺乏销售渠道 □缺乏创业资金 □村民增收意愿不强 □缺乏产业发展资源 □其他					
次要原因＿＿（0～2 项）。□缺乏劳动力 □缺乏经营管理人才 □基础设施薄弱 □产业技术或农产品品种落后 □产业链条短、附加值低 □村民组织化程度低 □缺乏销售渠道 □缺乏创业资金 □村民增收意愿不强 □缺乏产业发展资源 □其他					
二、帮扶计划（可复选）					
□农村实用技能培训 □转移就业技能培训 □新技术、新品种推广 □基础设施建设 □农民专业合作社建设 □小额贷款 □市场销售 □社会保障 □其他＿＿＿＿					
三、帮扶责任人					
序号	帮扶责任人姓名	帮扶单位名称	联系电话	开始时间	结束时间
1					
2					
3					
四、帮扶措施					
描述具体帮扶措施（帮扶项目、金额等）。					
五、帮扶成效					
描述帮扶后的增收成效。					

注：先填写第一、二项，录入低收入农户监测信息系统。第三、四、五项待后续帮扶工作推进后填写。

填表人：＿＿＿＿ 单位：＿＿＿＿＿＿职务：＿＿＿ 联系电话：＿＿＿＿

填表时间：＿＿＿年＿＿＿月＿＿＿日

总　　述

2016年北京市农村经济社会发展总述

2016年，北京市“三农”工作全面贯彻落实习近平总书记系列讲话及视察北京时的重要讲话精神，自觉践行新发展理念，积极疏解非首都功能，扎实推动京津冀农业协同发展，努力提升城乡一体化发展水平，在多方面稳中有进，实现了“十三五”良好开局。

本年度有三项重点工作成绩斐然。一是全力推动农村“减煤换煤”，为明年南部平原地区实现“无煤化”夯实基础。贯彻落实京津冀大气污染防治超常规措施，整村推进“煤改清洁能源”，大力治理农村散煤，天天调度、周周督查、月月通报，超额完成中央下达的任务指标。二是高质量完成低收入农户精准识别，建立起系统帮扶的工作体系。着眼于高水平的全面小康，调整低收入农户认定标准，从2012年的人均收入7 750元调整到11 160元；开展低收入农户精准识别，半年多的时间，完成了全面摸底、逐户排查、一户一卡、全面监测工作，确保权力在阳光下运行，让政策聚焦到每一个低收入农户身上。三是圆满完成乡村换届选举，党在农村的执政基础进一步巩固。182个乡镇党委、3 906个村级党组织完成换届选举，京郊农村两级基层领导班子的学历、年龄等各方面结构进一步优化。

农村“三块地”改革得到有效推动。在农村承包土地方面，扎实推进确权颁证，拟开展登记颁证面积355万亩，截至2016年，全市共有132个乡镇2 523个村开展了确权登记颁证工作，分别占全市应确权乡镇、村数的91%和78.9%，占全市拟确权土地总面积的78%。在集体建设用地方面，以统筹功能疏解、人口调控、用地高效、空间优化、产业升级、环境改善为目标，积极探索乡镇统筹、集约高效利用集体经营性建设用地试点，丰台长辛店已进入实质实施阶段。2016年1月，本市首宗集体建设用地入市交易，西红门镇2.6万平方米的集体建设地块，最终溢价77%、以8.05亿元成交，较好探索了集体建设用地与国有土地“同权同价”试点。在宅基地方面，积极探索闲置农民住宅盘活利用，发展健康养老、休闲度假等三次产业，增加农民财产性收入，2016年怀柔田仙峪村试点继续扩大运营规模。同时，延庆、房山、怀柔等区利用山区闲置农宅和搬迁后的旧村，打造乡村酒店取得积极进展。

农村集体经济产权制度改革不断深化。稳步推进大兴区集体资产股份权能改革试点，起草了集体资产股权管理办法，研究完善股权继承、流转机制和流程。加快推进农村产权流转交易服务体系建设，强化对农村集体资产流转的监督管理。进一步完善集体经济组织登记工作，落实国家关于法人和其他组织统一社会信用代码制度，在大兴区和朝阳区开展《集体经济组织证明书》和《组织机构代码证》“两证”合一试点工作。

新型农业经营主体得到培育。新认定北京市农业产业化重点龙头企业24家，递补国家级龙头企业1家，目前市级以上龙头企业已达180家，其中国家级39家。合作社规范化建设取得积极进展，3个区成立了区级农民专业合作社联合会，全市农民专业合作社联合社已经达到31家、市级示范合作社216家，各类农民专业合作社正式登记注册的成员约18万名，成员出资总额达100亿元。

农村金融等改革不断深化。制定《关于加大农业领域贴息等金融扶持的办法》，扩大金融支农覆盖面，缓解新型经营主体“融资难、融资贵”问题。政策性农业保险达到23个险种、惠及10万农户。做好一事一议财政奖补工作，出台了《北京市农村综合改革资金管理办法》和《北京市农村综合改革资金乡镇报账制管理办法》，全年中央和市级奖补资金4.3亿元，同比增加23%，主要集中支持低收入村和美丽乡村建设。

农转非工作稳步推进。印发了《关于切实保障农转非人员集体资产权益的函》，要求实行整建制农转非村必须以完成村级产权制度改革为前提，切实保障已经量化给农转非人员的经营性资产股权权益。2016年1—10月，全市累计完成各类农转非21 280人。自2004年7月1日《北京市建设征地补偿安置办法》（市政府148号令）实施至2016年10月底，全市共领取征地农转非批复指标309 286人，已落实批复指标271 802人，完成比例为87.9%。目前，全市剩余指标37 484人，其中2011年12月31日前剩余指标29 322人。

产业政策制度设计加强。编制了北京市都市型现代农业、国家现代农业示范区、京津冀农产品加工业等三个“十三五”发展规划，研究了《关于加快转变农业发展方式深入推进农村产业融合发展的实施意见》《关于2016年北京市农业支持保护补贴政策的指导意见》《关于推进“互联网＋农业”的实施意见》三个政策文件，制定了《关于开展农业三项补贴改革工作实施方案》《基本菜田补贴实施办法》《国家农业可持续发展试验示范区创建方案（2017—2020年）》三个实施方案，形成了规划引领、政策跟进、方案配套的农业产业发展框架体系。

农业“调转节”扎实推进。完成“两田一园”划定，建成农业生产空间管理信息平台。积极调整农业结构，种植业方面，粮田面积已由2013年的176万亩减少到110万亩，调减了66万亩，完成“调转节”计划任务的69%，其中高耗水作物小麦生产同比减少20万亩。利用调整出来的土地，植树造林、发展苗圃和景观农业，着力改善城市周边生态环境。养殖业方面，基本完成畜禽养殖禁养区划定工作，全市划定禁养区面积5 202.3平方公里，禁养区范围内379家养殖场正在加快搬迁和关闭。大力促进农业节水，新增节水灌溉面积5.5万亩，全年农业用新水同比减少4 000万立方米以上。组织实施化肥、农药使用量零增长行动，“三品”认证覆盖率提高到46.7%，推进了100家规模化养殖场粪污治理，全面实现农作物秸秆综合利用和禁烧，农业向绿色生态方向加快转型发展。

国家现代农业示范区创建积极推进。制定完善市级示范区和示范乡镇创建管理办法，面向郊区、乡镇开展监测评价。新认定15个北京都市型现代农业示范乡镇，累计达到68个。新增10个全国一村一品示范村镇，累计达到57个。根据农业部《中国都市现代农业发展报告2015》，北京都市现代农业发展指数在全国排名第一。上半年，圆满完成全国都市现代农业现场交流会承办及组织保障工作，充分展示了北京农业发展风貌。

“互联网＋农业”较快发展。首次召开全市“互联网＋农业”大会，牵头67家企业成立北京农业互联网联盟，组织评选“最受喜爱的农业电商”，涌现了沱沱工社、任我在线等一批农产品电商企业，培育了“嘉农在线”“猪联网”等全国行业垂直电商平台，扶持了阿卡农庄、密农人家等一批博士、“海归”、白领进行农业创业的“新农人”。开展农业物联网示范建设，支持龙头企业和市级示范社在日光温室新装农业物联网设备，目前各区申报的1 000余个日光温室已经完成安装工作。组织面向新型经营主体的农产品电商初级培训，举办以“赢在运营”为主题的一村一品农产品营销大会，平谷大桃在吾谷网举办的百万网民评选中，入选“全国一村一品十大知名品牌”。

现代种业继续发展。搭建现代种业创新发展和交流共享的平台，协助通州国际种业科技园区举办了第五届北京现代种业博览会。制定实施南繁科研育种基地（海南）建设方案，加快南繁基地建设。

休闲农业和乡村旅游又有提升。全市1 246个农业观光园、8 970户民俗旅游接待户，接待游客4 547.9万人次，实现收入42.4亿元。以品牌创建促产业升级，昌平区、房山区被认定为全国休闲农业和乡村旅游示范区（累计达到7个区），4个村被推介为2016年中国美丽休闲乡村（累计达到14个村），8家农业园区被认定为全国休闲农业和乡村旅游五星级园区（累计达到24家）。积极开展我市休闲农业品牌创建工作，新评定79家星级休闲农业园区（企业）。继续开展京郊休闲农业和乡村旅游百度地图标注、《创意设计导则》等工作。成功举办第四届农业嘉年华，接待游客133.6万人、直接收入6 070万元、带动周边观光采摘和乡村旅游收入3.2亿元，已经成为北京休闲农业靓丽名片。

沟域经济建设稳步推进。紧紧围绕发挥山区生态保护、旅游休闲、绿色产品供给等功能，扎实推进房山区绿海红歌、门头沟区妙峰山玫瑰谷等9条重点沟域建设。2016年已实施工程项目205个，完成投资22.3亿元。其中，公益类项目125个，完成投资6.8亿元；产业类项目27个，完成投资4.7亿元，惠及7万户、15.5万人，其中低收入户1.1万户、2.4万人。

京津冀现代农业协同发展和区域合作大力推进。组织京津冀现代农业协同发展工作座谈会、项目对接会、考察洽谈等活动，签署了合作备忘录、框架协议等一系列文件，在生产基地建设、产销对接、休闲农业、沟域经济带等领域合作迈出实质性步伐。加强农业区域合作，继续推进援疆、援藏、援青等对口支援工作和巴东、金寨、南水北调水源区等对口帮扶工作，启动北京与汉中、大同等地的农业合作项目。加强京台农业合作交流，着手编制京台乡村交流五年规划。启动农业国际合作，完成我市对外农业投资信息采集工作，配合农业部组织了农业“走出去”农机、贷款项目征集工作。

城乡结合部建设效果显著。落实《北京市城乡结合部建设三年行动计划（2015—2017）》，抓好绿化隔离地区改革。遵循“疏解功能谋发展”的原则，“一绿”地区划分为24个城市化实施单元，计划“十三五”期间全部启动建设，每一实施单元用3～5年时间实现城市化，统筹实施拆迁还绿、转制转居、农民上楼、疏解人口、公共设施配套等任务，目前已启动13个实施单元，拆迁腾退395万平方米、疏解人口10.8万人、转居1.98万人、建设集体产业项目11个、绿化建设5 000亩；“二绿”地区总结推广大兴区西红门、海淀区东升等镇“乡镇统筹”的经验做法，稳步扩大集体经营性建设用地集约节约利用试点，带动本地区城乡一体化发展。

重点小城镇建设加强。加强42个重点小城镇建设，积极培育特色小城镇，房山区长沟基金小镇、昌平区小汤山农业嘉年华小镇、密云区古北水镇被评为第一批全国特色小镇，怀柔区雁栖湖镇、门头沟区妙峰山镇、延庆区八达岭镇被评为第四批全国美丽宜居小镇，大兴区魏善庄月季小镇、延庆区康庄世园小镇、平谷区金海湖休闲旅游小镇等都有新的发展。

美丽乡村建设又有推进。完善本市美丽乡村建设标准，制定“1＋N”的规划体系，启动300个美丽乡村建设，对2015年启动的519个村庄进行验收，海淀区苏家坨镇车耳营等18个村被评为第四批全国美丽宜居村庄。加强新型农村社区建设，出台了《关于深入推进农村社区建设试点工作的实施意见》，48个试点社区加快推进，其中43个已完成规划编制，22个启动建设，完成民居建设68.9万平方米，12个建成并入住。加强传统村落保护，制定北京市传统村落《保护规划设计指南》《保护发展规划审查工作指导意见》，全市16个列入中国传统村落名录的村庄已有14个编制完成保护规划，门头沟爨底下村、房山水峪村的保护利用方案开始实施；同时，初步确定了44个市级传统村落。完成45个北京智慧乡村建设。

农村“煤改清洁能源”有突破性进展。贯彻落实京津冀大气污染防治超常规措施，大力治理农村散煤，进一步提高目标，在原定完成400个村“煤改清洁能源”任务的基础上，确定了全年完成463个村、18.9万户的任务，通过有关部门和郊区共同努力，上账的计划任务在供暖季前全部完成。同时，各区又超前谋划、加大力度、增加任务，超额完成200个村、3.7万户。对未进行清洁能源改造的村庄，实现优质燃煤全覆盖，严禁劣质燃煤在郊区农村销售，目前各区配送优质煤90万吨，确保了户户有优质燃煤使用。同时，积极推进农业生产“减煤换煤”，加快促进农村生产生活用能结构的全面转变。

山区农民搬迁和农宅抗震节能改造扎实开展。山区搬迁全年计划3 811户、7 687人，涉及5个区的15个乡镇28个行政村，目前已全面启动，其中14个村开工建设。创新机制推进农宅抗震节能改造，做到与“煤改清洁能源”工作相结合，与传统村落和传统民居保护修缮相结合，与整村开展美丽乡村建设改造和新型农村社区建设工作相结合，2016年全市完成农宅改造7.6万户，超过年初计划的5.6万户。

农民收入保持“两个快于”。2016年，农村居民人均可支配收入22 310元，同比增长8.5%，扣除价格因素，实际增长7%。增速比城镇居民高0.1个百分点，这是自2009年以来农村居民收入增速连续第8年快于城镇居民。低收入户收入继续保持“十二五”以来增速高于全市农民整体的趋势，农村20%低收入户人均可支配收入9 360元，同比增长10.2%，增速比农村居民收入增速高1.7个百分点。

促进农民增收突出了重点。立足本市农民收入75%来自工资性收入这一特征，抓住转移就业这个农民增收的关键点，建立完善城乡一体的就业服务管理制度，大力拓展绿岗就业和公益性就业岗位。全市平原造林工程共吸纳2.4万名本市农民绿岗就业，占全部就业人数的65%以上，就业农民月收入超过3 000元。调整北京市山区生态公益林生态效益促进发展基金，标准由原来的每年每亩40元提高到70元，调标后现有山区127万农民人均受益将由原来的340元提高到594元。

新一轮低收入帮扶全面启动。按照国家标准，北京虽没有贫困人口，但仍有一定规模的低收入村和低收入农户，是全面建成小康社会的薄弱环节。我市认真贯彻中央关于扶贫开发工作的指示精神，研究制定《关于进一步推进低收入农户增收及低收入村发展的意见》，调整低收入农户认定标准，实施了“六个一批”（扶持产业帮扶一批、促进就业帮扶一批、山区搬迁帮扶一批、生态建设帮扶一批、社会保障兜底一批、社会力量帮扶一批）分类帮扶措施。全面完成精准识别及建档立卡工作，全市共认定低收入农户72 632户、156 173人，低收入村234个，同步开发建立低收入农户监测信息系统，将低收入农户的家庭基本情况、低收入成因、帮扶需求等信息全部录入，实现一户一档；制定发放《北京市低收入农户登记卡》，作为帮扶记录和身份凭证，实现一户一卡。今明两年市级财政专项共5亿元的帮扶发展资金已经落实到位。全市向低收入村新选派第一书记216人，实现低收入村第一书记全覆盖。

农村社会保障水平进一步提高。2016年，北京城乡低保标准由家庭月人均710元提高至800元，城乡低收入家庭认定标准由家庭月人均930元提高至1 050元。城乡居民基础养老金由每人每月470元提高到510元，福利养老金由每人每月385元提高到425元，受益群体主要是农村居民。积极推进城乡居民医保制度整合，2016年已完成机构整合，2017年年底前完成制度整合，2018年1月1日起北京农村居民实现持卡就医。加强乡村医疗机构和医生队伍建设，重点推动847个“空白村”医疗卫生机构建设及人员配置，10个远郊区新建310个村卫生室，建立多渠道补充乡村医生机制，乡村医生岗位基本补贴由1 600元提高到3 500元。

农村基层党的建设进步加强。制定《关于在全市村党组织和党员中开展“两学一做”学习教育的指导意见》，引导农村基层党组织在推动农村经济社会发展中始终走在前列、作出表率。完善农村基层党建工作责任体系，明确各区区委农工委协助组织部门抓农村基层党建工作的责任，增强党建工作合力。完善村干部待遇保障机制，制定《关于村干部基本待遇和基本保障的实施办法（试行）》，村干部基本报酬最高每年4.5万元、最低每年2万元，进一步调动农村基层干部团结群众、引领发展的积极性。加强农村基层干部培养，启动实施农村基层干部人才培养工程，面向35岁以下社会青年和45岁以下的在职村两委干部，开展免费学历教育，培养储备一批扎根乡土的农村公共管理服务人才。健全“市级示范培训、区级重点培训、基层普遍培训”的工作体系，2016年市、区共培训乡镇、村干部7.8万人次，达到了提高能力、推动工作、促进发展的目的。

乡镇党委和村“两委”换届选举圆满完成。全面完成全市182个乡镇党委换届选举，选出的1 864名乡镇党委委员中，具有大学以上学历的占96.4%，具有研究生学历的占33.6%，182名乡镇党委书记全部具有大学以上学历，具有研究生学历的占60.4%，乡镇领导班子结构进一步优化。圆满完成3 906个村级党组织换届选举，书记、村主任“一人兼”比例达到64.3%，“两委”交叉任职比例达到55.4%，村党组织书记连选连任比例为76.9%，村党组织成员连选连任比例为73.5%，村委会主任连选连任比例为70.4%；彻底消除“白点村”，非党员村主任比例为11.7%，比上届有所降低，村民代表中党员比上届提高10个百分点，达到33.7%，党在农村的执政基础进一步巩固。

乡村治理机制创新完善。以修改完善乡规民约和村民自治章程为抓手，推动形成党政部门、农村组织、基层群众等多元主体共同参与的“公约化协同共治”，推进农村社会治理体系和治理能力现代化。加强农村精神文明建设，举办第二十七届农民艺术节，推进5个文化试点村建设，开展“美丽乡村·筑梦有我”大型新闻公益行动，新评选20个“北京最美的乡村”、累计达到113个。全面加强农村基层民主政治建设，深化村务监督委员会规范化建设，全面实施“村账托管”，农民权益得到有效保护。基层矛盾纠纷排查调处实现常态化管理，2 474个村庄实现社区化管理，农村社会保持和谐稳定。全面开展城乡结合部重点地区公共安全隐患问题综合整治工作，选派100名市级机关干部到城乡结合部地区100个重点村（社区）担任村（社区）党组织书记助理，推动公共安全隐患综合整治。

（贾寒智）

大 事 记

2016年大事记

1月7日， 农业部部长韩长赋就北京市大兴区农村集体经济产权制度改革及股份权能改革试点进展情况进行调研。市委副书记、市长王安顺，市有关领导陪同调研。韩长赋一行实地走访了大兴区西红门镇、大兴区黄村镇狼垡二村、小营村，对大兴区推进农村集体产权制度改革的精神和成效给予赞赏，认为北京市高度重视农村集体产权制度改革工作，起步较早、成效明显，对全国农村改革发展具有先试先行、探索引路的作用，为大城市郊区农村集体产权制度改革探索了一条道路。在详细询问改革进展情况、存在问题和下一步工作举措后，韩长赋同志强调：当前“三农”发展进入新阶段，农村改革要找到新办法，要用规模化、标准化、信息化等办法来解决农村改革中的问题。土地是农民最大的一块资产，在改革盘活土地的过程中要注重保护农民利益。要以改革为牵引力、为契机，进一步发挥好大兴区农村改革试验区的优势，大胆创新探索，先行先试，巩固和深化农村集体经济产权制度改革的成果，探索集体经济在市场经济体制下的有效实现形式，为推动全国农村集体产权制度改革积累经验、提供借鉴，使改革成果更多地惠及农民。

1月7日， 市农委召开“减煤换煤”工作紧急会议。会议传达了中央政治局常委、国务院副总理张高丽1月4日到北京检查大气污染防治工作的指示和郭金龙书记、王安顺市长的要求，通报了林克庆副市长部署会会议精神。会议要求：①各区要做好与电力公司、燃气企业的对接，尽快落实400个村的“煤改清洁能源”任务。②严格加强减煤换煤管理，进一步加强监督检查。③对于已经实施优质煤替代的村庄，要确保杜绝出现有使用劣质燃煤行为；已经实施“煤改电”“煤改气”工程的，要杜绝出现使用燃煤现象。

1月13日， 本市“互联网＋农业”大会暨北京农业互联网联盟成立大会召开。会议由市政府副秘书长赵根武主持，农业部有关领导、副市长林克庆出席会议。会上介绍了联盟筹备情况，表决产生了联盟轮值主席、轮值副主席及秘书长单位，颁发了北京市农业信息化龙头企业证书并授牌。北京京东世纪贸易有限公司当选为联盟轮值主席单位，北京顺鑫控股集团有限公司等单位当选为联盟秘书长单位，全市63家农业互联网企业成为联盟首批成员。联盟成立后，将发挥桥梁与平台作用，为政府决策、企业发展服务，积极开展活动，促进本市“互联网＋农业”发展。

1月18日， 北京市新农村建设领导小组会议召开。会议传达了中央农村工作会议精神，总结2015年新农村建设各项工作，研究部署2016年重点任务。会上观看了促进低收入农户增收专题片《共圆小康梦》，就本市贯彻落实2016年中央1号文件的实施意见和本市关于促进低收入农户增收和农村经济薄弱地区发展的意见作说明，副市长林克庆出席会议。会议认为，在过去的一年中，全市“三农”工作立足服务首都城市战略定位方向，坚持城乡发展一体化战略，深入推进“新三起来”，加快推进农业现代化，协调推进新型城镇化和美丽乡村建设，亮点突出，成效显著。全市新农村建设领导小组各成员单位坚持“部门联动、政策集成、资源整合、资金聚焦”工作机制，心往一处想，劲往一处使，形成“三农”工作强大合力。会议强调，全市农业农村工作要牢固树立“创新、协调、绿色、开放、共享”的发展理念，着重把握和解决好“人”“地”“业”“居”四方面问题。要把“人”作为推动发展的根本动力，通过大力促进农民增收特别是低收入农户增收，加快新型职业农民培养，稳步提高户籍人口城镇化率，切实增进农民福祉。要持续探索推进农村“三块地”改革，抓紧抓实各个环节，把改革举措一竿子插到底，确保各项改革落地生根。要着力加强农业供给侧结构性改革，深入推进农业“调转节”，扩大优质安全农产品的有效供给，提升休闲农业和乡村旅游品质，发展多种形式适度规模经营，开展高标准农田建设，实现农产品由低水平供需平衡向高水平供需平衡的跃升。要着力加强农村人居环境建设，促进农村地区用能结构调整，抓好农房抗震节能改造，保证农民的生产生活条件不断改善和提高。北京市新农村建设领导小组成员单位、农林水系统单位、各区主管领导和相关负责人参加会议。

1 月 19—20 日， 市农委举办农村土地承包经营权确权登记颁证数据库及信息系统建设培训班。为确保各区农村土地承包经营权确权登记颁证数据库及信息系统建设的标准统一，并做好与全市信息应用平台的衔接，市农委举办全市农村土地承包经营权确权登记颁证数据库及信息系统建设培训班，重点就农村土地承包经营权调查规程、数据库标准和成果检查验收办法等内容进行培训。通过此次培训，为各区具体负责此项工作的人员普及了权属调查、测绘以及数据库建设等专业技术知识，为全面开展确权登记颁证工作奠定了坚实的技术基础。郊区各区农委、经管站具体负责同志以及各区中标测绘公司工作人员参加培训。

1 月 27 日， 市农委召开系统公共安全研判部署会议。针对朝阳区“1·24”火灾事故，传达落实郭金龙、王安顺同志批示精神，做好农委系统安全隐患排查工作。要求：一是要认清近期安全生产工作的严峻形势，筑牢忧患意识、责任意识，分析查摆存在的突出问题和隐患，把工作往细处想、往实里做；二是加强对重点人和重点部位的管控，按照一人一招、一事一策制定完善应急预案，层层传导压力，逐级落实责任；三是加强值班和应急值守，严格落实节假日和重点时期领导带班和值班制度，确保各类信息畅通，确保系统安全稳定。

1 月 29 日， 北京市农委、农业局与河北省农业厅举办 2016 年京冀农业协同发展对接座谈会。市农委孙文锴主任与河北省农业厅魏百刚厅长签署了《2016 年京冀农业协同发展合作备忘录》，明确 2016 年在加强农业规划衔接与协同推进、加强农业信息协同、加强生态环境建设、加强农业科技合作、加强农业产销合作、加强动植物疫病联防联控、加强休闲农业合作、加强农业联合执法、探索金融资本合作 9 个方面开展务实合作。

1 月， 本市“一区五点”被农业部和国家旅游局评为“2015 年全国休闲农业与乡村旅游示范县、示范点”。其中，大兴区被评为“全国休闲农业与乡村旅游示范县”，朝阳区中农春雨休闲农场、顺义区欧菲堡酒庄、七彩蝶园、通州区花仙子万花园、平谷区大华山镇挂甲峪村被评为“全国休闲农业与乡村旅游示范点”。目前，全市共有 5 区被评为国家级休闲农业与乡村旅游示范县（怀柔、密云、延庆、平谷、大兴），20 个单位被评为国家级休闲农业和乡村旅游示范点。

2 月 18 日， 市委常委、统战部部长戴均良到门头沟区调研北京市传统村落保护发展情况。实地察看了门头沟区斋堂镇灵水村、马栏村和爨底下村，听取有关单位工作情况汇报。戴均良同志强调：一是要提高认识。传统村落是历史文化的记忆，是文化传承的载体，要深化对村落文明价值和传承意义的认识，切实增强传统村落开发与保护的责任感、紧迫感，把传统村落保护工作纳入全市总体布局和总体规划中统筹考虑，处理好保护、发展与利用的关系。二是要集成政策。认真研究梳理传统村落保护利用中建设用地指标问题、宅基地置换、集体建设用地流转等方面的政策措施，集成现有政策，建立传统村落保护专项资金，优先启动 16 个中国传统村落保护修缮试点示范工作，分类指导，分步实施。三是要探索模式。探索传统村落保护利用的有效模式，进一步丰富传统村落旅游发展内容，加强旅游产品的开发，增加旅游附加值，促进农民增收。同时，高度重视生态环境保护，实现传统村落可持续发展。四是要加强领导。市农委作为牵头部门，要抓紧、抓好、抓到位，做好组织落实工作；各职能部门要切实履职履责，互相配合，确保各项支持措施落实到位；各区政府要切实履行主体责任，注重动员和引导农民保护家园建设家园的主动性、积极性，共同推进传统村落保护利用工作。

2 月 23 日， 市委农工委召开 2016 年系统单位党建工作座谈会暨党员组织关系集中排查工作部署会。会议听取了市农林科学院等3家系统单位2015年度党建工作情况以及2016年度党建工作计划的汇报，对着手开展“两学一做”学习教育、“三严三实”专题教育整改落实、发展党员、集中排查党员组织关系、推进党建工作创新等10余项重点工作进行部署。会议强调：要聚精会神抓党建，强化主业意识，切实履行管党治党责任，做政治上的明白人，把党建责任真正记在心中、扛在肩上、抓在手上、落在实处。要突出重点抓党建，坚持不懈抓班子、带队伍，持之以恒反“四风”、改作风，着力建设一支忠诚、干净、担当的干部队伍。要围绕发展抓党建，找好党建工作与低收入农户增收、煤改清洁能源、“调转节”等“三农”中心工作的结合点，发挥自身优势，积极主动作为，更好地服务首都“三农”改革发展。

3月12日，第四届北京农业嘉年华活动开幕。第四届北京农业嘉年华活动在昌平区草莓博览园举行开幕仪式。本届活动以“智慧农业、引领生活”为主题，按照“三馆两园，一带一谷”模式，建设智慧农业馆、农事体验乐园、草莓休闲体验带、延寿生态观光谷等7大功能板块，活动期间将举办创意农业展示、智慧农业体验等20余项活动。本届嘉年华突出四大亮点：①展示精品农业。举办“一带一路”特色农业精品展活动，吸纳近300家国内外企业参与，汇集“一带一路”沿线国家和地区的优质农产品1 000余种。②展示创意农业。运用现代农艺技术、结合创意景观的表现形式，打造具有层次感和立体感的创意景观100余种，让市民亲身体验农趣。③展示智慧农业。设置智慧农业馆，运用120余项先进技术让农业实现自动、数字和可视化，充分展现农业科技发展活力。④展示休闲农业。整合场馆道路沿线1万栋草莓日光温室大棚资源，引导游客观光休闲采摘，促进农民增收；新增延寿生态观光谷，吸引游客观光游览延寿镇百里环形沟域美景。

3月，“群众信赖的农村土地承包仲裁员”评选揭晓，本市基层工作者刘海亮获评全国十佳。农业部自2015年5月起，在全国开展“群众信赖的农村土地承包仲裁员”公开推介活动，在全国评选出10名群众信赖的农村土地承包仲裁员。经过初审、网络公开投票、专家评审等环节，房山区农村土地承包纠纷仲裁委员会仲裁员刘海亮同志荣获“群众信赖的农村土地承包仲裁员”光荣称号。刘海亮同志1999年被聘任为农村土地承包仲裁员，多年来辛勤奋战在维护农民土地承包合法权益的第一线，忘我工作、积极奉献、成绩突出，被聘为仲裁员以来，共化解农村土地承包纠纷652件，仲裁135件。

4月8日，“北京‘三农’新闻宣传智库”成立。会上向11名智库成员颁发聘书，并围绕即将2016年全国都市农业现场交流会开展第一次专题新闻宣传策划活动。“‘三农’新闻宣传智库”在新的新闻宣传形势、规律和要求下成立，涵盖长期从事北京“三农”工作新闻宣传的一线工作者和对北京“三农”有深入了解并凝聚深厚感情的资深媒体人，每两个月组织一次“三农”宣传策划会，旨在吸引各级各类媒体持续聚焦和关注“三农”，为“三农”新闻宣传出谋划策，提升首都“三农”工作的新闻宣传水平。

4月16日，2016年全市农村工作电视电话会议召开。会议对“十二五”时期城乡发展一体化工作进行总结，对“十三五”时期特别是2016年全市农业农村工作进行部署。副市长林克庆作工作报告，市委书记郭金龙作重要讲话。会议强调：一是要深刻认识农村发展面临的新形势。要准确把握落实首都城市战略定位、推动京津冀协同发展、率先全面建成小康社会的新要求，农村要与城区一起担负起增强和服务保障首都核心功能的职责，更好地发挥生态屏障、宜居空间、战略腹地作用，在更高水平上实现农民增收、农业增效、农村稳定。平原地区属于中部核心功能区，要积极承接中心城区溢出的高端产业和功能；山区属于西北部生态涵养区，要积极培育与生态涵养功能相适宜的产业。二是坚持用新理念引领农村新发展。要切实把“创新、协调、绿色、开放、共享”的发展理念贯穿到各方面和全过程，不断破解发展新难题，厚植发展新优势，以优化调整农村产业结构，不断完善基础设施和公共服务体系，大力加强生态环境建设，全面深化农村改革，切实维护农村地区和谐稳定为重点，深入研究、准确把握、扎实推进，让农业农村成为可以大有作为的广阔天地。三是努力提高农村工作水平。要强化政治和组织保障，改进提升服务，激发干事创业热情，以开展“两学一做”学习教育为契机，进一步增强政治意识、大局意识、核心意识、看齐意识和首善意识，抓好各项工作落实。特别是要加快推进低收入农户增收和低收入村发展工作，强化责任落实，确保帮扶工作成效。通过开拓进取、扎实工作，不断开创农村发展的新格局。

4月26日，市农委系统全面启动“两学一做”学习教育。按照市委统一部署，市委农工委召开工委委员扩大会议，学习贯彻中央和市委“两学一做”学习教育工作有关会议精神，安排部署农委系统“两学一做”学习教育工作。市委农工委、市农委领导班子成员，两委机关各处室、直属事业单位负责人，农委系统各单位党委（党组）负责同志参加会议。会议研究并通过了两委及农委系统关于在全体党员中开展“两学一做”学习教育的实施方案、村党组织和党员开展“两学一做”学习教育的指导意见。会议要求，两委领导、各处室、农委系统单位要按照中央和市委的统一部署，充分认识开展“两学一做”学习教育的重要意义，把开展“两学一做”学习教育作为当前一项重大政治任务抓实抓好。要学做一体、知行合一，把“学、做、改、干”贯穿起来，着力解决党员队伍在思想、组织、作风、纪律等方面存在的问题，为加快推进城乡发展一体化进程提供坚强的组织保证；要突出特色、增强实效，在认真完成“规定动作”的同时，有针对性地开展“自选动作”；要落实责任、形成合力，加强对“两学一做”学习教育的组织领导，增强广大党员参与“两学一做”学习教育的思想自觉和行动自觉，确保两委、农委系统的学习教育取得实效。

4月，启动低收入农户和低收入村精准识别及建档立卡工作。一是制定并下发《关于开展低收入农户和低收入村精准识别及建档立卡工作的通知》，对建档立卡工作进行动员部署。各区结合实际制定精准识别及建档立卡工作实施方案，成立精准识别及建档立卡工作领导小组，集中精力做好低收入农户和低收入村精准识别及建档立卡工作。全市建档立卡工作于7月底前完成。二是明确低收入农户以2015年家庭人均可支配收入低于11 160元为基本标准，低收入农户数量超过农户总数50%并达到一定规模、村集体经济薄弱的行政村认定为低收入村。三是建立全市低收入农户监测信息系统，按照“宣传动员、自愿申请、入户核查、民主评议、分级审定、建档立卡、精准帮扶”7个步骤，逐村逐户进行摸底调查，形成全市低收入群体台账。四是结合建档立卡工作，摸清低收入成因及帮扶需求，因村因户制定精准帮扶措施，并编制低收入村产业发展规划。

5月4日，2016年北京市农业产业化工作会议召开。会议对2015年全市农业产业化工作进行了总结，对2016年及今后一个时期农业产业化工作进行部署，明确2016年要着力提升科技创新水平、着力加快转型升级进程、着力推动产业融合发展、着力提升带动农民增收能力、着力农业产业化服务水平五大重点任务。会议强调，全市农业产业化工作要贯彻深入落实“创新、协调、绿色、开放、共享”五大发展理念，积极主动适应产业结构调整、深化供给侧改革、促进一、二、三产业融合等新形势，在着力保障农产品有效供给、推动产业融合及带动农民增收致富等方面发挥重要作用。市农业产业化联席部门、郊区农委主管领导，市级以上农业产业化龙头企业、信息化龙头企业相关负责同志共250余人参加会议。

5月7日，第四届北京农业嘉年华圆满闭幕，累计接待游客超百万。自3月12日开幕以来，第四届北京农业嘉年华历时58天安全平稳运行，品牌知名度和影响力日益扩大，累计接待游客133.6万人次，较上届增长12.3%，累计门票收入1 306.85万元，较上届增长19.1%，园区实现直接经济收入6 070.03万元，较上届增长16.8%。本届活动创新设置“三馆两园，一带一谷”七大板块，展示农业优新特品种610种，应用先进技术120余项，汇集优质农产品展销1 000余种，带动周边草莓采摘销售和民俗旅游收入2.57亿元，实现总收入3.18亿元。

农林水系统“三农”工作座谈会召开。会议由副市长林克庆主持，传达学习了习近平总书记4月25日在安徽凤阳小岗村主持召开的农村改革座谈会上的重要讲话，并结合首都“三农”实际，对做好新时期首都“三农”工作进行部署。会议要求：一是提高思想认识。要深入学习贯彻习近平总书记讲话精神，把思想统一到中央和市委市政府决策部署上来，切实增强责任感、使命感和紧迫感，攻坚克难，抢抓机遇，狠抓落实，确保完成各项工作任务。二是提升精准服务。要根据不同区域、不同行业的实际情况，统筹兼顾、分类指导，促进其优势发挥和差异化发展；要针对低收入农户增收、农村集体土地改革、城乡结合部专项规划、煤改清洁能源等难点工作安排专门力量，加快推动工作落地；要做好本市第三次全国农业普查工作，全面掌握“三农”发展变化情况。三是改进工作方式。要善于借助外脑，充分挖掘首都智库资源，提高政策科学性、实效性和认可度；要善于借助外力，充分调动企业积极性，激发市场活力；要借助媒体力量，正确引导舆论，及时做好突发事件应对工作；要发挥公益组织、志愿者的作用，营造积极的社会氛围。四是善于树立典型。要深入调查研究，坚持眼睛向下、脚步向下、多些蹲驻到村、少些走马观花，及时掌握“第一手”材料，了解基层的创造，注重树立工作典型并充分发挥其示范作用。

5月22日，住建部、新华社、市农委联合开展“两学一做”主题党日活动。市农委村镇建设处党支部、住建部村镇建设司小城镇处党支部、新华社国内部经济采访室党支部共62名党员走进革命老区斋堂镇，通过交流发言、实地参观、向党旗宣誓等形式，支部成员重温入党誓词，接受了传统革命教育，进一步激发了共产党员的荣誉感、责任感和使命感；同时，围绕新农村建设、传统村落保护、民俗旅游发展等情况深入到户进行考察，通过实地看、问、学，进一步提高了对新农村建设的感性认识。

5月26日，第五届北京现代种业博览会开幕。由北京国家现代农业科技城领导小组、市科委、市农委、市农业局及通州区政府主办。活动主展厅4 000平方米，集中展示国内外知名种子企业、科研院所等200家单位选育的蔬菜新品种2 600余个，农机及智能化精密装备50余台，新技术100多项。北京农科城通州种业园分别与河北大厂国家现代农业科技园区、山东省东阿县政府签订战略合作协议，推动协同创新、产业对接和资源共享，服务区域现代农业发展。

7月4—8日，全市农村基层党组织书记示范培训班圆满结束。此次培训班紧扣“两学一做”学习教育要求，紧贴农村中心工作和重点任务，采取专题辅导、现场教学、经验介绍、视频教学、分组讨论等多种形式开展多方面培训。培训班邀请了市委组织部等相关单位，中国人民大学、北京市委党校相关学者，以及京东集团有关专家，围绕“加强农村基层组织建设，夯实农村执政基础”等内容进行了专题辅导；组织学员到通州国际种业园区等地就经济发展和社会治理等方面开展现场教学活动，并邀请房山区窦店镇窦店村党委书记仉锁忠等同志围绕村集体经济发展和村级社会治理介绍了经验。各涉农区委组织部有关负责同志、村党组织书记共200人参加了培训。

7月6日，林克庆副市长主持召开全市主管区长专题工作会议。会议深入贯彻落实京津冀及周边地区大气污染防治协作小组第六次会议上张高丽副总理讲话精神，要求各区全面落实北京市农村地区“煤改清洁能源”和“减煤换煤”各项任务，强化各区“减煤换煤”招投标工作的管理，确保公开、公平、公正；加快推进农村地区“煤改电”“煤改气”的规划、审批；加快推进污水处理设施建设工程项目，确保按时完成各项任务。市相关部门、市电力、市燃气主管领导参加了会议。

7月6日，市新农办成立“北京市农村地区‘煤改清洁能源’专家顾问组”。市新农办会同市节能环保中心组织召开了“北京市农村地区‘煤改清洁能源’专家顾问座谈会”，并在会上成立了“北京市农村地区‘煤改清洁能源’专家顾问组”，市新农办通报了北京市农村地区“煤改清洁能源”工作进展，克庆副市长出席并向参会的专家顾问代表颁发了聘书。专家顾问组由20名专家组成，将承担北京农村地区“煤改清洁能源”取暖技术的选择、应用、推广等方面专业技术咨询和专业技术指导以及取暖设备的安装、检测、鉴定、评价等工作，指导农村地区“煤改清洁能源”工作科学推进、健康发展。

7月18—21日，市农委系统举办“两学一做”学习教育专题培训班。培训班以“学党章党规、学系列讲话，做合格党员”为主题，邀请了中国纪检监察报原社长李本刚等七位同志采取形势教育、专题辅导、分组讨论等多种形式，重点开展党的建设、协同发展、身心健康和志愿服务等多方面培训。与会学员反映本次培训内容丰富，进一步增强了党章意识、规矩意识和廉洁意识，提高了将“三农”工作置身于首都经济社会发展大局中的意识。市委农工委、市农委、市农林科学院、北京农业职业学院、北京农产品中央批发市场管委会、市农村经济研究中心、市农业局、市城乡结合部办公室共120余人参加了培训。

7月27日，本市召开新农村建设领导小组（扩大）会议。会议由市政府副秘书长赵根武主持，副市长林克庆出席并讲话。克庆副市长充分肯定了北京市上半年在加快推进新型城镇化、新农村建设和京津冀协同发展工作取得的新进展，尤其是在农业"调转节"、生态环境和城镇化建设等方面取得了显著的成效。克庆同志就抓好下半年工作提出了"强化五个统筹"的要求：即统筹"煤改清洁能源"、郊区新型城镇化、生态环境建设、农业供给侧改革、农民增收工作，扎实推动城乡一体化持续健康发展。

7 月，本市 10 个村被认定为第六批全国一村一品示范村镇。包括：房山区窦店镇河口村（翠林花海辣椒）、顺义区龙湾屯镇柳庄户村（翠柳葡萄）、大兴区长子营镇东北台村（凤河源油菜）、平谷区南独乐河镇北寨村（北寨红杏）、密云区河南寨镇套里村（村里头番茄）、延庆区沈家营镇河东村（葡语农庄葡萄）、昌平区阳坊镇后白虎涧村（白虎涧京白梨）、门头沟区妙峰山镇涧沟村（妙峰玫瑰）、通州区漷县镇柏庄村（四时鲜生菜）、延庆区香营乡新庄堡村（鲜食杏）。

9 月 11 日，平谷大桃入选"全国一村一品十大知名品牌"。由农业部产业化办公室与吾谷网联合举办的百万网友心中的"全国一村一品十大知名品牌"评选活动结果揭晓，本市平谷大桃入选"全国一村一品十大知名品牌"。另外，怀柔板栗获得第十一名，房山磨盘柿获得第二十一名。

9 月 24 日，全市召开村"两委"换届选举工作总结会。会议由副市长王宁同志主持，市委常委、组织部长姜志刚同志出席会议并讲话。会议全面总结了全市村"两委"换届选举工作，对下一阶段全市农村基层组织建设进行部署。本次村"两委"换届选举工作从 2015 年 9 月启动，到 2016 年 7 月圆满结束，过程依法合规、平稳有序，顺利实现"两保持、两提高、两确保、两降低"的目标。全市村党组织书记选举结果与预测人选的吻合度达到97.5%，比上届提高 5.7 个百分点。新一届村"两委"班子中，"一人兼"比例达到64.3%，交叉任职比例达到55.4%，均与上届基本持平。村委会主任、村民代表中党员比例均有提高，未出现村委会中无党员的"白点村"。姜志刚同志对本次村"两委"换届选举工作给予了充分肯定，对基层党组织建设提出四点要求：一是要切实抓好村级班子的运行和任期目标规划，推进村级班子规范高效运转；二是要进一步健全党组织领导的村域社会治理机制，增强农村基层党组织的领导力、掌控力；三是要切实加强村党组织书记队伍建设，加强分类指导；四是要继续扎实推进低收入村增收工作，继续选派第一书记，强化派出单位的帮扶责任，建强村级班子、提升工作能力。

9 月，本市四个乡村被农业部推介为中国美丽休闲乡村。近日，农业部印发《关于公布 2016 年中国美丽休闲乡村推介结果的通知》（农加发〔2016〕4 号），本市延庆区下湾村、昌平区康陵村、平谷区玻璃台村、房山区水峪村被推介为 2016 年中国美丽休闲乡村。

10 月 9 日，全市深化农村改革现场会在怀柔区召开。会议组织参观了怀柔区田仙峪村盘活农民闲置住宅发展健康休闲养老产业试点，林克庆副市长出席并作重要指示。他要求，市有关部门和各区要认真贯彻落实习近平总书记系列讲话特别是视察北京讲话精神，按照中央和市委市政府的决策部署，全面加快深化农村改革，特别是加大推进农村集体建设用地和农村集体资产产权领域的改革力度，重点做好以下三方面工作：一是加快农村集体建设用地规划编制工作，全面开展乡镇统筹利用农村集体经营性建设用地试点。二是进一步推进农村集体经济产权制度改革，加强农村集体资产监管，促进集体经济发展。三是稳妥有序推进盘活闲置住宅发展健康养老和休闲旅游产业试点。全市 19 个相关部门及 13 个郊区分管负责同志参加会议。

10 月 14—16 日，2016 年京张优质农产品推介会在延庆举办。由北京市延庆区农委、河北省张家口市农委主办的 2016 年京张优质农产品推介会在延庆八达岭国际会展中心举办。本次推介会吸引了来自北京和张家口共计 128 家优秀企业参展。北京市农村工作委员会副主任吴更雨、北京市农村工作委员会农产品流通处处长聂观涛、延庆区区委书记李志军、延庆区区委副书记、区长穆鹏、张家口市市委副书记、副市长李金华、张家口市市委副秘书长张志录等领导出席开幕式。本届京张优质农产品推介会以进一步响应京津冀一体化战略目标，推动优质农产品跨区域流通，促进现代农业发展及京津冀地区农业技术交流与合作；推动农业供给改革，产销对接；为世园会、冬奥会提供农产品服务保障平台；带动延庆当地经济发展，为延庆农业增效、农民增收、提升农产品影响力为目的，力争用 3～5 年时间，打造京张乃至京津冀地区优质农产品展会品牌，最终成为立足北京、覆盖京津冀的农业合作、农产品促销平台。

10 月 27—28 日，市农委举办了 2016 年度村镇建设统计工作培训班。来自住建部和系统软件公司的领导和专家，分别就村镇建设统计报表制度、城乡建设统计基础工作规范和村镇建设统计信息管理系统的操作进行了讲解，针对北京的实际情况以及在数据审核时发现的问题进行了点评，并现场回答了学员们提出的问题。郊区各区村镇建设统计工作主管部门负责人和乡镇基层统计人员 220 余人参加了培训。

11 月 3 日，京津冀休闲农业协同发展框架协议签署。为引导推动京津冀休闲农业协同发展，11 月 3 日，北京市农委、天津市农委与河北省农业厅签署《京津冀休闲农业协同发展框架协议》。①合作原则。按照“市场导向、优势互补、资源共享、特色鲜明、共赢发展”的原则，巩固深化合作领域，创新合作推进机制，推进协同发展。②合作重点。一是统筹规划京津冀三地休闲农业建设。二是统一京津冀休闲农业标准体系。三是共同打造休闲农业精品旅游线路。四是建立京津冀休闲农业公众服务平台。五是共同开展休闲农业人才培养。六是共同策划休闲农业重大活动。③合作机制。一是成立京津冀休闲农业合作协调领导小组。由三地农业部门主管领导任组长，实行轮值组长制，定期召开会议，制定协同发展的相关政策、研究部署重大活动和工作措施。二是推动成立京津冀休闲农业产业联盟。以休闲农园、农家乐、规划单位、宣传推介部门、相关行业企业为主体，加快成立京津冀休闲农业产业联盟，开展多层次、全方位、宽领域的对接互动，实现互利共赢发展。

11 月 16—18 日，全市第二批选派第一书记履职培训班在市委农工委党校成功举办。此次培训由北京市委组织部、市委农工委联合主办的，主要目的是贯彻中央抓党建促脱贫攻坚工作座谈会精神以及市委《关于进一步推进低收入农户增收及低收入村发展的意见》，落实中央、市委关于做好选派村党组织第一书记工作要求，切实提高选派干部履行好吃透村情民意、加强组织建设、推进强村富民、维护农村稳定、开展结对共建等职责任务的能力，推动低收入村发展和低收入农民增收。来自市、区两级机关事业单位，市属国有企业，市属高校共 216 名第一书记参加了培训。

（陈思）

城乡发展一体化

综　述

2016 年，郊区城乡发展一体化有突破性发展。开展了新型城镇化和特色小城镇研究，小城镇建设全面推进，一批特色小城镇凸显。紧紧抓住小城镇这个城镇体系的重要节点，推动小城镇发展，实施新型城镇化，落实京津冀协同发展纲要，推动大中小城市和小城镇协调发展，促进大中小城市和小城镇合理分工、功能互补、协同发展。优化城乡空间布局，遏制城市“摊大饼”式发展。城乡结合部整治建设有较大推进，农村煤改清洁能源工作取得大面积推进。美丽乡村建设又有新发展，城乡发展一体化呈现良好态势。

（胡小标）

小城镇建设

全年共实现 663 个村、22.6 万户“煤改清洁能源”，比原定计划提高65.8%。对未进行清洁能源改造的村庄，实现优质燃煤全覆盖，严禁劣质燃煤在郊区农村销售，各区配送优质燃煤 90 多万吨，确保户户有优质燃煤使用。2016 年全面启动了 300 个美丽乡村建设，并对 2015 年启动的 519 个村庄进行验收。门头沟区下清水村等 493 个村庄被命名为北京市第一批美丽乡村。重点推进 48 个农村社区试点，其中 43 个已完成规划编制，22 个启动建设，完成民居建设68.9万平方米，12 个建成入住。16 个列入中国传统村落名录的村庄已有 14 个编制完成保护规划，门头沟爨底下村、房山水峪村的保护利用方案开始实施，并初步确定 44 个市级传统村落。全面启动3 811户、7 687人搬迁工作，涉及 5 个区的 15 个乡镇 28 个行政村，其中 14 个村已开工建设。全年共完成农宅改造 8 万户，超过年度任务5.6万户的42.8%。

（王朗）

【北京重点小城镇发展情况】 北京郊区小城镇从 1995 年开始进行规划建设试点。2001 年 2 月确定了 37 个镇为郊区小城镇。2009 年，对郊区小城镇布局进行了调整，研究确定了 42 个重点小城镇作为下一步本市郊区小城镇建设发展的重点。42 个镇镇域面积4 371.9平方公里，占全市面积的 1/4，共有行政村1 224个，常住人口172.23万人，户籍人口约127.6万人，其中农业户籍78.6万人。通过近几年的发展，北京小城镇建设步入了城乡一体化发展的新阶段。

产业园区：42个镇中，有38个镇规划有产业园区（农民就业产业基地），只有潭柘寺镇、军庄镇、怀北镇、十三陵镇没有相对集中的产业用地。38个镇产业园区规划面积15.14万亩，平均每镇3 984亩；入园企业已利用土地76.69万亩，占规划面积的50.65%。产业园区（农民就业产业基地）内企业合计1 823家，其中已开工企业1 582家，入区企业个数及开工数比“十一五”末（1 248家、1 002家）分别增长46.07%和57.88%；2016年度项目完成总投资228.29亿元，招商引资实际到位资金366.89亿元，比“十一五”末（403.24亿元、96.07亿元）分别减少了43.37%和增加了2.82倍；企业总收入达到1 116.6亿元，比“十一五”末（537.11亿元）增长了79.21%；园区从业人数10.96万人，其中本地就业人数5.82万人，占53.1%。

招商引资：42个镇各类企业共计15 962家，占151个乡镇所有企业总数（69 641家）22.92%；占114个乡镇所有企业总数（36 786家）的43.39%。企业总收入1 920.26亿元，比“十一五”末（1 006.21亿元）增长了90.84%，占151个乡镇和114个乡镇所有企业总收入（6 711亿元、3 096.9亿元）的28.61%和62.0%；实现利润84.68亿元，比“十一五”末（60.11亿元）增长40.88%。实际上缴税金179.11亿元，比“十一五”末（99.09亿元）增长80.75%。

土地利用：42个镇区规划面积共250.07平方公里，比“十一五”末（245.78平方公里）增加了1.75%；城镇规划区面积250.07平方公里，其中建成区面积159.23平方公里，比“十一五”末（117平方公里），增加了42.23平方公里，建成区占规划面积的63.67%。2016年度42个镇土地“招拍挂”共成交12宗，成交面积137.52公顷，其中工业用地面积88.61公顷，占64.43%；各镇纳入土地储备的建设用地有170.52公顷。国家征用土地28宗、1 060.92公顷。

（胡小标）

【当前存在的主要问题】从1995年开始，本市小城镇发展先后经历了规划试点（1995—2000年）、规范发展（2000—2006年）和加快发展（2006年至今）等3个阶段，先后确定了42个重点小城镇（占独立建制小城镇的37%，其中平原镇19个、山区半山区镇23个），制定实施了一系列政策措施，在推动新型城镇化和城乡发展一体化、带动农村经济发展等方面发挥了重要作用。但也存在一些问题，如发展定位趋同、特色不明显，普遍存在投资强度低、单位土地产出率低、产业层次低等；又如，市场配置资源的作用发挥不完全，基础设施和公共服务的投资渠道单一，承载能力不足，辐射带动能力不强；再如，在空间布局上太集中与太分散并存，在土地利用上违规违法占地与低效闲置浪费现象并存等。

（胡小标）

煤改清洁能源

【强化村镇建设、农村煤改清洁能源等前瞻性政策研究】市新农办等单位重视农村政策研究，每年都围绕农村环境等重大问题组织开展课题调研，2016年度，他们又组织市农职院教授马俊哲、鄢毅平、高级经济师徐再城等农业、农村方面专家和实务工作者深入实际，调查研究，重点对村镇建设、煤改清洁能源等课题进行了前瞻性研究，对推动相关工作起到了参考和引导作用。

（诸葛绪光）

都市型现代农业

综　述

2016年，北京市认真学习党的十八届三中、四中、五中、六中全会精神，以及中央1号文件精神，贯彻落实习近平总书记视察北京时的重要讲话精神，大力推进农业供给侧结构性改革，推动都市型现代农业绿色发展、循环发展、融合发展，不断提升农业发展质量和效益。

理清现代农业发展新思路。紧密联系本市都市现代农业发展实际，编制了北京市都市型现代农业、国家现代农业示范区、京津冀农产品加工业三个“十三五”发展规划，制定了加快转变农业发展方式深入推进农村产业融合发展的实施意见、2016年北京市农业支持保护补贴政策的指导意见、推进“互联网+农业”的实施意见三个政策文件，制定了开展农业三项补贴改革工作实施方案、基本菜田补贴实施办法、国家农业可持续发展试验示范区创建方案三个实施方案，形成了规划引领、政策跟进、方案配套的产业发展框架体系。

农业结构调整迈出新步伐。加快山区半山区减少农作物种植、减少农作物秸秆禁烧压力。推进农作物秸秆饲料化利用，扩大青贮玉米种植面积。全市粮田面积110万亩，较2013年调减了66万亩，完成2020年计划任务的69%，其中高耗水作物小麦生产下降20万亩。调整出来的土地，用于植树造林、发展苗圃和景观农业，着力改善城市周边生态环境。全面完成畜禽养殖禁养区划定工作，划定禁养区面积5 190.25平方公里，关闭或搬迁规模养殖场（小区）379家。全市畜禽养殖出栏量和产量明显降低，生猪出栏275.3万头、家禽出栏3 882.7万只，分别比上年减少了3.2%、41.9%；禽蛋产量18.3万吨、牛奶产量45.7万吨，分别比上年减少了6.6%和20.1%。农产品质量安全水平持续提升，“三品一标”认证覆盖率达到46.7%，农产品质量合格率保持在98%以上，房山区和平谷区被农业部命名为“国家农产品质量安全县”。组织实施化肥农药使用量零增长行动，推进畜禽粪污治理与综合利用，全市完成100家规模化养殖场粪污治理，全面落实农作物秸秆禁烧和综合利用工作，综合利用率达到98.1%。

农业新兴业态呈现新气象。现代种业发展壮大，搭建现代种业创新发展和交流共享的平台，协助通州国际种业科技园区举办了第五届北京现代种业博览会。制定实施南繁科研育种基地（海南）建设方案，加快南繁基地建设。2016年全市种业实现销售收入120亿元。“互联网+农业”发展迅速，召开全市“互联网+农业”大会，成立北京农业互联网联盟，组织评选“最受喜爱的农业电商”，平谷大桃在吾谷网举办的百万网民评选中，入选“全国一村一品十大知名品牌”。休闲农业和乡村旅游提档升级，全市观光园和民俗旅游接待游客4 547.9万人次，实现收入42.4亿元。昌平区、房山区被认定为全国休闲农业和乡村旅游示范区

（累计达到 7 个区），4 个村被推介为 2016 年中国美丽休闲乡村（累计达到 14 个村），8 家农业园区被认定为全国休闲农业和乡村旅游五星级园区（累计达到 24 家）。会展农业持续发力，全市农业会展及农事节庆活动共接待游客447.2万人次，实现收入2.4亿元。沟域经济继续扩大，扎实推进房山区绿海红歌、门头沟区妙峰山玫瑰谷等 9 条重点沟域建设，实施五项工程项目 227 个，实现投资24.9亿元。推进国家现代农业示范区创建工作，制定完善市级示范区和示范乡镇创建管理办法，新认定北京都市型现代农业示范乡镇 15 个，累计达到 68 个；新增 10 个全国一村一品示范村镇，累计达到 57 个。圆满完成全国都市现代农业现场交流会承办及组织保障工作，充分展示了北京农业发展风貌，汪洋副总理、韩长赋部长充分肯定北京农业发展势头，鼓励北京今后更好地为全国都市现代农业发展打造标杆、树立榜样。

区域协同发展取得新进展。组织京津冀现代农业协同发展工作座谈会、项目对接会、考察洽谈等活动，编制了京津冀现代农业协同发展规划实施方案（征求意见稿），签署了合作备忘录、框架协议等一系列文件，在生产基地建设、产销对接、休闲农业、沟域经济带等领域合作迈出实质性步伐。加强农业区域合作，继续推进援疆、援藏、援青等对口支援工作和巴东、金寨、南水北调水源区等对口帮扶工作，启动北京与汉中、大同等地的农业合作项目。加强京台农业合作交流，着手编制京台乡村交流五年规划。启动农业国际合作，完成北京市对外农业投资信息采集工作，配合农业部组织了农业“走出去”农机、贷款项目征集工作。

（李媛）

种 植 业

【粮经作物生产情况】年内，粮经作物播种面积138.2万亩，其中：粮食作物131.0万亩，经济作物7.2万亩。粮食作物中：夏粮23.9万亩（冬小麦23.9万亩），秋粮107.1万亩（玉米97.8万亩、豆类4.2万亩、薯类2.0万亩）。经济作物中：油料3.3万亩、中草药3.8万亩，其他0.1万亩。

（雷杰）

【北京正式实施农业支持保护补贴政策】2016 年 4 月 18 日，财政部、农业部印发了《关于全面推开农业“三项补贴”改革工作的通知》（财农〔2016〕26 号），要求 2016 年全国推开农业“三项补贴”改革工作。根据农业部要求，市农委、市农业局、市财政局共同研究，出台了《关于 2016 年北京市农业支持保护补贴政策的指导意见》，将原有的种粮农民直接补贴、良种补贴和农资综合补贴合并为农业支持保护补贴。调整后的政策有两大变化：一是补贴内容不再针对具体作物品种，而是用于耕地地力保护，二是新增加了对适度规模经营的补贴。

（张立新）

【《北京市“十三五”时期都市现代农业发展规划》发布实施】规划明确提出在“十三五”期间，北京都市现代农业仍然是首都鲜活安全农产品供给的基础保障，是首都生态屏障的重要组成，是首都和谐宜居的基础支撑，是农民的家园和市民的乐园。“十三五”期间，紧紧围绕“创新、协调、绿色、开放、共享”的发展理念和首都功能定位，强化农业生态、生活、生产、示范四大功能，以发展北京都市现代农业为方向，按照高科技、高辐射、高效益、生态环保、质量安全、集约节约的发展要求，着力构建与首都功能定位相一致、与二、三产业发展相融合、与京津冀协同发展相衔接的农业产业结构，打造生态环境友好、产业产品高端、田园乡村秀美、管理服务精细、城市郊区共融的都市农业“升级版”，为建设国际一流的和谐宜居之都提供有力支撑和坚实保障。规划在“十三五”期间，要按照三高并举（高端、高效、高辐射）、三产融合（一、二、三产业）、三生共赢（生态、生产、生活）、四化同步（工业化、信息化、城镇化、农业现代化）的理念，全面推进国家现代农业示范区建设。到2020年，土地产出率、劳动生产率、资源利用率国内领先，农业的多功能广泛拓展，农业发展方式有效转变，一、二、三产深度融合，现代农业的核心竞争能力、服务城乡能力、生态涵养能力显著提升，使北京成为全国都市农业引领区、国家现代农业示范区、高效节水农业样板区、京津冀协同发展先行区，率先在全国全面实现农业现代化。规划提出，按照“调粮、保菜、做精畜牧水产业”的总体要求，推进农业产业结构调整，努力“调出高效益、调出可持续、调出新机制”。优化产业布局，形成“一核”带动、“五区”互动、协同发展的格局。一核是指北京市现代农业示范区核心区，位于顺义区和通州区。五区是指城市创意休闲农业区、平原高效精品农业区、山地生态服务农业区、京津冀农业协同发展区、环京津高效生态农业区。规划明确“十三五”期间要建立健全都市现代农业产业体系、建立健全都市现代农业生态保护体系、建立健全都市现代农业生产经营体系、建立健全都市现代农业服务体系、建立健全现代农业安全保障体系、建立健全都市现代农业科技支撑体系六大体系。重点开展新一轮“菜篮子”建设工程、生态农业建设工程、种业之都建设工程、农产品优质优价推进工程、现代安全农业建设工程、“互联网＋农业”建设工程、高效农业节水工程、都市现代农业服务支撑工程、都市现代农业示范工程、农业法制保障工程十大工程。

（贺建德）

【粮经产业结构调整深入推进】根据2014年市委市政府印发的《中共北京市委 北京市人民政府关于调结构转方式发展高效节水农业的意见》（京发〔2014〕16号）的要求，市农委、市农业局主动出击，加强顶层设计，立足北京都市现代农业定位，着力调减高耗水作物，为首都生态文明与经济建设留出足够空间，创造了良好的发展条件，农业结构调整取得了显著成效。高耗水作物稳步调减。全市粮田面积约为110万亩，比2013年减少66万亩，其中高耗水作物小麦生产下降20万亩。调减粮田的重点区域是地下水严重超采区。

（贺建德）

【“两田”划定工作全面完成】根据2014年市委市政府议印发《中共北京市委 北京市人民政府关于调结构转方式发展高效节水农业的意见》（京发〔2014〕16号）的要求，全市开展了“两田”划定工作。市政府办公厅印发了《北京市人民政府办公厅关于开展农业生产空间划定工作的通知》，正式启动“两田”划定工作。在各区积极配合下，目前“两田”划定工作已经全面完成，截至2016年12月底，13个区已全面完成地块划定、现场核查及上图入库工作。划定范围共涉及150个乡镇、2 500个村，地块数33 428块，面积150.747 6万亩，其中粮田86.854 5万亩、菜田63.893 1万亩。实现了全市粮田和菜田资源数据空间划定与信息化管理，绘制了农业生产空间“一张图”，建立了北京市农业生产空间管理系统，可为今后我市农业产业发展、生态环境建设、农产品质量安全监管等工作提供高效精准服务。

（贺建德）

【景观农业稳步推进】2016年，全市景观农田作物种植面积约15万亩，主要包括油料作物2.4万亩、花卉植物4.5万亩、具有观赏价值的药用植物4.15万亩，规模景观（200亩以上）的越冬小麦3.5万亩。建立景观营造及栽培示范点93个，示范面积11 605.5亩。截至2016年，累计推介观光点549个、吸引市民3 643.5万人次，通过市民观光消费带动，实现二、三产收入14.01亿元。

（赵朔）

【农业文化遗产普查顺利完成】2016年，完成全市农业文化遗产资源普查，根据农业部《农业文化遗产概念与基本条件》要求，共整理出全市系统性农业文化遗产资源50项（数量居全国第二），并在此基础上进一步整理出全市要素类农业文化遗产资源485项和已消失的农业文化遗产资源316项。

（赵朔）

【农业节水成效显著】据市水务局统计数据显示，2016年，北京农业用新水6.04亿立方米，年农业节水近4 000万立方米，农业节水技术示范及辐射面积近10万亩，试验、示范和推广农业节水技术10余项。建立

120个生态节水示范区，示范面积4.5万亩，实现综合节水技术全覆盖，包括30个粮经节水示范区、45个蔬菜节水示范区、13个草莓节水示范区、25个西甜瓜节水示范区、5个食用菌节水示范区、2个果树节水示范区。

（赵朔）

【蔬菜生产总体情况】 据市统计局统计，2016年，全市蔬菜播种面积为71.2万亩，同比减少12.53%，产量183.6万吨，同比减少10.48%，产值69.9亿元，同比减少1.55%；据市农业局农情统计，全年平均地头收购价格1.94元/千克，同比增长6.19%。蔬菜产业的规模化程度逐步增加，产业集聚区的发展能力显著提升，蔬菜生产结构逐步优化。

（许晓东）

【深入推进产业提质增效】 一是推进蔬菜万亩镇和千亩村建设，打造产业集聚区。以五个产业带为重点区域，扶持3个万亩专业镇、15个千亩专业村的建设，主要有番茄、黄瓜、芹菜、生菜、西甜瓜、食用菌、鲜切菜、特菜等专业村。覆盖面积约8万亩，成为北京市蔬菜产业的集聚区和优势区。二是推进标准化园区建设，实现标准化管理和生产。全年共建设5个标准化蔬菜生产基地，协调推进28个标准化生态园建设。主要种植品种实施“六统一”，即“统一技术规程、统一供应种苗、统一供应肥药、统一质量控制、统一品牌销售、统一技术培训”，基本实现了标准化管理和标准化生产。三是提高资源利用率。开展化肥减量行动，提高肥料利用效率：2016年蔬菜肥料利用率达到25.7%，与上年的相比提高了2.5个百分点。开展减药减量行动，提高农药利用效率：2016年蔬菜农药利用率达到37.7%，与上年相比提高了0.1个百分点。四是继续提升蔬菜集约化育苗能力。全市新建集约化育苗场6家，对已建成的16家育苗场进行重点扶持和指导，提升蔬菜种苗的生产能力。截至2016年年底，全市蔬菜集约化育苗数量达到2.23亿株，占全市蔬菜生产需要育苗量的13.12%。

（许晓东）

【完善社会化专业化服务模式】 探索出四种类型的服务模式：政府购买植保服务模式、“合作社＋农机服务队”一体化的服务模式、“服务组织＋合作社＋农户”模式、“服务组织＋农户”的作业服务模式。截至2016年年底，全市专业化、社会化服务组织达到25个，其中，植保服务组织16个，农机服务组织9个。全年服务园区200余个，服务农户5 000余户，服务面积2万余亩。

（许晓东）

【推进京冀蔬菜产业协同发展找准目标】 2016年12月21日，京冀两地蔬菜产业主管部门在北京召开对接工作会，双方商定下一阶段本着“确定品种、划定区域、明确补助环节、强化信息引领，推动产销衔接”的思路，围绕“产销信息共享、持续高标准推进外埠基地建设”重点，打造亮点，推动协同发展再上新台阶。2016年继续加大力度建设紧密型外埠蔬菜生产基地。确定8家企业建设17个外埠基地，外埠基地总面积达39 340亩，其中温室15 061亩，占总面积的38.28%；大棚8 180亩，占总面积的20.79%；露地16 099亩，占总面积的40.92%。

（许晓东）

畜牧业

【畜牧业发展基本情况】 2016年，全市肉类总产量达到30.37万吨，鸡蛋产量18.09万吨，生鲜乳产量45.69万吨，牧业产值122.7亿元，占农业产值的36.3%。生猪、牛、羊、肉禽出栏量分别为275.37、7.38、69.64、3 882.74万头（只）；全年生猪、牛、羊、肉禽存栏量分别为165.31、16.16、59.62、1 838.05万头（只）。

表 1 主要畜禽品种数量

地 区	生猪（出栏、万头）	肉禽（出栏、万只）	蛋鸡（存栏、万只）	奶牛（存栏、头）
全 市	275.37	3 882.74	1 507.99	113 076
平谷区	40.39	665.01	606.45	956
怀柔区	11.77	247.01	25.97	5 889
密云区	19.74	764.48	195.53	18 541
延庆区	10.97	299.62	284.53	12 448
门头沟区	0.63	113.54	5.17	11
顺义区	76.34	302.09	80.75	18 460
房山区	38.00	417.97	81.26	9 862
通州区	26.12	397.7	58.7	20 464
大兴区	39.87	617.1	107.75	19 183
昌平区	9.52	40.47	56.64	6 434
朝阳区	0	0	0	494
丰台区	0.1	0.24	2.61	27
海淀区	1.92	17.51	2.63	307

（张保延）

【商品性养殖调减做精趋势凸显】 2016 年年底全市规模养殖场 2 069家，较同期调减 216 家。调减的养殖场主要是以规模较小、粪污治理能力不强、抗市场风险能力弱的中小生猪、肉鸡养殖场为主（猪场减少 46 家、肉鸡减少 98 家）；印发《2016 年北京市畜禽养殖标准化示范创建活动工作方案》，组织开展畜禽养殖标准化示范创建，推进畜禽良种化、养殖设施化、生产规范化、防疫制度化和粪污无害化“五化”同步发展，创建国家级标准化示范场 8 家，本市畜牧精品企业不断增加，国家级示范养殖场达 79 家，同比增长 11%；开展标准化健康养殖，各区通过争取转移支付支农资金1 580万元，改造提升规模养殖场 50 家。

（张保延）

【畜牧良种产业优势持续提升】 2016 年重点实施了中央现代农业产业发展项目，中央投资 4 000万元、地方投资 800 万元，引导企业主体投资5 000万元，用于优势产业带中生猪、蛋鸡、肉牛、肉鸽良种产业提升，其中肉牛、肉鸽良种产业得到跨越式发展，初步构建了种肉牛和种鸽两大“新体系”，其中窦店安格斯肉牛育种基地已成为全市畜禽良种园区建设的亮点工程。

（张保延）

【生猪、奶牛、家禽产业技术体系创新团队发挥作用】 蛋鸡：在已有自主品种优势的基础上，以华都峪口、北农大集团等龙头企业为主体，培育了“京白 1 号”、节粮蛋鸡配套系“农大五号”、栗园油鸡蛋鸡和京星黄鸡 103 配套系，自主知识产权蛋种鸡品种占全国蛋种鸡市场的 50%以上，实现了从标准化蛋鸡品种到特色蛋鸡品种的全覆盖。生猪：以国家级生猪核心育种场为主体，开展大体型、节粮型、高繁殖力专门化品系的选育工作，已取得阶段性进展；通州区建成了3 000头基础母猪的英系大白精品种猪产业带。奶牛：开展种子公牛培育，为奶业发展奠定了优质种源基础。肉牛：以安格斯肉牛为主要品种的肉牛良种核心群。种鸽：建成了优帝和泰丰两大品牌的肉用种鸽良种繁育体系。

（张保延）

【粪污资源化利用稳步推进】 按照生产过程减量化、末端治理无害化、循环利用资源化的原则，到 2016 年年底，通过粪污综合治理工程、种养结合良性生态循环、畜禽养殖废弃物第三方治理等模式全市完成 100 家规模养殖场的粪污治理与资源化利用工作。

（张保延）

【强化畜牧及饲料产业管理】 组织开展 2016 年生鲜乳、饲料和养殖环节瘦肉精三项质量安全专项整治；同时开展 2016 年饲料、生鲜乳、瘦肉精、草种四个专项监测，加强行政管理和监督执法联动，推进行政管理和监督管理规范化、制度化和长效化，全年监测饲料样本1 146批次，样品合格率为97.85%、生鲜乳质量安全监测合格率100%、草种监测合格率100%。完成240家饲料企业备案工作，完成饲料生产企业行政许可59家，饲料产品批准文号233个，种畜禽生产经营企业的行政许可43家，草种进出口1 200批次，进口草种4.9万吨，草种生产许可1家，草种经营许可2家。加强安全生产管理，开展畜牧饲料行业安全生产大检查活动，组织编制畜牧养殖、饲料生产企业环节安全生产管理两项地标列入北京市“百项地标”计划。

（张保延）

【推进畜牧业一、二、三产融合】 发挥“互联网+”在生产要素配置中的优化和集成作用，通过“互联网+”，夯实畜牧业信息化产业基础，用于牧场管理、产品销售、产业服务、金融平台等范畴，打造新的经济增长点和新型业态。华都峪口积极开展“智慧蛋鸡”工程，以雏鸡为互联网门户，依托蛋鸡全产业链资源，建设智慧蛋鸡服务平台，实现线上交易、线下服务。北农大集团以互联网和金融为手段，整合蛋鸡产业生产流通销售和服务环节，创建中国蛋鸡产业首家创业孵化平台——蛋e网。北京市蛋品加工销售行业协会联合成立了中国鸡蛋交易中心，将电子商务与传统的鸡蛋行业相结合，促进资源与市场对接，优化订单农业，让生产者依需定产，合理平衡好产业的供需关系。发展休闲畜牧业，使市民认识畜牧业，走近畜牧业，通过农畜结合旅游观光、林下养殖、农畜文化体验等形式，开发现代畜牧业的休闲展现等功能，满足了城市居民消费变化的需求，组织畜牧业企业的65个品种入驻“优农佳品”网站，涌现出绿神鹿业、百年栗园、优帝鸽业等集畜牧养殖、旅游观光、电商平台为一体的典型。

（张保延）

【促进京津冀协同发展】 按照《京津冀畜牧业协同发展合作框架》，2016年通过龙头企业外埠基地建设等政策，按优化布局、协同发展的原则，协助市农委开展外埠基地奖励工作，对首农集团、顺鑫农业等龙头企业在河北、天津建设的4个外埠基地予以扶持，产业疏解和首都市场畜产品安全供应结合，提升了首都肉蛋奶的市场供应和应急保障能力。

（张保延）

【划定畜禽养殖禁养区】 制定下发《关于禁止新建、扩建规模化畜禽养殖场的通知》（京农发〔2016〕121号），组织环保、农委及市政府督查室组织召开会议，传达文件精神，要求各区不得新建、扩建规模化畜禽养殖场（育种、科研用途除外）。2016年，全年未新建生产型规模化养殖场。2016年年底，全市12个区已全面完成畜禽养殖禁养区划定工作，划定禁养区面积共计5 202.31平方公里，占12个行政区总面积的34.9%，禁养区内共有畜禽养殖场379家，其中饮用水水源一级保护区内畜禽养殖场16家、二级保护区内养殖场为220家、自然保护区5家、风景名胜区6家、城镇居民区46家、法律规定划定的其他区域86家。

（张保延）

【兽药产业情况】 2016年兽药生产企业56家，其中生物制品企业9家，化药企业47家。年总产值12.78亿元，销售额12.01亿元，其中生药企业产值3.11亿元，销售额2.98亿元；化药企业（制剂）产值4.25亿元，销售额4.13亿元；中药企业产值5.42亿元，销售额4.9亿元。2016年兽药经营企业186家，其中经营生物制品的85家，经营化学药品的101家。

（彭金山）

【生猪屠宰产业升级】 2016年全市有生猪定点屠宰企业9家。分布在7个区县，年屠宰能力生猪1 300万头，本年度屠宰生猪605万头，销售额超过80亿元。2016年根据市政府16号文件“调粮、保菜、做精畜牧水产业”的精神，从本市实际情况出发，以优化布局、减控总量、升级改造为着力点，实施畜禽屠宰企业升级改造工程，关闭规模小、管理差、设施设备不达标的屠宰企业13家，淘汰落后产能家数近1/3。同时立足于区域优势互补与合作共赢的基本原则，与天津、河北兽医行政主管部门探索首都畜禽产品质量安全保障机制，联合制定并印发了《京津冀生猪屠宰专项整治行动实施方案》，完善《京津冀畜禽屠宰监管工作联席会议章程》，建立健全“区域互查”“检打联动”“案件协办”等制度。

（张帅）

【提升畜禽屠宰企业软实力】 北京市农业局“将提高畜禽屠宰企业软实力”作为折子工程，针对行政部门、执法机构、检测部门和管理对象四类主体，结合“百场千人”培训计划，在畜禽屠宰企业硬件提升的基础上全面开展从业人员素质能力提升工程。组织行业专家按岗位、分层次开展培训指导，并通过实际操作、现场观摩、定期考核等方式，突出抓好执法人员、屠宰技术人员以及与畜禽产品质量安全相关从业人员的法律法规、技术标准、操作规程、技能鉴定等教育培训工作，并结合行政受理审核、食品安全督导、安全生产检查等契机，不断强化企业做好自身工作人员的技术培训工作，加强内部标准、制度、规章的健全与完善。

（张帅）

【生猪屠宰监管京津冀区域协同】 牢固树立京津冀"一盘棋"的全局意识，立足于区域优势互补与合作共赢的基本原则，积极与天津、河北兽医行政主管部门探索首都畜禽产品质量安全保障机制，联合制定并印发了《京津冀生猪屠宰专项整治行动实施方案》，完善了《京津冀畜禽屠宰监管工作联席会议章程》，全面健全"区域互查""检打联动""案件协办"等制度。在京津冀协同发展的大背景下，结合本市畜禽屠宰专项整治行动，全市共出动执法人员5 997人次，开展各类执法活动2 123次，检查各类屠宰加工企业1 995家次，下发监督笔录意见书1 036份，取缔私屠滥宰窝点18个，处理违法案件27起，行刑衔接1起，罚没款46.63万元，查扣违规动物131头只、违规动物产品0.6吨。

（张帅）

【落实屠宰环节无害化补贴】 制定并印发了《北京市2016年屠宰环节病害猪无害化处理补贴项目实施方案》和《关于进一步强化屠宰环节病害猪无害化处理过程监管的通知》，明确了财政、农业，市级、区县各部门职能职责，细化了补贴报送流程及核查机制。2016年共屠宰生猪605.472 7万头，无害化处理32 626.58头，屠宰环节无害化比例控制在5.39‰，发放补贴资金2 758.579 04万元。

（张帅）

【优化首都屠宰行业布局】 按照《北京市农业供给侧结构改革调研工作方案》总体要求，以疏解非首都核心功能、服务首都经济发展为思考重点，结合提升畜禽屠宰行业发展的质量和效益，以摸清市场需求为导向，以理清供给侧结构存在的突出问题为目标，北京市农业局围绕市场消费、供需平衡、质量安全、经营状况等重点环节，经过充分地调研形成了《北京市畜禽屠宰行业供给侧改革调研报告》。并根据调研中反应出的本市牛羊肉自给率过低，外埠进京畜禽产品质量难以保障的问题，抓要害、促改革、快速决策，积极推动屠宰企业结构转型，既做减法，又做加法，变无效供给为有效供给，将本市一家年屠宰量80万头生猪的屠宰企业成功引导成为牛羊屠宰企业，还将一家肉牛养殖企业成功转型，实现养殖、屠宰、销售一条龙的服务企业。两家企业年增加屠宰能力羊150万只，牛15万头，稳步提升市场牛羊产品供给，保障产品质量安全的同时，丰富了百姓的"菜篮子"。

（张帅）

【开展年度动物疫病强制免疫】 印发了《北京市农业局关于印发〈2016年北京市动物疫病强制免疫实施方案〉的通知》。首次将小反刍兽疫和羊布病列入本市强制免疫病种。截至12月31日，全市累计免疫17 942.75万头/只/羽/条次，其中，免疫高致病性禽流感7 900.43万羽次、牲畜口蹄疫1 203.36万头次、高致病性猪蓝耳病543.75万头次、猪瘟754.92万头次、羊布病49.73万只次、小反刍兽疫46.70万只次、狂犬病64.43万条次。指导养殖场户免疫新城疫9 232.38万羽次。

（李腾）

【组织实施动物疫病监测和流行病学调查】 印发了《北京市农业局关于印发〈2016年北京市动物疫病监测与流行病学调查计划〉的通知》。截至12月31日，免疫效果监测共监测10 439个次场户，开展279 291份次实验室检测。各种疫病的平均免疫抗体合格率均大于70%，具有较好的免疫保护力。病原学监测共监测10 502个次场户，242 255份样品。阳性率比较高的病种主要有：猪伪狂犬病（53.42%）、鸡支原体病（73.13%）、牛病毒性腹泻（57.59%）、牛传染性鼻气管炎（28.89%），经过现场流行病学调查，养殖生产状况正常，未发现临床病例。此外鸡白痢、犬猫弓形体、鸡衣原体病、羊衣原体病、牛包虫病（4.44%）、羊包虫病（1.07%）、羊蓝舌病（3.81%）、犬细粒棘球绦虫病、猪链球菌病均有阳性样本检出。H7N9感染抗体监测共管监测3 939个场（户）68 400份样品，阳性率0.15%。其中，市级监测179个场（户）4 090份样品，阳性数105份，阳性率2.57%；区级监测3 760个场（户）64 310

份样品，全部阴性。H7N9 病原监测：监测 23 个场（户）375 份样品，全部阴性。按照《2016 年国家动物疫病定点监测实施方案》[疫控（监）〔2016〕62 号]要求，根据北京市动物养殖情况，选取顺义、大兴和房山区作为定点监测区开展猪瘟、猪口蹄疫（A 型和 O 型）、高致病性猪蓝耳病、猪伪狂犬病、禽流感、新城疫、禽白血病、禽沙门氏菌病、牛羊口蹄疫、牛羊布鲁氏菌病、羊小反刍兽疫的病原学和血清学监测。共开展4 343份次实验室检测。通过定时、定点持续监测，掌握禽流感、口蹄疫、高致病性猪蓝耳病等病原分布和流行趋势，及时消除疫情隐患；有效评估免疫效果，为科学免疫提供依据。

（李腾）

【组织落实奶牛两病净化】 印发了《北京市农业局关于印发〈北京市奶牛布鲁氏菌病防治计划（2016—2020 年）〉的通知》（京农发〔2016〕55 号）。根据国家布病防治计划，起草本市动物布病防控计划。从 2016 年起，本市奶牛布病净化工作转入以“拔点灭源、精准防疫”为重点的攻坚克难阶段，全力消除阳性场病原污染，以减少阳性场群数量为目标，巩固和提升本市奶牛布病防治效果。春秋两季，全市共采集奶牛血清样本90 574份，共检测出布病阳性数 211 份，总体阳性率为0.23%；各区共检测奶牛结核病147 612头次，阳性牛 81 头，总体阳性率为0.05%。截至 11 月 30 日，昌平区、通州区、大兴区、顺义区、延庆区和怀柔区提出奶牛布病免疫申请，共免疫 27 个养殖场户，共32 514头奶牛。

（李腾）

【开展奶牛场群布病净化评估】 制定并印发了《北京市农业局关于印发〈北京市奶牛场（群）布鲁氏菌病净化评估管理办法（试行）〉的通知》，根据《办法》统一制定了奶牛布病净化场（群）证书格式。全市统一制定了非免疫净化场（群）和免疫净化场（群）标准、评估程序等，促进全市奶牛布病防控工作。各区精心组织，周密安排，对照净化标准，对本辖区奶牛场（群）开展了布鲁氏菌病净化评估工作。经筛查、审查，最终确定北京北务广峰养殖场等 43 家养殖场（小区、户）为 2015 年度奶牛布病净化场（群），其中非免疫净化场（群）41 家，免疫净化场（群）2 家，分布于顺义、通州、大兴、房山、延庆、平谷、密云、昌平、海淀、门头沟 10 个区。并组织各区向奶牛布病净化场（群）颁发无疫证书。各区 2016 年评估工作正在有序开展，12 月底前能全部完成。

（李腾）

【组织开展小反刍兽疫消灭及评估】 根据《全国小反刍兽疫消灭计划（2016—2020 年）》，印发了《北京市农业局关于印发〈北京市小反刍兽疫消灭计划（2016—2020 年）〉的通知》和《北京市农业局关于印发北京市小反刍兽疫状况评估工作实施方案的通知》。北京市小反刍兽疫的防控目标是到 2018 年，全市达到免疫无小反刍兽疫区标准，到 2020 年，全市力争达到非免疫无小反刍兽疫区标准。

（李腾）

【强化狂犬病防控】 一是开展联合督导检查。按照市养犬管理联席会议办公室的要求，牵头组织了对平谷区、大兴区、石景山区和房山区养犬管理工作的联合督导检查，参加了对其他 12 区县的联合督导检查，强化全市养犬集中登记年检期间的免疫技术服务，促进狂犬病防控。二是强化犬只免疫屏障。组织市养犬协会配合各区兽医主管部门、公安部门和动物诊疗机构深入社区开展现场免疫服务，并进行狂犬病免疫相关规定和防控知识宣传，得到了市民的广泛好评。三是组织开展“9·28”世界狂犬病日主题宣传活动。组织有关单位进社区宣传。宣传活动得到 11 家媒体的关注和报道，“共同努力，共同消灭狂犬病”理念深入人心。

（李腾）

【落实强制免疫调整政策】 一是猪瘟与高致病性猪蓝耳病退出。根据《农业部 财政部关于调整完善动物疫病防控支持政策的通知》（农医发〔2016〕35 号），市农业局主管局长组织召开专题会议，研究落实方案，并发布《北京市农业局关于调整本市动物疫病强制免疫政策的通知》，通知提出猪瘟和高致病性蓝耳病暂不实施强制免疫，两种病经费由养殖场自行承担，做好养殖场自行免疫政策的宣传培训，协调解决中小规模养殖场户的猪瘟、高致病性猪蓝耳病免疫相关问题，同时要加强监测，保证养殖场自免工作有序开展，确保不发生区域性重大动物疫情。二是落实“先打后补”政策。积极与财政部门沟通，明确了先打后补试点的基本思路，拟定试点工作方案并申报了 2017 年动物强制免疫疫苗经费预算。拟选 7 区县

39个猪场和14个牛场开展强制免疫"先打后补"试点工作，自行采购、自行注射、自行免疫，涉及29.97万头牲畜，补助经费预算271.907 9万元；按照主动接受免疫效果监测，区兽医行政主管部门根据牛存栏和猪出栏检疫数量及强制免疫免疫效果监测等工作完成情况给予补助；其他试点以外的疫病和养殖场由市动物疫病预防控制中心统一采购配发疫苗，对中小散户仍由防疫员免疫。

（李腾）

【顺利完成执业兽医考试】 5月，印发了《全国执业兽医资格考试北京考区领导小组通告》（第5号），向考生公布了本市各考点的地址、咨询电话、报名方式、报名时间、收费标准、缴费方式等。同时，下发了《北京市农业局关于做好2016年全国执业兽医资格考试北京考区相关工作的通知》，就北京考区工作进行了具体安排部署。2016年，执业兽医资格考试北京考区网上报名2 609人，缴费2 383人，考试在教育考试中心、北京林业大学两个考场进行，其中教育考试中心设考场24个，林业大学设考场56个，各考场整体秩序良好，考试过程中发现2起考生利用电子设备作弊的事件，已按有关规定处理，并报农业部。

（李腾）

【开展动物病原微生物实验室生物安全专项检查】 按照农业部要求，下发了《北京市农业局关于开展2016年动物病原微生物实验室生物安全专项检查工作的通知》。7—11月，通过实验室自查、区级检查、市级抽查等形式，对兽医系统、教学科研单位、出入境检验检疫部门、兽用生物制品生产企业等单位的实验室进行全面检查。检查内容包括实验室实验活动情况、生物安全防护措施落实情况、生物安全管理责任制和有关规章制度落实情况、废弃物管理等12个大项116个小项。截至目前，全市56个实验室均按时完成生物安全自查工作，提交了自查报告。区级检查共出动检查人员166人次、检查实验室82个次，做到了全市实验室的全覆盖检查，对个别存在问题较多的实验室，连续检查了2～3次。检查中，现场发现问题66个，已全部促整改。市级抽查共出动检查人员36人次，现场检查了顺义区动物疫病预防控制中心实验室、北京翎羽生物科技有限公司质量检测室、大兴区动物疾病预防控制中心实验室、北京华都诗华生物制品有限公司质检实验室、昌平区动物疫病预防控制中心实验室、硕腾北京研发实验室6个实验室，发现问题9个，已全部督促整改。检查中发现的主要问题有：部分实验室硬件设施有欠缺、管理措施不到位、应急演练未开展，部分教育系统实验室硬件设施及管理情况较差等。

（李腾）

【组织开展检测能力比对】 按照农业部要求，下发了《北京市农业局关于开展2016年兽医系统实验室检测能力比对工作的通知》（京农发〔2016〕62号），结合本市动物疫病诊断、检测和监测的工作需求和兽医实验室专业技术发展方向，确定了比对范围、比对内容、组织方式、时间安排和工作要求。在市级比对中，市动物疫病预防控制中心按要求完成了农业部组织的全国兽医实验室检测能力比对，4个检测项目21个检测盲样，比对检测结果全部准确、无偏差。区级比对项目为禽流感病毒H7N9亚型抗体检测、动物布鲁氏菌病抗体检测和禽白血病J亚型抗体检测，每个项目设5个盲样。全市13个兽医系统实验室全部参加了比对，有10个实验室所有比对项目检测结果均在参考值范围内，平谷、通州两区各有一个比对项目的2个检测结果存在较大偏差，门头沟区有一个比对项目的3个检测结果存在较大偏差。比对工作结束后，农业局下发了《北京市农业局关于2016年全市兽医系统实验室检测能力比对结果的通报》（京农发〔2016〕187号）。要求各区及时总结比对工作，加强实验室质量控制和人员培训，完善生物安全、档案管理等工作制度，提升实验室管理和运行水平。对检测结果不准确的区，要求其深入排查分析原因，落实整改措施，并由市动物疫病预防控制中心对其进行比对复试。10月，平谷、通州、门头沟3个区对复试样品进行了检测，所有检测结果均在参考值范围内，比对复试结果满意。

（李腾）

【推进全市病死动物无害化处理体系建设】 为加快病死动物无害化处理机制建设，确保年底前全市病死动物统一收集运输处理体系运营投产，在与北京环卫集团达成初步合作意向的基础上，进一步就服务范围、服务内容、服务价格、计费方式等问题进行磋商。1月27日、2月23日，与环卫集团和咨询机构展开会商，确立了服务的初步框架和建设方向。4月6日，向市财政局农业处作了初步简要介绍，财政部门原则上同意项目建设总体情况，并表示利用北京环卫集团现有资源和技术优势，是全市病死动物无害化处理问题的好解决途径。4月20日，与环卫集团和咨询机构会商确定项目测算和技术方案任务分工及相关工作完成时限节点。5月13日，马丽英副局长主持会议，召集环卫集团和咨询机构等向市财政局就项目进展情况作以正式汇报，在充分结合市财政局意见的基础上，确定项目合作方式由特许经营转为政府购买服务，并根据北京市养殖业存栏现状及发展趋势，将设计处理能力由160吨/天调整为80吨/天，同时，为加快项目进度，确定项目首先在通州区台湖镇董村综合处理园区内启动，阿苏卫项目待后续实际处理情况决定是否建设。6月5日，市财政局组织财政评审中心对项目实施方案和财务测算报告进行了初步评审。6月7日，市财政局反馈主管局长意见，同意农业局以政府购买服务方式与北京环卫集团合作建设全市病死动物无害化处理统一收集处理体系，建设期限紧迫，市财政局将全力支持农业局开展相关工作。6月17日，马丽英副局长组织各区兽医主管部门召开会议，通报项目进展情况，并部署各区与环卫集团协议签署和病死动物收集暂存点建设工作。6月24日，会同环卫集团再次与市财政局展开会商，三方关于服务期限、调费机制、支付方式达成一致。8月中旬，按照《北京市动物防疫条例》第二十五条规定，会同市财政局、市发改委、市规划委、市环保局编制了《北京市动物及动物产品无害化处理公共设施建设实施方案》，经市政府常务副市长和主管副市长批示同意并印发各区。《实施方案》明确了全市无害化处理体系建设的目标、内容、分工、保障措施等具体安排。10月19日，经与市财政局农业处协调，确定了2017年度全市动物无害化处理体系运行经费的额度，编制上报了2017年北京市动物无害化处理项目申报书，并按照市财政局要求开展了预算项目事前绩效评估准备工作。10月25日，下发了《北京市农业局关于加快完成动物无害化处理收集暂存点建设工作的通知》（京农发〔2016〕195号），明确了收集暂存点建设标准和管理方式，要求各区必须于11月30日前完成收集暂存点建设。11月1日，农业局与北京环卫集团、各区与北京市一清百玛士绿色能源有限公司分别签订了授权经营协议和委托服务协议，无害化处理体系建设正式启动。11月25日，按照动物防疫条件行政许可办事流程，组织中国动物疫病预防控制中心、中国农业大学、北京市农林科学院、市动物疫病预防控制、市动物卫生监督所对一清公司董村无害化处理场所的动物防疫条件进行了风险评估和现场审查，11月30日向一清公司颁发了《动物防疫条件合格证》。12月1日，组织各区在大兴区庞各庄镇召开了动物无害化处理体系试运行启动现场会，要求各区必须按照市政府《实施意见》要求于年底前完成动物及动物产品收集暂存体系建设。马丽英副局长现场接受了央视、北京市电视台、北京日报、北京晨报、光明日报等多家媒体的采访，新闻视频分别于12月2日、12月5日在央视新闻频道和北京卫视北京新闻播出，得到社会广泛关注和讨论。12月5—7日，组织对房山区、昌平区、密云区、延庆区、平谷区、怀柔区收集暂存体系建设进展情况进行了专项督导检查，实地检查了各区无害化处理建设总体方案和完成情况、收集暂存和运行维护具体方案、相关宣传告知计划和开展情况，并形成了督查报告。

（李腾）

【建成《北京市畜牧兽医精细化管理信息系统》】为进一步提高本市畜牧兽医管理工作的精细化水平，申报建设了“北京市畜牧兽医精细化管理信息系统”。建设期间组织项目实施各方定期召开项目例会46次，对系统开发情况进行研判和修正；组织开展了系统用户培训3次；组织开展系统上线试运行，对系统功能进行改进优化；对系统功能性和安全性进行了测试；按照局信息化项目管理的有关程序组织开展系统最终验收。制定并印发了系统运行管理办法，对各单位使用系统的情况进行指导；组建了系统管理员微信群和办公群对系统运转予以支持。系统中已注册用户单位305个，注册用户1 400人，已采集监管对象69 614个。系统已于12月1日正式上线运行。

（李腾）

【全面落实动物防疫责任制】年内，市重大动植物疫情应急指挥部办公室主抓重点工作，为落实完善各项综合防控措施，强化动物防疫责任制考核考评工作，制修订了2016年度北京市动物防疫责任书，并以落实副市长和各区主管区长代表市、区两级政府签订了《动物防疫责任书》。

（廉英隽）

【完成全年重大动物疫病防控工作】年内，一是组织全市参加农业部动物防疫视频工作部署会，制发通知对全市动物防疫工作进行部署动员。二是参与筹备全市农业暨重大动植物疫情应急指挥部工作会议，部署全市重大动植物疫情防控2016年重点工作。三是印发《关于开展春季动物防疫责任制专项督查行动的通知》，组建5个督导组分赴各区开展督导工作。四是协调开展重大动物疫病防控专题宣传活动。五是参与强制免疫疫病疫苗招标工作。六是全面完成农业部检查组对北京市2016年春、秋季重大动物疫病防控工作情况检查。

（廉英隽）

【应对农业自然灾害突发事件】年内，一是全面部署安排农业防灾抗灾救灾工作。成立了由市农委、市农业局领导带队、相关处室人员组成的13个督导组，明确职责，任务到岗、责任到人。二是市农委、市农业局联合发布《北京市农业系统2016防汛工作方案》《关于规范农业自然灾害应对处置程序的通知》《关于加强农业灾害统计报送工作的通知》等文件，明确防汛目标、健全防汛机制、落实防汛措施。三是开展防汛督导，认真履行职责。市农业防汛抗旱指挥部13个防汛督导组，在“6·30”冰雹、“7·20”暴雨、“8·12”局部暴雨极端天气时，及时与各区农业防汛部门对接，了解各区雨情、水情、灾情，科学指导雹灾、暴雨应对工作。四是强化值守，及时预警。坚持雨天备勤与主汛期24小时值班制度，实行三级值班，全天候专人在岗在位。与市气象局、市防汛办和市气候中心农业高产创建平台对接，掌控天气动态和雨情实时资料，及时发布预警信息。五是灾情统计建档立册。利用电话、网络等平台，与各区农业防汛主管部门对接，第一时间掌握各区农业灾情，收集、整理、汇总、分析，形成灾情信息，实时跟踪灾情数字变化，灾后48小时内准确核清数字。全年汛期共完成阶段性防汛工作总结3篇、防汛简报2篇、调研报告1篇、会议纪要1篇、防汛信息2篇。六是指导开展灾后重建和恢复生产。多次组织有关部门赶赴灾区现场会同受灾区农业部门研究开展灾后恢复生产工作。启用北京救灾备荒种子储备，为受灾农户提供救灾籽种，督促政策性农业保险公司及时开展理赔定损，做好灾后农业恢复生产工作。七是强化宣传教育，修订了《农业防灾减灾实用手册》，组织了农业灾害统计培训班，对全市143名农业自然灾害工作人员进行了培训。开展“5·12”防灾减灾专题宣传活动，联合大兴区重大动植物疫情应急指挥部组织了以“加强监测、重视预警、全民参与、主动防控”为主题的宣传活动。

（廉英隽）

【开展“5·12”防灾减灾宣传】5月12日，市重大动植物疫情应急指挥部办公室、北京市农业自然灾害应急指挥部办公室、北京市农业局在大兴区组织开展了以“加强监测、重视预警；全民参与、主动防控”为主题的农业防灾减灾宣传活动。广泛深入宣传普及防灾减灾知识，不断提高全民防灾减灾意识，在自然灾害来临时能主动应对、科学处置，能够把各种灾害的损失降至最低。市区两级农业系统相关单位联合宣传，在活动现场布置了19个展台，邀请农业专家38人，采用专家咨询、实物展示、展板介绍、发放宣传册等形式，宣传狂犬病、禽流感等动物疫病防控常识，普及常见植物病虫害防控要点，介绍农业自然灾害防控注意事项，解答农业生产中存在的技术难题。累计发放宣传资料共计8大类34种2万余份，多家媒体参与报道，大大提高了群众对农业防灾减灾重视程度，营造广泛关注、人人参与的良好社会氛围。

（廉英隽）

【深入推进兽医体系效能评估】年内，一是依照各区PVS自评结果，明确1～2项需要辖区政府解决的重点问题，由市长与各区长签订责任书，督查区级政府落实动物防疫工作，解决短板问题。二是PVS自评结果与责任制考核相结合，通报各区政府予以落实。在2015年度的动物防疫责任制考核中，涉及多项兽医体系效能的考核项目，根据各区完成情况予以打分，对未完成的区以正式公文的形式通报给区政府，并提出整改要求，要求其在来年的工作中予以落实。三是积极参与农业部县级兽医体系效能评估指标体系的制修订工作。

（廉英隽）

【完成生物反恐怖工作】年内，市重大动植物疫情应急指挥部办公室组织落实春节、两会两个重要时间节点生物反恐怖相关工作，上报阶段性生物反恐怖自查情况报告和全国“两会”期间生物反恐工作总结。同时，参加市反恐办召开的相关会议，配合落实有关反恐工作调研和材料的研究提议。

（廉英隽）

【完成本市农业应急管理信息化建设】 12月9日，市农业局召开市农业应急管理指挥视频会议启动仪式，视频会议系统正式投入使用。该系统依照国家《农业应急管理信息化建设总体规划》，实现了会商互联、信息互通的"1+16"视频会议平台，满足了点对点、多小组、全范围的远程控制等异地会议需求，为进一步提升本市农业应急能力和行业指导水平奠定了基础。

（廉英隽）

【京津冀畜牧兽医协同发展会议召开】 5月17日，市重大动植物疫情应急指挥部办公室，组织召开了京津冀畜牧兽医协同发展工作会，会议总结了2015年京津冀畜牧兽医协作工作，分析研判了突发动物疫情联合应急演练相关事宜，签署了《京津冀边界动物疫病免疫保护带建设工作机制》《京津冀畜牧兽医领域执法合作框架协议》。同时，北京东南、南、西北、北、东五个区域10个区与相邻的河北、天津的17个县（市、区）建立了小片联防区，进一步发挥了部门、区域和专业力量的作用，强化部门间信息共享和协调联动，初步构筑了疫情防控屏障。

（廉英隽）

【持续强化植物疫情应急管理】 年内，一是强化植物疫情日常监测巡查。依托全市植物疫情监测网络开展日常监测，定期通报监测结果，按照季节和病害放生规律对设施农业和露地作物可能发生的重点疫病进行巡查。二是开展植物疫情风险评估工作。针对本市出现或可能出现的重大植物检疫性有害生物和对农业生产、社会稳定和生态安全造成较大影响的重大农作物病虫害，建立风险评估指标体系和数学模型。三是制定了植物疫情防控体系发展规划。向市发改委报送本市植物疫情应急控制与重大病虫害绿色防控体系建设有关材料，市发改委发函向国家发改委农经司和农业部发展计划司报送北京市植物保护体系建设有关情况及措施建议。

（廉英隽）

【妥善处理炭疽疫情】 7月11日至9月14日，本市怀柔区发生炭疽疫情，市重大动植物疫情应急指挥部办公室第一时间到达现场指挥并调拨物资，协调各方力量，积极应对并及时启动区级四级应急响应处理疫情，总共扑杀阳性牲畜及同群动物560只，未发生疫情扩散，未造成重大损失。

（廉英隽）

农　机　业

【农机行业概述】 年内，全市农机总动力144.4万千瓦。拥有各类拖拉机8 595台，其中大中型拖拉机7 286台，小型拖拉机1 309台。拖拉机配套农具12 418部，其中机引犁1 203台，机引耙847台，旋耕机3 599台，深松机248台，小麦播种机1 616台，玉米播种机2 381台，秸秆粉碎还田机1 064台。农用排灌动力机械35 956台，节水灌溉类机械11 595套。植保机械110 877台，其中机动植保机械19 433台。收获机械1 667台，其中小麦联合收获机680台，玉米联合收获机776台，青饲料收获机126台。大棚卷帘机44 905台。微耕机18 781台。农副产品加工作业机械5 247台，畜牧养殖机械14 946台，渔业机械12 502台，林果业机械4 684台。农业机械原值22.1亿元。主要粮经作物耕种收综合机械化水平89.08%。机电灌溉面积6万公顷，机械植保面积6.7万公顷。拥有各类农机服务组织和农机户24 443个，其中农机作业服务组织420个，农机专业合作社162家。拥有农机维修企业及维修点276个。2016年全市发生一般农机事故15起，伤3人。

（杨帆）

【落实农机购置补贴资金】 年内，落实中央及市级补贴资金合计1.7亿元，其中深松整地补贴资金580万元。全市新增农机设备2 437余台套，简易保鲜储藏设备4.45万平方米，受益农户3 000余户。通过农机贷款贴息政策新购置大型进口青贮收获机6台，全市进口大型青贮收获机总量达到54台。

（杨帆）

【主要粮经作物综合机械化水平持续提升】2016年，主要粮经作物耕种收综合机械化水平达到89.08%，同比增长1.46个百分点，玉米耕种收综合机械化水平达到90.9%，同比增长1.89个百分点。

（杨帆）

【各行业农机化水平全面提升】年内，通过农机购置补贴为全程机械化示范区（县）更新和新增拖拉机、联合收获机、喷灌机、秸秆处理等机械近200台套，其中节水灌溉设备32套，确保了大田生产耕整地、播种、灌溉、植保、收获、秸秆处理等作业环节全部机械化作业。顺义区成为全国首批28个基本实现主要农作物生产全程机械化示范县之一，顺义区、密云区、怀柔区成为农业部玉米生产全程机械化示范区（县）。通过农机购置补贴支持重点生态和规模化设施园区生产，新增卷帘机、田园管理机、拖拉机、水肥一体滴管设备，农产品初加工等机械设备1 653台套。补贴购置畜牧水产生产设备7套，用于推进牛、猪、蛋鸡等种业生产和观赏渔种业生产，通过配备工厂化饲养、水循环净化处理设备，重点打造了房山区、密云区、大兴区工厂化养牛、养鸡、养鱼示范点。联合市园林绿化局为全市12个标准化果园配备了包括植保机械、废弃物处理机械在内的果业机械107台。

（杨帆）

【全市主要农作物秸秆综合利用率进一步提高】年内，继续按照“调结构、转方式、全利用、严监管”的原则，因地制宜，综合施策，全面实现农作物秸秆综合利用，杜绝农作物秸秆露天焚烧。2016年通过农业结构调整，继续针对秸秆禁烧难点区域调减山区玉米种植面积4.4万亩，调减总量达到9.8万亩，减少秸秆总量。同时，投入补贴资金2 228万元购置农作物秸秆综合利用相关机械310台套，为秸秆综合利用提供了装备支撑，成功打造了顺义农业废弃物综合利用模式和怀柔山区秸秆利用模式，为全市秸秆综合利用保障禁烧提供了可借鉴、可推广的样板。继续安排1 000万元新农村建设奖励资金，对完成农作物秸秆禁烧与综合利用工作的区县，给予专项奖励。2016年，全市主要农作物秸秆综合利用率达到98.1%。

（杨帆）

【全面落实深松作业任务】年内，完成深松整地任务11.6万亩，落实深松作业补贴580万元。

（杨帆）

【打造露地蔬菜生产全程机械化示范基地】年内，围绕露地蔬菜主要品种、重点环节，集成示范了露地蔬菜全程机械化技术，建立100亩露地甘蓝全程机械化示范区，完成前茬玉米田园清洁、耕整地、移栽、田间管理、收获、本茬甘蓝田园清洁6个环节、26个节点的全程机械化作业，引入北斗导航无人驾驶等信息化技术；露地甘蓝全程机械化作业比传统人工作业节约用工量83%。

（杨帆）

【提升节水生态发展机械化水平】年内，与规模化经营相结合，建立3个高效节水灌溉机械化技术示范区，推广指针式喷灌设备5台套，固定式、半固定式喷灌设备10台套，灌溉水田间利用系数达到0.75～0.85；利用物联网技术，推广墒情监测与自动灌溉系统，实现精准灌溉与智能控制；在山区示范推广6项旱作节水机械化技术，实现玉米种植全程不灌溉。在通州区，建立猪场粪污无害化处理机械化技术示范点，试验示范粪污分离、废水处理、处理水循环利用、加工有机肥等4项机械化技术，日处理污水100吨，实现粪污资源化循环利用。

（杨帆）

【农机化技术推广成效显著】市农机鉴定推广站申报的3项推广成果《北京市设施蔬菜生产机械化关键技术集成创新与推广》《北京市农作物秸秆全量化综合利用技术示范推广》《桃、苹果生产农机农艺融合配套技术示范推广》分别荣获北京市农业技术推广奖一、二、三等奖。

（杨帆）

【农机专业合作社有序发展】年内，7家农机专业合作社被评为2016年度北京市农机合作社示范社，顺义兴农天力和密云河南寨农机服务专业合作社被评为2016年度农业部农机合作社示范社。房山金利、密云河南寨和顺义万顺旺农机合作社被评为国家农民合作社示范社。

（杨帆）

【加强各类农机化培训教育】全年共培训各类人员32 627人次，其中农机操作人员25 936人次，技术人员3 984人次，管理人员1 494人次，监理人员1 213人次。

（杨帆）

渔　业

【渔业概况】2016年，北京市水产养殖面积3 456公顷，同比下降4.87%，其中：池塘面积3 397公顷，同比下降4.66%。水产品总产量5.43万吨，其中：全市淡水产量4.08万吨，远洋捕捞产量1.35万吨。总产量同比下降17.51%。渔业经济总产值21.83亿元，同比2015年减少4.64亿元，下降17.54%。

（许中海）

【渔业转型升级加快推进】一是渔业进一步瘦身健体。2016年，全市渔业养殖面积调减到3 456公顷，在以水定产、以需定产、以煤限产的政策引导和市场配置资源的共同调整下，一批规模小、高耗水、市场竞争能力弱的养殖场退出渔业产业，水源保护区、自然保护区及其他敏感区域划定及禁止新建养殖场工作顺利完成，为绿色发展打下了基础。二是提档升级效果明显。2016年，全市共利用中央、市级农业专项转移支付资金和农机购置补贴4 754.5万元支持养殖场基础设施改造与环境美化、设备升级和循环水技术应用，实施了一批重点工程，建设节水养殖示范场、升级改造休闲渔场、苗种场共计31个，改造养殖面积120公顷，推动养殖场向园林化设计、现代化设施、融合性发展加快转型。新创建休闲渔业示范场5家。

（许中海）

【渔业生态涵养功能不断增强】水生生物资源养护工程取得显著实效，2016年，全市水生生物资源养护面积为2.13万公顷，比2015年增加0.13万公顷，增长6.67%，渔业服务首都生态功能的空间进一步扩大。2016年共投入水生生物资源养护资金1 783万元，在密云水库等24处重点渔业水域，放流鲢鱼、鳙鱼等滤食性苗种和细鳞鲑、瓦氏雅罗鱼、中华多刺鱼三类珍稀濒危物种鱼苗共计1 552.6万尾，增殖放流在削减氮磷、固碳释氧、调节水体平衡方面发挥了重要作用。增殖放流在取得生态效益的同时，也产生了较好的经济效益和社会效益，给库区渔民带来明显经济实惠，促进了就业，对维护社会稳定做出了积极贡献。水生生物资源养护制度更加完善，增殖放流工作严格执行规范程序，严格资金使用与管理，引入第三方监督，确保增殖数量与质量。捕捞许可、禁渔期、禁渔区以及禁钓区制度得到有效落实，对水生生物资源和增殖放流成果形成有力保护。

（许中海）

【水产品质量安全保持较高水平】2016年农业部两次水产品药残产地监督抽查和一次水产品苗种监督抽查，检测合格率均为100%；2016年国家农产品质量安全例行检测（风险监测），全年平均合格率达到97.5%。全国水产健康养殖示范场创建深入开展活动，新创建19家，全市达到106家。

（许中海）

【引领津冀共促渔业协同发展】首倡并携手津冀共同建立了京津冀渔业协同发展机制，成功主办了首次渔业协同发展联席会议，积极推进三地渔业在产业政策、技术推广、科研开发、执法监督、市场服务等方面加强对接，追求优势互补，致力开放创新，共谋绿色生态，实现共享共赢，拓展了首都渔业的发展空间。三地企业进行现场展示和交流。通过这个平台，来自京津冀的40余家优秀渔业企业进行了宣传和自我推介，开展了面对面交流，有十多家企业找到了合作伙伴，唐山海洋牧场有限公司与北青集团签署了合作意向书，决定就海洋牧场旅游项目展开深层次合作。三地渔执法、技术推广、科研机构等部门将在津冀相邻海域和京冀共有水域联合执法、新技术示范、重大疫病诊断、优质观赏鱼繁育、池塘循环水系统构建技术研发等多方面、多层次开展交流、合作，以《2016—2017京津冀休闲垂钓游》再版为契机，联合推荐150余家精品企业，为广大消费者提供更便捷的休闲消费信息，更多的休闲场所选择。京冀两地共同组织了增殖放流活动，放流细鳞鲑1万尾。

（许中海）

【重点渔业区基本情况】

表 1　北京市重点渔业区基本情况

郊　区	渔业人口（人）	渔业产值（万元）	水产品产量（吨）	其中		养殖面积（公顷）
				捕捞	养殖	
通州区	2 650	13 932	6 809	0	6 809	913
平谷区	1 452	11 933	11 100	171	10 929	745
顺义区	898	8 670	6 868	0	6 868	604
房山区	1 120	9 540	3 211	0	3 211	271
密云区	14 375	8 606	4 025	2 132	1 893	192
怀柔区	3 275	14 277	2 731	0	2 731	68

（许中海）

农业资源环境

【编制完成并下发《农业面源污染防治规划》】2016 年 8 月 29 日，编制并下发《北京市生态农业综合建设暨农业面源污染防治规划（2016—2020 年）》，明确了“十三五”时期北京市生态农业综合建设暨面源污染防治的发展思路，规划了“净化水源工程”“改良土壤工程”“清洁空气工程”“生态示范工程”“监测评价工程”五大工程十六项重点项目，涵盖了前期预防、中期监测、后期治理等农业生态建设及面源污染的全过程，全面指导“十三五”时期的农业生态建设及面源污染工作。

（黄斌）

【制定农业资源及生态保护类项目管理办法】按照国家农业部门的要求，为加强对农业生态保护类项目的管理，全面总结生态保护类项目实施成果，联合计财处制定了《农业资源及生态保护类项目管理办法》，重点开展农业资源保护类、农业化学投入品减量类、农业废弃物资源综合利用类、农村可再生能源和农业节能减排类等重点项目的管理，统筹推进全市生态农业发展目标。

（黄斌）

【实现农作物秸秆全面禁烧】配合农机处开展秸秆综合利用的执法督查。在“2016 年全国都市型现代农业现场交流会”和“大气污染执法年”等重点活动节点，结合春耕生产，配合农机站联合市城管执法局、市环保局开展秸秆禁烧联合执法督查周。加强宣传，制作《秸秆禁烧和综合利用宣传片》，在北京新闻、财经、影视、科教等栏目播放 44 余次；对易燃地区农户发放禁烧宣传品3 000余份。2016 年实现秸秆焚烧零火点。

（黄斌）

【秸秆综合利用率稳步提升】指导顺义区在北务镇完成农业部全国秸秆全量化处理项目建设；指导市农技推广站开展秸秆制作土壤调节剂技术示范；配合农机推广站推广粉碎还田、收集加工青贮、收集加工黄贮、收集制作有机肥、收集加工膨化饲料、收集加工制作压块能源、收集加工制作菌棒模式等七种秸秆综合利用模式，引导和鼓励各区通过政府购买服务、利用补贴等方式，实现本市秸秆综合利用全覆盖。实现 2016 年秸秆综合利用率达 98.1%。

（黄斌）

【化肥农药减量工程持续推进】2016 年，市农业局能源生态处牵头市农业推广站、市土肥站、市植保站等 9 家单位实施了《农业面源污染防治与生态农业建设》项目。在化肥减量方面，通过开展“减肥瘦身”试点、推广有机肥替代部分化肥、水肥一体化、测土配方施肥等技术，化肥利用率从 2015 年的29.8%提升到 2016 年的32.5%，测土配方施肥物化落地率从 2015 年的80%提高到 2016 年的 85%。在农药减量方面，印发《北京市到

2020年农药使用减量行动实施方案》（京农发〔2016〕191号），大力推进社会化植物病虫害绿色防控服务队伍建设，提高统防统治水平，推广绿色防控和生物防控技术，农药利用率从2015年的39.8%提高到2016年的41.2%，统防统治覆盖率从2015年的26.2%提高到2016年的31.9%。

（黄斌）

【完成全市畜禽养殖禁养区划定及养殖场关闭搬迁工作】 2016年4月，联合市农委、市环保局制定并印发了《关于划定畜禽养殖禁养区的函》（京政农函〔2016〕10号），将《北京市畜禽养殖禁养区划定工作方案》下发至各区人民政府，明确了禁养区划定的原则、划定范围、工作要求及具体时间进度。4月29日，联合市政府督查室、市环保局、农委召开了全市畜禽养殖禁养区划定和养殖场治理工作布置会，对各区工作提出了具体要求。下发《北京市畜禽养殖污染防治工作督查方案》（京农函〔2016〕78号），于6月、11月、12月分别对各区畜禽养殖禁养区划定、禁养区内规模场的关闭、搬迁工作、养殖场治理工作进行多部门联合督导检查。积极研究制定畜禽污染治理的财政支持政策，会同市环保局、市农业局向市财政局致函《关于申请水污染防治专项治理资金的函》（京政农函〔2016〕9号），争取部分水污染防治专项治理资金用于畜禽养殖场粪污治理。联合市财政局出台《关于进一步加强畜禽养殖污染防治工作的意见》（京政农函〔2016〕31号），确定以后畜禽养殖污染治理资金由各区分类转移支付奖补资金中予以保障。年内全面完成全市12个区禁养区划定工作，划定禁养区面积5 190平方公里。年内全部完成禁养区内379家规模养殖场（小区）的关闭或搬迁工作。

（黄斌）

【完成100家规模化养殖场粪污治理工程】 严格落实《北京市水污染防治工作方案》（京政发〔2015〕66号）和《北京市水污染防治工作方案2016年重点任务分解》（京政办发〔2016〕10号）的要求，2016年年底前，完成100家规模化养殖场粪污治理工程。

（黄斌）

【加强农业领域环境监测工作】 年内，配合市环保局制定《北京市生态环境监测网络建设方案》，重点是加强农田灌溉水质监测、配合建立国家和市级土壤环境例行监测网络，以及配合推进生态环境监测数据及信息共享。

（黄斌）

【开展农业自然资源资产负债表编制工作】 年内，配合市统计局开展自然资源资产负债表编制工作，调研摸底《自然资源资产负债表试编制度（编制指南）》农业相关内容。一方面，关于耕地质量等级及变动情况，具体包括全市以及怀柔区、延庆区耕地质量（包括耕地地力、土壤健康状况和田间基础设施等）监测情况、依据标准、与农业部相关标准的衔接情况等。另一方面，关于草地质量等级及变动情况，具体包括全市及怀柔区、延庆区草地面积数据、草地质量分级情况、依据标准、与农业部相关标准的衔接情况等。

（黄斌）

【摸清农业领域特色自然资源资产】 年内，继续实施《农业野生植物资源调查》，完成野大豆等8种农业野生植物相关调查工作；完成北京市水生野生动物的调查核查，初步掌握多鳞白甲鱼等49种水生野生动物现有资源状况；启动北京市水生野生植物调查，重点在拒马河流域。

（黄斌）

【完成70家生态农业园区创建工作】 组织、整合市推广站、市土肥站、市植保站、市农机推广站、市农优站等六个部门的节水、节肥、节药、节能技术及农业废弃物综合利用技术，开展生态农业园区创建工作。2016年，完成70家生态农业园区创建工作（28个市级园区、42个区级园区，其中：房山完成32家）。

（黄斌）

【继续加强农业环境监测工作】 2016年，以蔬菜、粮经作物、果品、经济作物四大类为主导，开展农产品产地例行监测，设置国家级长期监控点610个；开展国家面源污染长期定位监控、国家地膜残留监测长期定位监测，为农业面源污染防治提供数据支撑。年内完成农业部农产品产地环境监测工作，累计监测点位12 000余个，正在进行数据分析，待农业部核实后可对下一阶段农业环境治理提出基础性意见。同时，重点开展土壤质量和环境监测，为进一步做好环境监测工作奠定基础。

（黄斌）

【开展农业清洁生产企业审核】 继续落实《北京市清洁生产管理办法》相关要求，组织农业企业开展清洁生产评估与审核工作。

年内完成顺义顺沿特蔬菜基地、延庆绿富隆等 4 家农业企业评估工作。同时，推进延庆德清源按照清洁生产评估报告实施工程改造，并完成项目验收。2016 年，累计投入清洁生产补助资金 120 万元。

（黄斌）

【完成全市农村能源工程台账建设工作】组织各区农村能源管理机构对本行政区域内的所有能源工程进行全面摸底排查，目前本市现有秸秆气化工程 138 处，大中型沼气工程 131 处，太阳能浴室1 222处。受我市农村能源消费结构调整、农业结构和产业布局调整等多种因素的影响，各项农村能源工程正常运行率偏低，目前本市现有正常运行秸秆气化工程 18 处，大中型沼气工程 53 处，太阳能浴室 951 处。

（黄斌）

【开展农村能源工程安全大检查】针对不同季节的气候特点及安全隐患点，组织农村能源管理机构，开展拉网式安全大检查。11 月初，联合市农优站在全市范围内开展为期一周的农村能源工程安全大检查，实地检查了昌平、顺义、房山、大兴、平谷、通州、密云七个区的 76 处大中型沼气站，重点对各种安全隐患进行排查，确保全市“两气一室”安全运行，稳定供气。

（黄斌）

【加强农村能源工程安全生产宣传培训】整合广播、电视、网络、报纸、专题培训等多种形式，年内开展农村能源安全生产主题宣传系列活动 20 余次，开展专题宣传培训 15 次，累计培训 600 人次，印制、发放《农村燃气用户冬季安全使用注意事项》《涉农领域消防安全常识》《生物质燃气及灶具安全使用》等宣传材料1 000余份，提升了农村能源从业者的安全意识和应急处置能力。首创性地开展了安全应急演练，通过实战真人安全应急演练进一步提升了能源工程管理人员的应急处置能力。

（黄斌）

【开展农业生产领域“减煤换煤”工作】联合市园林绿化局下发了《关于认真开展 2016 年农业生产领域“减煤换煤”工作的通知》（京农发〔2016〕182 号），明确了工作任务及具体部署。各区将优质煤替换工作纳入到农村地区减煤换煤整体工作中同步推进。

（黄斌）

【积极推进农业生产领域“煤改清洁能源”技术试点工作】2016 年共建设清洁能源供暖温室 67 个（七个重点区合计 50 个），其中 56 个太阳能热水供暖温室，10 个空气源热泵供暖温室，1 个生物质直燃供暖温室。同时，指导中科盛火（北京）新能源科技有限公司在房山区建设智能化醇燃料锅炉供暖示范项目 4 家（2 家农户、2 栋温室大棚）。

（黄斌）

【制定能源行业安全生产等级评价标准】制定完成了《安全生产等级评定技术规范 第 47 部分：秸秆气站》《安全生产等级评定技术规范 第 48 部分：沼气站》地方标准并通过预审会，并提交市质监局。

（黄斌）

【开展新型清洁能源试验示范】组织市农优站在全市范围内开展新型清洁能源示范。年内，在 24 个市级生态园（每个选取 2 栋温室）示范温室太阳能热水供暖、空气源热泵供暖、生物质直燃供暖三种供暖技术，节能减排效果显著。

（黄斌）

农产品质量安全

【全国食品安全宣传周农业部主题日活动再次在京举办】6 月 21 日，由农业部主办，北京市农业局承办的“全国食品安全宣传周农业部主题日”活动在再次选择在北京举办。主题日活动在“全国农产品质量安全县”——平谷区举行，活动主题为“尚德守法，共治共享农产品质量安全”。农业部副部长于康震、国家食药总局食品安全总监郭文奇、北京市政府主管副市长林克庆等领导同志出席活动并作重要讲话，活动后对平谷区农产品质量安全监管工作进行了调研。主题日活动现场气氛热烈，设立 50 余个咨询台，发放农产品质量安全科普读物、“识假辨假明白纸”、标准化种养殖技术资料2万多份。农民日报、北京电视台等多家媒体对活动进行了报道。

（甘朝亮）

【北京市农业局获“第三届全国农产品质量安全检测技能竞赛总决赛”团体一等奖】 北京市农业局高度重视基层农产品质量安全检测人员技术水平提升，分行业认真组织相关人员开展培训，积极组织各区农产品质量安全检测人员参加农业部、全国总工会主办的“2016年中国技能大赛——第三届全国农产品质量安全检测技能竞赛总决赛”。经历层层选拔，本市参赛的3名选手在总决赛中脱颖而出，房山区农业环境和生产监测站相薇获得畜禽产品组第一名，个人一等奖；朝阳区动物疫病预防控制中心郭睿获得水产品组第一名，个人一等奖；房山区农业环境和生产监测站王岚获得种植产品组第三名，个人二等奖。同时，农业局获“团体一等奖”，参赛选手获“全国技术能手”“2016年中国技能大赛——第三届全国农产品质量安全检测技能竞赛标兵”等荣誉称号。

（孙奂明）

【出台《北京市食用农产品（种植业）质量安全监督抽查管理办法（试行）》】 为进一步明确监督抽查工作的责任主体与职责分工，北京市农业局牵头，组织市植保站等相关单位，研究、起草、印发《北京市食用农产品（种植业）质量安全监督抽查管理办法（试行）》，并于2016年9月1日起正式实施。《办法》进一步细化市农业局和区农业部门的职责范围和环节分工，明确了抽检分离的原则、形式，规范了不同类型的不合格产品和违法行为的处理方式，细化了抽样、检测、复检等监督抽查的相关程序，为提高检测数据高效利用和强化农产品质量安全行政处罚提供有力支撑，填补了空白。

（甘朝亮）

【房山区、平谷区获农业部正式授予“国家农产品质量安全县”】 9月21日，在成都举办的首批“国家农产品质量安全县”现场会上，北京市房山区、平谷区被农业部正式授予“国家农产品质量安全县”牌子，成为全国首批103个国家安全县之一。同时，北京市农业局积极组织各区开展国家安全县创建工作，制定创建和考核方案，强化对区级创建工作的指导，完善工作、总结经验、查找不足、提升水平。经农业部审核公示，大兴区、顺义区成为第二批“国家农产品质量安全县”创建试点单位。

（甘朝亮）

【全市“三品一标”覆盖率显著提升】 以打造北京“安全农业”品牌为宗旨，北京市农业局大力推进“三品一标”工作，以保住存量、促进增量、提高质量为核心，大力推进堵漏、扩容、开源、促新四项工作措施落实，强化证后监管，截至2016年年底，本市共有“三品”认证主体1 178家，产品3 663个，产量163万吨，三品覆盖率达到46.5%，完成年初的45%的任务目标，较2015年提升4.2个百分点。

（阚睿斌）

【建设10家全程农产品质量安全农业标准化示范基地】 在全面推进农业标准化基地建设的基础上，进一步完善和梳理农业标准化基地产前的农业投入品出入库等管理规范，产中的生产技术规范、投入品科学使用等技术规程，产后储运、追溯等全链条关键环节，按照“填平补齐”的原则，提升全市农业标准化基地建设水平，树立标杆，在全市组织建设10家“全程农产品质量安全标准化示范基地”。其中市级结合“国家农产品质量安全县”创建建设2家；大兴、顺义等8个区依托支农资金转移支付专项资金各建设8家。

（甘朝亮）

林产业

【全市林产业概况】 2016年，北京林产业及绿化建设与管理认真贯彻习近平总书记系列讲话精神，牢固树立新发展理念，围绕首都城市战略定位和国际一流和谐宜居之都的目标，全面加快园林绿化建设，圆满完成各项任务，实现“十三五”发展的良好开局。全年新增造林绿化面积19万亩，新增城市绿地408公顷。全市森林覆盖率达到42.3%，林木绿化率达到59.3%，城市绿化覆盖率达到48.1%，人均公共绿地面积达到16.1平方米。围绕推进现代高效果园建设，新建、更新和提升改造果树4万亩；落实农业结构调整任务，结合“两田一园”划定工作，将10万亩高效节水果树和50万亩低效果园落实到田间地头。全市果品产量达8.1亿千克，果品收入41.8亿元，28万农户户均果品收入达1.5万元。新发展林下经济0.54万公顷，全市林下经济累计达到1.45万公顷，总收益达2.15亿元，1.2万农户户均增收1.79万元，带动就业1.9万人。市财政每年投入用地补助和管护资金达10.94亿元，新吸纳8 900余农民就业，全市平原绿化累计带动2.4万农民绿岗就业，人均月收入超过3 000元。

（齐庆柱）

【退耕还林专项观光果园建设】 2015—2016年度，为巩固退耕还林成果专项规划观光果园建设，全市完成44个观光采摘示范园建设。其中，平谷区13个、怀柔区6个、密云区5个、昌平区5个、延庆区5个、房山区10个。2015年年底，作业设计批复等前期工作已经完成，2016年春季，示范园建设全面实施。截至9月，已完成观光采摘示范园建设36个，累计修建围栏9 798米、铁艺围网6 014米；建观光采摘道路9 261平方米、车行道1 705平方米；铺设给水管线2 634米；修建沟渠238米；建大门8座、木质休息室7座、木质观光亭7座；新建宣传栏11块、地堰1 237米；施用精制有机肥1 070吨。余下8个采摘园仍在施工建设中，年底前完工。同时，全市兑现2016年退耕还林补助资金696.29万元，补助粮食1 740.72万千克。

（齐庆柱）

【林下经济建设】 2016年在通州、大兴、怀柔、延庆、昌平等区选取适宜地块开展林下经济林药、林菌模式品种引进与示范项目面积260亩，其中：完成林药模式200亩，主要引进特色枸杞、苦参、芍药、板蓝根等林药品种；完成林菌模式60亩，主要种植特色香菇、竹荪、羊肚菌等林菌品种。示范项目都已经全部完成，并开展检查验收工作，验收平均成活率91.3%，项目实施后，林下及林缘植被覆盖度平均增加57.86%。

（齐庆柱）

【完成2016年4万亩新建、更新和改造】 年内，完成新建、更新和提升改造果树4.34万亩，其中新发展现代高效果园1.32万亩，更新低效果园1.44万亩，低效果园改造1.58万亩。培育新型经营主体193个，其中家庭农场44个，经营面积2 647亩；合作组织68个，经营面积13 649亩；集体经营果园17个，经营面积2 037亩；企业64个，经营面积15 490亩。四类经营主体平均经营面积分别为60亩、200亩、120亩及242亩。另有农户家庭果园9 600亩。

（齐庆柱）

【超额完成百万亩鲜果生产空间划定】 年内，按照市政府印发《关于开展农业生产空间划定工作的通知》要求。市园林绿化局负责平原100万亩鲜果果园空间划定。以全市“十二五”二类森林资源清查数据为基础，率先完成“一园”划定工作。落实面积103.2万亩，同时还完成全市100.3万亩干果资源的空间划定工作。全部果树资源已上图入库（数据库），实现全市果树资源分树种、到地块的空间划定工作的全覆盖。

（齐庆柱）

【果树投资基金推进果树产业发展】 年内，北京市果树产业发展基金以“政府引导、社会参与、市场运作、分类管理”为基本原则，于3月29日正式取得工商营业执照，投入运营。经过市、区园林绿化部门初审、复审，目前共向基金推荐3批项目，基金管理机构对项目进行尽职调查，及投资决策。截至年底，果树基金已投资和审批通过的项目共计11个，投资总额5 637万元。投资果园面积6 593亩，被投资主体包含6家企业、2家专业合作社和3个家庭农场。其中已放款的项目7个，总金额2 150万元；基金投资决策委员会已通过、正在走银行放款流程的项目4个，总投资额3 487万元。投资方式包括股权投资和债权投资，其中股权投资2 300万元，委托商业银行发放贷款3 337万元。最大单笔投资2 300万元，最小单笔投资50万元，平均单笔投资额512万元。

（齐庆柱）

【果品生产】 年内，推广现代栽培技术，新建和改造果园4.07万亩，全市果品产量达8.1亿千克，果品收入41.8亿元，28万户农户户均果品收入达1.5万元；落实“两田一园”空间划定，全市划定鲜果果园空间103.2万亩、干果资源100.3万亩，并全部上图入库；果树产业发展基金正式运行，通过创新新型担保方式，对5个家庭农场、4家专业合作社、18家企业总投入1.2亿元，同时，共培育新型经营主体193个，推动果树产业规模化经营。加强食用林产品质量安全检测，全年抽检主产果品样品合格率达98%。

（齐庆柱）

【苗圃建设】年内，全年新建苗圃3万亩，全市累计建成规模化苗圃130个，总面积11.6万亩，超额完成10万亩建设任务。通过推进规模化苗圃建设，预计吸引社会资金60亿元，占总投资的96%；新增31个千亩以上规模化苗圃，全市累计达到53个，涌现出通州漷县、延庆旧县和永宁镇等一批示范基地；培育乔木1 800万株，使大规格苗木自给率提高30个百分点，达到80%；同时，带动近万人绿岗就业，取得显著的生态、经济和社会效益。

（齐庆柱）

【林下经济】年内，新发展林下经济8.14万亩，全市林下经济累计达到21.78万亩，总收益达2.15亿元，1.2万农户户均增收1.79万元，带动就业1.9万人。

（齐庆柱）

【深化集体林权制度改革】年内，加快推进全国集体林业综合改革试验示范区建设，房山区编制完成区级和乡镇级实施方案，制定林权交易、集体林权流转、林权抵押登记等配套政策文件；完成基础设施投资1 100余万元，吸引社会资本8 500万元。扎实推进家庭林场试点工作，昌平、房山、怀柔三个试点区在编制完成试点方案的基础上，共吸引64户农户参与创办各类家庭林场14家，投入资金1 530余万元。同时，继续与人保财险北京分公司共同开展森林保险工作，全市10个区和5个市属国有林场的1 137万亩山区生态公益林统一纳入保险范围，实现全市统保，总保险金额达2 719万元。

（齐庆柱）

【消除公园绿地服务盲区】年内，全市公园绿地500米服务半径盲区位置、规模、现状等情况全面摸查（全市公园绿地服务盲区共410处），建立基础台账，依此制订消盲工作方案，并与各区签订消盲任务书，落实消盲计划。西城广宁公园、丰台同健园、石景山陆军总部等处公园绿地已建成并对市民开放。

（齐庆柱）

【贯彻落实新《种子法》】新修订的《中华人民共和国种子法》于2016年1月1日起实施。为做好宣传贯彻落实工作，市种苗站采取多项措施，积极动员，调动全市种苗执法人员开展宣传新法活动。制定北京市学习宣传贯彻落实新《中华人民共和国种子法》工作方案，确定指导思想、宣传贯彻落实的具体步骤和途径。组织新《中华人民共和国种子法》培训。针对新法在行政许可、行政处罚、行政强制和监督管理方面做出的重大调整，聘请国家林业局法规司及场圃总站、北京林业大学专家、教授分别从林木种苗执法、林木种子生产经营许可、法律责任三方面入手，详细讲解新法与旧法的区别，引导种苗执法人员积极改变执法思路，应用新《中华人民共和国种子法》开展执法实践，采取合法、合理的执法手段，文明、科学执法，提高执法人员法律意识。市种苗站上半年举办培训班2次，培训执法和企业人员120多人次。

（齐庆柱）

【新建规模化苗圃3万余亩】年内，新建规模化苗圃3万亩。经市级专家评审、六委办局联审通过，2016年共批准建设规模化苗圃近3.8万亩。三年总计11.65万亩，超额完成10万亩建设任务；2016年栽植任务已完成约2万亩。

（齐庆柱）

【吸引社会资金发展苗圃】年内，新建的3万亩苗圃预计吸引社会资金20余亿元，上半年已完成10亿元左右。3年建设共预计吸引社会资金60余亿元；截至目前，已完成30亿元左右。总投资中，市级政府土地流转补助资金约2亿元，占4%，其余96%投资全部由企业筹措解决。

（齐庆柱）

【推进城市副中心城市绿化】年内，城市副中心年内将启动建设各类绿化建设工程19个，面积为773公顷（年底完成200公顷）。通燕高速、六环西辅路、潞苑东路、新华大街、京榆旧线、减河公园等10个项目已全面进场施工，已完成绿化面积60公顷（其中新增绿地7公顷，改造绿地53公顷），完成200公顷的建设任务。共整理绿化用地20.3公顷，栽植乔木48 485株，栽植灌木17.3万株，栽植花卉地被24 329平方米；潞苑北大街、内环路等9个项目已完成前期手续办理，全面进场施工。同时，副中心行政办公区先行启动区（1.2平方公里）园林绿化工程已启动前期各项准备工作，目前已完成设计方案的编制工作。

（齐庆柱）

【重大活动景观布置】年内，圆满完成重大活动景观环境服务保障。全面完成十一、烈士纪念日敬献花篮、十八届六中全会等重大活动、重要节日的景观环境服务保障任务。国庆期间，天安门广场及长安街沿线布置以“祝福祖国、践行五大理念、共创美好生活”为主题的花坛 11 处、摆花 200 万盆（株），全市各主要道路、城市节点布置花卉1 500余万盆（株），营造优美大气的城市景观环境。

（齐庆柱）

【全民义务植树活动】年内，圆满完成中央领导植树等五大植树活动的服务保障任务。全市共有 387 万人次以各种形式参加义务植树活动，共植树 242 万株、抚育树木1 100万株。社会力量认建认养绿地 453 块、面积达 583 公顷，认养树木8.3万株，投入认建认养资金达8 000余万元。552 个中央、市属和区属单位与 434 个村结成对子，投入绿化扶持资金达6 470万元，支持新农村绿化造林12.4万株。

（齐庆柱）

【启动国家森林城市创建活动】年内，启动国家森林城市创建活动，以首都绿化委员会名义印发《关于开展国家森林城市创建活动的意见》，平谷、延庆全面推进国家森林城市创建活动，门头沟等 6 个区启动首都森林城镇创建工作。实施松山、门头沟小龙门、密云史长峪、通州潞城镇等一批森林体验示范区建设。

（齐庆柱）

【制定京津冀协同发展机制】年内，京津冀三省市人民政府共同签订《京津冀协同发展林业生态率先突破框架协议》，配合相关部门制定《北京市“十三五”时期推动京津冀协同发展规划》和《关于支持河北贫困地区脱贫攻坚的实施意见》等重要政策。进一步完善协同发展的体制机制。与津冀两地分别签订森林防火、毗邻地区林业有害生物协同防控、野生动物疫源疫病协同防控等合作框架协议；完善生态建设联席会议制度和生态保护执法等区域联防联控机制；搭建京津冀林业信息共享平台，实现 6 大类 136 种业务数据的信息共享。

（齐庆柱）

【推进京津冀生态建设协同发展】年内，加快重点合作项目的推进实施。围绕建设张承生态涵养区，完成京冀生态水源保护林建设 10 万亩，并全面完成张家口坝上地区 122 万亩退化林分改造任务，栽植各类苗木 2 900万株。围绕构建京东南大规模森林湿地群，启动京津保地区 4 万亩造林绿化合作试点项目，支持廊坊、保定毗邻北京的市县开展重点生态廊道绿化和拒马河上游荒山绿化，完成3.2万亩造林建设。

（齐庆柱）

【森林防火】年内，加强森林防火基础设施建设。投资 4 亿元建设森林防火视频监控系统 250 余套，航空护林站、国家物资储备库后续建设扎实推进，全市新增专业森林消防队伍 5 支，总数达到 116 支、2 800人，不断提升安全保障能力，确保全市没有发生重大森林火灾。

（齐庆柱）

【林业有害生物防控】年内，大力开展普查测报、防治检疫和科技推广工作，不断提高绿色防控、应急防控、社会化防控能力，全年实施飞防作业3 747架次，预防控制面积 100 万亩，实现“有虫不成灾”的目标。

（齐庆柱）

【林业资源管理】2016 年平原造林工程养护移交面积31.7万亩，全市累计达到 92 万亩；新核准纳入完善政策范围的平原生态林 45.23万亩，全市统筹建立“市—区—乡镇—专业队”四级管护责任体系，累计建立专业管护队伍 649 支，并实施平原生态林“一张图、一张表”数字化管理。加强城市公园绿地的精细化管理，出台城镇绿地分级分类管理办法，完成1 600余公顷城市绿地的等级评定，建立城市绿地信息化管理台账；继续推行“一制度六台账”的公园管理模式，加大郊野公园的检查整治，基本完成公园风景区边界划定，利用卫星遥感技术加强对公园景区的监管。加强生物多样性保护，松山、百花山国家级自然保护区基础设施建设全面加强，野生动物疫源疫病监测体系不断完善，完成古树名木复壮 600 余株。强化征占用林地绿地的规划审查和审批服务，全市累计减少移伐林木（树木）15 万余株，减少征占用林地绿地 15 公顷。

（齐庆柱）

花卉产业

【概述】2016年全市花卉产业工作在北京市园林绿化局（首都绿化办）党组的正确领导下，全面贯彻党的十八大精神，以举办2019年北京世界园艺博览会为契机，全力推进花卉产业各项工作再上新台阶，新增花卉种植面积1万余亩，全市花卉生产面积达到6万余亩，年产值达到11.7亿元。

（齐庆柱）

【圆满完成新中国成立67周年全市花卉布置】十一期间，全市在各主要道路、城市节点布置花坛、容器和地栽花卉等200余处，共栽摆各类花卉1 500余万盆（株）。在天安门广场及长安街沿线布置以“祝福祖国，践行五大发展理念，共创美好生活”为主题的花坛11处、容器及地栽花卉100个品种、200万盆（株）。在此期间，市园林绿化局还完成烈士纪念日首都各界向人民英雄敬献花篮活动的环境布置，和领导人敬献的花篮与群众方阵敬献的花束制作任务。国庆花卉布置紧扣时代主题，精巧的设计视角和优秀的花卉景观效果，成为国庆期间各大主流媒体、网络、微博争先报道的热点和亮点，受到社会各界的广泛关注和赞誉，据统计，仅天安门广场参观中心花坛的游客逾千万人次。

（齐庆柱）

【参展唐山世园会】年内，唐山世界园艺博览会北京园建设于2015年11月20日开工，2016年5月11日竣工。北京园以其大气恢弘的完美设计，巧妙精湛的施工工艺，诠释北京皇家园林的深邃、睿智，煌煌古国历史的悠久和广博，唐山世园会北京园建设荣获组委会特等奖。

（齐庆柱）

【举办2016年世界月季洲际大会】5月18日至6月18日，历经3年时间的精心筹备，以“美丽月季　美好家园”为主题的2016年世界月季洲际大会在大兴区隆重举办。本届大会是“四会合一”的国际性月季盛会，大会核心区“三园一馆一中心”（四园为月季主题园、月季品种园、月季文化园、古老月季文化园，一馆为月季博物馆，一中心为月季大会会展中心）集中布展展示。成功举办开幕式、20余场高端国际学术会议、中国月季产业论坛等。世界39国月季专家参加学术会议。室外展参展省市9个，参展单位17个，自育品种展参展单位13个。室内会展“花绘北京”展馆参展城市31个，国内著名公园10家及企业45家参展。以最“高龄”古老月季——300多岁的大花香水月季、现代月季“鼻祖”——法兰西月季等为代表的2 000多个月季品种绽放各展园。全国共有13家育种单位选送的150余个自育月季新品种参加中国月季展评比。专家组评选出的15个中国自育月季新品种金奖中北京一举拿下11个。

（齐庆柱）

【成功举办第十二届中国菊花展】10月28日至11月28日，第十二届中国（荆门）菊花展览会开幕式在荆门植物园举行，此次展会以“菊韵荆门·花耀中华”为主题，中国菊花展览会是中国风景园林学会组织和倡导的全国最高规格的专类花卉展。本届菊花展选址位于荆门植物园，占地面积600亩，总体分为分鲜花大道景观区、城市室外景点展区、精品菊花展示馆、展棚展区、造型菊展区、标准展台和特装展台七大展区。本届菊展北京室外展区占地800平方米。共有荷兰、日本等国家和地区以及北京、上海、重庆、天津4个直辖市，成都、武汉、郑州、福州、西安等省会城市在内的64个城市（单位）参展；且各展园投入为历届全国菊展之首，大部分参展城市的室外景点建设投入均在100万元左右，北京、郑州、石家庄等城市展园占地面积800平方米以上，投资200多万元。本届菊展还将开展室外景点、标准展台、百菊赛、专项品种、新品种、案头菊、盆景菊、造型菊、栽培新技术、悬崖菊、大丽菊、插花艺术、菊花盆景造景艺术13个竞赛项目评比，64个城市，数千件参赛作品将分别角逐大奖、金奖、银奖。同时还将开展国际菊花产业学术研讨会、菊花文化展示活动、江汉平原城市书画展、名特优农产品展示会、美食文化节等活动，进一步扩展延伸菊花展会的内涵。

（齐庆柱）

【举办迎春宵花展活动】 1月24日至2月28日，由北京市园林绿化局、北京花卉协会、北京迎春年宵花展组委会联合主办，北京花乡花木集团有限公司、世纪奥桥花卉园艺超市承办、20余家花卉市场协办的2016年迎春年宵花组合盆栽大赛结果揭晓，65盆匠心独具、娇俏多姿的组合盆栽作品精彩呈现。20余个花卉市场与企业精心筹备年宵花卉烘托节日气氛。还举办组合盆栽大赛、兰花、梅花、水仙等专项展览活动。活动有两大特色：其一，组合盆栽大赛首次向全市市民征集作品进行评比，市民参与热情高；其二，花卉企业首次与京东商城联手推出年宵花卉专题，主推各色组合盆栽花卉，多途径满足消费者需求。

（齐庆柱）

【举办第七届北京郁金香文化节】 4月2日至5月10日，第七届北京郁金香文化节在北京国际鲜花港举办。2016年“北京花田”花事活动就此拉开帷幕。室外花田由400万株郁金香组成“哈尼梯田的记忆”等九个主题，打造出10万平方米壮美花海。室内则以“美丽生态空间”为主题，通过花卉文化创意，呼吁人们关注生态，保护环境。

（齐庆柱）

【举办第八届北京月季文化节】 2016年5月18日至6月30日，第八届北京月季文化节在北京植物园、天坛公园、陶然亭公园、纳波湾园艺、2016年世界月季洲际大会主题公园等12个会场同时举办，规模创历届之最。以北京自育月季品种“北京红”为主题花，意在展示北京月季产业及市花文化，同时宣传北京精神，向世界展示北京花卉产业的新成果与北京城市新形象。

（齐庆柱）

【举办第八届北京菊花文化节】 2016年9月10日至11月20日，第八届北京菊花文化节在北京国际鲜花港、世界葡萄博览园、北海公园、北京植物园、天坛公园、北京花木公司园艺中心、世界花卉大观园7个会场同时举办。本次菊花文化节集中展示千余个品种，上百万盆菊花，位于延庆的世界葡萄博览园还将2019年世博会和2022年冬奥会的内容融入本次菊花文化节，体现“为世园增色，为冬奥添彩”的主题。

（齐庆柱）

蜂产业

【概述】 2016年，按照局办的工作总体部署和《首都蜂业产业“十三五”发展规划》的总体目标，以养蜂富民为目标，以推进蜜蜂授粉为重点，以提高蜂产业综合生产能力、抗风险能力和市场竞争能力为核心，抓好“一园、两带、四区、八龙头”建设，启动千户养蜂精准扶贫工程和京津冀现代化蜂授粉服务区建设工程，成功申办全国第六个“中国蜜蜂之乡”。为促进全市农业增产增值、农民增收、生态增效做出积极贡献。

据统计，截至2016年年底，全市蜜蜂饲养总量为25万群，与去年基本持平；蜂蜜产量735万千克，同比提高15%；蜂王浆产量8.87万千克，同比提高24%；蜂授粉收入1 253万元，养蜂总产值1.8亿元，与上年同期持平。蜂产品加工产值超过12亿元，出口创汇超过1 800万美元。

（齐庆柱）

【各区加大蜂产业扶持力度】 各区将蜂产业列为年度重点产业发展项目和重点发展工程，从精准扶贫、基地建设、蜜蜂授粉、组织发展、蜜蜂养殖等方面加大产业扶持力度，出台扶持政策，努力将蜂产业打造成富有活力的“空中产业”和“富民产业”。昌平区出台蜜蜂养殖新增蜂群扶持政策，对符合条件的新发展蜂群给予资金补助；蜜蜂授粉发展计划，对授粉蜂群和使用蜜蜂授粉的种植农户均给予资金补助。密云区连续12年出台产业扶持政策，专项补贴中华蜜蜂发展，年内新发展中华蜜蜂4 000群。平谷区启动千户养蜂精准扶贫项目，并制定平谷区蜂产业发展相关扶持政策。延庆区制定《北京市延庆区支持低收入村户林业产业发展实施细则》，将蜂产业列入精准扶贫工作范畴，该政策2017年起将连续实施三年。房山区通过扶持养蜂基地和合作组织，推进蜂产业发展。大兴区出台《2016年大兴区蜂产业发展实施意见》，重点加大对蜜蜂授粉、无公害蜂产品生产和新发展蜂群的扶持力度。

（齐庆柱）

【养蜂精准扶贫工程】年内，承担市政府折子工程，启动养蜂精准扶贫工程，研究制定“十三五”时期促进低收入农户实现养蜂增收致富的相关政策。选取1 000户低收入农民实施重点帮扶，在密云、平谷、门头沟等区建成5个养蜂专业村，成熟蜂蜜生产基地100个，重点扶持蜂业专业合作组织2个，示范蜂群1万群，举办培训班11期，培训蜂农2 000人次，为重点帮扶对象免费发放蜂群1万群、新蜂箱10 000套、蜂胶采集器2万套、各类科普读物3万多本。年内，1 000户重点帮扶对象生产成熟蜂蜜600吨，实现产值1 600万元，实现养蜂脱贫致富。

（齐庆柱）

【继续实施蜂业气象指数保险试点】年内，市园林绿化局与北京市农委、北京市财政局、人保北京分公司及各有关区沟通协作，继续在密云区、昌平区和门头沟区三个区进行蜂业气象指数保险试点实施。年内，累计参保蜂农251户，承保蜂群16 470群，投保金额65.88万元，蜂农自缴保险13.176万元，实现风险保障691.74万元，北京蜂农抗御自然灾害能力得到显著提升。

（齐庆柱）

【强化蜂业产业基地建设】年内，北京市蜂业生产基地建设工作以全国蜂产业技术体系建设为契机，重点加强无公害蜂蜜生产基地、蜂产品溯源管理基地、新型蜂产品生产示范基地和养蜂专业村等基地建设工作，目前全市有各类产业基地72个，通过完善基础设施建设，加强科技推广和技术力量配置，推广标准化生产规程，综合生产能力显著增强。

（齐庆柱）

【国家蜂产业技术体系示范基地建设】年内，建设蜜蜂健康高效养殖技术基地1个，开展西方蜜蜂福利饲养技术的研发和示范、蜜蜂饲料生产与使用安全规范的应用，形成适合北京地区的西方蜜蜂标准化健康养殖技术体系。示范完善提高仿生免移虫育王技术与产浆机械化技术，试验示范人工蜂粮。继续参与研发与中国养蜂规模化发展相适应的养蜂机械2项。开展蜂农技术培训500人次。

（齐庆柱）

【蜂产品溯源管理基地建设】年内，建成4个蜂产品可溯源监控技术示范基地，投入可追溯蜂群2 000群，基本实现基地蜂产品生产全过程的可追溯性。

（齐庆柱）

【新型巢蜜规模化生产示范区建设】年内，新型巢蜜具有产品科技附加值高、降低蜂农劳动强度和文化理念丰富等特点，通过自酿式瓶装巢蜜、创意图文巢蜜规模化生产技术的研发和示范推广，能够实现蜂产业与文化创意产业和休闲旅游产业的融合，促进地方旅游业和休闲农业的发展。年内，在密云区建成1个新型巢蜜规模化生产示范区，示范农户100户，年产普通巢蜜2万框，自酿式瓶装巢蜜1万瓶，创意图文巢蜜5 000块。

（齐庆柱）

【无公害蜂蜜生产基地建设】为贯彻落实农业部关于开办规模化标准化蜜蜂养殖基地的总体要求，2016年，北京市进一步加大无公害蜂产品生产基地建设力度。共完成3个无公害蜂蜜生产基地认证工作，基地由合作社牵头，由规模养殖大户组成，共有蜂群2 000群。基地将按照共同发展、分散养殖、统一营销的发展战略，实现养蜂富民。

（齐庆柱）

【增强蜂业产业自主创新】年内，加快蜂业科技试验示范与推广步伐，坚持自主创新与院校研发相结合，引进吸收与普及推广相结合，坚持成果转化与试验示范相结合，加大养蜂科研攻关与推广力度，创新、推广应用40余项蜂业科技成果，推广普及蜂业标准25个，主持起草国家级蜂业标准2个，获得国家发明专利15个。主要研发成果为夹层蒸汽锅、搅拌夹层蒸汽锅、多层蜂蜜过滤装置、一种带温度警示的卧室搅拌锅、一种高精度的卧室搅拌锅、高效花粉筛选机、胶囊计数装置、一种蜂蜜灌装机、快速推送装置、一种快速推动装置、一种蜂蜜浓缩罐、一种蜂蜜浓缩设备等15种蜂产品深加工设备或装置，并均已获得发明专利和实用新型专利。

（齐庆柱）

【优良种蜂王的繁育与推广】年内，选育优良蜂种，提高蜂群产量，北京市西方蜜蜂育种中心与吉林省蜜蜂育种场达成合作意向，开展技术合作，年内，北京市西方蜜蜂育种中心共繁育蜂王“密云一号”2 000只，已陆续发放给蜂农。从山东龙口种蜂场和吉林省蜜蜂育种场引进优质高产蜂王3 000只在全市进行推广，优良种蜂王的繁育、引进与推广，将有效解决全市种蜂王数量紧缺和种性退化问题。

（齐庆柱）

【中华蜜蜂保护区建设】年内，北京市中华蜜蜂数量稀少，仅有1万群，其中房山区蒲洼中华蜜蜂保护区2 000群，密云区石城镇中华蜜蜂保护区8 000群。为让首都人民更直观地了解中华蜜蜂、保护中华蜜蜂，年内，房山区积极申报中华蜂地理标识，努力打造房山品牌，进而助推北京市中蜂产业的发展与保护。

（齐庆柱）

农产品成本效益分析

【农产品成本效益基本情况】为客观反映本市生产经营者在农产品生产、销售及效果等方面情况，为上级领导机关制定政策和生产经营者加强科学管理提供信息服务，2016年，市农经办（市农研中心）继续对房山、大兴、通州、顺义、昌平、平谷和延庆7个区、涉及25个品种的450个农产品成本核算点进行收入、成本、利润监测。监测数据汇总结果显示，2016年，郊区450个农产品监测点综合生产效益同比继续下降。

监测品种平均单位产品收入13 435.52元。其中，16个种植品种的平均亩均收入为17 373.72元，单位产品收入最高的品种是西瓜苗，亩均收入达到65 301.8元，单位产品收入最低的是柿子，亩均收入780元；9个养殖品种的平均单位产品收入为6 434.27元，单位产品收入最高的品种是淡水鱼，亩均收入达到24 929.99元，单位产品收入最低的是肉鸡，平均每只收入28.47元。

监测品种平均单位产品成本费用8 812.97元。其中，16个种植品种的亩均成本费用为11 128.54元，单位产品成本费用最高的品种是西瓜苗，亩均费用49 844.88元，单位产品成本费用最低的是柿子，亩均费用485.2元；9个养殖品种的平均单位产品成本费用为4 696.4元，单位产品成本费用最高的品种是淡水鱼，亩均费用达到20 038.98元，单位产品成本费用最低的品种是肉鸡，平均每只饲养费用25.65元。

监测品种平均单位产品利润4 710.26元。其中，16个种植品种的平均亩均利润为6 382.27元，单位产品利润最高的品种是草莓，亩均利润实现16 940.76元，单位产品利润最低的品种是玉米，亩均利润仅为220.84元；9个养殖品种的平均单位产品利润为1 737.79元，单位产品利润最高的品种是淡水鱼，亩均利润达到4 891元，单位产品利润最低的是肉鸡，平均每只利润实现2.82元（表1、表2）。

监测品种综合效益水平下降。据北京农村“三资”监管平台数据显示，2016年25个品种平均投入产出率（单位产品收入/单位产品成本）为152.5%，与上年156.6%相比，同比下降2.6%；平均劳动生产率（单位产品收入/单位产品用工）为329.12元/日，与上年的340.13元/日相比，降低了11.01元，同比下降3.2%；平均成本利润率（单位产品利润/单位产品成本）为53.4%，与上年57.3%相比，同比下降6.7%。其中，成本利润率最高的种植品种是樱桃，高达180.8%，成本利润率最低的种植品种是西瓜苗，为31%；成本利润率最高的养殖品种是肉羊，实现120.7%，成本利润率最低的养殖品种是肉鸡，仅为11%（表3）。

【农产品成本效益分析】农产品平均利润水平下降。25个品种平均单位产品利润4 710.26元，比上年下降8.6%。其中：12个品种单位产品利润增加，占48%，单位产品利润增长幅度最大的是蜂蜜，同比增长47倍；13个品种单位产品利润减少，占52%，单位产品利润减少幅度最大的是西瓜苗，同比下降35.6%。

16个种植品种亩均利润同比下降9.8%。2016年，16个种植品种的亩均利润为6 382.27元，同比减少756.78元，下降10.6%。其中亩均生产（销售）利润同比增加的品种有6个，占37.5%，亩均生产（销售）利润减少的品种有10个，占62.5%。从亩均利润绝对数值来看，16

个种植品种中，草莓的种植效益位居第一，亩均利润实现16 940.76元。亩均利润在10 000元以上的还有西瓜苗、食用菌、花卉和樱桃四个品种，分别为15 456.92元、12 374.71元、11 521.07元和10 505.59元。亩均利润最低的是玉米，仅为220.84元。从亩均利润的增长速度来看，苹果亩均利润增长47.6%，增幅最高，其次是草莓和桃，同比分别增长16.1%和15.4%，食用菌、西瓜和花生均有所增长，增幅在10%以内。亩均利润减少最多的是西瓜苗，降幅为35.6%，其次玉米、柿子、花卉、葡萄降幅均在20%以上，分别为33.7%、31.8%、26.2%和25.9%，樱桃、梨、白薯、蔬菜和小麦亩均利润出现小幅下降（图1）。

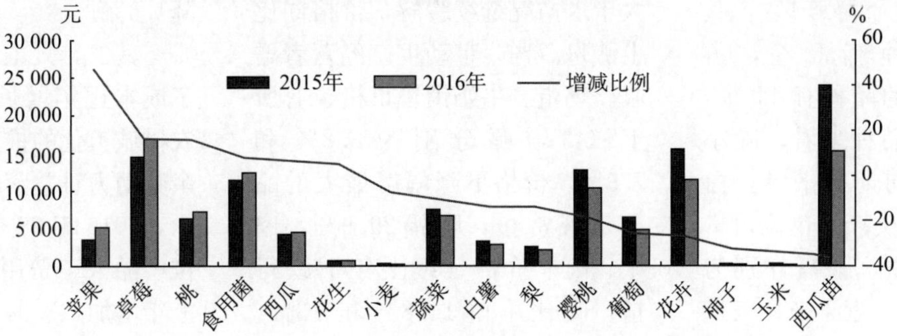

图1 2015—2016年主要种植品种单位销售利润对比情况

9个养殖品种平均单位产品利润同比增长6.8%。2016年，9个养殖品种的平均单位产品利润为1 737.79元，同比增加110.82元，增长6.8%。其中：单位产品利润同比增加的品种有6个，同比下降的有3个。从单位产品实现利润绝对值来看，9个养殖品种中，淡水鱼亩均销售利润4 891元，位居第一，其次是肉牛，每头销售利润达到4 082.06元，每头奶牛销售牛奶利润为3 506.15元。单位产品利润在1 000元以上的品种还有观赏鱼，亩均销售利润1 496.2元。生猪、肉羊和蜂蜜的单位产品销售利润分别为588.39元、584.22元和466.91元。单位产品销售利润不足百元的品种有蛋鸡和肉鸡，分别为22.36和2.82元。从单位产品实现利润增长速度来看，9个养殖品种中，单位产品销售利润同比增长幅度最大的是蜂蜜，同比增长47倍，其次是生猪，同比增长126.9%，肉牛同比增长24.4%。2015年适逢开花期干旱，花期缩短，蜜蜂采花量跟着减少，蜂蜜产量下降，导致利润大幅下降，2016年开花期没有发生异常天气，蜂蜜利润恢复到正常水平。受猪肉价格上涨影响，生猪销售利润增长较为明显。单位产品利润下降的品种有观赏鱼、淡水鱼和蛋鸡，同比下降10.9%、9.4%和8.2%（图2）。

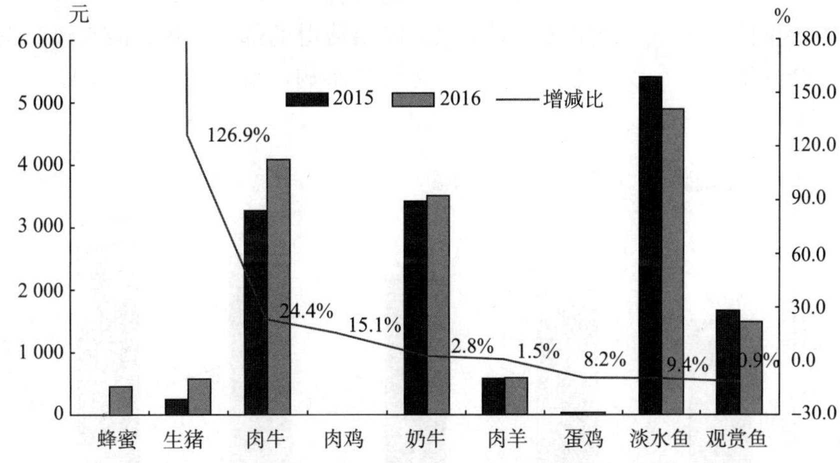

图2 2015—2016年主要养殖品种单位销售利润对比情况

农产品销售价格同比下降4.3%。根据监测数据显示，2016年，京郊25个农产品销售价格同比下降4.3%，降幅比上年同期扩大2个百分点。其中9个品种售价同比上涨，16个品种售价同比下降。从主要行业看，种植业品种价格同比下降4.1%，养殖业品种价格同比下降4.6%。

种植业品种平均价格同比下降4.1%。据监测数据汇总结果显示，2016 年 16 个种植品种平均销售价格同比下降4.1%，其中上涨的品种有 5 个，占31.25%，下降的品种有 11 个，占68.75%。分品种来看，除小麦价格与上年同期持平外，白薯、玉米等粮食类产品单位价格均出现明显下跌，跌幅分别为17.7%和15.2%。近年来，玉米连年丰收，库存不断增加，当前新季玉米又开始集中上市，促使玉米价格持续降低；蔬菜及食用菌价格同比上涨3.4%。进入冬季以后，北京蔬菜市场供应结构发生变化，秋季蔬菜陆续退市，冬季蔬菜逐渐衔接且供应偏紧，导致年底菜价小幅上扬；水果价格回落，同比下降6.1%，主要由于气候条件较好，雨水丰沛，适宜水果生长，产量增加，除苹果、桃、草莓价格略有上涨外，葡萄、柿子、梨、樱桃和西瓜价格均有不同幅度下降。

养殖业品种平均价格同比下降4.6%。2016 年 9 个养殖品种中价格上涨的品种有 4 个，占44.4%，下降的品种有 5 个，占55.6%。价格上涨幅度最大的品种是蜂蜜，涨幅达到25.2%，由于 2015 年受气候影响，花粉质量不高导致蜂蜜口感较差，销售价格大幅下滑，2016 年价格恢复到往年正常水平。生猪市场供大于求情况继续缓解，价格同比上涨11.7%，带动生产经营者增收。鸡蛋、牛奶销售价格也有所上涨，增幅分别为 8.8% 和 7.9%。价格下降幅度最大的品种是观赏鱼，降幅 29.6%，肉牛、肉羊价格延续上年下跌行情，同比下降 14.8% 和 13%，此外肉鸡、淡水鱼价格与去年基本持平。

【农产品成本效益状况特征分析】 其一，北京推进农业结构调整，短期内对小规模生产经营者造成一定影响。近年来，北京根据首都发展实际，按照“布局优化、生态优先、产业优质”的要求，加快推进“调转节”各项工作，压缩粮食生产规模，持续优化农业布局，规模畜禽养殖场实现节水、循环、健康养殖，未达到规模生产的散户养殖有序退出，在产业不断调整优化过程中，涉及粮食布局调整、养殖清退的部分监测点生产经营受到影响，短期内产出水平下降。2016 年 16 个种植品种亩均产量6 419.68千克，比上年的6 672.75千克减少253.07千克，同比下降3.8%。9 个养殖品种平均单位产品销量794.96千克，比上年的807.15千克减少12.19千克，同比下降1.5%。

其二，人工费持续上涨，用工成本逐年增长。随着工业化、农村城镇化的推进，京郊农村剩余劳动力日益紧缺。监测数据显示，2016 年 25 个农产品平均单位产品人工费用4 248.27元，比上年增加198.34元，增长4.9%，人工费用占单位产品总成本费用的比重由上年的 45% 提高到48.2%，上升了3.2个百分点，人工费用在总成本费用中的比例逐年提高。2012 年至 2016 年间，平均工值增长了46.3%。2016 年 25 个农产品平均工值为102.79 元/工日，比上年提高5.84元/工日，农产品平均工值首次超过 100 元/工日，其中 13 个品种工值大于 100 元/工日，这一比率比上年提高 36%。工值同比提高的品种有 22 个，占88%，其中柿子、生猪、观赏鱼、淡水鱼、花卉增幅超过两位数（图 3）。

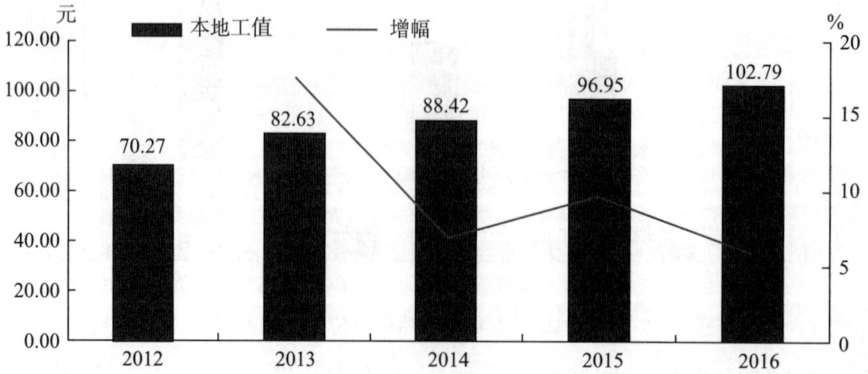

图 3　2012—2016 年京郊 25 个品种平均工值变动情况

其三，传统农业经营效益空间提升有限，都市型现代农业带动农民增收潜力大。随着“调转节”各项工作的推进，传统农业规模缩减，单纯依靠种植、养殖带动农民增收困难较大。伴随北京观光休闲农业的发展，京郊采摘成了近年来市民乡村旅游的热点项目，既满足了市民回归田园的游玩体验，又带动了当地农户增收致富。以西瓜种植为例，据统计北京通过采摘销售的西甜瓜数量已经占到总供应量的 30%（数据来源北京晚报），大兴区部分生产经营者适时调整西瓜种植品种，推出小型甜瓜方便游客采摘，采摘虽然会促使生产经营者加大对田间的管理、人工投入，但能使种植户以较高价格出售果品，获得可观的收益。

其四，新型农业经营主体生机勃发，创收能力凸显。在城镇化和工业化不断加快的背景下，新型农业经营主体为农业生产经营提供了更为丰富的人力资源和社会资源，通过规模化、一体化经营获得了较高的利润，同时其对“三农”的带动作用也开始显现。新型经营主体负责人以其娴熟的生产经验、敏锐的市场观察力以及先进的营销理念不断提升盈利水平。延庆区北京金粟种植合作社种植的有机葡萄，平均销售价格达到100.4元/千克，高于普通葡萄种植户销售价格 10 余倍；井庄镇王木营蔬菜种植合作社种植的有机蔬菜，平均的销售价格达到了 10 元/千克，是普通蔬菜价格的 5 倍左右；房山区翠林花海农产品专业合作社亩均草莓利润实现34 740元，远高于全市平均水平；通州区 6 户家庭农场凭借规模经营、先进的种植技术实现小麦亩均利润 473 元，高出全市平均水平178.66元/亩。

（刘鑫）

表 1　2016 年种植品种亩均产品效益情况

品种	亩均生产（销售）量	亩均生产（销售）收入	售价	亩均生产（销售）成本	亩均生产（销售）期间费用	亩均生产（销售）成本费用	亩均生产（销售）利润
	（千克）	（元）	（元/千克）	（元）	（元）	（元）	（元）
草莓	1 506.41	51 833.38	34.41	34 526.52	366.10	34 892.62	16 940.76
西瓜苗	60 903.64	65 301.80	1.07	49 844.88	0.00	49 844.88	15 456.92
食用菌	4 688.33	39 505.22	8.43	26 509.68	620.83	27 130.51	12 374.71
花卉	13 940.80	30 086.55	2.16	17 385.32	1 180.16	18 565.48	11 521.07
樱桃	306.40	16 311.80	53.24	5 343.90	467.90	5 811.80	10 505.59
桃	2 738.00	14 042.27	5.13	6 970.53	144.20	7 114.73	7 330.88
蔬菜	5 885.40	16 384.71	2.78	9 302.37	298.01	9 600.38	6 784.33
苹果	1 590.97	11 066.34	6.96	6 977.88	474.95	7 452.83	5 163.34
葡萄	988.67	10 600.60	10.72	5 777.87	222.68	6 000.55	4 824.19
西瓜	4 552.59	9 218.68	2.02	4 615.62	113.57	4 729.19	4 489.49
白薯	2 441.28	4 541.56	1.86	1 677.65	14.71	1 692.36	2 849.20
梨	1 533.76	4 376.87	2.85	2 007.75	143.57	2 151.32	2 235.33
花生	250.19	2 169.43	8.67	1 323.31	16.25	1 339.56	829.86
柿子	516.00	780.00	1.51	359.20	126.00	485.20	295.50
小麦	407.63	944.73	2.32	642.24	8.15	650.39	294.34
玉米	464.78	815.65	1.75	583.82	10.98	594.80	220.84
平均	6 419.68	17 373.72	9.12	10 865.53	263.00	11 128.54	6 382.27

数据来源：北京农村“三资”监管平台。

表 2 2016 年养殖产品每单位已售产品成本效益情况

品种	计量单位	单位产品销售量	单位已售产品收入	单位产品售价	单位已售产品成本	期间费用	单位已售产品利润
		（千克）	（元）	（元/千克）	（元）	（元）	（元）
淡水鱼	亩	1 725.76	24 929.99	14.45	19 353.73	685.25	4 891.00
肉牛	头	548.72	11 734.96	21.39	7 652.90	0.00	4 082.06
奶牛	头	3 159.72	12 205.09	3.86	8 506.50	192.44	3 506.15
观赏鱼	亩	300.00	5 070.00	16.90	3 223.80	350.00	1 496.20
生猪	头	103.99	1 809.56	17.40	1 208.75	11.71	588.39
肉羊	头	41.61	1 068.16	25.67	475.45	8.50	584.22
蜂蜜	箱	37.81	917.01	24.25	445.76	4.33	466.91
蛋鸡	只	13.37	145.19	10.86	121.51	1.33	22.36
肉鸡	只	2.63	28.47	10.83	25.42	0.23	2.82
平均		659.29	6 434.27	16.18	4 557.09	139.31	1 737.79

数据来源：北京农村“三资”监管平台。

表 3 2015—2016 年农产品“三率”情况

单位:%，元/日

品种	投入产出率			成本利润率			劳动生产率		
	2015 年	2016 年	同比±	2015 年	2016 年	同比±	2015 年	2016 年	同比±
小麦	150.7	145.3	−5.5	50.7	45.3	−10.8	529.62	482.01	−9.0
玉米	153.6	137.1	−16.5	53.6	37.1	−30.8	281.32	252.52	−10.2
白薯	252.3	268.4	16.1	152.3	168.4	10.6	473.44	538.74	13.8
花生	163.1	162.0	−1.2	63.1	62.0	−1.8	185.77	207.60	11.8
西瓜	208.9	194.9	−14.0	108.9	94.9	−12.9	350.99	400.99	14.2
食用菌	150.3	145.6	−4.7	50.3	45.6	−9.3	329.78	424.97	28.9
花卉	170.0	162.1	−7.9	70.0	62.1	−11.3	363.40	487.71	34.2
草莓	140.8	148.6	7.7	40.8	48.6	18.9	298.71	315.15	5.5
西瓜苗	145.2	131.0	−14.2	45.2	31.0	−31.4	313.28	240.58	−23.2
蔬菜	191.7	170.7	−21.1	91.7	70.7	−23.0	312.89	290.05	−7.3
苹果	137.3	148.5	11.2	54.0	69.3	28.4	187.18	219.53	17.3
梨	222.1	203.5	−18.6	128.0	103.9	−18.9	298.93	258.07	−13.7
桃	195.5	197.4	1.9	95.5	103.0	7.9	252.46	290.91	15.2
葡萄	193.8	176.7	−17.1	97.1	80.4	−17.2	296.60	254.70	−14.1
柿子	181.6	160.8	−20.9	81.6	60.9	−25.4	411.97	333.33	−19.1
樱桃	355.0	280.7	−74.3	256.9	180.8	−29.6	591.00	358.90	−39.3
生猪	119.6	148.3	28.6	19.6	48.2	145.5	1 179.38	223.96	−81.0
肉牛	134.2	153.3	19.1	34.2	53.3	55.8	732.11	768.50	5.0
肉羊	215.3	220.7	5.4	115.3	120.7	4.7	268.59	265.05	−1.3

（续）

品种	投入产出率			成本利润率			劳动生产率		
	2015 年	2016 年	同比±	2015 年	2016 年	同比±	2015 年	2016 年	同比±
肉鸡	109.6	111.0	1.4	9.6	11.0	14.5	932.00	949.00	1.8
淡水鱼	125.1	124.4	−0.7	25.1	24.4	−2.9	530.91	487.68	−8.1
观赏鱼	130.4	141.9	11.5	30.4	41.9	37.7	360.00	512.12	42.3
蛋鸡	117.8	118.2	0.4	17.8	18.2	2.5	538.17	537.74	−0.1
奶牛	142.0	140.3	−1.7	42.0	40.3	−4.0	450.57	409.57	−9.1
蜂蜜	102.4	203.7	101.4	2.4	103.7	4 302.3	133.76	316.21	136.4
平均	168.3	167.80	−0.55	69.44	69.03	175.98	424.11	393.02	3.64

数据来源：北京农村“三资”监管平台。

（刘鑫）

农业投入

【集体经济组织资产投入】近几年，北京郊区深化农村改革、积极转变经济增长方式、盘活农村集体资产，郊区集体资产规模进一步扩大。截至 2016 年年底，乡村两级集体经济组织累计资产投资达6 036.5亿元，比 2015 年年底的5 589.8亿元净增446.7亿元，同比增长 8%。

固定资产投资。截至 2016 年年底，北京郊区集体经济组织累计固定资产投资达1 210.3亿元，占累计资产投资总额的 20%。其中：乡镇级累计固定资产投资 371.6 亿元，占固定资产投资总额的 30.7%；村级累计固定资产投资 838.7 亿元，占 69.3%。

流动资产投资。截至 2016 年年底，乡村两级集体经济组织各项流动资产总规模达到4 202.8亿元，占累计资产投资总额的 69.6%。其中：乡镇级 1 733 亿元，占 41.2%；村级 2 469.8 亿元，占58.8%。

【公益事业及基础设施投入】北京郊区公益事业与基础设施规划与建设迈出新步伐。郊区农村统筹安排水、电、路、通信等基础设施建设项目，优化农村环境整治工作，重点建立完善农村信息网络体系，为农村经济发展和农民增收致富创造良好的环境条件。据北京市农村经济收益分配统计结果显示，北京郊区乡镇级集体经济组织当年用于公益事业方面的支出为5.3亿元。

（阎建苹）

郊区二、三产业

综　述

年内，郊区二、三产业深入落实京津冀协同发展战略和非首都功能疏解，在各区、各部门大力支持和推动下，郊区实体经济呈现平稳发展态势。农业产业化组织总数增加至5 279个，固定资产达1 500多亿元。2016年，全市1 258个农业观光园、9 026户民俗旅游接待户接待游客4 547.9万人次，实现收入42.4亿元，同比分别增长12.5%和8.2%。

（李媛）

农产品加工业

【农产品加工业基本情况】 截至2016年年底，全市农业产业化组织总数为5 279个，固定资产达1 500多亿元。其中，市级以上农业产业化龙头企业180家（国家级39家），龙头企业固定资产1 307亿元，销售收入5 898亿元，净利润80亿元，带动本市30万户农民。涉及农副食品加工、食品制造、饮料制造三个行业的农产品加工企业2 234家，其中，规模以上企业307家，主营业务收入1 154.3亿元，利润总额60.7亿元。企业提供的农产品及加工制品占全市“菜篮子”产品供给的2/3以上，三元食品每年为市民提供22万吨奶制品，二商大红门猪肉供应量占全市的50%以上。从产业类型看，种植业有2 782个，占52.7%；畜牧业1 267个，占24%；水产业54个，占1%；林业51个，不足1%，其他1 125个，占21.3%。

（李媛）

【在农产品加工业方面强化政策引领作用】 一是落实《国务院办公厅关于进一步促进农产品加工业发展的意见》（国办发〔2016〕93号），制定出台了《关于加快转变农业发展方式深入推进农村产业融合发展的实施意见》（京政农发〔2016〕32号）。提出提升农产品精深加工业，支持农业企业实施农产品加工设备改造提升和技术创新，促进农产品初加工、精深加工及综合利用加工协调发展，提高农产品加工转化率和附加值；培育一批北京市农产品精深加工的领军企业和国内外知名品牌；强化环保、能耗、质量、安全等标准作用，促进农产品加工企业健康发展；引导农产品加工业向园区集聚发展，形成一批优势产业集群。二是围绕京津冀协同发展，研究制定《京津冀“十三五”时期农产品加工业发展规划》。依托京津地区强大的科技、人才、资金和市场优势以及河北省的土地和劳动力资源优势，积极扶持引导农业龙头企业做大做强，实现京津冀农产品加工业的协同发展，全面提升农业产业体系的国际竞争力，推动农村一、二、三产业融合发展。力争到 2020 年，京津冀农产品加工业产值比 2015 年增长 50%以上，达到 2 万亿元以上，区域内加工业与农林牧渔业总产值比达到2.5∶1，其中京津两地超过3.5∶1。农产品加工能力和水平明显提升，市场竞争力显著增强，基本建成产业聚集、带动有力、效益突出、全国领先、具有一定国际影响力的农产品加工业集聚区。三是出台《2016 年农业产业化项目指南》。支持企业、合作社实施农产品加工设备改造提升，促进初加工、精深加工及综合利用加工协调发展，重点支持企业发展精深加工、合作社发展初加工，提高农产品加工转化率和附加值。项目的实施有效地提升企业加工能力，产能得到了显著提升。如，北京市老才臣食品有限公司采购 4 套生产加工设备，原有酱油产能约 600 瓶/时，现今产能约5 400瓶/时，在饱和生产的情况下，年收入预计增长6 000万元。四是支持“菜篮子”产品外埠基地建设。推动区域间合作。推广“京张合作”模式，强化与兄弟省区市，特别是北京周边主产地的产销、购销合作，加大力度建设紧密型外埠生产基地，形成稳定可靠的生产货源。鼓励企业在北京周边冷凉地区集中打造夏淡季基地，以及冬春季蔬菜外埠基地；鼓励企业在环京津蔬菜主产县重点打造河北供京蔬菜基地。鼓励北京市企业适应疏解非首都功能与农业供给侧结构调整需要，加快布局畜禽外埠生产基地。

（李媛）

【推进农产品加工经营主体转型升级】促进企业逐步从纯生产型向以服务为核心的综合型主体转型发展。引导农业产业化龙头企业重点发展农产品加工流通、电子商务和农业社会化服务。鼓励支持农业企业积极运用互联网思维、技术加快改造升级。推进农民专业合作社向质量效益型转变。以国家级和市级示范社为重点，进一步加强合作社规范化建设，实行全员注册，强化成员账户管理。支持合作社建设农产品加工仓储冷链物流设施，进一步延伸产业链，提高农产品附加值，培育一批全国领先的规模适度、规范化程度高、产销能力强的示范社和联合社。一是以市场需求为引领，优化产业结构。如，北京天安农业发展有限公司，根据市场消费偏好的转变，及时调整生产结构：由数量向质量转变，加强质量监管和管控，不再单纯追求产量；由外观质量向内在质量转变（以番茄为例，消费者不再单纯地追求品相、硬度等参数，而是追求糖度、番茄红素度等），促使企业在蔬菜的生产过程中，由外在质量技术指标向内在质量技术指标转变。密农人家，根据对各电商平台终端共计 5 万余名消费者的喜好数据的分析，向个性化区域型农产品电商转型，一方面依托消费者的大数据结合各种优质新品种，把顾客的需求转化成订单进行种植；另一方面带动了与之合作的合作社和基地的产业升级，实现了优质优价。二是以科技创新为核心，培育新需求。如，北京凯达恒业农业技术开发有限公司，坚持“科技开拓市场、科技提高产品附件值、科技增强企业发展潜能”的创新理念，持续加大科研投入，扩展研发力量，组建了企业技术研究中心，每年的科技投入在1 000万元以上；加强与院所合作、注重产学研结合，先后与中国农科院食品加工研究所、中国农业大学、北京工商大学等行业权威院所合作，在产品、工艺、装备等领域共同开展专项课题研究，并取得了一系列科研成果；开展行业前沿课题研究，完成了包括国家“863”科研项目、星火计划项目、北京市重大科技专项等多项科研任务，先后获得中科院科技进步特等奖、科技部创新创业人才、“万人计划”等多项荣誉；与行业权威院士合作、建立院士工作站。目前公司已经拥有 35 项企业自主研发的国家专利和 60 多项企业核心技术。三是以融合发展为途径，探索产业新模式。如，北京阿卡控股有限公司，摒弃农业重资产投入、低利润、回报周期长的固有模式，利用现有的固定设施，严格遵循投入产出比最大化原则，对其进行现代化改造，避免大量新建。阿卡印象作为示范园，背后有阿卡控股旗下各类成熟的文创、运营、渠道拓展、冷链物流团队和资源，利用现有的客群资源，注重内容服务，即服务项目的创新，着眼在文化创意、教育等软实力上，形成可对外输出的标准化服务体系。即在任何具有环境条件和服务标准的农业场所，完成外部项目和品牌的引入，打造基于农业的创新合作活动和项目，后期营业之后完全可以根据消费者的需求再增项和完善。这一改变，将促成更多优势资本和社会资本，向农业产业倾斜，改变靠政府和国有企业投资的局面。四是以绿色循环为方向，打造生态农业。如，北京德青源农业科技股份有限公司，构建集“生态养殖—食品加工—清洁能源—有机肥料—订单农业”于一体的循环经济。利用生产、加工过程中产生的富含各类营养物质的废水以及员工生活废水和收集的雨水进行发酵产生沼气，每年沼气产量为700万立方米；通过沼气发电，实现热电气肥的联供，每年发电1 400万千瓦时，回收相当于标煤4 500吨的余热，此外还为当地500农户提供生活用燃料73万立方米；沼气发电后，尾气经换热器处理，将热再次提取出来生产90℃热水，除供发酵系统自身保温外，还可用于办公室和温室大棚供暖；发酵剩余的沼渣，利用换热之后的发电尾气进行干燥，并经复配后生产有机肥，沼液则免费供应给当地农户，帮助当地建设有机水果基地和绿色玉米基地。通过对各类废弃物的综合利用，德青源完全实现了固态和液态废弃物的零排放，并从废弃物中回收接近企业年用电量2倍的电力和等量热能，每年可实现二氧化碳减排8.4万吨。五是以区域合作为载体，调整产能布局。如，北京首都农业集团有限公司，近十年来在河北投资超过50亿元，“十三五”期间计划在津冀地区投资500亿元、其中在河北省投资300亿元以上；其他企业在河北投资总额近50亿元，计划投资62亿元以上。投资项目覆盖多种行业种类，包括肉、蛋、菜、奶、菌等“菜篮子”产品，林果、药材及蜂蜜等林产品，以及生物肥料等农资产品；产业链、价值链、创新链丰富，涵括了种业、生产基地、加工基地、市场与仓储及冷链物流等；项目投资生态环保，注重绿色生产、生态效益，种养循环、可持续发展，部分项目如生物肥、秸秆无害化利用等本身就是环保型项目。目前，河北省已经成为北京农业企业最重要的生产基地、发展空间，同时也直接或间接带动了当地农户脱贫步伐。

（李媛）

【加强农产品质量安全和品牌建设】各类产业化经营组织注重农产品质量和食品安全，据农业部监测，北京市农产品质量安全水平处于全国前列，价格在全国36个大中城市中处于中下水平。全市“菜篮子”产品“三品”认证覆盖率达到45%以上。2016年度，农业龙头企业在质检、检疫等方面的投入2.1亿元，建有专门质检机构的龙头企业49个；企业中通过ISO 9000、HACCP、GAP、GMP等质量体系认证的177家，获得省级以上名牌产品或著名（驰名）商标的有73家，获得“三品”认证的产品数量有501个。鹏程食品、三元牛奶、汇源果汁、德青源鸡蛋、小汤山蔬菜、王致和腐乳等品牌知名度不断上升。

（李媛）

【提高农产品科技创新示范】龙头企业不断加大研发投入，加强产业核心竞争力建设，2016年企业科技研发投入达17.2亿元，建有专门研发机构的龙头企业40个，拥有农业科技人员2.4万人，获得省级以上科技奖励或荣誉的龙头企业30个。华都峪口研发的“京红”“京粉1号”“京粉2号”蛋种鸡，在蛋种鸡方面占到全国市场份额的近50%，生产数量世界第一、跻身世界三大蛋鸡育种公司之列；顺鑫集团与农科院成立玉米种子育繁推一体化机构，探索科技成果产业化途径；汇源集团成立北京汇源生物农业研究院，重点研究水果基因测序工程等国家重点项目。

（李媛）

【探索农业企业“走出去”】随着非首都功能疏解工作不断深入、京津冀现代农业协同发展逐步推进，北京农业企业也加快了向全国各地、尤其是河北省等周边地区的战略布局。如首农集团近十年来在河北投资超过50亿元，“十三五”期间计划在津冀地区投资500亿元、其中在河北省投资300亿元以上；其他企业在河北投资总额近50亿元，计划投资62亿元以上。从企业在河北地区的投资项目来看，一是覆盖多种行业种类，包括肉、蛋、菜、奶、菌等“菜篮子”产品，林果、药材及蜂蜜等林产品，以及生物肥料等农资产品；二是产业链、价值链、创新链丰富，涵括了种业、生产基地、加工基地、市场与仓储及冷链物流等；三是项目投资生态环保，项目十分注重绿色生产、生态效益，种养循环、可持续发展，部分项目如生物肥、秸秆无害化利用等本身就是环保型项目。目前，河北省已经成为北京农业企业最重要的生产基地、发展空间，同时也直接或间接带动了当地农户脱贫步伐。在走出国门方面，不少企业也进行了多种方式的探索，如艾莱发喜在新西兰投资进行液体乳及乳制品制造、洛娃集团在法国收购了5家农场，京鹏公司与伊朗、澳大利亚签约合作，通过输出产品、技术和服务的形式，成功进入了国际市场。综合商务部、北京市商务委和各区县农委等部门信息，全市登记注册并采集到有效信息数据的农业对外投资境内企业共有16家。其中，农林牧渔类企业11家，批发零售企业4家，服务业企业1家。16家企业中有5家为产业化龙头企业，其中国家级产业化龙头企业3家，市（省）级产业化龙头企业2家。到2015年年底，16家企业境内资产总额为1 277.35亿元人民币，比2014年增加145.27%，其中农林牧渔资产占93.83%；注册资本总额41.23亿元人民币，比2014年增加34.21%；境内人员总数94 017人，比2014年增加123.32%。

（李媛）

【强化农产品加工企业的利益联结】引导龙头企业参与低收入帮扶，开展“百企联百社”对接工程，鼓励市级及以上龙头企业与本市农民专业合作社（以低收入村为主）对接，通过采购农产品、领办合作社等形式，带动农户增收，促进企业增效；开展合作社农产品加工能力提升工程，对合作社农产品加工、仓储项目给予补助；对低收入村（户）致富项目、农村承包土地的经营权抵押贷款项目，给予所还利息额的100%贴息奖励，单笔贷款贴息奖励最高不超过100万元。2016年，全市农业产业化组织5 279个，带动全国农户1 253万户，其中农业产业化龙头企业通过各种方式带动本地农户30余万户，带动全国基地农户增收429亿元，其中按合同价收购增收10亿元，通过合作经营向农民返还分配利润2.9亿元，支付农民土地租金2.2亿元，支付农民工工资4.3亿元。北京凯达恒业农业技术开发有限公司通过豆类、杂粮、果蔬等农产品的深加工，辐射带动了北京本地5 000多农户共计3万亩订单种植面积；北京荣涛食品有限公司通过豌豆深加工，辐射带动了平谷区本地近千户农户种植；北京资源亿家集团首创“猪币”模式，以合伙人制度实现分险共担、利益共享，实现了企业与农户利益的深度联结。

（李媛）

镇村企业

【镇村企业基本情况】2016年，北京市镇村企业按照稳步推进京津冀一体化协同发展战略实施，全力疏解非首都功能，主动适应新的首都城市功能定位的总要求，主动适应增速趋缓、结构优化、效益提高、质量提升的经济发展“新常态”，努力克服国内外经济发展环境中诸多不利因素的影响，积极调整产业结构和空间布局，坚决淘汰落后产业，大力压缩过剩产能，着力转变经济增长方式，努力实现产业转型升级，在经济总量和总体规模大幅缩减的前提下，实现了企业提质增效，创新能力和市场竞争能力有所提升，可持续发展能力有所增强。2016年，北京镇村企业124 487家，比上年减少3.4%，其中：规模以上企业1 652家，比上年减少1.3%，规模工业企业1 156家，比上年增长8.9%；从业人员862 308人，比上年减少12.5%；完成营业收入48 869 621万元，比上年下降0.8%；完成利润总额2 929 370万元，比上年增长1.5%；实现增加值8 596 518万元，比上年下降3.5%；实现工业增加值4 906 842万元，比上年下降0.1%；完成出口产品交货值841 769万元，比上年下降15.0%；上缴税金2 231 648万元，比上年增长4.2%；提供劳动者报酬3 973 774万元，比上年增长11.1%；人均劳动者报酬46 083元，比上年增长26.2%；私营以上企业资产总额85 747 326万元，比上年增长28.3%；私营以上企业负债总额55 936 223万元，比上年增长25.5%；私营以上企业资产负债率65.2%，比上年降低1.5个百分点。

（赵颖）

【京郊镇村企业经济运行呈现的特点】

1. **经济总量有所下降。**2016年，受首都城市功能定位和发展战略布局调整影响，京郊镇村企业经济总量呈现负增长，营业收入和增加值均有所下降。全市镇村企业累计完成营业收入4 887亿元，比上年下降0.8%，其中工业营业收入2 696.7亿元，比上年下降2%；实现增加值859.7亿元，比上年下降3.5%，其中工业增加值490.7亿元，比上年下降0.1%。

2. **经济效益有所提升。**2016年，虽然京郊镇村企业经济总量有所下降，但利润总额和企业利润率双双提高，经济效益有所提升。全年镇村企业累计实现利润总额292.9亿元，比上年增长1.5%；镇村企业利润率为6%，比上年提高0.1个百分点。镇村工业企业实现利润总额205.2亿元，比上年增长26.2%；镇村工业利润率为7.6%，比上年提高2.2个百分点。

3. **产业结构保持稳定。**2016年，北京镇村企业（私营以上）完成增加值754.9亿元，其中：一产增加值7.4亿元，占1%，所占比重比上年提高0.6个百分点；二产增加值516.9亿元，占68.5%，所占比重比上年提高0.3个百分点；三产增加值230.6亿元，占30.5%，所占比重比上年下降0.9个百分点。与上年相比，一产和二产比重略有上升，三产比重略有下降，产业结构基本保持稳定；除企业个数外，二产各项主要经济指标所占比重均超过60%，继续保持着较为显著的主体地位。

表1　2016年北京镇村企业（私营以上）主要经济指标产业分布情况

单位：个，人，亿元，%

	增加值	企业个数	职工人数	营业收入	利润总额
合　计	754.9	16 818	549 982	4 391.4	242.5
一　产	3.5	660	12 614	66.5	－1.3
比　重	1.0	3.9	2.3	1.5	－0.6
二　产	516.9	8 379	360 082	2 772.4	175
比　重	68.5	49.8	65.5	63.1	72.2
三　产	230.6	7 779	177 286	1 552.5	68.8
比　重	30.5	46.3	32.2	35.4	28.4

4. **空间布局更加合理。**2016年，随着首都城市功能布局调整的不断深化，北京镇村企业空间布局和区域结构更加趋于合理。城市发展新区（通州、顺义、大兴、昌平、房山）作为全市镇村经济的主体，镇村企业（私营以上）营业收入、利润总额、增加值、工业增加值和出口产品交货值分别为3 098.7亿元、204.4亿元、563.8亿元、412.5亿元和69.7亿元，分别占全市镇村企业（私营以上）的68.4%、65.6%、70.3%、86.1%和83.6%，所占比重均在70%以上，主导地位更加显著。

表2　2016年京郊镇村企业主要经济指标区域分布情况

单位：亿元，%

	营业收入	利润总额	增加值	工业增加值	出口产品交货值
合　计	4 391.4	242.5	754.9	467.7	81.1
城市功能 拓展区	874.1	24.7	115.4	8.6	0.5
所占比重	19.9	10.2	15.3	3.4	0.6
城市发展 新区	3 098.7	204.4	563.8	412.5	69.7
所占比重	70.6	84.3	74.7	86.1	86.0
生态涵养区	418.6	13.4	75.7	46.6	10.9
所占比重	9.5	5.5	10.0	10.5	13.4

5. 镇村工业仍占主体。2016年，本市稳步推进京津冀一体化协同发展，大力疏解非首都功能，加大工业小区、工业大院清理力度，镇村工业规模大幅缩减，但在镇村企业中仍占据主体地位。2016年，京郊镇村工业企业14 267家，比上年减少11.6%；职工人数377 596人，比上年减少15.9%；完成营业收入2 547.9亿元，比上年下降2.7%；实现增加值490.7亿元，比上年下降0.1%；实现利润总额179.1亿元，比上年增长25.7%。镇村工业企业数、职工人数、营业收入、增加值和利润总额分别占镇村企业总量的11.5%、45.6%、53.2%、55.2%和49.4%，在镇村企业产业结构中继续占据主体地位。

表3 2016年北京镇村工业企业主要经济指标完成情况

单位：个，人，亿元，%

	企业个数	职工人数	营业收入	增加值	利润总额
私营以上	7 680	317 956	2 426.1	467.7	168.1
个体户	6 587	59 640	121.8	23.0	11.0
合　计	14 267	377 596	2 547.9	490.7	179.1
比　重	11.5	36.9	52.1	57.1	61.1

6. 规模企业健康发展。2016年，京郊镇村规模企业，特别是规模工业企业持续健康发展，各项主要经济指标在镇村企业中所占比重有所提高，在镇村经济中的主导地位和带动作用日益突出。

2016年镇村规模企业1 652家，比上年减少1.3%，占镇村企业总数的1.3%，所占比重比上年提高0.1个百分点；其中规模工业企业1 156家，比上年增长8.9%，占镇村工业企业总数的8.1%，所占比重比上年提高1.5个百分点。

镇村规模企业职工人数302 420人，比上年减少3.8%，占镇村企业职工总数的35.1%，所占比重比上年提高3.2个百分点；其中规模工业企业职工人数203 893人，比上年增长7.8%，占镇村工业企业职工总数的54%，所占比重比上年提高11.9个百分点。

镇村规模企业营业收入3 214.5亿元，比上年下降2.3%，占镇村企业营业收入的65.8%，所占比重比上年提高0.4个百分点；其中规模工业企业营业收入2 092亿元，比上年增长22.9%，占镇村工业企业营业收入的82.1%，所占比重比上年提高17.1个百分点。

镇村规模企业增加值572.1亿元，比上年增长9.8%，占镇村企业增加值的66.5%，所占比重比上年提高8个百分点；其中规模工业企业增加值390.1亿元，比上年增长29%，占镇村工业企业增加值的79.5%，所占比重比上年提高18个百分点。

镇村规模企业利润总额205.1亿元，比上年增长25.9%，占镇村企业利润总额的70%，所占比重比上年提高13.6个百分点；其中规模工业企业利润总额150.2亿元，比上年增长64.5%，占镇村工业企业利润总额的83.9%，所占比重比上年提高19.8个百分点。

7. 固定资产投资下滑。2016年，京郊镇村企业固定资产投资下滑明显，本年施工项目332个，比上年减少77个，降幅为18.8%；本年新开工项目161个，比上年减少19个，降幅为10.6%；本年投产项目125个，比上年减少63个，降幅为33.5%；本年新增固定资产52.7亿元，比上年下降36.7%。

8. 节能减排成效显著。2016年，镇村工业企业着力转变经济增长方式，积极调整产业结构，坚决淘汰落后产能，加快推进产业升级，大力发展资源节约型和环境友好型的绿色低碳产业，节能减排工作取得显著成效，能源结构趋于合理，资源消耗量明显下降。2016年，全市1 156家镇村规模工业企业消耗水资源2 492万吨，比上年减少5.6%；消耗电能20.2亿千瓦时，比上年减少9%；消耗原煤36.9万吨，比上年减少41.2%；消耗焦炭698吨，比上年减少80.1%；消耗成品油65.5万吨，比上年减少58.3%；消耗天然气20 235.5万立方米，比上年增长26.5%；消耗液化石油气22.7万吨，比上年增长72%。

9. **园区清理初见成效。**2016年，本市加快疏解非首都功能，大力清理郊区镇村工业小区和工业大院，取得初步成效。2016年镇村工业园区数由上年的79个减少到76个，园区内年末实有企业2 141家，比上年增长8.8%；园区内年末从业人员177 516人，比上年减少42.3%；园区内企业完成总产值1 587.7亿元，比上年增长10.8%。

10. **职工素质继续提升。**2016年，本市积极开展镇村企业职工素质提升工程，多层次、多渠道、多形式地开展镇村企业职工教育培训，职工素质进一步提升。2016年，本市镇村企业职工培训人数30 652人，比上年增长7.4%；年末镇村企业职工中具有大专及以上文化程度的人数156 270人，占镇村企业职工总数的18.1%，所占比重比上年提高0.6个百分点；具有中级及以上技术职称的人数61 856人，占镇村企业职工总数的7.2%，所占比重比上年提高0.4个百分点。

11. **外贸出口形势严峻。**2016年，受国内外经济环境及各种不利因素影响，京郊镇村企业外贸出口面临较大困难，全年出口企业数和出口产品交货值均呈现负增长，外贸出口下滑明显，形势较为严峻。2016年，北京镇村出口企业302家，比上年减少24家，降幅为7.4%；其中，年出口交货值500万元（含）以上企业180 184家，比上年减少4家。全年累计完成出口产品交货值84.2亿元，比上年下降14.9%；其中，年出口交货值500万元（含）以上企业出口交货值72.7亿元，比上年下降18.8%。出口产品交货值占营业收入的比重为1.7%，比上年降低0.3个百分点。

12. **社会贡献不断加大。**2016年，京郊镇村企业支付职工劳动报酬397.4亿元，比上年增长11.1%；镇村企业职工人均劳动报酬46 083元，比上年增长26.2%；上缴税金223.2亿元，比上年增长4.3%。京郊镇村企业吸纳农民就业，增加农民收入，支持郊区新农村建设，推动郊区农村经济社会发展，推进首都城乡一体化进程的作用更加突出。

（赵颖）

农产品流通业

【鲜活农产品流通中心项目稳步推进】2016年，本市鲜活农产品流通中心项目完成土方施工和50%的地下结构工程建设。

（林英杰）

【推进规范化、连锁化蔬菜零售网点建设】2016年，本市完成新建和规范提升规范化蔬菜零售网点415个，超额完成全年新建和规范提升300个蔬菜零售网点任务。

（林英杰）

【发挥农产品流通产业发展基金作用】2016年，本市利用农产品流通产业发展基金完成对北京鲜活农产品流通中心、北京星东万家商贸有限公司两个项目的投资，对新发地批发市场、新发地生鲜网等多个项目履行投资前期手续。

（林英杰）

【“农超对接”解决昌平苹果“卖难”问题】针对昌平苹果“卖难”问题，市商务委启动“农超对接”专项帮扶，组织京客隆、超市发、永辉、华冠等超市，以及京东商城、中粮我买网等电商企业，深入昌平区崔村镇等主产区进行产销对接。通过“农超对接”直供渠道销售昌平苹果15余万千克，有效解决了区域优质果品积压问题，也丰富了本市市场供应。

（张爽）

【举办潍坊名优农产品食品展示交易活动】7月20日，由山东省潍坊市人民政府主办、市商务委支持的潍坊名优农产品食品采购对接会在京举行。潍坊市精选了150多家企业350多个品种的优质农产品、食品、特色小吃、特色工艺品、老字号产品参展，本市70余家大型超市、农产品流通企业、餐饮企业和涉农电商平台企业参加了对接活动。

（魏新宇）

【组织企业参加第20届中国（廊坊）农交会】 9月25日，第20届中国（廊坊）农产品交易会召开。市商务委组织本市物美、京客隆、超市发、永辉等20余家超市和市“菜篮子”大数据、沱沱工社、城乡超市、邮政电子商务局等电子商务企业参加交易会。交易会上，物美、超市发、首航国力、永辉等超市企业与丰宁缘天然奶业、平泉皇家136庄蔬菜、沽源三源羊肉、泊头广锋果品等河北省名优农产品企业达成意向交易额近2 000万元。沱沱工社等电商企业与当地生产企业、电商平台达成深度合作意向。

（张爽）

【推进郊区现代流通网络建设】 本市引导部分郊区企业，通过与大型电子商务企业合作和企业自行研发相结合的方式，推出电商旗舰店、网上商城和移动客户端APP等多种线上销售渠道，北京华冠商业经营股份有限公司线上销售近1.4亿元。继续实施郊区企业联合采购，郊区现代流通网络总销售额18亿元，联合采购商品涉及64个品牌、7 000个品种，联合采购商品订单32 000份，联合采购金额6.2亿元。

（彭峰）

【开展第六次春节蔬菜保供联合行动】 1月20日至3月20日，市商务委会同市农委、中国蔬菜流通协会与天津、河北、海南、广西等供京蔬菜主产区政府开展了第六次蔬菜保供联合行动。活动期间，累计增加蔬菜供应总量约17.3万吨，日均增加2 836吨，增幅9.6%，其中大白菜、白萝卜、土豆、洋葱等8个居民日常所需大路菜品种增加供应总量约5.3万吨，日均增加868吨，增幅10.2%。

（王云峰）

【蔬菜上市总量增加】 2016年，监测的7家批发市场蔬菜上市量达124.5亿千克，日均3 411.2万千克，同比增长2.5%。

（刘璇）

【生猪屠宰量减少】 2016年，监测的9家定点屠宰企业生猪屠宰总量627.9万头，日均屠宰1.72万头，同比减少7%。

（刘璇）

【牛羊肉交易量减少】 2016年，监测的7家批发市场牛肉交易总量7 556.2万千克，日均交易量20.7万千克，同比减少0.8%。羊肉交易总量6 482.8万千克，日均交易量17.8万千克，同比减少7.1%。

（刘璇）

【鸡蛋交易量减少】 2016年，监测的7家批发市场鸡蛋交易总量25 177万千克，日均69万千克，同比减少0.8%。

（刘璇）

【开展农村和城乡结合部市场监管执法】 启动农资打假专项行动，举行“2016年北京市假劣种子销毁活动”，对5年来没收的玉米、西瓜、小麦等十多个品种共2万千克假劣种子进行销毁处理。

（韩建中）

【首次开展粮食安全责任考核工作】 按照层层落实粮食安全行政首长责任制的要求，16个相关部门组成粮食安全区长责任制监督考核工作组，加强对区政府相关工作的监督考核。13个区政府出台实施方案，逐项落实考核任务。

（张继红）

【继续深化粮食产销合作】 粮食行政管理部门和相关企业积极参加主产区粮食贸易洽谈会，深化本市与主产区的粮食产销合作。国有粮食企业积极参与主销区粮食收购，加强外埠粮源基地建设，拥有自有产权的基地19个、仓容能力90多万吨。投入粮食产销合作资金近600万元，促进了企业互动、技术交流、项目对接和产业延伸。

（孔晶）

【编制粮食收储供应安全保障工程建设规划】 编制《北京市粮食收储供应安全保障工程建设规划（2016—2020年）》，全面推进粮食流通基础设施建设。在建项目8个，投资3亿元，建设仓容30万吨。

（张继红）

【推广应用绿色储粮技术】 推行《粮食仓库仓储管理规范》地方标准，推广应用绿色储粮技术。应用准低温储粮、惰性粉防虫等绿色储粮技术的市储备粮占储备粮总量的64%，市储备稻谷连续五年实现了准低温储粮技术且免化学药剂熏蒸，市储备粮宜存率保持100%。

（孔令文）

【开展粮食“收购资格认定”专项检查】 在本市已办理粮食收购资格的236家企业基础上，梳理仓储设施在京的粮食收购企业191家，抽查具有粮食收购资格企业173家，发现问题要求整改企业6家，撤销23家不符合条件和长期不从事粮食收购活动企业的资格。

（于燕麟）

【开展储存和收获环节粮食质量安全监管监测工作】 2016年，库存粮食质量安全抽查工作共抽检样品107份，其中中央事权的粮食49份，地方事权的粮食58份，主要检验质量情况、储存品质情况和主要食品安全指标合格情况。组织开展2016年度收获粮食质量安全监测工作，共扦取样品26份。

（于燕麟　黄燕）

【开展粮食流通监督检查】市、区两级粮食行政管理部门全年共出动执法1 191次，出动执法人员3 452人次，检查企业1 531家次。全市做出行政处罚5起，累计罚款人民币1.8万元。行政处罚结果在北京市企业信用信息网和市粮食局网站监督检查处罚公示专栏公开。

（石红兵）

【做好退耕还林补助粮供应工作】发放退耕还林补助粮2.1万吨，共拨付退耕还林补助粮供应资金4 080.6万元，涉及昌平、房山、密云、平谷、延庆、门头沟、怀柔七个区，1 691个村，158 896户退耕农户。

（孔晶　张俊杰）

郊区旅游业

【休闲农业园区情况】截至2016年年底，北京郊区开展观光休闲服务的农业园有1 258个，其中市级星级园219个。2016年，北京市观光休闲农业园区共接待游客2 250.5万人次，同比增长18.2%；总收入27.98亿元，同比增长6.3%，实现了速度与效益的双丰收。从单个园区收入看，2016年平均每个园区收入222.4万元，比上年的198.1万元增长12.3%。从人均消费额看，2016年观光休闲农业园区人均消费额为124.3元/人次，比上年的138.3元/人次，下降10.1%。由于受政策和集团消费能力下降因素的影响，休闲农业园区的人均消费额有较大的下滑，但同时由于宣传推介的加强和休闲旅游市场的开拓，休闲农业园区的客源增加，园区的总收入有所提高。

（范子文）

【乡村民俗旅游情况】截至2016年年底，全市共有星级民俗旅游村210个，其中四星级民俗旅游村64个、五星级村29个；民俗旅游户16 672户，其中正常经营的民俗旅游户9 026户；乡村旅游从业人员22 215人。2016年，乡村民俗旅游户共接待游客2 297.4万人次，实现乡村民俗旅游总收入14.35亿元，比上年分别增长7.4%和11.7%，收入增长的速度快于接待人数增长的速度，说明乡村民俗旅游的效益有了提高。从人均消费看，2016年乡村民俗旅游人均消费额为62.48元/人次，比上年的60.10元/人次增长3.96%，发展较为平稳。

（范子文）

【2016年度全国休闲农业和乡村旅游示范县（市、区）名单公布】为促进休闲农业和乡村旅游产业发展，树立发展典型，探索发展模式，总结发展经验，农业部于2016年开展了全国休闲农业和乡村旅游示范县（市、区）创建工作。通过县（市、区）申报、省级农业主管部门审核、专家评审、网上公示、农业部认定，全国有74个县（市、区）被认定为全国休闲农业和乡村旅游示范县（市、区），并以《农业部关于公布2016年全国休闲农业和乡村旅游示范县（市、区）的通知》（农加发〔2016〕7号）公布。其中，北京市昌平区、房山区榜上有名，被认定为全国休闲农业和乡村旅游示范县（市、区）。

（范子文）

【北京市延庆区下湾村等3个村庄被评为中国美丽休闲乡村】为培育休闲农业和乡村旅游知名品牌，激发各地建设美丽休闲乡村的积极性和创造性，2016年农业部组织开展了中国美丽休闲乡村评选工作。评选标准为：以农耕文化为魂，以美丽田园为韵，以生态农业为基，以创新创造为径，以传统村落为形，实现人与自然的和谐发展，是新时期发展现代农业、带动农民增收、保护生态环境和建设社会主义新农村的典型代表，是农民幸福生活的美好家园和建设美丽中国的经典缩影。经过地方推荐、专家评审、网上公示、农业部认定等程序，全国150个村被评为2016年中国美丽休闲乡村。其中，北京市3个村榜上有名，分别是：

延庆区下湾村（特色民居村）、昌平区康陵村（特色民俗村）、平谷区玻璃台村（现代新村）。

（范子文）

【北京休闲农业专家委员会成立】 为充分发挥首都智力资源在促进北京休闲发展中的咨询指导作用，加强休闲农业新型智库建设，成立了北京休闲农业专家委员会（以下简称专家委员会）。第一届专家委员会共有19名专家，涵盖科研、媒体、设计、休闲农业园区、酒店、餐饮、旅行社等行业。专家委员会的主要职责是：开展北京休闲农业调查研究，为行业发展提供决策建议、咨询服务；参与相关培训、业务指导；参与项目评审工作。

（范子文）

【《北京休闲农业与乡村旅游创意设计导则》出版】 为提升休闲农业的创意设计水平，北京市农村工作委员会组织编写了《北京休闲农业与乡村旅游创意设计导则》。该《导则》共分十章，从餐厅、客房、卫生间、门窗、建筑小品、院落装饰、采摘大棚等视角，展示解剖了京郊百余个保留了农村符号、具有鲜明特色、符合游客需求的创意设计案例，以通俗的语言分析了案例亮点，讲解这些案例成功的经验，以及今后如何进一步改进提升的路径。《导则》经公开出版后，受到了休闲农业与乡村旅游经营者的欢迎，在业界产生了较大影响。

（范子文）

【京津冀休闲农业协同发展框架协议签署】 2016年11月3日，京津冀农业主管部门在廊坊市召开了休闲农业协同发展研讨会，签署了《京津冀休闲农业协同发展框架协议》。按照协议，京津冀将在统筹规划三地休闲农业建设、统一京津冀休闲农业标准体系、共同打造休闲农业精品旅游线路、建立京津冀休闲农业公众服务平台、共同开展休闲农业人才培养、共同策划休闲农业重大活动等六方面展开重点合作。同时明确了合作机制，即由三地农业部门主管领导任组长，实行轮值组长制的京津冀休闲农业合作协调领导小组，定期召开会议，制定协同发展的相关政策、研究部署重大活动和工作措施。此外，将以休闲农园、农家乐、规划单位、宣传推介部门、相关行业企业为主体，成立京津冀休闲农业产业联盟，落实三地政府部门有关工作，开展多层次、全方位、宽领域的对接互动，实现互利共赢发展。

（范子文）

【市旅游委调研平谷区京东休闲旅游示范区建设工作】 3月29日，市旅游委负责人组织相关处室负责同志赴平谷区，就京东休闲旅游示范区建设工作开展调研。平谷区旅游委负责同志参加调研。市旅游委负责人听取了平谷区推进京东休闲旅游示范区建设开展的工作及下一步工作思路，协调推进事项和重点工作需求。明确《京东休闲旅游区专项规划》编制等重点工作，希望平谷区借助连接北京市、天津市和河北省的区位优势，借助筹备世界旅游休闲大会时机，继续深化与天津市和河北省相关区县的合作，积极发挥在京津冀旅游协同发展区县合作的示范作用。

【市旅游委调研旅游休闲步道建设及水库移民村旅游开发工作】 3月23日，市旅游委负责同志率相关处室负责人赴昌平区、怀柔区、延庆区调研旅游休闲步道建设及水库移民村旅游开发工作，听取昌平区十三陵镇南新村、北新村社区以及桃峪口村等水库后期移民村落旅游开发工作汇报，对延庆区永宁镇、怀柔区宝山镇和雁栖镇的旅游休闲步道情况进行实地调研。市水库移民事务中心副主任徐锁军，昌平区副区长李志杰，昌平区、怀柔区、延庆区有关部门负责人参加调研。

【市旅游委调研“北京礼物”和旅游食品运营单位】 4月，市旅游委副主任曹鹏程一行赴房山区南韩继创新产业园区，调研“北京礼物”运营商与食品经营单位合作开发旅游食品情况。听取“北京礼物”运营商依托北京“老字号”开拓旅游食品消费市场的工作计划。要求“北京礼物”运营商和有关企业，要增强食品安全意识和法治意识，严格落实法定责任，按照国家有关法规和质量标准从事生产经营活动，加强和改进食品安全工作，维护好“北京礼物”品牌。

【市旅游委调研平谷旅游消费和市场推介工作】 5月6日，市旅游委负责人率相关处室负责人赴平谷区调研旅游消费和市场推介情况。听取平谷区旅游委工作汇报，详细了解平谷特色系列旅游休闲食品研发情况，并对石林峡玻璃观景平台旅游新开发项目进行检查指导。平谷区副区长吴连江、平谷区旅游委负责人陪同调研。

【组团参加第八届中国国际旅游商品博览会】 5月24日，由国家旅游局和浙江省人民政府主办的第八届中国国际旅游商品博览会在浙江省义乌国际博览中心开幕，博览会以“旅游新品，智行天下”为主题，展览内容包括旅游装备用品、户外休闲用品、旅游厕所、智慧旅游产品、旅游纪念品五大类，同期举办了第八届中国旅游商品大赛。市旅游委负责人率领由华江文化、工美集团、华流文化3家“北京礼物”运营商，以及海淀、昌平、顺义、密云等部分区的优秀旅游商品企业组成的北京展团参加博览会，搭建“北京礼物”展台，展览展示北京传统手工艺品、都市工业品、景区纪念品等门类的200余件“北京礼物”新商品。展览期间，国家旅游局党组成员刘金平、副局长吴文学、浙江省副省长梁黎明等领导参观“北京礼物”展区，市旅游委负责人从品牌特许运营、产品研发设计等方面与参观领导和展商进行交流。

【首家“工匠精神——顺义礼物”店开业】 6月，首家“工匠精神——顺义礼物”店开业，“顺义礼物”店以“旅游＋”融合发展为理念，整合顺义名优特产、农副产品、文创产品，由地域标志性商品、地方特产、旅游纪念品等构成。包括匠心顺义、名品顺义、文创顺义、深玩顺义、疯味顺义五大系列156款商品。

【旅游公共服务工作电视电话会召开】 6月24日，市旅游委召开全市旅游公共服务工作电视电话会。会议传达全国旅游厕所建设管理工作会会议精神，通报关于厕所、标识工作的文件精神，部署2016年旅游公共服务设施工作要点，发布各区旅游公共服务设施提升项目初审结果及验收工作的相关要求，部署老年旅游、旅游进社区、旅游志愿者等工作。朝阳区旅游委、凤凰岭、中华耕织园的代表分别介绍旅游厕所提升改造的经验。市旅游委负责人出席会议并提出要求。市市政市容委、各区旅游委、各项目单位相关负责人参加会议。

【2020北京·平谷世界休闲大会签约仪式举行】 7月30日，2020北京·平谷世界休闲大会合同签约仪式举行。世界休闲组织主席罗杰·雷纳德·科尔斯和北京市市政府秘书长徐志军出席签约仪式并致辞，平谷区委副书记、区长姜帆代表北京市与世界休闲组织主席罗杰·雷纳德·科尔斯签订《2020北京·平谷世界休闲大会合同》，市旅游委有关负责人主持签约仪式。市外事办公室、平谷区委、区政府等负责同志出席签约仪式，北京市相关部门负责人、相关企业代表和部分媒体记者参加活动。世界休闲大会由世界休闲组织创办，是世界休闲领域最具影响力的学术盛会。1988年举办首届休闲大会，每两年举办一次（个别年份三年一届），会期约一周，已在中国杭州、澳大利亚悉尼、马来西亚吉隆坡、巴西圣保罗、南非德班等城市举办。2015年1月29日，国务院批准北京申办2020年世界休闲大会。5月，北京市向世界休闲组织递交申办报告。9月11日，副市长程红率北京代表团参加世界休闲组织召开的理事会，获得2020年世界休闲大会的举办权。

【部分市人大代表调研北京城乡民宿旅游市场】 11月7日，部分市人大代表赴怀柔区渤海镇北沟村和田仙峪村及南锣鼓巷的秦唐府客栈七号院开展城乡民宿旅游市场调研，听取市旅游委加强供给侧结构性改革，围绕“城区深挖潜力，郊区扩大增量”的发展思路，开发和推广民俗旅游的工作情况汇报。市旅游委有关负责人陪同调研。市人大代表对市旅游委促进城乡民宿旅游市场发展工作给予肯定，对京郊旅游发展提出建议。

【“为中国加分”文明旅游公益行动“绿色旅游”主题活动在京启动】 4月15日，由国家旅游局主办，市旅游委和首都文明办共同承办的2016年“为中国加分”文明旅游公益行动“绿色旅游”主题活动北京启动仪式主会场在颐和园举行。来自旅游各行业的从业者、文明旅游公益大使、旅游志愿者，游客和市民代表及在京媒体代表参加活动。活动同时在八达岭长城、天坛、故宫、景山、北海、恭王府公园以及第二外国语学院、中央电视塔旅游服务志愿站、学院路街道石油大院社区设立分会场，全市有近万名游客参加活动。

【“2016雁栖湖旅游论坛·京津冀旅游新玩法”系列活动举办】 5月13—14日，由北京市旅游委、天津市旅游局、河北省旅游委、怀柔区政府共同主办，怀柔区旅游委承办的“2016雁栖湖旅游论坛·京津冀旅游新玩法”系列活动在北京怀柔区举办。活动旨在提升京津冀旅游产品、打造旅游新业态，推动旅游供给改革、促进旅游消费。内容包括以旅游供给侧结构性改革为主题的研讨会、京津冀旅游资源展示、京津冀旅游产品推介、京津冀旅游新业态资源洽商会等活动。

【2016京津冀房车巡游活动启动】 6月27日，由京津冀三地

旅游管理部门联合举办的“携手京津冀，红色旅游行”2016京津冀房车巡游活动启动仪式在平谷区鱼子山抗日战争纪念馆前举办。来自北京、天津、河北的十余辆旅行房车组成的车队从平谷区鱼子山出发，途经天津市、河北省10个红色景区，在各景区进行红色旅游的宣传推广，总行程1 100余公里，7月3日返回北京市。京津冀三地媒体全程进行跟踪报道。

【第三届中国自驾游与房车露营大会举办】 7月5日，以“弘扬露营文化·畅享户外盛筵”为主题的第三届中国自驾游与房车露营大会在北京龙湾国际露营公园开幕，国家旅游局局长李金早、副局长李世宏、规划财务司司长彭德成，全国休闲标准化技术委员会主任张灵光、副主任魏小安，延庆区负责人李志军、穆鹏、魏怡出席开幕式。首旅集团董事长段强宣布大会开幕，首旅集团总裁刘毅，北京市旅游委主任宋宇，中国旅游协会秘书长张润钢先后致辞，FICC（国际汽车房车露营联盟）主席佩雷拉发来贺电，金牛湖公司负责人发布“金蜗牛露营”发展新动向，华龙公司负责人分别与中控智联、越野E族、艾威房车和二连浩特旅游局签署战略合作协议。大会期间举办房车和露营装备展、篝火晚会等活动。

【组团参加2016中国旅游产业博览会】 9月9—12日，由国家旅游局和天津市政府共同主办的2016中国旅游产业博览会在天津梅江会展中心举办。博览会展览面积5万平方米，包括各省区市旅游展区，房车露营地及设施设备展区，国际旅游展区，“一带一路”国际商品展区，旅游酒店、旅行社产品交易展区，邮轮游艇、通用航空及户外体育休闲用品展区等6个展区。国家旅游局副局长李世宏，天津市副市长李树起等领导出席开幕式并巡馆。市旅游委有关负责人率由部分区旅游委及旅游企业等14家单位组成的北京展团参加博览会。北京展团展区位于展馆中心位置，面积400平方米，包括北京旅游形象展示和资源推介区，搭建以北京皇城文化为主体风格的展示区和主咨询台，设置北京旅游资源图片展，重点宣传以古北水镇为代表的北京旅游产业项目发展成果，推介昌平区、密云区等京郊旅游资源。旅游装备和旅游产品展示区展示水陆双栖充气帐篷、电动多功能车、沙滩摩托、景区消防车等旅游装备，以及多功能伞、折叠单车、传统乡村手工艺品和部分北京礼物，并设置VR虚拟现实体验区。展会期间，北京展团发放各类宣传资料6万多册，市旅游委荣获最佳组织奖。

【“畅游京郊”金秋旅游季系列主题活动举办】 9月，由市旅游委主办的“畅游京郊”金秋旅游季系列主题活动在世纪金源购物中心广场开幕。活动旨在展示“五十百千万亿”京郊旅游休闲体系建设成果，向市民游客推荐京郊丰富的旅游资源和最新的旅游产品。活动自9月开始至12月结束，包括步道健身游、欢乐采摘游、特色村镇游、民俗风情游、传统村落游、京郊美食游6大主题活动。

【“百城万众厕所文明宣传大行动”启动仪式举办】 9月29日，由国家旅游局、北京市政府主办，市旅游委、密云区政府承办的“百城万众厕所文明宣传大行动”启动仪式在密云区古北水镇景区游客服务中心广场举行。活动以“文明如厕从我做起”为主题，推动全国100个厕所革命先进市，招募10万名“文明如厕”宣传志愿者，开展为期100天的厕所文明宣传大行动。“文明如厕”宣传志愿者及环卫工人代表围绕厕所革命及文明如厕作发出倡议。

【第十八届北京国际旅游节平谷分会场专场活动举办】 10月4日，以“丝路情韵　魅力北京”为主题的第十八届北京国际旅游节平谷分会场“平湖秋叶”专场活动在金海湖举办，同期在南独乐河镇南山村举行旅游节公益慰问演出。12支来自俄罗斯、立陶宛、波兰、捷克、意大利、美国、埃及、印度等国的民族特色演出团体现场展演。市旅游委负责人、平谷区委负责人等出席活动。

【北京国际青年旅游季青年“画”北京之涂鸦活动举办】 10月15—23日，以“绘画链接世界，青年畅游京城”为主题的2016北京国际青年旅游季青年“画”北京之涂鸦活动在平谷区大东沟村举办。活动围绕“老北京风貌＋新北京风貌、最美乡村、百姓生活”三条主题线索展开，50余位来自清华美院、中央戏剧学院、北京工业大学等院校的青年学生齐聚平谷区黄松峪乡大东沟村，参与涂鸦创作活动。

【京津冀联合推出京北冰雪旅游季系列活动】 12月2日，由北京市旅游委、天津市旅游局、河北省旅游委、延庆区政府共同主办，延庆区旅游委协办的京津冀旅游新玩法·京北冰雪旅游季系列活动启动仪式暨推介交流洽谈活动在北京市延庆区举办。延庆、密云、张家口、承德四地分别进行旅游资源推介，重点展示冬季冰雪旅游项目。北京、天津、河北三省市旅游委负责人、延庆区人民政府、北京市发改委（市推进京津冀协同发展领导小组办公室）负责同志，以及北京冬奥组委，密云、延庆、张家口、承德等地旅游部门负责人，知名旅游专家，旅游企业以及京津冀三地滑雪、摄影、户外等俱乐部代表，旅游资源企业代表等 120 余人参加活动。

【冬季冰雪旅游项目安全工作会议召开】 1 月 12 日，市旅游委、市体育局、市公园管理中心共同召开全市冬季冰雪旅游项目安全工作会议，传达国家旅游局领导关于冬季冰雪旅游项目安全管理的批示要求，石京龙、八达岭、军都山滑雪场及颐和园等 4 家冰雪旅游项目经营单位分别就经营现状、安全措施、存在问题等进行简要汇报，市体育局、公园管理中心从行业监管方面提出具体要求。市旅游委负责人、国家旅游局综合司负责人参加会议并讲话。全市 21 家滑雪场、6 家滑冰场的主管负责人 40 余人参加会议。

【春节假日暨旅游行业安全与应急工作总结部署会召开】 1 月 19 日，市旅游委组织召开 2016 年春节假日暨旅游行业安全与应急工作总结部署大会，会议旨在提升 2016 年全市旅游行业安全与应急工作管理水平，做好春节假日旅游工作。市假日旅游工作领导小组成员单位，各区旅游委主任，全市四星级以上饭店，4A 级以上旅游景区和旅行社总经理近千人参加会议。大会向旅游行业第一批安全生产标准化二级达标旅游企业颁发证书、匾牌，印发《北京市假日旅游工作领导小组办公室关于做好 2016 年“春节”假日旅游工作的通知》、新修订的《北京市假日旅游工作运行机制》《北京市旅游发展委员会关于进一步推进北京市旅游行业安全生产标准化创建达标工作的通知》等文件。

【市旅游委等部门加强对重点景区旅游秩序监管力度】 4 月 21—22 日，市旅游委联合市公安局、交通委、城管执法局，延庆区和昌平区旅游市场治理小组，对八达岭和十三陵景区进行专项执法检查。共出动执法车辆 7 车次，执法人员 29 人次。抽查旅游车辆 19 辆、旅游团队 21 个，检查导游员 21 人，查处 2 名导游未佩戴导游证，采取分别扣 4 分的处罚，查处“黑导游” 4 名，由城管执法局分别处以每人 1 000 元处罚，非法旅游客运 7 起，由交通执法部门进行处罚。

【市旅游委等部门检查旅游景区安全】 4 月 22 日，市旅游委会同市安监局、市质监局、市公园管理中心和市公安局治安总队对北京园博园等部分景区进行节前安全检查，详细了解景区的游客接待、值班备勤、安保等情况，对景区内的游乐设施、安全监控设施配备、安全管理制度、安全标识、配电室等进行实地查看。对发现的景区配电室无交接班登记、操作人员资质、规章制度未按要求上墙等问题，要求景区限期整改，全力做好各项旅游安全工作。

【加强旅游市场综合监管暨做好五一、端午假日旅游服务管理工作部署会召开】 4 月 27 日，市政府组织召开加强旅游市场综合监管暨做好五一、端午假日旅游服务管理工作部署会。副市长程红出席会议并围绕加强旅游市场综合监管和做好节假日旅游服务管理工作提出要求，要坚持问题导向抓秩序，坚持行业促进和秩序管理“两手抓”；完善机制创新旅游市场监管措施办法，建立督查机制并完善统筹协调机制，各区要建立旅游市场综合监管组织机构，切实有效发挥属地管理责任；严格落实加强旅游市场行业监管责任，抓住典型投诉案件，实施挂账限时处理，及时反馈办理结果，有效提高回复率和结案率；假日期间要落实安全责任，市区两级政府要层层分解责任，落实岗位和人员，督促企业落实安全的主体责任；注重问题导向，围绕火灾、食物中毒、交通疏导、大型游乐设施等重点工作，认真细致检查，全面排除隐患；强化保障措施，做实疏解方案，重点景区要实施最大承载量措施，及时疏导“大人流”和“交通流”，严防拥挤、踩踏事故发生；加强协作，全面提升应急处置能力等。

【对昌平区和延庆区旅游市场秩序现场督查】 5 月 11 日，市旅游委有关负责人率领由市公安局治安总队、市交通执法总队、市城管执法局执法总队等 20 余人组成的检查组，对昌平区和延庆区旅游市场整治工作进行现场督查。检查组分别在昌平区居庸关长城、十三陵周边的新天桥庙会、味典方圆购物店、金运通果脯店、明皇蜡像宫门前和延庆区八达岭水关长城设置临时检查站，对过往旅游车辆和随团导游进行逐车检查。当场查获未取得旅游营运资质车辆（即黑车）4台，“黑导游”2人；查处3名存在二次收费行为的导游，勒令其退还中途收缴的全部费用（每人150元至160元不等）并暂扣导游证，同时对1名“黑导游”处1 000元罚款。对租用黑车的新大都国旅和存在二次收费的旅行社进行另案调查处理。

【2016北京市旅游行业防汛暨景区地质灾害防治工作培训班举办】5月31日，市旅游委举办“2016北京市旅游行业防汛暨景区地质灾害防治工作培训班”。培训旨在提高旅游行业防汛人员业务能力和水平，切实增强旅游企业防汛抗灾意识及处置突发事件的应对能力，确保旅游行业安全度汛。

【完成G20能源部长会议服务保障】6月28—30日，G20能源部长会议在京召开。市旅游委会同市食药监局、市卫计委、雁栖湖国际会议中心、日出东方凯宾斯基饭店、雁栖酒店、雁栖湖国际会展中心等接待组成员单位，完成27个成员和有关国际组织500余位中外来宾的驻地服务，完成欢迎晚宴、招待晚宴、茶歇、自助午餐等11场餐饮服务，医疗服务就诊8人，出诊1次，食品安全保障出动20人次，食品留样739种，快速检测132件，保障6 201人次的用餐安全。

【北京导游关爱日活动举办】7月29日，由市旅游行业协会主办的北京导游关爱日活动在八达岭长城、天坛、颐和园和鸟巢同时举办。全市近百名导游志愿者向2 700名导游员发放装有藿香正气水、风油精等防暑降温用品的“爱心礼包”、矿泉水、《文明旅游出行指南手册》和印有北京导游服务公约内容的“爱心卡”。

【“百千万”京郊旅游培训会举办】10月21日，市旅游委召开2016年“百千万”京郊旅游培训工作会。会议总结2015年“百千万”京郊旅游培训工作情况，部署2016年“百千万”京郊旅游培训工作主要任务，对如何加强京郊旅游特色业态、民俗户及村、镇、乡级负责人培训提出工作要求。市旅游委有关负责人出席会议并提出要贯彻中央“精准扶贫”精神，做好京郊旅游培训工作，促进京郊旅游发展的工作要求。

【京郊旅游特色美食品鉴活动举办】11月30日，由市旅游委主办，市旅游行业协会承办的“2016年度京郊旅游特色美食品鉴活动”在通州台湖北京星湖园温泉度假酒店举办。来自京郊9个区的47桌特色宴席、63个特色热菜、32个特色主食和小吃类作品参加品鉴活动。活动评选出十佳特色宴席、十佳特色热菜、十佳特色主食&小吃、最佳网络人气奖。市旅游行业协会副会长、餐饮分会会长王志强，中国烹饪大师孙立新、郑秀生、顾九如及郑绍武出席活动。活动首次引入网络、微信互动的方式，微信网络投票访问量15万，参与人数达到2.5万多人。十佳宴席奖有延庆区井庄镇柳沟村火盆锅豆腐宴、延庆妫水人家农业发展有限公司旅游投资分公司闯王餐、通州星湖园温泉酒店轻奢星湖宴、昌平北京谷氏兔肉餐饮有限公司谷氏全兔宴、延庆昌平蓝天绿都农业生态园有限公司蓝天绿都特色农家养生宴、通州北京雨露阳光农业有限公司纯素绿色、顺义九洑地民俗旅游文化发展有限公司农村二八席、延庆北京元香居农家院餐厅盔锅牧骨、怀柔燕喜餐饮有限公司“燕喜”特色鲟鱼宴、大兴青云大席餐饮管理公司三八宴。十佳主食&小吃有大兴张立启农家院花馍、密云山野泉缘民俗农庄泉水鲟鱼水饺、平谷刘怀明民俗餐厅平谷灌肠、怀柔燕喜餐饮有限公司南瓜仔、平谷刘怀明民俗餐厅平谷烙肉饼、平谷刘怀明民俗餐厅烙盒子、大兴庞各庄梨花村状元饺、通州禾瑞谷农业科技发展有限公司萝卜缨菜团子、房山仙栖谷柴鸡生态养殖专业合作社老宋发面饼、大兴庞各庄薛家营长松涮肉坊清真特色糖火烧。十佳热菜奖有大兴西中堡清逸园餐厅烤乳猪、大兴燕清农家院府尹烤猪脸、通州雨露阳光农业有限公司传统薯仔沙拉配南瓜冻、顺义九洑地民俗旅游文化发展有限公司扒猪脸、大兴“梨不开你”农家院土豆迷上鸭、通州禾瑞谷农业科技发展有限公司胖头鱼贴卷子、大兴绿源兴通农业科技发展有限公司绿兴特色鸡火锅、顺义开心庄园采摘园京东酸菜馕豆腐、密云穆家大院红烧牛蹄、怀柔燕喜餐饮有限公司汉和酱烤鲟鱼。网络最佳人气奖有昌平十三陵燕鹏农家乐旅游观光园龙虾宴、昌平十三陵燕鹏农家乐旅游观光园私家臭鳜鱼、大兴张立启农家院花馍。

【元旦假日旅游接待】元旦假期，全市130家等级及主要旅游景区累计接待游客240万人次，同比增长4.5%。其中，历史文化观光型景区接待100万人次，城市公园型景区接待54万人次，现代娱乐型景区接待15万人次，博物馆型景区接待8万人次，滑雪场接待6万人次。全市乡村民俗户接待游客34万人次，同比增长8.9%；民俗游收入2 584万元，同比增长14.6%。全市旅游投诉情况为零，旅游咨询站接待人数总计57 465人次，同比增长3.67%；其中直接来访34 659人次，电话来访22 806人次，资料发放19 085份。12月31日至1月2日，铁路上下车旅客量190.3万人次，同比增长11.1%；其中，抵达旅客81.6万人次，同比增长11.5%。民航进出港客运量61.9万人次，同比增长7.4%；其中，进港旅客人数29.9万人次，同比增长4.6%。

【春节假日旅游接待】春节假期，全市旅游接待918.6万人次，同比增长1.9%，旅游总收入49.2亿元，同比增长2.9%。其中外埠来京游客144.6万人次，同比增长1.5%；旅游收入33.9亿元，同比增长2.1%。铁路进京旅客量同比增长1.7%，民航国内进港客运量同比下降0.4%，高速公路进京方向流量同比增长8.5%。北京市民累计出游692万人次，同比增长2.5%，旅游消费14.4亿元，同比增长4.3%。市民人均花费达到209元，增长1.7%。全市乡村民俗旅游接待82万人次，与上年持平；旅游收入8 504万元，同比增长9.9%。全市经营出境游业务的旅行社组织出境游团队数量4 000余个，出境游人数为6.6万人，同比下降10.8%。日本、泰国是游客出境人数最多的两大目的地。7天假期，没有接报旅游安全事故。全市各级旅游部门会同公安、工商、交通、城管、公园管理中心等部门加强对重点旅游景区一线执法巡查力度，共出动旅游执法力量5 800余人次，检查旅游企业1 000余家。接收各类旅游投诉49件，同比下降81%。其中涉及旅行社8件，同比下降27%；景区8件，同比下降42%；非法“一日游”32件，同比下降85%。

【清明假日旅游接待】清明假期，全市160家主要景区累计接待游客490万人次，同比增长6%。其中，历史文化观光型景区接待194万人次，同比增长2%；城市公园型景区接待148万人次，同比增长10.7%；自然山水型景区接待38万人次，同比增长0.9%。民俗旅游接待游客75万人次，营业收入6 760万元。全市旅游咨询站点接待37 684人次，同比增长10%。其中直接来访25 296人次，同比增长1%；电话来访12 388人次，同比增长37%；资料发放19 584份，同比增加1.5倍。市旅游委联合市公安、工商、城管、交通、公园管理中心等部门组成假日领导小组，实施集中值班，全市共出动检查车辆653台，联合执法检查人员2 855人，检查旅游企业232家，检查旅游车辆36辆，导游员72人，查处无照经营行为和无照商家40起。接到各类旅游投诉46件，同比减少54.45%。未接到重大旅游事故和群体性旅游投诉事件的报告。

【五一假日旅游接待】五一假期，全市160家主要景区接待游客526.49万人次，同比下降3.55%。全市乡村民俗户接待游客216.99万人次，同比增长5.55%；民俗游收入20 161.31万元，同比增长1%。全市旅游咨询中心接待173 964人次，同比减少5.37%，其中直接来访115 732人次，同比减少7.14%，电话来访57 962人次，同比减少1.64%；资料发放78 015份，同比减少40.35%。旅游投诉50起，同比下降68%。其中涉及非法一日游投诉26起，同比下降78%。全市出动旅游执法人员4 099人次，车辆969台次，检查导游55人次，检查旅游景区商店企业1 156家，清理无照经营行为62起，查处“黑车”1辆、“黑导游”2人，分别移交交通和城管部门处理，全市未出现重大安全事故和恶性投诉事件。

【市旅游委调研房山旅游公共服务工作】5月26日，市旅游委有关负责人赴房山区部分景区旅游厕所、游客服务中心、旅游标识系统、无障碍设施等旅游公共服务设施以及旅游咨询站、新业态和民俗村进行调研。听取史家营乡、佛子庄乡负责人以及相关景区、民俗村负责人旅游公共服务设施的建设情况、运营状况以及发展规划，房山区旅游委关于全区旅游公共服务设施的相关情况以及旅游咨询站的现状、资金来源、宣传品发放情况等。房山区有关负责同志陪同调研，并就如何通过改善旅游公共服务促进房山的旅游发展进行研讨。

【端午假日旅游接待】端午假期，全市160家重点监测景区累计接待游客410万人次，同比上年增长2.5%。全市乡村民俗旅游人数达到150.9万人次，同比增长11%；民俗游收入1.72亿元，同比增长13.2%。假日期间，全市出动执法人员19 851人次，执法车辆1 180辆次。收到各类旅游投诉16件。其中：涉及旅行社投诉3件；涉及景区2件；涉及社会旅馆2件；涉及在线旅游企业1件；反映非法“一日游”问题8件。没有接到重大旅游事故和群体性旅游投诉事件。

【中秋假日旅游接待】中秋假期，170家主要景区接待游客387万人次，其中，历史文化观光型景区接待游客162万人次，占全市景区接待游客总数41.9%；城市公园型景区接待游客104万人次，占26.9%；自然山水型景区接待游客39.7万人次，占10.3%；现代娱乐型景区接待游客32.7万人次，占8.5%。全市乡村民俗旅游接待93.8万人次。铁路上下车旅客量222.9万人次，民航进出港客运量68.1万人次。出动执法人员3 986人次，车辆1 484台次，检查导游72人次，检查旅游景区商店企业1 341家，清理无照经营行为355起，查处“黑车”“黑摩的”37辆，“三轮车”1辆，暂扣打印机6台，照相机5台，没收小广告3 850张。全市旅游咨询中心共接待47 303人，其中直接来访28 572人，电话来访18 731人，发放资料24 679份。收到各类旅游投诉22件，其中涉及旅行社投诉10件，旅游景点1件，非法“一日游”11件。

【国庆假日旅游接待】国庆假期，全市接待旅游者1 119.5万人次，同比减少2.8%，旅游总收入84亿元，同比增长1.1%。民俗旅游接待游客433.5万人次，增长9.3%；民俗旅游收入4.4亿元，增长7.8%。受理旅游投诉54件，同比下降31%，其中非法“一日游”26件，同比下降42%（2015年45件），未发生重大旅游安全事故和恶性投诉。

【市旅游委到平谷区南独乐河镇南山村调研】1月6日，市旅游委有关负责人率相关处室负责同志到平谷区南独乐河镇南山村进行调研。与村“两委”班子及镇党委书记、组织部长进行座谈，平谷区政府和区旅游委负责人等参加调研，对南山村现有旅游资源及潜藏可开发资源进行交流。市旅游委提出，要结合实际，挖掘南山村的自然和历史旅游资源，拟制发展规划，加强村内综合环境治理，加大旅游配套设施建设，特别是要加快景区和民俗户的建设，通过网络、制作旅游宣传册等方法大力推广南山村的旅游品牌等工作建议。市旅游委从规划编制、人员培训、项目建设、宣传推广等方面大力支持南山村的旅游事业发展，给予力所能及的支持，确定具体的支持帮扶任务。

【乡村旅游特色业态评定工作会议召开】1月28日，市旅游委组织召开北京乡村旅游特色业态评定工作会议，会议通报2015年北京乡村旅游特色业态评定情况和评审名单，明确2016年评定工作计划，对北京乡村旅游业态评定工作进行深入研究及讨论。

【市旅游委调研北部和西部山区乡村旅游工作】2月，市旅游委有关负责人带队赴北部和西部山区走访调研，就如何有效利用旅游产业发展引导资金扶持推动乡村旅游特色业态和星级民俗户进一步发展和24个传统村落“五个一”建设中旅游设施部分（移动房车咨询站和移动生态卫生间）设计方案征求各方意见。门头沟、房山、昌平、怀柔、密云、延庆区旅游委有关负责人，传统村落及所在镇乡负责人，特色业态和星级民俗户代表参加。

【市旅游委赴昌平、门头沟调研京郊旅游工作】3月，市旅游委负责人率市旅游委相关部门负责人先后赴昌平区、门头沟区调研京郊旅游工作。听取两区旅游业发展情况的汇报，详细了解旅游休闲步道、传统村落和乡村旅游特色业态建设情况，并部署推动京郊旅游发展的京郊旅游业态提档升级，培育打造内涵丰富、特色鲜明的旅游休闲度假产品体系；落实市级旅游休闲步道规划，加快推动全市旅游休闲步道体系建设；加强传统村落的旅游开发与招商推介工作，推进“一本旅游策划书、一张手绘地图折页、一个移动房车旅游咨询站、一座生态卫生间、一个免费WiFi”的传统村落“五个一”建设工程。门头沟区、昌平区有关领导及区属有关部门负责同志参加调研。

【市旅游委再赴平谷区南独乐河镇南山村调研】3月22日，市旅游委有关负责人率相关处室负责人到平谷区南独乐河镇南山村调研。听取平谷区旅游委主任陈梦慧、南独乐河镇镇长刘久兴和副书记岳长武有关区、镇一级对南山村经济社会发展的规划和支持项目；听取南山村党支部书记夏井良和市旅游委派出的在南山村担任“第一书记”的姜海波南山村基本情况和需要市旅游委支持帮扶的具体事项汇报；实地走访了解南山村旅游基础设施及民俗户和景区的建设发展情况。

【市旅游委赴房山、大兴调研京郊旅游工作】3月30日，市旅游委负责人率相关处室负责同志赴房山区、大兴区调研京郊旅游工作。听取房山区和大兴区旅游业发展情况的汇报，详细了解两区旅游休闲步道、传统村落、红酒产业、乡村旅游特色业态发展和农事文化节庆活动发展情况，并指出，建设旅游休闲步道体系、做好传统村落旅游开发、推进乡村民俗旅游提档升级是市旅游委近期着力推进的三项重点工作任务，房山、大兴两区要按照全市统一部署，充分发挥区位优势，整合优化旅游资源结构，找准定位，树立品牌，力推精品，积极培育、打造北京京郊旅游的示范项目、样板工程。房山区、大兴区委、区政府及两区有关部门负责人参加调研。

【2016年京郊旅游评定工作动员会暨评定工作培训会召开】4月19日，市旅游委和市旅游行业协会组织召开2016年京郊旅游评定工作动员会暨评定工作培训会。会议通报2016年全市京郊旅游重点工作，对2016年京郊旅游评定及复核工作进行动员部署。对京郊旅游数据库的评定使用进行讲解，解析《乡村旅游特色业态标准及评定》《乡村民俗旅游村登记划分与评定》和《乡村民俗旅游户等级划分与评定》，对京郊旅游八种特色业态和民俗村户的评定进行讲解。各区旅游委及所属乡镇的主管领导及来自相关专业协会组织，旅游院校，旅行社、饭店、餐饮、网络营销等旅游企业的专家人员近百人参加会议。

【昌平乐多港奇幻乐园开业】9月，由京能集团投资建设，位于昌平区的乐多港奇幻乐园开业。

（杨慧艳）

郊区生态与基础设施建设

综　述

本市郊区农村生态环境建设以城乡一体化发展为主线，以解决首都“大城市病”和疏解非首都功能以及建设魅力北京、美丽乡村紧密结合，继续加强村庄环境整治工作，强化农村环境监管检查机制，加大乡村绿化、美化力度，市委加大重点小城镇绿化、美化、净化和山区生态修复工程建设，继续拓展平原造林，加强水务建设与管理，严格水质监测和污水处理，加强水环境综合治理，全面推行“河长制”，水务改革有了新进展。郊区公路建设和运输能力提升，气象事业与大气治理同步推进，有效地服务了首都经济社会发展和人民生活。

农村生态环境建设

【积极开展环境整治，着力改善村庄面貌】根据市农村工作会议精神，以建设美丽乡村为目标，以重点活动环境保障为依托，积极开展整治，改善村庄面貌。编制并下发了《2016 年北京郊区农村生态环境建设任务书》，明确了 494 个村庄的整治任务和完成时限，并将整治任务层层分解，进一步细化量化，责任到人。11 月底，组织人员结合村庄环境检查对整治任务进行了验收，各项整治任务均按期完成。

【举办 2016 年北京郊区村庄环境整治培训班】为贯彻落实市农村工作会议精神，全面提升郊区村庄环境整治水平，大力推进我市“美丽乡村”建设，着力提高农村境建设工作人员素质，市新农办举办了以“整治环境　清洁家园　扎实推进美丽乡村建设”为主题的环境整治培训班。作为“三严三实”教育活动的具体实践，此次培训采取送课上门的形式，组织专家先后到密云、房山等区直接为基层人员培训，约 500 余名各村负责同志参加了学习。培训班邀请了市环卫协会、市农职院等相关专家就村庄环境整治决策部署、目标任务、工作思路、整治内容、整治措施、整治方法等方面进行了系统地阐述和讲解。通过培训，广大基层工作人员充分认识了生态文明建设的重大意义，掌握了美丽乡村建设的基本内涵和村庄环境整治主要方法，为更好地推进郊区村庄环境整治和“美丽乡村”建设提供了重要支撑。

【扎实推进农村垃圾治理】按照国家十部委下发的《关于全面推进农村垃圾治理的指导意见》和验收标准，配合市城市管理委在郊区农村开展农村生活垃圾治理工作，并于7月中下旬，与市城市管理委共同组织对各区农村垃圾治理情况进行检查。从检查情况看，被检的村庄基本实现了“有齐全的设施设备、有成熟的治理技术、有稳定的保洁队伍、有长效的资金保障、有完善的监管制度”的“五有”目标。年底前，与市城市管理委正式向住建部等十部委提出验收申请。

【加大检查力度，及时纠正问题】 把“月检查、月曝光、月排名”作为重要抓手，认真做好农村环境检查工作，以检查督促整改，全面提升农村环境整治水平。结合重大节假日和重要活动期间环境保障工作，先后组织了春节、全国“两会”、五一、国庆等四次农村环境大检查活动，共计检查乡镇132个次，村庄569个次。

【加强村镇统计规范，圆满完成村镇建设统计上报与核查工作】 组织各涉农区按照住建部的要求，认真做好镇村数据的收集、整理，按时上报相关数据。先后参加了两次住建部组织的数据会审，并率先通过住建部城乡建设数据审核，受到了住建部的表扬。8月，按照住建部组织的村镇统计核查工作的要求，提早安排，迅速行动，及时与各区主管部门沟通，认真做好迎检工作，从统计人员管理、统计资料搜集、统计台账登记、统计报表填报和审核汇总、统计资料使用等方面入手，进一步规范统计业务流程和操作规程，并对180余个乡镇的基层统计工作人员进行了全面培训。

（诸葛绪光）

绿化建设与管理

【加强湿地保护管理】 年内，推进通州、大兴、房山、延庆、密云等重点区、重点地段湿地恢复与建设，全年恢复湿地1 600公顷，新增湿地600公顷。推进房山佛子庄、怀柔喇叭沟门等湿地恢复与建设。组织完成密云白马关河和安达木河等2处湿地保护小区建设，推动怀柔西银沟湿地保护小区建设。编制完成《北京市湿地保护发展规划》，以《北京市人民政府办公厅关于公布第一批市级湿地名录的通知》文件公布全市第一批市级湿地名录。野鸭湖市级湿地保护区、翠湖国家城市湿地公园、颐和园湿地、北海公园湿地、密云水库等35块湿地被列入，占到全市湿地总面积32.8%。涵盖湿地保护区、湿地公园、中型以上水库、城区有人文历史人工水域四大湿地类型。

【湿地公园建设】 年内，完成平谷城北湿地公园、房山琉璃河、通州北运河以及通州东南郊湿地公园建设，启动延庆野鸭湖、门头沟雁翅以及密云穆家峪湿地公园建设。

【野生动物救护】 年内，查处罚没动物案件16起，市执法监察大队查处动物案件1起，机场海关旅检处截获走私龟类案件2起，接收市民救护野生动物事件240起。共接收市民救护和市场罚没各类野生动物152种，1 101只（条），其中：直接救护野生动物302只（条），市场罚没野生动物799只（条）。救护鸟类91种，785只；哺乳类20种，123只；两栖类3种，15只；爬行类38种，178只（条）。接收国家一级保护野生动物12种，32只（条）；国家二级保护动物42种，275只（条）。尤其在接收怀柔“放生”狐狸的事件中采取较好的处置措施，避免造成不良的社会影响。组织本地放归4次，赴外省放归2次，共放归各类野生动物613只（条），放归成功率为55.68%。

【开展野生动物繁育】 年内，共繁育国家二级保护动物32只，白冠长尾雉12只、草原雕2只、白枕鹤2只、白鹇1只、红腹锦鸡15只；北京二级保护动物15只，其中环颈雉4只、斑头雁2只、鸿雁9只。

【京津风沙源治理二期工程】 2015—2016年度确定的京津风沙源治理二期工程林业建设任务19.7万亩，其中人工造林5万亩、低效林改造6万亩、封山育林8.7万亩。涉及房山、门头沟、平谷、怀柔、密云、延庆、昌平7个区和市属4个林场（保护区）。工程于2015年11月开工建设，2015年年底8.7万亩封山育林建设任务已经先期完成。

2016年3月，在完成各项前期手续和准备工作的基础上，造林工作全面铺开。截至2016年8月底，营造林任务全部完成，共完成人工造林5万亩（其中困难地造林2万亩、宜林地造林3万亩），栽植各类苗木337万株，修建作业道83.2千米，设置水泵168台，铺设浇水管线124千米；完成低效林改造6万亩，其中，补植完成2.97万亩、60.1万株，抚育5.37万亩。

【造林营林】 2016年全市完成造林绿化任务11.3万亩。其中：平原重点区域绿化3.18万亩，植树122.7万株，完成计划任务5.6万亩的56.7%。山区完成人工造林8.12万亩、植树410多万株，超额完成全年计划任务；低效林改造完成6万亩，封山育林完成3万亩，计划任务全部完成；林木抚育40万亩，完成计划60万亩的66.6%。其中：国家重点工程圆满完成，以实施京津风沙源治理二期和太行山绿化三期工程为重点，全力推进荒山绿化建设，完成人工造林7万亩，密云水库库滨带工程1.12万亩，植树410万株，超额完成年度任务目标。市级重点工作有序推进，2016年平原地区绿化建设工程，安排绿化建设任务5.6万亩（不含通州区）。截至目前，完成造林面积3.18万亩，栽植各类苗木122.77万株，占造林总任务的56.7%。全面加强森林健康经营工作，全年计划完成营林任务68万亩，其中：山区森林健康经营林木抚育60万亩、低效林改造6万亩、彩色树种造林1.93万亩，主要安排在下半年实施。截至目前，全市山区森林健康经营40万亩，占全年任务的65%；完成低效林改造6万，封山育林3万亩，圆满完成全年任务；彩色树种造林1.3万亩，占计划任务的51.8%。

【平原造林工程】 年内，在超额完成百万亩造林工程的基础上，结合农业结构调整，持续推进平原绿化建设，突出城乡结合部、重要生态廊道、京津保地区和冬奥会、世园会、新机场周边等重点区域，共实施拆迁腾退144.5万平方米，新增造林绿化5.78万亩。

【推进国家级重点生态工程】 年内，推进京津风沙源治理、太行山绿化等国家级重点生态工程，完成人工造林8.6万亩，封山育林6万亩；加大森林健康经营，完成林木抚育60万亩，低效林改造6万亩，彩色树种造林1.93万亩。

【乡村绿化】 年内，推进美丽乡村建设，充分利用沟路河渠村的边角空地挖潜增绿，完成村庄绿化362个，绿化面积4 300余亩，提升农村的人居环境。

【加强湿地保护恢复】 年内，在通州东南郊、马驹桥和大兴长子营等重点区域恢复和新建湿地2 280公顷。完成平谷城北湿地公园、密云白马关河和安达木河湿地保护小区建设；开展密云水库库滨带湿地恢复与建设，恢复湿地960余公顷；与水务部门合作，启动房山琉璃河湿地公园建设，采取PPP模式，吸引社会资金21.75亿元，建设面积528公顷。

【编制完成城市副中心绿化生态空间规划】 年内，落实中央政治局会议要求，按照“世界眼光、国际标准、中国特色、高点定位”的要求，编制城市副中心绿地系统规划和三年行动实施方案，提出“水韵林海、生态园林”的发展理念，明确建设“四个城市”的发展目标，确定通州全域“一环、一洲、三片、多廊”和副中心“一带、一心、多园、网状”的园林绿化生态格局。

【编制城市副中心园林绿化规划设计导则】 年内，按照“创造历史、追求艺术”的要求编制副中心园林绿化规划设计导则，完成副中心行政办公区先行启动区和示范段地块等重点区域的园林绿化设计方案编制，并配合相关部门编制完成广渠路、通燕高速两条景观大道及13条河道的绿化景观设计方案，启动行政办公区园林绿化国际方案征集工作。

【加快城市副中心重点绿化工程建设】 年内，按照三年行动方案的要求，副中心确定84项园林绿化重点工程。2016年先期启动42个单体工程，确定绿化面积6.5万亩（新增林地绿地2.5万亩，改造提升4万亩）。其中，核心区内实施19个项目，已完成绿地建设200公顷；核心区外实施23个项目，已完成造林任务1万亩。目前，42个项目已经全部完成施工招投标程序并陆续进场施工，完成土地流转2.37万亩，拆除建筑物141万平方米，清理大棚、鱼塘等1 200余万平方米，为加快推进重点工程创造条件。

【公园绿地建设】 年内，围绕非首都功能疏解，建成西城广宁、丰台岳各庄、通州静雅园等47处公园绿地，建设小微绿地56处，消减96处公园绿地覆盖盲区，使公园绿地500米服务半径覆盖率由67%提高到72%。

【国庆花卉布置】 国庆期间，在天安门广场及长安街沿线布置以

“祝福祖国，践行五大发展理念，共创美好生活”为主题的花坛11处，在全市各主要道路、城市节点布置花坛、容器和地栽花卉等200余处，100个品种、1 700余万盆（株）。2016年国庆花卉布置紧扣时代主题，精巧的设计视角和优秀的花卉景观效果，得到社会各界的广泛关注和赞誉。

【道路绿化】年内，对东南二环、月坛南北街等45条城市道路进行绿化景观提升，建成市级健康绿道204千米，总里程累计达到710千米，全市绿道体系逐步形成。

【屋顶绿化】年内，大力推动城市第五空间绿化，新建屋顶绿化8.5万平方米、垂直绿化60千米。

【党和国家领导人植树活动】4月5日，党和国家领导人习近平、李克强、张德江、俞正声、刘云山、王岐山、张高丽等集体乘车，来到位于北京市大兴区西红门镇的植树点，同首都群众一起义务植树，习总书记强调：“发扬前人栽树、后人乘凉精神，多种树、种好树、管好树”，激发首都广大人民群众绿化美化首都的热情。

【军委领导植树活动】3月26日，中共中央政治局委员、中央军委副主席范长龙，中共中央政治局委员、中央军委副主席许其亮等，来到朝阳区孙河乡植树点参加义务植树劳动，为首都再播新绿。

【全国人大领导植树活动】4月8日，全国人大常委会副委员长王晨、沈跃跃、吉炳轩、张平、向巴平措、艾力更·依明巴海和全国人大常委会、全国人大专委会部分组成人员，来到北京丰台区北宫国家森林公园全国人大绿化基地参加义务植树活动。4月6日，全国政协副主席张庆黎、李海峰、陈元、王正伟、马飚、刘晓峰和全国政协机关工作人员400余人，来到北京市朝阳区参加义务植树活动。

【国际森林日植树活动】3月21日为“国际森林日”，继2013年、2014年、2015年连续三次在北京举行中国“国际森林日”植树纪念活动后，3月19日上午，全国绿化委员会、国家林业局、首都绿化委员会在北京海淀区园外园二期中坞地块，举办以“保护发展森林，共享绿水青山”为主题的2016年“国际森林日”植树纪念活动。张建龙、赵树丛、夏占义、张永利、张忠军、谭光明、张鸿文、费翰思等领导，以及来自世界自然保护联盟、联合国粮农组织、国际竹藤组织、联合国环境规划署等国际组织的代表，韩国、英国、美国、越南、印度尼西亚、加蓬等国驻华使馆的代表，中央和北京市、海淀区相关部门的干部职工及当地群众，人民解放军官兵，共200多人参加植树纪念活动。

【首都义务植树日活动】4月2日是首都第32个全民义务植树日，期间，全市共有135万人次参加形式多样的义务植树活动，共栽植各类树木104万余株，挖坑144.6万个，养护树木494万余株，发放宣传材料190万份。通过开展多种形式绿化宣传活动，大力弘扬“植绿、护绿、爱绿”生态文明新风尚和“尊重自然、顺应自然、保护自然”生态文明理念，营造浓郁的社会绿化氛围。组织城乡居民因地制宜地开展绿化美化进单位、进学校、进社区、进乡村、进军营、进家庭活动；各级工会、共青团、妇联组织，各高等院校、科研院所，各中小学校就近就地开展植树造林、认养林木绿地和古树名木等多种形式的绿化美化活动。安排好社会义务植树接待服务和技术指导，引导社会单位和个人通过植树造林、认建认养、管护劳动、捐资捐物、宣传咨询等5大类、18种义务植树尽责形式，以实际行动支持首都绿化美化建设。

【绿地认建认养活动】年内，截至目前，全市共有136个单位、526个家庭、12 881位个人参与林木绿地和古树名木认养活动，共认建认养绿地285块、面积达607.5公顷，认养树木7.8万株，认养古树32株，社会单位投入林木绿地认建认养资金达8 089.6万元。

【健康步道建设】年内，兴建温榆河绿道（朝阳、顺义段）、大兴新凤河绿道、运潮减河绿道、北运河绿道等14条绿道，长度210公里。三年来，全市绿道建设累计完成640余公里。

【生态就业】年内，通过完善一二道绿隔、五河十路绿色通道生态林统筹管护政策，市财政每年投入用地补助和管护资金达10.94亿元，新吸纳8 900余农民就业，全市平原绿化累计带动2.4万农民绿岗就业，人均月收入超过3 000元。

【国有林场改革】年内，市委、市政府成立改革工作领导小组，印发国有林场改革实施方案，召开全市动员大会，全面启动国有林场改革工作。编制完成全市国有林场发展规划，并会同市有关部门联合印发国有林场事企分开、岗位设置管理、森林管护投资标准等一批重要的配套政策。全市9个区及7个市属国有林场全部编制完成改革实施方案并完成批复，34家国有林场全部确定为公益一类事业属性。京煤集团林场移交工作扎实推进。

【山区公益林效益补偿政策】 年内，完善山区公益林生态效益补偿政策。全面落实国务院关于健全生态保护补偿机制的意见，会同市有关部门调整山区公益林生态效益促进发展机制。政策调整后，生态效益补偿标准由现行的每年每亩40元提高到70元，全市资金投入每年达到7.54亿元，全市127万山区农民人均直接现金收益由原来的214元提高到377元，其中山区的217个低收入村、13.1万低收入人员实现人均年受益1 160元，有力促进农民增收。

（齐庆栓）

水务建设与管理

【全市水资源概况】 2016年，北京全年降水量为660毫米，比多年平均值585毫米多12.8%。全市地表水资源量为14.01亿立方米，地下水资源量为21.05亿立方米，全年水资源总量为35.06亿立方米，比多年平均值37.39亿立方米少6.2%。全市入境水量为7.15亿立方米，比多年平均值21.08亿立方米少66.1%；出境水量为18.31亿立方米，比多年平均值19.54亿立方米少6.3%。年末市大中型水库蓄水量为24.3亿立方米，年末蓄水量比2015年多49.7%。南水北调调入水量10.63亿立方米，调入水量比2015年多20.7%。年末平原区地下水埋深为25.23米，地下水位比2015年末回升0.52米。

（田雨）

【本市水资源开发利用情况】 2016年，全市总供水量为38.81亿立方米，比2015年的38.2亿立方米增加0.61亿立方米。其中，地表水为2.91亿立方米，占总供水量的7.5%；地下水17.48亿立方米，占总供水量的45%；再生水10.04亿立方米，占总供水量的25.9%；南水北调水8.38亿立方米，占总供水量的21.6%。全市总用水量为35.54亿立方米，比2015年增加0.45亿立方米。其中，生活用水14.40亿立方米，占总用水量的40.5%；生态环境用水11.1亿立方米，占31.2%；工业用水3.71亿立方米，占10.4%；农业用水6.05亿立方米，占17%。

（田雨）

【水质监测情况】 全市地表水监测总河长2 544.8千米，其中有水河长2 325.9千米。有水河长中，符合Ⅱ类水质标准河长972.8千米；符合Ⅲ类水质标准河长245.1千米；符合Ⅳ类水质标准河长121.4千米；符合Ⅴ类水质标准河长102.9千米；劣于Ⅴ类水质标准河长883.7千米。监测大中型水库18座，其中17座水库水质符合Ⅱ～Ⅲ类水质标准。监测主要湖泊22个，其中13个湖泊水质符合Ⅱ～Ⅲ类水质标准，9个湖泊水质符合Ⅳ～Ⅴ类水质标准。浅层地下水水质（分布面积为6 400平方千米）符合Ⅱ～Ⅲ类水质标准的分布面积3 631平方千米，符合Ⅳ～Ⅴ类水质标准的分布面积2 769平方千米。深层地下水水质（分布面积为3 435平方千米）明显好于浅层地下水，符合Ⅱ～Ⅲ类水质标准的分布面积2 722平方千米，符合Ⅳ～Ⅴ类水质标准的分布面积713平方千米。

（田雨）

【利用南水北调来水情况】 继续完善全市水资源统一调度和水质信息共享“两个平台”，加强水资源“喝存补”优化配置和精细管理，2016年南水北调调入水量为10.6亿立方米，其中向水厂供水8.4亿立方米，占中心城总供水量的83%，有效保障了城市供水安全稳定。

（田雨）

【开展节水型社会建设】 出台了《关于全面推进节水型社会建设的意见》，明确了节水型区创建的11项考核标准，注重完善节水型社会建设的领导工作机制、社会参与机制和考核管理机制。制定实施《最严格水资源管理制度考核办法》，进一步落实属地政府节水、水资源管理和保护的主体责任。推进落实调结构转方式发展高效节水农业的意见，各区制定了农业水价综合改革实施方案，全市完成3 000眼机井计量设施建设，新增改善节水灌溉面积10万亩，农业用新水减少4 000万立方米。推行城市供水“独立计量、分区降压”管理方式，年节水3 500万立方米，管网漏损率基准值控制在12%以内。发挥价格杠杆调节作用，积极推动水价改革，2016年5月1日起上调非居民水价，并首次实行城六区与其他区域差别化价格政策。以居民家庭和高校为重点，推进高效节水器具换装、推广智能IC卡用水计量设施，全市累计创建节水型单位（企业）和社区（村庄）超过1.5万个。

（田雨）

【污水处理情况】基本完成第一个污水治理3年行动方案，全市污水处理能力达到612万立方米/天，污水处理率达到90%，其中城六区98%。针对第一个3年治污暴露出的新问题，以城乡结合部、城市副中心、重要水源地和民俗旅游区村庄的污水治理为重点，启动实施第二个污水治理3年行动方案，2016年新增污水处理厂8座，新建污水管道1 373千米；新建再生水管道114千米，解决了230个村庄的污水收集处理问题。

（田雨）

【再生水利用情况】2016年，制定印发了《北京市生态再生水厂评价办法（试行）》等12项规范性文件，大力推进生态再生水厂建设。持续扩大再生水利用，全市再生水用量为10亿立方米，同比增加5 000万立方米。全市污水处理厂处理能力达到612万立方米/天，主要出水指标达到地表水Ⅳ类标准，基本实现污水资源化。再生水管道长度为1 598千米，实现了再生水跨流域调度配置，再生水利用已从工业系统逐步扩大到多行业多领域。北京经济技术开发区工业再生水利用量占工业用水总量的40%以上，园区内中芯国际、京东方等高新技术企业已全面使用再生水。全市八大热电中心和热电厂等电力工业全部利用再生水，并增加了河湖环境等再生水利用量。再生水已成为北京市稳定可靠的第二水源，对缓解北京市水资源压力和改善生态环境起到了重要作用。

（田雨）

【水环境综合治理情况】落实“治河先治污”理念，按照“先河外后河内、先支流后干流、先治污后生态”的治理思路，持续推进清河、凉水河等流域水系生态治河和滨水绿道建设。2016年，以“垃圾、水面漂浮物、污水直排、水体恶臭和违法建设”五方面问题为重点，开展了河道环境大检查，对排污及水体恶臭、垃圾及水面漂浮物、违法建设等问题分别建立台账，明确责任并实施监督整改，着力解决支流沟渠“脏、乱、臭”问题。经过坚持不懈地努力，目前清河、凉水河城市段等一批河道基本还清。作为京津冀生态领域合作的突破口，在国家有关部委的大力支持下，总结永定河绿色发展带“五湖一线”建设经验，积极配合水利部、海委编印了《永定河综合治理与生态修复总体方案》，启动了永定河全流域生态功能修复工程前期工作。

（田雨）

【水土保持情况】全市水土流失治理累计面积733.53千公顷，当年新增改善水土流失治理面积34.73千公顷。全市共审批涉及生产建设项目水土保持方案的水影响评价文件665个，111个生产建设项目水土保持设施通过验收，查处水土保持违法案件35起。此外，《北京市水土保持条例》于2016年1月1日起实施。

（田雨）

【生态清洁小流域建设】构筑“生态修复、生态治理、生态保护”三道防线，连续多年将生态清洁小流域建设纳入市政府为民办实事工程，2016年，在门头沟、房山、昌平、平谷、怀柔、密云、延庆7个区的26个乡镇建设了27条生态清洁小流域。深化区域合作，支持河北张承地区推进300平方千米水土流失治理和10万亩农业节水灌溉设施建设。

（田雨）

【水源地生态保护和修复情况】坚持以水源保护为中心，加大水源地污染防控和地下水保护力度。落实市政府出台的加强密云水库水源保护工作的意见，实施密云水库库滨带建设和库区“清库刷缸”，库区10.4万亩土地全部退出耕种，一级保护区内17家规模养殖场拆除清退，完成库区105千米永久性围网建设，基本实现了清水下山、净水入库，改善了库区生态环境。实施地下水保护和污染防控行动方案，严格管理地下水，加大水源地农业面源污染防控，累计封填废弃机井4 000多眼。

（田雨）

【防汛安全保障情况】落实市政府确定的三年四个阶段中小河道治理任务，完成1 460千米防洪治理和中心城区77座下凹式立交桥雨水泵站升级改造，全市河道行洪能力和道路排水能力明显提升。建成容量700万立方米的西郊雨洪调蓄工程并投入使用，中心城区“西蓄东排、南北分洪”的格局进一步完善。新建雨水利用设施120处，全市累计收集雨水超过6 000万立方米。城市副中心、首都新机场、南水北调等重点工程建设管理单位强化落实应急防范措施，确保了重大基础设施度汛安全。成功应对“7·20”特大暴雨和局地强降雨，加强与气象、水文、国土、新闻宣传等部门和市区联动，采取分区域、分时段预报预警和提前布控，加强全媒体宣传、实时汛情播报和网络辟谣等舆情危机处置。全社会积极响应、主动参与，包括驻京部队在内累计出动15万余人次参加防汛抢险，及时安全转移人员4.7万余人次。“1+7+5+16”防汛指挥体系高效运转，防汛“指挥决策、预报预警、社会动员”三个能力经受住了检验，确保了首都安全度汛。

（田雨）

【水务工程管理情况】印发《北京市水务局关于加强水利工程开工管理工作的通知》《关于规范我市水利工程质量检测工作的通知》，进一步规范水务工程管理。严格涉河工程审批，开展涉河工程方案审查，落实河道管理保护范围内建设项目技术要求。完成市属水利工程设施管护绩效评价工作，开展市属水利工程日常维护自评价工作，完成局属水管单位与市南水北调配套工程管理职责划分。

（田雨）

【水务改革发展情况】推进建立“河长制”，出台《北京市实行河湖生态环境管理“河长制”工作方案》，初步建立了“河长制”组织体系和工作机制，层层落实河湖生态环境管理责任。全面实施河湖生态环境检查通报制度，通过公开招标引入第三方机构，对全市河湖环境维护情况分时分段设点（2 319个点）进行检查，将考评结果每两个月在全市通报，并督促问题整改落实。严格实施水环境区域补偿制度，进一步完善补偿金核算细则、结算使用管理实施细则等配套政策文件，各区缴纳补偿金10.8亿元，逐步形成了上下游齐抓共管治理水环境的工作格局。推进完善污水处理设施建设运营机制，细化明确了中心城区、城市副中心、其他城镇和农村地区等不同功能区的污水处理设施建设和管理运营支持政策。制定了农村污水治理和再生水利用项目实施暂行办法、设施运营考核暂行办法。

（田雨）

公路建设与运输

【房31路增设停靠站】1月1日，区交通局协调凯捷风公司对房31路公交停靠站进行调整，双向各增加房山工业园区、城关新城路口、城关新城3站。线路长度、票制票价和首末班时间维持不变。

（刘玉东）

【潭王路铁路涵洞改造工程箱体浇筑完成】1月5日，潭王路铁路涵洞改造工程箱体完成浇筑。工程位于门头沟潭王路K26+460处，下穿大台铁路，原涵洞为4孔拱形涵洞，西侧两孔为排水涵，东侧两孔为交通涵。铁路涵洞为两孔框架地道桥，总长度约52米，靠西一侧的边孔为排水通道，靠东一侧的边孔为交通通道，箱体由南向北顶进。

（杜文龙　孙璐）

【西高村西路新建工程通过竣工验收】1月10日，市交通委路政局对平谷区西高村西路新建工程进行竣工验收。通过对内业资料和外业检查，该项目综合评价得分为91.7分，等级为优良，竣工验收顺利通过。西高村西路新建工程起点为林荫南街南端，终点为京平高速平三路收费站出口，全长4.0公里，道路等级为二级公路，共有桥梁4座，实现京平高速到平谷城区的快速、通达，分流了平三路交通流量。

（杜文龙　孙璐）

【916汽车站首次设立交通联合执法调度站】1月12日，怀柔区交通局联合北京怀兴旺电动小客车出租公司首次在916公交站设立交通联合执法调度站，执法人员每日9时至21时进驻，不间断进行执法检查，调度员实时

调度营运电动出租车，为市民出行提供便捷、安全的服务。

（解子仪）

【运通 116 路增加阁外山水站】 1 月 13 日，运通 116 路公交车正式在阁外山水新增设的公交站点停靠。由于门头沟祥龙公交场站搬迁，公交线路发生变化。经多部门实地走访调查，最终确定在阁外山水新建港湾，1 月 5 日，正式完工交付使用。

（王元媛）

【房山区整治大型货车运输秩序】 1 月 14 日，房山区开展大型货车运输秩序整治行动。开始对重点路段、地区存在的大型货运车辆超限超载、非法改装、道路遗撒、尾气超标、乱倒垃圾、乱停乱放等突出问题开展联合执法、集中整治。行动由区交通局、区政法委等 30 余家执法单位、乡镇等部门联合开展，组成专项行动指挥部，建立月例会、周会商、日值班制度。全年召开 41 次会商会，印发《专项行动简报》39 期。检查货运车辆 227 503台次，查处违法、违章车辆1 820台次（其中六轴百吨王 52 台），处罚超限 36 件次，拆解非法改装货车 107 起，共处罚大货车违法行为62 142起，通过持续高压高效治理，年超限超载率从上年的 4%降至1.5%；道路日均违法运输车辆从年初的2 000台次降至 150 台次。

（刘玉东）

【顺义区新能源公交车运营启动仪式举行】 1 月 14 日，顺义区新能源公交车运营启动仪式在北京骏马客运公司举行。此次投用的新能源车辆全部为气电混合动力公交车，车长11.5米，荷载人数 82 人，具有“尾气排放小、安全性能高、承载能力大”三个特点，已分别投放到顺 1 路、18 路、22 路、38 路 4 条线路运营。

（白海鹏）

【新能源车辆充电桩及配套设施建设启动】 1 月 22 日，大兴区交通局在罗奇营公交客运场站安装充电桩，启动以市场运作为模式的充电配套设施建设，并推广家充模式，解决境内电动出租车辆的充电、补电和停车场地不足的问题。全区新增新能源接驳线路 17 条、电动出租车 200 辆、新能源租赁小客车指标 75 个，150 名驾驶员使用家充方式充电。

（绳月）

【西潞园小区四里停车位改造】 1 月，房山区西潞园小区四里完成停车位改造，通过道路整体规划、车位新布局、道路修整、增加停车设施等工作，由改造前 90 个停车位增加至 277 个停车位。

（刘玉东）

【门头沟公路分局完成春节交通设施保障任务】 2 月 7—13 日，市交通委路政局门头沟分局共出动巡查车辆 35 车次，养护车辆 56 车次，累计出动巡查人员 105 人次，养护人员 840 人次，对分局管辖范围内现有交通基础设施进行了检查，巡查道路 39 条次，巡查里程3 249公里，巡查桥梁 131 座。

（杜文龙　孙璐）

【延庆公路分局应对降雪天气】 2 月 12 日下午至夜间，延庆全区普降小到中雪，部分地区达到大雪级别。市交通委路政局延庆分局启动应急预案，安排人员、车辆、机械设备备勤，组织养护单位对积雪厚度达到 2 厘米的路段开展铲冰除雪工作，养护单位共出动 164 人次，车辆机械 105 台次，固体融雪剂 170 吨，液体融雪剂 450 吨。

（杜文龙　孙璐）

【壁富路（顺义）铁路地道桥施工图获批】 2 月 23 日，顺义区壁富路下穿铁路机场专用线地道桥获北京铁路局批复。该工程位于铁路机场专用线 K4＋120 米处，以 58.5°的交角下穿铁路，地道桥使用净高为5.0米，按四孔 9—13—13—9 米设置。

（杜文龙　孙璐）

【平安工地创建工作座谈会召开】 2 月 25 日，市交通委路政局门头沟分局组织召开“平安工地”示范创建工作座谈会。就如何做好 108 国道（鲁家滩村—南村）改建工程“平安工地”示范工程创建工作，邀请相关专家进行了讲解、座谈与指导。专家组成员对《北京市公路工程平安工地标准》进行了详细解读，分别从建设单位、监理单位、施工单位各参建方的角度，由内业资料到施工现场，逐项介绍考核评分规则及需要注意的问题。施工及监理等单位就平安工地建设中遇到的问题与专家组互动交流。市交通委路政局门头沟公路分局、相关施工及监理人员参加。

（杜文龙　孙璐）

【市交通委路政局领导调研密云公路规划】 2 月 26 日，市交通委路政局负责人到密云公路分局调研密云公路“十三五”发展规划及 2016 年重点项目开展情况。观看《精细管理、无痕服务，打造“畅、安、舒、美”腾飞之路》的“十二五”密云公路发展宣传片，听取密云公路“十三五”发展规划和密云区交通综合治理工程项目计划的汇报，并针对具体项目深入交换了意见。密云区委、区政府有关负责人，市交通委路政局相关部门，密云区市政市容委、密云区公路分局等相关部门负责人参加。

（杜文龙 孙璐）

【门头沟启动“百日治超”专项行动】 2月29日，门头沟区治理车辆超限超载工作领导小组办公室协调组织区交通局、公路分局、交通支队、环保局、城管执法监察局5个治超成员单位在芹峪口综检站举行“百日治超”专项行动启动仪式。专项行动分三个阶段，重点对108国道、109国道、六环路，大台、王平，棚户区建筑工地、门城地区等地段的超限超载违法行为进行治理。

（王元媛）

【两条公交线路优化调整】 2月29日，房山区交通局协调公交企业优化调整两条线路。公交快专63路首站由房山于庄调整至窦店汽车站，增设窦店汽车站、窦店服装厂、房山于庄东、七里店、七里店村、望楚6站。线路长度由原39.1公里调整为40.1公里。公交快专86路首站由良乡东关调整至房山城关新城，末站由夏家胡同调整至六里桥东，增设房山城关新城、城关新城路口、城关街道办事处、房山马各庄、大石河、大董村、绿城百合路口、紫草坞路口、阎村、六里桥东10站，撤销良乡东关、昊天温泉家园、良乡火车站、黄辛庄、长阳路口、长阳环岛南、七里庄、地铁西局站、夏家胡同9站，线路长度由原28.4公里调整为38.7公里。两条线路均执行单一票制（无人售票），票价20元，现金支付，使用市政交通一卡通乘车有效（不享受折扣），免费乘车证件无效。

（刘玉东）

【公交835路优化调整】 3月1日，房山区交通局协调公交企业优化调整835路公交线路，单向在六里桥东站和长阳环岛南站之间增设西道口站，双向在商周遗址站和琉璃河办事处站之间增设刘李店北站，最高票价13元（有人售票）。

（刘玉东）

【密云区公交晚班线路试运营】 3月1日，密1路和密7路试运营晚班公交车。密1路晚班车全程6.9公里，设站点18个；密7路晚班车全程7.7公里，设站点22个。10月1日至4月30日运营时间为17时40分至20时30分，5月1日至9月30日运营时间为18时40分至21时30分，平均发车间隔10分钟。

（肖强）

【延庆区开展“百日治超”专项行动】 3月1日至6月10日，延庆区交通局在张山营综检站组织开展“百日治超”专项行动，严查超限大货车人为造堵，超限车辆跳磅、搓磅、拉磅及超限车不上磅等违法行为。共检查车辆30万辆，查处超限超载2.2万辆。

（杨森）

【公交831路优化调整】 3月7日，房山区交通局协调公交企业调整831路公共线路，末站由六里桥东站调整至燕化星城一里，单向增设大窦桥西、燕化星城三里共2站，双向增设燕化星城一里、燕化星城二里、燕化星城四里共3站，撤销大董村、六里桥东等16站。线路长度由原51.6公里调整为17.2公里（平均路长），缩短34.9公里，执行票制10公里以内票价2元，每增加5公里以内加价1元，最高票价4元（无人售票）。

（刘玉东）

【农业嘉年华交通保障】 3月12日至5月8日，昌平区交通局组织公交企业做好第四届北京农业嘉年华场馆周边交通服务保障工作，调整线路运力，更换147处站台设施3 858平方米，修复破损、清理污迹广告81处。

（李娟）

【空港5路区间公交线路开通运营】 3月14日，顺义区空港5路区间公交（卧龙环岛—商务区总站）开通运营。线路途经地铁石门站、四季花城、澜西园、中航国际、中航发动机、北京苏活、三四营、头二营等多个站点，方便中航产业园和国门商务区职工上下班通勤。

（白海鹏）

【“百日治超”专项行动启动】 3月16日至6月23日，顺义区交通运输、公安、路政等部门联合启动“百日治超”专项行动。共抽调执法人员54名，加强区内主要货运通道的流动执法检查，尤其是加大夜间突击检查力度，查处“百吨王”及存在非法改装行为的严重超限超载车辆。执法人员共计检查重型大货车350部，依法查扣超载超限车辆28部、罚款11.3万元，卸载物资合计654.3吨。

（白海鹏）

【石门营临时公交场站建成使用】 3月18日，公交八方达公司原石厂场站正式搬迁进驻石门营临时公交场站，初期计划停放959、960路公交车辆共56部，待S1线车辆段旁配建的永久性公交场站建成后，所有公交车辆将迁入新场站。

（王元媛）

【平谷区电动出租车驾驶员技能大赛结束】3月21—23日，平谷区交通局、劳动局、总工会、交通局驾校、北汽、现代售后服务等单位联合组织电动出租车驾驶员技能比武大赛。60名参赛队员通过理论知识和实际操作两项比赛的综合成绩决出胜负。最后，16名参赛选队员荣获奖项。

（唐小坤）

【980路公交站位调整】3月22日，公交980路王各庄站调整到101国道王各庄路口西，实现980路、密6路和郊80路王各庄站在同一地点换乘。解决密云区十里堡镇王各庄站乘客换乘公交不方便的问题。

（肖强）

【房38路公交线路优化调整】3月24日，凯捷风客运公司优化调整房38路公交线路，首末站由长阳周转房东区延长至兰花休闲公园北门，双向增设首开熙悦山小区、长阳温馨家园、稻田村、莱恩堡酒庄（稻田一村）、兰花文化休闲公园北门等5处公交站点。

（刘玉东）

【104路快速直达专线开通】3月28日，104路快速直达专线开通，采取大站快车方式，早晚高峰时间段运营，定点、定时发车。由中门寺生态园到西钓鱼台共设10站。具体发车时间：中门寺生态园到西钓鱼台6时50分，西钓鱼台到中门寺生态园18时30分。票价10元，刷卡优惠7元，周六、日不发车。

（王元媛）

【雁栖示范区交通执法检查站建成】3月28日，雁栖示范区交通执法检查站建成并投入使用。旨在遏制雁栖示范区至分水岭隧道区域的交通运输违法违规行为，提高执法部门的应对能力、处突能力和执法效能。该站与汤河口检查站、赵各庄检查站南北呼应，形成北、中、南执法网络，交通执法覆盖全区的工作格局初步建立。

（解子仪）

【怀柔区查处违法违规营运车】3月30日，怀柔区赵各庄检查站、雁栖检查站协调区交通支队、城管执法局，对101公路、杨雁路沿线进行突击夜查，查扣违法违规营运车6辆次。

（张耀武）

【房山区停车规划完成】3月，房山区交通局编制完成房山区停车规划，主要研究停车供给发展策略，引导停车需求良性发展；制定重点地区停车方案，充分发掘和利用停车资源；改善房山区重点区域停车环境，提升城市形象。

（刘玉东）

【15路公交专线新开】4月1日，凯捷风客运公司开通15路公交专线（良乡大角—韩村河）。线路途经拱辰大街、长虹西路、京周路、房易路、岳李路，设良乡大角、地铁良乡南关站西、地铁苏庄站、阎村、房山客运站、周口店路口、大韩继、五侯路口、韩村河等站点，线路长度33.7公里，配车1台，日发2班次，全程票价10元。

（刘玉东）

【通州区换发出租汽车营运证】4月1—30日，通州区交通局完成辖区出租汽车营运证换发工作，涉及出租汽车企业12家、个体出租经营者17户、运营车辆2 087辆、出租车驾驶员3 619人。

（陈颖）

【密63路公交站点调整】4月8日，密宝城客运公司与贾峪村委会沟通，对公交车停靠站进行勘察，增设贾峪村公交站，满足贾峪村百姓的出行需求。

（肖强）

【延庆区房柳路工程选址意见书获批】4月12日，延庆区房柳路（柳沟—房老营）道路工程项目建设项目选址意见书获市规划委批复，该工程位于延庆区中部井庄镇，起点位于柳沟，与康辛路相交，终点位于房老营，与永艾路相交。全长3.8公里，道路等级为二级公路，路基全宽12米，路面宽10.5米，两侧土路肩各宽0.75米，设计速度60公里/时。

（杜文龙　孙璐）

【门头沟区出租汽车换证完成】4月14日，门头沟区交通局开展出租汽车年度换证工作，建银出租车公司及21户个体出租车共82辆运营车辆，经检查合格全部予以换证，准许继续营运。

（王元媛）

【早鲍路框架地道桥提前完成顶进】4月20日，早鲍路大秦铁路框架地道桥顺利顶进就位，比原计划提前2天。早鲍路框架地道桥下穿大秦铁路，施工分大秦铁路线上施工和线下顶进两大部分，线下地道桥顶进施工，采取在箱体外侧、桥体顶进前端、上行线外侧设置相应支撑防护的措施，保证施工质量。

（杜文龙　孙璐）

【通州公路附属设施粉刷与油饰完成】4月25日，市交通委路政局通州分局集中对管养道路内示警桩、百米桩、公里碑等附属设施进行集中粉刷，更换、补空破损设施，清洗污浊设施，并重新喷号。

（杜文龙　孙璐）

【中置轴运输列车实地测试】 4月25日，大兴区交通局执法人员到京顺达物资公司对中置轴运输列车进行实地模拟测试，并与企业负责人和从业驾驶员共同探讨新式中置轴运输列车的优点和存在的不足。

（刘畅）

【孔兴路道路工程项目建设书获批】 4月26日，孔兴路（孔庄北—京津公路）道路工程项目建议书（代可研）获北京市发展和改革委员会批复。该工程位于通州区南部，南起孔庄北，北至京津公路，道路全长约4.86公里。一级公路横断面的西半幅标准建设，路基宽12米，新建桥梁6座，同步实施涵洞、排水、绿化、交通工程等。

（杜文龙　孙璐）

【延庆公路分局实现苗木资源再利用】 4月29日，市交通委路政局延庆分局将延康路提级改造工程隔离带苗木移植到延琉路、东姜路以及大莲路两侧，共移植5 000余棵乔木，13 000余棵灌木。该工程于3月22日开始。

（杜文龙　孙璐）

【月季大会交通运输保障】 5月3日，大兴区交通局加强月季大会运输保障工作，新开通1条地铁义和庄站—地铁义和庄站循环旅游班线，配车10辆，共设站点19处；新开通4条连接月季大会各场馆之间的新能源公交接驳线路，共配车32辆；安排10辆电动出租车在星明湖酒店等处保点运营，方便入住旅客出行；增加公交线路运力配置，兴14路、兴17路、兴50路、841路、940路各增加车辆3台，方便游园乘客出行。

（赵洁）

【昌平区车辆综检站新增审批窗口】 5月10日，昌平区交通局针对域内汽车综合性能检测站与局行政服务大厅相距10公里，道路运输经营者办理车辆年审手续不便等情况，在车辆综检站增设行政审批窗口，安排2名工作人员就地办理相关业务。

（李娟）

【联合治超专项行动】 5月11日，密云区交通局组织交通、公安、路政、首发集团公司等部门和企业，针对绕行高速逃避检查等违法行为，在京承高速进出口开展联合治超。共查扣超限超载违法车辆17辆。

（肖强）

【徐尹路二期道路工程交工验收】 5月11日，市交通委路政局通州分局邀请区安监局、区公安交通管理部门参与，成立专门交工验收小组，对徐尹路二期道路工程进行交工验收。验收内业组对档案资料进行抽检，外业组对工程实体进行检查，在施工单位对通报的问题及缺陷责任期进行承诺后，验收小组宣布该项目可以交工。该工程起点位于东六环，与徐尹路一期工程相接，向东平交张采路、规划五路、任李路等道路后从南马庄村内经过至市界，全长约4.876公里。道路等级为一级公路，设计时速为60公里/时。

（杜文龙　孙璐）

【延庆公路分局组织公路抢险演练】 5月12日，市交通委路政局延庆分局进行公路沿线山体塌方防汛演练，模拟暴雨造成大西路山体塌方，公路双向交通中断，塌方体堵塞涵洞入口，上游出现积水险情。延庆分局通过可变情报板发布道路塌方受阻信息，组织抢险人员封闭塌方现场，布置施工区域，佩戴安全绳对山体进行排险，对道路塌方、涵洞积水进行快速清理。

（杜文龙　孙璐）

【地震灾害公路抢险处置应急演练】 5月12日，市交通委路政局联合平谷区政府在平谷早鲍路工程项目泃河桥工程施工现场，举办北京市交通路政行业平安工地建设现场经验交流暨突发地震灾害公路抢险处置综合应急演练活动。演练分为灾情信息采集与报送、人员救援及公路抢通、桥梁抢通—战备钢桥架设等科目，演练中采用无人机灾情监控、生命探测仪救援及安全监督信息系统上报灾情信息等科技手段。市交通委、平谷区政府、市交通委路政局有关负责人，市交通委路政局及公路建设、施工、养护等单位共100余人参加。

（杜文龙　孙璐）

【通州区漷于路道路工程设计方案获批】 5月18日，通州区漷于路（张采路—漷小路）道路工程设计方案获市规划委批复。该工程位于通州区南部，西起张采路，东至漷小路，道路全长8.027公里，设计速度60公里/时。

（杜文龙　孙璐）

【门头沟区卧龙岗过街天桥工程获批】 5月19日，门头沟区卧龙岗过街天桥工程项目建议书（代可研）获门头沟区发改委批复。该工程位于门头沟区108国道卧龙岗村处，建设内容包括卧龙岗过街天桥一座、桥下公交港湾改造以及天桥周边的环境整治。

（杜文龙　孙璐）

【九德路二期道路工程立项获批】 5月19日，九德路二期（潞西路—九滁路）道路工程项目建议书（代可研）获市发改委批复。该工程位于通州区西部，北起潞西路，南至九滁路，道路全长约7.8公里，按二级公路标准建设，全线采用单幅路型式，路基宽35米。新建桥梁1座，加宽改建桥梁1座。同步实施涵洞、排水、绿化、交通工程等。

（杜文龙　孙璐）

【公交专61路增加运营时间】 5月21日，公交专61路由原周一至周五运营，改为全日制运营，即日首班车起，增加周六、周日班次。运营时间为龙泉西公交场站8时30分至16时，龙门二区8时33分至16时3分，发车间隔8至14分钟。

（王元媛）

【通州区领导调研通州公路分局】 5月23日，通州区政府有关负责人带队到市交通委路政局通州分局调研。调研组听取通州分局关于项目前期、重点工程进展、乡村公路管理等方面的汇报，就公路建设、养护和管理工作中存在的困难与与会人员进行了座谈交流，并就通州区路网规划、项目建设时序等提出具体要求。

（杜文龙　孙璐）

【怀柔区出租车调度和车载终端系统升级】 5月23日，怀柔区交通局完成出租车电召平台调度和车载终端系统升级项目，调度人员在为乘客派单的同时，出租车驾驶员可在同一时间接受乘客叫车讯息，“电话接单—系统派单—驾驶员接收”时间由原来的50秒缩短为20秒。电召车载终端界面新增路线图，并由一个派单讯息增加到三至四个派单讯息。

（解子仪）

【平谷公路分局拆除两处擅自开设路口】 5月24日，市交通委路政局平谷分局执法人员巡视发现平夏路、崔杏路两个私自开设的违法路口，在下发责令改正通知书，进行宣传教育后，予以拆除。

（杜文龙　孙璐）

【石门营环岛改造工程完工通车】 5月25日，门头沟区石门营环岛改造工程完工，由环岛转为灯控路口通行，机动车道的东南口和西南口设置为“五入四出”9条车道，东北口设置为“五入五出”10条车道，西北口设置“四入三出”7条车道。石门营环岛于1997年建成通车，位于108辅线、西北环线与石担路交叉处，是门头沟交通线路的重要枢纽，同时也是通往潭柘寺、戒台寺等重点旅游景区的主要通道。该工程于3月5日开工。

（杜文龙　孙璐）

【军温路改建工程设计方案获批】 5月25日，军温路（军庄—灰口）改建工程项目设计方案获市规划委批复。该工程南起109国道军庄路口，终点至六环路军温立交，与现况军温路相接，道路全长约6.4公里。起点至杨香路段按照城镇主干路标准设计，规划道路红线宽35米，设计速度40公里/时；杨香路至终点段按二级公路标准设计，设计速度60公里/时。

（杜文龙　孙璐）

【延庆区域公路路用材料座谈会召开】 5月31日，市交通委路政局延庆分局组织召开区域公路路用材料座谈会，就如何加强黑白料的质量控制和管理等方面开展座谈交流。相关施工、监理、试验检测单位以及已备案的黑白料（沥青和无机结合料）生产企业参加。

（杜文龙　孙璐）

【邮政用车纳入区专业运输安全管理】 5月，中国邮政集团公司北京市昌平区分公司所属机动车辆，全部纳入区专业运输安全管理，并层层签订交通安全责任书。车数211辆，从业人员255人。

（李娟）

【宋梁路北延道路工程设计方案获批】 6月5日，宋梁路北延（潞苑北大街—京平高速）道路工程设计方案获市规划委批复。该工程南起潞苑北大街，北至京平高速，道路全长约10公里，其中潞苑北大街—北堤路穿越城镇段按照城市主干路标准设计，设计速度60公里/时。北堤路—京平高速段按照一级公路标准设计，设计速度80公里/时。道路与潮白河故道相交处新建跨河桥一座。

（杜文龙　孙璐）

【葡萄嘴环岛改造工程完工通车】 6月6日，门头沟区葡萄嘴环岛改造工程完工，由环岛通行转为灯控路口通行，机动车道南北石担路方向设置为“五入五出”10条车道，西北新桥大街方向设置“四入五出”9条车道，东体北路方向设置“四入四出”8条车道。该工程于3月6日开工。

（杜文龙　孙璐）

【房29路公交线路调整】 6月7日，凯捷风客运公司调整房29路公交线路，首站由房山客运站调整至燕山二一八厂，增设房山中医医院、房山南街、房山大角南、仓房小区、房山北街、万宁桥、房山北关、燕化大修厂、燕山二一八厂9站，撤销房山南关立交桥北站和房山客运站，线路长度由原17.5公里调整为20.6公里。

（刘玉东）

【67路快速直达专线增发车次】 6月17日，67路快速直达专线根据滨河小区、月季园东里、双峪环岛西周边小区接驳地铁1号线的出行需求，增发班次，调整运营时间。滨河小区至地铁苹果园站早晚高峰各增发1车次，早高峰滨河小区增加6时40分发车班次，晚高峰地铁苹果园站增加18时发车班次。

（王元媛）

【良常路南延道路工程设计方案获批】 6月17日，良常路南延（务滋村—市界）道路工程设计方案获市规划委批复。该工程北起房山区务滋村西侧，南至市界，道路全长约5.9公里。按照一级公路标准设计，道路红线宽50米，设计速度80公里/时。良常路南延是新增230国道北京段的组成部分，也是京津冀一体化接线项目，已签署接线协议。

（杜文龙　孙璐）

【国际体育赛事道路保障任务完成】 6月18日，第十七届三夫国际铁人三项赛和北京国际公路自行车骑游大会分别在平谷、延庆举行，市交通委路政局组织对赛事涉及范围内的公路、桥梁、绿化、交通等基础设施进行全面安全隐患排查，修补路面裂缝、坑槽、沉陷等病害，加强路面保洁集中作业，确保比赛道路安全。

（杜文龙　孙璐）

【密云区中考考点安全保障】 6月18日，密云区交通局对三个中考考点采取临时交通管控措施，执法人员流动巡查，禁止运输车辆进入考点附近道路，出动执法车辆5辆，出动执法人员27人次。

（肖强）

【158个充电桩向社会开放】 6月20日，通州区交通局经过前期勘察选址，委托专业公司分别在15处停车场建设158个分散式充电桩，方便运营车辆中途补电，为引入电动汽车分时租赁模式奠定基础，构建慢充为主、快充为辅、集中充电、分散补电的网络布局，并向社会车辆开放。

（陈颖）

【密云公路分局查处擅挖公路违法行为】 6月26日晚10时40分，韩西路k4+605处有挖掘公路施工。市交通委路政局密云分局执法人员制止未经审批的违法施工，并调查取证，下达《责令改正通知书》，责令其立即恢复原状。次日凌晨2时50分，回填夯实完毕。

（杜文龙　孙璐）

【公路路面基层施工技术细则宣贯培训】 6月27日，市交通委路政局平谷公路分局组织公路路面基层施工新标准专题培训。邀请专家就交通部新发布的《公路路面基层施工技术细则》开展培训。市交通委路政局密云公路分局、平谷公路分局，施工单位、监理单位、二灰料厂等相关单位60余人参加。

（杜文龙　孙璐）

【延庆房山公路部门应对强降雨天气】 6月27—28日，延庆、房山出现较强雷阵雨天气，伴有短时强降水和雷暴大风，延庆局地有冰雹。降雨期间，市交通委路政局延庆分局、房山分局共出动560余名养护人员、140多台机械和车辆备勤。延庆分局处理米黄路、旧小路及延琉路附近的路树倒伏，以及玉海路山体塌方约140立方米，房山公路分局清理108国道、108国道复线塌方共计75立方米，108国道淤泥共计800平方米。

（杜文龙　孙璐）

【2条公交线路更换新能源车】 6月30日，58辆液化天然气新能源公交车上路运营，替换途经昌平城区、沙河镇及地铁龙泽站的昌21、昌22路。区内液化天然气新能源公交车数量达到174辆。

（李娟）

【房山区“十三五”交通规划编制完成】 6月，房山区交通局完成《房山区“十三五”时期交通体系建设与交通管理专项规划》编制工作。总结房山区“十二五”时期交通发展成绩，分析“十三五”时期交通发展面临的形势，提出“十三五”时期交通发展的目标和指标，明确发展思路，确定发展重点和主要任务，并制定相关的保障措施。

（刘玉东）

【顺义区开通啤酒文化节公交服务专线】 6月，顺义区交通局在第25届啤酒文化节期间，组织开通石园南大街至水上公园公交专线。专线共设石园南大街、仓上小区、东风小学、顺义区医院、便民街东口、双兴小区、奥林匹克水上公园等15个站点，市民可持市政交通一卡通刷卡乘车，老年证、残疾人证有效。专线共发车450班次，运送游客3 126人次。

（白海鹏）

【顺义区调整公交线路】 6月，顺义区交通局调整途经原东大桥环岛公交线路。顺15、16、18、19、20、23、24、31、33、37、39、40、41、43、45路15条线路取消东大桥站；顺1、25、26路裕龙小区至地铁顺义站方向取消东大桥站，调整到裕龙三区站停靠；顺28、28区间、29、36、36区间以及856路、915路、915快、918路、923路、924路、945路保持原站不变。

（白海鹏）

【顺义俸伯桥改建工程完工通车】 7月1日，顺平辅线俸伯桥改建工程完工通车，改建工程包括1座桥梁（俸伯桥）、3条道路（府前街、右堤路、顺平辅线），府前街改造范围长230米，设计标准为城市主干路，路面宽37米；右堤路改造范围长550米，设计标准为城市次干路，路面宽32.5米；顺平辅线改造范围450米，设计标准为城市主干路，路面宽32米。改造后的顺平辅线俸伯桥位于原俸伯桥北侧、地铁M15号线南侧，跨越潮白河，桥梁西侧与顺义区府前街相连，东侧与顺平辅线相接，桥长450米、宽40米，由两车道变为三上三下机动车道，两侧为非机动车道和人行步道，防洪标准为百年一遇。该工程于2015年1月20日开工。

（杜文龙　孙璐）

【平谷区第二座出租车充电场站投入使用】 7月1日，平谷区第二座出租车充电站建成并投入使用。充电站位于新平北路66号，2015年12月开始施工，工程包含70个直流充电口和100个交流充电口配置充电设备，能满足200辆电动车同时充电，可24小时为社会车辆提供充电服务。

（唐小坤）

【延庆区实现村村通公交】 7月15日，延庆区实现村村通公交。区交通局采用大公交运行方式，解决西大庄科、仓米道、牤牛沟、水头4个行政村702人出行难问题。另外7个行政村受道路条件限制，采用小汽车接驳方式，方便村民搭载公共交通出行。

（杨森）

【密云区4部门联合夜查超限超载】 7月18日，密云区治超办组织交通、公安、路政、城管4部门开展夜间联合治超，对辖区6个重要路段过往车辆进行突击检查，严查超限超载违法行为。共出动执法人员73人，执法车辆21辆，查处“百吨王”8辆，“前四后八”8辆，分别移交各相关部门实施高限处罚。

（肖强）

【昌平区启动强降雨天气应急预案】 7月20日，昌平地区出现持续强降雨天气，区交通局启动应急预案，出动执法人员22人次，巡查地铁13号线霍营站、昌平线沙河站以及公交车站、出租客运等重点区域、点位，查看积水以及相关安全情况，排除安全隐患。监控全区14处铁路监护道口，在地势较低的前白虎涧道口设立25公分（积水深度）警戒线，超过警戒线即暂停机动车通行。对昌12、16、17等10条山区线路及昌3、55、68、21路部分路段，采取紧急停运措施。

（李娟）

【公交快837路更名并调整线路】 7月26日，八方达天桥分公司快837路更名为895路，由梨村开往南纬路，经白杨东路、阳光南大街、阳光北大街、良乡东路、揽秀北大街后恢复原线。增设北京中医药大学（良乡）站、东阳庄新村站、良乡伟业家园站、阳光南大街站等4站，撤销北京经贸职业学院站。

（刘玉东）

【密云区100辆新能源纯电动公交车上路】 7月26日，新能源纯电动公交车运营启动仪式在密云区大剧院广场举行，由宝城客运公司出资5 300余万元购置的100辆福田牌新能源纯电动公交车投入运营。该车型充电行驶里程为150公里，主要用于更新密2路、密3路等10余条城区公交线路。

（肖强）

【房山区停车普查复核工作完成】 7月27日，房山区开始对上年10月完成的第一次停车普查数据进行复核，最新普查统计数据显示，全区车位总数为17.2万，夜间停车数为15.6万，居住区停车缺口为4.1万。

（刘玉东）

【两条公交线路调整】 8月26日，公交839路出京方向房山客运站与仓房小区之间，增设房山南关立交桥北站，线路长度、营业时间、票制票价不变。907路末站由地铁长阳站调整至地铁篱笆房站，增设地铁篱笆房站，撤销军留庄站和地铁长阳站，线路长度由原37公里调整为34.2公里（平均路长），缩短2.8公里，执行票制10公里以内票价2元，每增加5公里以内加价1元，最高票价7元（无人售票）。

（刘玉东）

【487路入驻未来科技城北区新场站】 8月26日，未来科技城北区公交场站建成暨487路通车仪式举行。新场站历经三年建设正式交付使用，487路入驻后，原海鹊落—地铁天通苑北站，调整为未来科技城北站—地铁天通苑北站，线路贯穿未来科技城南北区，接驳地铁5号线，方便园区企业员工及周边居民出行。昌27路专线退出运营，予以撤销。

（李娟）

【房11路公交线路调整】 8月27日，凯捷风客运公司调整房11路公交线路。首站由房山客运站调整至地铁燕化站，撤销房山影剧院站和房山客运站，增设房山西街、洪福家园、山水家园、洪寺村口、洪寺村、洪寺安置房、地铁燕化（暂缓开通）7站。线路首末站为洪寺安置房至官庄，线路长度由原33.3公里调整为35.3公里。

（刘玉东）

【房12路公交线路调整】 9月1日，凯捷风客运公司对房12路公交线路进行调整。单向（葫芦垡东至张坊方向）增设阎村工业园区南门站，线路长度不变，维持原有票制票价和首末班营业时间。

（刘玉东）

【G20峰会交通运输保障】 9月5日，大兴区交通局采取措施加强“G20峰会”交通运输保障工作。严把进京关，严查省际客车营运证、驾驶员从业资格、乘客携带物品，共查处违法车辆23辆；联合属地政府、城管等部门综合治理维修企业5次，取缔无证无照“黑汽修”6户；对境内公交车、新能源接驳车、电动出租车加强运营秩序整治，纠正司机服务态度恶劣、甩站、占用机动车道揽客等行为17次，开具限期整改通知书5份。

（郭畅）

【公交绕行怀昌路大修工程段】 9月10日至10月31日，怀昌路（昌平至怀柔）封闭大修，途经的856、昌21、郊80等11条公交线路调整绕行。

（李娟）

【延庆区更换出租汽车三元催化器】 9月9日至10月31日，延庆区交通局监督辖区内出租汽车更换三元催化器，按规定需要更换三元催化器的305辆出租汽车全部更换完毕。

（杨森）

【大兴区首条纯电动公交客运线路开通】 9月18日，大兴区首条纯电动公交客运线路兴58路正式开通，兴顺达客运公司配备12辆纯电动公交车投入运营，线路由长子营湿地公园至亦庄开发区交通服务中心，全程25公里，设置停靠站点28个，采用刷卡方式计价，运营时间为：长子营湿地公园早6时30分至晚17时40分；交通服务中心早7时40分至晚19时30分。

（绳月）

【汤河口检查站升级改造实现双向检查】 9月21日，汤河口检查站完成提级改造建设，进入试运行阶段。新站占地面积为7 000平方米，横跨111国道，检查大棚面积由原来的300平方米扩大到1 480平方米，首次实现进京、出京双向车辆检查，大幅提升道路运输监管力度和超限超载治理水平。检查站提及改造建设投资1 266万元，全部由怀柔区财政拨付。

（解子仪）

【2条公交快速直达专线开通运营】 9月22日，快速直达专线119路、120路开通运营。快速直达专线119路由黄辛庄开往富丰桥西，途经长阳路口、长阳环岛南、长阳环岛东、篱笆房、军留庄、地铁长阳站、西营村、马厂村、六圈、丰茂路口西、海鹰路口、航丰路口、中核路口东、内环西路北口，共16站。快速直达专线120路由黄辛庄开往开发区交通服务中心，途经长阳路口、长阳环岛南、长阳环岛东、篱笆房、军留庄、地铁长阳站、西营村、马厂村、亦庄桥南、贵园东里、新康家园、万源街西口、宏达工业园、经开创业园、宏达北路南口、地铁荣京东街站、隆盛工业园，共19站。2条线路均采取直达或大站快车方式，刷市政交通一卡通乘车可优惠乘车，使用免票证件乘车无效。

（刘玉东）

【古北水镇专线巴士开通运行】 9月28日，东直门至古北水镇专线巴士试运营，全程约134公里，票价为48元/人（单程），平日往返6班次，节假日往返8班次。推动区内公共交通多元化，有效减少私家车使用率，让市民出行更加便利。

（肖强）

【客运人力三轮车运营资格审验】 9月，昌平区交通局组织审验在昌平城区运营的客运人力三轮车。在册188辆车（人），108辆车（人）因人车不符、违章、超龄等问题未通过审验，被取消营运资格。80辆车（人）通过审验，签订经营责任书，发放有关证件，统一车身外观，规范安全服务标准。

（李娟）

【昌平西部山区公交优化服务】 9月，昌平区西部山区公交车采取优化调整措施，服务村民出行。26日起，357路东关始发站9时整增发一班；10月1日起，昌17路早、晚各有一班开进溜石港村；昌18路漆园村站改扩建，为村民提供舒适安全候车环境。

（李娟）

【通州区轨道交通运营安全领导小组成立】 9月，通州区成立轨道交通运营安全领导小组，统筹推进通州区轨道交通沿线及车站周边综合管理工作。领导小组下设办公室，办公室设在区交通局，负责沟通协调成员单位，建立联络机制，制订工作方案。成员单位包括区综治办、区发展改革委、区监察局、区财政局、区国土局、区规划局、区住房城乡建设委、区市政市容委、区交通局等职能部门，以及潞城镇、永顺镇、梨园镇、台湖镇、北苑街道办事处在内的轨道交通沿线乡镇政府和街道办事处。

（陈颖）

【怀柔区整治道路运输专项秩序】 9月，怀柔区交通局在国庆节前对“两客一危”运输企业开展安全生产大检查，重点检查车辆GPS安装使用情况、主体责任落实情况、消防设施配备情况。共出动执法人员80余人次，排查2家旅游客运企业、5家危险化学品运输企业，查处各类违法案件20余件。

（解子仪）

【5条公交线路开通运营】 10月8日，通州区交通局协调公交集团公司、区属郊区客运公司新开通运营通8路、通60路、快122路、快123路、专47路5条公交线路。通8路，首站郝各庄村，末站物资学院地铁站，线路全程22.5公里，设36站，用于解决徐尹路沿线、陈列馆路周边公交线路较少乘车不便问题，方便附近乘客乘坐公交换乘地铁八通线和地铁6号线。通60路，首站北苑城铁站，末站梨园北街，线路全程18.5公里，设23站，接驳地铁八通线和地铁6号线，方便陈列馆路、运河大街等途经站点附近乘客乘车出行。快122路、快123路是配合广渠路二期开通的快速直达专线，分别从小稿村、京东运乔建材城开往双井桥东，工作日早晚高峰发车，方便通州九棵树地区、乔庄、果园地区乘客快速进入市区，接驳地铁7号线、10号线、14号线。

（陈颖）

【公交139路快速直达专线开通】 10月10日，公交139路快速直达专线开通运营，由石门营紫金路南口沿滨河路经侯庄子快速直达中关村。共设17站，采取定点发车，大站直达运营方式，每天早7时从紫金路南口发车，晚17时50分从中关村南发车。

（王元媛）

【3条公交新线路开通运营】 10月10日，新开苏庄大街至六里桥东定制公交专线140路，在每周一至周五运营，线路长度28.6公里，单程行驶90分钟，共设13站，执行单一票制，票价15元，现金支付，使用市政交通一卡通乘车有效（不享受折扣），免费乘车证件无效（无人售票）。新开通快速直达专线129路，由黄辛庄开往辟才胡同，共设13站，工作日早晚高峰运营，采取直达或大站快车的方式，刷市政交通一卡通乘车可优惠乘车，使用免票证件乘车无效。新开通快速直达专线137路，由黄辛庄开往辟才胡同，共设11站，工作日早晚高峰运营，采取直达或大站快车的方式，刷市政交通一卡通乘车可优惠乘车，使用免票证件乘车无效。

（刘玉东）

【芹峪口综检站与涿鹿岔道检测站签订共建协议】 10月11日，河北省涿鹿县岔道检测站与北京芹峪口综检站在门头沟区交通局签订携手共建治超友好站协议。双方就治超工作达成共识，定期召开两站联席会，畅通信息渠道，建立应急反应合作机制，形成省市区域治超工作联防联治格局，做到“经验互学、信息共享、机制联动”。

（王元媛）

【云北小区设公交终点站】 10月11日，密云区交通局协调相关部门在云北小区外建设公交场站，宝城客运公司将密10路公交车终点站延长0.7公里至云北小区（新建小区）。线路始发时间为早6时30分，末班车发车时间为17时30分。

（肖强）

【危险品运输车交通事故处置】 10月17日，一辆装有液态甲醛的危险品运输车在大广高速大兴段求贤收费站出京方向南2公里处发生交通事故，造成甲醛泄漏。大兴区交通局接区应急委通报后启动应急预案，立即调集保障车辆和保障人员赶往现场参与处置。10时20分，事故车辆被带离事故现场至附近安全地点。

11时35分，事故车辆装载的剩余甲醛安全转移至保障车辆内，未造成二次事故和人员伤亡。

（刘畅）

【机场巴士昌平专线开通运营】 10月20日，机场巴士昌平专线开通运营，昌平区交通局联合首都机场巴士公司，在始发站昌平北站悬挂横幅、发放宣传材料、现场答疑，普及线路运营时间、发车间隔、站点设置、乘车注意事项等基本知识。20日下午3时前，共发车22班次，运送乘客42人。线路运营时间为昌平北站5时至20时、机场7时至22时，整点或客满发车。

（李娟）

【919路公交新总站启用】 10月24日，延庆区启用919路公交新总站。站向人行道内侧凹进，有一个公交车入口和一个公交车出口，两个乘客专用入口，每个出入口处和上车处均有2名安全员负责维持秩序，同时每辆车上增派一名安全员负责维护治安。站台加长排队护栏，可承载320名乘客同时排队候车。

（杨森）

【门头沟4条公交线路优化调整】 10月26日，公交960路、977路双向增设葡萄嘴环岛北站，965路、994路东行方向卧龙岗站移至京原老路，站名变更为“卧龙岗村”，同时双向增设“卧龙岗村东”站。

（王元媛）

【3条公交线路调整】 10月26日，公交832路单向在大宁山庄站和六里桥东站之间撤销岳各庄桥东站，公交917（快）路单向在平各庄检查站和六里桥东站之间撤销岳各庄桥东站，2条线路长度、营业时间、票制票价均保持不变。公交836路首末站由十渡至天桥汽车站调整为大韩继至天桥汽车站，撤销十渡、大韩继南等50站，线路长度由原来的105.7公里调整为现58.2公里（平均路长），营业时间为大韩继5时至18时50分，天桥汽车站6时至20时30分，执行票制10公里以内票价2元，每增加5公里以内加价1元，最高票价12元（无人售票）。

（刘玉东）

【昌3路公交车运行线路调整】 11月1日，昌3路取代昌56路，并优化调整运行线路。起点地铁南邵站至终点昌平东关，设兴昌佳苑、畅椿阁、南环中路、水屯市场、畲仓屯、郝庄家园等41站。

（李娟）

【京冀两地联合治超执法】 11月2日，大兴区交通局凤河营检查站、凤河营公安交通检查站与廊坊市交通局运输管理处，联合开展治超执法，对过境车辆进行严格检查，在京冀两地形成高压态势。共出动执法车6辆，执法人员32人，检查车辆60辆，教育警告司机12人，处理违规车辆3辆。

（刘建磊）

【56路公交快速直达专线开通】 11月14日，市公交集团客一分公司开通沙河创新基地至地铁高教园站快速直达专线56路。配置公交车18辆，高峰时段运营（7:00—10:00、16:00—19:00），发车间隔20分钟，在沙河创新基地区域设4个停靠站。

（李娟）

【昌平山区雪天公交线路停运】 11月20日夜至21日晨，昌平区西北部山区降雪。区交通局要求客运企业采取应急措施，昌17、18、31等5条山区线路及昌68路山区段停运。直至路面积雪清除，达到安全通行条件后恢复运营。

（李娟）

【涿19路支线开通运营】 11月，涿州客运企业新开通公交涿19路支线，首站由涿州火车站发车，途经房山区内琉陶路、老107国道、大窦路、京周路、京良路至末站篱笆房地铁站，线路全长58公里，设置站点79个，配置纯电动公交车20台，全程运营时间80分钟，车辆发车间隔时间15分钟，日发车36班次。执行票制10公里以内票价2元，每增加5公里以内加价1元，最高票价13元。

（刘玉东）

【空港2路公交站点优化调整】 11月，顺义区交通局将空港2路公交终点站金汉绿港调整为南彩镇后俸伯村职业技术培训学校。调整后，空港2路在河东地区新增地铁俸伯站、南彩工业园、后俸伯、职业技术培训学校4个公交站点，当地居民可乘坐该线路直达首都机场，为潮白河以东地区居民前往首都机场就业、出行提供更为便捷的公交服务。

（白海鹏）

【大兴区开展大货车夜查专项行动】 12月1日，大兴区交通局开展夜查大货车专项行动。对24时后进入南中轴路、芦求路、兴亦路的大货车进行检查，落实橙色预警期间停止建筑垃圾和渣土车、砂石车等易扬尘车辆运输的具体措施。共出动执法人员10人、执法车辆2辆，检查货运车辆50余辆。

（赵旭）

【中关村生命科学园西区公交场站启用】12月2日，中关村生命科学园西区公交场站建成，560路入驻暨通车仪式举行。560路公交线路调整，增设12个站位、撤销4个站位，途经北大国际医院、积水潭医院分院，方便沿线居民前往就医。

（李娟）

【房13路支线开通运营】12月12日，凯捷风客运公司开通房13路支线，由太平庄明慧嘉园至红煤厂客运站，共设站51站，全程42.7公里，执行票制10公里以内票价2元，每增加5公里以内加价1元，最高票价9元。

（刘玉东）

【房50路支线开通运营】12月16日，凯捷风客运公司开通房15路支线，由万紫嘉园至黑古台北站，全程10.3公里，设13站，执行票制10公里以内票价2元，每增加5公里以内加价1元，最高票价3元。

（刘玉东）

【危险品运输行业电子运单系统培训】12月28日，大兴区交通局召开道路危险货物运输行业电子运单系统培训会。就运单功能、系统安装及操作要求进行详细讲解，并现场指导企业和管理部门的操作人员正确使用该系统，规范危险货物道路运输电子运单管理，推进相关制度落实。

（刘畅）

【2条公交快速直达线路开通调整】12月30日，市公交集团公司开通150路快速直达专线，由轮胎厂中路发车至龙域北街东口，设地铁育新站、回龙观村西区、融泽嘉园南区北门等10站；调整龙域北街东口至地铁西二旗站的快速直达专线21路，增设融泽嘉园南区北门站，方便西城区搬迁项目融泽嘉园小区居民出行。

（李娟）

【3条跨省市公交线路开通运营】12月30日，平谷至遵化、平谷至三河、平谷至快活林（兴隆）3条跨省市公交线路开通运营，3条线路日发8个班次。

（唐小坤）

【平谷区330辆纯电动公交车投入运营】12月30日，平谷区首次投入运营330辆纯电动公交车，标志着平谷区公交事业发展步入新阶段，向着低碳、绿色、环保方向发展。

（唐小坤）

【房山区新增200辆电动出租车】12月31日，房安出租车公司签约购置的200辆北汽EU220电动车，经请示、批复、确认指标、出具车辆牌照证明等审核程序，按计划办理新增车辆登记，完成运营注册备案手续。

（刘玉东）

【平谷区公交车北斗系统安装完毕】12月31日，平谷区内500辆运营公交车完成北斗定位系统的安装，并接入市北斗联网联控平台，运营正常。

（唐小坤）

【通州区电动出租车应对空气重污染】12月，空气重污染橙色及红色预警期间，通州区交通局启动应急预案，出动检查人员10人次，巡查重点区域20次，确保区域电动出租车出车率保持在80%以上。

（陈颖）

【房保两地联合治超】年内，房山区和保定市两次召开房保两地联合治超联席会，研讨联合执法工作，开展联合治超，制定《房山区、保定市联合治超专项行动方案》，确定每月3～4次联合执法机制。全年共出动联合执法人员4 600人次，执法车辆1 150台次，检查货运车辆18 402台次，查处违法、违章车辆132台次（其中六轴百吨王7台）。

（刘玉东）

【房山区更新维护公交线路牌】年内，房山区交通局协调有关单位和部门，根据公交线路调整和站牌破损、丢失情况，累计更新2 494块公交线路牌。主要对区内和大公交调整线路（房11路、12路、29路、31路、38路、大公交专63路、专86路、832路、835路、839路、895路、917快、907路、837路、836路、831路、952路）和新开通线路（房13支、房50支、房58路、专140、专119、专120、专129、专137）进行更换。

（刘玉东）

【顺义区整治客货运市场】年内，顺义区交通局重点查处货运市场擅自改装运营、省际客运不按批准线路站点运行、境内客运车辆超员载客，厢式货车、客车违法运输危险化学品等违法违规行为。共出动执法人员6 500余人次，执法车辆1 500车次，扣押违法营运车辆84辆，罚款50.79万元。

（白海鹏）

【顺义区治理货运车辆超限超载】年内，顺义区交通运政、路政、环保、城管等治超成员单位坚持夜间突查与白天巡查、流动检查与24小时守卡防控、单独出击与统一行动相结合，重点治理顺密路、昌金路、京密路、木燕路、龙塘路，严打严管“双超”运输车辆。共组织流动治超266次，出动执法人员3 790人次，查处超限超载车辆109部，卸载各类货物6 608.48吨。

（白海鹏）

【大兴区推广新能源公交车】 年内，大兴区新能源公交（含接驳车）线路达到85条，线路总长度1 684.44公里，其中新能源和清洁能源公交线路达61条，线路达1 060.3公里，分别占总线路数的71.76％、占线路总长度的62.95％；境内公交车辆（含接驳车）达到1 092辆，新能源公交车达到762辆，占总车辆数的69.78％。

（赵洁）

【平谷区不停车检测软硬件升级】 年内，平谷区属5个综检站全部完成不停车检测和道路渠化改造软硬件升级工作，进站货车全程监控全程取证，货车进站率达到85％以上，超限率控制在1％以内。全年共检查车辆149万余辆，超限车辆4 768辆，卸载车辆561辆。

（唐小坤）

【延庆区优化调整公交线路】 年内，延庆区交通局协调公交企业新增延庆至西大庄科、延庆至仓米道、延庆至楼梁、延庆至水头、延庆至牤牛沟、延庆至邮电大学6条公交线路，调整优化15条公交线路。

（杨森）

【延庆区巡查维护公交基础设施】 年内，延庆区交通局巡查公交线路5 200公里，维修候车亭45座，安装公交站牌570块。

（杨森）

【延庆区注销清退黄标车】 年内，延庆辖区内9辆黄标车通过自主注销、公示注销等方式全部被清退，实现全区无在册黄标车。

（杨森）

【乡村公路安全生命防护工程建设规划印发】 年内，市交通委编制印发《北京市2015—2020年乡村公路安全生命防护工程建设规划》。该规划运用指标综合判别法对乡村公路隐患路段进行分类，对全市乡村公路安全生命防护工程现状进行定性定量分析，统筹安排各区年度建设任务并对投资进行估算，制定相应的政策与保障措施。

（印良智）

【乡村公路安保工程建设完成】 年内，市交通委以环京贫困地区毗邻区域为重点，推进门头沟区、延庆区、平谷区和密云区涉及京津冀交通一体化的乡村公路安保工程建设，完成与津冀接壤的乡村公路安保工程年度建设任务。

（印良智）

【远郊区乡村公路路面技术状况绩效考核】 年内，市交通委组织制定考评指标和细则，完成10个远郊区“乡村公路路面技术状况”绩效考核。经考核评定，8个远郊区“乡村公路路面技术状况”绩效考核达标。

（印良智）

【远郊区乡村公路安全生命防护工程评估】 年内，市交通委委托技术支持单位对2015年各远郊区乡村公路安全生命防护工程实施情况开展评估。评估显示，10个远郊区基本完成2015年乡村公路隐患点治理任务。

（印良智）

【乡村公路养护责任公示牌式样确定】 年内，市交通委组织确定乡村公路养护责任公示牌式样，并推进各区设置。乡村公路养护责任公示牌为白底、黑字，长1.4米，宽1米，玻璃钢材质，文字内容包括养护路段、养护标准、养护人员、监督单位及电话等。

（印良智）

【全市“四好乡村路”示范区创建活动启动】 年内，市交通委制定印发《北京市“四好乡村路”示范区建设实施方案》，明确“四好乡村路”评定标准，开展“四好乡村路”示范区创建活动。

（印良智）

【市交通委推进乡村公路建设】 年内，市交通委加强各远郊区实施乡村公路提级改造（大修）、安保工程和危桥改造建设，共完成乡村公路大修550公里，改造乡村公路桥梁29座，完成安保工程建设295项，共349公里。

（印良智　陈宏）

【全市城乡交通一体化规划初稿编制完成】 年内，市交通委组织编制的《北京市城乡交通一体化规划》完成初稿编制工作。包括规划背景、总体思路、主要任务和实施保障等内容，提出城乡交通一体化三大类20余项指标，明确十大重点工程项目，是推进本市城乡交通一体化，提升基本公共服务均等化的纲领性文件。

（印良智）

气候概况和气候评价

【概况】2016年，北京地区平均气温较常年（1981—2010年平均值，下同）略偏高，降水量偏多，日照时数正常，大风和沙尘天气偏少。“7·20”特大暴雨多站突破历史最大日降水量极值，秋、冬季多发持续性霾和大雾天气过程，影响较大。

【气温】年平均气温略偏高。全市年平均气温为12.1℃，比常年偏高0.6℃，接近2015年(12.2℃)。与常年相比，多数测站偏高0.5～1.0℃。年内1月平均气温明显偏低，2月、5月、6月、10月、11月气温接近常年，其余各月气温均偏高。

从各季情况来看，冬、秋气温正常，春、夏偏高。冬季(2015年12月至2016年2月)全市平均气温为－2.8℃，接近常年（－3.0℃）；春季（3—5月）为14.2℃，比常年偏高1.2℃；夏季（6—8月）为25.3℃，比常年偏高0.8℃；秋季（9—11月）为11.6℃，接近常年（11.4℃）。

高温日数正常。观象台35℃以上高温日数为8天，接近常年（8.3天），略多于2015年（6天）。观象台年极端最高气温为37.8℃，出现在2016年6月25日；年极端最低气温为－15.2℃，出现在2016年1月23日。

【降水】年降水量偏多。全市平均降水量为680.6毫米，比常年(541.7毫米）偏多26%，比2015年（598.5毫米）偏多14%。各站降水普遍偏多。全市大部分测站年降水量在600～800毫米之间。房山降水量最多，为845.9毫米；顺义降水最少，为553.8毫米。与常年同期相比，多数测站偏多二至五成。年内1月、3月、4月、8月、12月降水量偏少，5月、11月接近常年，其余各月偏多。

从各季情况来看，春季降水偏少，冬、夏、秋季偏多。冬季全市平均降水量为13.1毫米，比常年偏多五成；春季为49.7毫米，比常年偏少3成；夏季为462.9毫米，比常年偏多二成；秋季为157.7毫米，比常年偏多八成。

年降水日数偏少。观象台年降水日数为61天，少于常年(69.6天）和2015年（77天）。其中暴雨日数为2天，接近常年(1.7天）。观象台最大日降水量为253.5毫米，出现在7月20日。

【日照】年内全市平均日照时数为2 461小时，接近常年（2 498小时）。

从各季情况来看，冬、春、夏季正常，秋季偏少。冬季全市平均日照时数为566小时，接近常年；春季为776小时，接近常年；夏季为627小时，接近常年；秋季为477小时，比常年偏少二成。

【高影响天气气候事件】“7·20”特大暴雨。7月19—20日夜间，全市普降大暴雨、部分地区达到特大暴雨量级。20日城区、南部地区以及西部地区有9个国家级气象观测站日降水量突破历史最大日降水量极值（表1）。

表1 2016年7月20日北京各站降水量情况

（19日20时—20日20时）

站名	2016年7月20日降水量（毫米）	历史年最大日降水量极值（毫米）及出现日期（建站—2015年）
霞云岭	307.2	289.0（2012.07.21）
大兴	268.4	177.0（1978.08.26）
房山	256.0	182.6（1979.07.18）
观象台	253.5	244.2（1959.07.31）
丰台	252.4	220.3（1963.08.09）
石景山	241.2	237.8（2012.07.21）
海淀	224.6	187.7（2012.07.21）
朝阳	223.6	220.2（1963.08.09）
斋堂	178.0	145.8（2000.07.04）
门头沟	210.3	260.1（2012.07.21）
通州	151.7	281.4（1998.06.30）
顺义	141.3	207.0（1994.07.13）
昌平	138.7	183.8（1964.08.01）
密云	129.2	157.6（2012.07.21）
延庆	117.8	142.5（1964.08.01）
怀柔	114.1	208.3（1998.07.24）
平谷	104.0	181.3（2012.07.22）
汤河口	95.6	124.7（1998.07.06）
上甸子	61.1	265.1（1976.07.23）
佛爷顶	56.8	156.5（1982.07.31）

7月19日7时至21日6时，门头沟区出现强降雨天气，全区平均雨量261.1毫米，最大降雨出现在军庄镇东山村，过程降雨量达到453.2毫米的特大暴雨量级。特大暴雨造成直接经济损失

53 592.30万元。

7月19日6时至21日3时，大兴区出现特大暴雨，受其影响，大兴区榆垡、青云店、西红门、采育、庞各庄、黄村、北臧村、魏善庄、安定、礼贤10个镇244个村农业、林业受到不同程度灾害，成灾面积14.91万亩，经济损失共计18 953.22万元。其中，玉米积水倒伏面积8.88万亩、果树落果现象涉及1.31万亩、蔬菜积水面积3.49万亩、树木树苗倒伏1.56万株、2 193个农业设施出现部分倒塌，设施农业成灾面积1.23万亩。

7月19日清晨至21日8时昌平区马池口、十三陵、延寿、流村、南口、沙河、兴寿、崔村镇受暴雨袭击。受灾人口3 933人，转移人口3 641人，农作物受灾面积1 052公顷，房屋受损1 798.5间，部分乡镇基础设施受损。造成直接经济损失共3 236万元。

7月20日8时至7月21日8时，密云区普降大到暴雨，局地特大暴雨，平均降雨量103.6毫米。全区6个镇33个村不同程度受灾，农作物受灾面积342.3公顷，因洪涝灾害造成的直接经济损失754.3万元，其中：农林直接经济损失358.3万元。

7月19—21日，丰台区出现大暴雨天气，使得路面积水、车辆被淹、工地设备受损、仓库进水、农业设施损坏等，造成直接经济损失419.7万元。

7月19—21日，怀柔出现暴雨，造成直接经济损失1 600万元。

7月27日19时左右，顺义区出现雷雨大风天气，极大风速达17.3米/秒，北大沟林场小时降水32.4毫米，造成七连庄、山里辛庄、沙子营苹果、桃、梨等果木受灾，直接经济损失53.6万元。同日19时左右朝阳区突发强对流天气，出现短时强降水和雷暴大风，其中奥林匹克公园站出现了18.2米/秒的短时大风。奥林匹克森林公园内一处临时搭建的“拱门”被大风吹倒，造成2人受伤。

8月11—12日，受对流云团影响，密云区8个乡镇59个村遭到暴雨袭击，最大降雨点为穆家峪镇208.4毫米，造成局部地区道路、桥梁中断，护村坝、护地坝损毁，房屋、耕地、农业设施损坏，粮食作物和经济作物损失较重。据核查统计，全区受灾人口18 666人，转移安置群众3 649人，农作物受灾面积547公顷，成灾面积218公顷，绝收面积80公顷，倒塌农房3户6间，一般损坏农房19户64间，直接经济损失5.93亿元，其中农业损失1.09亿元，基础设施损失4.84亿元。

阶段性低温。1月21—24日出现寒潮天气，全市大部分地区48小时平均气温下降幅度达8℃以上，延庆、顺义、平谷等地降幅超过10℃。受强冷空气影响，全市2月下旬平均气温为－0.8℃，较常年同期偏低1.7℃，是2007年以来同期最低值。11月19—21日全市出现寒潮天气，大部分测站平均气温在48小时内下降超过10℃，其中佛爷顶站超过了12℃，达到了强寒潮标准。

风灾。年内观象台大风日数为2天，比常年（12.6天）明显偏少，是1981年以来的最少的年份。

3月7日，北京出现4～5级北风，阵风7～8级。16时许，密云经济开发区B区一工地内，一工人在厂房顶部安装作业时，不慎被大风吹落坠亡。

4月3日13时45分，北海公园西岸水域突然刮起一股尘卷风，持续2分钟左右，掀翻一艘游船，船上2名游客落水，后被巡逻人员及时救起，所幸2人未受伤。

8月25日，顺义区部分地区出现大风天气。大风造成大孙各庄镇、高丽营镇、木林镇、杨镇、张镇的苹果、桃、梨等果木受灾和玉米倒伏。苹果受损284.4亩，经济损失9.92万元；桃20亩，经济损失6 000元左右；梨2 213亩，经济损失132.56万元；玉米553亩，经济损失15.66万元。总计3 070.4亩，直接经济损失达158.74万元。

9月27日7时许，昌平区流村镇古将村一位81岁老人路过一工地时，被大风刮开的铁门撞倒，经抢救无效死亡。

雹灾。6月10日，密云区库北山区遭受短时风雹袭击，历时13分钟，雹径10毫米，据初步统计，造成农业直接经济损失1 860.4万元。

6月15日，平谷区镇罗营清水湖村东山脚下出现冰雹，造成果树受到不同程度的灾害，受灾面积33.3公顷。

6月21日，平谷区镇罗营、大兴庄镇出现冰雹，并伴有大风，冰雹直径5～10毫米。据统计，粮食、果树等受灾，直接经济损失1 629万元。

6月22日，密云区高岭镇等地遭受短时冰雹袭击，时间持续15分钟，雹径20毫米，据统计，造成农业直接经济损失2 369.1万元。

6月27日，门头沟区军庄镇遭受冰雹灾害，冰雹最大直径约10毫米，持续时间约15分钟，据统计，农业直接经济损失183.7万元。

6月29—30日，延庆区、房山区、大兴区局地遭受风雹灾害，造成大面积农作物受灾，部分果树果实受伤，个别农房倒塌或损坏。据统计，全市受灾人口15 800人，农作物受灾1.15万公顷，直接经济损失3.28亿元。其中，大兴区受灾最为严重，受灾人口9 000人，农作物成灾面积1.03万公顷，绝收面积0.26万公顷，直接经济损失3.17亿元。

沙尘日数偏少。年内观象台沙尘日数为5天，比常年（10.1天）偏少。

雾日偏多。年内观象台雾日达到30天，比常年（13.1天）明显偏多，是1981年以来的第三多值，仅少于2014年（34天）和2015年（32天）。

多次发生持续性霾天气过程。年内本市平均轻度霾以上日数为55天，比2015年（63天）少8天。霾70%以上发生在秋冬季，特别是10月11—16日、11月16—19日、12月16—21日以及年底12月30日至2017年1月7日多次出现持续时间长、污染程度重、分布范围广的霾天气过程。

【气候影响评价】气候与冬小麦。本市冬小麦播种工作于9月25日左右开始，到10月13日结束，全市平均播种日期为10月5日，较上年晚1天。冬前生长期内（10月5日—11月20日）平均气温8.9℃，与常年（8.8℃）持平，较上年（7.9℃）偏高1℃，受11月中旬末寒潮影响，2016年冬小麦提前进入越冬期，≥0℃积温仅为417.2℃，较常年（527.3℃）偏低两成，较上年（494.4℃）偏低一成多；降水量为65.5毫米，较常年（32.8毫米）偏多一倍多，较上年58.1毫米偏多一成。根据田间调查结果，麦区大部分小麦群体适中，以二类苗为主，苗情较好，土壤墒情适宜，有利于麦苗安全越冬。总体来看，播前降水偏多，墒情良好，利于小麦播种出苗；苗期气温适宜，降水充足，墒情利于冬小麦苗期生长；分蘖期气温基本适宜，墒情满足冬小麦水分需求。

强降雨天气过程。7月19日凌晨至20日夜间本市出现大暴雨，部分地区达特大暴雨，为入汛以来最强降雨过程。北京市房山、怀柔、延庆、门头沟、大兴、昌平、石景山和密云遭受洪涝、泥石流等灾害，造成房屋进水损坏或坍塌，玉米倒伏，蔬菜大棚破损。据统计，全市受灾人口108 189人，转移安置人口15 252人，其中集中安置人口1 009人，分散安置人口14 243人；农作物受灾面积15 514公顷，成灾面积12 986公顷，绝收面积1 448公顷，损毁耕地面积245公顷；死亡大牲畜827头（匹）、羊53只；倒塌农房205户、359间，严重损坏农房430户、963间，一般损坏农房2 379户、6 190间；直接经济损失57 923万元，其中农业损失31 916万元，基础设施损失21 182万元，公益设施损失20万元，家庭经济损失4 652万元。房山区、大兴区、延庆区灾情最重，其中房山区直接经济损失1.96亿元，农业损失0.19亿元；大兴区直接经济损失1.93亿元，农业损失1.89亿元；延庆区直接经济损失0.83亿元，农业损失0.56亿元（数据来自民政局）。

气候与森林。与2015年夏季相比，2016年夏季北京森林地区降水明显偏多，气温偏高，日照略偏少，湿度略偏高，气象条件利于森林地区植被的改善。利用极轨气象卫星数据和地面气象观测资料对北京2016年夏季森林地区的植被长势、气候湿润指数、植被覆盖度、气候生产潜力进行动态监测，结果表明：2016年夏季北京地区的大部分森林植被长势与2015年夏季相比正常或偏好；林区气象代表站气候湿润指数为1.17～2.16，所有站点湿润指数较2015年夏季明显增加；最大植被覆盖度绝大部分在70%以上；林区气象代表站夏季气候生产潜力在480～734克/平方米，大部分站点气候生产潜力较2015年夏季明显增加，总体利于林区生态环境改善。

（注：气温、降水、日照等所用资料为北京市20个国家气象观测站数据。气候平均值以1981—2010年为基准。）

（王翌）

山区建设

综　述

2016 年，山区建设工作紧紧围绕市委市政府《关于落实发展新理念　全面提高新时期城乡一体化发展水平的意见》和市农村工作会议精神，坚持京津冀西北部生态涵养发展区生态保护、水源涵养、旅游休闲、绿色产品供给的功能定位，以产业融合发展为重点，以农民安居乐业为根本，以沟域经济建设和山区农民搬迁为抓手，扎实工作，努力创新，山区生态环境水平提升，农民持续稳步增收，山区生态服务效应进一步彰显。

沟域经济

【基本情况】 根据市农村工作会议精神，全面贯彻落实五大发展理念，坚持生态优先，坚持农民增收，坚持创新驱动，以自然沟域为单元，以其范围内的产业资源、自然景观、人文遗迹为基础，通过对山水林田路村和产业发展的统一规划，着力实施五项基础工程建设，实现产业发展与生态环境相和谐、一二三产业相融合、点线面相协调，全力打造山水大公园。2016 年，沟域建设紧紧围绕发挥山区生态保护、旅游休闲、绿色产品供给等功能，重点推进房山绿海红歌、门头沟妙峰山玫瑰谷、昌平延寿沟域、怀柔水·长城、平谷九里山桃花谷、密云云蒙风情大道、密云酒乡之路、延庆乡宴柳沟和顺义舞彩浅山等沟域建设。共覆盖 21 个乡镇、303 个行政村，涉及 8.5万户 19 万人。全市重点沟域建设完成五项工程项目 227 个，完成投资24.9亿元，其中市级财政支持资金 1 亿元，带动市级职能部门和区、镇投资 14 亿元，带动社会投资9.9亿元。惠及 52 个低收入村，1.23万低收入户，2.6万低收入农民。

【工作举措】 按照年初两委对“三农”工作的总体部署和沟域建设“上层次、创品牌、出效果”的要求，着力抓了以下工作：

1. **开展沟域调研。** 3—4 月由宏图副主任带领山区处，邀请有关专家，开展了春季调研。通过实地查看、开座谈会等方式，对沟域建设如何更好地发展进行宏观指导，对存在的问题进行梳理，为培训班举办准备素材。在此基础上，对 9 条沟域发展模式进行了总结。

2. **审定沟域建设方案。** 年初各区均上报了年度沟域建设工作方案，明确了建设目标、重点工程、建设时序和保障措施等内容。针对建设方案的问题和需求，结合沟域调研，有针对性地提出了一些完善的措施。

3. **完善沟域调度的台账制度**。完善按季度统计沟域建设进度表的内容，增加低收入户、民俗经营户数和农民专业合作社等情况的统计，使调度信息更加科学有效。

4. **协调市有关部门聚焦沟域建设**。集成市发改、财政、园林、水务、旅游等多部门的诸如基础设施配套、风沙源治理、小流域治理、旅游设施配套等政策。比如协调市发改委支持酒乡之路二期、冰川绿谷和水·长城沟域建设，其中水·长城沟域配套基础设施提升项目已经开工。

5. **探索推进沟域经济发展带建设**。在分析总结现有沟域现状的基础上，提出沟域“四谷四带四道”的发展构想。对建设五条跨区域沟域经济带高度重视，已经开始破题，主动对接河北省农业厅，建立磋商机制，第一批先启动房山区十渡—河北野三坡沟域景观协同发展。

6. **加强省市间交流对接**。开展跨区域沟域合作调研，召开京津冀三地对接洽谈会。主动对接河北省农业厅，启动房山区十渡—河北野三坡沟域景观协同发展。做好河北保定、辽宁鞍山、山西吕梁等外省市沟域经济建设考察团的接待和交流工作。

【沟域典型】

1. **延庆区大庄科乡冰川绿谷沟域建设**。冰川绿谷是市级重点建设沟域，位于延庆区东南部大庄科乡，东临怀柔，南接昌平，距北京城区 65 公里。自 2013 年启动沟域经济建设以来，乡党委、政府立足当地的资源禀赋，因地制宜、科学规划，统筹推进，对乡域内丰富的资源进行优化整合，对绿色生态产业进行合理布局，对现有的特色文化进行深入挖掘，沟域建设成果显著，2013—2014 年连续两年获得北京市沟域经济建设一等奖。大庄科全乡辖区总面积126.57平方公里，下辖 29 个行政村，40 个自然村，1 927户，5 337人。人口密度为 42 人/平方公里。林木绿化率85.96%，年降水 600 毫米左右，是延庆区人口密度相对较小，植被最好、降水最多的地区。清、幽、静、野是大庄科自然环境的真实写照。在大庄科乡“抬头看风景，俯首品文化”。域内有直径 20 米，深达 18 米，距今两三百万年前的冰臼；有辽代“首钢”之称，有被列为 2014 年中国十大考古发现的辽代冶铁群遗址；有平北红色第一村、昌延联合政府遗址；有钟离故里的传说。地质文化、冶铁文化、道教文化、长城文化、慈孝文化、红色文化，各种文化源远流长、交相辉映，熠熠生辉。经过多年努力，在统一规划、有序打造的基础上，“冰川绿谷”沟域经济实现了生态环境、文化建设与产业发展的有机融合，山区生态质量明显提升，旅游环境明显改善，极大地提高了农民的人均收入和幸福指数。

冰川绿谷沟域经济发展坚决“守住绿水青山”，做精、做细、做优“红＋绿”“生态＋文化”“互联网＋旅游”三篇文章，用最朴素、最真诚、最高品质的服务质量和独具魅力的乡风民俗、文化氛围留住乡愁、留住游客，逐步将冰川绿谷沟域打造成为让城里人更加向往农村，更加渴望融入自然、返璞归真、寻觅乡愁的发展新模式、新思路。要把支撑沟域经济的主导产业——乡村旅游产业逐步转型升级，让广大市民到冰川绿谷沟域来不仅仅是休闲观光旅游，而是接受地域文化的熏陶，体验休闲度假的快乐，享受自然恬静的生活。为实现这一转型，2016 年，重点启动了沟域特色节点打造工程。一是矿冶遗址公园规划设计。大庄科乡的辽代矿冶遗址是迄今为止国内发现的体系最完备的矿冶遗址，它涵盖了从矿石开采、运输、矿石冶炼、提纯一直到兵器制造以及木炭烧制等一整套矿冶体系，全乡目前已经探明发现的与矿冶有关的遗迹遗址有 12 处之多。因此，业内专家认为大庄科乡应该是辽代的“首钢”，该遗迹遗址也被评为 2014 年度全国十大考古发现之一。在完成《大庄科乡辽代矿冶遗址保护利用规划》的基础上，启动了《大庄科乡辽代矿冶遗址公园》的规划设计工作。未来要通过不同的手段，一方面全方位展示矿冶遗址遗迹，另一方面要再现辽代人们的生产生活以及整个矿冶工程体系，同时配套建设具有科普、教育、展示功能的展览馆和博物馆，为沟域经济增添历史文化内容和气息。二是红色旅游产业的打造。大庄科是革命老区，红色文化在全区乃至全市特色鲜明。平北抗日根据地第一个农村党支部在沙塘沟村成立；最早的基层政权——昌延联合县委政府在霹破石村诞生；第一次议会（后来的统一战线会议）在景而沟村召开，全乡 29 个行政村，有 7 个村都蕴藏着浓重的红色印迹。支前六姐妹，抗日英雄赵起，舍身救县长的岳坦等一批可歌可泣的英雄人物和故事至今仍在这里广为流传。未来的工作重点是要把这些红色资源进行规划整合，恢复旧址遗迹，开辟徒步、骑行、自驾等不同线路，策划和打造红色文化体验区，通过教育、培训、情景再现等不同手段，为沟域经济增添红色文化内容和气息。三是慈孝文化的传承。全国少数民族特色村寨，北京美丽乡村——慈母川村，因钟离孝母敬母而得道成仙的故事得名，村内慈孝底蕴浓厚，尊老敬老蔚然成风，厚德典型不断涌现。2016年在该村举办的延庆区第一届重阳文化节暨慈孝文化节被央视等诸多媒体转载报道。2016年将持续发力，深入打造、久久为功，争取到作为全市重阳文化节的分会场，并适时启动全国少数民族特色村寨改造升级工程，把慈孝文化与惠民、富民工程紧密相连，为沟域经济增添传统文化内容和气息。四是推动传统乡村旅游产业转型升级。延庆传统的民俗接待产业，从萌芽走到今天，已经走过了17个春秋，促使一大批农民从传统产业中脱离出来，从劳动者转化为经营者，也促使一大批农民实现增收富裕。但是随着市场需求的变化和民俗户的不断增多，无序竞争，人满为患，环境破坏等诸多问题相继出现，产业转型升级迫在眉睫。为此，2016年结合搬迁新村改造，启动了铁炉村乡村酒店建设。村里成立资产合作社，引入社会资本，整合搬迁后新建的闲置房屋，改造建设成小规模，大集群的乡村酒店，引入高端消费群体，一方面变传统民俗户获得的经营性收入为资产性收入，另一方面也能够带动部分农民实现本地本土就业，获得工资性收入。同时，也为传统的民俗接待探索出新的途径，促进了传统产业的转型升级。应该说，这些节点建设，既各具特色，承担着不同的功能，又与整个沟域建设浑然一体，凸显了冰川绿谷沟域多样性和统一性的有机融合。相信经过上下不懈努力，一定能够实现“沟域让城市更想往，乡村让生活更精彩”的沟域经济建设目标。

2. 密云区巨各庄镇“酒乡之路”沟域建设。酒乡之路沟域以新密兴路和久黄路为主线，全长约30公里，面积80平方公里，涵盖密云县巨各庄镇26个行政村、12 876户、24 416人。沟域坐落北纬42°22′，是葡萄最适宜生长地带。巨各庄镇引导和鼓励农户将土地流转给企业，规模种植葡萄，围绕葡萄种植产业，着力打造集精品农业、农产品加工、旅游休闲、文化创意产业融合的“精致乡村生活体验地，国际现代慢生活休闲地”的沟域经济品牌。坚持“规划先行”理念，设计了《“酒乡之路”沟域经济规划》，以高标准的规划统筹推进沟域建设。规划围绕密云县“绿色国际休闲之都”的发展定位，以新密兴路为主轴，以“酒乡之路”为主题，以“一轴、两带、三区”为总体发展布局，打造集精品农业、农产品加工业、旅游休闲业、文化创意产业于一体的特色产业。项目一产规划发展葡萄观光采摘园，栽植优质葡萄10 000亩；二产规划依托万亩葡萄大力发展精品酒庄及酿酒产业；三产规划以张裕为龙头，发展农业观光、工业观光、农产品交易等产业；四产规划发展“酒乡之路”文化创意产业。一是“双保障”夯实沟域建设基础。组织保障：县镇两级成立了沟域经济建设领导小组，明确职责分工，重点推进；同时还注册成立了“巨各庄镇葡萄产业协会”，提供技术指导和培训，为葡萄产业健康发展保驾护航。资金保障：三年来，累计匹配专项资金5.1亿元，用于支持“酒乡之路”沟域项目发展。同时，充分运用好沟域经济启动和奖励资金，确保发挥实效。二是“双驱动”助力五项工程实施。结合镇域实际情况，在“酒乡之路”沟域建设过程中，采取公益项目和产业项目双轮驱动的模式：充分发挥公益资金的使用效益，实施环境整治、生态建设、基础设施及新村民居等项目建设，打造良好的发展环境，夯实发展基础。利用产业项目资金和社会资金大力发展玫瑰情园、精品酒庄等特色产业项目，构筑以葡萄为主题，生态休闲与民俗旅游相融合的产业构架。三是“双要素”构筑特色产业模式。“两条腿”走路，调动社会、农民“双要素”，实行高端项目、农民主体相结合的产业发展模式。引进社会资金近1.3亿元，发展酿酒和鲜食葡萄7 000亩，引进了巨丰欣悦、橡树堡等8家精品酒庄落地建设。发挥农民主体，引导农民大力发展庭院经济。“龙头辐射、农民参与、梯次分明、优势互补”的葡萄特色产业模式初步形成。经过三年的建设，“酒乡之路”沟域经济建设取得了良好的成效，全镇生态环境更加整洁优美，山水林田路的整治效果更加显著，重点小城镇基础设施更加完善。镇党委和政府为此乘势而为，以一、二、三产业融合发展为导向，大力发展葡萄产业，带动发展葡萄加工和葡萄主题文化产业，带动农民增收。蔡家洼玫瑰情园打造了1 600亩的大地景观，与万亩葡萄产业基地形成风景迥异、错落有致的沟域景观；以张裕爱斐堡国际酒庄为龙头，蔡家洼观光工业园、生态农业园、8号院等一批与之相呼应的生态休闲产业悄然兴起。项目实施以来，直接和间接带动本地农民3 300余户、5 200余人走上就业之路，一方面农民通过把土地流转到集体经营，既有土地租金收入，又可以在葡萄园或落地企业就业挣工资，年人均收入可提高2万～3万元；另一方面也带动部分群众发展民俗旅游实现增收致富。

3. **房山区霞云岭乡绿海红歌沟域建设**。霞云岭绿海红歌沟域位于房山区西部的深山区，平均海拔在1 000米以上，沟域内包括15个行政村，是房山历史上主要的产煤乡镇之一，也是石材主产区。近年来，随着低端产业的逐步清退，紧紧抓住红色文化和绿色生态两大资源优势，着力推进沟域基础设施建设、生态环境提升和绿色产业培育，逐步实现从“煤炭之乡”“建材之乡”向“旅游休闲度假胜地”的根本转变。2016年，投入2亿多元，按照“一片红，满山绿”的思路，打造具有首都风格的红色文化符号和青山绿水的生态屏障休闲功能，不断提升沟域的品牌魅力，吸引更多的社会力量落户山区，真正地把资源优势转化为资本优势直至为发展强势，推进山区转型发展。主要做法如下。一是坚持“生态建沟”，提升环境魅力。习总书记说：“绿水青山就是金山银山。”霞云岭乡绿海红歌沟域的第一大优势就是生态优势。整条沟域位于霞云岭国家森林公园内，林木绿化率达78.41%，山峻林茂、河湖隐现，生态环境优美。2016年，全乡完成生态造林工程7 400亩，小流域治理工程25 000亩，打造从银水村至堂上村“一线九点”36公里景观大道，主题雕塑、路边公园和观景平台相结合，形成步步有景的观光走廊。通过建设，已经形成多处特色各异的自然风景区。如以山花烂漫、松林蚁丘、山间白桦为特色的白草畔景区；以登山休闲、木屋住宿，水上音乐喷泉和冬季滑冰赏冰瀑为特色的山水人家金水湖景区，并打造完成了蝴蝶谷、迎客湾、青风苑、三流水等多条登山步道，形成了登山休闲工程网格化布局。实现了三季看花、四季有景的沟域大环境。每年吸引游客30.3万人，实现旅游收入550万元。生态优势正逐步转化为产业发展优势。二是坚持“特色立沟”，提升文化魅力。绿海红歌沟域不仅具有优美的自然环境，而且历史文化资源丰富，是红色革命圣地。堂上村《没有共产党没有新中国》词曲发源地，王家台抗日烈士陵园，上石堡房良联合县第一党支部遗址等红色旅游资源丰富。2016年，实施了红歌文化旅游基础设施提升工程，对红歌广场、《没有共产党就没有新中国》纪念馆、主题雕塑周边等设施进行整体改造。广场上鲜红的960平方米的党旗与对面装饰一新的红歌纪念馆在青山的映衬下，显得更加庄重。馆内采用现代电子技术，运用超大电子屏等现代设备，重现了我党的光辉奋斗历程。这里已经成为北京市重要的爱国主义教育基地，每年接待游客近10万人。做大红色品牌，“把红色资源利用好、把红色传统发扬好、把红色基因传承好”、加大“红歌源地”保护力度、“红色文化”推介力度、“红色经典”再创作力度，已经成为霞云岭新的发展机遇和发展方向。在七一、国庆等特殊日子，红歌广场已经成为传承红色经典的重要场地。2016年6月，为庆祝中国共产党成立95周年，中国文联文艺志愿服务团赴霞云岭乡堂上村进行了慰问演出，演出阵容庞大，明星云集，演员及观众达2 500余人，为沟域红色旅游增添了独特的文化色彩。三是坚持“民生强沟”，提升乡村魅力。霞云岭乡绿海红歌沟域坚持改造居民生活环境，打造生态宜居新农村。结合山区险户搬迁政策，已建设成集中连片的小区20个。在改善农民居住条件的同时，也为民俗旅游产业发展打下了良好的基础。全乡现有市级民俗村2个，民俗旅游接待户17户。2016年，实施了以环境整治百日会战为主的筑巢引凤工程，对村边“三乱”（乱堆、乱放、乱倒）进行治理；对沟域内不稳定斜坡、崩塌及泥石流灾害易发区进行治理；对废弃矿山生态环境修复治理；对沟域内609户进行了节能保温改造。同时，对路边建筑外立面统一设计粉刷，形成了与周围环境相配套的白墙灰瓦绿树相映成趣的美丽村庄。通过上述工程的实施，改变了农村脏、乱、差的卫生环境条件，改变了村民的生活习惯，把全乡村落打造成村容整洁、环境优美、居住安全的新农村。目前，已有堂上村、四马台村等7个村被评为北京市美丽乡村，四马台村被评为北京最美乡村。

沟域整体环境的持续改善，为生态休闲、健身疗养、养老养生等绿色产业的发展提供了良好的外部条件，吸引了越来越多社会力量的关注。使山区从过去的“包袱”一跃成为了现在的“财富”。目前首旅寒舍、绿地集团等一批有实力的社会资本正积极投入到绿海红歌沟域建设中来。2016年6月26日，北京首旅寒舍文化旅游发展股份有限公司与沟域内上石堡村经济合作社签署了高端民宿项目合作协议，计划总投资1.5亿元，一期工程计划投入资金2 500万元，将20个院落改造成“私密、舒适、乐活、自然”的乡村高端民宿酒店。绿地集团等一批具有实力的企业正在与全乡15个行政村进行调研，乡政府就沟域建设的深度合作对多家公司进行探讨，预计年底将有多家企业入户绿海红歌沟域。政府资金投入的绿海红歌建设，让其既显生态本色，又具现代气息，既有利资源禀赋不断巩固放大，也定会吸引更多的社会资本参与投资。社会资本投资与政府投资项目犹如两驾马车并驾齐驱，相互融合，优势互补，相得益彰，共同推动霞云岭乡绿海红歌沟域的持续发展。

（谢伟）

地质灾害易发区及农户搬迁工程

【基本情况】 通过“农民主体、政策集成、因村制宜、一户一策”等推动措施，山区农民搬迁工作顺利推进。2016年搬迁3 811户、7 687人，涉及门头沟区、延庆区、怀柔区、密云区、平谷区5个区的15个乡镇28个行政村，含两个低收入村（门头沟区黄塔村、吕家村）。搬迁工程在解决农民安居的同时，还搬出了新生活、新生态、新产业、新农民。一是结合地质灾害防治，搬出了新生活。实施山区农民搬迁的首要目的是解决生活在危险地区群众的生命财产安全问题。通过搬迁工程的实施，使得长期以来身处险区和生存条件恶劣地区群众脱离了险境，住上了安全、明亮、节能、抗震、保暖的新居，过上了安全放心的生活。2016年对地质灾害易发区内1 519户、3 102人实施了搬迁。9月2日《北京日报》结合“7·20”山区特大暴雨情况，在头版头条发表了《9.3万农民新居里安全度汛》的信息，对北京山区搬迁成效进行了报道。二是结合美丽乡村建设，搬出了新农村。搬迁新村按美丽乡村建设要求高标准规划设计，全面提升搬迁新村水、电、路、气、暖、通信、污水处理等基础设施水平，不断完善各项公共服务配套设施，让山区农民生活在农村就可以享受到城市文明。2016年延庆区聘请专业设计团队，按照美丽乡村的建设标准进行规划设计，充分考虑产业发展和公共服务，融入文化元素，提升建设品质。三是结合煤改清洁能源，搬出了新生态。搬迁新村通过安装电取暖、空气源热泵等冬季取暖设施，推动了农村能源结构的调整，变成了无煤村。减少了对森林植被的破坏，改善了山区的居住环境和生态环境。利用清洁能源既可以清洁首都空气，保护山区生态，为农民的生活提供便捷，同时选取适宜的取暖设施还可以节约取暖费用。铁炉村成为北京山区首个使用地源热泵的村庄，并取得了良好的效果。

【搬迁典型】

1. 怀柔区喇叭沟门满族乡对角沟门村。对角沟门村地处怀柔区北部深山区，是进入喇叭沟门满族乡的第一个行政村，距离乡政府5.2公里，距怀柔城区85公里，汤河依村通过，还是通往河北省丰宁满族自治县的必经之路，G111国道从村边穿过，交通十分便利。由于该村村西部分户受洪水威胁，共搬迁124户、285人，新建农民新居109栋，现已全部入住新房。一是组织保障有力，确保满韵村庄竣工。喇叭沟门乡党委、政府高度重视搬迁工作，为使工程能够顺利实施，专门组建了搬迁工作领导小组。由乡长任组长，主管农业副乡长任副组长，成员由农业发展办、村镇办、村级财务服务中心、计生办、司法所等相关科室的负责人组成。为使新村建设符合未来产业发展，对该村的房屋布局实行了统一设计规划，统一房屋外观等规定，通过广播、村务公开栏、村民代表会等多种形式进行广泛宣传搬迁和优质燃煤替代政策，动员全民支持和参与优质煤替代工作，为优质煤替代工作营造良好的舆论氛围。为使搬迁补助资金按规使用，村级体严格按照“八步法”用好每一分钱；重大项目开支通过村民代表会商定；政策人员身份及房屋保温建设，在村内进行7天张榜公示；建房全过程采取村民个人和村质量监督小组共同监管，分阶段验收合格后往下进行。通过对政策的严格把控，消除百姓疑虑，促进了工程建设的顺利实施。二是集成市区政策，打造满族特色新村。在相关部门的大力支持下，共集成各部门政策项目资金2 000多万元。通过项目的实施，在角沟门村周边的生态环境改善、产业发展、满族特色建设等方面取得了丰硕成果。村民取暖得到解决，新村建成后村民全部采用电采暖，供电线路全部入地并实行峰谷电价，村民年取暖费用比用煤取暖费用降低30%。村内生态环境改变，该村在2015年实施小流域综合治理工程。把汤河水引进村庄，形成上水相应的生态景观效果，建成村内休闲公园一处。实施后续产业项目，该村引进喜鹊登科专业种养殖合作社，并完成了低收入村产业项目的实施。目前，村内共栽植国光苹果300亩，葡萄60亩，种植食用和药用花卉35亩，举办了首届金莲花节。打造满族特色新村，开展民族体育文化公园建设项目，满族文化住宅、文化墙建设，村内成立了秧歌队、腰鼓队，农民文化素质、道德修养明显提高，使该村形成了浓郁的满族文化氛围。投资560万元，用体现满族传统建设风格的青砖、仿古瓦建设房屋、建设民族特色门楼，挖掘、营造满族文化氛围。2015年9月18日北京市山区搬迁工作现场会在此召开，并被市农委推荐为观摩参观点，搬迁的做法得到市领导认可。三是发展民俗产业，促进农民增收。对角沟门新村建成后，生态环境得到了改善和提升，百姓居住条件得到根本改善，民俗旅游产业建设效果明显。目前，该村现已发展81个民俗接待户，每周接待住宿游客1 600多人，接待游玩客人3 000多人，仅此一项每户年可实现旅游收入5万元以上，对角沟门全村可实现旅游收入500万元以上。

2. 门头沟区斋堂镇柏峪村。柏峪村位于斋堂镇西北部，距离镇中心区12公里，东距爨底下村4公里，西距黄草梁7.5公里。村域面积3.28万亩。现有村民321户、616人，农宅总面积约2万平方米。村内旅游文化资源非常丰富，集历史、古建、军事、红色、戏曲文化等于一体。为早日建成精品旅游村，2015年以来，柏峪村开始提前谋划险村搬迁方案，并委托专业公司高标准进行规划设计，于2017年被列入全区险村搬迁计划。目前工程进展顺利，已完成50%的民房拆除工作，并开工建设了一批搬迁新居。一是结合资源禀赋，采用“两结合”谋划搬迁方案。柏峪村位于爨柏景区内，地理位置特殊，旅游资源丰富。一方面，柏峪村要借助险村险户搬迁契机发展民俗旅游，培育“吃、住、游”一体化的主导产业；另一方面，柏峪村又要保持传统村落风貌，与周边古村落相互匹配。在这种情况下，搬迁方案、规划风貌成了摆在柏峪村面前的首要问题。柏峪村多次召开村民代表大会，在尊重老百姓意愿的前提下，区、镇领导多次下村指导，在反复的讨论与磨合中形成了“两结合”的搬迁方案，结合爨柏景区旅游规划，提升柏峪村旅游文化整体形象；结合爨柏沟域基础设施项目建设，提升柏峪村基础设施整体水平，力争形成爨柏沟域带上的一个闪亮的节点，承托起爨柏沟域的居住功能。目前，爨柏景区旅游规划已形成初步成果，正在修改编制。同时爨柏古村古道文化旅游区基础设施建设项目已获得发改委批复，批复初设概算总投资9 303万元，其中市政府固定资产投资安排解决8 373万元，建设内容主要包括道路工程、给水工程、古村风貌保护工程和绿化工程。通过“两结合”的搬迁思路，柏峪村的搬迁方案明确，产业定位清晰，为后续的发展打下了基础。二是注重原始风貌，采用“高定位”做好规划设计。在规划设计之初，在斋堂镇政府的多次指导和大力支持下，采用“高定位”的设计思路，委托清华大学控股的建筑设计工程甲级企业——北京清尚建筑设计研究院有限公司进行初步设计。通过文化注入的手段在建筑规划中叙写乡村文脉，重塑乡村精神，建立乡村表情，讲述乡村故事，摒弃装潢式的立面设施改造，打破千篇一律的乡村建筑面貌。保留村落的特色风光、保存完好的村落形态、展示丰富多彩的历史文化内涵。设计经过多轮修改和完善，并征询了区农委、镇政府等相关部门的意见建议，最终形成定稿。目前设计成果已通过区农委组织的专家评审。三是坚持民主公开，采用“凝聚力”早动员早部署。在明确了搬迁方案和规划设计后，柏峪村不等不靠，提前启动前期工作。2015 年，柏峪村“两委”班子多次组织召开村民代表大会，讨论制定搬迁方案。2016 年完成了搬迁规划设计，得到了全体村民一致通过，并被列入全区 2017 年险村搬迁计划。柏峪村险村搬迁工程得以顺利推进，“两委”班子的“核心力”起到了决定性作用，以班子团结为核心，以全体村民支持为基础，以“四议两公开”为方式，做到早动员、早部署、早行动，下好先手棋，打好准备仗。结合“法城经验”“东马经验”，在此基础上进一步创新搬迁模式，在未列入险村搬迁计划之前，就提前部署前期工作，完成了搬迁方案制定、规划设计、“四议两公开”程序、村民搬迁申请等前期手续，上述工作全部完成后再向区农委申请列入下一年度的搬迁计划。这种“先过会、后申请”“先筹备、后启动”的运作方式，确保了险村搬迁工程可以及时有效地顺利推进，同时也为门头沟区的险村险户搬迁工程树立了新的典型模式。

3. 密云区新城子镇苏家峪村。苏家峪村位于密云区新城子镇南部，耕地面积1 096亩，果园面积 400 亩，山场面积6 363亩。全村共有 146 户、307 口人，其中 60 岁以上的 113 人，属于老龄化村庄。主要农作物为小杂粮、板栗、核桃等，先后成立了北京新顺合种植专业合作社、北京苏家峪板栗种植专业合作社。2015 年度农民人均纯收入11 000元，全村低收入户 78 户、148 人，属于新城子镇 7 个低收入村之一。该村属泥石流多发、生存条件恶劣地区，由于山高路远、荒凉偏僻，与外界联系不紧密，受自然条件、社会经济现状等多种因素的制约，生产生活条件落后，农村经济发展滞后，村民生活水平停滞不前，居住环境长期得不到改善。特别是近几年的洪涝灾害频发，村里的房屋受地质滑坡的影响沦为危房，严重影响到村民的生命安全。目前山区农民搬迁工程已完成 60%，预计 2017 年年底完工，村民完成内部装修后即可入住，新村基础设施建设进一步完善。一是健全组织领导机构，明确职责分工。村里成立了由村两委、村民小组长、党小组长组成的搬迁领导小组，对工程质量、进度进行跟踪、检查，对发现的问题要求及时整改，对资金使用情况严格审计，确保经费专项专用，不挪用，不乱用。主管镇长定期亲自过问，对项目情况进行专题研究，聘请专家对项目提出合理化建议，有效避免项目走弯路、走错路。各级机构各司其职开展工作，组织健全，分工明确，确保搬迁项目的顺利实施。二是做好前期规划，打好搬迁基础。搬迁工作思路确定以后，根据实际情况制定了新村建设规划，尤其是对新村搬迁的实施地点、村庄布局、房屋设计、基础设施建设、新村绿化、产业结构调整、特色产业等进行了详细地规划，保证了搬迁工作有条不紊地进行。三是尊重村民意愿，发挥村民主动性。实施搬迁工作，其主体是村民，最终受益者也是村民。是否搬迁，前期做好政策宣传，充分征求村民意愿，采取自愿原则。充分发动广大村民的积极性，对制定出的各项规划、房屋的设计等充分征求和合理采纳他们的意见建议，搬迁工程也相应解决了村内部分闲置劳动力的问题。由于建造的是自己的家园，村民劳动的积极性更高，工程的质量也相应提高，村民的主动参与，形成了党委、政府和群众上下联动、互相配合的工作格局。四是项目投资和群众自筹相结合，确保资金合理使用。在搬迁项目实施过程中，将水、电、路、房屋等各口的项目资金统一规划，一事一议、煤改电、小流域治理、水务部门等专项经费与新村搬迁紧密结合，使资金最大限度发挥了效益，避免重复投资和建设，取得了明显的成效。五是细节入手加强管理，严把工程质量关。在工程施工的细节方面，主要采取了以下措施加强管理，确保工程质量：新村整体规划、房屋设计等设计全部由有资质的设计单位设计，确保合理性、统一性；使用具备施工资质且经验丰富的施工队伍承接工程项目，确保项目施工合规、合法；建房各户与施工队签订责任书，建房各个重要环节都要由户主签字认可后方可进入下一环节，在保证主体结构一致的前提下，房屋内部结构及内部装修，各户自行设计，确保各户对房屋施工满意度；村委会聘请两名专职的监督人员和一名有资质的技术人员，全程跟踪施工进度情况，发现问题及时沟通，户主集中问题、村委会统一协调，确保了工程施工监理到位；建房资料每户一档，包括签订的协议书，建房用的材料合格证，地梁、圈梁的照片，工程结算清单等及时进行存档，方便日后备案、查档，同时也起到了监督作用；为保证新村规划的统一性，除电力主线外，其余照明用线、有线电视、网线、水电管道等均采用地埋方式，对雨水、污水、自来水等基础设施统一规划、有效集中，此种方式避免了各种线私拉乱拉的现象发生，有效加强了安全性的同时也增加了新村的美观性。

【完善山区生态公益林生态效益促进发展机制和管护机制】结合低收入增收“六个一批”中“生态建设帮扶一批”的要求，探索完善山区生态公益林生态效益促进发展机制和管护机制，最大程度发挥生态效益补偿政策对促进低收入农户增收的拉动作用。会同市园林绿化局、市财政局多次深入山区乡村调研，出台了《关于调整山区生态公益林生态效益促进发展机制有关政策的通知》，将资金标准由现行的40元/(亩·年）调整为70元/（亩·年)。调标后，市级增加投入2.58亿元，现有山区127万农民人均受益由原来的340元提高到594元，促进山区6.1万低收入农户增收。

（谢伟）

农业科技

综述

农业科技紧密围绕首都的功能定位、农业科技改革和供给侧改革，以调整结构、转变发展方式、做优做精农业为目标，加强基层农业科技服务体系建设，印发并实施了《北京市基层农技推广改革与建设实施方案》，从而提升了示范带动水平，科技服务信息化水平、精准化培训水平和社会化服务水平。努力调精调优村级全科农技员队伍，较好实施了农业专业技术人员素质提升工程。农业科技还紧密与京津冀协同发展战略对接，促使京津冀农业协同深入发展，发挥带动和示范辐射作用，对本市都市型现代农业产业发展起到支撑作用。进一步完善了科技成果推广与科技成果转化，农业科技成果产出丰硕。

科技推广与科技成果

【京津冀农业科技协同深入推进】 北京市农业局和河北省农业厅于12月12日联合召开了“北京市—河北省现代农业产业技术体系创新团队对接工作会”，北京市10个创新团队与河北省11个团队进行了全面对接，进一步明确了京冀两地可以共享转化的科技成果，以及下一步技术研发攻关任务。果类蔬菜团队组织召开“京津冀果类蔬菜产业协同发展交流会”并签署了京津冀果菜产业技术合作备忘录；叶类蔬菜团队与河北省蔬菜团队共建沽源生产基地；粮经作物团队在保定雄县建立了“京冀粮经产业专家工作站”；京津冀三地生猪创新团队建立联系小组，组建了60名专家、200多名基层推广人员和150余家企业参加的一体化联盟；奶牛团队组织“奶牛保姆行动——河北行活动”。与天津市农委和天津市畜牧局对接，为天津市组建观赏鱼、生猪、奶牛等产业技术团队提供管理和经验的借鉴，并组织了两地的专家深入交流对接。北京举办的4期“农业科技大讲堂”和2期“高级研修班”，为津冀两地培训专业技术骨干40余人。

（肖长坤）

【农业对口援助深入推进】 南水北调对口协作。与河南省农业厅、湖北省十堰市农业局建立了沟通协调机制。组织完成了河南省休闲观光农业、生态循环农业、现代农业与农产品加工、家禽养殖管理和家禽养殖环境保护共7期280人的培训任务。组织生物防治等专家赴十堰进行生物防治技术的转化应用，以最大程度减少水源地农药对面源造成的污染。拉萨对口援助。拟定了《“十三五”农业援藏对口协作框架协议》。完成 11 名专业技术骨干在京为期 45 天的畜牧人才岗位锻炼，选派 6 名专家赴拉萨市开展农产品质量安全“双认证”培训和有机产品认证示范县（区）专题培训。新疆对口援助情况。组织完成乌鲁木齐市 28 名专业技术骨干赴京为期 12 天人才岗位锻炼培训与和田县 34 名专业技术人才为期 15 天的培训任务。

（肖长坤）

【创新团队建设成效显著】继续建设果类蔬菜、叶类蔬菜、西甜瓜、食用菌、粮经作物、生猪、家禽、奶牛、观赏鱼、鲟鱼、鲑鳟鱼共 10 个创新团队建设。10 个技术研发中心聘用岗位专家 154 名，建设综合试验站 52 个、农民田间学校工作站 214 个。2016 年，依托创新团队产业经济专家提出产业发展政策建议 16 项，发表技术论文超过 400 篇。其中，SCI 论文超过 80 篇。编著著作 50 余部，制定国标、地标和行标 20 余项。获得发明专利 69 项，实用新型专利 40 余项。共选育出农业新品种 61 个，通过审定或鉴定 58 个，筛选新品种 68 个；研发及集成新技术 200 项，筛选主推新技术 70 项；研发新产品 108 项，筛选新产品 48 项。开展技术观摩培训2 062 次，培训超过7.8万人次。技术成果示范带动应用 38 万亩，涵盖家禽3 700万只次、奶牛11.4 万头次、生猪 127 万头次，实现经济效益7.1亿元。技术的应用，实现科技节水超过1 500万立方米、节肥2.9万吨、节药 208 吨。同时，减少 CO_2 排放457.08吨、氮排放2 509吨。

（肖长坤）

【科技成果产出丰硕】依托创新团队和试验示范项目获得农业部农牧渔业丰收奖、教育部科技进步奖、北京市科技进步奖、北京市农业技术推广奖等省部级奖项 43 项。其中，“毁灭性土传病害综合治理技术体系的构建及推广应用”“犊牛营养调控和培育关键技术研究与推广应用”等 5 项成果获农业部丰收一等奖；“叶类蔬菜周年安全生产技术研究与应用”“提高仔猪成活率关键技术集成与推广应用”等 8 项成果获得北京市农业技术推广一等奖；“光作物节水调质高效灌溉技术研究应用”获得教育部科技进步二等奖；“乳品产业链质量安全监控关键技术创新集成及应用”获得北京市科技进步二等奖。

（肖长坤）

【新型职业农民培育见成效】培育以全科农技员、青年农场主、农机手为主的新型职业农民 700 名。其中，重点遴选 100 名 40 岁以下的列入青年农场主培育计划，并与中专学历教育相结合；遴选 40 名作为农机手重点培养，为适应农业规模经营和信息化智能化发展提供后备人才。整合资源，集成本市农业科研、教学、推广单位培训资源，实施定向培育、精准培育。密云河南寨农机服务专业合作社理事长陈向阳获得“农业部全国十佳农民”荣誉称号，为北京首次。

（肖长坤）

【加强基层农技推广服务体系建设】制订并印发《北京市基层农技推广改革与建设实施方案》，组织 10 个区县制订区级落实方案。实现了四个提升的目标，一是提升了示范带动水平。继续完善密云、大兴 2 个市级示范区建设，新增延庆、房山 2 个示范区试点，建成规范化乡镇农技推广站 51 个（2016 年新建 25 个）、村级农业综合服务站 150 个（2016 年新建 50 个），创建 1 个国家级示范乡镇。二是提升科技服务信息化水平。与 12316 信息进村入户工程相衔接，为新建 50 个村级综合服务点提供农业信息化服务；加快推广“农业科技网络书屋”“农村远程教育”“农广天地·农科讲堂”等公益性信息化服务平台，通过“专家在线”“学习竞赛”等提供多样化技术服务。三是提升精准化培训水平。面向产业转型升级需求，对基层农技人员和科技示范户进行岗位专业技能提升培训。四是提升社会化服务水平。依托项目引导科研院所、大专院校、农机合作社等新型服务主体创新服务模式，提高服务效能。探索开展网格化试点。依托 12316 服务热线和一线村级全科农技员队伍，在顺义区北务镇启动网格化建设试点。

（肖长坤）

【调精调优村级全科农技员队伍】修订了《村级全科农技员管理办法（试行）》。依托全市聘用的2 498名全科农技员为 10 个区 143 个乡镇主导产业村提供全方位技术服务。继续支持社会化服务机制探索。依托农民专业合作社、农药经营店开办“植物诊所”，完善农作物病虫害专业化、标准化技术服务模式。强化新型农业经营主体培育机制，在人员的遴选上与当前工作与需求相结合，针对性重点培育；在培训手段上与实践结合，如市农职院举办的星光课堂，利用晚上的时间分享学员工作经历，针对性研讨提升。

（肖长坤）

【实施专业技术人员素质提升工程】组织实施市人力社保局“专业技术人员知识更新工程高研班”项目，培训耕地质量保护、节水节肥智慧土肥高级技术人才80人。围绕农业科技体制改革、供给侧改革、工厂化生产及科技创新中心建设等举办“农业科技大讲堂”4期，培训市区专业技术骨干800人。围绕农业标准化、农产品质量安全、农业电子商务和“互联网＋”举办“高级研修班”2期，培训市区专业技术骨干124人。

（肖长坤）

【农业部农业国际交流与合作项目】为进一步落实党和国家领导人出访和对外农业承诺后续行动，并积极推进农业“走出去”和“一带一路”建设农业领域合作，强化农业科技全球合作，积极组织本市涉农企业申报农业国际交流与合作项目。组织上报并获批项目5项，得到批复项目共计5项，共计批复资金300万元。中国机电工程苏里南绿色能源公司承担苏里南共和国（南美洲）3.2万公顷土地综合开发项目可行性论证及启动示范。中地海外农业发展有限公司承担尼日利亚中地海外农业高科技产业园水稻高产及机械化种植技术推广项目。北京中农富通园艺有限公司开展与特立尼达和多巴哥共和国农业创新示范园建设项目。佳沃集团有限公司承担智利中国农业合作示范农场项目。北京大北农生物技术有限公司承担中国—阿根廷大豆新品种合作研发项目。

（肖长坤）

【园林科技创新】年内，实施国家林业局林业公益性行业科研专项、北京市科技计划项目和局青年科技专项等科研计划项目（课题）20项，解决园林绿化建设中的技术难题。全面实施“2016年北京园林绿化增彩延绿科技创新工程”。组织实施楸树、粗榧、长青石竹等32种新优乡土增彩延绿品种选育及栽培管理技术研究和白云杉、丰花、紫珠等8种国外优良增彩延绿植物品种的引种驯化及隔离试种；完善落叶乔木基地、彩色树种基地、常绿树种基地、引种驯化基地450亩资源圃、采穗圃、繁育圃建设；在通州行政副中心六环路、东郊森林公园、西城区报国寺、冬奥会周边（延庆张山营镇）建设园林绿化增彩延绿科技创新示范区4处，其中，城市绿地10.2万平方米，山区冬奥会场地周边及沿线绿地改造500亩。累计栽植新优乔灌木25 000余株，新优地被50余万株，全面展示新优植物品种30余种；采用园林绿化废弃物、生物活性肥、生物菌肥完成项目区土壤改良；采用痕量灌溉、智能化滴灌、节水集雨改造等新优节水措施全面覆盖城区示范区，采用保水剂、生态垫覆盖等节水措施全面覆盖山区示范区。启动实施北京市科技绿色通道“北京市绿地林地土壤质量提升关键技术研究与示范”课题。

【科技成果推广和转化】年内，围绕市园林绿化重点工程，依托北京园林绿化增彩延绿科技创新工程、中央财政林业科技推广示范资金项目和市农业科技试验示范项目等，开展科技成果推广21项，建立不同类型的科技创新示范区17处。

【科技支撑】年内，组织实施科研课题20项，推广应用科技成果21项，制定发布各类标准16项。持续推进增彩延绿科技创新工程，累计栽植新优乔灌木2万余株、新优地被50余万株，建设资源圃、采穗圃和繁育圃450亩，建设示范区4处。加强杨柳飞絮综合治理，治理雌性杨柳株20万株。开展全国野生动植物调查北京地区调查、森林资源连续清查工作。国际合作项目扎实推进，圆满完成中德财政合作“京北风沙危害区植被恢复与水源保护林可持续经营”项目；参加第一届中国—中东欧国家首都会议，与保加利亚首都签署园林绿化合作备忘录。林业碳汇工作积极推进，制定园林绿化碳汇交易资金使用办法，启动重点造林营林工程的碳计量。编制“互联网＋园林绿化”行动计划，制定智慧园林应用系统技术导则，搭建果品、种苗、移动办公等智能化平台。

【2016年度农业科技主要获奖成果简介】

1. 玉米品种京科968选育与示范推广。该成果由市农林科学院玉米研究中心完成，获得2016年全国农牧渔业丰收一等奖。该成果针对东华北及类似生态区玉米生产中高产稳产、抗病抗逆、优质广适玉米品种缺乏，玉米螟、丝黑穗病、大斑病等病虫害以及低温冷害、高温干旱等非生物灾害频发重发等问题，在玉米种质创新、新品种选育、雄性不育化制种、良种良法配套和新品种推广模式等方面取得了突破性成果。一是集成创新“高大严”玉米自交系选系方法（高密度、大群体、严选择）及“五位一体”工程化玉米品种选育技术（“高大严”选系方法、IPT配合力测配技术、DH单倍体诱导及加倍技术、MAS分子标记辅助育种和多年多点多生态区鉴定技术等)。二是创新选育出玉米自交系京724和京92，具有产量高、配合力好、抗逆性强、适应性广等优点。进一步拓宽和丰富了我国玉米种质基础，并成为玉米育种和进一步改良的骨干自交系。三是创新“国外X种质选系×国内黄改种质选系”杂优模式，选育出具有自主知识产权的突破性强优势玉米杂交种京科968，并通过国家审定（国审玉2011007)。四是创制S型新型不育系，并通过回交聚合和分子标记辅助选择快速实现雄性不育化制种；研发并建立了雄性不育化高产优质制种技术，并实现产业化应用。五是提出以“单粒精量播种、早播、适密、防倒”为核心的配套栽培技术，实现了单粒精量播种的高产高效技术配套。六是创新科企合作新模式，构建“6+1”京科968玉米新品种研发联合体，实现产学研相结合、育繁推一体化。京科968连续5年被农业部推荐为全国玉米主导品种，还被吉林省列为主导品种、北京市更新换代品种和高产创建主导品种，还被列为国家玉米新品种区域试验东华北春玉米区对照品种。在全国累计推广6 424万亩，增产玉米45.16亿千克。已成为目前我国三个种植面积最大的玉米主导品种之一与东华北区玉米生产主栽品种，社会经济效益巨大。

2. 农业物联网发展模式及扶持政策研究。该成果是由市农林科学院农业信息中心完成的，获得2015年度农业部软科学委员会优秀成果一等奖。该软科学成果从农业物联网理论内涵、发展环境、现状与问题、技术应用模式、产业发展模式和扶持政策等方面深入剖析了我国农业物联网的理论与实践，并结合“十三五”时期农业农村面临的形势，提出了针对性的对策建议。

3. 禽用系列灭活联苗的研究与应用。该成果是由市农林科学院畜牧兽医研究所完成的，获得2016年度北京市科学技术二等奖。该项目针对鸡新城疫、传染性支气管炎、减蛋综合征和H9亚型禽流感四种家禽疫病危害及单苗免疫费时费力并引起鸡群应激等问题，开展禽用灭活联苗及配套疫苗生产新工艺和鸡传染性支气管炎诊断试剂研究，研制我国养鸡市场急需的安全、高效禽用灭活联苗，为养禽业健康发展提供技术保障。一是经过6年的原创性研究，在国内首次研制成功商品化的鸡传染性支气管炎诊断抗原。研制的诊断抗原敏感、特异、稳定，达到了国外同类诊断抗原的质量标准，获得了具有自主知识产权的国家二类新兽药注册证书，填补了国内空白，为我国鸡传染性支气管炎疫苗效力检验、免疫监测及疫病诊断提供了一种新型诊断试剂。二是应用鸡胚接种收获一体机进行病毒接种与收获，建立了3个疫苗生产新工艺，实现了疫苗抗原生产自动化，生产效率提高了10倍；在国内兽医界率先采用盒式超滤浓缩系统进行试验研究，建立了禽用疫苗多种病毒抗原浓缩工艺，解决了以往灭活联苗抗原含量不足的问题；建立了真空乳化罐及管线式乳化新工艺，与旧工艺相比乳化效率提高10倍，同时疫苗保存期从12个月提高到18～27个月。新工艺的建立解决了疫苗生产关键技术难题，提高了疫苗生产效率及质量，推动了我国兽用生物制品行业技术进步。三是经过十多年攻关研究，研制成功“鸡新城疫、禽流感（H9亚型）二联灭活疫苗”“鸡新城疫、传染性支气管炎、减蛋综合征三联灭活疫苗”“鸡新城疫、传染性支气管炎、禽流感（H9亚型）三联灭活疫苗”及“鸡新城疫、传染性支气管炎、减蛋综合征、禽流感（H9亚型）四联灭活疫苗”；新疫苗稳定性好、安全、免疫效力高、持续期长，其质量达到国际先进水平，免疫一次即可有效控制多种疫病，降低了免疫劳动强度及鸡群应激反应。项目实施以来，研制成功4种新型禽用灭活联苗和1种诊断试剂，获得5项国家新兽药注册证书，制定了5种国家兽用生物制品质量标准；发表相关论文31篇；四种新型禽用灭活联苗进行产业化生产及应用，疫苗在全国应用免疫鸡数达20.96亿羽，经济社会效益显著。

4. 京单58等早熟、抗旱系列优良玉米品种的选育与推广。该成果是由市农林科学院玉米研究中心完成的，获得2016年度北京市科学技术二等奖。该项目针对京津冀及类似生态区水资源紧缺，玉米生产中干旱以及风灾倒伏频发，夏播玉米热量资源紧张、品种生育期普遍偏长、抗倒性及籽粒成熟度和品质差等问题，在玉米种质创新、新品种选育及良种良法配套等方面开展研究并取得了重要突破。一是通过广泛种质收集、鉴定、筛选以及对瑞德群血缘种质进行创新改良，创制选育出 CH8、MC03、京5 846三个改良 Reid 种质优良玉米自交系，具有配合力高、抗旱抗逆性强、适应性广、制种产量高等突出优点。获得农业部植物新品种权，进一步拓宽和丰富了我国玉米种质基础，并已成为玉米骨干自交系。二是集成创新并优化了“改良 Reid 种质×黄改群种质”的玉米育种杂种优势模式，以“早熟、抗旱、抗倒伏”为主要育种目标，统筹兼顾资源高效和玉米高产优质，自主选育出早熟、抗旱，并具有高产优质、耐密抗倒伏、抗多种病害、广适性强等综合优点的京单 58、京单 68、京科 389 和京科 739 等系列优良玉米新品种，通过国家、北京市、天津市、内蒙古等省（市、区）品种审（认）定，并获得农业部植物新品种权。三是探索并建立了基于不育系、保持系和恢复系的三系配套雄性不育制种技术规程，解决了玉米制种人工成本高、种子纯度难以保证的技术难题，种子质量达国家一级以上标准。四是研究提出了适宜京津冀及内蒙古等不同产区的配套高产高效栽培技术规程，实现良种良法配套。京单 58、京单 68、京科 389 和京科 739 等早熟、抗旱系列优良玉米品种在北京市、京津冀及内蒙古等地累计示范推广2 011万亩。其中，京单 58 被农业部列为全国玉米主导品种以及被北京市农业局列为北京市更新换代夏播玉米新品种，京单 68 被北京市列为夏播玉米高产创建主导品种和北京市更新换代夏播玉米新品种。满足了京津冀及类似生态区玉米生产对早熟优质、抗旱抗倒、高产稳产玉米品种的需求，促进了京津冀及类似生态区玉米生产品种更新换代，提高了玉米综合生产能力，降低了玉米生产成本并节约了水资源，社会、经济和生态效益显著。

5. 草莓新品种选育、种质创新及示范推广。该成果是由市农林科学院林业果树研究院完成的，获得 2016 年度北京市科学技术三等奖。该项目针对我国草莓生产上国产设施品种少、种苗良莠不齐的现状，在引进国外品种的基础上，通过杂交育种与优异资源创制，选育出风味浓、大果、抗病综合性状优良的草莓新品种，同时以构建三级育苗体系为基础，应用脱毒穴盘苗，以实现草莓生产的健康稳定发展。一是首次系统引进和评价了国内外草莓资源 300 余份，筛选出优异种质 14 份，其中“甜查理”“红颜”“枥乙女”“卡姆罗莎”“章姬”“幸香”“达赛莱克特”等种质被广泛利用，选育出国产草莓品种 28 个。二是培育设施草莓新品种 14 个，其中适宜贮藏品种 3 个，“天香”贮藏期比对照品种“红颜”延长 9 天；早熟、优质、高产品种 10 个，“京藏香”早熟性强、抗病、果个大，比“红颜”成熟期提前 10～15 天，产量提高45.3%；“京桃香”抗病、耐贮、桃香味浓郁；特色品种 1 个，“粉红公主”果面粉红色，是国内首个果面颜色特殊的栽培品种。这些品种在国内同类品种中居领先水平，连续 5 年获全国草莓擂台赛最高奖“长城杯”。5 个品种被国内 7 家企业购买，8 个品种引种到意大利和美国。三是开展品质形成的分子机理研究，揭示了特征香味成分橙花叔醇按 1∶1 分离的遗传规律，确定蔗糖是调控草莓果实发育和成熟的新信号，这为香味育种和生产中控水、增大温差、追施有机营养液改善香味品质提供了理论依据。四是针对苗木变异问题，展开机制研究，确定 DNA 甲基化和 miRNA 是导致苗木发生变异的原因之一，利用脱毒生产一代苗可以实现安全生产。利用育苗地剩余的嫩叶率先研制出草莓叶茶，增加了草莓的附加值。项目实施以来，审品种 14 个，获发明专利 1 项；制定行业和地方标准 5 项，其中《植物新品种特异性、一致性和稳定性测试指南　草莓》是草莓新品种保护权申请唯一执行依据。发表论文 60 余篇，其中 SCI 论文 11 篇；主编专著 35 万字，翻译专著 10 部，出版论文集 4 部。成果 5 年累计推广3.12万余亩；成功举办“第七届国际草莓大会”和 5 次全国草莓文化节，促进了产业发展，社会效益显著。

6. 大白菜优异种质创新和多样化系列品种选育与推广。该成果是由市农林科学院蔬菜研究中心张凤兰、余阳俊、于拴仓、徐家炳等人完成的，获得 2016 年度市农林科学院科技创新奖——科技进步一等奖。该项目针对我国大白菜根肿病和黄萎病等新的流行病害危害严重、优异种质资源匮乏、育种技术不完善与突破性品种少等问题，以提高品种的多抗性、耐抽薹和耐贮运为育种目标，建立多抗性鉴定和高通量分子标记辅助选择技术体系，选育优势强、综合性状优良、类型多样的新品种，创建了育繁销一体化的产业化模式，取得了一系列重要创新成果。一是建立了多抗性精准鉴定与分子标记辅助选择相结合的白菜高效育种技术体系。在国内首次建立了黄萎病和根肿病精准抗性评价技术；国际上率先开发出覆盖白菜全基因组的 583 个 SNP 标记，建立了高通量背景选择技术体系；开发出抗霜霉病、耐抽薹等 7 个性状的功能基因或紧密连锁的 SNP 标记，并建立了高通量分子标记辅助育种技术平台。二是创制出聚合抗病、优质等多种优异性状白菜新种质。通过多材料复合杂交结合抗性鉴定和分子标记辅助定向选择，创制了聚合抗病、优质等优异性状的白菜骨干亲本材料 100 余份，显著拓展了优异种质群。其中京秋 4 号亲本之一“改良 3 号小”聚合了直筒叠抱、耐贮运、耐干烧心、抗霜霉病、TuMV 和黑腐病等多个优良性状。首次创制出兼抗 4 种主要病害的自交系 4 个。三是培育出 6 个满足多样化需求和适于周年生产的新一代突破性白菜新品种。“京秋 4 号”，包球快、复合抗性强、优质、耐贮运，成为华北、东北地区的秋季大白菜主栽品种之一；春播晚抽薹品种“京春黄”和抗根肿病的品种“京春 CR”，在我国高原和高山春夏播大白菜产区得到大面积推广应用，开始替代韩日品种，实现了高端品种的“本土化”；“京春娃 2 号”打破了国外品种的垄断，成为国产娃娃菜第一大品种；高品质、速生苗用品种“京研快菜 2 号、4 号”，实现了周年栽培，改变了生产上长期缺乏冬春和夏季栽培专用品种的局面。四是国内率先实现了大白菜杂交种生产全程机械化，建立了可规模化用于商品种真实性和纯度鉴定的 SSR 和 SNP 标记检测技术体系和种子丸粒化加工技术，为进一步推进良种产业化提供了技术支撑。2010 年以来，累计推广面积约1 390万亩。秋播品种“京秋 4 号”约占华北和东北秋大白菜主产区 25%，被农业部连续 2 年列为唯一的大白菜主导品种；娃娃菜和快菜品种占全国市场份额的 30%。审（鉴）定品种 5 个；获授权发明专利 6 项；发表论文 45 篇，其中 SCI 论文 13 篇，累计影响因子53.8，出版专著 2 部，制定国家标准 1 项。

表 1　2016 年通过审定、鉴定或认定的新品种名录

序号	品种名称	主要选育人	选育单位	证书号	审定范围
1	桃“瑞蟠 4 号”	姜全、郭继英、赵剑波等	林果院	国 S-SV-PP-020-2015	国家审定
2	桃“早玉”	姜全、郭继英、赵剑波等	林果院	国 S-SV-PP-019-2015	国家审定
3	桃“夏至早红”	姜全、郭继英、赵剑波等	林果院	国 S-SV-PP-018-2015	国家审定
4	京科玉 368	玉米研究中心	玉米中心	国审玉 2016009	国家审定
5	京科甜 533	玉米研究中心	玉米中心	国审玉 2016025	国家审定
6	京花 11 号	张凤廷、田立平、单福华等	小麦中心	国审麦 2016030	国家审定
7	迷你皇冠	李海真、张帆、张国裕等	蔬菜中心	京品鉴菜 2016001	省（市）级鉴定
8	迷你金冠	李海真、张帆、张国裕等	蔬菜中心	京品鉴菜 2016002	省（市）级鉴定
9	迷你京绿栗	李海真、张帆、张国裕等	蔬菜中心	京品鉴菜 2016003	省（市）级鉴定
10	京欣砧 6 号	李海真、张帆、张国裕等	蔬菜中心	京品鉴砧 2016011	省（市）级鉴定
11	京欣砧 9 号	李海真、张帆、张国裕等	蔬菜中心	京品鉴砧 2016012	省（市）级鉴定
12	京研春秋绿 3 号	刘立功、贾长才、张峰	蔬菜中心	京品鉴瓜 2016013	省（市）级鉴定
13	京研优胜	张峰、丁海凤、刘立功	蔬菜中心	京品鉴瓜 2016014	省（市）级鉴定
14	京研迷你 8 号	毛爱军、温常龙、贾长才	蔬菜中心	京品鉴瓜 2016015	省（市）级鉴定
15	京研迷你 9 号	毛爱军、温常龙、丁海凤	蔬菜中心	京品鉴瓜 2016016	省（市）级鉴定
16	京研 109	毛爱军、温常龙、王德欣	蔬菜中心	京品鉴瓜 2016017	省（市）级鉴定
17	京硕 205	王朝莲、何伟明、丁海凤等	蔬菜中心	京品鉴菜 2016029	省（市）级鉴定
18	京旋 703	王朝莲、丁海凤、何伟明等	蔬菜中心	京品鉴菜 2016030	省（市）级鉴定

（续）

序号	品种名称	主要选育人	选育单位	证书号	审定范围
19	京线 121	王朝莲、何伟明、丁海凤等	蔬菜中心	京品鉴菜 2016031	省（市）级鉴定
20	博悦	王朝莲、丁海凤、何伟明等	蔬菜中心	京品鉴菜 2016032	省（市）级鉴定
21	京番 101	李常保、周明、杜敏敏等	蔬菜中心	京品鉴菜 2016033	省（市）级鉴定
22	京番 104	李常保、周明、杜敏敏等	蔬菜中心	京品鉴菜 2016034	省（市）级鉴定
23	京番 203	李常保、周明、杜敏敏等	蔬菜中心	京品鉴菜 2016035	省（市）级鉴定
24	京番 501	李常保、周明、杜敏敏等	蔬菜中心	京品鉴菜 2016036	省（市）级鉴定
25	京番 601	李常保、周明、杜敏敏等	蔬菜中心	京品鉴菜 2016037	省（市）级鉴定
26	京番彩星 1 号	李常保、周明、杜敏敏等	蔬菜中心	京品鉴菜 2016038	省（市）级鉴定
27	京松 1 号	丁云花、宋曙辉、邬丽雅等	蔬菜中心	京品鉴菜 2016057	省（市）级鉴定
28	京松 2 号	丁云花、宋曙辉、邬丽雅等	蔬菜中心	京品鉴菜 2016058	省（市）级鉴定
29	京绿 5 号	赵岫云、张凤兰、余阳俊等	蔬菜中心	京品鉴菜 2016059	省（市）级鉴定
30	京研黄叶	余阳俊、张凤兰、张德双等	蔬菜中心	京品鉴菜 2016060	省（市）级鉴定
31	京研紫快菜	余阳俊、张凤兰、张德双等	蔬菜中心	京品鉴菜 2016061	省（市）级鉴定
32	板栗“阳光”	黄武刚、程丽莉、胡广隆	林果院	京 S-SV-CM-050-2015	省（市）级审定
33	枣“京枣 311”	潘青华、张玉平	林果院	京 S-SV-ZJ-049-2015	省（市）级审定
34	核桃“美香”	郝艳宾、齐建勋、吴春林等	林果院	京 S-SV-JR-046-2015	省（市）级审定
35	核桃“丰香”	齐建勋、郝艳宾、吴春林等	林果院	京 S-SV-JR-045-2015	省（市）级审定
36	麻核桃“华艺 2 号”	郝艳宾、齐建勋、吴春林等	林果院	京 S-SV-JR-047-2015	省（市）级审定
37	麻核桃“华艺 7 号”	郝艳宾、齐建勋、吴春林等	林果院	京 S-SV-JR-048-2015	省（市）级审定
38	黄伞京科 54	王守现、牛玉蓉、刘宇等	植保所	京品鉴菌 2016069	省（市）级鉴定
39	白灵京科 1 号	王守现、刘宇、王兰青等	植保所	京品鉴菌 2016065	省（市）级鉴定
40	白灵京科 2 号	荣成博、刘宇、牛玉蓉等	植保所	京品鉴菌 2016066	省（市）级鉴定
41	白灵京科 3 号	刘宇、王守现、宋爽等	植保所	京品鉴菌 2016067	省（市）级鉴定
42	白灵京科 4 号	刘宇、荣成博、赵爽等	植保所	京品鉴菌 2016068	省（市）级鉴定
43	京科糯 2016	卢柏山、史亚兴等	玉米中心	粤审玉 2016002、宁审玉20160014、赣审玉 2016005	省（市）级审定
44	京科糯 2000	玉米研究中心	玉米中心	宁审玉 2015030	省（市）级审定
45	燕山金狮	程曦、黄丛林、陈菲等	生物中心	京 s-sv-cm-023-2015	省（市）级审定
46	燕山白玉	黄丛林、程曦、罗昌等	生物中心	京 s-sv-cm-026-2015	省（市）级审定
47	燕山金黄	罗昌、黄丛林、陈东亮等	生物中心	京 s-sv-cm-027-2015	省（市）级审定
48	高山狮吼	罗昌、黄丛林、程曦等	生物中心	京 s-sv-cm-021-2015	省（市）级审定
49	燕山京红	黄丛林、程曦、张秀海等	生物中心	京 s-sv-cm-025-2015	省（市）级审定
50	燕山京粉	陈东亮、黄丛林、罗昌等	生物中心	京 s-sv-cm-024-2015	省（市）级审定
51	金凤还巢	黄丛林、苏国辉、罗昌等	生物中心	京 s-sv-cm-022-2015	省（市）级审定
52	“长穗”狼尾草	武菊英、陈超、袁小环等	草业中心	京 s-sc-pa-038-2015	省（市）级审定
53	“红穗”芒	武菊英、杨学军、陈超等	草业中心	京 s-sv-ms-035-2015	省（市）级审定
54	“矮株”狼尾草	滕文军、袁小环、杨学军等	草业中心	京 s-sc-pa-039-2015	省（市）级审定
55	“密花”芒	滕文军、杨学军、陈超等	草业中心	京 s-sv-ms-037-2015	省（市）级审定
56	“长序”芒	滕文军、袁小环、杨学军等	草业中心	京 s-sv-ms-036-2016	省（市）级审定

表 2 2016 年通过认定的新产品名录

序号	新产品名称	研制人	研制单位	产品证书号
1	一类新兽药证书：鸭坦布苏病毒病灭活疫苗（HB株）	刘月焕、林健、杨保收等	畜牧所	（2016）新兽药证字 33 号
2	玉米果穗考种流水线	郭新宇	信息中心	XCP2016NY0009
3	作物长势参量野外速测仪	杨贵军	信息中心	XCP2016NY0008
4	玉米果穗考种箱	郭新宇	信息中心	XCP2016NY0010
5	玉米籽粒考种箱	郭新宇	信息中心	XCP2016NY0011
6	面向大型种植业保险企业的承保理赔遥感监测技术服务	杨贵军	信息中心	XFW2015DZ0090
7	条码溯源电子秤 ZNXT-RS-3/6/15/30	杨信廷	信息中心	XCP2015NY0003
8	农产品质量安全追溯系统服务	杨信廷	信息中心	XFW2015NY0002
9	高地隙导航喷药机 3W-VRTGD1 型	王秀	信息中心	XCP2015NY0005
10	设施农业云服务系统 V 2.0	陈天恩	信息中心	XCP2015DZ0763
11	精准变量喷药机 3W-VRT4 型	王秀	信息中心	XCP2015NY0004
12	温室智能控制器	郑文刚	信息中心	XCP2016NY0012
13	航空植保雾滴沉积检测分析系统	陈立平	信息中心	XCP2016NY0013
14	蔬菜嫁接机器人 2TJGQ-600	王秀	信息中心	XCP2015NY0009
15	温室轨道物料运输车 Carrier I	王秀	信息中心	XCP2015NY0008
16	果园对靶精准喷药机 3W-300OVRS1	王秀	信息中心	XCP2015NY0007
17	机井水电计量控制器 WM1000	郑文刚	信息中心	XCP2015NY0006

（郭建强）

信息化建设

【信息网络建设】按照国务院办公厅自 2016 年起对全国政府网站内容建设每一季度进行一次常态化抽查和监测决定，完成了北京市农委政务网、北京农经网等网站的运维工作。全年进行了三次在线访谈，开展了两次问卷调查以及一次民意征集。网站建设在 2016 年国办抽查及北京市的普查中全部合格。

（党纯）

【北京农经网运行正常】2016 年，北京农经网开展多次在线访谈、调查问卷、民意征集等活动。截至 12 月底，北京农经网共收到报送信息4 842条，网站总点击量同比增加19.58%，总访问者数同比增加9.25%；向中国农业信息网政务网站报送信息4 536条，采用率同比增长6.2%，在各省市中名列前茅；向首都之窗报送信息 600 多条。

（党纯）

【市农委政务网站运行正常】2016 年，北京市农委政务网新增中央文件、绩效信息、党建工作等近 10 个栏目。截至 12 月底，网络信箱（包括领导信箱、投诉信箱、咨询信箱、农村法律咨询信箱）接收群众来信 213 封，同比增长 129%。

（党纯）

【北京现代农业信息网运行正常】截至 12 月底，北京现代农业信息网注册会员2 285家，发布信息78 835条，日均点击量7 702次。

（党纯）

【政府信息公开工作】截至 12 月底，北京市农委政务网主动公开政府信息 585 条，政府信息公开窗口共接待来电来访咨询 197 人次，同比增加50.4%；受理并答复依申请政府信息公开事项 20 件，同比增加 233%。北京市农业局信息中心主动公开政府信息20 123条，受理政府信息公开申请 12 件，同时建立了虚假或不完整信息澄清机制；受理入驻行政许可事项3 515件，接待现场咨询6 000余人次，接听电话咨询5 000余件；对市农业局行政审批系统进行升级改造，所有事项实现了网上受理、审查、办结、反馈。北京市园林绿化局信息中心公开政府信息581条，发布权力清单办事事项70项、责任清单办事事项9项。

（党纯）

【智慧乡村建设】在市级智慧乡村示范建设方面，北京市城乡经济信息中心持续开展试点示范建设，更好发挥示范引领作用，在进一步深化平谷区西柏店村、房山区黄山店村、门头沟区涧沟村、密云区水漳村等建设成果，加强培训与服务指导的基础上，将示范建设扩大到了门头沟区太子墓村、通州区北京碧海圆生态园区、平谷区良庄子村、密云区石马峪村，并取得了良好的示范效应。在全市各区智慧乡村建设任务推进方面，按照“平原区不少于5个、山区不少于3个”的年度建设目标，市、区各部门统筹联动、积极落实，较好地完成了2015年度（2015年6月—2016年6月）的智慧乡村建设任务，其中通州区和延庆区将2015年度和2016年度的建设任务一并执行完成。2016年度（2016年6月—2017年6月）的建设计划也已逐步落实，截至年底已确定试点村76个。在建设资金方面，各郊区通过财政转移支付、自筹等方式，共投入资金1 393.9万元。在建设内容方面，按照《北京智慧乡村建设指南》（试行）要求，因地制宜，集成应用现代信息技术，从农村信息化基础设施、农业生产经营、乡村治理、社会公共服务等不同层面、不同领域开展智慧乡村建设。同时，全市涌现出平谷区西柏店村、房山区黄山店村、大兴区东辛屯村、怀柔区北沟村、昌平区八家村、门头沟区涧沟村等一批建设内容较为全面、注重区域特色与应用的典型。

（党纯）

【涉农数据资源中心（平台）建设】2016年，初步实现了涉农数据汇聚、存储、处理、共享和服务5个中心的功能和作用；汇聚了“221信息平台”、物联网、村庄规划等10余个系统数据，形成了基础地理、涉农人员、涉农机构、农产品信息等四大基础库，以及政务资讯信息、标准规范信息、行政办公信息、农业生产信息、市场行情信息、质量安全信息、监测预警信息、农村经济信息、农村科技信息和休闲农业信息十大主题库，拥有551个数据类5 000多个数据项；梳理出市农委数据资源目录表，提供目录查询、数据提取等服务；数据展示平台和村情应用系统已开始探索数据服务的模式。

（党纯）

【农业大数据建设】数据是现代农业生产中的一项新的必备要素，农业大数据建设崭露头角。“221信息平台”的数据采集及更新，农业物联网的数据积累及分析，涉农资源数据关联分析、农村管理信息化数据库更新及资源共享等工作，为北京市“三农”工作积累了大量宝贵数据资源。市农委、市气象局、市园林绿化局合作，选择北京市4种国家地理标志性农产品（平谷大桃、怀柔板栗、门头沟京白梨和房山酿酒葡萄）作为试点对象，开展了2016年度果品气候品质认证工作，分析气候数据与农产品品质之间的相关关系，提高了对北京特色农产品防灾减灾服务的定量化和时效性，提升了果品的市场知名度和认可度，给果农带来了实际的收益。

（党纯）

【221物联网技术应用】2016年，在农业物联网技术集成示范方面，通过国家物联网应用示范工程，全市8家农业生态园开展设施农业物联网技术集成示范，完成了物联网传感设备、控制系统的部署和调试，建成221农业物联网监控中心，实现生态园区综合展示、数据统计分析、生产过程预警，并首次形成了市级和园区的农业生产联防联控。在应用推广方面，按照“政府引领，园区自愿”原则，采用多方投资的模式，在7个郊区18家农业园区或农民专业合作社951个大棚开展农业物联网试点示范建设，探索了农业物联网推广应用模式，“北京221物联网应用服务平台”用户达到545家。在服务延伸方面，以“北京221物联网应用服务平台”为依托，在15家重点农业园区将物联网技术与生产经营服务相结合，提供涵盖产前、产中、产后的全产业链的信息服务，顺义区北郎中村的“京甜紫花糯2号”玉米通过产销对接活动一次性销售了10 000多根。在农田节水灌溉方面，北京圣泽林果品专业合作社、房山区窦店农牧工商总公司等10个农业专业合作社和种植基地建设了农田节水灌溉智能决策与控制系统，实现了农田灌溉水利用节水效率提高10%。

（党纯）

【网络安全保障】按照市公安局、市经信委、市保密局、市版权局等单位的要求，北京市城乡经济信息中心与市农委办公室在农委系统单位和机关内部开展了网络信息安全、保密、关键基础设施、软件正版化等多项检查，查找漏洞，逐步提高信息安全防御水平。同时，协调市农委系统单位开展网络信息安全保障工作，建立联系人和重要信息安全漏洞、事件的报告制度，组织开展信息安全培训以及信息安全等级保护工作，完成了重要信息系统等级保护测评；及时做好网络信息安全事件的应急处置，保障重大活动、节日期间网络信息安全。

（党纯）

【多形态电商模式】2016 年，市农委、市城乡经济信息中心联合北京尚农三才有限公司建立了欣欣尚农北京农业电商综合服务平台。农产品电商平台会员达到6 730人，开通企业品牌旗舰店 29 家；仓储物流平台拥有车辆 868 辆、专业冷库 5 个、社区自提柜 18 个、线下网点 113 个、市供销社 A 级连锁店 69 个。北京智农天地网络技术有限公司通过“互联网＋电子商务＋信息服务”模式，打造“智农宝”农业电子商务平台，已入驻 100 多家基地（园区），宣传推广农产品 400 多个品种。北京农业信息技术研究中心依托北京电子商务服务中心“首都农资连锁服务体系”，通过“农民订购—电子商务中心撮合—网点配送”模式，开展农资连锁网络直配电子商务系统的应用示范，大兴区 9 个乡镇农资店安全监管数据与电子商务平台实现了共享。朝阳区以休闲农业电子商务为切入点，利用信息平台、微信公众号等，在蟹岛、蓝美莓园区开展土地认养、农产品网上交易及会议、客房网上预约订购等服务。密云区在全市率先成立了由密农人家、百年栗园、春播科技等 33 家农产品电商、物流、专业合作社等企业组成的农产品电子商务协会，促进区域农产品电商模式快速发展。

（党纯）

【舆情信息服务】依托北京市涉农舆情监测平台，重新梳理 500 余个涉农舆情关键词，共监测相关农业新闻19 985条，编辑制作《每日三农舆情快报》250 期，完成涉农舆情月度分析报告 12 期，撰写“互联网＋”与农业供给侧结构性改革、大兴房山遭遇冰雹灾害、北京超市停售活鱼等舆情专题分析报告 5 期，编印《2016 年涉农舆情报告汇编》，通过手机短信、OA 发布敏感信息1 015条。

（党纯）

【信息服务多样化】截至 12 月底，“北京智慧乡村”微博发布博文 244 篇，日均阅读量 1 200 人次；“乡慧”微信公众号发布 47 期 112 篇文章，覆盖 13 个区 29 个试点村；市农经办“首都农经”微博发布博文 523 条篇，阅读量 169 万人次，日均阅读量 4 700人次；创建了“北京农村观察员”微信公众号，提高了观察员调研效率和质量；“北京移动农网”继续以手机短信的形式，为基层提供农业生产、防灾预警、气象信息等服务，全年发送实用信息2 848万条，较上年同期增长9.1%，月均发布数量在 237 万条以上。

（党纯）

【加强信息化能力培训】进一步加强新型农业经营主体的信息化应用能力培训，市农委、市城乡经济信息中心、北京尚农三才科技有限公司联合在 13 个区开展了 17 场“新型经营主体互联网应用技能”电商初级培训班，培训共计1 330人，涉农种养大户、专业合作社负责人、全科农技员、小微涉农企业负责人参加，培育多元化农业电商人才。同时，与市农产品产销信息协会组织“221 物联网应用服务平台”推广应用工作培训会和“互联网＋现代农业”培训班，从农产品营销、品牌推广、优质优价等进行培训交流，拓展渠道对接服务。

（党纯）

【“三农”信息化调研成果】结合北京农业农村信息化现状，开展了《互联网＋背景下信息化对农业供给侧结构性改革的影响研究》《推动社会力量发展京郊农产品电子商务的机制研究》《促进社会力量发展北京农产品电子商务对策研究》等课题研究，完成《2015 年北京郊区区域经济发展情况综述》《2015 年北京郊区农民收入分析报告》《2015 年郊区农产品市场行情分析报告》等调研报告。各课题从多角度分析“三农”工作特点，探索发展方向，对推进农业供给侧结构性改革、制定北京都市型现代农业及农业电子商务政策具有较强的决策参考价值，得到了相关专家的肯定。

（党纯）

【社会力量参与信息化】按照国务院发布《关于在公共服务领域推广政府和社会资本合作模式指导意见的通知》要求，广泛采用政府和社会资本合作模式提供公共服务。在物联网推广应用过程中，按照“政府引领，企业园区自愿”原则，采用“多方投资、自愿建设”的模式进行共同建设，即按照2∶2∶3∶3的比例投资，为调动社会力量参与信息化建设奠定了良好的合作基础，从而吸引更多成员加入农业信息化组织。2016年，共有66家企业加入全国农业信息化联盟成员，214人进入全国农业信息化智库，并成立了拥有63名成员单位的农业互联网联盟。

（党纯）

【信息产品开发】2016年，共编发《北京城乡经济信息》64期、《城乡经济通讯》40期。

（党纯）

农村改革与管理

综　　述

郊区农村“坚持疏解整治促提升、扎实推动城乡一体化发展”，站在“建设一个什么样的首都，怎样建设首都”的高度谋划北京“三农”工作，统筹城乡发展，努力使郊区农村的服务保障能力同城市战略定位相适应，人口资源环境同城市战略定位相协调。2016 年，农村改革稳中有进。制定《北京市深化农村改革综合性实施方案》，农村土地制度改革取得新进展，土地承包经营权确权登记工作完成总任务的 60%，整体建设用地首宗地块入市交易，闲置农宅盘活利用试点稳步扩大，整体产权制度改革不断深化，农村产权流转交易服务体系建设步伐加快。

农村土地承包管理

【大力推进农村土地承包经营权确权登记颁证工作】按照年底全市完成 60% 的总体目标，市农委、市农经办大力推进土地承包经营权确权登记颁证工作。一是召开了 3 次推进协调会，了解各区工作安排、工作进展和工作中遇到的问题，对下一步工作提出要求，保证了确权工作按计划进行。二是举办了 3 期业务培训班，讲解确权政策、工作标准和操作方法，各区、乡镇及中标公司相关业务人员 340 多人参加培训，保证了确权工作质量。三是加强了督导工作，深入到顺义、房山、延庆、密云、通州等区进行督促检查，保证了工作进度。四是启动了土地承包经营权信息应用平台建设，完成了项目招标、需求调研工作，为平台设计了 1 种确权合同、7 种流转合同示范文本，编制了纠纷仲裁流程，制作了统计报表式样。截至 2017 年 1 月 15 日，全市共有 119 个乡镇、2 478个村开展了确权登记颁证工作，分别占全市应确权乡镇、村数的 92.2% 和 83.8%，涉及承包土地面积 257.7万亩，占全市拟确权土地总面积的88.6%。其中：已完成权属调查的承包土地面积为 238 万亩，占拟确权土地总面积的 81.8%；已完成审核公示的承包土地面积为202.7万亩，占拟确权土地总面积的69.7%。

（陈娟）

【举办全市土地承包经营权确权登记颁证测绘及信息系统建设培训班】1 月 19—20 日，市农委在北京农学院举办全市土地承包经营权确权登记颁证测绘及信息系统建设培训班，市农经办、各区农委及经管站 150 余人参加。培训班重点讲解了农村土地承包经营权调查规程、制图规范、确权登记数字库标准、成果汇交办法和确权登记颁证成果验收办法。市农委体改处处长侯书江作了培训动员和培训总结。

（陈娟）

【考察天津市农村土地确权登记颁证工作】 3月9日，市农委体改处、市农经办土地承包管理处、市城乡经济信息中心技术支持处有关负责同志一行8人，到天津市考察学习农村土地承包经营权确权登记颁证工作的经验做法。天津市农委经营管理指导处有关负责同志以及参与信息系统建设的公司技术人员介绍了相关情况，并安排大家到宝坻区周良镇参观了确权登记管理系统的运用情况。

（陈娟）

【召开全市农村土地确权工作会议】 3月17日，市农委在北京会议中心召开土地确权工作会议。各区汇报了土地承包经营权确权登记颁证的进展和存在的问题，2016年工作安排及对《农村土地承包经营权确权登记颁证成果验收办法》（征求意见稿）的反馈意见。会议还传达了全国农村经营管理暨土地承包经营权确权工作会议精神。

（陈娟）

【举办全市土地承包经营权确权登记颁证培训班】 5月24—27日，市农委在北京农学院举办全市土地承包经营权确权登记颁证培训班，培训人数150余人，重点对农村土地承包政策、确权登记颁证资金管理等内容进行培训。

（陈娟）

【召开全市农村土地确权工作会议】 8月4日，市农委在北京首农香山会议中心召开土地确权工作会议。各区汇报了土地承包经营权确权登记颁证的进展和存在的问题，对本市土地承包经营权信息应用平台和数据库建设进行了研讨。

（陈娟）

【参加全国农村土地承包经营权确权登记颁证技术师资培训班】 9月20—23日，农业部经管司在甘肃兰州举办农村土地承包经营权确权登记颁证技术师资培训班（第二期）。全国各省市区参与土地确权登记颁证工作的代表共100余人参加了培训班。农业部经管司合同处、农业部规划设计研究院监测站、甘肃省农牧厅农村经营管理处负责同志出席开班仪式。开班仪式上传达了农业部做好农村土地承包经营权信息应用平台建设的工作要求。培训内容主要包括《信息平台建设总体方案》解读、检查验收办法、质检软件介绍、确权登记数据库建设及质检软件务实操作等内容，并召开了省级代表座谈会，对下一步农村土地承包经营权确权工作如何开展进行了探讨和研究。

（陈娟）

【再次召开全市农村土地确权工作会议】 11月9日，市农委在北京会议中心召开土地确权工作会议。各区汇报了土地承包经营权确权登记颁证的进展和存在的问题，市农委有关负责同志讲话，要求各区克服困难，加快工作，确保完成任务。会议还就数据库建设、质检软件使用进行了培训。市农委、市农经办、市城乡经济信息中心有关负责同志以及各区农委、经管站主管领导、科长、测绘公司技术人员等参加了会议。

（陈娟）

【农村土地确权与流转情况分析】 到年底，全市13个区已确权面积423.7万亩，其中，确权确地252万亩，确权确利124.3万亩，确权确股47.4万亩。从确权地经营规模看，10亩以下（不含10亩）的220.7万亩，占确权面积的52%；10～50亩的51.6万亩，占12.2%；50～100亩的17.9万亩，占4.2%；100～200亩的23.1万亩，占5.5%；200亩以上的110.8万亩，占26.2%，其中，1 000亩以上的44万亩，占10.4%。全市土地流转总面积246.7万亩，占全市确权面积的58.2%。土地流转面积中，对外租赁96.6万亩，占流转面积的39.2%，其中由企业租赁经营的17.4万亩，占对外租赁面积的18.1%，其他的租赁主体多为个人或组织、事业单位等。集体经营51.1万亩，占20.7%；专业合作社直接经营2.5万亩，占1%；大户承包47.4万亩，占19.2%；其他主体经营49.1万亩，占19.9%。

（陈娟）

【参加全国家庭农场发展培训班】 7月12—15日，农业部经管司在甘肃省嘉峪关市举办全国家庭农场发展培训班，全国30个省（区、市）农业（农经）部门家庭农场管理工作负责同志及各省（区、市）家庭农场发展情况监测县负责家庭农场监测工作的同志共计110名学员参加。农业部经管司副司长、经管总站副站长金文成出席并作了讲话。培训班在课程设置上安排了“中国家庭农场监测情况概述”“农业财政支持与金融保险政策”“家庭农场信贷业务简介”

“家庭农场的培育与规范发展”等专题讲座。

（陈娟）

【全市共发生农村土地承包经营纠纷 799 件】 2016 年，全市共发生农村土地承包及流转纠纷 799 件，其中，土地承包纠纷 473 件，占纠纷总量59.2%，土地流转纠纷 298 件，占37.3%，其他纠纷 28 件，占3.5%。经调处解决 780 件，调处率97.6%；其中，区经管部门调处 172 件，乡镇调处 475 件，村级调处 86 件，区仲裁委员会调处 47 件。仲裁案件从纠纷原因看，因订立、履行、变更、解除和终止农村土地承包合同发生的纠纷 23 件，因农村土地承包经营权转包、出租、互换、转让、入股等流转发生的纠纷 10 件，因收回、调整承包地发生的纠纷 6 件，因确认农村土地承包经营权发生的纠纷 7 件，因侵害农村土地承包经营权发生的纠纷 1 件。调处解决 47 件，调处率 100%。其中，仲裁裁决 10 件，调解解决 29 件，经做工作当事人双方和解或当事人自愿撤回申请 8 件。

（陈娟）

【参加全国农村土地承包仲裁培训班】 10 月 29 至 11 月 2 日，农业部经管司、经管总站在贵州省毕节市威宁县举办农村土地承包仲裁师资骨干人员培训班，来自全国 30 多个省、自治区、直辖市的 160 名农村土地承包仲裁工作人员参加了培训。国家信访局督查室章晓可副主任对信访事项督查督办的主要内容和意义作了介绍，农业部经管总站呼倩就综治考评与仲裁文书进行了讲解，农业部经管总站吴江对中办、国办发布的《关于完善农村土地所有权承包权经营权分置办法的意见》进行了解读，并就中国的土地政策和仲裁工作做了全面介绍。组织学员就如何做好仲裁工作进行分组讨论，相互交流借鉴好的经验和做法。组织学员现场观摩了毕节市农村土地纠纷调查复核档案资料及七星关区农村土地承包仲裁文书档案资料，进一步加深学员对农村土地调解仲裁工作的理解和把握。

（陈娟）

【举办全市农村土地承包经营纠纷仲裁培训班】 11 月 30 日至 12 月 2 日，市农经办在昌平举办了农村土地承包经营纠纷仲裁培训班，各区经管站主管站长、科长、业务人员、仲裁员共 90 人参加培训。市农经办土地承包管理处处长方书广作开班动员，农业部经管司土地承包管理处处长孙邦群、市农委体改处王轶群、辽宁省农委农经处副处长孙军分别就三权分置与土地承包经营权确权有关政策、农村土地承包经营纠纷调解仲裁政策、农村土地承包纠纷问题及调解仲裁案例进行了讲解。

（陈娟）

农民专业合作组织

【郊区农民专业合作社健康发展】 2016 年，按照中央和北京市关于鼓励发展合作经济的要求，在各级党委、政府的引导扶持下，在相关职能部门的大力支持下，全市农民专业合作社建设取得积极进展。①数量稳中有升，入社农户超过 34 万户。据北京市农经部门统计，截至 2016 年年底，全市农民专业合作社 6 641家，比上年增长4.9%。其中，国家级、市级、区级示范社 594 家，占农民专业合作社总体的比重为 8.9%。全市农民专业合作社成员34.3万个。其中，普通农户成员27.8万个，占成员总体比重的 81.0%；专业大户及家庭农场成员 2 994 个，企业成员 336 个，分别占成员总体比重的0.9%和 0.1%。农民专业合作社成员带动非成员农户21.0万个；成员与辐射带动非成员之和占全市从事一产农户总体比重的75.0%以上。②以种养业为主，农民领办的合作社比重达到 89%以上。2016 年年底，全市种植业、畜牧业、服务业、林业、渔业、其他（含加工）类农民专业合作社占总数的比重分别为60.6%、22.4%、6.6%、2.9%、1.5%、6.0%。其中，种植业、林业、服务业合作社分别比上年增加 0.9%、7.2%和18.0%，服务业合作社增幅最大。畜牧业、渔业合作社分别比上年减少1.6%和 19.7%。牵头人是农民、企业、基层农机服务组织及其他的合作社占总体的比重分别为89.8%、

5.5%、4.7%。其中，牵头人是农民的合作社比上年增长4.9%；牵头人是企业的合作社比上年增长4.9%；牵头人是基层农机服务组织及其他的合作社比上年增长5.4%。③实行产加销一体化的合作社略有增长，统一组织销售农产品总值有所下降。2016年底，全市实行产加销一体化服务的合作社5 818家，占87.6%，比上年增长4.5%；以生产服务为主的合作社416家，位居第二位，占6.3%；这两类合作社占总体的比重为93.9%。农民专业合作社统一组织销售农产品总值47.5亿元，比上年下降9.4个百分点。其中，统一销售农产品达80%以上的农民专业合作社3 984家，占农民专业合作社总体的比重为60%；统一组织购买农业生产投入品总值17.2亿元，比上年下降22.2%。④收入及盈余总体不容乐观，按成员交易量返还总额降幅较大。2016年年底，全市农民专业合作社经营收入64.1亿元，比上年减少19.5%。盈余6.5亿元，比上年减少29.3%。其中，可分配盈余按交易量返还的790家，占农民专业合作社总体的比重为11.9%；按交易量返还成员总额2.7亿元，比上年减少35.4%，降幅较大；按股分红总额1.3亿元，减少10.9%。⑤规范化建设逐步完善，政府扶持力度不断加大。2016年年底，全市开展内部信用合作的农民专业合作社42个，成员入股互助资金总额7 847万元，比上年增加10.5%。实施标准化生产的合作社477家，增加1.1倍，增幅较大。拥有注册商标的合作社386家，增加8.4%。通过农产品质量认证的合作社832家，增加20.8%。提取公积金、公益金及风险金的合作社719家，增加17.7%。当年获得财政扶持资金的农民专业合作社318家，占合作社总体的比重为4.8%。其中，获得农业部门扶持的合作社225家，占获得财政扶持资金的合作社总体比重的70.8%。各级财政专项扶持资金总额0.78亿元，与上年基本持平。当年承担国家涉农项目的合作社39家。

（任玉玲）

【组织开展2016年国家农民合作社示范社申报工作】 按照农业部《关于开展2016年国家农民合作社示范社申报工作的通知》（农经发〔2016〕6号）要求，依据《国家农民专业合作社示范社评定及监测暂行办法》规定的标准，由市农委牵头，农业类和林业类示范社由各区农业部门推荐申报，供销类示范社和用水示范社组织分别由市供销社和市水务局推荐，并由区农业部门协助上报。各区和各部门共推荐了国家农民合作社示范社候选单位30家。市农委农村改革与经营管理处和市农经办农民专业合作社指导服务处组织召开了2016年国家农民合作社示范社评审部门联席工作会，市发改委、市园林局、市农业局、市水务局、市地税局、市工商局、市银监局、市供销社等部门的相关负责人参加了会议，经过资质确认、综合权衡，确定了北京市2016年国家农民合作社示范社及农民用水合作组织示范组织申报名单。经过农业部审定，北京益农缘生态农业专业合作社等21家农民专业合作社被评定为国家农民合作社示范社。

（任玉玲）

【开展农民专业合作社供给侧改革调研】 按照农业部经管司的要求，选取大兴、通州、昌平、密云四区部署开展农民专业合作社供给侧改革调研。通过调查发现：北京市农业产业结构调整对全市农业发展布局产生了重大影响，2015年北京市新增产业的禁止和限制目录对合作社发展畜禽等养殖业十分不利，通州区行政副中心建设和大兴机场建设占用大量农业资源，造林工程挤压了农业的发展空间，受此影响，本市一批市级示范社和国家级示范社面临较大产业调整，一些养殖示范社正在逐步外迁，成长空间受到严重挤压。面对这些困难，很多合作社根据市场环境的变化和政策的调整，结合自身实际，因地制宜，采取生产基地外迁，发展总部经济；调整经营方式，发展观光休闲农业；延长产业链条，发展农产品加工；顺应市场潮流，发展互联网营销；发挥产地优势，发展品牌经济等方式，积极调整经营方式和产品结构，取得了一定的效果。近几年来，各级政府不断加大政策支持力度，鼓励和引导合作社转型升级。今后，北京市将继续加强合作社规范化建设，引导和鼓励示范社兼并或联合其他合作社发展壮大。进一步加大对示范社的扶持力度，重点扶持示范社农产品冷藏设施和农产品加工设施建设，延长农产品的供给期，调整合作社产品结构。加大对示范社培训力度，助推传统销售及电商销售齐头发展。继续开展示范社贷款贴息和担保费补贴工作，探索示范社信用体系建设，缓解示范社融资难题。

（任玉玲）

【完成农民专业合作社骨干信息的统计工作】按照《中组部办公厅　农业部办公厅　人社部办公厅　国家统计局办公室关于开展2015年全国农村实用人才统计工作的通知》（农办人〔2016〕16号）要求，向10个远郊区部署了农民专业合作社骨干信息的统计登记工作，将合作社理事长、监事长或执行监事、经理等三类人群填写的《新型农业经营主体带头人统计信息采集表》中相关信息录入农业部信息平台。

（任玉玲）

【认真开展市级示范社动态监测管理】根据市农委《关于对本市农民专业合作社市级示范社实行监测考核及动态管理的通知》（京政农发〔2013〕26号）要求，2016年本市继续开展市级农民专业合作社示范社监测工作。2016年4月，由市农委下发了《关于开展市级农民专业合作社示范社监测工作的通知》，对全市216家市级农民专业合作社示范社进行监测。10个远郊区农委、经管站、农合中心指导农民专业合作社市级示范社按要求填报了《市级示范社发展情况统计监测表》和2015年度财务报表（资产负债表、盈余表、盈余分配表）。

（任玉玲）

【探索农民专业合作社专家指导组服务新路径】2007年4月，市农委从农业部、中国社科院、中国农科院、中国农业大学等单位聘请了9名专家，组建了农民专业合作社专家指导组，面向区县进行一对一的指导服务。9年来，专家组充分发挥自身专长，认真履行职责，深入郊区指导服务，为北京郊区农民专业合作社的发展和建设做出了突出贡献，发挥了重要作用，取得了显著成效。随着各项改革的逐步深化，财政绩效考核体系也发生了较大变化，为了适应新形势，市农委和市农经办决定今后将不再设立固定的专家组，采取一事一议的办法，根据工作需要聘请相应专家，更好地为农民专业合作社的发展建设提供智力支持。

（任玉玲）

【征求对《农民专业合作社法修改草案》的意见】按照北京市人大常委会农村办公室的要求，市农经办组织召开由10个远郊区经管站主管站长、科长，农合中心主管主任、部长参加的征求《农民专业合作社法修改草案》意见专题研讨会，针对郊区农民专业合作社运行中存在的登记和管理脱节、虚假出资、财务管理不规范、盈余返还不符合法定标准、示范社的退出机制不完善、合作社登记设立法定成员数要求较低、休闲农宅养老等新型业态合作社需要进行有效地引导扶持，以及行政执法主体身份缺失等问题，就法律名称、法律调整范围、登记条件、出资方式、登记程序、吊销营业执照、财政支持、合作社用地、联合社登记、明确执法主体和增加备案程序等内容提出了修改建议，并及时向市人大常委会农村办公室回函反馈。

（任玉玲）

【初步建立北京市农民专业合作社信用评价体系】为了进一步提升农民专业合作社规范化管理水平，全面客观反映合作社发展状况，促进其积累信用数据，提升信用意识；同时逐步引导金融机构、社会资本等市场主体与农民专业合作社开展产融对接，努力破解合作社融资难题，2016年北京市农经办与北京农商银行、北京云华农汇网合作，联合开展了“北京市农民专业合作社信用评价体系建设项目”工作。一是深入调研，完善方案。北京市农经办作为“北京市农民专业合作社信用评价体系建设项目”的发起方及牵头方，多次与北京农商银行、北京云华农汇网召开座谈会，商讨合作事宜和工作方案。在合作社信用评价指标体系与评价模型前期调研过程中，积极组织部分区经管站、农合中心、农商支行参与，全面了解合作社的需求，不断完善工作方案。二是充分动员，选好试点。为了推动农民专业合作社信用评价体系建设项目工作顺利开展，由市农经办下发了《关于印发〈北京市农民专业合作社信用评价体系建设项目实施方案〉的通知》，从全市216家农民专业合作社市级示范社中选出首批参评的合作社50家。2016年12月7日，召开了北京市农民专业合作社信用评价体系建设项目暨首批试点启动大会，进行了动员部署、项目签约和业务培训，正式拉开了农民专业合作社信用评价体系建设项目工作的序幕。三是稳步实施，力求实效。启动大会以后，开展50家试点合作社的资料收集和数据采集工作，并进行现场访谈、电话访谈及网络调研。后续工作是完成信用评价模型的设计和信用评价系统的开发。通过信用评价系统完成首批参评合作社的数据采集、整理与分析，并出具首批参评农民专业合作社的信用评估报告。农民专业合作社信用评价体系建设项目完成后将获得三项主要成果：一是首批参评农民专业合作社信用评估报告；二是农民专业合作社信用评价标准和评分模型；三是农民专业合作社信用评价系统。成果将广泛应用于政府及相关部门、金融机构和农民专业合作社自身，为政府评判农民专业合作社提供准确的定量数据支持，为金融机构向农民专业合作社融资提供有效信用工具，促进农民专业合作社健康持续发展。

（任玉玲）

【召开市级农民专业合作社示范社京台合作培训会】为落实市农研中心与台湾农训协会签署的《京台农民合作组织领导人合作培训框架（五年）》，促进两岸农民合作经济组织交流，10月25—26日，组织召开全市市级农民专业合作社示范社京台合作培训会。围绕“京台农村六次产业经济发展与合作”这一主题，重点从现代农业的品牌建设与推广、农产品加工业、创意农业、观光休闲农业、现代农业流通、“互联网＋现代农业”六个方面，由京台两地专家及部分农民专业合作社示范社理事长分别做专题培训和典型案例分享。台湾农民团体干部联合训练协会副秘书长陈维民介绍了“六次产业”的由来、内涵，台湾等地“六次产业”发展现状和趋势。中国农科院农村经济发展研究所海峡两岸农业合作交流中心主任赵一夫分享了两岸农村合作中产业融合发展的案例，结合研究与实践，提出了推进两岸农业合作的路径思考。张国帧、何欣怡两位台湾企业高管通过翔实的数据资料，形象展示了台湾在农业产业多元化发展及延伸产业链，提高产品附加值等方面的成功经验。北京金福艺农农业科技集团有限公司经理孙锐、茶宝府文创电子商务创始人黄彰国、北京四海种植专业合作社经理赵红敏、北京凯达恒业农业技术开发有限公司经理庄楠分别介绍了各自在艺术化服务、三产融合发展、精致农业、果蔬创新加工等方面的探索和典型案例。北京市科委农村发展研究中心副主任李守勇解读了北京市农业科技支持政策，介绍了科特派创新创业服务体系、科技计划体系和专项管理、农业科技项目的申报等内容。京东云数据事业部总经理王嘉从电商发展战略、电商产品服务及发展前景等方面讲解了农产品电商对农村六次产业发展的推动作用。北京绿色思维农业咨询有限公司高级咨询师吴浩涛讲授了公平贸易的现状、必要性、标准要求、如何加入公平贸易等知识内容。北京市10个郊区经管站、农合中心主管站长（主任）、主管科长（部长），市级农民专业合作社示范社理事长等150余人参加了培训。

（任玉玲）

【举办农民专业合作社统计信息系统培训班】11月8—9日和11月24—25日，市农经办农民专业合作社指导服务在全市先后两次举办了区级、乡镇级统计信息系统培训班，为进一步规范全市农民专业合作社管理，提升农民专业合作社统计信息员的业务素质，确保农民专业合作社统计信息数据的准确性和有效性奠定了良好的基础。

（任玉玲）

【做好北京市农民专业合作社联合会工作】2016年，北京市农民专业合作社联合会（简称北京农联）依托“北京农联服务中心”和市级“枢纽型社会组织”两大平台，运用方式灵活的工作方法，扎实开展形式多样的、内涵丰富的服务活动，努力打造北京农联品牌，服务好全市农民专业合作社。一是搭建社区服务平台。陆续在农联展销大厅成功开展平谷北寨红杏、平谷大桃、门头沟灵之秀产品进社区活动，受到了周围社区居民的认可。深入开展农产品直供社区活动，实践探索北京农联生鲜产品进24集市社区直销店运营，向亦庄地区市民提供优质安全、产销直供的农产品。二是搭建交流合作平台。与首农、京农集团开展合作交流，实现优质产品对接。9月24—25日，以“城乡联动、爱心奉献”为主题的“二十四集市”活动在亦庄开发区荣华街道正式启动，开启了服务社区居民的新模式。三是搭建宣传推介平台。先后组织100多家合作社参加“京交会”、国际农业产业化展览会、走进北汽、走进农业嘉年华、24集市、农产品展览会等展销活动，较好地宣传了北京农联服务品牌。四是搭建公益服务平台。积极开展社区贫困户帮扶、慰问老人等活动，扎实开展公益服务活动。10月21—23日，参加了由北京社工委主办的第二届北京社会公益汇活动。北京农联的工作得到了北京市委社会工委的充分肯定，2016年10月，北京农联获得北京市第三届社会组织公益服务品牌铜奖。

（任玉玲）

集体经济管理

【农村集体资产稳步增长】 截至2016年年底，郊区农村共有账内集体资产总额6 036.5亿元，比2015年增长8%。其中，乡级集体资产2 254.1亿元，所占比重为37.3%，同比下降0.3%；村级集体资产3 782.4亿元，所占比重为62.7%，同比增长13.6%。农村集体净资产2 130.1亿元，比2015年提高2.2%。其中，乡级集体净资产533.5亿元，所占比重为25%，同比减少4.6%；村级集体净资产1 596.6元，所占比重为75%，同比增长4.7%。

【开展审计年发现问题整改】 出台《关于进一步加强农村集体经济审计监督工作的意见》，组织召开"集体经济审计年"整改工作部署会。各区普遍建立了整改工作台账，实行销号制管理，跟踪问效，明确整改期限、整改措施和具体责任人，整改工作基本完成。开展"北京市农村集体经济审计体制机制创新研究"课题研究，在此基础上组织编写了《农村集体经济审计工作指南》。

【扎实推进资产财务管理规范化建设】 积极开展农村集体"三资"管理示范县创建工作。朝阳、房山、海淀、门头沟、昌平、大兴6个区被农业部评为全国农村集体"三资"示范县。全市农村集体财务管理规范化程度进一步提高。截至2016年年底，全市实行村级会计委托代理的村3 845个，占总村数的97%，其中实行财务与资金双代理的村3 029个，占总村数的76%。继续推进农村集体财务管理规范化建设，全市已有142个乡镇、2 988个村完成了规范化建设任务，完成比例分别达到73%和75%。全市村级普遍实行了财务公开，其中按月和按季公开的村有3 312个，占全市总村数的83%。

【村集体经济事项权力清单扩大试点】 2016年房山区制定了扩大试点工作实施方案，将试点扩大为房山区西潞街道、城关街道。印发《村级集体经济事项管理手册》4 000余册，制作《房山区村集体经济事项权力清单》动画片20集。加强试点工作培训，累计培训农村基层干部1 721人。

【完成农村"三资"监管平台建设升级改造】 2016年，有效组织实施了"三资"平台升级改造工作，遵循"四个层级、三个流向"的顶层设计原则，完善多层级、多用户、多功能的农村管理信息化综合应用平台，升级后的系统于12月12日正式上线运行，全面推广应用，实现流程化、模块化、组件化的功能要求。

（吴汝明）

集体经济产权制度改革

【稳步推进集体产权制度改革】 截至2016年年底，全市累计完成产权制度改革的单位达到3 920个，其中村级3 899个，乡镇级21个。村级完成产权制度改革的比例达到98%，331万农民当上了农村新型集体经济组织的股东。

【新型集体经济组织股份分红持续增长】 2016年，全市有1 373个村集体经济组织实现股份分红，占已完成改制村集体经济组织的35.2%。有137万农民股东获得红利，分红总金额47.3亿元，比上年增加2.3亿元，增长5.1%。人均分红3 466.8元，比上年增加98.8元，增长2.9%。

【开展深化农村集体产权制度改革调研】 赴上海、苏州、贵州、福建等省市考察农村产权制度改革工作，形成专题调研报告，为推动我市深化产权制度改革工作提供可借鉴的经验。协助农业部在北京成功举办了全国积极发展农民股份合作赋予农民对集体资产股份权能改革试点专题培训班。

【组织换发统一社会信用代码证书】按照国务院、北京市有关文件要求，及时与农业部经管司、国家质监局、国家发改委、国家代码中心等部门沟通，建立协调机制，确定关键代码和代码构成，开发农村合作经济组织登记管理系统，组织各区将经管部门注册登记信息与质监部门登记信息进行一一比对，组织开展存量组织的赋码工作。下发《关于做好农村集体经济组织登记证换发工作的通知》（京农经〔2016〕36号），首先选取大兴区和朝阳区进行试点，在总结试点经验的基础上，各区信息比对工作优先完成的，优先赋码，优先实施，全面开展存量组织赋码换证工作。截至2016年年底，已有2 633个乡村集体经济组织领取了统一社会信用代码证书。

【农村产权交易流转取得新进展】截至2016年年底，北京市累计成交农村产权交易项目562笔，成交金额突破63亿元，流转土地面积近15万亩，实物资产租赁面积近35万平方米。电子竞价方式成交项目20笔，竞价项目约占总成交项目3.58%，最高溢价率达156%。

（吴汝明）

【开展土地托管试点】平谷区管家庄村北京福兴顺农机服务专业合作社是全市唯一一家对农户土地开展规模化全程托管的社会化服务组织。合作社有社员352名，全程托管土地4 750余亩，其中社员托管面积1 500余亩。全程托管服务涉及平谷区6个乡镇（街道）15个村近4 000农户，主要提供小麦和玉米的耕、种、管、收、销等全方位服务。农民将土地进行全程托管后，降低了农资和农机成本，提高了产量和农产品价格，“两低两高”促进了农民土地增收。据测算，实行土地全程托管后，扣除每亩360元的托管费，农民每亩增收560元。

（陈娟）

【推进土地股份合作制试点】5月4日，怀柔区琉璃庙镇二台子村土地股份合作改造方案和新版合作社章程获得二台子村股东代表大会和绿林榛发种养殖专业合作社社员代表大会通过，标志着北京绿林榛发种养殖专业合作社完成土地股份合作制改造。全村250亩耕地和8 000余亩山场林地经营权以股份合作的形式入股该合作社，二台子村成为北京市首个完成全域土地股份合作化的村。

（陈娟）

【继续开展农村土地流转价格监测】52个农地流转价格动态监测点共上传土地流转信息2 140条，土地流转面积66 012亩，其中用于农业用途的土地流转信息1 902条，土地流转面积60 182亩，平均流转价格每年1 610元/亩。从土地流转用途看，2016年监测点土地流转后有50 458亩土地用于林业，占监测点流转土地面积的83.8%；种植业7 043亩，占11.7%。其中，用于林业的流转均价1 568元/亩，种植业975元/亩，畜牧业2 604元/亩，其他1 765元/亩。

（陈娟）

【继续开展农业适度规模经营监测工作】72个规模经营主体的经营面积38 891亩，其中确权地面积37 798.6亩，占97.2%。经营面积中，耕地28 926.5亩，占74.4%；园地4 638.9亩，占11.9%；林地2 842.9亩，占7.3%；水面145亩，占0.4%；其他土地2 337.7亩，占6%。经营面积中，设施农业用地7 368.9亩，占18.9%，涉及经营主体28个。平均经营规模540.2亩。经营主体的经营面积从30亩至8 800亩不等，其中200亩以下的30个，占41.7%；200～499亩的25个，占34.7%；500～999亩的10个，占11.1%；1 000亩以上的9个，占12.5%。经营规模达到500亩以上的17个，均为农业企业和专业合作社。2016年，72个监测主体的经营总收入36 225.4万元，平均经营收入503.1万元，亩均经营收入9 315元。净利润总额2 892.6万元，平均净利润40.2万元；亩均净利润744元，比上年减少128元，下降14.7%。亩均效益下降的主要原因是粮食价格下降和种粮规模的扩大。从经营业别看，63个种植业主体经营总收入20 132.6万元，平均经营收入320万元，亩均经营收入5 743元，净利润总额1 995.3万元，平均净利润31.7万元，亩均净利润569元。9个种养结合主体的经营总收入16 092.8万元，平均经营收入1 778.1万元，亩均经营收入41 953元，净利润总额897.3万元，平均净利润99.7万元，亩均净利润2 339元，种养结合业效益高于种植业。

（陈娟）

农村金融创新

【北京农商银行涉农贷款业务发展良好】北京农商银行持续加大涉农贷款业务的营销投放力度，积极推动贷款产品与业务模式的创新落地，并稳步推进专营机制建设，全年累计投放涉农贷款355.39亿元，截至年末，涉农贷款余额为624.53亿元，较年初增加24.23亿元，增长4.04%。涉农贷款不良余额为2.16亿元，较年初下降3.8亿元；涉农贷款不良率为0.35%，较年初下降0.64个百分点，实现涉农贷款不良双降。

（郑海峰）

【北京农商银行大力改善农村支付环境】北京农商银行面向10家郊区支行组织开展乡村便利店内部管理提升工作，分乡镇组织了百场营销活动，向村民进行不同形式的宣讲，通过村委会介绍、村广播宣传、网媒、电视等形式进行了推广宣传，截至年末，乡村便利店总计289家，全年业务量达到62.5万笔，交易额达2.51亿元，其中助农取现等现金服务达17.4万笔，有效满足本地村民村内取现等金融需求。

（郑海峰）

【北京农商银行涉农特色产品与服务创新取得重大突破】一是实现集体经营性建设用地入市专项融资产品创新落地，助推本市“三块地”改革试点工作稳步推进。针对大兴区集体经营性建设用地入市试点工作，经过一年多的研究探索，北京农商银行于2016年年初创新推出专项融资产品，包括土地整治贷款、开发建设贷款、产业运营贷款、商业用房按揭贷款等4款子产品，基本能够满足入市涉及的3个阶段的资金需求。取得大兴区试点以来首个土地整治项目的独家贷款资格，为该项目提供34亿元授信支持。后期继续为瀛海镇集体土地整治项目提供20亿元授信支持，为大兴区集体经营性建设用地入市试点工作的顺利推进做出了积极贡献。二是创新推出农村承包土地经营权抵押贷款产品，实现首笔项目成功落地。2016年年初，大兴区、平谷区正式启动农村承包土地经营权抵押贷款试点工作，北京农商银行积极落实监管要求，拟定了推动配套金融创新的工作方案，成立了以主管行领导为组长的工作小组切实落实并跟进项目，同时就试点政策、确权颁证进展、抵押操作流程等与市农委、区金融办、北京农村产权交易所多次沟通切磋，在充分调研的基础上，设计了产品创新方案，并在年末正式推出农村承包土地经营权抵押融资产品，实现了首单项目落地——为平谷区诺亚农庄项目提供最高授信额度500万元，解决了农业经营主体在申请融资过程中缺乏有效抵质押物的问题，满足农业经营主体生产经营中面临的资金需求。三是创新推出集体资产经营权质押的业务模式，有效解决当前集体经济组织持有大量集体资产但无法有效抵押的融资瓶颈。2016年年初，北京农商银行与农交所合作推出了集体资产经营权质押业务，并正式印发《关于试点开展集体资产经营权质押业务的通知》，系统摸底辖内农工商公司持有的集体资产权属和经营情况，并在朝阳、海淀、丰台、昌平4区启动集体资产经营权质押业务试点。该项创新既有利于解决集体经济组织的融资担保难题，解决其融资难、融资贵的问题，又能有效防范银行存量贷款风险，是破解“三农”融资难题的一项重要举措。四是率先推出盘活农宅金融服务，唤醒京郊农民手中所掌握的“沉睡财富”，实现农民增收致富。针对北京市盘活闲置农宅、发展民俗旅游的试点项目，北京农商银行与国奥集团合作创新，为怀柔区田仙峪村的国奥乡居项目提供3 500万元授信支持，并与国开金融建立联系，着手调研特色小镇的建设运营模式，积极探索支持特色村镇建设的金融服务模式。盘活农村闲置房屋，发展健康养老产业是北京农商银行贯彻落实十八届三中全会提出的“赋予农民更多的财产权利”精神，全面推进农村土地流转起来、资产经营起来、农民组织起来，增加农民财产性收入的重要创新服务举措。五是首创“凤凰惠农一卡通”，持续改善农村地区金融服务环境，助力农村生产、生活环境改善。配合北京市农村地区村庄“减煤换煤”工作，北京农商银行与平谷区政府合作推出凤凰惠农一卡通，为广大平谷区农民购买优质燃煤、炉具量身打造“一卡、一终端、多应用管理”的专属产品，持卡人使用该产品在北京农商银行布放的专用POS机上可直接享受优惠价格购买政府补贴商品，无需农民先支付、再报销，省去烦琐审批流程，避免现金交易风险。同时，政府部门可直接掌握农民的交易信息，节约信息交互的时间，减少信息传递流程；供货企业直接送货上门，节省交易时间。六是创新推出京津冀农银通卡，推进京津冀协同发展，满足京津冀三地农民日益增长的跨地区金融需求。北京农商银行与天津农商银行、河北省农村信用社和农信银资金清算中心共同推出京津冀农银通卡，该卡具有北京农商银行凤凰卡的全部金融功能，还可享受免收开卡、换卡工本费、小额账户管理费，以及在三家银行之间转账免收手续费等各类优惠，为经常往来京津冀三地的农民提供了切实的优惠，真正实现跨地区、跨机构间的服务免费，是推动京津冀金融协同发展的重要举措，是北京农商银行金融创新的有益尝试。

（郑海峰）

【农村承包土地的经营权抵押贷款试点概况】根据《全国人大常委会关于授权国务院在北京市大兴区等232个试点县（市、区）、天津市蓟县等59个试点县（市、区）行政区域分别暂时调整实施有关法律规定的决定》和《国务院关于开展农村承包土地的经营权和农民住房财产权抵押贷款试点的指导意见》（国发〔2015〕45号）等相关文件要求，北京在大兴区和平谷区推动开展农村承包土地的经营权抵押贷款试点工作。

【试点工作进展情况】一是试点工作指导小组及时制定试点工作指引文件。为稳妥推进北京市农村承包土地的经营权抵押贷款试点工作，力争在试点期限内取得工作实效，2016年一季度，试点工作指导小组研究制定并向国务院试点工作指导小组报送了《北京市农村承包土地的经营权抵押贷款试点工作方案》和《农村承包土地的经营权抵押贷款试点工作任务分工方案》，明确各成员单位任务分工及任务完成时限。为进一步细化试点业务办理流程、解决试点前期遇到的障碍，2016年12月，试点工作指导小组联合印发《关于进一步明确北京市农村承包土地的经营权抵押贷款试点工作有关事项的通知》（银管发〔2016〕358号，以下简称《通知》），为北京农村产权交易所开展农村承包土地的经营权抵押登记、价值评估及流转处置等提供了政策依据，突出了北京市农业融资担保有限公司作为政策性担保公司在落实试点工作中的关键性作用，同时明确了银行参与试点工作可利用的相关优惠政策。根据《通知》要求，北京农村产权交易所初步制定了《农村承包土地经营权抵押登记管理办法（试行）》和《农用地估价操作手册》。二是试点区积极推动相关工作。大兴区、平谷区先后组建了区级试点工作指导小组，召开多次专题会议并结合各自实际制定了区内试点工作实施方案，相关基础工作持续推进。截至2016年12月，大兴区、平谷区确权登记工作分别完成计划的96.4％、90.4％。为提高银行放贷积极性，大兴区、平谷区积极探索通过与北京市农业融资担保有限公司合作等方式为借款主体提供增信支持，大兴区农委和北京市农业融资担保有限公司拟签订担保资金托管运营协议。三是相关政府部门出台试点配套支持政策。2016年12月，北京市农委联合人行营业管理部、北京市财政局、北京市金融局制定了《关于加大农业领域贷款贴息等金融扶持的办法（试行）》（京政农函〔2016〕58号文印发，以下简称《办法》）。《办法》规定，对符合支持方向的经营性行为，市级财政将通过贷款贴息奖励、担保费补贴、发行费补贴等方式给予金融支持。根据当年财政预算情况，优先支持大兴区、平谷区农村承包土地的经营权抵押贷款试点项目，给予所还利息额100％的贴息诚信奖励。四是银行金融机构积极参与试点工作。中国农业发展银行总行印发了《中国农业发展银行农村承包土地的经营权抵押贷款管理办法（试行）》；北京农商银行印发了《北京农商银行农村承包土地经营权抵押贷款业务实施细则（试行）》，对贷款审查、审批、发放与贷后管理相关规程进行了明确；邮储银行北京分行以及大兴华夏村镇银行、大兴九银村镇银行分别针对平谷区、大兴区制定了试点业务实施细则。多家银行在农村承包土地的经营权抵押贷款业务方面进行了有益的探索和创新。北京银行通过土地承包经营权反担保方式开展试点业务，支持对象包括参与土地承包经营权的联合社、流转收购企业、农户等；邮储银行北京分行针对融资客户的需求与特点，对于土地评估环节，由该行准入的房地产土地评估公司对质押物价值进行评估，将最高抵押率设定为 50%。要求当地村、镇两级政府对借款人抵押行为和土地流转处置进行确认和批复，提高借款人对贷款违约的重视程度，提升违约成本；大兴华夏村镇银行推出“流转贷”，具体包括“一般流转”和“协议保偿”两种模式，为涉农经济实体获取信贷支持提供新渠道；大兴九银村镇银行通过签订银行、借款人、土地发包村、经管站四方协议的方式发放农村承包土地的经营权抵押贷款。

【试点工作成效】一是农村承包土地的经营权抵押贷款规模持续增长。试点工作参与银行数量不断增多，由 2016 年初的 1 家增加至 3 家。北京农商银行 2016 年年底批准 500 万元信贷额度用于发放农村承包土地的经营权抵押贷款。截至 2017 年 6 月，全市金融机构农村承包土地的经营权抵押贷款累计发放 11 笔，贷款金额2 227万元，贷款余额 929 万元，无不良贷款发生。二是农村集体土地价值得到提升。试点启动以来，在试点指导小组各成员单位的大力推动下，大兴区、平谷区农村承包土地的经营权确权登记颁证工作有序推进，确权登记率稳步提高，为活跃农村集体产权交易流转、提升土地价值、盘活农村资源奠定了良好的基础。三是银行涉农金融创新力度不断加大。各主要涉农银行以农村承包土地的经营权抵押贷款试点工作为契机，积极创新涉农融资模式，全方位满足涉农主体融资需求。北京银行、邮储银行北京分行等针对涉农贷款缺乏有效抵质押物的情况，通过搭建“银证、银担、银保、银企、银协”等各类合作平台，创新担保方式，形成了农户贷款、新型农业经营主体贷款、涉农商户贷款、涉农小微企业贷款和农业龙头企业贷款等多个产品线及涉农贷款子产品。

【加强农村金融体系建设，优化农村金融发展环境】一是不断完善农村金融服务体系。积极发展农业信贷、农业保险、农业投资、农业担保、农业产业基金、农村信用、涉农企业上市培育、农村要素市场、农村金融改革试验区、农村基本金融服务“村村通”等首都“十农”金融服务体系，金融强农、惠农能力不断提升。坚持商业性金融、合作性金融、政策性金融相结合，不断扩大农村金融服务规模和覆盖面。涉农商业银行服务改革不断深入，北京农商银行开展小微企业贷款事业部架构调整和授权审批体制改革试点已初见成效。二是加强信用体系建设。市农经办与北京农商银行在 10 个远郊区选出 50 家市级示范社，开展农民专业合作社信用评价体系建设，首批试点工作已启动。北京保监局健全涉农保险和涉农信贷的合作机制，推动涉农保险投保情况作为授信审核要素，支持农村征信体系建设。结合大兴区、平谷区开展农村承包土地的经营权抵押贷款试点工作，加强农村信用体系建设情况，对于信用好的新型农业经营主体，设计试点无抵押无担保的信用保证保险方案。逐步将小额贷款公司、融资性担保公司纳入人民银行金融信用信息基础数据库，并进行信用评级，进一步促进其规范经营和健康发展。三是不断推进普惠金融和“村村通”工程发展。为贯彻落实《国务院关于印发推进普惠金融发展规划（2016—2020 年）的通知》（国发〔2015〕74 号），促进金融业可持续均衡发展，通过创新普惠金融产品和服务、加强普惠金融基础设施建设等措施，增强市场主体和人民群众对金融服务的获得感。在具备条件的行政村布设便民服务网点和自助服务终端，并采取定时定点服务等多种形式开展“村村通”工程。

【创新农村金融服务情况】一是积极推进农村集体经营性建设用地入市试点工作。积极推进农村集体经营性建设用地入市试点工作，引导辖内金融机构破解集体用地流转资金难题。农村集体经营性建设用地使用权出让、租赁、入股，实行与国有建设用地使用权同等入市、同权同价，合理提高被征地农民分享土地增值收益的比例。北京农商银行为“债权融资计划＋土地整治贷款”专项融资产品提供集体经营性建设用地拆除腾退项目资金支持。截至目前，大兴区旧宫镇、西红门镇集体用地试点项目授信金额超过 200 亿元。二是扩大涉农信贷投放规模。针对疏解非首都功能、密云延庆撤县设区、京津冀现代农业协同发展规划的新形势，农业发展面临调结构转方式的压力，第一产业增加值以及占地区生产总值比重呈现下降趋势，银行金融机构积极加快信贷业务转型，重点抓好涉农信贷投放，支持北京农业“调转节”，满足“三农”融资需求。截至 2017 年 6 月，全市涉农贷款余额1 994.69亿元，121 家小额贷款公司积极发挥支农支小作用，累计发放贷款约200亿元。三是加大涉农基金支持力度。市级相关部门联合发起“北京市果树产业发展基金”等3只基金，出资规模约20亿元，支持现代高效节水果园发展。银华基金联手大北农集团合作开发面向农村市场的“农富宝”理财服务，为农户提供基于银华货币市场基金的现金管理工具。工银瑞信基金与新希望集团合作开展“希望宝”业务，满足农民购买生产资料和理财的需求。门头沟区发挥农村发展基金作用，试点农村承包土地的经营权质押贷款和集体经营性建设用地流转等创新融资模式，深挖涉农基金支持力度。四是创新融资模式。北京农商银行开展涉农企业债券承销，累计为北京地区涉农企业注册短融、超短融、中期票据产品合计108亿元，累计发行30亿元。门头沟珠江村镇银行为解决小微企业普遍存在无合适担保条件，贷款难等问题，推出“信用、免抵押”的小微企业主贷款业务和“一户一策”的授信政策。北京农商银行通过保函与贷款组合融资模式为丰台区看丹棚改项目提供50亿元的授信支持。人保财险北京分公司创新贷款模式，为密云区京纯养蜂专业合作社提供100万元贷款支持，成为保险资金涉农贷款第一单。五是创新抵质押担保方式。银行与保险公司合作，开展“农保贷”农业保险保单质押贷款，累计为50余户养殖场、温室大棚种植户发放贷款资金2 000万元。大兴华夏村镇银行和大兴九银村镇银行累计发放4笔农村承包土地的经营权抵押贷款，金额1 360万元。北京农商银行与市农交所合作推出集体资产经营权质押业务，并启动集体资产经营权质押业务试点。密云村镇银行开办了农担担保贷款、保证金担保贷款、小额房产抵押贷款等业务。南京银行针对市农交所涉及的苗木抵押模式制定“鑫绿通”产品，为园林绿化企业解决融资难题。市农担公司推出融资渠道多样化的“龙头企业金融保”、农户30万以下见贷即保的“微农个贷保”等满足融资需求。六是创新农业保险产品和服务。针对市场价格、农产品质量等风险，创新试点生猪价格指数、玉米产量干旱指数、蜂业气象指数、蛋鸡产业链保险等12个险种，逐步实现从自然风险保障向农业综合风险保障升级。北京市农村金融与风险管理信息平台进入运行阶段，初步实现了农业保险大数据管理，提升了农业保险服务水平。积极探索信用保证保险，支持保险公司开展“助农贷”试点。截至2016年12月，政策性农业保险保费收入5.86亿元，保险金额257.41亿元，参保农户8.83万户次，已决赔付支出3.76亿元，简单赔付率64.16%。七是探索互联网金融服务“三农”模式，北京农商银行基于O2O创新模式，借助互联网金融平台推出“凤凰乡村游”移动端APP。截至2016年12月，该APP已注册用户约8万人，交易金额830余万元，商户400余家，有效促进了京郊特色服务及农产品销售。中信信托与百度公司合作推出“消费众筹互联网金融平台”，通过消费信托模式，带动高端农产品消费市场发展。中国农业银行北京分行推进“互联网+‘三农’”发展战略，积极推广e农管家电商平台与金穗惠农通工程，解决商贸流通领域的提质增效问题。

（管龙）

私营个体经济发展和改革

【私个经济概况】 年内，北京市私营企业和个体工商户登记注册的户数累计181.78万户，其中私营企业120.97万户，个体工商户60.81万户。私营企业和个体工商户从业人员累计1 046.73万人，其中私营企业951.32万人，个体工商户95.41万人。私营企业和个体工商户注册资本金累计125 209.91亿元，其中私营企业124 989.66亿元，个体工商户220.25亿元。

【私营企业户增长16.57%】 截至2016年年底，全市私营企业户累计120.97万户，比上年增加17.19万户，增长16.57%；私营企业从事第一产业的有4 962户，占总户数的0.41%；从事第二产业的有72 021户，占总户数的5.95%；从事第三产业的有

1 132 721户，占总户数的93.64%。户数在前三位的分别是朝阳区（27.64万户）、海淀区（21.64万户）、丰台区（15.72万户）。

【私营企业从业人员增加 12.11%】 截至 2016 年年底，全市私营企业从业人员累计951.32万人，比上年增加102.72万人，增加12.11%。

【私营企业注册资本金增长 48.82%】 截至 2016 年年底，全市私营企业注册资本金累计124 989.66亿元，比上年增加41 002.73亿元，增长48.82%。

【个体工商户减少7.77%】 截至2016 年年底，全市个体工商户累计60.81万户，比上年减少5.12万户，减少7.77%；个体工商户从事第一产业的有31 506户，占总户数的5.18%；从事第二产业的有19 578户，占总户数的3.22%；从事第三产业的有557 058户，占总户数的91.6%。户数在前三位的分别是朝阳区（8.16万户）、丰台区（7.03万户）、昌平区（6.79万户）。

【个体工商户从业人员减少 7.48%】 截至年底，全市个体工商户从业人员累计95.41万人，比上年减少7.72万人，增加7.48%。

【个体工商户注册资金减少 2.84%】 截至年底，全市个体工商户注册资金累计220.25亿元，比上年减少6.43亿元，减少2.84%。

【进一步落实创业贷款贴息】 市财政局全年创业担保贷款贴息资金支出 731 万元。中央出台了《财政部关于印发〈普惠金融发展专项资金管理办法〉的通知》（财金〔2016〕85 号），并将小额担保贷款政策调整为创业担保贷款政策后，财政局迅速展开相关调研工作，并计划于明年实行创业担保贷款新政策。

【修订《北京市小微企业信用担保代偿补偿资金管理实施细则》】 年内，市财政局修订了《北京市小微企业信用担保代偿补偿资金管理实施细则》（京财经一〔2016〕1592 号），对于单户担保责任余额不超过 500 万元，备案的小微企业担保贷款业务如发生代偿，按代偿额的 10%～25%的比例补偿相关担保机构。2016 年已备案 500 万元以下小微企业担保贷款业务2 545笔、其中小型企业占总金额的 91%，笔数占82%；微型企业占 9%，笔数占18%，小微企业累计获得贷款25.9亿元。该政策的修订有效引导了担保机构支持小微企业担保贷款的积极性，有利于缓解小微企业融资难。

【增加中小企业创业投资引导基金规模】 年内，市财政局在原有中小企业创业投资引导基金、中关村现代服务业中小微投资基金等资源的基础上，进一步投入 3 亿元，用于中小企业发展基金增资，增加中小企业创业投资引导基金规模。根据中小企业融资的新特点，建立了债券融资基金和风险补偿基金，进一步拓宽中小企业的融资渠道。

【实施首都科技条件平台建设】 年内，市财政局安排首都科技条件平台建设专项资金和中关村开放实验室工程与共性技术平台支持资金等，鼓励院所高校和专业服务机构为示范区企业提供新产品研发的分析、监测、认证等服务。

【制定北京市担保机构免征增值税政策】 年内，市经信委会同市国税局制订并印发了《关于全面推开营改增试点后中小企业信用担保机构免征增值税有关事项的通知》（京经信委发〔2016〕42 号），符合条件的担保机构从事中小企业信用担保或者再担保业务取得的收入可免征增值税，采取备案管理，简化程序。

【制定《北京市促进小微企业创新成长的若干措施》】 年内，市经信委以推动中小企业创新发展为出发点，制定了《北京市促进小微企业创新成长的若干措施》，聚焦新技术、新产品、新模式、新业态，通过提升中小企业公共服务平台网络服务功能等方式加快培育和促进小微企业成长。

【积极扶持小微企业融资贷款相关服务】 年内，市经信委通过多种途径，为小微企业融资贷款需求提供帮扶。对通过信托、融资租赁、私募债等渠道获得债权资金的中小企业，给予 2%的贴息，全年共支持集合信托项目 84 项，支持金额2 301万元；融资租赁项目 80 项，支持金额2 192万元；私募债项目 10 项，支持金额 813 万元；奖励积极为中小企业融资、实行优惠费率的金融服务机构，共支持 12 家机构，支持金额2 528万元；奖励为小微企业提供 800 万元以下融资担保（再担保）服务的担保机构和再担保机构，共支持机构16 家，支持金额4 008.72万元。

【支持北京市中小企业发展专项资金服务体系建设项目】 年内，北京市中小企业发展专项资金服务体系建设项目共征集两批项目，支持项目 39 项，其中公共服务平台建设项目 31 项，小企业创业基地项目 8 项，共支持资金8 825万元，带动社会投资2.1 亿元。

【修订代偿补偿资金细则】年内，市经信委落实“中央与地方财政担保风险分担补偿”政策试点，优化小微企业信用担保代偿补偿资金的使用方式，针对小微业务不良率持续升高、银行积极性不足等问题，会同市财政局修订了代偿补偿资金细则，有效调动了合作担保机构的积极性。2016年，代偿补偿资金签约银行由8家增长到10家，签约担保机构由10家增长到13家。

【开展“双创周”创新创业系列服务活动】10月12日至10月18日，市经信委依托北京市中小企业公共服务平台资源，通过1＋16＋N协同互促的方式，聚焦“发展新经济，培育新动能”的双创主题，开展了全国双创周北京会场的活动。活动共开展政策解读、创业沙龙会、项目路演等各类特色活动共计105场，吸引了3 600余家次企业、1万余人次参加。

【对个体工商户进行新标准定额核定】年内，市国税局对全市市场主办方的经营环境、经营模式、经营品种、商户构成、摊位分布、租金结构、管理模式等进行了全面深入地摸底调查，结合工作实际对中国税收征管信息系统进行了定额标准维护，完成对中国税收征管信息系统定额依据之外的定额系数调整的管理维护，自7月1日起，实现对重新核定个体工商户按照新的标准进行定额核定，使定额核定更加合理、公正。

【开展移动终端电子发票试点工作】为方便纳税人使用发票，市国税局根据《国家税务总局关于开展使用移动终端开具增值税普通发票试点工作有关问题的通知》（税总函〔2015〕671号）要求，在全市范围试点开展使用移动终端开具增值税普通发票或增值税电子普通发票工作。

【对全市个体税源管理工作进行绩效考核】年内，市国税局制定《北京市国家税务局有形市场和个体工商户税收管理绩效考评指标》，对全市个体税源管理工作进行绩效考核。按照《2016年个体税源管理工作方案》要求，以“金三”上线为契机，结合全市个体管理现状通过调研分析，对绩效考核指标进行更科学、更合理地调整，使考核指标更具有规范性和可操作性，并顺利完成全市个体绩效考评工作。

【落实小型微利企业税收减免政策】年内，市地税局持续贯彻落实小型微利企业税收减免政策，注重新旧政策衔接，加强跟踪问效，完善系统设置，保证政策的有效落地。全年全市实际享受到小型微利企业优惠政策共70 132户，减免税额达27 632.19万元。

【加强勘察设计行业职能管理】年内，市规划国土委加强勘察设计行业在资质资格、招投标、质量管理、市场监管四方面的职能管理，制定勘察设计企业和人员信用信息记分办法，加强行业诚信体系建设。创新市场准入与清出动态监管机制，加强执法监查，维护有序的市场竞争环境。

【全面实施首都标准化战略】年内，市质监局全面推进企业标准自我声明公开工作，减轻企业标准备案工作负担，全年公开数量超过同期纸质备案数量。组织开展了企业标准自我声明公开第三方评价课题研究，首次由第三方对企业标准进行评价工作，为探索消费者参与监督，引导新型消费模式；强化政府功能定位，加强事中事后监管，起到良好的技术支撑作用。

【全面实行“双随机一公开”】年内，市质监局与审批制度改革工作相结合，按照统筹规划、先行试点、协同推进的原则，扎实推动“双随机、一公开”（即在监管过程中随机抽取检查对象，随机选派执法检查人员，抽查情况及查处结果及时向社会公开）试点工作。建立“双随机”抽查管理系统，实行执法重心下移、属地监管，打破专业界限，抽查工作依据、工作方案、工作动态、抽查结果等内容依法全部在门户网站向社会进行公开，实现了“双随机”抽查综合执法。

【组织开展强制性产品认证生产企业培训】年内，市质监局邀请中国质量认证中心教师对强制性产品认证制度和质量管理要求、企业证后能力持续保持和证后监管等内容进行了宣传讲解，并现场回答了大家的提问。218家强制性认证产品生产企业参加了会议。另外组织67家低压电气、消防产品和汽车及汽车零配件等强制性认证产品获证企业开展认证有效性评价工作，通过发放调查问卷等方式，针对各获证组织不同情况形成相应的诊断建议，反馈给参与评价的获证组织，促进获证组织提高认证的质量和效益，支撑政府部门加强事中事后管理。

【多项促投措施活跃民间投资】年内，市发改委出台促进民间投资27条措施，聚焦放宽市场准入、拓展投资领域、深化审批改革、加强金融服务、加大政策扶持5个方面，有效激发私营个体企业投资潜力。同时加大民间投资项目推介力度，召开以大力促进民间投资发展为主题的第八届投资北京洽谈会，集中推介60个鼓励私营个体企业参与的示范项目，总投资2 750亿元，拟吸引社会资本1 950亿元。

【设立新兴企业创投基金支持创新性企业发展】年内，市发改委积极参与国家新兴产业创投计划，设立新兴企业创投基金，支持私营个体企业的高新技术成果加快转化和产业化。截至2016年年底，本市已获批设立24支新兴产业创投基金，累计资金到57.9亿元，累计投资项目285个，投资金额41.13亿元。同时申请了国家批准谷财集团发行了本市首支小微企业增信集合债券15亿元，通过设置政府风险缓释基金，进一步降低私营个体企业融资成本。

【积极推进“放管服”改革，优化私个经济发展环境】年内，市私营个体经济工作联席会议成员单位积极推进“放管服”改革，结合各部门实际情况，通过压缩审批时限、减少审批流程、削减冗余材料要求等方式，实行简政放权，降低准入门槛，为私营个体经济创造有利发展环境。

【深入实施首都科技创新券政策】年内，市科委深入实施首都科技创新券政策（简称“创新券”），为小微企业的创新创业提供持续源动力。共引入中科院、清华大学、北京大学等25家单位的500余家实验室作为服务资源供给方，74家推荐机构为小微企业和创业团队提供创新券申请服务。截至2016年年底已支持1 500多家小微企业和80家创业团队的1 700余个项目，累计使用资金1亿元。与建行、北京银行合作，推出针对创新券的配套金融服务产品，完成11个项目贷款。

【制定《北京系统推进全面创新改革试验加快建设全国科技创新中心方案》】年内，市科委汇同市发改委等单位研究制定《北京系统推进全面创新改革试验加快建设全国科技创新中心方案》，从健全技术创新市场导向机制、健全促进科技成果转化机制、强化金融支持创新功能、创新吸引和用好人才机制等方面提出47项改革举措，扎实推进以科技创新为核心的全面创新，大力深化体制机制改革，积极营造良好创新创业环境。

【积极推动中小企业创新平台建设】年内，市科委以科技创新基地培育与发展专项为引导，积极推动企业创新平台建设。一方面鼓励企业与高等院校、科研院所开展产学研协同创新，深入实施北京科技创新基地培育与发展专项；另一方面积极开展认定北京市级企业科技研究开发机构工作，年内共认定民营企业30家，占认定总数的近90%。

【推进京津冀创新创业环境】年内，市人力社保局支持青年群体创新创业，推进大学生创业服务平台和大学生创业板建设，新增20家大学生创业企业筹备登陆创业板；举办“中国创翼”等3项创业创新大赛。加强创新创业服务，研究扩大创业担保贷款享受人员范围政策；对10家创业孵化示范基地和20个优秀创业项目给予资金支持。创新创业培训模式，搭建京津冀留学人员创业在线教育平台，在河北大学建立京津冀留学人员创业园。

【进一步加强劳动者合法权益保障】年内，市人力社保局积极提高劳动争议仲裁案件处理能力，通过规范终局裁决制度，完善调解建议书、委托调解和调裁衔接机制，探索调解组织案前调解机制，提高简单争议化解效率。全市受理个体私营企业劳动争议仲裁案件38 942件，同比增长64.8%，案件主要集中在工资、加班费、奖金等劳动报酬争议。加大劳动保障违法案件查处力度，重点针对农民工较多的加工制造、餐饮服务等中小型劳动密集型企业开展工资支付监察。

【加强私营个体从业者理想信念教育】年内，市工商联深入开展针对私营企业和个体工商户的以“守法诚信、坚定信心”为主题的理想信念教育实践活动，将教育实践活动与学习贯彻习总书记系列重要讲话精神、促进“两个健康”相结合，与京津冀协同发展、疏解非首都功能相结合，与推进供给侧结构性改革、服务非公企业转型升级相结合，为私营个体从业者普及法律基础知识，坚定理想信念。

【建立“京津冀协同发展”联盟】年内，市工商联在京津冀三地工商联战略合作协议的基础上，进一步深化民营企业津冀行活动。4月举办了“贯彻落实京津冀协同发展国家战略北京民营企业廊坊行”活动，组织10家商协会、100多家民营企业走进廊坊，精准对接，促进两地项目合作，成立了京津冀工商界金融服务联盟、法律服务联盟、职业教育联盟，通过“互联网+”模式实现专业服务机构和社会组织资源线上线下同步对接，搭建京津冀金融、法律、职业教育服务协同发展信息服务平台，为企业提供融资担保、法律咨询、职业教育等专业服务；10月组织企业代表赴天津参加了第四届全国民企贸易投资洽谈会。

【举办首都非公经济金融服务推进会暨城市副中心建设项目推介会】年内，市工商联与北京市金融局联合主办了首都非公经济金融服务推进会暨城市副中心建设项目推介会。会上成立了首都民间投资发展联盟、开通了“北京市工商联金融服务小助手”智能软件，促进“政、银、企、担、投、贷”等多方面信息沟通对接，打造创业者创新服务平台、中小微企业资讯资源平台、投资机构优质项目展示选择平台。

【保障小微企业信贷金融债券后续监管】年内，市人行营管部印发《北京市辖内商业银行发行金融债券专项用于小微企业贷款后续监督管理操作细则》，强化对于北京银行等已发行专项金融债券金融机构的监督管理，确保相关资金专项用于发放小微企业贷款。全年北京市小微企业贷款余额6 360.9亿元，同比增长21.5%，比大、中型企业人民币贷款余额同比增长率分别高19.9和16.2个百分点。

【推进私个主体工商登记便利化】年内，市工商局联合市国税局等七部门印发《关于全面贯彻落实“五证合一、一照一码”登记制度改革的通知》（京工商发〔2016〕58号），自2016年9月26日起，在本市原工商营业执照、组织机构代码证、税务登记证、统计登记证“四证合一”基础上，再整合“社会保险登记证”，正式实施“五证合一、一照一码”登记制度改革，通过一次申请、由工商行政管理部门一次性核发一个加载统一社会信用代码的营业执照。

【积极引导个体工商户转型升级】年内，市工商局积极引导个体工商户转型升级为企业组织形式，持续优化市场主体结构，加强对商事制度改革的政策宣传，从源头引导经营者直接投资办企业。全年共完成个体工商户转型升级为企业组织8 820户，同比增长94.74%。

【加强电商交易平台监管】为进一步维护网络市场秩序，优化网络交易环境，推动个体私营网店健康发展，市工商局与12家电商平台签署了《网络交易消费者权益保护框架协议》，与电商平台双向交换经营主体数据。京东、亚马逊等7家平台提供了1.8万条北京网店信息，经过与工商数据比对，已有1.3万条网店信息与本市经营主体建立了数据关联。同时电商平台通过工商数据开展网店经营主体身份审查与登记工作，及时更新主体相关数据，有效提升对网店的管理力度。

【建立了小微企业名录】年内，市工商局按照《国家工商总局关于进一步做好小微企业名录建设有关工作的意见》的要求，在全国企业信用信息公示系统北京站上增设了“小微企业名录”模块，在全国率先提供小微企业库查询和扶持政策集中公示服务，加强了对私个经济针对性扶持服务。同时开展了小微企业宣传月活动，结合工商工作进社区、进楼宇、进市场，通过工商网站、私个协会报刊等对小微企业扶持政策以及工商部门登记、年报、新广告法等新政策法规进行了广泛宣传。

【建设企业信用体系】年内，市工商局建立了企业经营异常名录制度，将存在未履行公示义务等违法问题的13.05万户企业列入经营异常名录并向社会公示，将7.07万户个体工商户标记为经营异常状态，目前已有近3万余户企业在登记注册、银行开户、申请贷款、招投标等领域受到限制，主动纠正错误、请求移出。

【积极鼓励社会资本办医】年内，市卫计委积极按照《北京市医疗卫生服务体系规划（2016—2020年）》要求，积极鼓励社会力量办医，下发《北京市卫生和计划生育委员会关于推进政府部门信息共享简化医疗机构审批材料的通知》（京卫医〔2016〕204号），进一步简化社会办医在行政审批过程中的办理材料，将医学检验实验室、外国医师许可等权限下放至各区，并完善出台医疗技术备案管理和加强事中事后监管的工作方案。全年全市共有社会办医疗机构4 445家，比上年增加305家，增长7.73%；床位数25 499张，比上年增长16.28%，占全市医疗机构床位的比例从19.66%增长到21.67%。积极支持社会资本举办独立的检验、检查机构和康复护理机构。年内全市新设置医学检验所11家，康复医院1家，护理院3家。积极鼓励社会力量举办社区卫生服务机构，对这些机构提供的基本公共卫生服务和零差率药品销售服务实行政府购买服务政策。

【引导私个经济参与市政基础设施建设】年内，市城市管理委积极推进城市管理领域向社会资本开放，采取切实措施鼓励和支持社会资本参与城市管理委相关市政基础设施建设和运营。在城市运行保障、环境建设、城市管理信息化和办公设备采购等项目中，全年共有 74 个项目由私个经济组织中标并签订合同，占总项目的54.4%。

【重拳打击高发地域电信诈骗】 年内，市公安局深化异地驻勤机制，强化打击高发地域电信诈骗。局刑侦部门为有效破解电信网络诈骗案件隐蔽性强、手段翻新快、侦破难度大等难题，年内筹划并成立了“公安部打击治理电信网络新型违法犯罪查控中心”，不断整合内部资源，合成作战，全面加大打击防范力度，破获了多起侵害私营企业利益的电信诈骗案件。

【严厉打击针对私营企业及个体工商户的经济犯罪】 年内，市公安局对各类经济犯罪案件保持高压打击态势，全力保护私营企业和个体工商户的合法权益。年内重点打击合同诈骗、职务侵占、侵犯知识产权、商业贿赂等涉及侵犯私营企业和个体工商户的经济犯罪案件，并结合相关专项行动，集中打击制售假冒注册商标商品和侵犯知识产权类犯罪。同时通过媒体加大对私营企业、个体工商户的宣传教育力度，及时通报打击犯罪情况和案例，加强私营个体经济企业从业者的防范意识，有效遏制被侵害情况发生；协调检、法部门，及时解决各部门对证据、刑事责任等方面认识不统一的问题，解决困扰侦查办案的难点问题，确保打击工作的深入开展。

【全力推进民俗旅游户装机联网】 年内，市公安局按照服务京郊旅游发展，保障住宿安全的原则，组织相关分局以景区、景点周边为重点，会同区旅游、农业部门和乡镇政府，对辖区内接待住宿民俗旅游户加强法制教育和安全教育，提高其对装机联网工作必要性、重要性的认识。

【建设歌舞娱乐场所视频监控系统】 年内，为最大限度杜绝场所内安全隐患，积极推进社会管理创新，以改善娱乐场所治安管理工作为重点，市公安局开展对歌舞娱乐场所的视频监控系统建设工作。改进歌舞娱乐场所内原有视频监控系统，在歌舞娱乐场所内布置建立与公安机关联网的远程监控系统，并准备在近年内完成对全市歌舞娱乐场所的覆盖。

【搭建文化产业平台，连接全球文化创意沟通桥梁】 年内，市文化局举办了“第五届动漫北京活动”，共有来自全国近 600 家动漫游戏企业、相关机构及社团参加，活动面积2.2万平方米，六大板块 70 余项活动共接待观众超 15 万人次；并先后支持举办了“2016‘演艺北京’博览会”和“2016 艺术北京活动”，为全市文化企业与全球相关行业交流搭建桥梁。

【促进京津冀文化协同发展】 年内，市文化局积极推进京津冀三地文化产业协作，发挥北京在产业发展中的高端、服务、融合的作用，加强三地在动漫游戏、文艺演出、艺术品交易领域的合作对接，连续两年在北京文博会主展馆设置“京津冀文化协同发展”区，通过政府搭台，企业对接的方式，引导三地行业协会、文化企业签署《京津冀动漫游戏产业一带一路国际合作平台框架协议》《京津冀文化文物单位文化创意产品开发合作框架协议》；积极组织北京文化企业参加第六届天津滨海国际文化创意展交会、第五届河北省特色文化产品博览交易会活动，促进京津冀企业的交流与合作，实现优势资源互补，并合力打造京津冀小微文化企业投融资平台。

【积极推进清洁生产审核工作】 年内，市环保局积极推进私营个体企业开展清洁生产审核，通过实施环保技改等清洁生产技术方案，落实“节能、降耗、减污、增效”的目标，促进私营个体企业从源头治理企业污染，减少污染物排放，年内组织各类企业清洁生产审核共 300 余家。

【推动“互联网＋农业”平台快速发展】 年内，市农委会同市发改委、市科委、市经信委等多家单位联合印发《关于推进“互联网＋农业”的实施意见》（京政农函〔2016〕7 号），召开全市“互联网＋农业”大会，部署重点任务和工作目标。牵头和指导北京信息化、互联网相关等 67 家企业成立了北京农业互联网联盟，先后组织开展了评选“最受喜爱的农业电商”“2016 年首届中国农牧行业互联网大会”，筹备成立北京农业电商标准联盟等工作。

【完善中小微数据交换共享制度】 年内，已涵盖了市统计局、市经信委、市工商局、市国税局、市海关、市工商联等部门建立的中小微数据交换共享制度基础上，2016 年又整合知识产权局、技术市场办公室的数据，努力从全方位、多角度、多部门来综合反映中小微企业的运行情况、遇到的困难和问题、政策建议等。

【充分发挥市联席会议办公室工作职能】 年内，市私个协充分发挥市私营个体经济工作联席会议办公室职能作用，组织联席会议27家成员单位围绕中心工作制定和落实各项促进私个经济发展的政策措施。编写完成了《北京市私营个体经济工作联席会议2015年工作情况和2016年工作意见》《成员单位2015年度完成〈工作目标责任制〉自查总结摘要》《成员单位2016年度促进私营个体经济发展工作目标责任制》及《关于对成员单位2015年度支持私个经济发展工作综合评价报告》并及时上报市政府，为市政府全面了解掌握私营个体经济发展政策环境提供参考。

【搭建融资服务平台】年内，北京市私营个体经济协会全系统深入会员企业，了解融资需求，搭建融资平台，为会员提供融资服务。在继续深化与市邮储银行合作基础上，加强与其他金融机构的合作，在搭建传统融资服务平台的同时，市私个协积极联合北京股权登记管理中心和北京股权交易中心，举办了“进入多层次资本市场及股权债权融资”专场培训会，积极为会员拓展融资渠道，为解决全市中小企业融资难、渠道单一等问题提供助力。

【深入开展法律服务工作】年内，市私个协系统进一步发挥法律服务中心服务作用，通过走访了解会员需求，采取培训和上门解答等方式，广泛宣传普及法律知识，加强对私营企业、个体工商户的诚实守信教育，增强信用观念和法制观念。全系统举办各类法律服务培训五十余场，围绕广大会员所感兴趣的商事制度改革、网络交易、诚信和消费者权益保护等议题设置培训课程

【广泛开展“亮身份、亮职责、亮承诺”活动】年内，市私个协系统继续全面抓好“三亮”活动，各区协会在党组织隶属企业全面落实“三亮”工作，实行党员挂牌上岗，公开岗位职责和服务承诺，向党员经营户代表颁发“共产党员经营户”公示牌。全年新增开展“三亮”活动的个体、企业365户，累计3 775户，新增开展“三亮”活动的市场96个，累计358个。

【积极推动区域协同发展】年内，市私个协进一步加强首都企业与周边省市的经贸合作，组织会员企业与山东省菏泽市接洽，将菏泽市招商引资项目推介给与会会员，共促两地交流。各区协会也积极组织企业参与“走出去”考察项目，包括市委社会工委组织召开的“一带一路”建设座谈会、湖北京山合作洽谈会、河北邢台商贸交流洽谈等活动。

【开放多种平台加强舆论宣传引导】年内，市私个协会编辑发行《北京私营个体经济报》22期共计40余万字，及时报道各区协会工作和活动动态，为广大会员搭建及时有效的信息获取平台。针对广大会员的需求，报纸及时刊发法律法规、市场动态、供求信息、企业管理、经营思路等方面信息。

（汪凌波）

农村生活与农村社会保障

综　述

为缩小城乡差距，促进城乡均衡发展，加快推进城乡基本公共服务均等化和城乡一体化发展，更好解决民生问题，满足城乡居民对美好生活的追求，北京市农村生活与农村社会保障水平有明显提升。2016 年，全市农民人均劳动所得为21 155元，同比增长 8.2%，全市农村居民人均可支配收入22 310元，同比增长 8.5%，增幅比城镇居民快 0.1 个百分点，扣除物价因素，实际增长 7.0%。实现了农民收入和低收入农民收入的“八连快”。农民消费能力相应提高，农民人均生活消费支出同比增长 9.6%。2016 年，农村劳动力就业率达 93.2%，与 2015 年持平，低收入农户增收帮扶机制进一步落实，精准救助得到落实，农村社会保障水平全面提高，农民生活质量持续提升。

农村劳动力就业

2016 年，农村参加分配的劳动力为185.5万人，同比增加 0.4%。其中，已就业劳动力 172.8万人，就业率达到93.2%，与 2015 年持平。就业劳动力中从事一产的劳动力为40.1万人，占已就业劳动力的23.2%，同比降低2.1个百分点；从事二产的劳动力为41.8万人，占24.2%，同比提高 2 个百分点；从事三产的劳动力为 90.9 万人，占 52.6%，同比提高0.6个百分点。就业劳动力中从事一、二、三产的劳动力所占比重由 2015 年同期的25.3∶22.1∶52.6变化为 23.2∶24.2∶52.6，就业岗位继续向二、三产业转移。常年外出劳动力为31.5万人，占已就业劳动力的18.2%。常年外出劳动力中，在乡外区内就业的有19.1万人，占外出务工劳动力的60.6%；在区外市内就业的有11.6万人，占36.8%；在市外就业的有0.7万人，占2.2%。

（阎建苹）

农民人均劳动所得

2016年，郊区农民人均劳动所得为21 155元，同比增长8.2%。从三大功能区看，城市功能拓展区的农民人均劳动所得达29 639元，比北京市平均水平高出40%；城市发展新区为20 030元，相当于北京市平均水平的94.7%；生态涵养发展区为19 889元，相当于北京市平均水平的94%。从各区县看，14个区的农民人均劳动所得均在万元以上，其中，超过40 000元的有石景山区，达49 114元；位于30 000～40 000元的有朝阳区；位于20 000～30 000元的有海淀区、丰台区、通州区、大兴区、怀柔区、密云区、顺义区；低于20 000元的有延庆区、昌平区、平谷区、门头沟区、房山区。通过对195个乡镇级集体经济组织的农民人均劳动所得分组显示，人均劳动所得低于10 000元的有1个，占0.5%；位于10 000～15 000元的有26个，占13.3%；位于15 000～20 000元的有57个，占29.3%；位于20 000～25 000元的有66个，占33.9%；位于25 000～30 000元的有27个，占13.8%；30 000元以上的有18个，占9.2%。

（阎建苹）

农村居民收入水平

【农民收入持续增长，连续八年保持“两个快于”】2016年，全市农村居民人均可支配收入22 310元，同比增长8.5%，增幅比城镇居民快0.1个百分点，扣除物价因素，实际增长7.0%，比全国农村居民人均可支配收入增速快0.8个百分点。20%低收入农户人均可支配收入9 359元，同比增长10.2%，快于全市农民人均可支配收入1.7个百分点，实现农民收入和低收入农民收入的“八连快”。

【工资性收入增长保持基本稳定】2016年，农村居民人均工资性收入16 638元，同比增长7.4%，增幅比2015年下降1.2个百分点。所占比重为74.6%，同比下降0.7个百分点，对农民收入的贡献率为65.9%，虽然2016年北京市调整了最低工资标准（从1 720元提高到1 890元），提高170元，但农民就业技能普遍偏低，在大范围“低小散”企业关停并转的结构性调整面前处于不利地位，农民就业压力较大，工资性收入增长放缓。“十二五”时期实施的城乡统一促进就业、公益性岗位就业、平原造林管护绿岗就业等趋于平稳，政策红利逐渐减弱以及传统农业用工资源的减少，使得农民工资性收入持续快速增长的动力逐步下降。

【财产性净收入增幅明显降低】2016年，农村居民人均财产性净收入1 350元，同比增长12.1%，增幅比2015年下降35.1个百分点，对农民增收的贡献率达到8.4%，比2015年下降22.7个百分点。主要是农民出租房屋净收入增幅明显降低，由于郊区加大拆除违建工作力度，虽然出租房屋租金有所上涨，但收入增幅明显降低，平均收入达到673元，同比增长22.1%，增幅比2015年降低32.2个百分点。红利收入增幅也不如2015年，收入达到427元，比2015年增长6.0%，增幅比2015年低56.5个百分点，这与红利发放时点有关。转让承包土地经营权租金净收入比2015年有明显好转，平均达到225元，增长28.6%，比2015年提高43.6个百分点。这里有加大土地流转的工作因素，也有流转租金发放时间因素。

【经营性净收入连续三年保持正增长】2016年，农村居民人均家庭经营性净收入2 062元，同比增长5.3%，已连续三年保持稳定正增长（前两年分别增长7.1%和5.6%），增收贡献率为

5.9%。主要是在乡村旅游、沟域经济、交通运输服务等各业的带动下，农民第三产业净收入实现1 483元，同比增长11.3%，对经营性净收入增长的贡献率达到145.6%。

【转移性净收入增长最快】 2016年，农村居民人均转移性净收入实现2 260元，增长18%，明显快于其他三项收入增长，增收贡献率达到19.8%，比2015年提高19个百分点。其中养老金退休金实现2 715元，增长11.8%。全市提高城乡低保、城乡居民基础养老金和福利养老金，实施农村地区煤改清洁能源和减煤换煤，对燃煤炉具、取暖设备、电价进行补贴（市级安排33亿元），以及落实国务院减轻企业负担要求、调整社保缴费政策，都对农民转移性收入产生影响。

【低收入农户人均可支配收入增长】 2016年，全市低收入帮扶工作全面启动，出台《关于进一步推进低收入农户增收及低收入村发展的意见》，调整低收入农户认定标准，完成低收入农户建档立卡，建立监测信息系统，选派入村第一书记，实施“六个一批”的帮扶措施。全市共认定低收入农户72 632户、156 173人，低收入村234个。20%低收入农户人均可支配收入9 359元，同比增长10.2%。

【农民增收形势不容乐观】 2016年，虽然本市农村居民人均可支配收入增长仍然快于城镇居民收入增长，但增速差距明显缩小。从2014年相差1.4个百分点，到2016年相差0.1个百分点，2016年二季度出现了农民收入增速与城镇居民收入增速多年来的第一次持平。农民人均可支配收入增长也明显放缓。从2014年实际增长8.6%，到2016年实际增长7.0%，三年下降了1.6个百分点。从收入结构分析，在农民人均可支配收入中，工资性收入对农民收入的贡献率有所下降。这里有国家大环境的影响，经济发展处于新常态，收入增长会与经济发展同步。也有结构调整、非首都功能疏解、农民素质相对偏低不能适应形势变化等因素的影响。这种情况必须引起我们的高度警惕，针对当前全市经济社会发展的新情况，应采取有效措施防止“十三五”规划目标的落空。建议一是加快低收入农户帮扶工作。把推进低收入农户增收和低收入村发展工作尽快落到实处，在完成精准识别和建档立卡工作后，整合各方资源，加快形成专项帮扶、行业帮扶、社会帮扶“三位一体”的帮扶格局。并加强工作督导，全面落实“六个一批”的分类帮扶措施，做到工作目标明确，政策落实到位，切实有计划有步骤地推进低收入农户增收，进而促进全市农民收入的增长。二是进一步促进农民就业增收。提高农民就业技能，增加就业岗位供给。特别是在城市副中心、新机场、冬奥会等重大项目建设中，在改善农村地区基础设施工程建设中（如农村一事一议、抗震节能、“减煤换煤”等），在郊区生态建设和生态管护管理工程中，在土地流转规模化种植养殖工程中，在农村城镇化发展过程中，尽可能多地安置当地农民就业和让农民更多地参与工程建设，享受与城市居民同等的工资标准和社保待遇。进一步研究制定促进农民就业、提高就业质量的政策措施，推进城乡统一就业失业管理制度，加大城乡就业救助补贴力度。进一步挖掘农村公益性岗位就业，稳步提高公益性岗位补贴标准。加强农民就业培训和新型职业农民培养。尽快出台提高生态补偿标准政策，研究为公益性岗位就业农民上五险的问题。三是继续提高农民养老、医疗等社会保障水平。四是继续研究有针对性地提高农民收入的其他措施。加大对农民集体资产经营和农民个人资产的管理及引导，使农民享有更多的改革红利和资产收入。农民收入是一项综合性指标，促进农民增收致富也是农村工作的终极目标，需要引起高度重视。

（王朗）

表1　2016年农村居民人均可支配收入结构

单位：元，%

指标名称	本　期	2015年同期	增长比例
人均可支配收入	22 310	20 569	8.5
其中：高收入户20%	39 008	36 534	6.8
低收入户20%	9 359	8 494	10.2
(一) 工资性收入	16 638	15 491	7.4

（续）

指标名称	本 期	2015年同期	增长比例
（二）经营净收入	2 062	1 959	5.3
1. 第一产业净收入	484	546	−11.4
2. 第二产业净收入	95	80	18.8
3. 第三产业净收入	1 483	1 333	11.3
（三）财产净收入	1 350	1 204	12.1
其中：出租房屋净收入	673	551	22.1
红利收入	427	403	6.0
转让承包土地经营权租金净收入	225	175	28.6
（四）转移净收入	2 260	1 915	18
其中：转移性收入	3 940	3 477	13.3
转移性支出	1 680	1 562	7.6

数据来源：北京市统计局、国家统计局北京调查总队。

（王朗）

农村消费

【农村居民收入水平和消费能力提高】据市农调队农民家计调查资料显示，2016年，农村居民人均可支配收入为22 310元，比2015年增长8.5%。其中，20%低收入户实现人均可支配收入9 359元；20%高收入户实现人均可支配收入39 008元。收入水平的高低和前期收入积累的多少是决定消费能力高低的最直接因素。因此，收入水平的提高无疑会使农村居民的消费能力得到相应提高。从消费支出看，2016年农村居民人均费支出17 329元，比2015年增长9.6%，比农村居民人均可支配收入增速高1.1个百分点。

【农民人均生活消费支出同比增加】2016年，农村居民人均消费支出为17 329元，增长9.6%。其中，食品烟酒支出4 667元，增长6.7%；衣着支出1 095元，增长9.9%；居住支出5 199元，增长12.1%；生活用品及服务支出1 156元，增长16.4%；交通和通信支出2 306元，增长7.8%；教育、文化和娱乐支出1 342元，增长17.2%；医疗保健支出1 347元，增长0.8%；其他用品及服务支出217元，增长12.4%。

（阎建苹）

农村社会保障

【调整城乡居民养老保障相关待遇标准】1月1日起，调整城乡居民养老保险基础养老金和城乡居民老年保障福利养老金标准，每人每月增加40元。城乡居民基本养老保险基础养老金从每人每月470元提高到每人每月510元；城乡居民老年保障福利养老金从每人每月385元提高到425元，全市受益人群合计为85.4万人。享受城乡居民基本养老保险待遇人员，中央确定的基础养老金最低标准70元不计入享受最低生活保障待遇人员家庭收入核定。已经领取老年保障福利养老金的人员，其中每人每月 200 元的福利养老金暂不计入享受最低生活保障待遇人员家庭收入核定。

【发布 2016 年缴费标准，实行定额缴费机制】 年内，结合全市城乡居民收入实际情况，考虑参保人经济承受能力，城乡居民基本养老保险仍维持最低缴费标准为年缴费1 000元，最高缴费标准为年缴费7 420元。

【城乡居民养老保险工作运行正常】 截至年底，城乡居民养老保险参保总人数215.7万人。在参保人员中，领取城乡居民养老保险金人数42.3万人，领取老年保障福利养老金人员43.1万人，当年参加城乡居民养老保险的续保率为 97%。

（冯晓晴）

【农村社会救助概况】 2016 年是“十三五”开局之年，按照民政部、市委市政府和市民政局的决策部署，围绕《社会救助暂行办法》的贯彻落实，全面实施精准救助，完善政策体系，强化工作落实，坚持法治化、体系化、规范化、社会化、信息化的方向，不断完善社会救助政策法规体系，规范社会救助管理体系，完善社会救助措施手段，健全监督检查体系，强化社会救助制度落实，进一步完善全方位、多层次的社会救助体系，实现精准救助，编密织牢民生保障网，促进社会救助事业全面、协调、可持续发展。截至 12 月底，全市共有农村低保对象 28 812 户，46 655人；低收入家庭5 629户，14 156人；城乡特困人员5 262户，5 442 人，累计投入资金12.550 9亿元。专项救助中，临时救助累计救助31 228人次，支出资金4 566万元；医疗救助累计救助198 980人次，支出资金1.981亿元；因病致贫家庭医疗救助1 110人次，支出资金1 409万元；农村危房改造与维修完成619 户，支出资金2 664万元；采暖救助30 723户，累计支出资金3 088万元；高等教育新生入学救助累计人数1 032人，累计支出资金 466 万元。两节各级走访慰问城乡低保对象及困难家庭12.54万户，19.07 万人，共计8 517.63万元。

【推动实施精准救助】 一是印发精准救助意见。为实现本市率先建成小康社会的目标，确保困难群众共享改革发展成果，以市政府办公厅名义印发《关于在“十三五”时期实施精准救助的意见》（京政发〔2016〕52 号），将主动发现、严格管理、精准施救作为工作重点，强化救助响应，拓展服务方式，实现全过程监督，构建政府主导、社会参与的救助体系，明确了建立健全精准救助政策体系和精准救助管理体系的任务措施，为“十三五”时期的精准救助工作提供指导。二是落实精准救助措施。依托“96156”社区服务热线，设立全市统一的社会救助服务热线，确定96156受理求助工作流程及工作方案，拓展困难群众求助渠道，提高主动发现、主动救助能力。完成下发《城乡最低生活保障告知书》《城乡低收入家庭认定告知书》，规范救助信息告知，提高政策知晓率。委托专业社工组织在东城区和石景山区探索建立社会工作助力精准救助的模式，为社会救助家庭和因病致贫的困难家庭开展入户调查、建立台账、个案救助、资源链接、政策宣传等服务，按照“一户一策一档”的原则建立困难群众精准救助工作台账，提升救助效果。此外，委托中国人民大学进行全面建设小康社会背景下的精准救助研究和北京市低保制度实施效果研究，为精准救助提供理论依据。三是完成低收入农户核查工作。为贯彻《关于进一步推进低收入农民增收及低收入村发展的意见》（京发〔2016〕11 号），下发《北京市民政局关于精准识别低收入农户做到应保尽保的通知》（京民社救发〔2016〕328 号），各区比对本辖区的低收入农户与农村社会救助对象的相关数据；对未纳入社会救助范围的低收入农户逐户核查，按照“自愿申请”原则将符合条件的低收入农户纳入社会救助范围，实现兜底保障。针对救助对象与低收入农户数据差别较大、部分建档立卡人员未纳入救助范围的实际问题，市民政局统一印制社会救助政策指南宣传折页8.5万份，并将市农委确定的7.26万户低收入农户与农村社会救助对象进行数据比对，了解掌握低收入农户中含农村社会救助对象2.75万户，各区民政部门对4.51万户未纳入社会救助范围的低收入农户逐一入户，发放宣传折页，告知救助项目和申请渠道。市民政局核对中心与部分区农委签署《低收入农户家庭经济状况信息委托核对协议》，通过本市核对信息系统平台对低收入农户家庭成员的收入、财产信息进行核对，确保低收入农户的精准识别。目前，已有 3 万户低收入农户提出了救助申请。民政部门在“自愿申请”的基础上，注重做好入户核查、民主评议、审核审批等环节工作，在确保应保尽保、应救尽救的同时，防止错保、“人情保”“关系保”问题发生。

【完善城乡统一救助政策体系】 一是推动社会救助政府立法。按照规章起草要求起草《北京市社会救助实施办法》，市民政局经局长办公会审议通过后，报送市政府法制办，履行规章制定程序。起草过程中，市民政局邀请市政府法制办及人社、住建、教育、卫计等社会救助管理部门共同起草，做好制度协调；及时跟进国务院和民政部新出台文件规定，有效利用前期调研成果，借鉴参考其他国家（地区）和省份的先进经验；通过座谈会、专题调研、专家论证、实地考察、意见征求等多种方式，广泛征求了专家，民政部，天津、山东民政系统，社会救助管理和经办人员，法官、社会救助对象等各方意见，确保立法内容科学、规范、合理。起草完成后，书面征求了16区政府、相关单位和金融、证券等机构的意见，根据立法精神吸收采纳了合理意见。二是出台集中供热采暖救助细则。按照《关于印发〈北京市优抚、低保和分散供养特困人员集中供热采暖补助暂行办法〉的通知》（京政办发〔2015〕48号）要求，会同市财政局、市政市容委印发《北京市优抚、低保和分散供养特困人员集中供热采暖补助实施细则》（京民社救发〔2016〕50号），健全了采暖救助的体系，实现采暖项目的救助全覆盖。三是印发社会救助执法指引。与民政执法大队共同制定印发了《社会救助行政执法工作指引（试行）》（京民执发〔2016〕219号），在全市范围内统一社会救助执法程序、执法标准、证据类型、裁量尺度、法律文书等，指导和规范一线执法人员的执法行为，有效地推动各区依法履行职权，打击违法行为，提高依法行政的水平。四是完善应急救助预案。市民政局会同市发展改革委、财政局、人力社保局、统计局、国家统计局北京调查总队，印发《北京市城乡居民基本生活消费品价格变动应急救助预案的通知》（京发改〔2016〕1837号），进一步明确应急救助预案的保障对象、启动和终止条件、补贴发放、资金保障等内容。五是起草完善相关文件。按照《北京市社会救助实施办法》的立法精神，调整完善了部分文件。整合城乡低保、低收入家庭的相关文件，制定了《北京市城乡居民最低生活保障及低收入家庭救助制度实施细则》；结合本市核对工作面临的突出问题，修订了《北京市社会救助家庭经济状况认定办法》；按照《国务院关于进一步健全特困人员救助供养制度的意见》（国发〔2016〕14号）等文件要求，起草《北京市特困人员救助供养实施办法》。三个文件起草完成后，征求16区政府和相关委办局及金融机构的意见，并进行了修改完善。

【不断提高各项救助标准】 一是调整相关社会救助标准。按照市政府《关于建立本市城市居民最低生活保障标准调整机制的意见》（京政发〔2005〕13号）等文件规定，与财政局会同市统计局、国家统计局北京调查总队测算、制定了2016年度城乡低保标准、城乡低收入家庭认定标准调整方案。经市政府批准，与市财政局联合印发《关于调整本市社会救助相关标准的通知》（京民社救发〔2016〕113号），规定：城乡低保标准从家庭月人均710元调整为800元，城乡低收入家庭认定标准从家庭月人均930元调整为1 050元。二是全面实施低保分类救助。按照《关于规范和统筹本市城乡居民最低生活保障分类救助制度的通知》（京民社救发〔2014〕484号）要求，对分散供养的城乡特困人员、罹患重大疾病人员，以及重残人、老年人和未成年人等特殊困难群体，按照城市低保标准的15%～40%上浮救助金，进一步提高救助水平。三是发放价格临时补贴。2016年，北京市猪肉价格持续高位运行，为降低生猪市场价格波动对低收入群体生活的影响，按照《北京市城乡居民基本生活消费品价格变动应急救助预案》（京发改〔2014〕1147号）要求，会同发展改革委、人社局、统计局等协商确定补贴方案，经市政府批准后启动应急救助预案，向城乡低保人员、特困供养人员、享受定期抚恤补助的优抚对象、享受定期抚恤金的见义勇为人员及家属、孤残儿童等低收入群体，按照每人每月20元的标准发放1—9月价格临时补贴。此项工作惠及低收入群众约19万人，发放资金共计3 288万元，确保困难群众基本生活不因物价上涨而下降。四是开展“两节”走访慰问送温暖活动。走访慰问继续采取普遍走访与重点慰问相结合的方式。各级民政部门对辖区所有享受城乡低保待遇的困难家庭进行了普遍走访慰问；市民政局、市残联组成联合慰问组重点走访了城乡低保家庭中的200户特困家庭。城乡低保对象慰问金按户发放，单人户每户400元，2人以上户每户800元。所需资金由市、区财政各负担50%。同时，各区根据不同情况，还购发了形式多样的慰问品。截至春节前，全市各级走访慰问城乡低保对象及困难家庭12.54万户，19.07万人，共计8 517.63万元，确保了城乡低保对象及困难群众过上祥和快乐的节日。

【不断强化专项救助政策落实】一是开展因病致贫医疗救助。按照《关于开展因病致贫家庭医疗救助有关问题的通知》（京民社救发〔2015〕403号）的规定，北京市实施因病致贫家庭医疗救助。6月，会同市人力社保局、卫计委印发《关于做好城乡居民大病保险有关数据提供及使用问题的通知》（京民社救发〔2016〕234号），进一步明确部门职责，细化大病保险数据的提供方式和报送时限，为全市开展因病致贫家庭医疗救助奠定了基础。各区获得相关数据后，及时开展本年度因病致贫家庭医疗救助的申请受理及审核审批工作，按照病种和医疗费用两种形式开展救助，扩大了医疗救助范围。二是继续开展教育救助工作。认真落实《北京市学前教育资助管理办法》，低收入家庭中的子女进入公办和民办普惠幼儿园，可获得政府资助。其中，低保家庭的儿童，免交保教费；低收入家庭的儿童，免交50%的保教费。继续开展高等教育新生入学救助工作。三是继续开展农村困难家庭住房救助工作。农村翻建房屋以每户3间、每间15平方米、每平方米1 000元给予补助，每户补助4.5万元。维修房屋以每户3间、每间15平方米、每平方米补助300元，每户补助1.35万元。全年为900户农村困难群众翻建房屋，每户补助4.5万元；维修房屋每户补助2万元。四是确保临时救助政策落实到位。在全面落实城乡低保和实施专项救助政策的同时，继续开展多种形式的日常临时救助工作，确保实现城乡困难群众“应保尽保”的目标要求。

【规范社会救助管理】一是完善“救急难”工作机制。在全市范围内部署“救急难”工作，按照新调整的临时救助、因病致贫医疗救助等政策要求，健全“一门受理、协同办理”、主动发现和先行救助、信息核对等机制，引导慈善等社会力量参与，有效对接救助需求和救助信息，实现救急解难，保障了困难群众的基本生存权益。7—9月，按照民政部《关于对全国“救急难”综合试点单位进行工作评估的通知》（京民社救字〔2016〕12号）精神，下发《关于对全市“救急难”综合试点工作进行评估的通知》，对全市“救急难”工作机制和效果进行评估，全市实现了各项救助制度的对接，各类救助资源的整合，形成了社会救助的整体合力，提升了救助效益。指导督促各区民政局做好临时救助工作，下发通知，要求各区准确把握临时救助定位，准确界定临时救助的范围和情形，进一步健全临时救助工作机制。印发《北京市民政局关于进一步完善和落实“救急难”工作的通知》（京民社救字〔2016〕479号），针对政策执行中的认识偏差和实践困难，要求各区民政局进一步完善“一门受理”服务、创新主动发现渠道、做好制度衔接、加强部门协调、抓好工作落实，确保困难群众求助有门、救助及时，形成工作合力，提高救助效率。二是印发社会救助窗口服务规范。针对民政局明察暗访工作和群众反映的突出问题，印发《街道（乡镇）社会救助窗口接待群众来访服务规范》，明确社会救助窗口的基本要求、服务规范、行为规范和服务监督规范等，提高窗口服务质量，提升群众满意度。三是完成社会救助绩效考评。以政府购买服务方式委托北京正弘公共绩效评估管理服务中心开展2016年社会救助绩效评价工作，按照集中评估和日常评估，通过实地走访、电话访谈、问卷访谈等方式，对全市16区及街道（乡镇）社会救助经办机构工作人员的政策执行力、工作规范、服务规范、服务能力、服务态度，“救急难”工作机制、社会救助工作开展等进行评估，及时发现和解决问题，提升社会救助管理和服务水平。四是开展全市社会救助初任人员专题培训。就社会救助体系建设、城乡低保、医疗救助、特困人员供养、临时救助等政策以及社会救助行政处罚、社会救助窗口服务规范等内容进行重点讲解，通过案例与政策讲解相结合的方式，帮助参训人员理解和掌握政策，有效提升基层工作人员政策执行和救助服务水平。全市街道（乡镇）800多名社会救助初任人员参加了培训。

【引入社会力量推进社会救助社会化】充分发挥社会力量在社会救助工作中的积极作用，鼓励和支持北京市通过政府购买服务引导社会力量参与社会救助工作。2016年民政局继续探索并开展试点项目，其中社会救助信访核查和社会救助绩效评估，为探索建立第三方监管机制、加大社会救助政策落实监督力度提供了保障，群众对社会救助工作满意度有所提升。社会救助对象入户核查，提高了工作效率及质量，从救助对象的具体情况出发，分析其问题产生的根源，协助其解决现实问题，更全面地回应低保家庭的需要，为社会救助政策的制定奠定基础。社会力量参与社会救助工作，从试点开展的情况来看，取得了良好的效果，也赢得了社会的认可。引入专业社工机构参与精准社会救助，充分发挥社会工作专业人才优势，开展入户调查、建立台账、个案救助、资源链接、政策宣传等服务，为困难家庭提供缓解压力、提升能力和改善生活等精细化救助服务。同时，也是促进本市社会救助体系从生存型向发展型，从物质给予到救助服务、精神慰藉，从单一救助到综合施救的转变。

（张贵国）

【抓好养老照料中心建设】制定《北京市2016年街道（乡镇）养老照料中心建设工作方案》（京民福发〔2016〕58号），大力推进养老照料中心建设。截至2016年年底，各区共申报项目131个，专家评审审定后决定给予资助的122个；分四批向85个项目下达了补助资金1.9亿元。122个项目中，已开展运营服务的项目53个，正在推进建设的项目59个。综合2014—2016年三年计划情况，全市共扶持建设项目255个，从建设进展看，已开展运营开展服务的108个，正在抓紧建设中的项目63个；从分布区域看，城六区161个、远郊区94个；从投入资金看，政府累计投入财政资金近5亿元，撬动社会直接投资20多亿元。

【布局社区养老服务驿站】结合落实《北京市养老设施专项规划》，整合社区托老所和老年活动场站功能，规划建设社区养老服务驿站，统筹现有社区内的养老服务设施和资源，制定实施系列驿站建设政策文件。

【完善四级养老服务体系】按照市级统筹、区级指导、街道（乡镇）养老照料中心落实、社区养老服务驿站实施的四级养老体系要求，印发了《关于加强区级养老服务指导中心建设的意见》（京老龄委发〔2016〕12号），明确区级中心的建设目标、基本原则、职能定位、建设运营等。按照文件要求，督导各区积极推进区级养老服务指导中心建设，目前已有朝阳、石景山等五区完成中心建设。

【加强养老服务设施建设】起草《关于加强基层公办养老机构建设资助工作的通知》，调整基层公办养老机构建设资助政策，进一步提高基层公办养老机构利用效能、更好承担特殊困难老年人集中养老服务，充分发挥示范引领作用、提升养老服务行业整体质量。印发《关于加强本市新建住宅小区配建养老设施建设、移交与管理工作的通知》（京民福发〔2016〕254号）、《新建住宅小区配套养老设施建设协议书（示范文本）》（京民福发〔2016〕255号），强化养老服务设施供给，保障服务需求。

【提高特殊群体保障水平】出台《困境家庭服务对象入住社会福利机构补助实施办法》（京民福发〔2016〕216号），出台新建住宅小区配套养老设施建设移交政策。依托北京扶老助残基金会，建立起无担保老人入住机构代理服务的协调机制。加强指导第五社会福利院功能改造及失独养老机构建设和服务标准制定，研发老年人入住评估量表和信息系统，组建了39名具备评估员资质的专家、骨干组成专家库，落实人员身份审查对接渠道。发布《关于开展计划生育特殊困难家庭老年人入住市属养老机构申请登记的公告》。

【开展城乡养老服务设施普查】根据市人大2016年财政预算审查意见，联合8个委办局会签了《关于开展2016年居家养老相关服务设施摸底普查工作的通知》，召开了各部门和全市街道乡镇参加的普查工作视频会议，全面启动居家养老服务设施普查，截至2016年年底，经过前期抽样调研、普查问卷设计、试点区普查和专项资源预普查、委办局对问卷专业评估对接修订、普查工作方案和问卷访谈提纲确认、分项普查团队确定、城乡街道普查督导员和社区普查员培训等多个环节，普查工作已基本完成，进行了数据汇总分析和报告撰写。

【提高养老服务质量】配合市质量技术监督局发布了《养老机构院内感染控制规范》和《养老机构符号与标志的使用》，会同市安全生产监督管理局研究制定了《社会福利机构安全生产等级评定技术规范》，使养老服务地方性标准达到了16个，进一步推进了本市养老机构标准化、规范化建设。加强养老行业监管，制定《关于对本市养老行业非法及不规范服务行为开展全面排查的通知》（京民福发〔2016〕350号），加大对行业不规范行为整治和非法集资打击力度，依法维护保障老年人合法权益。

【加强养老人才队伍建设】印发《关于加强养老服务人才队伍建设的意见》（京民福发〔2016〕527号），重点围绕拓宽来源渠道、建立职业体系、加强教育培养、提高社会地位等方面，全面加强养老服务人才队伍建设。形成了《关于开展养老护理职业发展体系改革试点工作的实施方案》，在海淀区开展为期一年的养老护理职业发展体系改革试点，畅通养老护理员晋升渠道。推动养老服务职业技能培训学校改制。与市教育委员会、市人力社保局印发《关于认定北京劳动保障职业学院等院校为北京市养老人才教育培训学院（校）的通知》（京教职成〔2016〕7号）组织开展养老服务人才培训、养老护理员鉴定工作，协调市人力社保局，指导北京市养老服务职业技能培训学校开展养老护理员培训教材、题库编撰，以及远程教育点设立、远程教育教材编制等工作，组织开展全市第四届养老护理员职业技能竞赛，参加第一届京津冀地区家庭职业技能竞赛，加大了本市养老服务职业技能宣传，提升了行业技能水平。

【推动医养结合】确定了7方面56项重点任务，将规范居家医疗和护理服务项目、服务内容、服务规范、价格标准列入重点内容。加强为老康复医疗和护理服务体系建设。完善社区居家老年医疗服务。开展失智老年人照护技能培训进社区工作，委托北京养老服务职业技能培训学校会同北京医院护理部等专业机构，已经完成56个社区、2 500多人次的培训。推进市政府医养结合综合试点。以双井第二社区卫生服务中心为平台，为恭和苑老年公寓及周边社区老年人提供包括全科医生服务、康复服务、护理服务3大类型、30余个小项的入户医疗服务，形成“养、护、医、住”一体化服务体系。联合市住房和城乡建设委员会印发《共有产权养老服务设施试点方案》，支持乐成公司参与城市副中心建设，开展医养结合适老社区建设试点。

【进行老年人分类保障】综合考虑经济状况、生理心理、家庭结构、社会优待、社会身份等因素，将老年人划分为托底保障群体（本市户籍城乡特困人员）、困境保障群体（本市户籍的低保或低收入等经济困难家庭中失能、孤寡或高龄的老年人）、重点保障群体（本市户籍的全部或部分丧失自理能力的老年人，以及其他面临困难、市场和社会家庭难以独立解决的老年人，主要包括失能、失智、残疾老年人、独居老年人、高龄老年人）、一般保障群体（上述三类群体外的常住老年人），进一步明确政府养老工作重点服务保障对象以及优先顺序，避免平均发力，增强了养老政策的针对性和实效性，提高了政府和社会资源的利用效益。

【深化各项养老服务试点】一是养老服务业综合改革示范区建设。指导西城区、朝阳区加快推进国家级养老服务业综合改革示范区建设，加强对东城区、海淀区养老服务业综合改革试点工作的指导。二是积极组织申报并获批国家级医养结合试点区和居家养老服务试点区。三是大力推进公办养老机构体制改革试点区建设。门头沟区作为第一批试点区之一，在区级养老机构公办民营的基础上，将区级医院的康复科室和门诊直接设置在区级养老机构，将医院的急症术后老年病人康复工作直接与养老服务结合，创新了以公办民营为依托的新型医养结合模式。四是指导做好国家级养老机构远程医疗试点、养老物联网试点和智慧养老试点工作，具体由北京市第一社会福利院和大兴区新秋老年公寓、宣武医院以及四季青敬老院、寸草春晖养老院等养老机构按照国家发展改革委、民政部的部署，推进落实。

【养老专项工作落实】一是组织实施了《机构养老服务条例（立法建议稿）》调研。经评估，拟纳入2017年二类立法计划，正在按规定报请立法程序审议。二是组织论证养老产业引导基金设立工作，形成《北京市养老服务业基金设立方案》和可研报告，规模16亿元，重点投向医养结合项目、共有产权项目、公办民营或PPP项目，已经市财政局论证同意，正在由市投资基金管理委员会按程序审批设立。三是推动京津冀养老服务协同发展工作，在充分调研的基础上，形成了《关于印发京津冀养老服务协同发展试点方案的通知》（京民福发〔2016〕438号），搜集汇总了三地养老服务政策、机构指南、服务需求，拟由三地分别印发。四是加强行业监管，组织编制“养老服务行业标准化建设体系”，修订养老机构五星级评定标准，引入社会第三方评估和服务质量评价机制，推动形成行业服务规范。五是与市金融局、工商局等部门联合排查养老服务行业监管问题，维护行业稳定。

【建立城乡一体的残疾人基本福利制度】 提请市政府审议出台了《北京市人民政府关于全面建立困难残疾人生活补贴和重度残疾人护理补贴制度的意见》（京政发〔2016〕46 号），联合市发展改革委、市财政局等部门配套印发了《关于困难残疾人生活补贴和重度残疾人护理补贴制度的实施办法》（京民福发〔2016〕434 号），将保障群体细化为低保家庭、低收入家庭、失业且无稳定性收入、非低保低收入但稳定性收入低于低保水平的残疾人以及民政部门管理的重度残疾人、其他残疾儿童 6 类，根据残疾程度和经济困难程度按不同标准给予差异化补贴，体现了社会福利政策的差异化和精准化，为构建全市残疾人、老年人和儿童一体化社会福利体系打下了基础，在体系构建、制度衔接、群体覆盖上领先全国。

【明确老残儿城乡一体化社会福利体系范畴】 9 月 6 日，市政府办公厅印发第 127 次市政府常务会议纪要（第 134 号），明确要求市民政局等部门要按照“政府领导、民政牵头、残联配合、部门协作、社会参与”的原则，进一步健全残疾人、老年人、儿童一体化的福利体系和工作机制，做好两项补贴制度与相关社会福利、社会救助、社会保险制度的衔接，推动政策支撑、设施供给、服务保障和精神关爱四大体系建设，推进照护资源共享，对全市推动适度普惠型社会福利建设具有重要意义。

【构建困境儿童分类保障制度】 按照提高儿童福利保障水平的要求，初步构建起包括困境儿童生活保障、困境儿童医疗康复、残疾儿童护理补贴和困境家庭婴幼儿重大疾病意外伤害保险补贴等福利制度在内的困境儿童分类保障制度发展框架。生活保障突破“基本”的救助限定，按照实现儿童成长发展的福利定位，提高标准，拓展范围。医疗保障举措着力解决孤儿弃婴和事实无人抚养儿童看病难、报销难的突出问题；借助残疾人“两项补贴”制度平台，初步建立残疾儿童护理补贴制度；以地区试点为基础，建立和发展全市婴幼儿重大疾病和意外伤害保险补贴制度。其中房山区对所有 0～3 岁户籍婴幼儿给予全额保费补贴，实现全区 2.33万名儿童、2.31万个家庭全覆盖。

（李树丛）

【农村防灾减灾救灾能力全面提升】 2016 年，北京市相继遭受风雹、洪涝、低温冷冻等灾害。据核查统计，灾害共造成247 407 人受灾；26 774 人紧急转移安置；农作物受灾面积 34 729 公顷，成灾面积26 436公顷，绝收面积6 653公顷；倒塌房屋 216 户、535 间，严重损坏房屋 440 户、998 间，一般损坏房屋2 448 户、6 394间，死亡牲畜 837 只（头）；直接经济损失16.8亿元，其中农业损失8.3亿元，基础设施损失 7 亿元，家庭财产损失 0.5亿元。针对北京市的灾情，救灾处加强防灾减灾救灾政策创制，完善救灾物资储备体系，加强灾害应急救助和防灾减灾宣传，提升了全市综合防灾减灾救灾能力。

【防灾减灾救灾工作规范化水平大幅提升】 加强减灾救灾政策创制，完善防灾减灾救灾政策体系。相继出台《北京市突发事件应急救助预案》、《北京市救灾物资储备管理办法》《北京市突发事件应急救助指挥部办公室工作规程》《北京市救灾应急工作指导规程》《北京市综合减灾示范街道（乡镇）创建管理办法》《北京市三级救灾物资储备建议目录》等政策。制定《北京市中小学应急疏散指导手册》《北京市自然灾害生活救助标准》，为全市减灾救灾备灾工作提供法治保障。全市 16 个区民政局都成立了突发事件应急救助综合协调机构，制定或修订区级《突发事件应急救助预案》，并积极开展减灾救灾政策创制，提升本区减灾救灾工作法治化、规范化水平。比如怀柔以区政府的名义印发《自然灾害统计报送方案》，门头沟出台《救灾资金审核审批流程》，房山和平谷出台《救灾款物使用管理办法》，顺义专门印发《顺义区将冬春救助纳入临时救助的通知》。

【加强灾情管理及应急救助工作，应急救助保障水平明显增强】 以防汛救灾工作为重点，加强汛期应急值守和灾情报送，及时开展灾后救助，保障受灾群众的基本生活。一是加强汛期应急值守。各区修订了《汛期应急值守工作制度》，建立了局领导带班、值班员和救灾处工作人员值班制度，密切关注汛情、雨情及灾情。二是加强灾情信息报送。各区按照市局《关于全面推广移动报灾工作的通知》《关于乡镇移动报灾试报工作情况的通报》，全面推广移动报灾工作。全年各区累计报灾 101 次，市局向民政部报灾 46 次，向市委市政府报送 16 条灾情信息，灾情报送的时效与质量与往年相比有显著提升。认真完成市应急办交办的《季度自然灾害形势分析报告》，为市政府提供决策参考。三是积极开展各类灾害应急救助。面对 2015 年汛期灾情较重的情况，各区高度重视，提前预警、提前转移安置群众、全市民政干部到灾区一线开展保障工作 1 万多人次，尤其是房山、门头沟、延庆、密云、怀柔、大兴等区在 2015 年“7・20”总体雨量大于“7・21”的情况下，全力保障受灾群众基本生活，及时开展自然灾害应急救助。没有出现人员伤亡，受到市领导好评。根据本年度的灾情状况和各区实际需求，市局下拨给延庆、密云、门头沟和怀柔 4 个重灾区救灾资金 451.8万元，主要用于紧急转移安置群众以及农房倒损恢复重建救助。各区按照市局《关于加强受灾人员冬春期间基本生活救助工作的通知》，据统计各区共投入资金 41 万元，实现了冬春救助和临时救助的有序衔接。四是积极援助受灾兄弟省市。本年度启动五次应急援助响应机制，分别向西藏、江苏、湖北、河南、河北支援救灾资金和物资，资金总计 1 500 万元，毛巾被总计 15 000 条，折叠床总计 15 000 张。通过应急援助，检验了应急工作机制，锻炼了队伍。

【加强防灾减灾宣传演练工作，综合防灾减灾能力有效增强】一是“5・12”和“10・13”减灾日期间，各区民政局统筹全区资源，积极开展各类宣传演练活动，有效增强社区居民的防灾减灾意识和自救互救能力。比如：西城区创新方式举办了防灾减灾运动会，朝阳区和顺义区组织了两次区级宣传演练活动，平谷区在“5・12”国家减灾日期间配合市民政局举办了京津冀地震灾害应急救助宣传演练活动。各区 96156 社区防灾减灾大课堂等形式宣传防灾减灾知识和自救互救技能，受到了社会公众的热烈欢迎。二是完成综合减灾示范社区创建工作，提升基层社区综合防灾减灾能力。引入社会力量参与综合减灾示范社区创建工作，经过专业培训、择优推荐、层层申报、第三方评估，2016 年共创建 50 个国家级综合减灾示范社区和 62 个市级综合减灾示范社区。西城、朝阳、东城、丰台区委托社会组织探索开展社区风险隐患排查，提升社区灾害风险管理水平。三是鼓励引导社会力量参与减灾救灾，形成减灾救灾工作的整体合力。认真贯彻民政部《关于支持引导社会力量参与救灾工作的指导意见》，全市共投入1 300余万元购买社会力量服务，涵盖库房租赁管理、科研项目、队伍组建培训、综合减灾示范社区创建、社区风险隐患排查、防灾减灾知识技能宣传演练等领域，汇聚社会防灾减灾救灾资源，提升了减灾救灾专业化水平。四是加强灾害信息员队伍建设，为减灾救灾工作提供人力保障。2016 年全市培训灾害信息员4 271人，全市灾害信息员总数达到10 869人，全部录入减灾中心数据库，实现全市灾害信息员数据与国家减灾中心的互联互通。为海淀、怀柔、密云、顺义、大兴、通州等区的灾害信息员配备1 000台北斗应急报灾终端，上述 6 个区精心组织，制定设备使用管理办法，确保灾害信息员在任何条件下都能及时准确地报送灾情。

【加强救灾物资储备体系建设，提升救灾物资应急保障能力】各区积极贯彻民政部等 9 部委印发的《关于加强自然灾害救助物资储备体系建设的指导意见》，积极推进区级救灾物资储备库建设，完善库房管理制度，提升救灾物资应急保障能力。在救灾物资存储方面，各区救灾物资储备总量均达到可应急保障2 000人标准。其中，房山、门头沟、海淀、顺义、密云等区储备数量超过可应急保障3 000人以上的标准。西城、朝阳、大兴、怀柔、平谷、门头沟等区积极推进街道（乡镇）开展了救灾物资储备工作。在库房建设方面，怀柔完成了区级救灾物资储备库选址工作。朝阳、通州、房山、顺义建设了标准较高救灾物资储备库，丰台积极对救灾库房进行改扩建，房山规划建设燕山石化区级救灾储备中心分库，延庆积极协调库房建设用地手续，海淀、昌平、怀柔大力改善库房条件。在救灾物资管理方面，各区建立健全区级救灾物资储备管理制度，积极加强救灾物资储备管理政策创制工作，修订出台区级救灾物资管理办法和完善 10 多项库房管理规章制度，各区救灾库房管理进一步规范。西城、朝阳、石景山等区做到各项制度规定印制成册，张贴上墙。在救灾物资信息化管理方面，依托民政部救灾物资信息平台，建立全市救灾物资信息数据库，实现手机随时查看物资存储及调运的详细数据。

【积极推进京津冀区域减灾救灾工作协同发展，提升区域减灾救灾综合能力】坚持先易后难、统筹推进，优势互补、互利共赢的基本原则，组织京津冀三地民政部门开展地震灾害应急救助协同演练活动，京津冀三地民政局（厅）签署《京津冀救灾物资协同保障协议》，尤其是平谷区，积极协助市局开展京津冀演练，并与蓟县、三河民政部门签署《毗邻区县救灾互助协议》。编制《京津冀防灾减灾救灾协同发展规划》（初稿），京津冀三地减灾救灾协同发展逐步从单个业务领域的协同上升为规划层面的“顶层设计”。

（许林）

农村社会事业

综　述

全市农村社会事业发展工作，坚持“创新、协调、绿色、开放、共享”的发展理念，坚持服务首都城市战略定位，坚持城乡一体化发展方向，在“十三五”规划的开局之年取得了新进展，赢得了开门红和满堂红。

农村文化宣传及精神文明建设工作以“围绕中心、服务大局，探索机制、全员动手，拓宽渠道、创新形式，服务媒体、力争聚焦”为着力点，强化新闻宣传工作，巩固扩大积极向上的主流舆论。举行了“回顾十二五——北京‘三农’发展成就”新闻发布会、“2016年北京‘三农’工作新闻发布会”等，围绕“减煤换煤”、低收入农户增收、都市型现代农业、美丽乡村建设等重头工作，组织集体采访多次。强化社会宣传工作，营造良好的社会氛围，开展了2015—2016年度“寻找‘北京最美的乡村’宣传评选活动”，策划推出了“乡村休闲，新鲜品味”品牌宣传活动，举办了“北京美丽乡村”摄影展，开展“美丽乡村、筑梦有我”——百名主持人牵手乡村大型公益宣传活动。强化农村精神文明工作，服务农民群众的精神文化生活，组织开展北京市第27届农民艺术节活动和2016年度“北京最美乡村故事”主题征文展播活动。

农村人才培养工作取得重要进展，积极发展农业职业教育，努力改善农村办学条件，完善管理，规范办学行为，使农村职业教育工作得到显著加强。农村成人教育和农民教育培训力度不断加大，经过实践探索，已经初步形成以政府为主导，以社会力量为补充的“一主多元”农民教育培训体系，依托专业培训机构和推广机构，通过农民田间学校、阳光工程培训、农村实用人才培养、全科农技员队伍建设、设施农业骨干农民培养、现代农民远程教育工程等途径，培养了一大批新型农民。2016年，重点围绕调结构、转方式、发展节水农业的总体目标，以立足产业、政府主导、多方参与、注重实效为培育原则，组织开展骨干新型职业农民技术提升、青年农场主技术提升、村级全科农技员能力提升等新型职业农民培训班11期，培养新型职业农民1 680人。组织开展插花花艺师、菌类园艺工、动物疫病防治员3个工种的农业职业技能大赛，成绩突出。

认真贯彻落实党要管党、从严治党要求，充分发挥农村基层党组织战斗堡垒作用，巩固党的群众路线教育实践活动成果，深化“三级联创”活动。加强农村基层服务型党组织建设，用好用足工作经费，强化区县、乡镇、村三级便民服务网络建设，实施党组织引领发展“六个一百”工程，着力提升基层党组织改革创新、引领发展、服务群众的能力。以乡、村两级换届选举为契机，坚持“好干部”标准，认真落实发扬民主、推进改革、严肃纪律三项关键举措，大力选拔政治上靠得住、工作上有本事、作风上过得硬、人民群众信得过的优秀干部，优化班子结构，提升整体功能，新选出的乡镇党委和村“两委”领导班子整体功能进一步提升，更加适应“三农”发展需要。同时，选派第一书记助推低收入村发展工作稳步推进，实现第一书记和驻村工作队对低收入村的全覆盖，持续推进低收入村发展。健全软弱涣散村党组织整顿工作长效机制，加强分类指导，开展常态化集中整顿。落实“两个责任”，扎实推进农村基层党风廉政建设和反腐败工作，围绕城乡结合部改造、美丽乡村建设、生态建设、征地拆迁、农村“三资”监管等重点领域，建立健全监督机制，抓早抓小，着力解决基层党员干部“四风”方面存在的突出问题，严肃查处涉农领域侵害群众利益的违法违纪行为和腐败问题。

城乡教育事业均等化水平显著提高。不断加大对农村学前教育、义务教育、普通高中、职业教育和成人教育的投入力度，推进教育资源均衡配置，城乡教育事业均等化水平得到显著提升。创新义务教育体制机制，进一步扩大、延伸、共享优质教育资源，不断缩小义务教育的城乡差距、区域差距和校际差距。推进教师队伍“区管校用”管理改革，完善城乡学校校长、教师交流与合作机制，鼓励城区优秀教师跨区域到农村校任教，发挥示范带动作用。进一步加大向远郊农村地区教育经费投入，落实相关资助政策，建设以公共财政投入为主的农村学前教育服务体系，改善学校办学条件，提高农村教育质量，城乡办学差别进一步缩小。

农村文化基础设施和服务水平不断提升。重点加强农村公共文化服务体系和体育设施标准化、均等化、社会化建设，以资源统筹利用、供需有效对接为重点，以公共文化配送服务为依托，同步健全市、区（县）、乡镇（街道）、村（社区）四级公共文化服务体系，全市乡镇综合文化站和行政村文化活动室建设任务已经完成，实现每个乡镇所在地、每个行政村均有一个综合性的文化体育活动场所，初步形成了全市街道、乡镇、社区、行政村为一体的公共文化服务体系，推动了公共文化设施由全覆盖向高标准提升，供需对接和资源整合不断加强，首都公共文化服务体系日益完善。拓展重大文化惠民项目内容，重点扶持“一乡镇（村）一品牌”文化活动，活跃农村居民文化生活。加强对农村和社区的文化组织员培训，提高其业务素质。

（崔社龙）

农村人才培养

【第四届农业职业技能大赛顺利完成】大赛前期通过了由市农业职业学院继续教育学院申报的农业技能大赛决赛阶段经费预算方案，随后申请并通过了竞赛项目确认单和工作方案，在此期间与职业鉴定中心协商并与市人力社保局进了多次沟通。联合发文《关于开展北京市农业职业技能大赛活动的通知》（京政农发〔2016〕12 号），最终增加“乳品检验员、乳品预处理工、乳品加工工、家畜繁殖工、家禽繁殖工”六个工种。由市农业委员会举办的插花花艺师、菌类园艺工、动物疫病防治员三个工种的竞赛，报名并通过审核的合格人数合计为1 637人（其中动物疫病防治员 668 人，菌类园艺工 390 人，插花花艺师 579 人）。

全面开展大赛筹备、宣传和组织实施工作。经与各区县及相关单位协调，5 月中旬完成初赛组委会的划分工作，共划分 15 个初赛组委会（其中动物疫病防治员组委会 5 个，菌类园艺工组委会 4 个，插花花艺师组委会 6 个）。通知各初赛组委会组织赛务和裁判员培训的报名工作；经与市人力社保局申请、协商，于 6 月 5 日完成了赛务、裁判员培训。此项工作由市人力社保局派出培训教师，由北京农业职业学院承办，15 个初赛组委会共计 56 名赛务人员、90 名裁判员参加了培训。

10 月底大赛决赛结束，市农业委员会大赛组委会分别对姜聪等 22 名选手、肖胜南等 43 名选手获、郝俊渔等 71 名选手进行一、二、三等奖奖励；对参加本次大赛的赛务、裁判及工作人员予以表扬，李志强等 30 人获大赛优秀组织者称号。整个大赛带动农业岗位练兵数2 431人，带动岗位练兵单位数 105 个。市农业委员会也被市大赛组委会评为“优秀组织奖”获奖单位。11月初圆满完成本次大赛的全部工作。

【完成竞争性磋商招标，探索新型职业农民培育新方式】一是制订了《北京市2016年新型职业农民培育工作实施方案》，坚持政府主导、农民主体，分类型、分产业、分层次的原则。以强农惠农政策为引领，以促进产业发展和农民就业增收为目标，通过加快建设市、区两级精准培育工作体系，培养和造就一批主动适应农业供给侧结构性改革需要、经营规模适度、生产技术先进、经营产品有市场竞争力、具备良好科技示范带动作用的新型职业农民。

二是确定了2016年本市新型职业农民培育工作实施范围，共三类：一是现代青年农场主实施培育工作，培训对象100名，覆盖10个远郊和城近郊海淀等11个郊区；二是农机手培育工作，培训对象40名，在房山1个区；三是生产经营型职业农民培育工作，培训对象560名，在大兴、密云、延庆、昌平、房山5个远郊区。

三是为切实加大市级培育工作投入，市农业委员会研究制定了北京市支农资金用于培育新型职业农民的项目申报指南，以构建生产经营型、专业技能型和社会服务型为主体的新型职业农民队伍为目标，支持科研院所、高等院校、教育培训机构、推广机构开展新型职业农民培养工作。2016年共安排培育工作经费491.96万元，完成了1 680名职业农民的培育工作，其中全科农技员340名，青年农场主150名，其他节水、水产养殖、合作社、农机专业、信息进村入户各类骨干790名，林下经济开发、农艺技术及其他400人。中央资金安排了300万元的培育项目，开展了高端培育753名，其中青年农场主100名、农机手40名、全科农技员613名。培训对象、师资、培训机构、培训机构等信息全部录入“新型职业农民信息管理系统”；新建农民田间学校7所，开发新型职业农民专业课程22门，认定采育镇欧巴泡菜园实训基地1个，培训对象对培训工作总体满意度达到95%以上。各区培育资金按本区实际情况进行项目、人员的补充培训。

四是组织开展了农业电子商务暨农业节水技术高级研修班、家庭农场研修培训班、生态林管护研修培训班、青年农场主队伍技术提升班、种植业合作社专业技能型（蔬菜种植）培训班——蔬菜栽培基础知识和基本技能班、草莓立体栽培技术班、绿色蔬菜生产和营销技术班、村级全科农技员“应时应季”素质提升班、2016年新型职业农民农业电商专题培训班（怀柔班）、林下经济培训班、理事长培训班、农机专业合作社骨干新型职业农民技术提升班（密云班）、水产养殖业骨干技术提升班等培训班。

五是2016年的培育规范了资金使用，接受了市财政的绩效考评，整个培育充分发挥基层农技推广团队农情、地情、人情等地域优势，把补助项目试验示范基地、创新团队综合试验站、农民田间学校工作站与新型职业农民培育实训基地建设进行有机互联，拓展了新型职业农民的参观考察、分段实训、生产实践需要。培训单位组建科技服务小分队、建立专家技术指导小组，定期深入一线开展培训指导、技术咨询、问题反馈，解决实际问题。选派科技骨干深入基层，开展对低收入村和低收入农户的定向精准培训，支持低收入农户发展符合城市功能定位的特色产业，推进沟域经济发展。各区农业、财政部门高度重视，把新型职业农民培育工作纳入到贯彻落实市委、市政府关于落实发展新理念、全面提高新时期城乡一体化发展水平的重点工作中，纳入到加快培育新型农业经营主体重要工作中。

2017年北京市职业农民培育工作的开展将广泛征求相关委办局及区县意见，大力推进《关于实施北京市新型职业农民激励计划的若干意见》的落实。

（程玉明）

【农村实用人才总量】2016年，全市农村实用人才总量达到5.1万人，比2015年新增2 000人左右。

【扎实做好农村实用人才开发培养工作】一是结合首都城乡一体化发展新形势，围绕各区功能定位，通过开展协议培养、共建培养、示范基地培养、跟踪服务培养、特色定制培养等形式，加大农村实用人才开发培养工作力度，圆满完成了年初制定的“全年每个远郊区新增农村实用人才不低于100名，每个近郊区新增农村实用人才不低于30名”的工作目标。二是为加强社会组织在农村人才开发培养方面作用发挥，推动人才自我组织、自我管理、自我服务，在通州区农村实用人才协会成立的基础上，推动各区农村实用人才协会的成立。

目前已有通州、大兴、怀柔、房山、密云等区成立了或正在成立农村人才协会或联合会。

【加大农村实用人才培训工作力度】一是为全面提高农村实用人才队伍整体素质，切实发挥优秀农村实用人才的引领带头作用，2016 年 4 月上旬至 5 月初，分农民专业合作社运营、创业兴业、社区管理三个专题，举办了北京市优秀农村实用人才示范培训班。来自全市 13 个区的 400 名优秀高级农村实用人才参加了培训。二是全市 13 个涉农区、182 个乡镇也组织开展了区级和乡镇层面的实用人才培训工作，共培训学员 3 000 人。三是结合全市“精准扶贫”中心工作，与市农业广播电视学校、市教育科学研究院联合，开展“开发一套特色农家宴、培养一批农村实用人才，以民俗旅游特色农村实用人才培养打造低收入村精准扶贫新途径”活动。例如门头沟炭厂村，专家进驻后开发出了一套“全饼宴”，并且培训了一批农民从事特色民俗旅游，解决了村民就业和增收问题，成为低收入村帮扶的有效方式。

【组织开展第三批北京市高级农村实用人才评定工作】根据《北京市农村实用人才等级评定办法（试行）》，2016 年组织开展了第三批高级农村实用人才等级评定工作。经乡镇党委选拔、申报，区委组织部（近郊农工委）审核、推荐，13 个涉农区共推荐第三批高级农村实用人才候选人 414 人。全市共评出第三批高级实用人才 240 名，目前全市共有高级实用人才1 510名。通过等级评定工作，激发了农村实用人才带头致富的热情，营造出“人人渴望成才、人人皆可成才”的良好氛围。

【开展农村实用人才创新创业项目评审资助活动】为积极贯彻落实中央关于“大众创业、万众创新”方针，鼓励更多优秀人才投身农村、发展农业，2016 年，在全市开展了第二届农村实用人才创新创业项目评审资助活动。各区相关部门高度重视，经过层层筛选，共上报 56 个候选项目。在集中路演、专家评审、实地考察、认真酝酿的基础上，共评选出顺义尺木无山休闲农庄项目等 14 个创新创业项目，每个项目给予 5 万元的资助。这 14 个获得资助的创业项目充分体现了北京农业在互联网、科技、创意等多方面的特色，人民网、新华网、中国网、北京晚报等 56 家媒体对活动予以了全面报道，引起了社会各界的广泛关注。

【圆满完成中共中央组织部、农业部全国大学生“村官”和农村实用人才带头人示范培训任务】一是按照中共中央组织部、农业部安排部署，2016 年，在韩村河培训基地共举办了 9 期全国大学生“村官”和农村实用人才带头人示范培训班，共培训学员 900 名。为办好培训班，积极与农业部、韩村河基地加强联系，从课程设计、学员管理、教学组织等方面发挥好沟通、协调、组织、服务保障作用，保证了教学质量和学员的安全，保证了每期培训班顺利进行。二是选派了 130 名大学生“村官”和 280 名农村实用人才赴山东西霞口村、河北周台子村、天津毛家峪村参加中共中央组织部、农业部举办的培训班，每期班指定专人负责，保证学习培训任务完成。三是为加强全市大学生“村官”队伍建设，市委组织部、市委农工委、市人力社保局在韩村河基地举办了全市大学生“村官”示范培训班，主题是创业兴业，共有 120 名大学生“村官”参加了培训。四是参与了全市大学生“村官”和选调生并轨工作方案的制订修改工作。

【做好年度农村实用人才工作总结、考核和创新项目评审工作】一是按照《北京市农村实用人才工作考核办法》，组织力量，通过各区自查、信息核实、听取汇报、实地走访、查阅材料等形式，对 2016 年农村实用人才工作进行了考核验收。二是开展实用人才创新项目评审工作，按照实际效果、推广价值、群众反映等标准，评选出工作创新 5 个一等奖、7 个二等奖、5 个三等奖，并做好宣传、推广工作，农村实用人才工作做到了年初有部署，年中有检查，年底有验收，夯实了人才工作制度基础。

【加强农村实用人才工作者队伍建设】2016 年，市委农工委一是举办了全市基层农村实用人才管理者学习培训班，集中对全市 13 个郊区县组织部（农工委）人才科长、部分乡镇做人才工作的管理者共 110 人进行了培训。邀请市委组织部人才处刘敏华处长就北京市人才体制机制改革有关问题进行了解读，市发展改革委规划处宋世胜副处长为大家报告了“十三五”规划和各区发展布局情况，组织大家到东升科技园、顺义尺木无山农庄等创业典型进行参观学习，结合北京农业发展实际，深入研究探讨新形势下如何进一步抓好农村实用人才工作。二是组织 20 名农村实用人才工作者赴广东学习交流，开阔大家的视野，拓展大家的思路，促进北京市农村实用人才工作创新发展。

【完成市委组织部等上级部署的其他工作任务】 一是按照市委组织部的要求，组织农口相关单位申报优秀人才培养资助，共有市农林科学院、市农业局2个单位共11人获得优秀青年骨干个人资助，1个部门获得人才工作先进集体。二是开展2016年百千万人才工程资助工作，共有5人获得资助。三是按照中共中央组织部要求，做好1名“西部之光”访问学者到市农林科学院的接收工作。四是做好“首都专家拉萨行”“首都专家新疆行”工作，精心挑选4名种养殖方面专家赴拉萨、2名农村电商专家赴新疆和田开展专家服务支援工作，农口专家为当地解决问题的能力、认真负责的工作态度得到了市委组织部的高度评价和赞扬。五是做好农口系统及郊区企事业单位高级政工师职称评审工作，圆满召开了农口高级政工师职称评审答辩会，向市政工职称评审工作办公室推荐上报7名高级政工师候选人。六是做好“人才京郊行”工作，按市委组织部要求，指导系统单位做好第八批“人才京郊行”2名挂职干部任期结束考察和第九批“人才京郊行”1名挂职干部选派工作。

（李晟龙）

宣传工作及精神文明建设

【强化新闻宣传工作，巩固扩大积极向上的主流舆论】 一是召开新闻发布会，做好集中宣传。举行了“回顾‘十二五’——北京‘三农’发展成就”新闻发布会、“2016年北京‘三农’工作”新闻发布会，协调《农民日报》于全市农村会召开前，在头版刊发重头报道《厚植京津冀协同发展的战略优势》（8 000余字）。召开了“《北京市‘十三五’时期城乡一体化发展规划》新闻发布会”，会后市政府新闻办专门以“服务首都城市战略定位 统筹推进城乡融合发展”为题刊发了一期简报，将本次发布会的特色、亮点和宣传效果总结为：权威发布，凝练信息含金量高；主题鲜明，抽丝剥茧聚焦民生；回应关切，备料充足媒体解渴。三次发布会累计邀请中央、市属及港澳地区媒体100余家，播发重要报道近200篇次，网络转发逾千条次。

二是围绕中心工作，突出重点宣传。围绕“减煤换煤”、低收入农户增收、都市型现代农业、美丽乡村建设等重点工作，组织集体采访60次，形成新闻报道1 000余篇（不含网络转载）。配合全国都市型农业现场会，策划印制宣传册1本，拍摄专题片9个，会议前后，协调中央电视台、《农民日报》、北京电视台《北京新闻》、北京人民广播电台《新闻热线》《京郊日报》等媒体，围绕北京都市型现代农业发展成就进行了集中同步宣传，营造了热烈浓厚的舆论氛围。国庆节期间，中央电视台《新闻联播》《东方时空》栏目报道了北京干峪沟村、黄山店村盘活农村闲置资产、对农宅进行整体提升改造，发展乡村旅游的先进做法。

三是推动工作进展，巩固宣传阵地。进一步巩固常年固有宣传阵地，随时播报“三农”各项工作最新进展，为北京“三农”工作提供舆论支持。与《农民日报》合办“都市型现代农业”专版（全年刊发48个专版，每周六第八版）；与北京电视台合办《美丽乡村》栏目（周双播节目全年播出约100期）；与北京人民广播电台合办《生态北京》栏目（全年播出104期）；与《北京晨报》共同策划推出“乡村休闲·新鲜品味”专栏，全年共刊发40期，同时被《北京晨报》官方微博微信、“北京美丽乡村”微博微信转载、推送。

四是加强新媒体传播，做好舆情监控。不断创新、扩大新媒体影响，“北京美丽乡村”政务微博共发布453条信息，“北京美丽乡村”微信公众号共发布626条资讯，北京美丽乡村（www.bjmlxc.cn）网站访问量超过61万，全年共刊发12期《美丽乡村》杂志，发行量12万。加强舆情监测，共编发《北京“三农”要闻》专报250期，收录涉农舆情信息3 728条。每天上、下午以微信和短信形式向“两委”处级以上干部发送《北京“三农”要闻》，随时抓取到的敏感信息内容，以微信和短信形式第一时间通知相关负责领导和同志，做到舆情监测的实时化、常态化，全年抓取敏感信息1 015条。围绕“三农”重点工作和社会热点，就“互联网+”与农业供给侧结构性改革、大兴和房山遭遇冰雹灾害、农村改革等5个方面开展了专题分析。

【继续开展“寻找‘北京最美的乡村’宣传评选活动”】年内，完成了2015—2016年度寻找“北京最美的乡村”评选工作。4月，向市民赠发《“北京最美的乡村”候选村体验套票》2万册，吸引广大社会公众到这些村庄亲身体验；5—6月，组织北京电视台、北京新闻广播、《北京日报》《北京晚报》《北京晨报》《京郊日报》、《美丽乡村》杂志网站等市级媒体深入33个候选村实地采访。6—8月，在各家媒体通过专题、专栏、专版等形式对33个候选村进行逐村、连续性的主题展播。8—9月，采取了网络票选、报纸票选、体验评选和专家评分4种方式，最终，按照网络评选：报纸评选：体验评选：专家评选＝5：25：35：35的比例，综合195万张有效网络选票、14万张有效报纸选票、8万多张有效体验选票和21位专家评委评分的结果，排名前20名的乡村授予“北京最美的乡村”荣誉称号，其他村授予“北京最美的乡村”提名村荣誉称号。并在《北京日报》《京郊日报》刊发了表彰专版，在蓝岛大厦、京信大厦采取户外大屏展示的形式进行宣传推广。

2015—2016年度“北京最美的乡村”：

1. 文武并重底蕴厚——魏庄村（大兴区魏善庄镇）。魏庄村位于大兴区魏善庄镇南部，南邻庞安路，西接东大路，东侧与半壁店村隔小龙河相望，地理位置优越。北距六环路8公里，西距离京开高速6公里，交通十分便利。魏庄村环境优美，道路宽敞洁净，路旁种植乔、灌木，绿化覆盖率高。村庄文化浓郁，崇德尚武，曾出过三代武举人，留下了许多轶事，村内建有太极广场及举人祠用以纪念。村南侧有各具特色的月季产业园，景观别致，令人流连忘返。除此之外，还有孩提广场、古井岁月廊、时空广场等特色景观。

2. 山水聚落筑精品——黄山店村（房山区周口店镇）。黄山店村内名山荟萃，峡谷悠长，枫林翠柏漫山遍野，夹括河流淌不息，生态环境优越。“坡峰岭”红叶色彩斑斓，随风摇曳，犹如仙境，“龙天观”隐秘坡峰深林；“醉石林”鬼斧神工，流传千年古老传说；“迎风峪”清幽静谧与上方圣境一山之隔；“红螺三险”山高万仞，美不胜收，极乐寺、铁佛寺晨钟暮鼓，数百年来一直是人们寻幽觅古的偏爱之所，早在元代就被誉为“燕京八景”之一；“宝金山”卧居着清末太监总管李莲英郊野别墅“玉虚宫”，曾多少清廷大员来此避暑休闲，全境自然人文资源异常丰富。

3. 德孝文化融乡邻——仇庄村（通州区于家务回族乡）。仇庄村位于通州区南部，南接河北，西联大兴，东面与东方大学城相邻，距城区31.5公里，现有村域面积2 800亩，耕地面积1 600亩。走进这里，不仅会看到宽阔的柏油马路，更能欣赏别具一格的法德文化街；不仅能参观整整齐齐的农家院，更能领略郁郁葱葱的田园风光。多年来，仇庄村坚持走“文化引领、法德共治、和谐发展”的特色路子，赢得了全国“服务农村，服务基层”文化建设先进集体、“全国文明村”“全国民主法治示范村”、全国“美丽乡村”等诸多荣誉。如今的仇庄，面貌焕然一新，百姓亲如一家，政通人和，欣欣向荣。

4. 归园田居解乡愁——田仙峪村（怀柔区渤海镇）。田仙峪村位于箭扣长城脚下、慕田峪长城西侧，距怀柔城区18公里，龙潭和珍珠泉两大天然泉水发源于此，常年奔流不息。田仙峪村域面积9.7平方公里，现有果树面积3 400亩，山场面积4 400亩，开发潜力巨大。全村293户，户籍人口670，常住人口近800人。田仙峪村主要以板栗种植、冷水鱼养殖、民俗旅游三大产业为主。

5. “村规民约”育美村——一村（顺义区高丽营镇）。《顺天府志》记载：“唐驿站，高丽使丞用，形成村落。”即早在唐代，便由内徙的高丽人（朝鲜族人）到此定居后发展成村落，故而得名高丽营镇。高丽营镇一村位于顺义区西部与昌平区交界处，紧邻京承高速，白马路横穿东西、高下路贯穿南北，牤牛河自村北至村南环绕而过。有居民398户，户籍人口863人，流动人口340人。2015年，农民人均纯收入18 000元。近年来，该村先后被评为“北京郊区生态村”“北京市民主法治示范村”“顺义区新农村社区管理创建村”等荣誉称号。

6. 高端月季产业园——半壁店村（大兴区魏善庄镇）。半壁店村位于魏善庄镇南部，处在北京市南中轴延长线上，是大兴区的中心位置。交通便利，四通八达。村庄以历史文脉传承为主要特色；有月季湾广场、银杏林带状公园等特色景观；有泰迪熊博物馆及户外亲子乐园等可供游客游玩；村南侧有各具特色的月季产业园，景观别致，令人流连忘返。

7. 休闲体验迎客来——辛安庄村（密云区穆家峪镇）。辛安庄村坐落于密云区东部，京承高速第十八出口位于该村。紧邻101国道，水资源丰富，村西有潮河湿地，村南是红门川河湿地。全村367户，817人。村域面积13 440亩，耕地920亩，山场6 061亩，林地4 867.5亩，村庄面积654亩，水域面积360亩。全村以林果业、民俗旅游业为主，民居独特，民风淳朴，环境优美。

8. 闹中取幽民安居——柳林村（海淀区苏家坨镇）。“杨柳依依清风徐，白马奔腾向前去”，“承悠悠京密运河之古韵，接啾啾凤凰之灵气”，描述的正是北京市大西山脚下美丽的柳林村。柳林村地处海淀区苏家坨镇中心区域，位于西北六环与京密引水渠交汇之处，东临温阳路1.2公里，南临北清路2公里，距离北京城区仅20公里，交通便利，自然环境优美，文化底蕴深厚。柳林村种植生态林成京西“天然氧吧”，柳林河贯穿村庄东西，村内有石马、古庙、闸口等文化古迹，小毛驴市民农园、老马渔场是休闲娱乐的好去处。

9. 京西古道第一村——水峪嘴村（门头沟区妙峰山镇）。水峪嘴村位于妙峰山镇，距门头沟区政府10公里。村域面积2.3平方公里。村域内京西古道历史悠久、亘古绵延，因此该村素有“京西古道第一村”的美誉。该村以旅游观光业兴村、新产业富村、民主管理治村、精神文明建设强村为四大发展目标，以“一带、一轴、四区”为发展理念，着力发展旅游观光业和特色农产品深加工产业。2013年、2014年连续两年被评为门头沟区基层组织建设优秀村，2015年先后获得“北京市环境建设先进村”“首都绿色村庄”和北京市“美丽乡村”荣誉称号。

10. 花园式旅游名村——魏各庄村（丰台区王佐镇）。魏各庄村地处于丰台区最西部，交通便利。绿地覆盖面积高，林木覆盖率达40%，空气清新，环境优美，设施完善。近年来村内种有各样的鲜花，每当花季来临，花朵争相开放，吸引村民游客观赏，整个魏各庄村成为了花的海洋。洛平精品采摘园为村办集体产业，培育了樱桃、草莓、蓝莓、番石榴、火龙果、葡萄等10余种优质有机果品，园区周边环境优美，蔬果生长全程无人工污染，还蔬果原本味道。

11. 良心铺就致富路——东四道岭村（平谷区镇罗营镇）。东四道岭村地处镇罗营镇东北部，是平谷区最北部的一个纯山区村。自然环境优美，交通便利。现有果树种植面积600亩，其中有机果园面积100亩，年产量25万千克，产值100万元。村内果树种类繁多：梨、桃、核桃、栗子、苹果、红果、大枣、杏等，但以有机大桃最有特色，既是奥运专供果品又是中央特供果品之一。2014年开发葛根百草宴结合各种当地野生中草药材和果品资源，聘请中医药专家搭配菜品，并根据节令变化推出应时菜品，如葛根炖菜鸡、葛根凉粉、栗子面窝头、山楂炒肉片、蜜梨润肺汤等十几道菜品。

12. 灵山灵水富灵气——灵水村（门头沟区斋堂镇）。灵水村是历史上重要的京西煤矿产地，经济结构单一，农作物主要为杂粮、玉米、谷子；干果以杏仁为主，主要经济收入来源于煤炭行业。2001年国务院“关井压产”政策出台后，斋堂地区煤矿全部关闭，灵水村面临着严峻挑战。随着区、镇经济产业调整，灵水利用自身优势将旅游业定位成为新的产业发展方向，深入挖掘灵水村的文化资源，把人杰地灵的灵水村展现给世人，让世界了解灵水特色的“乡村京味文化”，探究灵水别具一格的文化品位。

13. 和谐新村幸福歌——幺铺村（朝阳区黑庄户乡）。幺铺村地处朝阳区黑庄户地区东北侧，村域面积0.66平方公里。从1992年开始实施旧村改造，逐渐实现了农民搬迁上楼，家家户户住上了配有车库的两层别墅，属于20世纪90年代新农村建设村。后更名为东旭新村，有旭日之升、蓬勃向上之意。现已形成占地700余亩，拥有别墅834栋、公寓50栋73门的大型社区。现有文化娱乐场所天池乐园、孤独症患儿教育机构星星雨教育研究所等。幺铺村环境优美，基础配套设施较完备，村内合唱、舞蹈活动较多，走进乡铺村，和谐向上、其乐融融的气息扑面而来，整体呈现一幅欣欣向荣的景象。

14. **陶艺之乡美名传——盆窑村（延庆区旧县镇）**。盆窑村位于延庆东北部，坐落于妫河源头和村东的独山脚下。盆窑明代建村，自古以烧制瓦、盆等器皿为主，素有“陶艺之乡”的美称。辽代在村东独山修建夜月寺，明成祖朱棣北巡曾驻跸此处，敕建圣母庙，至今仍保留遗址，“独山夜月”被列为延庆古八景之一。盆窑村已有500年的制陶历史，现存古窑遗址80余处。现村内建有陶艺园、乐陶园以及多家农家院，游客在体验制陶之余也可以品尝到盆窑特色“盆盆宴”。

15. **妫水源头第一村——上磨村（延庆区永宁镇）**。上磨村位于延庆区城以东12公里，延庆区母亲河妫河源头——黄龙潭坐落于该村东部，因此，上磨村有着“妫水源头第一村”的美誉。村内黄龙潭与黄龙庙历史悠久，每年农历四月二十八都会举办为期一周的黄龙庙庙会，扭秧歌、看大戏热闹非凡。目前，村里有星级民俗户12户，以延庆独特的民间喜宴“八六席”“八八席”以及鲟鱼宴等农家特色饭菜为主。游客通过春天踏青、夏天骑游、秋天采摘、冬天睡“火炕”，体验当地的风土人情。

16. **“驴打滚”宴美食村——上口村（昌平区十三陵镇）**。上口村本着“争优、创先、一村一品”的发展思路，坚持以生态环境新农村建设为依托，以古长城、古庙、马武寨等历史文化为亮点，以保持村中稳定、引导百姓致富为目的，根据马武当年藏兵之处加上民间传说特创“上口村马武寨驴打滚美食村”品牌。2014年，上口村以马武寨驴打滚宴获昌平区教育委员会举办的“新农杯民俗美食技能大赛”团体一等奖。上口村壮美的山区风景、各民俗旅游户的菜品和特色旅游项目都令游客流连忘返。

17. **绿树青山话桑麻——东村（房山区蒲洼乡）**。东村地处于北京西南的房山区蒲洼乡，位于太行山北段。村民均居于海拔800～1 200米，村内峰峦叠嶂、沟壑纵横，山高而不陡，峰峻而不险，雄奇而秀美，泉水清冽而甘甜。春夏秋三季青山耸翠、溪水潺潺、百花争艳、层林尽染。冬季绿松白雪相间，美景如画，植被率达90%。有山脊步道、21栋林间木屋、600平方米的瑞和山庄、500亩的林下食用菌、30亩的菊花园、50亩的葡萄园，在山中梯田中栽植3 500亩的核桃、毛桃、海棠等园区。先后被市政府评为“首都绿色村庄”和“最美村庄”等称号。

18. **山水田园醉乡村——超梁子村（怀柔区宝山镇）**。超梁子村位于怀柔区北部深山区，距城区75公里，距镇政府5公里，山场面积10 030亩。村庄生态环境很好，天河水一年四季川流不息经村前而过，村后青山环绕，真可谓“青山绿水，新房林立”，一年四季风光无限。依托优美的生态环境规划发展乡村旅游，民俗接待，从此家家有产业，人人有事干。近年来，连续获得“环境整治先进村”“区级文明村”“区级环境整治先进村”“北京市文明生态村”“北京市五个好党支部”“首都文明村”“怀柔区先进治保村”等称号。

19. **宜居宜业新农村——外郎营村（通州区台湖镇）**。外郎营村位于通州区台湖镇核心地区，村内街道宽阔整洁，路边树木郁郁葱葱，花草盛开时五颜六色，散发出阵阵诱人清香。台湖湿地公园和星湖园坐落在村东侧，成为村民休闲纳凉的好去处；西侧鹿园可以赏鹿、品尝全鹿宴，感受不一样的体验。村内公共设施全面覆盖，健身园、篮球场、网球场24小时开放，还有图书馆、电脑室、棋牌室、数字影院等活动场所供村民和游客使用。

20. **优美环境促发展——水树峪村（密云区巨各庄镇）**。水树峪村位于巨各庄镇东北部山区，村域总面积6 836.2亩，90%为山场，建成有58户二层民俗户，便利的交通条件、优美的村庄环境和清新的空气满足游人徒步、骑行要求，是市民休闲度假的新的选择。另外，结合巨各庄镇“酒乡之路”沟域经济发展规划，发展葡萄产业，打造集观光旅游、休闲采摘为一体的葡萄产业一条沟；充分利用新民居民俗旅游示范户，依托龙湾水乡国际休闲旅游度假区的发展优势，促进生态发展产业化，打造产业发展生态化，最终实现最美乡村。该村于2015年获得“北京山区发展先进村”的荣誉称号和“美丽乡村”称号。

2015—2016年度“北京最美的乡村”（提名）

堂上村（房山区霞云岭乡）

魏家湾村（平谷区熊儿寨乡）

孟悟村（门头沟区军庄镇）

薛庄村（顺义区大孙各庄镇）
铁炉村（延庆区大庄科乡）
东水泉村（顺义区赵全营镇）
西长峪村（平谷区大华山镇）
龙潭村（昌平区南口镇）
圣水头村（密云区河南寨镇）
罗家坟村（海淀区上庄镇）
李家峪村（丰台区长辛店镇）
北年丰村（怀柔区杨宋镇）
白羊城村（昌平区流村镇）

【继续开展“美丽乡村 筑梦有我”大型新闻公益行动】进一步与北京广播电视台深化合作，提高牵手帮扶的准度和深度，北京广播电视台共135位主持人与京郊13个区县的148个村庄（包括北京最美的乡村、提名候选村、低收入村和特色乡村）实现牵手，其中有17位主持人实现“双牵”（一手牵“北京最美的乡村”一手牵“低收入村”）。牵手主持人走进乡村，了解村庄实情、组织公益活动，推介优质资源、挖掘村庄特色、参与村庄建设，平均每位主持人进村次数达5次，累计行程10余万公里，为牵手村庄分别带去了9大方面（包括经济、文化、旅游、养老、村情宣传、儿童教育、生活服务、法制帮扶、金融理财）的利好实事。同时主持人还带领100多位社会各界精英一起走进乡村，为乡村的发展建言献策。共联系合作单位达百余家，涌现出44个优质帮扶项目。

11月17日，在北京电视台大剧院举行了“美丽乡村 筑梦有我”大型新闻公益行动2014—2016年度总结暨2017年度启动仪式，主办单位领导，有关区宣传部、农工委（农委）、文明办及牵手村代表，广播电视台主持人、采编播一线人员等约700人参加活动。北京广播电视台动员所有电台频率（专业台）、电视台频道（节目中心）和台属其他媒体，紧密牵手50个低收入村庄，并作出了“四个一”的郑重承诺，即开展一次深入的村情调查、制定一份切实的牵手计划、落实一个具体的帮扶项目、开展一系列宣传推广活动。

【完成北京市第26届农民艺术节，启动北京市第27届农民艺术节】北京市农民艺术节是一项跨年度的群众系列文化活动，内容包括“乡村大舞台——原创文艺节目大赛”“乡风文明原创节目培训班”“特色文化试点村建设”“聚焦美丽乡村主题摄影大赛”等系列活动。年内完成了第26届农民艺术节的收官，启动了第27届农民艺术节。

一是组织“乡村大舞台”群众文艺会演。第26届农民艺术节“乡村大舞台”活动在组织形式上，采用了镇村（街道）初赛、市级复赛和市级决赛暨汇报演出的运作模式，得到了远郊13个区的积极响应。初赛组织演出近百场次，经过专家评选，有34个节目进入复赛，24个乡镇（街道）报送光盘参与全市“乡村大舞台”基层优秀专场评选；12个节目进入决赛，决赛节目暨颁奖晚会作为2016年春节特别节目在北京电视台新闻频道播出。“乡村大舞台”全面调动了基层群众的广泛参与，引领着京郊农民从参与文艺演出，到开展文艺创作，形成了“村村有演出、镇镇搭舞台”的乡村文化繁荣场景，实现了区与区之间的横向交流，培养了一批乡村文艺骨干、推出了一批原创文艺作品，让越来越多的农民享受到了专业化的服务，起到了繁荣农村文化、提高农民素质、促进农村精神文明建设的作用。

二是举办乡风文明原创节目培训班。以基层原创作品为主线，以乡村歌舞类节目、乡村曲艺类节目的创编为主要培训内容，采取现场观摩“文化部第17届舞蹈类北京赛区选拔赛群星奖”决赛和邀请专业院校、专业艺术团体的专家老师集中授课等多种教学方式，帮助来自13个郊区县的70名基层文艺工作者进一步开阔视野、开放思维，实现了专业上有提高、作品上有创新、节目上有亮点的培训目标。同时，在本次培训班的课程设置上，还特别邀请了“开心麻花”创作团队，为学员们上了一堂趣味横生的即兴表演创意课，以良好互动的学习氛围，引导学员们自觉增强“文化促发展，实现文化建设和市场经济良好互动”的意识，为推动乡土艺术走进文化市场进行了引导和示范。

三是开展文化试点村建设工作。建立乒乓球健身活动村4个：大兴区东辛屯村、西黄垡村，顺义区石家营村，朝阳区何各庄村，聘请专业教练进村指导近20次；农民书画村1个：朝阳区高碑店村，定期举办书画培训和交流，组织村民书画艺术协会成立暨村民书画作品展、北京高碑店第十一届古典家具文化节暨国粹书画艺术展和金秋表彰大会暨群众文艺汇演；慈孝文化村1个：延庆区慈母川村，开发慈孝文化内涵和系列产品，2016年北京重阳文化节系列活动开幕式在慈母川村慈孝广场隆重举行；基层党组织试点村1个：昌平区在八家村通过开设村民文艺中专班，教授广场舞表演，培训民俗旅游、厨艺烹饪、芽苗菜种植等，丰富村集体组织生活，加强基层党组织建设。

四是举办第六届“聚焦美丽乡村”摄影大赛。大赛以展示首都新农村建设成果为主题，以“北京最美的乡村”及候选村为拍摄重点，以“生产美、生活美、环境美、人文美”为拍摄内容，按照风光、纪实、人物的分类，共征集作品近5 000幅，评选出特等奖1名、一等奖3名、二等奖6名、三等奖9名、优秀奖50名。1月15日，第六届北京“聚焦美丽乡村”摄影大赛获奖作品展暨《鸟瞰京郊好风光》航拍摄影展在中华世纪坛中心展厅举办，116幅（组）优秀摄影作品和《鸟瞰京郊好风光》航拍作品在7天的展期里吸引市民10万余人次。

五是开展“北京最美乡村故事”主题征文展播活动。与北京人民广播电台故事广播联合开展2016年度“北京最美乡村故事”主题征集活动，本次活动以“讲好乡村故事，展示美丽风采”为主题，目前活动共征集到稿件约500篇，所征集到的稿件经筛选整理后也将在北京人民广播电台故事广播和北京美丽乡村网站专题展出。

（胡芳静）

农村文化工作

【农村文化工作概况】为了不断深化社会主义新农村建设工作，统筹城乡一体化建设，继续巩固发展北京市新农村文化建设工作，着力提高村民的整体素质和农村的文明程度，丰富农村文化生活，市文化局高度重视新农村建设工作，认真贯彻落实北京市委、市政府的决策部署，按照国务院“生产发展、生活宽裕、乡风文明、村容整洁、管理民主”的总体要求，坚持统筹城乡发展，不断提升，推动社会主义新农村文化建设取得新进展。在加强农村公共文化建设的基础上，开展形式多样的、体现农村地方特色的群众文化活动，丰富农民群众的精神文化生活，努力实现公共文化服务的均等化。

【实施引领工程，完善农村公共文化政策体系和运行机制】一是根据“1+3”文件要求，落实北京市公共文化服务体系建设联席会议制度要求，印发了《“十三五”期间北京市公共文化服务体系建设任务和分工》，确定未来五年的工作目标，以及各相关部门的任务分工，完善农村公共文化服务政策体系。二是推动公共文化服务立法工作。由全国人大、文化部制定的《中华人民共和国公共文化服务保障法（草案）》正在起草和论证阶段，为配合全国公共文化服务保障法的实施，市文化局提前启动《北京市公共文化服务保障条例》前期调研和起草准备工作，完成了相关调研报告和草案。目前全国公共文化服务保障法正在二审阶段，出台后，市文化局将第一时间对表，完善本市公共文化服务保障条例，提交市人大和法制办审核，争取早日出台，推动本市公共文化服务保障工作法制化进程。三是修订完善《北京市优秀群众文化项目扶植办法》，支持发展优秀农村群众文化原创作品、文化团队和品牌活动。四是会同首都图书馆，根据基层图书资源工作方案，制定《北京市基层图书资源整合管理办法》，对具体整合工作加强规范和管理，推动全市基层农村图书服务资源整合。五是起草《鼓励社会力量参与公共文化建设扶持办法（初稿）》，激发社会活力，鼓励各社会团体参与农村公共文化建设。

【实施提升工程，提高整体服务水平，丰富农村文化活动】一是，举办2016年首都市民系列文化活动。连续两年，以“我的中国梦·欢乐新北京”为主题，围绕“歌唱北京”“舞动北京”“戏聚北京”“艺韵北京”“影像北京”和“阅读北京”六大板块，开展首都市民系列文化活动，形成四级联动机制，带动市、区、街乡、社区村四级文化品牌活动联动开展，丰富村民文化活动内容和形式，贯穿全年，覆盖全市。2016年，制定印发《2016—2020年首都市民系列文化活动总体方案》，对未来五年的活动进行统一规划和安排。截至2016年年底，全市共举办各类文化活动4.3万场次，参与群众3 745万人次。二是，组织开展公益文化惠民活动。利用节假日，以庆祝建党95周年、纪念红军长征胜利80周年等为主题，深入开展“农村文艺演出星火工程”“周末场演出计划”“百姓周末大舞台”等公益惠民演出活动，有效地满足农民群众的精神文化需求。三是，采取多种方式，加强基层设施建设，提升设施运营管理和服务水平。目前全市四级公共文化设施6 743个，平均覆盖率98%。启动基层公共文化设施建设情况的调研摸底工作，编制未来四年实现基层公共文化设施全覆盖建设规划，分解建设任务。2016年，海淀区采取整体购买服务的方式，将北部文化中心委托给社会机构运营管理，提升专业化运营水平。丰台区卢沟桥街道将文化中心委托给北京演出公司，全方位提升管理水平和服务质量。加强通州城市副中心文化设施建设，委托第三方评估机构，对乡镇街道综合文化中心运营情况进行评估和分析，督促提高服务效能。四是，加快数字化建设。本市文化信息资源共享工程数据资源总量已达到689.681TB，通过服务平台输送到基层服务点，在数字文化社区高清交互平台更新视频资源、演出信息、电子图书，更新发布视频资源1 079.8GB，1 410.2小时，演出信息219条，电子图书7 453册，触摸读报系统点击量49 487次，高清交互平台点击量167 092次，网站点击量724 766次，网站视频更新量153部。全市现有共享工程站点4 295个，300个数字文化社区，100个24小时自助借书机。极大地丰富了农民群众精神文化生活，提高了村民的文明素质和农村的文明程度。

【实施培训工程，抓好公共文化人才队伍建设】基层公共文化建设，关键是人才，重点是培训。一是，做好基层公共文化人才队伍调查统计工作。目前，北京市共有行政村（社区）6 911个，群众文化组织员7 583人，其中专职人员2 778人，占36.6%；兼职人员4 805人，占63.4%，平均每个行政村（社区）配备1名以上文化组织员。街道综合文化中心149个，乡镇综合文化中心182个，从业人员共1 843人。基层群众文艺团队9 204支，参与人数28万人，年开展活动48.69万人次。全市16个区21个分中心在册文化志愿者3.27万名，文化志愿团体311个，基本建成了以市文化志愿者服务中心为龙头，以区分中心为基础，覆盖市、区、街道乡镇的三级文化志愿服务网络。二是，试点建立群众文化组织员，总结推广经验。延庆区为每个行政村配备1名文化组织员，通过面试、培训、考核等一系列环节，建立了文化组织员的上岗工作制度。东城区采取给每个社区5万元的方式，为每个社区配备1名以上的群众文化组织员。石景山区采用聘用社工的方式，为每个社区配备群众文化组织员。三是，按照六会标准（会做群众工作、会组织活动、会指挥、会乐器、会跳舞、会电脑），继续实施“千名基层文化组织员培训工程”，每年培训1 000名，培养一支符合首都特色、素质优良的基层文化干部队伍，加强文化干部的专业素质，提高其增强地区文化凝聚力、组织文化活动的能力。四是，推荐新任的区、乡镇街道文化管理干部、业务干部参加全国人才培训，开阔眼界，提高技能。

【实施对接工程，推动基层服务实现供需对接】一是，整合基层图书资源，构建图书服务配送体系。制定完成《北京市基层图书服务资源整合方案》《北京市基层图书服务资源整合实施管理办法》《北京市基层图书服务资源整合资金保障方案》《基层图书馆（室）书目选配工作办法》，印发各区实施。通过资源整合，将益民书屋等各类图书资源整合到公共图书馆体系中，统一规划、统一管理，统一服务，根据农村群众需求，对接好服务。二是，构建文化活动配送体系。启动了文化活动、文化辅导、文化培训配送体系搭建调研工作，以群众需求导向，完善菜单式、订单式配送服务模式，把各类文化资源输送到基层。石景山区、房山区试点“百姓点菜、政府端菜”，使政府提供的服务更加有效地与群众需要相对接。东城区与北京演艺集团开展基层公共文化设施专业化社会化运营合作，利用专业文化资源和人才资源提供“菜单式”“订单式”的各项规范化和标准化服务。三是，推动京津冀公共文化协同发展。首都图书馆、北京群众艺术馆分别与天津、河北馆签订战略协议，首都图书馆在河北固安设立分馆，北京群众艺术馆与天津、河北两馆共同举办曲艺等艺术节活动。11月30日，在国家大剧院歌剧院举办京津冀优秀群众文艺精品展演，加强三地文化资源融合，推动京津冀公共文化协同发展。四是，组织实施春节庙会赠票活动。2016 年春节前夕，为了营造欢乐、喜庆、祥和、浓郁的节日氛围，根据市委、市政府的部署和安排，市文化局会同有关部门，采取政府购买文化服务的方式，加大文化惠民力度，组织开展了“文化惠民逛庙会 欢欢喜喜过大年——市政府向首都市民发放 20 万张免费庙会门票”活动。经问卷调查，本次活动市民满意度达99.72%，抢票率达到 100%，换票率达到 85%。其中，龙庆峡冰灯艺术节的换票率达到 97%，大观园庙会的换票率达到 89%。5 天内，6 个庙会和活动参与人数达 259 万人次，总人数比 2015 年增加了 21%。五是，推进示范志愿项目，实现文化惠民项目与人民群众文化需求有效对接。围绕农村文化建设，策划实施了送福到家、文艺表演、送电影、拍摄全家福等服务，满足农民群众的精神文化需求；丰富社区居民文化生活，策划开展了“暖心工程”“公益大讲堂”“义务辅导站”“朝阳夕阳一样红”“文化进社区”等文化辅导、新春联谊、社区大讲堂培训等服务项目；打造“城市文化志愿艺站”；开展“文化感动生活”北京文化志愿者主题宣传活动。

【各区有序开展各类丰富多彩的文化志愿活动，有效满足农村群众文化需求】

1. 海淀区。海淀区志愿者服务分中心从成立到现在，工作人员积极组织和带领人员投身到海淀区的公共文化事业中，为海淀区的群众提供各种文化服务。主要开展了如下几项服务活动：

（1）为呼吁更多的人关爱老年人，形成尊老、爱老、敬老、助老的良好社会氛围，海淀区文化馆负责人带领文化志愿者走进村镇社区，为老年朋友们送去精彩的文艺节目和节日的慰问。“绿意节”“温馨家园”“百场、百团、百人”等文化志愿者文艺慰问活动，给村民带来了无数的温馨祝福和欢声笑语。

（2）每年春节前夕，组织文化志愿者深入乡镇基层，为村民送福字、写春联、举办演出，将浓浓的祝福和年味儿送到老百姓家门口。“邻里守望”志愿者慰问群众迎新春活动是海淀区文化馆每年的固定节目，其宗旨是号召广大志愿者从关爱做起、从身边做起、从你我做起、从日常做起，通过综合包户、结对帮扶、亲情陪伴、慰问演出等多种形式，让空巢老人身边有儿女般的关怀，让农民工身边有朋友般的关照，让留守儿童身边有父母般的关心，让残疾人身边有亲人般的体贴，并以此呼吁全社会携起手来，互相关心、爱护，共筑社会和谐。

（3）选派文化志愿者深入乡镇开展艺术培训。每年春秋两季，结合各乡镇的需求，选派具有艺术专长的文化志愿者，到村民家门口，为群众普及摄影、舞蹈、器乐、书法、美术、合唱指挥、声乐、舞蹈、非遗技艺等知识，相当多的文化志愿者在分中心的组织带领下，自觉自愿、毫无保留地将自己掌握的艺术知识传授给群众，使村民足不出户，就能享受到高水平的文化服务。

2. 丰台区

（1）丰台分中心按照北京市的统一部署，根据丰台区文化、科技、卫生“三下乡”活动，组成了由 15 名书法家为主体的文化志愿者队伍，走进王佐镇、卢沟桥乡、长辛店镇、南苑乡、花乡 5 个乡镇开展“送福到家”活动。丰台文化志愿者平均在每个乡镇书写赠送春联、“福”字 1 000余副，服务村民 1 000 余人，此项活动共使用志愿者 200 人次，服务时长 200 多小时，共服务基层村民6 000人次，所到之处受到村民的热烈欢迎。

（2）丰台区“相声乐苑”作为丰台区自主创办的文化品牌活动，采取“政府买单，百姓受益”的形式，观众们可在演出当天通过在售票处现场排队免费领票进场观看，以“免费不免票”的方式保障观众的观看热情和人身安全。演出阵容涵盖全国知名曲艺表演艺术家、曲校学生等老中青三代，在家门口为城南村民带来高水准的曲艺表演。

（3）“周末场演出”以文化惠民为根本，每周六晚在区文化馆剧场开展周末场演出，邀请各大专业院团、民营文艺团体带来精彩绝伦、技艺高超的演出，使普通村民可以近距离欣赏到高水平、低价位的演出，满足村民对文化艺术的追求，提升村民文化鉴赏水平。

（4）常态化项目创新思路。在重阳节期间，丰台区文化志愿者服务中心的 20 多位文化志愿者，走进卢沟桥乡、南苑乡等 5 家敬老院，用精彩的文艺演出为老人送去节日的祝福。丰台区文化志愿者辅导的 10 位智残文艺爱好者组成了一支小型合唱队，为敬老院的老人演唱了小合唱《茉莉花》。此项活动在10个敬老院展开，使用志愿者200多人次，服务时间600小时，服务对象3 000人次。

(5) 丰台区图书馆在开展文化志愿服务工作中，结合本馆社会职能、读者反馈意见、民众阅读需求，充分、全面、多元地为社会广大读者提供文化志愿服务，其中包括：阅读推广服务咨询、图书交换大集、青少年阅读推广、中老年电脑培训、残疾读者阅读服务、弘扬雷锋精神专题展览与电影展播、"三下乡"阅读推广活动、《丰台文化大讲堂》公益讲座、世界读书日阅读推广等多项内容。开展各项活动近百场次，服务民众10余万人次。

3. 密云区

(1) 志愿上门服务，留住瞬间倩影，让留守山村的老人感受到了生活的融融暖意。密云区文化志愿者协会组织摄影志愿者深入山区走村入户开展摄影服务活动。百余名摄影志愿者为全区各乡镇村的5 000户孤寡、高龄、残障老人和"五保户"等弱势群体免费拍照冲洗照片36 000余张，并装好相框送回到群众手中。

(2) 外来务工子女走进艺术乐园，满足了孩子们的渴望，也使家长有了一种社会公平感。为了让外来务工人员的子女同样享受到应有的艺术教育，密云区文化志愿者协会决定把新农村小学作为切入点，在校内组建了密云区第一个外来务工子女的艺术团队——"七色花"艺术团。开办了诗歌朗诵、快板、山东快书、声乐、情景剧、空竹表演、舞蹈7个辅导班，每周三下午上课辅导，满足了外来务工子女对艺术的渴求。五年来，通过所有志愿者们的努力，孩子们感受到了浓厚的艺术氛围并掌握了多项艺术技能，同时通过辅导教学，孩子们的综合素质也有了很大的提高。志愿者们在"七色花"艺术团辅导的节目也连续三年获得市、区级嘉奖。

(3) 共筑文艺梦想，关爱留守儿童，让山区的孩子们感受到社会的温暖与关爱。密云区文化志愿者协会为了关注山区留守儿童的健康成长，在密云区冯家峪镇中心小学开展以"共筑文艺梦想·关爱留守儿童"为主题的校外教育活动，即组织志愿者走进密云区冯家峪镇中心小学开展书法、舞蹈、绘画、器乐、情景剧表演等艺术门类文化志愿服务活动，把关爱送进留守儿童校园，把温暖送到孩子们身边，让他们同享艺术带来的快乐。通过所有志愿者们的努力，孩子们感受到了浓厚的艺术氛围并掌握了多项艺术技能，同时通过辅导教学，孩子们的综合素质也有了很大的提高。

4. 延庆区。成立文化志愿者学雷锋义务演出小分队。自成立以来，小分队每月开展文化服务活动，足迹遍布区内的乡村及边远山区。以"热爱公益事业，愿意全心全意为群众义务服务的热心，使广大民众感到生活得更快乐"为服务宗旨，不断创新志愿服务举措，为践行社会主义核心价值观、创建全国文明城区、发挥以文化人作用作出了贡献，收到很好的社会效果。几年来义务演出小分队不断发展壮大，队员已发展到200余人（网上注册110余名），其中骨干60余人，由军人、老师、学生、农民、个体户、退休干部职工等来自不同单位、不同岗位的各类人群组成，年长的70多岁，最小的5岁。志愿队曾荣获首都社区志愿服务组织之星团队，队员中获得市级金牌志愿团队组织者1名，市级优秀志愿者5名。

（孙学臻）

农村教育工作

【实施乡村教师支持计划】年内，北京市采取系列措施开展乡村教师支持计划。1月25日，市政府旨在落实国务院《乡村教师支持计划（2015—2020年）》，制定并印发《北京市乡村教师支持计划（2015—2020）实施办法》。4—6月，市教委及其有关部门先后印发配套文件《北京市乡村教师岗位生活补助发放办法》《北京市乡村教师特岗计划（2016—2020年）》《北京市乡村教师素质提升计划》《北京市支持乡村学校发展若干意见》，全面启动乡村教师支持计划。

（房卫青）

【中考招生政策向乡村初中学校倾斜】年内，市级统筹项目招生政策向乡村初中学校倾斜。在市级高中统筹项目招生计划的基础上，为边远山区乡村初中学校学生提供更多优质高中学校就读的机会。协调人大附中、北大附中、四中等优质高中扩大招生计划定向分配到部分边远山区初中学校，确保中考成绩超过530分的学生被录取到优质高中学校就读。至2016年年底，共安排计划425个。

（张琳　张代龙）

【远郊区学生到城区学校游学】年内，市教委继续推进远郊区学生到城区学校游学。来自门头沟、密云等5个远郊区34所学校的学生游学广渠门中学、人大附中朝阳学校、二十中等学校。市教委共组织游学43批次，2 000余名学生和100余名教师参加。参与游学学校和学生从深山区扩大到浅山区，通过游学活动，让学生享受教育改革红利，丰富山区学生生活学习体验，锻炼和提升山区教师能力和眼界。

（陈德时）

【北京农业职业学院成立建设与发展委员会】1月21日，北京农业职业学院下属市农业广播电视学校成立建设与发展委员会。此举旨在全面提高新阶段农民教育培训服务能力，加快构建以农业广播电视学校为基础依托的新型职业农民教育培训体系。委员会由学校、教学系部及教务处、学生处等相关处室、市农业广播电视学校和分校主要负责人组成，为学校专业建设、招生、就业、实训、师资培养搭建平台，定期研究农广校专业建设、教科研、"三农"服务工作，为农广校发展提供保障。

（朱启酒）

【大兴第一职业学校启动农村转移劳动力职业技能培训】4月5日，北京市大兴区第一职业学校2016年度第一期农村转移劳动力职业技能培训开班仪式在庞各庄镇赵村村委会举办。培训与庞各庄镇政府科联合举办，培训工种为绿化工，培训人数70人，培训学员来自赵村及附近村的农村转移就业劳动力。

（李辉）

【通州完成45所农村完全小学视导】4月22日，通州区教委完成农村完全小学的视导工作。该项工作开始于2015年6月，区教委相关处室与从城区小学抽调的10余名干部组成视导小组，完成11个乡镇45所农村完全小学的视导。视导组深入每所农村完全小学，通过听取汇报、检查档案材料、现场听课、检查校园环境、观摩学生升旗仪式和学生社团活动等方式对各个完全小学的管理与教育教学状况进行细致的检查视导，对于视导的反馈采取现场口头反馈和后期书面反馈。通过视导发现，各乡镇中心小学对下辖完全小学管理统一、规范，各完全小学在中心小学的办学理念引领和统一管理下注重因地制宜并进行特色发展，完全小学内部管理有序、师生精神面貌俱佳、学生社团活动丰富多彩，学生的综合素质得到全面提升、个性发展得到彰显，农村完全小学整体上呈现了从规范到精致并逐步趋向优质发展的良好态势。

（韩晓峰）

【北京农业职业学院首次自主招收农广校学员】4月，北京农业职业学院高等职业教育自主招生首次招收市农广校学员。作为定向精准培育高级新型职业农民新举措，北京农业职业学院开设家庭农场经营与管理、农民合作社运营与管理、现代农艺技术、休闲农庄经营管理4个专业方向，计划招收60人；市农广校推荐100余名来自农民专业合作社、家庭农场、专业大户、农业龙头企业的学员报名，经笔试、面试，最终录取113人。学校实行"三免一补"，即免学费、住宿费、教材费，同时参照有关标准，根据学员实际给予伙食补助。学生通过半农半读、农学交替的方式接受为期3年高等职业教育，学业期满并符合条件，可取得全日制高职毕业证书。此项工作有效探索农业职业教育成人教育与普通教育相融通、中等职业教育与高等职业教育相衔接新途径。

（朱启酒）

【举办农村老年教育交流活动】6月15日，延庆区井庄镇北地村举办农村老年教育交流活动。老年村民通过舞蹈、合唱、健美操、太极表演等形式，以歌颂新农村、新生活、新风尚为主要内容，交流参加农村老年教育取得的成果。来自大庄科、珍珠泉、旧县等乡镇80名农村老年人参加。

（吴铁华）

【北京农村廉洁研究中心成立】7月28日，北京农村廉洁研究中心在北京农业职业学院揭牌。中心由学院党委直接领导，业务归口学院纪委管理，在上级党委、纪委的指导下，依托学院相关教学研究机构，专门从事农村廉洁与治理研究。中心聘请北京航空航天大学、华北水利水电大学、江南大学以及北京朝阳、昌平、房山和延庆等区纪委的8名专家学者为首批特邀专家顾问，将共同探索新形势下加强农村基层党风廉政建设工作的有效途径，着力研究解决“小官贪腐”问题，为北京市新农村建设提供廉洁与治理的理论支撑和决策咨询。中心每年确定年度反腐倡廉重点研究课题，集中力量完成若干重大课题，组织专题调研活动。

（陈海宏）

【延庆第一职业学校举办农民培训班】 10月12日和11月3日，北京市延庆区第一职业学校举办的延庆区农民园艺花卉中级工培训班和珍珠山水乡村旅游中专班分别开班。农民园艺花卉中级工培训班为期5周，共招收学员95人，分两批进行。培训采用理论与实践教学相结合方式，涉及花卉管理及养护、花卉繁育技术、病虫害识别与防治等内容。培训结束后，学校组织学员参加市人力社保局组织的职业技能考试，考试合格者获得花卉园艺工中级证书。珍珠山水乡村旅游中专班学制3年，实行“学历+技能”培养模式，开设农家服务、农家餐饮制作和农家院网络营销等12门课程。教学采用实践为主、理论为辅方式。学校建立学员操作手册和班级微信平台，方便学员线上线下学习。44名村民报名参加学习。

（卫秀宗）

【北京农业职业学院新型职业农民培训推出新模式】 10月，北京农业职业学院下属市农广校在2016年新型职业农民系列培训中推出“训赛融合，学评同步”组训模式。远郊10个区450名学员分别参加林下经济技术开发、农艺技术人才提升、青年农场主三项主题培训，完成规定课程，取得结业证书。“训赛融合”是学评同步的组训模式，是对启发式、参与式、引导式培训模式的创新。该模式通过精准的比赛设计，导入学习过程反馈机制，最大程度激活参训学员学习动机和分享动机，全面激活与释放培训班的智力资源。“训赛融合”模式充分发挥星光课堂引导平台、反馈平台、分享平台三大功能，使培训辅导如影随形，纵向上实现学习前、中、后三个阶段全覆盖，横向上实现理论课堂、现场教学及星光课堂三大课堂一体化，使星光课堂功能全面升级。“训赛融合”还运用大数据思维对比赛结果进行深度挖掘，进一步丰富现场教学资源，为创建家庭农场主数据库打下基础。

（许璇）

【延庆举办农村园长高研班培训】 11月29日，延庆区教委举办农村园长高研班。农村园长高研班成员走进延庆五幼，观摩幼儿区域游戏和集体教学活动，参观园所环境，并围绕“在艺术领域教学活动中，哪些内容适宜运用集体教学活动的形式组织开展”研讨交流。农村园长高研班培训于3月启动，学员由学前研训员、直属园业务干部和中心园园长50人组成，培训为期1.5年，每月开展一次活动，培训形式为举办讲座或走进幼儿园等。至2016年年底，培训班学员走进全区7所幼儿园进行实践研讨。

（高天学）

农村卫生、新型农村合作医疗工作

【调整新生儿参合条件】 自2016年起，对参加新型农村合作医疗人员范围进行政策调整。农业户籍新生儿在出生当年三个月内参加新农合的，可享受当年新农合补偿政策，新生儿父母参加新农合不再作为必须条件。

【2016年大病保险工作完成情况】 2016年度，大病保险可用资金1.7亿元，共计支出9 127万元，起付线20 226元，共计补偿13 527人。享受大病保险的参合患者全年医药总费用（含门诊和住院）实际补偿比55%左右，较2015年（56%）略有降低。

【确定首批新型农村合作医疗跨省就医费用直报定点医疗机构15家】 结合各医疗机构近年来外省市住院患者就医总费用以及住院人次等情况，经研究并报委有关领导同意，2016年9月，确定北京协和医院、北京医院、中日友好医院、中国医学科学院阜外医院和肿瘤医院、北京大学第一医院和第三医院、人民医院、北京肿瘤医院、安贞医院、北京儿童医院、同仁医院、天坛医院、朝阳医院、积水潭医院共计15家三级医疗机构为北京市参加国家卫生计生委首批新农合跨省就医费用直报定点医疗机构。

【新型农村合作医疗支付方式改革工作进展】市卫生计生委于4月份，同意昌平、延庆开展新型农村合作医疗综合支付方式改革，并纳入本市新型农村合作医疗综合支付方式改革试点区。并要求，要按照原北京市卫生局《关于北京市区县新型农村合作医疗综合支付方式改革试点工作的指导意见》、市卫生计生委《关于进一步推进新型农村合作医疗综合支付方式改革的通知》的有关要求，制定本区实施方案，明确改革措施、改革试点医疗机构以及时间安排等内容。

【新型农村合作医疗管理机构划归人力社保部门】市政府办公厅于7月印发《北京市整合城乡居民基本医疗保险制度工作方案》，明确提出在2016年8月底前，将市区两级新型农村合作医疗管理机构从卫生计生部门整体划转到同级人力社保部门，完成城乡居民基本医疗保险管理机构整合（于2018年1月，将本市城镇居民基本医疗保险制度和新型农村合作医疗制度整合为城乡居民基本医疗保险制度）。随后，市人力社保局、市财政局、市卫生计生委于2016年7月29日印发《北京新型农村合作医疗移交接收工作方案》，市编委印发《关于调整完善本市城乡居民基本医疗保险管理体制的方案》，对北京市整合建立城乡居民医疗保障制度作出进一步的部署。截至8月30日，北京市完成城乡居民基本医疗保险管理机构的整合，市区两级经办人员、信息系统、基金、档案资料正式移交到北京市、区人力社保局。市卫生计生委不再承担新型农村合作医疗管理职责。

（朱文伟）

【出台村级医疗卫生机构和乡村医生队伍建设实施方案】3月25日，市政府办公厅正式印发《北京市关于加强村级医疗卫生机构和乡村医生队伍建设的实施方案》，提出了“十三五”期间村级医疗卫生机构和乡村医生队伍建设的主要目标、工作任务和工作要求。围绕实施方案的出台，市卫生计生委通过一系列举措加快推进村级医疗卫生机构和乡村医生队伍建设。一是做好宣传报道及政策解读。4月12日与市财政局、人力社保局等部门召开新闻发布会，中央电视台、北京电视台、北京日报、北京晚报等在内的39家媒体参加；制定宣传方案，分两批对各涉农区卫生计生委主要领导及相关人员进行政策解读。二是制定2016年重点任务及分工方案，逐项落实到市政府相关部门和有关区政府。三是开展对村级医疗卫生机构的建设。截至12月底，10个远郊区共启动“空白村”村级医疗卫生机构建设项目104个，其中已完成建设项目37个。四是加快补充乡村医生岗位人员。截至12月底，经过市级搭建平台、区级组织招募方式，共补充乡村医生岗位人员107人。五是推进订单定向培养乡村医生岗位人员。开展2017年首批乡村医生岗位人员订单定向培养的预报名工作，首期招生计划110名左右。六是对涉农区建立定期通报制度和工作交流机制，通报工作动态和进展，及时表扬先进，督促后进；组织市人大常委会农村工作委员会、市医改办、财政、发展改革委、农委、民委、中医局等部门领导和人员组成督导组，于5月30日至6月3日，分别赴平谷、密云、延庆、怀柔、昌平、门头沟六区进行现场督导。

【积极办理市人大关于农村医疗卫生服务议案】按照市十四届人大三次会议提出的“关于提高农村医疗卫生服务水平，构建城乡一体化医疗卫生服务体系”议案的办理要求，在市人大常委会农村工作委员会和市政府的领导下，会同市政府相关部门和13个涉农区政府，结合《北京市关于加强村级医疗卫生机构和乡村医生队伍建设的实施方案》要求，制定了2016年重点任务及分工方案，11月初，经市政府向市人大常委会提交了书面办理报告。

【研究制定村卫生机构及乡村医生队伍建设相关配套文件】为进一步加强村卫生室和乡村医生管理工作，明确村卫生室的功能定位和服务范围，更好地为农村居民提供基本公共卫生服务和基本医疗服务，在前期开展研究的基础上，2016年10月，基层卫生处制订了《北京市村卫生室管理与服务规范》（征求意见稿）和《北京市村卫生室绩效考核管理办法（试行）》（征求意见稿），并广泛征求了有关专家、各涉农区卫生计生委和委内有关处室的意见。

（李志敬）

【乡村医生岗位培训】 按照市区两级分别组织1 863名60岁以下和2 335名60岁及以上乡村医生进行岗位培训。全面实施乡医进修制度，安排每位乡村医生到区属二级医院或乡镇卫生院（社区卫生服务中心）进修学习，每年累计不少于10个工作日。总结回顾“十二五”乡村医生培训工作，98名优秀乡村医生、30名优秀师资、15名优秀管理者、30个先进教学点获表彰，丰台、房山、顺义、密云4个区卫生计生委被评为优秀。

【“3+2”助理全科医师规范化培训】 培训工作覆盖范围由8个区增加到10个郊区。2016年有103名新入职医学大专生完成2年规培并通过了国家助理执业医师资格考试，回到定向单位成为合格助理医师。

【组织乡村医生见习和实习】 为拓展乡村医生培训范围，提高实践能力，2016年安排部分乡村医生到社区卫生服务中心、乡镇卫生院或县级医院进行见习和实习，内容包括：常见病、多发病、传染性疾病、急诊急救的诊断和应急处理，基本公共卫生服务、基本临床技术操作等方面。见习、实习从6月启动，9月结束。学员见习学时计入培训总学时管理。

【加大定向医学生培养力度】 2016年继续按照《关于北京市开展农村订单定向医学生免费培养工作的意见》开展农村定向医学生培养，招生专业由医学专业扩大到医学相关专业（公共卫生、影像、检验、康复治疗），学历层次由专科扩大到本科。学生在校学习期间免学费、免住宿费，并补助生活费，费用由市财政承担。学生毕业后按照协议到定向基层单位就业不少于不6年，本市农业户口转为非农业户口。2016年共招收各类定向生297名，其中山区半山区21人。

（王凯峰）

少数民族乡村工作

【本市少数民族乡村经济发展工作实现“十三五”良好开局】 2016年是“十三五”开局之年。在市委、市政府的坚强领导和社会各界的关心支持下，全市各级党委、政府和广大少数民族乡村干部群众认真贯彻落实中央、北京市有关会议和习近平总书记系列重要讲话精神，紧紧围绕“十三五”规划确定的各项目标任务，积极进取、深化改革、扎实工作，本市民族乡村经济发展实现了“十三五”良好开局。2016年，市、区、乡镇各级各部门促进民族乡村经济发展的合力进一步凝聚，7个民族村获得国家民委第二批命名的“中国少数民族特色村寨”称号，8个民族村通过美丽乡村建设验收，差别化政策效力不断增强。民族村集体资产总额和净资产额分别为63.5亿元和35.9亿元，同比分别增长13.3%和12.2%；产业发展水平不断提升，逐步从单一传统农业向一、二、三产融合发展转型升级；基础设施、居住条件等有了明显改善，生态环境质量有了明显提升；民族村公共服务和社会保障水平较大提高，农民人均所得超过2.3万元，超过全市平均水平近1 900元，继续保持90%以上的民族村人均收入达到全市或所在区平均水平。民族乡村低收入帮扶工作取得实效。据初步统计，截至2016年年底，民族村低收入户人均可支配收入达到10 459元，增幅21.5%，比全市高6.6%。3个低收入民族村共消除低收入农户111户，占比47.8%，其中有2个村低收入农户比例低于50%。

【副市长王宁到房山区调研少数民族乡村经济社会发展工作】 3月9日下午，副市长王宁在市政府副秘书长马林，市民委主任池维生、副主任范宝等同志陪同下，赴房山区窦店村调研少数民族乡村经济社会发展工作。房山区委书记、区长曾赞荣，副区长翟东一同参加调研。王宁副市长一行先后实地察看了窦店村畜牧基地、格瑞拓普生物科技有限公司、清真寺、民族幼儿园、老年活动中心、民族文化宫、村史展，深入了解窦店村产业发展、民族特色民生服务保障、文化建设等方面工作情况，并召开座谈会，详细听取了房山区和窦店村的工作汇报。王宁副市长充分肯定了房山区和窦店村多年的努力和成效。他指出，窦店村在经济发展、环境建设、社会建设、民族团结进步创建等方面，创造了值得总结推广的经验，其中最重要两点：一是坚持不断创新。紧抓机遇，调整产业结构，实现转型、升级。二是坚持共同富裕。以人为本，让人人共享发展改革成果。

【全市少数民族乡村经济发展专项资金以奖代补考评工作顺利完成】3月25日，市民委会同市农委、市财政局在北京会议中心组织召开了2015年度北京市少数民族乡村经济发展专项资金以奖代补考评会。市民委、市农委、市财政局、12个有民族村的区县民族工作部门以及参评乡镇、民族村的有关负责同志共约60人参加。为切实做好2015年度专项资金以奖代补工作，市民委会同市农委、市财政局根据工作实际，在保持政策连续性、进一步完善“三级主体”和“双指标”考核体系的基础上，结合年度重点工作任务，进一步调整完善考核方案，积极引导各级各部门紧紧围绕市委、市政府决策部署，进一步巩固发展成效、提升整体水平、引导民族乡村坚定不移地走特色发展之路的政策导向。考评组听取了各单位汇报，依据考评指标打分，顺利完成了各项考核内容。

【市民委到房山区调研全市民族乡村经济工作会筹备情况】3月21日，市民委有关负责人赴房山区听取区政府关于全市少数民族乡村经济发展工作现场会筹备情况汇报，对会议筹备工作加以肯定，并提出了具体要求，一是要进一步细化会议方案，对参观线路进行梳理，掌握好时间节点；二是要进一步做好环境整治，立足实际，干净整齐；三是要进一步总结和提升房山区促进民族村经济发展的做法和经验，树立标杆和榜样。

【市委、市政府召开全市少数民族乡村经济工作会】5月19日，市委、市政府在房山区窦店村召开北京市民族乡村经济工作会议。市委常委、统战部部长戴均良，副市长王宁，市委副秘书长赵玉金；市民委主任池维生等。市人大、市政协民族宗教专委会，市委、市政府相关委办局、有关民主党派、北京市农林科学院、北京农学院等有关负责同志；有民族乡村的12个区主管区长，区统战部、农委、财政局和民宗办的负责同志；全市5个民族乡、49个有民族村的乡镇主要负责人约170人参加了会议。会上，市民委主任池维生作全市民族乡村经济发展工作报告。“十二五”时期，在市委、市政府的坚强领导和社会各界的关心支持下，全市各级党委、政府和广大民族乡村干部群众认真贯彻落实中央、北京市有关会议精神和市委、市政府工作部署，始终坚持高位推动、优先发展、绩效考核、责任落实，不断加大统筹力度、扶持力度、激励力度和主体作用，圆满完成了“十二五”时期少数民族事业发展规划确定的各项目标任务，民族乡村发展取得了明显成效。全市民族乡村逐步从单一传统农业向一、二、三产融合发展转型升级，基础设施、居住条件等有了明显改善，生态环境质量有了明显提升，民族团结进步创建活动深入开展，公共服务和社会保障水平较大提高，农民人均劳动所得首次超过两万元，比“十一五”末增长了69.9%。95.9%的民族村人均劳动所得达到了全市或所在区平均水平，超额完成“十二五”规划目标。3个民族乡、42个民族村被评为北京市优美乡村、文明生态村和北京最美乡村，24个民族村被列入建设“四美”乡村行列，培育了20个市级民族特色发展示范村，4个民族村获得国家民委首批命名的“中国少数民族特色村寨”称号。会议表彰了2015年度全市民族乡村经济工作发展先进单位，房山区政府、窦店村做了典型发言，市农委、民盟北京市委分别代表市级相关部门和民主党派交流了本单位对口帮扶民族乡村经济发展的做法。戴均良同志充分肯定了全市各级党委、政府、社会各界和广大民族乡村干部群众团结一心、奋力拼搏，为完成“十二五”规划各项目标任务所付出的辛勤努力，号召全市民族乡村向窦店村学习主动作为、创新发展的工作经验，并对如何做好下一时期民族乡村发展工作提出了三点意见。一是要站在全局和战略的高度，充分认识发展民族乡村经济工作的重大意义。二是要全面落实五大发展理念，努力开创“十三五”时期民族乡村经济发展新局面。三是要充分发挥各方面积极性，全力做好今后一个时期民族乡村工作。积极探索以优先优惠和鼓励创新为核心的差别化政策，全力营造“民族乡村群众努力干，区、乡镇全力抓，相关部门大力扶，社会力量倾力帮”的工作格局，按照《北京市“十三五”时期少数民族事业发展规划》要求，认真衔接、狠抓落实。王宁同志就贯彻落实会议精神作重要指示，要求市相关部门和区、乡镇政府有关负责同志认真贯彻中央和市委、市政府的有关精神，坚持精准施策，切实做到“一村一册”和“一村一策”。要把正在开展的“两学一做”学习教育与促进民族乡村发展工作紧急结合起来，在市委、市政府的坚强领导下，紧紧围绕“十三五”少数民族事业发展规划的目标任务，抢抓机遇，扎实工作，全力开创民族乡村经济发展的新局面，为建设国际一流和谐宜居之都做出更大贡献。

【市人大常委会主任杜德印带队到房山区视察民族村经济社会发展情况】 5月17日，市人大常委会主任杜德印带队，组织部分市人大常委会委员、民宗侨委委员和人大代表赴房山区窦店村视察本市少数民族乡村经济社会发展情况。市人大常委会副主任李昭玲、孙康林、刘伟，副市长王宁，市人大常委会秘书长张清参加活动。市民委、市农委、房山区委、区人大、区政府主要领导陪同视察。王宁副市长代表市政府对市人大长期以来关心和支持少数民族乡村经济社会的发展表示感谢，对市人大监督工作表示欢迎。市政府将以市人大常委会审议工作为契机，继续不折不扣落实好中央和本市的工作部署要求，认真研究落实审议意见，继续将加快民族乡村发展作为重要的政治任务和责任，确保全市5个民族乡、123个民族村同全市一道步入全面小康，努力推动民族乡村发展再上新台阶。杜德印主任对“十二五”时期本市民族乡村经济社会发展取得的成绩给予充分肯定。他强调，进一步促进本市民族乡村经济社会科学发展、可持续发展，一是要牢固树立五大发展理念，坚持解放思想、改革创新。二是要认真总结和推广窦店村取得的经验，加强农村基层党建，选好配强民族村“两委”班子带头人。三是要切实维护改革发展中农民的土地权益，因地制宜地完善和实施好差别化政策支持，精准帮扶低收入村、户，鼓励农民群众立足自身资源，办成该做能做的事。

【市民委顺利完成2016年市人大审议本市民族乡村经济社会发展情况的相关工作】 2016年是“十三五”开局之年，市人大常委会依法听取和审议了市政府《关于本市少数民族乡村经济社会发展情况的报告》，并形成了审议意见书，交市政府办理。这是五年来市民委承办的第一件市人大常委会审议事项，持续时间长、涉及部门多、工作程序严格。市民委高度重视、认真实施，年初成立了由主要领导任组长、主管领导任副组长，相关处室共同参与的专项工作小组。统筹安排市人大常委会审议、“十三五”规划编制和全市民族乡村经济工作会议等重点工作，研究处理方案按照首善标准提出15项改进措施，逐项回应了市人大常委会审议意见。主动听取市人大代表修改意见，会同相关部门认真研究落实，得到了市人大常委会领导和人大代表们的充分肯定。在市政府的坚强领导下，在市相关部门和有关区政府共同努力下，圆满完成了审议和研究处理阶段工作。

【《北京市“十三五”时期少数民族事业发展规划》印发实施】 在圆满完成“十二五”规划目标任务的基础上，2016年10月，经市政府批准，市民委、市发展改革委联合颁布实施了《北京市“十三五”时期少数民族事业发展规划》。这是北京市第2个少数民族事业发展规划，明确了“十三五”时期促进少数民族乡村经济发展工作的指导思想、发展目标、主要任务和重点工作，不断完善以优先优惠和鼓励创造为核心的差别化政策体系，大力实施以农民增收、产业提升和特色发展为核心的富民强基工程。

【市民委调研怀柔区低收入民族村（户）工作情况】 10月18日，市民委有关负责人到怀柔区喇叭沟门满族乡、长哨营满族乡和汤河口镇调研，听取了区、乡和村贯彻落实全市少数民族乡村经济工作会议情况汇报，深入喇叭沟门乡对角沟门、上台子和古石沟门等民族村了解具体工作。强调，要紧紧围绕全市工作部署，在促进农民增收致富、壮大集体经济方面下工夫。特别是要着力加强低收入民族村（户）帮扶工作，按照精准帮扶工作要求，切实做到“一村一策”“一户一策”，狠抓落实，确保年度工作目标实现，为全市低收入村（户）工作做出积极贡献。怀柔区民宗办有关同志参加调研。

（李灵犀）

【市民委调研房山区少数民族村精准帮扶工作情况】 为落实全市少数民族乡村经济工作会议精神，进一步推进“一村一策”精准帮扶工作，11月10日，市民委有关负责人前往房山区民政局调研，听取了专题汇报，并与相关同志认真研究讨论。他充分肯定了房山区为全市民族乡村经济工作会议成功举办所做出的重大贡献，充分肯定了房山区贯彻落实会议精神所付出的辛劳和取得的成绩，特别是对《关于房山区民族村经济发展情况的调查报告》给予了高度评价。他强调，抓好民族乡村经济发展不是民族工作部门一家的事，离不开区委、区政府的高度重视，离不开人大、政协的监督指导，离不开全社会的共同努力。他希望，房山区在前期良好工作的基础上，再接再厉，分工负责，进一步细化“一村一策”，共同推动取得更大成效。

（杨琳）

农村社会管理

综　述

按照市委、市政府工作要求和全年工作计划，市委农工委、市农委认真贯彻党的十八大、十八届三中、四中、五中全会和习近平总书记系列重要讲话精神，以巩固农委系统安全稳定为目标，以建设阳光信访、责任信访、法治信访为重点，以创新农村地区社会管理为主线，深入探索研究各类村庄治理模式，健全完善涉农矛盾纠纷排查调处、涉农重大决策社会稳定风险评估、农村消防宣传、综治联系点帮扶等工作机制，全力维护农村地区和谐发展的良好态势，认真开展了城乡结合部地区综合整治、重点时期稳控、安全生产隐患排查治理等专项工作，有效保证了农委系统安全稳定形势平稳可控。

维护稳定

【逐级落实维稳责任及工作措施】 2016年年初，按照市委、市政府统一部署，市委农工委书记、市农委主任代表两委与市委、市政府领导签订了社会管理综合治理责任书，与系统各单位党政主要领导签订了综治维稳、矛盾化解、公共安全等内容的责任书，并要求各单位逐级签订责任书，层层落实综治维稳工作责任；多次主持召开系统各单位党政主要领导、主管领导和安保部门负责人参加的安全稳定工作会议，认真听取工作汇报、会商重要问题、部署重点工作，进一步明确市农委系统领导干部和相关单位的安全生产监管职责，强化了两委及系统安全稳定"一岗双责"制度。按照市委、市政府关于做好元旦、春节、全国"两会"、国庆等重点时期安全稳定工作的统一部署，在每个重要时间节点，组织召开系统安全稳定工作会议，会商研究各单位在综治、维稳、公共安全方面的突出问题和隐患，全面部署重点人员管控、矛盾纠纷排查调处、安全生产、消防安全和交通安全等重点工作。要求各单位积极从工作制度上查漏补缺，不断加强各类安全隐患和薄弱环节的排查整治力度，实行"一事一招、一人一策"的维稳措施，从根本上杜绝了安全事故和涉稳突出情况发生。

【切实做好涉农社会稳定风险评估工作】 根据《市委农工委市农委关于实施重大事项社会稳定风险评估机制的实施意见》（京农发〔2010〕20号），《中共北京市委农村工作委员会北京市农村工作委员会贯彻落实北京市重大决策社会稳定风险评估实施办法》（京农发〔2012〕18号）有关要求，对涉及“三农”工作政策和重大改革措施的制定和重大调整，对直接关系人民群众切身利益且涉及面广、容易引发社会稳定问题的重大政策制定，重大涉农项目实施建设等，要进行信访和社会稳定风险评估。2016年已完成《落实发展新理念深入推进城乡发展一体化的意见》《关于进一步推进低收入农户增收及农村经济薄弱地区发展的意见》等社会稳定风险评估。为促进涉农重大决策更加科学、合理，预防和减少矛盾纠纷提供了有力保障。

（杨帆）

信访工作

【信访概况】2016年，是实施信访“十三五”规划、全面建成小康社会的开局之年，也是深入推进信访工作制度改革的关键之年。市委农工委、市农委坚持用群众工作统揽信访工作，认真开展网络信箱等来信来访办理，不断拓宽群众诉求表达渠道，切实加强人民内部矛盾化解，深入开展领导干部接访，加大信访积案化解力度，建立完善重大决策信访和社会稳定风险评估机制，从源头上预防和减少矛盾纠纷发生。工作中，采取领导接访、包案化解、带案下访、协调转办督办等形式，认真开展矛盾纠纷排查化解，确保了北京市重大会议期间和敏感期社会稳定。

【到市上访情况】2016年，郊区农村到市以上部门集体访共455批6 361人次，与2015年同期419批5 077人次相比，批次和人次分别上升8.6%和25.3%。反映的主要问题有：

①占地拆迁安置及补偿分配问题134批3 009人次，占29.5%；②违法违纪（基层换届选举）问题87批802人次，占19.1%；③农村基层干部管理问题38批236人次，占8.4%；④住房（回迁房、违法建设）问题38批676人次，占8.4%；⑤农村管理（产业调整）问题28批174人次，占6.2%；⑥转非转工安置22批266人次，占4.8%；⑦土地承包及流转纠纷26批301人次，占5.7%；⑧土地征占引发的问题21批240人次，占4.6%；⑨社员身份界定问题19批149人次，占4.2%；⑩劳资纠纷（劳动社保）问题18批286人次，占4.0%；⑪其他（纠纷）等社会管理问题11批99人次，占2.4%；⑫新农村建设问题5批45人次，占1.1%；⑬农村集体资产分配问题4批45人次，占0.8%；⑭山区搬迁问题2批16人次，占0.4%；⑮政策性转居问题1批5人次，占0.2%；⑯产权制度改革问题1批12人次，占0.2%。

从到市的集体访来看，围绕反映占地拆迁安置补偿、违法违纪、基层干部管理、住房回迁房建设等问题较为突出，需引起我们的高度关注。

【到市农委上访情况】2016年，直接到市农委上访共计50批73人次，与2015年同期77批135人次相比，批次和人次都分别下降35.1%和45.9%。反映的主要问题：

①土地承包流转矛盾纠纷问题15批17人次，占30%；②土地征占补偿问题9批21人次，占18%；③新农村建设4批4人次，占8%；④山区搬迁问题3批5人次，占6%；⑤社员身份待遇问题3批4人次，占6%；⑥政策性转居问题2批6人次，占4%；⑦干部问题2批2人次，占4%；⑧资产处置问题1批3人次，占2%；⑨设施农业问题1批1人次，占2%；⑩其他各类纠纷问题10批10人次，占20%。

从到市农委直接来访的情况来看，土地承包流转、土地征占补偿、新农村建设、山区搬迁等问题较为突出，这与全市深入推进城乡统筹和产业疏解的大背景相吻合。

【网络信箱来信情况】2016年，市农委网络信箱共接收群众来信213封，同比增长129%。其中：领导信箱共接收群众来信84封；咨询信箱共接收群众来信109封；投诉信箱共接收群众来信5封；农村法律咨询信箱共接收来信15封。领导信箱和咨询信箱接收群众来信数量约占全部群众来信数量的90%，是群众来信的主渠道。反映的主要问题有：

农村民生类来信87封，占来信总量的40.8%；农村土地承包类来信20封，占来信总量的9.4%；农村土地征占类来信15封，占来信总量7.1%；农村产业发展类来信5封，占来信总量的2.3%；农村基础设施类来信3封，占来信总量的1.4%；农村民主管理类来信2封，占来信总量的0.9%；涉农行政审批类来信2封，占来信总量的0.9%；农村经济管理类来信2封，占来信总量的0.9%；其他各类咨询来信77封，占来信总量的36.2%。

从群众来信涉及的问题来看，农村民生、农村土地承包、农村土地征占问题和其他类来信居多。特别是土地承包纠纷、土地流转、拆迁安置、农转非户籍、农村煤改电、农村宅基地审批、基层腐败等问题比较突出，咨询北京市相关职称考试、评审，涉农政策等内容的来信也有所上升。

【土地承包经营矛盾纠纷化解及仲裁情况】2016年，全市共发生农村土地承包纠纷799件，较2015年同期949件下降15.8%。其中，土地承包纠纷473件，占纠纷总量59.2%；土地流转纠纷298件，占37.3%；其他纠纷28件，占3.5%。经调处解决780件，调处率97.6%；其中，区经管部门调处172件，乡镇调处475件，村级调处86件，区仲裁委员会调处47件。从纠纷原因看，因订立、履行、变更、解除和终止农村土地承包合同发生的纠纷23件，因农村土地承包经营权转包、出租、互换、转让、入股等流转发生的纠纷10件，因收回、调整承包地发生的纠纷6件，因确认农村土地承包经营权发生的纠纷7件，因侵害农村土地承包经营权发生的纠纷1件。目前已调处解决47件，调处率100%。其中，仲裁裁决10件，调解解决29件，经做工作当事人双方和解或当事人自愿撤回申请8件。

【认真落实领导干部接待群众来访制度】市委农工委、市农委坚持把信访维稳作为与系统各单位每年签订的综治责任书的一项重要内容，不断强化对系统单位矛盾纠纷化解工作的督导检查。工作中坚决贯彻落实《关于领导干部定期接待群众来访的意见》，坚决按照全市开展领导干部接访的要求和部署，继续完善落实好领导接待群众来访工作，结合市委农工委、市农委自身工作特点，变群众上访为主动下访，并结合工作实际将下访贯穿于基层调研的全过程。进一步规范接待人民群众来访的有关程序，进一步畅通了机关党员干部倾听基层群众呼声和民意的渠道，从制度上为机关党员干部了解社情民意，解决群众诉求，化解矛盾纠纷奠定了坚实基础。2016年以来，市农委结合年度工作任务，共开展赴系统基层单位领导下访16次，有力推动了事要解决的工作力度，促进了系统和郊区农村和谐稳定。主管领导郝霞委员在制定完善市委农工委“两会”期间安保维稳工作方案，并先后5次率队深入系统单位研究化解矛盾纠纷等工作。

【深入开展矛盾纠纷排查化解工作】为进一步做好全市郊区农村矛盾纠纷排查化解维护稳定工作，按照全市联席会议办公室的统一部署，结合2016年全市“三农”重点工作和当前面临形势，开展了4次矛盾纠纷大排查，围绕重点时期结合自身工作实际开展了5次专项排查。工作中坚持按照“诉求合理的解决问题到位、诉求无理的思想教育到位、生活困难的帮扶救助到位、行为违法的依法处理”的总要求，及时就地解决群众合法合理诉求，维护正常信访秩序。在定期排查和专项排查的基础上，结合农委自身实际和工作特点，在农村和系统内部认真开展矛盾纠纷排查化解等工作。深入组织开展矛盾纠纷排查化解工作，做到情况清、底数明、数字准，把矛盾纠纷化解在基层、人员吸附在当地，避免小问题拖成大问题，避免一般性问题演变成信访突出问题。确保实现“不发生因信访问题引发的群体性事件、不发生因信访问题引发的重大个人极端事件、不发生大规模集体越级上访、敏感时期不发生非正常集体访”的工作目标。工作中，更加注重借鉴以往矛盾纠纷排查化解的成功经验和做法，将矛盾纠纷排查化解工作经常化、动态化。注重从建立工作台账、实施动态跟踪管理、定期通报、销账报备等制度入手，从体制机制上将矛盾纠纷纳入经常性工作，始终做到底数清、情况明。在全面排查的基础上，对直接涉农的矛盾和问题积极会同有关部门从源头研究化解矛盾的治本之策。

【制定农委系统法定途径分类处理信访投诉请求清单】2015年农业部办公厅下发了《关于积极推进通过法定途径分类处理信访投诉请求工作的通知》（农办办〔2015〕39号）后，按照国家信访局、农业部、北京市信访办信访工作制度改革有关要求和统一部署，为了进一步厘清涉农信访与其他法定途径之间的受理范围，对信访人反映的问题，通过相关法律法规规定的“法定途径”进行合理分流、依法处理。两委先后召开3次协调会，社会管理处、法制处、办公室、纪工委、干部处、农业局法制处、农研中心土地承包合同处，围绕申诉求决类、揭发控告类、信息公开类三大类涉农法定途径信访投诉清单进行了认真梳理，在多次座谈、修改的基础上，制定出台了《北京市农委贯彻落实〈农业部办公厅关于积极推进通过法定途径分类处理信访投诉请求工作的通知〉的实施意见》（京农发〔2016〕18号），这是本市涉农领域今后受理信访、开展各类投诉请求分流的工作依据，也是本市涉农领域今后开展法定途径分类处理信访投诉请求的行动指南。

【积极配合做好全市涉农领域信访制度改革措施落实情况联合督查工作】按照中央和全市联席会议第二次全体（扩大）会议统一部署，围绕全市联席会议领导同志的具体要求，认真梳理了2013年以来本市在涉农领域出台贯彻落实上级信访工作的实施意见和有关具体措施，起草并上报市联席会议《全市农委系统信访工作制度改革落实情况自查报告》。

【加强涉农信访件复查复核工作】信访复查复核是《信访条例》修订实施以来赋予信访人的一项基本权利，在实施的过程中切实保障信访人对政府机关做出的信访答复进行申诉，切实维护信访人合法权益。2016年以来，我们收到市信访办转来涉农信访复核函3件，对区里的2件复查意见进行了纠正，1件维持了区里的复查意见。

（李旭辉）

综合治理

【突出重点，以八个专项整治带动综合整治工作全局】针对城乡结合部重点地区在房屋建筑结构、消防安全、社会治安、生产经营秩序、食品药品安全、环境建设等方面存在的突出问题和严重隐患，市委农工委与首都综治办、市城乡办牵头，按照全面摸排问题、整改突出隐患、强化日常防范、提升治理能力四个步骤，全面组织开展整治工作。

【完善措施，助推综合整治工作开展】会同首都综治办做好专项整治办公室工作，负责组织落实好选派干部日常管理和服务工作。市委农工委与首都综治办和市委组织部联合下发了《关于选派优秀干部到城乡结合部重点地区参与公共安全隐患综合整治工作的通知》，从市各有关部门选派100名优秀中青年干部到市级挂账重点地区任社区（村）党支部书记助理。

认真贯彻落实首都综治办继续开展首都社会管理综合治理联系点帮扶工作的要求，针对顺义区南法信镇存在的流动人口多、环境秩序差、管理难度大等现实状况，帮扶指导综治维稳体制机制建设、村庄社区化建设、“智慧南法信”工程建设、矛盾纠纷排查化解、重点地区专项整治、流动人口服务管理等工作开展，进一步提升了当地社会管理综合治理水平，为营造南法信镇安定和谐的良好社会环境奠定了坚实基础。

【深入调研，解决综合整治难点问题】运用大数据技术深入开展城乡结合部地区社会治理现状调研。按照市委、市政府《关于印发〈城乡结合部重点地区公共安全隐患问题综合整治工作方案〉的通知》（京办字〔2016〕9号）要求，以及总指挥部会议部署和市领导指示，结合市委农工委实际，按照“前期案头研究、中期实地调研、后期提出策略”的思路，采取定量分析的方法，通过大数据分析北京市城乡结合部各个地区的文本信息，聚焦社会治理、居住环境等关键问题，形成对北京城乡结合部地区现有情况的梳理调研报告，为建立一套合理有效的管理和服务长效机制提供政策参考。

（杨帆）

安全生产

【不断突出安全生产责任制落实】切实将安全生产工作列入重要议事日程，坚持“党政同责、一岗双责、齐抓共管、失职追责”。市农委主要领导与系统各单位主要领导签订年度安全生产工作责任书，并层层签订责任书，进一步明确细化农委系统领导干部和各业务部门的安全生产监管职责，进一步分解落实安全生产工作的任务与责任，进一步强化安全生产齐抓共管、人人负责抓落实的工作格局。多次组织召开了由系统各单位党政主要领导、主管领导和安保部门负责人参加的安全工作会议，听取工作汇报、会商重要问题、总结经验教训、部署年度和重点时期安全生产工作，切实做到安全生产有计划、有部署、有督导、有落实。通过签订责任书、督导检查、隐患排查、专业培训、值班备勤等方式，有效落实各项安全防范措施，进一步强化安全监管责任，切实做到措施到位、责任到人。

【稳步推进农村消防宣传工作】市农委切实把农村地区消防安全宣传教育作为一项基础工作常抓不懈，借助政府向社会力量购买服务的方式，安排专项资金购买农村消防安全宣传教育服务。印制了宣传册、环保袋等农村消防安全宣传材料及物品4万余份，并利用农民田间学校培训模式，采取专题讲座、播放课件、发放宣传品、示范演练等形式，组织农民群众开展多元化的消防安全教育培训。督促、指导系统单位完善应急救援预案。积极组织开展实战演练活动，在实践中提高安全防范意识、检验应急工作水平。

【持续提升系统安全保障水平】进一步加强农委系统安全生产隐患排查治理组织机构建设，不断完善问题隐患台账和监控防范机制。在春节、“两会”、十一等重点时期，组织系统各单位重点对农产品批发市场、学生宿舍、化学实验室等易燃易爆危险品储存场所和建筑施工工地等其他事故易发场所加强了安全检查力度，及时发现并集中清剿了一批安全隐患。拟制下发了《2016年市农委系统“安全生产月”活动方案》，围绕主题部署开展了各项有特色的安全生产宣传教育活动，广泛地宣传普及了安全生产法律、法规及专业知识，制发各类宣传材料及物品3万余份，在农委系统营造出“筑牢安全基础，促进协同发展”的良好氛围。制定并下发《农村能源工程设施安全责任管理办法》，明确市、区县、乡镇三级安全管理职责。积极排查沼气工程、秸秆气化工程、节能卫生吊炕、村级太阳能公共浴室和户用沼气存在的隐患。加大宣传和检查力度，足额落实运行管护资金，完善各类安全设施设备。及时办理报废拆解手续，排除安全隐患，确保无安全事故。

【始终抓住农机安全生产工作】认真开展农机安全隐患排查治理工作，制定农机行业“双随机”事项清单及行政执法岗位目录，梳理农机安全监管法定职权，划分市、区两级行政监管事权。全年完成执法检查548件，作出行政处罚30件，全年未发生农机亡人事故。认真推进行政执法规范化建设，统一设计并下发了《北京市农机监理执法现场检查工作记录表》和《北京市农机行业安全生产监督执法检查记录表》，加强对农机的执法检查考核。定期开展农机监理执法人员培训。利用各种时机大力宣传《北京市农业行政执法程序操作规范》贯彻落实。联系专业公司拍摄制作《联合收割机现场执法规范》教学视频，制成光盘下发各区县。组织执法人员统一学习考核，进一步提升了农机监理人员的执法能力和水平。认真开展农业机械驾驶（操作）人员安全教育培训。多次邀请具有丰富理论和实践经验的道路交通事故处理专家授课辅导，先后培训农机驾驶（操作）人员2 000余人次。制定并下发了《关于开展2016年度农机事故应急处理演练的通知》，开展了区域间联合演练，提升了事故处理人员实战技能。积极完善行业规范，对《北京市农业机械事故处理程序规定》《北京市农业机械事故现场勘查程序规范》《北京市农业机械事故现场痕迹物证的勘验技术规范》《北京市农业机械事故勘验照相规范》《北京市农机事故现场测绘技术规范》，统一了标准和规范。按照《农业机械安全监理机构装备建设标准》要求查漏补缺，安排专项资金购置了13类22种事故处理装备。制作《农机安全警示片》和《用电安全警示录》等警示片，用血淋淋的农机事故案例以及用电事故案例讲解安全注意事项。农业局充分利用媒体资源，先后通过多家报刊、网站发表新闻稿件254篇（次），进一步强化宣传教育效果。结合当前政务服务工作与互联网相结合的新趋势，农机监理站开发了“平安农机北京”微信号，并于7月正式上线试运营。加强与政府应急办、安全生产委员会、公安、消防、急救等部门进行协调，共同建立农机事故信息沟通机制，进一步完善农机事故应急处理体系。协调交管、工商、安监、质监等部门赴田间作业一线、乡村主要路口、农机专业合作社等地开展联合执法，重点对农机道路安全违法行为、设施农业园区安全隐患、农机专业合作社安全隐患进行排查整治，有效加强了农机安全生产的全程监管，进一步排查了农机安全隐患，营造了农机联合执法的强大震慑力。

（张晓晓）

农村法制建设

综　述

农村法制建设是做好北京“三农”工作的基础和保障。2016年，郊区农村扎实贯彻依法治国基本方略，农村各项工作进一步纳入法制轨道。立法工作积极参与，依法行政和行政执法工作突出，普法工作收到实效，农民法律素质不断提高，农村依法管理和服务水平又有提高，为新农村建设提供了强有力保障。

依法行政工作

【开展行政审批清理】市农业局转发《北京市人民政府关于取消调整和承接一批行政审批事项的通知》，对本市设定市农业局实施的非行政许可事项“补建基本农田验收”调整为政府内部审批事项；对承接农业部下放“兽药生产许可证核发”一项，纳入本市现有行政许可事项管理。

（魏鹏）

【开展“绿剑行动”执法宣传活动】为深化“绿剑行动”执法品牌，市农业局印发通知并组织开展了“3·15”农业执法集中整治专项行动、农资打假春季行动、“放心农资下乡进村宣传周”等活动，并进行了工作督导。

（魏鹏）

【全年发生一般农机事故15起】年内，发生一般农机事故15起，受伤3人。全年，共组织执法活动1 083次，检查各类农机生产场所1 568个次，发现安全隐患并下发《农机安全隐患通知书》342次。全年，出动执法人员7 998人次，检查各类农机生产经营场所2 874个次，执法检查总量13 441件，发现安全隐患并责令改正482次，作出行政处罚147起。2016年年底，启动农机监理“风险分级、量化监管、档案管理”工作，对监管对象分类分级，实行量化监督管理，有效防范农业机械事故发生，确保人民群众生命财产安全。

（杨帆）

【优化合并27项农机行政许可业务】年内，通过优化合并，农机监理行政许可事项由原67项，减少到40项；同时，下放档案管理到区级，明确市区两级行政许可工作职责，提升了档案审核、归档、提取效率，缩短提取档案业务办理时限至1天，减少农民机手业务办理时间。

（杨帆）

【依法开展屠宰兽药相关行政审批工作】依据《农业部办公厅关于做好兽药产品批准文号审查有关工作的通知》（农办医〔2016〕14号）要求，印发了《北京市农业局关于开展兽药产品批准文号技术审查工作的通知》（京农发〔2016〕118号)，具体明确了各部门的职责分工和工作流程，并召开了宣贯会，向企业予以传达，确保了兽药产品批准文号技术审查工作的有效开展。截至目前，共依法审核办理屠宰与兽药行政许可申报材料557件。

(张帅)

【开展兽药行业专项整治】组织开展了兽用抗菌药物专项整治和兽用疫苗专项整治行动。坚持标本兼治、打防结合、属地管理原则，采取巡查、抽查、联合检查方式，对兽药生产、经营企业和兽药使用单位进行监督检查和宣传告知工作。监督检查兽用生产企业、经营企业和使用单位3 976家次，出动执法人员9 021人次。查处兽药问题96起，立案78起，罚没金额59.763万元，销毁假劣疫苗168.36千克，取缔无证兽药经营企业3家，注销兽药经营企业7家。

(张帅)

【落实兽药检打联动工作机制】制定并下发兽药残留和兽药质量监督抽检计划。兽药残留监控计划要求全部屠宰企业全覆盖，兽药质量抽检计划要求化药生产企业全覆盖，并确定了抽样原则和抽样比例。完成畜禽产品兽药残留检测样品480批，合格率100%；对农产品统一监测计划中监督抽检的2个不合格畜禽产品，督导区级兽医行政主管部门开展查处工作，立案1起，罚款0.2万元，对风险监测中发现的不合格产品，及时组织市兽药监察所开展了监督抽检。全年完成兽药质量检测样品300批，其中21批为非标产品，8批检测不合格产品，样品检测合格率97.1%。将农业部通报的涉及本市的8批检测不合格兽药产品和本市检测不合格的4批产品向区级兽医行政主管部门发布查处工作通知，做到查处活动有部署、查处结果有反馈。已立案10起，结案6起，罚款4.02万元。

(张帅)

【开展《畜禽标识和养殖档案管理办法》立法后评估】为全面了解《畜禽标识和养殖档案管理办法》(农业部令第67号)的贯彻执行情况，对立法质量和实施效果进行全面、客观地评估，组织开展了办法立法后评估工作。经过评估，汇总了10个区自评估报告，11个动物卫生监督所、10家动物疫病预防控制中心，10家屠宰加工厂、60名官方兽医填写的调查问卷。组织编制了对于该办法的立法后评估报告，上报农业部兽医局。

(李腾)

【修订行政处罚案卷标准】市农业局组织完成了《农业系统行政处罚案卷评查标准》《北京市农业系统行政处罚文书》修订完善工作，并印发《北京市农业局关于印发〈北京市农业行政处罚案卷标准(2016版)〉的通知》。

(魏鹏)

【开展行政处罚案卷评查工作】市农业局印发《北京市农业局关于开展2016年度农业行政处罚案卷评查的通知》，开展2016年度农业系统行政处罚案卷评查工作。在各区进行行政处罚案卷自查的基础上，评查小组随机从市级和各区执法单位案卷目录中抽取65份案卷进行集中评查，合格案卷有58份(其中优秀案卷54份)，不合格案卷有7份。其中，在10—11月农业部开展的案卷评查工作中，两份农业行政处罚案卷被评为优秀案卷。

(魏鹏)

【组建案卷评查队伍】为提高全市农业系统办案水平和案卷质量，对全市推荐的45名执法人员进行选拔考试，根据考试结果，确定了由23名执法人员组成的首批全市农业系统案卷评查员队伍，印发《北京市农业局关于组建全市农业系统案卷评查员队伍的通知》。

(魏鹏)

【开展立法工作】按照市政府2016年度立法工作计划安排，市农业局开展了《北京市耕地质量保护条例》和《北京市农业机械安全监督管理办法》立法调研与论证工作。完成了《北京市耕地质量保护条例》立法调研报告；《北京市农业机械安全监督管理办法(修订)》立项论证报告，并提交市政府法制办进行立项论证。另外，还组织开展了《北京市实施〈中华人民共和国种子法〉办法》《北京市实施〈中华人民共和国渔业法〉办法》两个拟修订项目的局内调研工作，提出了2017年市农业局立法建议。

(魏鹏)

【落实行政审批制度改革工作】市农业局深入落实行政审批制度改革，加大简政放权力度，行政审批事项数量由78项减少到了72项；完成非许可审批事项的清理；组织开展了行政审批事项中介服务事项的梳理规范工作。完成农业部对本市行政审批延伸绩效考核、市政府简政放权放管结合优化服务改革督查工作自查。进一步提升局行政审批受理室服务水平，完成本局网上办事系统与市政务大厅审批平台对接的各项要求；按照市工商局的统一部署，深入落实行政审批“先照后证”改革的各项要求。在农业部对2015年各省市农业行政审批工作延伸绩效考核工作中，北京市农业局获得优秀单位称号。

（魏鹏）

【开展“绿剑行动”农业执法活动】市农业局继续加大“绿剑行动”农业执法力度，提升农业领域的执法水平和影响力。据统计，2016年，全市农业部门共出动执法人员78 793人次，组织执法活动20 454次，检查监管对象30 001个次，据北京市行政执法信息服务平台统计，全市农业系统2016年查办案件1 007起（较2015年的506起同期增加近1倍），职权履行率为22.95%（比2015年的16.18%提高了42%），其中简易程序案件546起，一般程序案件561起，罚款金额217万元；罚款额度5万元以上的大要案8起，有力地维护了市场秩序和农民的合法权益；制订了《京津冀农业执法框架协议》。

（魏鹏）

【推进行政审批改革】年内，行政审批改革深入推进。清理非许可审批事项13项、取消许可审批事项4项、下放4项；落实公共服务类重点领域建设项目“一会三函”制度，进一步精简全市重大基础设施建设项目占用林地绿地审批程序，将审批时限由24个工作日压缩为12个工作日。进一步调整公布园林绿化权力清单和责任清单。

（齐庆栓）

【林业行政执法】年内，开展打击破坏林地绿地违法行为和野生动物保护执法专项行动，查处各类案件500余起，确保森林资源安全。贯彻中央和市委、市政府部署，持续开展高尔夫球场清理整治。

（齐庆栓）

【启动农业安全综合监管工程】市农业局启动农业安全综合监管工程项目，成立了“推进农业安全综合监管工作领导小组”和农产品质量安全、动植物无疫安全、农业生产安全、农业执法监督四个工作小组；确定“整体规划、分步实施、市区共建、提升水平”的工作思路，确定朝阳、平谷、延庆三个试点区，建立了牵头处室联席会制度，起草完成《北京市农业安全综合监管工程试点工作方案》和《北京市农业安全综合监管工程指标体系》。

（魏鹏）

【开展农资打假活动】春耕备耕时期，市农业局集中组织“放心农资下乡进村宣传活动”，通过开展“五进五送”，将解决农民最关心、最直接、最现实的问题列为工作重点，突出进村入户，定点定村，包干到户，讲求实效。据统计，2016年，全市农业部门出动执法和科技人员2 490人次，组织普法宣传活动近千次，印发宣传材料145万份，接待咨询群众4万余人次，受理群众举报240人次，案件回访率100%。

（魏鹏）

【开展文件清理工作】市农业局印发了《北京市农业局关于开展规范性文件清理工作的通知》，先后对2015年12月31日前以市农业局名义印发的46件行政规范性文件进行全面清理。

（魏鹏）

【开展“双随机”工作】市农业局印发《北京市农业局关于明确推进随机抽查规范事中事后监管工作有关问题的通知》，组织全市农业行业行政检查事项梳理、市区两级行政监管事权划分、确定适合“双随机”抽查事项清单并建立了检查对象和执法人员名录库，开发了与“风险分级、量化监督、档案管理”相结合的“双随机”量化监管执法检查摇号系统，组织“双随机”量化监管执法检查摇号系统使用培训，7月起全市全面实施“双随机”量化监管执法检查。

（魏鹏）

【开展执法岗位目录编制工作】按照市法制办统一安排，完成了农业执法岗位目录制度相关工作要求，以法律法规、执法权力清单为依据，对法定职责范围内的执法类事务进行全面梳理，按照“监管执法岗”与“政务服务岗”两类内容规范设岗，实现执法人员与岗位的关联，确保执法人员的履行岗位责任、行使岗位权力状况可监督、可评价。全局共设置执法岗位68个（权力清单全部纳入岗位管理），A类执法岗位37个，B类执法岗位31个，所有岗位中业务承办岗58个，审查决定岗10个，并完成了执法人员与岗位的关联。

（魏鹏）

【开展市政府文件清理工作】 市农业局印发《关于开展市政府文件清理工作的通知》，对2000年1月1日至2013年12月31日期间由市农业局起草、以市政府或者市政府办公厅名义印发的文件进行全面清理。

（魏鹏）

【落实国务院取消的审批事项】 市农业局转发市政府审改办关于贯彻落实国务院第一批和第二批取消中央指定地方实施行政审批事项的通知，对涉及市农业系统的“为国外引进和向国外提供菌（毒）种或者样本初审、农药分装登记初审、农药田间试验初审、兽药产品批准文号初审、农业转基因生物试验初审”五项审批事项提出贯彻落实意见。

（魏鹏）

【加强农资市场监管】 2月，发布《北京市工商行政管理局关于深入开展2016年红盾护农行动的通知》，并与市发展改革委、经信委、农业局、公安局、质监局、供销合作社等部门印发《2016年北京市农资打假和监管工作要点》，部署安排红盾护农工作。各涉农分局根据季节特点和辖区实际制定符合辖区特点的红盾护农措施。加大监测力度，抽检肥料、农用薄膜等。在日常检查中监督农资经营者执行“两账两票一卡一书”等可追溯制度。采用联合检查、联席会议等多种方式共同开展农资市场整治工作。截至年底，共检查农资经营主体7 406个次，取缔无证无照经营37户，立案查处210起，罚没金额34万元，净化了农资市场经营环境。

（汪凌波）

【推进依法行政工作】 按照市推进依法行政工作领导小组办公室的安排部署，印发了《市农委贯彻落实〈法治政府建设实施纲要（2015—2020年）〉的实施方案》，对《法治政府建设实施纲要（2015—2020年）》颁布实施以来农委贯彻落实情况进行了认真总结。认真落实《关于印发〈落实全市“七五”普法规划加强农村法制宣传教育工作的意见〉的通知》精神，加大法制宣传力度。加强对本系统公务员队伍的依法行政培训工作，对提高干部队伍法律素质，增强依法决策、依法办事能力起到了促进作用。

【积极参与间接立法】 全年共完成市人大、市政府法制办及其他部门立法征求意见14件。主要包括《食品安全法实施条例》《中华人民共和国农民专业合作社法》以及《关于缓解道路拥堵5个专项责任清单》等的征求意见工作。

【开展编制权力清单责任清单工作】 根据《北京市编制权力清单责任清单工作方案》的安排部署，开展编制权力清单、责任清单工作。按照职权法定、权责一致和公开透明的原则，将农委外部行政职权即对公民、法人和其他组织权利义务产生直接影响的具体行政行为进行认真梳理，共梳理两委外部职权事项13项，其中行政确认1项、行政奖励4项、其他权力8项。编制了权力运行流程图和责任清单，已在农委门户网站和首都之窗网站上对社会公示，主动接受社会监督。

【行政规范性文件和重大决策事项合法性审核及备案工作】 按照《市农委重大行政决策和行政规范性文件合法性审查工作实施意见》和《市委农工委、市农委关于两委专项资金使用的管理规定》的要求，截至目前对《关于进一步推进低收入农户增收及低收入村发展的意见》《关于落实发展新理念全面提高新时期城乡一体化发展水平的意见》及《关于加大农业领域贷款贴息等金融扶持的办法（试行）》等5份文件进行了合法性审核。共对163件两委专项资金项目合同进行了合法性审核，其中提出20余项修改完善意见。

【开展地方性法规清理工作】 根据市人大和市法制办关于开展地方性法规清理工作的通知要求，对农委执行的7部涉农地方性法规开展了清理工作。保留6部，对其中2部进行了简易修改，废止了《北京市农民负担管理条例》1部。

【农村立法调研工作】 全年共完成调研课题20余项。其中《田仙峪村闲置农房发展养老产业法理研究》和《北京农村土地和房屋登记存在的问题及其法律制度建议》两项课题涉及的法理研究，对今后的涉农立法工作具有很强的指导作用。

（胡皓）

农村法制宣传

【普法概况】2016 年，全市有专职法治宣传干部 80 人，兼职法治宣传干部19 080人，区级“七五”普法讲师团成员 1 621 人；有法治宣传志愿者88 866人，大学生村官担任普法宣传员 5 564 人；全市有法治文艺骨干队伍 2 994支，新创作法治文化产品 1 347种，举办群众性法治文化活动6 427场；举办法律“六进”活动72 817次，发放法治宣传品 2 382万份。全市已建立法治教育培训基地 493 个，建有普法广场（公园）726 个，法治宣传橱窗11 510个；全市普法网站发布各类信息29 707篇，点击量 795 万次，普法微博粉丝352.7万人，博文阅读量 776 万次，普法微信粉丝 21.2 万人，阅读量 192 万次。

【延庆区举办“法律援助 相伴回家路”宣传月活动】2015 年 12 月至 2016 年 1 月，延庆区开展为期两个月的“法律援助 相伴回家路”农民工维权专项活动，全区各援助工作站通过深入乡村、企业、工地等场所开展农民工法律援助专项维权宣传活动，上门为农民工送法送援助，通过发放农民工维权手册、法律援助条例宣传折页、现场免费解答咨询等形式，宣传法律援助法律法规。同时简化办理程序，畅通农民工法律援助渠道。春节前，共开展主题活动 20 场次，发放《法律援助维权指南》《外出务工人员维权知识问答》等宣传材料 1 800余份，受教育人数达2 000余人次。

【昌平区多措并举做好农村法治宣传教育工作】1 月 28 日，由市法宣办、市农委、市老龄办、市律协、区司法局共同举办“以案释法”进农村活动，律师通过“以案释法”的形式向农村宣传《中华人民共和国老年人权益保障法》中的精神赡养内容。区依法治区领导小组办公室、区司法局相继举办昌平区“以案释法”《中华人民共和国继承法》《中华人民共和国侵权责任法》《中华人民共和国反家庭暴力法》和《犯罪心理学》4 场培训。

【全市“三下乡”法治宣传活动深入开展】“两节”期间，市法宣办、市农委充分指导各区开展形式多样的普法活动。朝阳区将法治宣传和法律服务送到群众身边。1 月 20 日，在崔各庄乡文化中心举办 2016 年朝阳区文化、科技、卫生“三下乡”集中示范活动。工作人员向群众发放了《中华人民共和国宪法》《建设生态文明，做讲法治守秩序的好市民》《生活与法》《朝阳区“六五”普法新法宣传系列连环画》《首都市民生活法律必备手册》《工作日志》等法律宣传材料及普法宣传物品 10 种2 000余份。邀请律师就群众普遍关心的老年人权益保护、婚姻家庭、财产继承、物业管理等热点难点问题进行咨询解答。在活动现场展出“春风化雨 法润朝阳——朝阳普法 30 年成果展”巡回展览。海淀区由海淀区委宣传部、区司法局等 13 家单位共同组织的文化、科技、卫生“三下乡”活动启动仪式在苏家坨镇柳林村举行。活动现场，各单位参会领导向村民代表赠送文化、卫生、科技、法律等相关书籍和用品；工作人员向村民宣传农业科技知识、计划生育知识及各类涉及农村生活的法律、法规。区司法局现场发放法治年历、普法扑克牌、《百姓法律生活》读报等各类宣传资料 2 000余份，并为村民提供免费法律咨询。房山区依法治区领导小组办公室、区司法局在全区范围内开展“送法下乡”活动，印制 3 万份法治春联、福字、年画等法治宣传品送入市民家中；联合区环保局、区统计局等行政执法单位送法进村庄、进社区、进大集，开展集中法治宣传活动；在单位文艺汇演中加入法治节目和法治常识游戏环节；发挥妇女之家“巾帼维权，送法到家”宣讲团和“纳税人学校”的作用，通过以案说法和现场互动的方式开展法治宣讲活动；开办法治专题讲座，组织律师、公证员针对婚姻继承、妇女权益保护等方面的法律问题进行讲解；在房山报专版刊登新修订法律法规，在房山普法、手机报中及时发布活动信息。通州区开展大型“送法下乡”活动。区农业局、区司法局、区食药局、区环保局、区质监局等单位参加，通过悬挂横幅、发放材料、现场咨询等方式开展普法宣传教育；现场设立法律法规宣传台和法律咨询台，开展环境保护、安全生产、安全燃放、食品、药品安全等法律法规宣传；开展法治文艺演出、法治书画现场创作等法治文艺活动；活动累计发放普法手册、案例解析、手提袋、围裙等普法宣传材料5 000余份。顺义区组织辖区25个镇街道523个村（居）民委员会开展“法治春联进村居”宣传活动，为镇域困难户、刑满释放人员、法治宣传积极分子等群众入户送法治春联。此次活动，送出法治春联11万副、法治宣传资料5 000余份、法治手提袋2万个。昌平区春节期间，全区开展法治春联进万家、法治文艺节目展演、普法微电影展播、村民委员会换届选举法律法规宣传、以案释法进农村等“送法下乡”活动。平谷区在马坊镇李蔡街村联合开展文化、科技、卫生“三下乡”活动。活动中，工作人员向村民发放《举案说法100例》、普法扑克牌等法治宣传材料200余份，解答群众法律咨询10余例，播放普法微电影3部。怀柔区1月14日，在桥梓镇后桥梓村文化活动中心启动2016年“送法下乡”活动。期间，设置法律咨询台、法治宣传资料领取台，为群众提供法律咨询，发放宪法年历、新春福字、普法扑克等宣传资料和宣传品2 000余份。延庆区在百泉街道国润家园社区开展2016年“弘扬法治精神 助力美丽乡村建设”法治春联下乡活动，活动邀请县书法爱好者为社区居民书写发放法治春联，赠送法治福字500余幅。春节前，共开展“法治春联下乡”主题活动10余场次，书写发放法治春联6 000余幅，受教育人数4 000余人次。

【《法润密云》电视专题节目成功开播】3月，密云区法宣办、区广播电视中心联合制作的《法润密云》专题法治教育宣传电视节目开播。节目每月第一、三个周六《密云新闻》后播出，每期时长10～15分钟。节目设置五个栏目，即“法制动态”栏目、“以案释法”栏目、“专家解读”栏目、“法治行动”和“法治视窗”栏目、“微点播”栏目。

【市司法局保障村民委员会换届顺利进行】4月份，市司法局组织全市司法所按各乡镇工作要求，参与选举工作，维持现场秩序，指导监督选举程序，并对村民委员会成员候选人的资格进行审查；组织各调解组织集中开展专项排查调处工作；利用农村法治宣传栏、农村智能广播等方式宣传《中华人民共和国村民委员会组织法》《北京市村民委员会选举办法》等相关法律法规，普及选举工作的目的、意义，引导村民正确行使权利。截至4月底，共计开展矛盾排查18次，成功化解纠纷45件，开展法治宣传14场，解答法律咨询50余件。

【密云区开展“税法知识进村居”活动】4月，密云区开展“税法知识进村居”活动，将“营改增”的有关政策、规定作为重点，在全区各乡镇悬挂宣传横幅，开展专项宣传，共发放税法宣传折页近万份，利用法治宣传栏、电子大屏幕、村村通广播反复播放税法宣传口号及税收法律、法规和政策。

【平谷区司法局开展桃花音乐节法治宣传活动】5月，平谷区司法局为第十八届“花海徜徉 乐享休闲”国际桃花音乐节开展法治宣传活动。各司法所组织法治宣传志愿者，深入辖区内景区、桃花海等游客密集地，设立普法咨询站，免费发放法治宣传手册、食品安全手册等，耐心解答群众和游客提出的涉旅法律问题；筛选旅游消费活动中常见典型案例，邀请律师以案释法，重点阐明消费维权、文明旅游、诚信经营等法律知识点，录制成节目在百辆公交车数字普法平台上播放；借助网络、微博、微信等新媒体集中推送《中华人民共和国旅游法》《中华人民共和国食品安全法》《中华人民共和国消费者权益保护法》等法律法规知识。

【房山法院推出“普法巴士”】5月，房山法院在房山区夏庄社区服务中心举行“‘普法巴士’第一站暨启动仪式暨新闻发布会”，开启“普法巴士”宣传。将“小乐说法”“打官司的那些事”“房山法院官方微博”、微信公众号等内容向辖区百姓进行集中推送；通过新闻发布会、巡回审判、法官讲座等形式，法官面对面与百姓交流，听取百姓对法院工作的看法和普法需求。

【昌平区“法律门诊”开张】5月27日，昌平区“法律门诊”开诊。通过专业律师“坐诊”为居民把脉开方，满足群众法律需求；“法律门诊”设在昌平亢山法治公园的“普法驿站”内，每两周开展一次，由具有专业法律知识的执业律师坐诊；定期开展法治讲座，讲解法律知识。

【怀柔区利用传统节日开展法治宣传活动】6月，怀柔区司法局开展端午节法治宣传活动。在汤河川满族民俗风情节期间，开展以“法润满乡情 共创文明城”和“平安端午 法治护航”为主题的宣传活动。活动中，发放扇子、毛巾等法治宣传品和法治宣传材料1 600余份，解答法律咨询20人次；宣传《中华人民共和国宪法》《中华人民共和国文物保护法》《中华人民共和国非物质遗产法》和《中华人民共和国著作权法》等法律法规，提高人民群众对传统文化保护重要性的认识，增强保护和传承传统文化的责任感，提高全社会对传统文化的保护意识；利用户外LED显示屏滚动播放普法宣传口号，通过悬挂横幅、摆放展板、播放广播、张贴宣传挂图等形式，把法治元素融入节日活动。

【平谷区开展法治文化消夏夜市活动】7月5日，“法治文化消夏”系列活动“人民调解消夏夜”在平谷区世纪广场举行。通过人民调解文化文艺演出、专家咨询、播放普法微电影、展出展板以及悬挂宣传标语多种形式，向群众宣传法律知识。此次活动共解答群众法律咨询150余人次，发放宣传材料1 000余份以及法治宣传纪念品300余件，展出法制宣传展板18块，悬挂宣传标语10副，播放普法微电影10多部。

【北京市召开“六五”普法总结暨“七五”普法启动大会】7月26日，市法宣办组织召开北京市“六五”普法总结暨“七五”普法启动大会。市委常委、市委政法委书记张延昆，公安部副部长、北京市副市长王小洪，市人大常委会副主任刘伟，市政协副主席李长友和市高级人民法院院长杨万明、市检察院检察长敬大力以及司法部、北京市法宣工作人员代表等900余人参加会议。会议总结全市“六五”普法成绩，部署“七五”普法任务，启动首都“七五”普法工作；参会领导为北京市获得全国“六五”普法工作先进集体和先进个人代表颁奖，其中东城区、海淀区、丰台区、房山区、顺义区、怀柔区、延庆区被全国普法办评为2011—2015年全国法治宣传教育先进城市、先进县（市、区）；市人大内务司法办公室司法处、北京市民政局法制处等198个先进集体及199名先进个人受到市级表彰。

【通州“法治通州”上线】8月，由通州区法治宣传教育领导小组办公室、通州区司法局创办的普法微信公众号“法治通州”正式运营。“法治通州”面向全区广大群众，以普及法律知识、提供法律服务为主要功能，下设“法治时间”“法在身边”“法律服务”三大板块。

【基层普法依法治理扎实推进】9月5日，市司法局与市民政局联合发文，开展第六批北京市民主法治示范村评选，经推荐、考核、公示，新评选出121个市级民主法治示范村。11月4日，市司法局、市民政局发布关于命名第六批民主法治示范村的决定，全市民主法治示范村达到593个。通州、平谷等区继续推进法治文化精品村（社区）创建工作。举办村居法律顾问骨干律师培训班，切实提高村居法律顾问服务质量和水平；深入开展村居公益法律服务工作，全年累计提供法律咨询服务193 609人次，举办法治讲座9 689场次，发放法律宣传资料1 055 310份，代写法律文书7 657份，参与纠纷调解10 016次，对调解员等人员开展培训16 625人次，提供法律援助3 554件，帮助村（居）民委员会修订完善村规民约1 930件，为村（居）民委员会提供法律意见和建议9 280条。市国资委等单位还出台专门工作意见推进市属国企等法治建设工作。

【门头沟区集中开展“以案释法十”进村居活动】10月，门头沟区组织成员单位、普法讲师团、普法志愿者在全区城乡开展“以案释法十”进村居普法活动。“以案释法十”普法活动，以法治讲座、法治微电影、法治灯谜有奖竞猜、法律咨询、发放法治宣传品等形式，将电信金融诈骗预防、反邪反恐防暴安全、老年人依法维权、婚姻家庭和财产继承、食品安全、环境保护、社会治安、冬季取暖安全等，与市民生活、工作密切相关的法律法规实行捆绑式宣传，提高市民法治意识和自我安全防范意识。

【平谷区坨头寺“法治文化村”揭牌】10月9日，平谷区首个“法治文化村”在峪口镇坨头寺村揭牌。在硬件方面，村里建立法治文化广场，搭建法治文化休闲大舞台，新建法治宣传橱窗，村内建有“法”字影碑；在软件方面，制定完善村民自治章程和村规民约，实行村务、财务公开制度，做到每年至少公开2次。凡涉及村民利益的事项、宅基地使用等问题提交村民会议和村民代表会议讨论决定。

【完成“七五”普法启动工作】10月至12月21日，全市“七五”普法启动全部完成。其中，门头沟、昌平、怀柔、平谷、房山5个区的启动大会由区委书记带队，四套班子参加；昌平、大兴、怀柔、门头沟、密云、平谷、延庆等区在区域范围内开展“六五”普法表彰工作。

【举办“12·4”国家宪法日系列主题宣传活动】 11—12月，全市举办“12·4”国家宪法日系列主题宣传活动。拍摄两部宪法公益广告宣传片，在北京电视台、地铁移动电视和北广传媒8 000个楼宇电视终端滚动播送1个月，在首都各大院线投放贺岁大片电影加片3 000场次。制作“12·4”国家宪法日法治宣传语，在北京人民广播电台交通广播和爱家广播播出。举行“12·4”国家宪法日活动开幕式，张延昆、王小洪等市领导及司法部、首都各界普法志愿者逾700人参加活动，人民日报、新华社、法制日报、人民网、北京日报、北京电视台等20多家中央和市级权威媒体进行集中报道。组织中国社会科学院法学所、市属委办局的28场主题宣传活动。首次尝试运用手机H5在今日头条和手机客户端投放转发宣传内容，在二环路过街天桥和交通枢纽悬挂“12·4”国家宪法日主题条幅，设计制作3万份主题海报在全市7 000个社区（村）和地铁等人员密集场所张贴。制作“七五”普法开局之年工作巡礼片等宣传产品。

【开展“以案释法进农村”主题宣讲活动】 年内，市法宣办、市农委依据“谁执法谁普法”制度，开展“以案释法进农村”主题宣讲活动。截至2016年年底，共举办全市性“以案释法进农村”主题活动两轮次超千场，活动覆盖全市13个涉农区及所属村镇以及农委系统所属的农业局、农林科学院、农研中心和农林职业院四个事业单位。

（王春华）

【市农业局积极开展普法宣传】 市农业局与北京晨报社共同举办了“农业法规知识有奖问答”活动，通过此次活动，在北京全市范围宣传普及了农业法规知识，增强了农业生产主体的责任感，提升了消费者的安全和维权意识。

（魏鹏）

【命名第六批民主法治示范村】 “民主法治示范村”创建工作是本市深入推进基层民主法治建设的重要载体，也是贯彻落实全面依法治国的具体实践活动。多年来，本市坚持法治宣传教育与法治实践相结合，推进农村基层民主管理和社会管理创新，共开展了五批“民主法治示范村”的创建工作，有472个行政村获得了“北京市民主法治示范村”的称号。2016年，根据市司法局、市民政局《关于在涉农区开展第六批“北京市民主法治示范村”推荐工作的通知》要求，本市在涉农区组织开展了第六批“北京市民主法治示范村”的创建工作。通过创建，广大农村干部群众学法用法的积极性进一步提高，法治观念和依法办事能力进一步增强，扩大基层民主、完善村民自治的各项制度得到有效落实，为社会主义新农村建设营造良好的法治环境，有力地推进了涉农区经济社会的协调发展，取得了良好的社会效果。为充分发挥先进典型的引导示范作用，推动基层民主法治建设的深入开展，经各涉农区层层推荐、认真考核、媒体公示等程序，市司法局、市民政局决定授予朝阳区十八里店乡横街子村等121个行政村为第六批“北京市民主法治示范村”。

（甘国再）

人大议案、人大代表建议、政协委员提案办理

【承办建议提案88件】 市委农工委、市农委共承办市十四届人大四次会议代表建议、政协十二届四次会议委员提案88件。其中，人大代表建议48件（主办23件、会办24件、参考1件）；政协委员提案40件（主办单办16件、会办24件）。建议提案重点集中在农村环境、农村产业发展、城乡一体化三个方面。

【精心组织建议提案办理工作】 市委农工委、市农委高度重视人大代表建议、政协委员提案的办理工作，始终把建议提案办理当作了解和体察社情民意的重要途径，当作自觉接受监督、加强和改进机关工作的重要途径重点推进，圆满地完成了2016年建议提案的办理工作，部分代表委员所提的问题得到有效解决。一是

认真进行分析。对 2016 年承办的建议提案进行了综合分析，梳理出了 2016 年建议提案集中的农村环境、农村产业发展、城乡一体化三方面的重点。同时，按照要求对建议提案进行分类，为建议提案办理工作打下良好基础。二是规范办理程序。为确保建议提案办理效果，市农委始终把“办理及时不及时、答复认真不认真、落实到位不到位、代表满意不满意”作为衡量办理工作的标准。加强对承办人员的培训，采取专题会议部署、集中学习等方式，围绕办理程序、答复方法、撰写报告等内容对具体承办人进行培训，提高承办人员的素质，明确办理工作的要求，做到建议办理工作定人、定责、定标准、定时限。三是严格时限。建议提案办理的过程，既是与代表委员沟通取得工作理解的过程，也是与代表委员主动征询意见取得工作支持的过程。要求承办人做到办理前联系、办理中征求意见、办理后跟踪回访，通过集中答复、座谈会汇报、邀请代表委员视察等方式，加强与代表委员沟通交流，使代表委员及时了解工作进展和最新情况，提高建议提案办理效率，确保按时办结。

【建议提案办理工作成效显著】 按照市人大、市政府的要求，市农委提高认识，精心组织，力争高质量完成建议提案的办理工作。一是借“势”。充分利用社会关注、群众关心、代表呼吁的重点工作，把代表委员关心的问题和“三农”工作的重点有机结合起来，把建议提案纳入到日常的工作中去，更好地推动工作的开展。二是借“智”。力争充分发挥人大代表、政协委员的资源优势、智力优势，认真吸收代表委员提出的建议提案中的优秀成果，不断丰富“三农”工作的政策体系、工作机制，努力解决新农村建设中遇到的新情况新问题。三是借“力”。充分利用代表委员对“三农”工作重点、难点、创新点关注的“东风”，借力争取相关部门的支持和配合，推动工作的开展，使建议提案真正办出成效。

（陈杨）

组 织 建 设

综 述

2016 年，北京市农口系统以学习贯彻党的十八大和十八届三中、四中、五中、六中全会以及习近平总书记系列重要讲话精神，以党要管党、从严治党为主线，以乡、村两级换届选举为契机，积极开拓创新，狠抓工作落实，夯实基层基础，强化责任体系，不断提高党建工作整体水平，为推动城乡发展一体化和社会主义新农村建设提供了坚强组织保证。

农村基层组织建设进一步加强。圆满完成全市 182 个乡镇领导班子和3 906个村“两委”换届选举，彻底消除“白点村”。完善村干部待遇保障机制，启动实施农村基层干部人才培养工程，共培训农村基层干部7.8万人次。乡村治理机制进一步完善。深化村务监督委员会规范化建设，全面实施“村账托管”，农民权益得到有效保护。培育乡风文明，举办第二十七届农民艺术节，组织开展了一系列乡村文化宣传活动，推进 5 个文化试点村建设。加强基层矛盾纠纷排查调处，开展了 4 次矛盾纠纷大排查和 5 次专项排查，农村社会保持和谐稳定。市委农工委、市农委严格落实“两个责任”，紧密围绕中心工作，切实抓好党建工作，持续改进工作作风，不断提升履职能力，进一步增强了推进“三农”工作的核心力、凝聚力和战斗力，深入推进全面从严治党，营造出风清气正的政治生态。

（贾寒智）

领导班子建设

【深入学习贯彻党的十八届六中全会精神】 将深入学习贯彻党的十八届六中全会精神作为一项重大政治任务。市委农工委、市农委理论中心组先后组织 3 次集中学习，进一步坚定抓好党建就是最大政绩的理念。举办两期专题研讨班，组织系统 300 余名处级干部全员轮训。通过学习，领导干部进一步增强了政治意识、大局意识、核心意识、看齐意识，更加自觉地在思想上政治上行动上同以习近平同志为核心的党中央保持高度一致。

【不折不扣抓好巡视整改落实】 成立巡视整改工作领导小组，制定《关于对市委专项巡视情况整改工作方案》，将巡视反馈的 3 方面问题细化为 19 项具体问题，建立巡视整改工作督办台账，层层传导压力、压实整改责任。在两个月的集中整改期间，召开专题会议 10 余次，研究部署和解决巡视整改工作重大问题，确保对反馈的问题事事有着落、件件有回音。巡视反馈意见中所指出的19个方面问题的整改措施全部落实，其中5个问题实现立行立改，并抓紧整改其余14个问题。高度重视巡视整改成果运用，注重长效机制建设，先后研究制定《开展农业“三项补贴”改革工作实施方案》《农村地区煤改清洁能源相关实施意见的通知》等29项政策意见以及11项内部管理制度。

【严格落实主体责任】认真落实中央和市委关于党风廉政建设的部署要求，坚持把主体责任作为必须履行的政治担当，研究制定了《关于2016年党风廉政建设和反腐败工作的意见》和《2016年党风廉政建设和反腐败工作分工方案》，对市委农工委、市农委机关和系统各单位党风廉政建设进行具体布置，明确领导班子14项主体责任，对主体责任“签字背书”，开展全程纪实，强化责任落实考核。领导带队，对系统6个局级单位党委（党组）落实党风廉政建设责任制的情况进行检查评估。严格落实系统各单位党委（党组）主体责任和党委（党组）书记第一责任的职责，工作中主动做到“四个亲自”。领导班子其他成员严格落实“一岗双责”，认真履行对分管处室（单位）的管理监督责任。组织召开机关各处室负责人年度述责述廉工作会，推进落实责任常态化机制建设。市委农工委、市农委办公会、工委委员会共研究党风廉政建设相关议题14次，并及时向市纪委报告党风廉政建设责任制落实情况。

【严明政治纪律和政治规矩】深入开展党纪党规宣传教育，认真学习和贯彻《关于新形势下党内政治生活的若干准则》和《中国共产党党内监督条例》，使其成为规范两委及系统单位党组织和广大党员干部行为的硬约束。坚持把纪律和规矩挺在前面，注重抓早抓小，将谈心谈话及落实“四种形态”之中的“咬耳扯袖、红脸出汗”等教育提醒措施，纳入落实主体责任全程纪实中。支持和保障纪工委监察处聚焦主责主业，开展监督、执纪、问责，严格做到有案必查，有腐必惩，坚决维护党的纪律和规矩的严肃性。对巡视组移交的7件信访件进行了认真办理，谈话函询3件，转办1件，初步核实3件；除此之外，另处置问题线索5件，其中谈话函询3件，转办2件，立案2件2人，拟对2名正处级领导干部因履职不力予以问责。

【扎实开展“两学一做”学习教育】制定农口系统开展“两学一做”学习教育实施方案，牵头成立工委协调小组办公室。先后18次组织党员干部系统学习党章党规和习近平总书记系列重要讲话，推出学习教育宣传栏。创新学习形式，开展“认识新常态、践行新理念、推动新发展”主题论坛，处级以上干部提交论文超过300篇。召开了系统纪念建党95周年大会，评选表彰100名优秀共产党员、50名优秀党务工作者、50个先进基层党组织。举办系统单位和农村党员专题培训班，加强对系统单位的督促指导，推动学习教育顺利开展。

【进一步完善市委农工委、市农委领导班子议事制度】坚持以市委农工委、市农委办公会、工委委员（扩大）会的形式，研究决策重大事项，会上主要领导末位表态，充分发扬民主，广泛听取意见建议。实行系统各单位和各处室负责人列席办公会制度，凡涉及基层的重要事项都要事先征求各区、乡镇和基层干部群众的意见。2016年共召开办公会36次，研究讨论议题146项；召开工委委员会26次，研究讨论议题47项。两个会议共研究讨论重大决策问题69项。每项议题均坚持民主讨论、集体决策与明确分工、落实责任的有机结合，同步加强了对决策事项的跟踪督办，确保班子决策落地见效。

【切实加强机关基层党组织建设】印发《关于进一步规范落实党支部“三会一课”制度的通知》，对“三会一课”开展情况进行了抽查，对落实不到位、记录不认真的提出整改要求。组织开展农委系统党员组织关系集中排查、党代会代表和党员违纪违法未给予相应处理情况排查清理、基层党组织按期换届专项检查、党费收缴专项检查等工作。完成七一党员走访慰问工作，共慰问11名优秀党员和生活困难党员，发放慰问金3.4万元。机关工会新建“职工之家”，支持组建11个文体兴趣小组，举办2次集体文体活动日，开展慰问和送温暖活动，进一步增强了机关的凝集力，丰富和活跃了职工生活。

【抓好市委农工委、市农委干部思想理论建设】以深入开展“两学一做”学习教育为契机，认真贯彻落实《干部教育培训工作条例》，重点抓好局、处级干部培训，组织局级领导干部参加市委组织部“学习贯彻五大发展理念专题研讨班”12次、“十八届六中全会精神专题研讨班”12次。组织做好局级干部党校、干部学院进修班、调训班、专题培训班等7次，组织处级干部中青班、公务员任职培训班等11次。在全市干部在线学习中，市委农工委、市农委干部考核通过率为100%，在全市排名并列第一。

【从严管理监督干部】依据有关政策，修订了《关于两委机关干部因私出国（境）管理的有关规定》。及时做好市委农工委、市农委机关干部出入境登记备案工作，完成79名登记备案人员因私出国（境）证件的集中保管工作。严格按照相关规定为12名局处级干部办理了因私出国（境）审批手续。严格落实领导干部报告个人有关事项规定，市委农工委、市农委机关16名局级干部、系统单位33名局级干部均报告了个人有关事项变动情况，完成市委农工委、市农委机关和直属单位70名处级干部的个人有关事项报告工作，报告比例100%；对4名正处级干部、4名副处级干部进行信息抽查核实，对存在问题的1名干部进行了诫勉谈话。严谨细致地完成市委农工委、市农委机关18个处室、5个事业单位，66卷处级干部、49卷科级及以下干部人事档案的审核认定工作。统筹做好系统单位干部人才援疆、援藏、对口支援和选派"第一书记"、人才京郊行等工作。

【严格认真抓好干部任免调配】始终坚持党管干部的原则，坚持好干部标准，坚持正确的选人用人导向，坚持公道正派，确保干部选拔任用工作经得起实践和历史的检验。根据市委巡视组提出的意见，修订完善《两委处级领导干部选拔任用工作流程（试行）》，按照"凡提四必""三个不上会""两个不得""五个不准"的要求，加大对建议人选干部档案和个人有关事项的审核力度，确保事前监督到位。在动议、组织考察、会议决定上，征求纪检监察部门的意见，强化纪检监察部门的监督作用。把好民主推荐、组织考察、任前公示等环节，充分尊重群众意愿，确保干部选拔任用依法依规、公开透明，自觉防范用人上的不正之风。2016年市委农工委、市农委机关选拔任用了1名处长、2名副处长、4名调研员，完成试用期满转正定级为主任科员2名、副主任科员核职为主任科员6名，对1名处长、1名副处长、1名主任科员进行交流，从其他市级机关调入2名主任科员，落实安置军转干部2名。

【持之以恒抓好机关作风建设】主要领导带头落实中央八项规定精神，严格遵守廉洁自律及相关规定，及时传达中央纪委、市纪委对"四风"问题处理的通报，持续释放越往后执纪越严的强烈信号；每逢重要节日，都重申加强作风建设的纪律规定和落实要求，坚决查纠"节日病"。持续深入改进机关干部作风，紧紧围绕市委农工委、市农委中心工作，组织党员干部持续深入开展"进村入户"活动，2016年，市农工委、市农委机关干部共走访慰问114个村、342户，组织开展机关党支部与低收入村党组织结对子、在职党员干部与低收入农户结亲戚帮扶活动，进一步密切了机关干部同农民群众的血肉联系。坚决整治群众身边的不正之风。继续开展"为官不为""为官乱为"和"整治查处侵害群众利益不正之风及腐败问题"两项专项治理工作，进一步巩固了有权必有责、有权必担责、滥权必追责的良好氛围。切实落实厉行勤俭节约有关规定，严格控制"三公"经费，切实做到只减不增，坚决反对铺张浪费和奢靡之风。

【全面落实依法行政工作】制定实施《市农委2016年推进依法行政工作要点》，印发了《市农委贯彻落实〈法治政府建设实施纲要(2015—2020年)〉的实施方案》。做好行政规范性文件、重大决策事项以及专项资金项目合同的合法性审核工作，对5份文件、163件专项资金项目合同进行了合法性审核。对市委农工委、市农委执行的7部涉农地方性法规开展了清理工作，保留6部，废止了《北京市农民负担管理条例》。严格做好文件、会务、财务、值班、信息报送刊发等工作，确保机关规范有序高效运转。制定了《关于加强和改进保密工作组织领导的意见》，成立了保密委员会，认真开展保密检查和整改。认真做好建议提案办理，共承办市人大建议48件、市政协提案46件（含党派提案3件、界别提案3件）、全国政协提案1件，已按要求全部办结。切实加大了隐患排查治理、矛盾纠纷调处、重点人监管等安全维稳工作力度，确保了农委系统各单位在重点时期及日常工作中的安全平稳。

（贾寒智）

【扎实开展"两学一做"学习教育】坚持"学、做、改、促"四位一体，把开展学习教育与做好当前农村改革发展稳定各项工作结合起来，与完成各项重点工作结合起来，与推进群众路线教育实践活动和"三严三实"专题教育整改落实工作结合起来，努力做到学习教育与日常工作两手抓、两不误。一是成立了市委农工委“两学一做”学习教育协调小组，制定了开展“两学一做”学习教育实施方案，明确了总体要求、具体内容、主要措施，细化了专题学习讨论、讲党课、专题组织生活会等各项具体工作任务，确保了学习教育好操作、易落实。二是深入学习宣传贯彻党的十八届六中全会精神，研究制定了《市委农工委关于学习宣传贯彻党的十八届六中全会精神的工作方案》，开展农委系统处级领导干部“学习贯彻党的十八届六中全会精神”全员轮训，举办了两期专题研讨班，重点学习领会《关于新形势下党内政治生活的若干准则》和《中国共产党党内监督条例》的主要内容和精神实质，强化了贯彻落实的政治自觉和行动自觉。三是扎实开展农委系统党员组织关系集中排查、党代会代表和党员违纪违法未给予相应处理情况排查清理、基层党组织按期换届专项检查、党费收缴工作专项检查等工作，破解基层党建工作难题，抓好基层制度贯彻落实，推进系统党建工作水平整体提升。四是召开了市农委系统纪念中国共产党员成立95周年大会，评选表彰了100名优秀共产党员、50名优秀党务工作者、50个先进基层党组织。五是开展了“双结双促”帮扶活动，结合抓好低收入农户增收和低收入村发展工作，组织系统单位共103个基层党组织与90个低收入村党组织结对子，与102户农户结亲戚。

（刘显春）

基层组织建设

【在全市村党组织和党员中扎实开展“两学一做”学习教育】市委组织部、市委农工委制定下发了《关于在全市村党组织和党员中开展“两学一做”学习教育的指导意见》（京组通〔2016〕28号），以“真学实做当先锋、立足岗位促发展”为主题，针对农村党员特点，引导农村基层党组织采取支部领学、领导带学、轮训讲学、上门送学等“九学”举措，完善党员经常性学习教育机制，增强了学习教育的吸引力和感染力；引导广大党员做到“五个带头”，即带头发展经济、增收致富，带头执行政策、遵纪守法，带头发扬民主、推进自治，带头弘扬新风、促进和谐，带头迎难而上、勇挑重担，在推动农村经济社会发展中始终走在前列、做出表率。

【乡镇党委换届选举圆满完成】市委组织部、市委农工委制定下发了《关于做好2016年乡镇领导班子换届工作的意见》，成立了换届工作领导小组，召开了全市乡镇领导班子换届工作动员部署会，举办了全市乡镇换届工作培训班，要求各区围绕“好班子、好报告、好风气”的目标，坚持“好干部”标准，认真落实发扬民主、推进改革、严肃纪律三项关键举措，大力选拔政治上靠得住、工作上有本事、作风上过得硬、人民群众信得过的优秀干部，优化班子结构，提升整体功能，选好配强乡镇领导班子。全市13个涉农区182个乡镇全部完成党委换届工作，共计选举产生乡镇党委委员1 864名，其中书记182名。1 864名乡镇党委委员中具有大学本科以上学历者占96.4%，具有研究生学历者占33.6%，182名乡镇党委书记全部具有大学本科以上学历，具有研究生学历者占60.4%，新选出的乡镇党委领导班子整体功能进一步提升，更加适应“三农”发展需要。

【全市村“两委”换届选举圆满完成】按照市委、市政府统一安排，全市村党组织和第十届村民委员会（以下简称村“两委”）换届选举工作从2015年9月启动，到2016年7月圆满结束，过程依法合规、平稳有序，顺利实现“两保持、两提高、两确保、两降低”工作目标，没有出现重大群体访事件、网络舆情事件和拉票贿选等违法违纪行为。本次村“两委”换届选举工作坚持加强党的领导、充分发扬民主和严格依法办事有机统一，严格落实“五不能、六不宜”和严肃换届纪律“十项禁令”要求，全面推行资格联审制度，开展重点难点村排查整顿工作，确保了换届选举圆满完成。一大批优秀农村人才进入村“两委”班子，队伍整体结构不断优化。村党组织书记、村民委员会主任“一人兼”和村“两委”交叉任职比例与上届基本持平，“一人兼”比例达到64.3%，交叉任职比例达到55.4%；村“两委”成员连选连任比例较高，村党组织书记连选连任比例为76.9%，村党组织成员连选连任比例为73.5%，村民委员会主任连选连任比例为70.4%；村党组织书记选举结果与预测人选的吻合度达到97.5%，比上届提高5.7个百分点，党组织的领导核心地位进一步巩固。彻底消除“白点村”，村民委员会主任不是党员的比例为11.7%，比上届有所降低。村民代表中党员比例达到33.7%，比上届提高10个百分点，党在农村的执政基础进一步巩固。

【选派第一书记助推低收入村发展工作稳步推进】深入贯彻中央抓党建促脱贫攻坚工作座谈会精神，着力健全干部驻村帮扶工作机制，精准选派第一书记和帮扶工作队，实现第一书记和帮扶工作队对低收入村的全覆盖，持续推进低收入村发展。一是精准选派全面覆盖。市委组织部、市委农工委制定下发了《关于2016年继续选派机关企事业单位优秀干部到村担任第一书记的通知》，召开了全市第二批选派第一书记动员部署会，举办了第二批选派第一书记履职培训班，在2015年选派第一书记工作的基础上，面向216个低收入村选派第一书记（建档立卡的234个低收入村中已有18个选派了第一书记），实现了选派第一书记工作对低收入村的全覆盖。二是结对共建深入开展。市委组织部、市委农工委制定下发了《关于健全和完善低收入村帮扶工作队的通知》，召开了全市村党组织第一书记派出单位帮扶工作推进会，探索建立领导干部联系、第一书记任职、派出单位帮扶、社会资源带动的“四位一体”工作机制，实现了低收入村及其所在乡镇结对帮扶的全覆盖。三是管理制度不断完善。市委组织部、市直机关工委、市委农工委、市国资委党委多次召开第一书记工作推进会、座谈会，制定了《北京市村党组织第一书记管理办法（试行）》《北京市支援农村建设志愿服务队伍管理办法》《北京市村党组织第一书记日常管理制度》，通过强化制度建设，完善第一书记工作保障机制，督促第一书记立足农村、干事创业，形成了良好的工作导向。四是驻村帮扶工作初见成效。第一书记和帮扶工作队积极主动开展工作，广泛了解村情民意，在帮助理清思路、链接社会资源、破解难点问题、规范村务管理、建强基层组织、促进农民增收等方面发挥了积极作用，取得了明显成效。调查结果显示，全市第一书记满意率达到了99.2%。

【农村基层干部人才培养工程顺利实施】坚持教育培训和学历教育双轮驱动，市委组织部、市委农工委启动实施农村基层干部人才培养工程，努力培养扎根乡土的农村公共管理服务人才。一是注重顶层设计。市委组织部、市委农工委研究起草了《2016—2020年全市农村基层干部人才教育培养行动计划》。加强市委农工委党校阵地建设，统筹推动教学、科研、师资等资源共建共享，专门开辟北京农业职业学院北校区（香山校区）用于开展农村基层干部人才培训，加大资金投入力度，推进基础设施建设，不断提高办学能力，更好地满足农村党员干部教育培训需要。二是注重素质提升。市委组织部、市委农工委着眼农村基层干部需求，以“抓党建、强基础、促发展”为主题，举办了全市乡镇党委书记研修班、村党组织书记示范培训班、第一书记培训班等培训班次，采取集中授课、现场教学、经验交流、分组讨论等多种方式，由组织部门教基层党建方法、职能部门教促发展增收方法、优秀基层党组织书记教开展农村工作方法，帮助参训学员开阔了眼界思路，学到了有效方法，推动了工作开展。三是注重培养实效。健全“市级示范培训、区级重点培训、基层普遍培训”的工作体系，指导各涉农区抓好对乡镇、村其他干部的普遍培训，截至目前，全市共培训农村基层干部7.8万人次，达到了提高能力、推动工作、促进发展的目的。

【乡村治理机制不断创新完善】市委组织部、市委农工委、市民政局抓住村“两委”换届选举有利契机，指导基层健全村民自治运行机制，修改完善乡规民约和村民自治章程，创新基层协同共治模式，推动形成党政部门、农村组织、基层群众等多元主体共同参与的“公约化协同共治”，推进农村社会治理体系和治理能力现代化。选取朝阳区东坝乡、房山区良乡镇开展试点，探索城乡结合部“1＋3”社会治理模式，着力构建在村党组织统一领导下，村民组织、社区组织、经济组织共商、共建、共治机制，提升城乡结合部地区社会治理水平。会同市委组织部、首都综治办，选派了100名市级机关干部到城乡结合部地区100个重点村（社区）担任村（社区）党组织书记助理，指导推动公共安全隐患综合整治工作。注重把握首都乡村治理的规律性，开展城乡一体化进程中党领导乡村治理问题研究，荣获市党建研究会 2016 年度课题成果一等奖。

【村务公开满意度显著提升】市委组织部、市委农工委、市统计局联合开展村务公开满意度调查，结果显示村民满意度大幅上升。据市统计局调查显示，2016 年度全市村务公开满意度超过 75%，同比提高 10 个百分点。

【建立市区两级财政托底的村干部待遇保障机制】市委组织部、市委农工委、市财政局、市人力社保局、市民政局等部门联合制定下发了《关于村干部基本待遇和基本保障的实施办法（试行）》（京组通〔2016〕16 号），建立了村干部基本报酬财政托底机制和社会保险财政补贴机制，推动村干部真正实现工作有良好待遇、干好有发展前途、退岗有稳定保障。

报酬标准：原则上村党支部书记、村民委员会主任“一人兼”人员，标准为每人每年45 000元；其他村民党员支部书记，标准为每人每年40 000元；其他村民委员会主任，标准为每人每年30 000元；交叉任职的村党支部委员、村民委员会委员，标准为每人每年25 000元；其他村党支部委员、村民委员会委员，标准为每人每年20 000元。各区可在此标准基础上，结合实际，对村干部基本报酬标准进行适当调整。

资金来源：生态涵养区的区由市级财政负担 80%，城市发展新区的区由市级财政负担 50%，城市功能拓展区的区由市级财政负担 30%。市财政负担部分按照平均每村 5 人进行核算，具体拨付标准为：村党支部书记每人每年40 000元、村民委员会主任每人每年30 000元、其他村“两委”干部每人每年 20 000元，通过一般性转移支付安排。村干部原有报酬补贴纳入村干部基本报酬范畴，进行统一核算。各区结合本地区实际，在市级补助基础上，进一步加大资金投入力度，足额安排差额部分。以后年度，村干部报酬经费调标增资所需资金由区财政全额负担，市财政不再予以补助。建立村干部基本报酬动态增长机制，原则上每 3 年调整一次，确保村干部基本报酬与经济发展相协调、与社会进步相适应。

绩效奖励：各乡镇（涉农街道）要统一制定村干部绩效考核办法，坚持个人自评、班子评定、组织考核、党员群众评议相结合，全面、客观、科学地评价村干部的工作实绩。组织考核和党员群众评议由各乡镇（涉农街道）党（工）委负责，组织考核至少每年一次，在每年年底或次年年初举行，党员群众评议至少每半年一次。考核结果作为落实村干部绩效奖励的主要依据，严格兑现奖惩。

社会保险：实行个人缴费与财政补贴相结合，鼓励在职村干部参加职工社会保险。对于符合本市参保政策，且参加职工社会保险的在职村干部，由市财政按照现行促进就业政策规定的标准，给予社会保险缴费补贴。社会保险补贴实行先缴后补、专户管理，未按规定参保缴费的不享受补贴。现任村干部按本办法规定享受社会保险补贴期间，不再享受本市促进就业社会保险补贴政策和其他财政给予的补贴。参保人在职工社会保险和城乡居民社会保险均有缴费的人员，可以按照现有政策规定，办理两种制度的衔接手续。

【完善正常离任村党组织书记生活补贴机制】市委组织部、市委农工委、市财政局联合下发《关于印发〈关于完善正常离任村党组织书记生活补贴机制的实施办法〉的通知》（京组通〔2016〕85 号），进一步加大了对正常离任村党组织书记的保障力度。

补贴对象：所在村自建立村党组织以来，2015 年 12 月 31 日以前正常离任且连续任职 1 届或 3 年以上，男年满 60 周岁、女年满 55 周岁的村党组织书记。2015 年 12 月 31 日以前去世的村党组织书记不享受本补贴。同时规定，在 2015—2016 年全市村党组织换届选举中正常离任并符合规定的村党组织书记，纳入本办法补贴范围。已纳入村干部基本待遇和基本保障实施办法中的村党组织书记以及已享受机关事业单位退休待遇或基本养老保险待遇的人员不再纳入补贴范围。

补贴标准：连续任职满 1 届或 3 年的，每人每月发放 400 元生活补贴。在此基础上，累计任职时间每增加 1 届或 3 年，补贴增加 150 元，以此类推，最高每月补贴1 000元（累计任职 5 届或 15 年及以上）。

经费渠道：根据本办法补贴标准发放所需的经费，由市、区财政按照 1∶1 的比例分担。市级所需资金通过一般性转移支付资金渠道安排。各区可结合实际适当提高补贴标准，并由区财政承担超出部分资金。

补贴标准增长机制：建立正

常离任村党组织书记生活补贴标准增长机制，原则上每3年调整一次，确保正常离任村党组织书记生活补贴水平与经济发展相协调、与社会进步相适应。

【抓创新塑品牌，强党建促发展，全市新农村党建工作创新取得新成效】市委农工委、市新农办组织开展了2016年度全市新农村党建创新项目评选工作。通过基层申报、部门审核、专家评审等程序，延庆区“党员小书包”、朝阳区城乡结合部地区“1＋3”共商共治机制、顺义区村规民约建设等5个项目，被评为2016年度北京市新农村党建创新项目。这些项目坚持需求导向、实践导向和问题导向，聚焦基层党组织引领农村经济社会发展的生动实践，积极探索破解农村基层组织建设中的热点难点问题，取得了明显效果，呈现出鲜明的时代性和较强的创新性，具有很好的学习借鉴和示范推广意义。

【延庆区利用“党员小书包”客户端扎实开展“两学一做”学习教育】在开展“两学一做”学习教育中，延庆区创新运用“互联网＋党建”理念，在全区党员中部署使用“党员小书包”手机客户端，为党员打造在线阅读和移动学习交流平台，使党员在传统学习方式的基础上，融入了“线上”学习体验，并采取“学、考、管、评”等手段提高学习成效，激发了广大党员的学习积极性、自觉性和有效性，使党员学有所获、学有所做。

【朝阳区探索建立城乡结合部地区“1＋3”共商共治机制】朝阳区从推进社会管理体制创新、健全完善公众参与治理机制等方面入手，以东坝、平房、东风三个有代表性的乡为试点，在城乡结合部地区着力构建“1＋3”社会治理模式，即在一个大党组织统一领导下，村民自治组织、社会组织、经济组织共商、共建、共治机制，完善村（社区）党组织领导下多元主体、协同共治工作格局，提升了社会治理水平。

【房山区打造“基层党建三部曲”】房山区立足基层实际，让党员群众“当编剧”，借助社会资源用典型案例“做教材”，拓宽党建途径，使党的声音“引共鸣”，创新打造“基层党建三部曲”，即《剧·说党建》《影·视党建》和《讲·演党建》，探索出党员群众喜闻乐见、简便实用的教育培训新手段。《剧·说党建》即编辑出版党建微小说（剧本）创作大赛优秀作品集，《影·视党建》即制作6集基层党建系列微电影，《讲·演党建》即编排并演出“基层党建公演大课堂”专场舞台节目。

【平谷区开展“八面红旗”竞赛创新“三级联创”考评机制】平谷区探索创新“三级联创”考评机制，自2013年开始组织开展了“八面红旗”竞赛活动，设置班子团结、民主管理、村容整洁、和谐稳定、违建管控、产业发展、生活富裕、村风文明“八面红旗”，每年投入2 000多万元奖励资金，采取村级申报、乡镇把关、区级评审、常委会决定的考评程序，发动全区272个村围绕这八个方面内容开展达标争创。

【顺义区以村规民约为抓手创新基层协同共治模式】顺义区结合区域发展实际，按照“因地制宜、分级分类”的原则，坚持“三下三上”的工作流程，按照“问题导向、制度建设、文化引领”三个阶段开展村规民约修订工作，引导广大党员群众积极参与村级治理，自觉规范个人行为。通过开展这一工作，集中了民智，顺应了民意，凝聚了民心，形成了以协商、互动、共识为基础的“民约”，实现基层社会治理由传统政府“管理”向多元主体“共治”转变。

（刘显春）

党风廉政建设

【市委农工委召开市农委系统纪检监察工作会议】3月9日，市委农工委召开市农委系统纪检监察工作会议，传达学习市纪委五次全会精神，部署2016年党风廉政建设和反腐败工作，通报市农村纪工委2016年工作要点，市纪委第一纪检监察室主任石建华到会讲话。会议由市农村纪工委书记尚延华主持，市农业局、市农林科学院、北京农业职业学院、市农村经济研究中心（市农经办）、北京农产品中央批发市场管委会等单位有关负责同志参加了会议，并就工作情况开展了交流发言。

【市委农工委、市农委研究部署党风廉政建设工作】 3月17日，市委农工委、市农委印发《关于2016年党风廉政建设和反腐败工作的意见》（京农发〔2016〕6号），对两委机关和系统各单位党风廉政建设和反腐败工作进行部署。5月4日，市委农工委、市农委印发《2016年党风廉政建设和反腐败工作分工方案》（京农发〔2016〕14号），明确了两委领导班子14项主体责任，并将责任分解到领导班子成员和组织、人事、宣传等工作部门，进一步强化主体责任、监督责任、履职意识、担当意识，细化党风廉政建设各项工作措施。2016年，两委办公会、工委委员会研究党风廉政建设相关议题14次。

【对主体责任“签字背书”，推动主体责任向基层延伸】 市委农工委书记孙文锴与两委领导班子成员、农委系统各局级单位党组织主要负责人签订党风廉政建设目标责任书。两委领导班子成员分别与分管处室负责人签订党风廉政建设责任书，认真履行对分管处室（单位）的监督管理责任，加强对分管处室、单位的日常管理监督，将两委领导班子的主体责任落实到每个班子成员和处室。市农委系统各单位也通过层层签订党风廉政建设责任书，推动主体责任向基层延伸。

【认真组织落实党风廉政建设主体责任全程记实工作】 市委农工委、市农委研究制定了《关于推进落实党风廉政建设主体责任全程记实工作的实施意见》，提出四个方面具体全程记实内容，为两委领导班子成员配发了《记实手册》。通过建立记实台账，严格落实清单式明责、痕迹化履责、台账式记责的三项机制，促进领导干部切实履行主体责任。截至2016年年底，两委领导共实录履行党风廉政建设主体责任事项92项。

【认真抓好巡视反馈意见整改落实】 2016年9月23日，市委第三巡视组反馈巡视意见后，市农工委、市农委立即召开工委委员扩大会议，深入学习市委书记郭金龙同志在听取巡视工作汇报时的讲话精神，研究部署整改工作。在两个月的集中整改期间，召开工委委员扩大会、两委办公会、专题会10余次，研究部署和解决巡视整改工作重大问题，推动整改落实。建立了巡视整改工作督办台账，要求各责任单位、责任处室每周报送整改进展情况，两委班子每周至少研究1次整改工作进展，逐条验收、对账销账。两委班子成员积极推动落实牵头负责的整改任务，对分管部门和单位加强具体指导、检查和督办。

【深入开展党纪条规宣传教育】 结合“两学一做”学习教育，市委农工委、市农委将中央和市委关于党风廉政建设方面的制度规定汇编成册，印发给全体党员干部学习。利用两委办公会、专题报告会、理论中心组学习、培训、研讨交流等方式，先后18次组织党员干部系统学习党章党规知识，学习习近平总书记系列重要讲话，将《党章》《中国共产党廉洁自律准则》《中国共产党纪律处分条例》和《中国共产党问责条例》等作为理论学习中心组重点学习内容，推出了学习教育宣传栏，开展“讲规矩、有纪律”专题研讨，唤醒和强化党员干部党章党纪意识。通过组织廉政党课、观看《以案说纪》警示教育片、开展廉政文化活动、佩戴党徽活动，把纪律和规矩铭刻在党员干部的心中。

【坚持把纪律和规矩挺在前面】 市委农工委、市农委领导班子将谈心、约谈等抓早抓小、落实“四种形态”之中的“红红脸、出出汗”等教育提醒措施，纳入落实主体责任全程记实工作之中，坚持领导与干部群众谈心谈话制度，注重抓早抓小，在严明纪律中体现严格要求和关心爱护。对在个人有关事项申报中存在问题的1名干部进行了诫勉谈话、1名干部进行了警示谈话。及时传达对落实“两个责任”不力受到责任追究典型问题的通报、违反中央八项规定精神问题的通报等，利用反面典型，教育干部引以为戒。

【坚持民主集中制，完善领导班子议事决策制度】 市委农工委、市农委领导班子坚持民主集中制，严格落实“三重一大”相关制度和“一把手”不直接分管人事、财务、工程建设工作的要求。重新修订了两委办公会、工委委员（扩大）会议、专题会议规则。实行系统各单位和各处室负责人列席两委办公会制度，凡涉及基层的重要事项都要事先征求各区、乡镇和基层干部群众的意见。全年召开两委办公会36次，研究议题146项；召开工委委员会26次，研究议题47项。

【严格干部选拔任用和日常监督工作】 市委农工委、市农委坚持新时期好干部标准，树立正确的用人导向，完善了两委《处级领导干部选拔任用工作流程》《处级领导干部任职流程》，严格履行工作程序，选拔任用了1名处长、2名副处长、5名调研员。强化干部监督管理，坚持对拟提拔或进一步使用人选的干部档案必审、个人有关事项报告必核、纪检监察机关意见必听、线索具体的信访举报必查的“凡提四必”原则，坚决防止带病提拔。严格干部日常管理，完成8名处级领导干部个人有关事项报告的随机抽查核实工作和15名处级领导干部的重点抽查核实工作；完成116卷干部档案的审核工作，对其中74卷档案进行了认定；加强护照管理，完成77名干部因私证件的清理工作；对两委机关13名处级领导干部进行了任职廉政谈话。

【持续深入改进机关干部作风】市委农工委、市农委严格落实两委关于改进作风、密切联系群众的实施意见、机关党员干部直接联系群众若干制度等规定，紧紧围绕两委中心工作，组织党员干部持续深入开展“进村入户”活动。坚持每个季度深入农村与农户同吃同住，鼓励大家多跟村干部、村民交流，多倾听基层声音，切实改进工作作风。2016年，共走访慰问114个村、342户。结合“两学一做”学习教育，组织开展“双结双促”帮扶活动，市农委系统基层党组织与低收入村党组织结对子、在职党员干部与低收入农户结亲戚帮扶活动，采取送政策、送技术、送项目、送温暖等举措，促进低收入村强基固本，促进低收入农户增收致富，切实为农民群众办好事、办实事，进一步密切党同人民群众的血肉联系。年内，两委系统各单位有85个党总支（党支部）报名结对，对接71个低收入村；两委机关18个党支部与19个低收入村党组织结对。

【加强对“四风”问题日常监督检查】市委农工委、市农委通过两委办公会、机关干部会及时传达中央纪委、市纪委对“四风”问题处理的通报，持续释放越往后执纪越严的强烈信号。切实加大查纠力度，密切关注“四风”问题的新动向、新表现，每逢元旦、春节、端午、五一、中秋、国庆等重要节日，利用两委内网平台、微信公号、信息推送等方式，下发查纠“四风”通知，提出加强作风建设的纪律规定和落实要求，提醒和督促党员干部防止发生“舌尖上”“车轮下”“月饼盒”“休闲会所”等违纪违规行为，坚决查纠“节日病”，逐步形成作风建设新常态。

【深化“为官不为”“为官乱为”问题专项治理工作】2016年5—11月，市农村纪工委监察处认真落实市纪委十一届五次全会工作部署，按照全市党风政风监督工作部署会有关要求，将两委机关各处室、直属事业单位和农委系统各单位纳入专项治理范围，将上述机关和单位的在岗领导干部和工作人员作为专项治理对象。在工作重点方面，主要做到两个结合：一是结合各单位各部门职能职责，围绕市委市政府重点工作、新农村建设“折子工程”、本单位本部门承担的重要工作事项、工作推进中突出的难点问题、政风行风热线转办的群众关心关切的热点问题等方面，深化专项治理工作；二是结合在深化农村改革、农村基础设施建设、美丽乡村创建、郊区生态环境治理、促进低收入农户增收等工作推进中发现的“为官不为”“为官乱为”问题。在专项治理工作自查中，各处室共梳理出11个苗头性、倾向性问题，普遍查找了原因，提出了改进措施。

【开展“整治和查处侵害群众利益不正之风和腐败问题”专项工作】2016年5—11月，市委农工委、市农委按照市委、市政府和市纪委工作部署和具体要求，结合2016年工作实际，在机关、直属事业单位和农委系统单位开展了“整治和查处侵害群众利益不正之风和腐败问题”专项工作。该项工作重点从以下三个方面着力：一是严肃查处涉农资金管理使用中的腐败问题。重点查处在农村各类救灾救助资金、各项强农惠农补助资金、项目扶持资金使用分配中，违规操作、挪用、侵占，或假公济私、优亲厚友等问题。二是严肃查处新农村建设工程中的腐败问题。重点查处招标投标、工程建设中官商勾结、贪污贿赂等问题。三是严肃查处在办理涉及群众事务时推诿扯皮、雁过拔毛、吃拿卡要等违纪行为。重点查处基层工作人员、执法部门执法不公、以权谋私、收受礼金等问题。

【积极参与“政风行风热线”直播间工作】根据市监察局、市纠风办下发的《关于2016年北京市“政风行风热线”直播间工作安排》（京监发〔2016〕5号）的通知精神，市委农工委、市农委按要求及时报送访谈计划，并进行了精心的组织准备，安排主管领导市委农工委委员王修达同志于2016年10月27日，以“主动作为，做好低收入农户增收工作”为主题走进直播间参加访谈，围绕“十三五”时期低收入农户和低收入村认定标准、任务目标、帮扶措施和政策保障等，从 8 个方面进行了政策宣讲，就抓好本市低收入农户增收、推进机关干部作风建设进行了在线交流。

【组织开展市委农工委、市农委机关及系统单位党风廉政建设责任制检查考核】为加强对落实党风廉政建设责任制情况的监督检查，2016 年 12 月，市委农工委、市农委研究制定了《两委机关落实党风廉政建设责任制自查工作方案》和《农委系统各单位落实党风廉政建设责任制检查工作方案》。在两委机关和直属事业单位方面，各处室、各单位向两委提交了一年来落实党风廉政建设责任制自查报告，两委领导听取了各自分管处室党风廉政建设责任制落实情况的汇报，进行检查和督导，提出要求和努力方向。组织开展机关各处室和直属单位负责人年度述责述廉工作，由全体机关干部进行评议，并将评议结果作为干部年度考核的重要参考，推进落实责任常态化机制建设。在市农委系统方面，市委农工委 6 名领导分别带队，组成检查小组，纪工委和组织处、干部处、宣传处、研究室、办公室、社会管理处等处室负责人、机关干部为成员，采取听取工作汇报、个别谈话、查阅资料、参照考核指标体系量化评估等形式，对市农委系统 6 个局级单位党委（党组）落实党风廉政建设责任制的情况进行检查评估。这次检查，共向各单位指出落实党风廉政建设主体责任 16 个方面的问题，提出 18 条改进工作意见。检查情况向工委委员（扩大）会议进行了通报并向各单位反馈了检查结果。

【市委农工委、市农委向市委、市政府专题报告党风廉政建设责任制落实情况】年底，根据市委、市政府安排，市委农工委、市农委向市委、市政府提交工作总结报告、向市政府提交绩效考评自查报告，将党风廉政建设责任制落实情况作为重要述职内容。两委领导班子民主生活会对照检查时，领导班子及成员都向出席会议的市纪委、市委组织部领导专门报告党风廉政建设和个人廉洁自律情况。在 2016 年市委第三巡视组对两委进行专项巡视工作中，两委领导班子汇报了落实党风廉政建设主体责任情况。

【市农村纪工委加强对涉农资金管理使用的再监督】按照农业部纪检组的通知要求，市农村纪工委积极配合、督促市农业局做好强农惠农资金专项整治工作，派专人参加了农业部组织召开的强农惠农资金专项整治工作座谈会。结合市委巡视组在巡视两委时提出的有关资金监管问题、国家审计署在专项资金审计中发现的农机资金问题进行跟进监督，督促有关部门落实整改措施。

（张迪飞）

老干部工作

【概述】截至 2016 年年底，市委农工委、市农委机关及直属单位共有离退休干部1 548人，离休干部 56 人，平均年龄87.8岁，其中局级干部 14 人、处级及以下干部 42 人。退休干部总数为1 492人，其中局级干部 53 人，处级及以下干部1 439人。在市委、市政府正确领导下，市农工委、市农委系统各级党委组织部门、老干部工作部门，认真贯彻全国老干部局长会议、市第二十九次老干部座谈会精神，围绕中心，服务大局，全面落实老干部政治、生活待遇，扎实有序地推进各项老干部工作。深化为党的事业增添正能量活动，夯实离退休干部思想政治建设，开展适合老干部的丰富多彩的活动，用心用情服务老干部，使老干部工作有声有色。

【全力抓好中办发〔2016〕3 号文件的贯彻落实】2016 年 1 月，中央印发《关于进一步加强和改进离退休干部工作的意见》后，农工委系统老干部部门迅速采取多种形式组织老干部工作人员和老同志学习，深入领会文件精神。按照市老干部局的要求，离退休干部处的工作人员分别到所属单位调研，区分不同情况，及时制订了实施方案，做到了边学习宣传、边研究谋划，边实践推进。此外，还参与了市老干部局领导干部责任制的调研组，到相关区县进行专项调研。

【夯实离退休干部思想政治建设】坚持全面从严治党，突出抓好党的十八届五中、六中全会精神和习近平总书记系列重要讲话精神的学习，引导老同志进一步增强“四个意识”，特别是核心意识、看齐意识，坚持不忘初心、永远跟党走的决心和信心。通过举办党支部书记培训班、形势报告会、情况通报、座谈讨论、专题讲座等形式，加强离退休干部的政治理论学习和形势政策教育。深入解读和宣传中央、市委重大决策部署。

【加强离退休干部党组织建设】2016年，组织了两期农工委系统离退休干部党支部书记培训班，每期120人，对240名离退休干部党支部书记、支委进行培训。9月，举办了一期农工委系统市管退休干部读书班。北京农业职业学院建立了党员培训制度，每年举办2期支部书记培训班、每期30人左右，结合市老干部局、市委农工委、学院年度工作计划，布置和总结全年工作，有效地推进了离退休干部组织建设。

在农工委系统离退休干部党支部中开展“讲传统、看变化、话改革、助发展”主题党日活动，北京市农业局还选取了优秀视频推荐到北京电视台《晚晴》节目进行展播。

【深化为党的事业增添正能量活动】聚焦“展示阳光心态、体验美好生活、畅谈发展变化”主题，精心设计载体，加强组织牵引，不断推动正能量活动向纵深发展。推荐农工委系统老干部周文济同志参加北京市老干部宣讲团，围绕党的政策和十八届六中全会精神进行全市宣讲。举办北京市农工委系统老干部宣讲报告会，广泛开展宣讲活动，参与活动的老同志达600多人次。北京农业职业学院选拔4位老同志宣讲员，他们分别以《活到老、学到老、用到老、写到老》《做好关工委工作，传递正能量》《弘扬正能量，我为祖国鼓与呼》《做好楼门长工作，建设先进社区》为题，在学院老党员中宣讲了他们退休后发挥自身优势，传递正能量的感人事迹，鼓舞和激励老党员力所能及地为党的事业增添正能量。农工委还搭建建言献策平台，及时收集、反馈老同志的意见建议，为党和政府决策提供参考。2016年年初农工委向市老干部局推荐了2个首都改革发展新变化的参观点，方便老同志开展“我看首都新变化、体验美好新生活”的参观体验活动。9月16日，以“纪念中国工农红军长征胜利80周年”为主题，举办了农工委系统离退休干部文艺演出，唱响了爱党爱国爱社会主义的主旋律。推选局级老领导3名参加中央纪念红军长征胜利80周年大会，参加市老干部局座谈会。深化老党员先锋队创建工作，老同志们积极发挥作用，参加社区党建，为党员群众宣讲党的方针政策；积极参与周边环境治理，建设美丽社区；加强社区精神文明建设，引领社会风尚。此外，老同志在大学生思想政治建设、农村科技帮扶、社区党建、小区环境治理、丰富群众文化生活等方面都发挥了积极作用。

【用心用情服务老同志】积极协调配合相关部门进一步加大了对老同志关心、关爱和关怀的力度。完善离休干部解困救急帮扶机制，为有特殊困难的老同志雪中送炭、解燃煤之急。2016年，组织部分老同志参观市民政局所属的养老院，优先安排有需求的离休干部入住具有医疗保障能力的养老院。上门为申请安装、更换“120急救呼叫器”的老同志配装呼叫器，向老同志介绍呼叫器的使用功能和使用方法，把市委、市政府为老同志办的实事落到实处。做好重大节日和离休干部重病期间的走访慰问工作，春节及七一、重阳节前后共走访慰问离休干部、远郊区县四套班子老领导200余人次，看望重病住院老干部10余人。

结合老同志年老体弱、行动不便的特点，一方面，开展工作人员送会上门。为落实上级重要会议和紧急会议精神，老干部工作人员到老同志家中传达上级指示。另一方面，开展邮寄送学上门。北京农业职业学院将《学报》寄送到200位处级、副教授以上老同志家中，与支部生活杂志社联合，将《北京老干部》寄送到382位离退休干部、党员家中，与出版社联合将《生活与健康》期刊寄送到离退休人员家中，使老同志及时学习阅读。此外，根据老同志活动的不同群体，建立多个与老同志联系的微信群，加强信息沟通。建立了80多人组成的俏夕阳微信群，20多人组成的开心美女微信群和党员参加的党支部微信群，兴趣小组老同志参加的书画社、扇子舞微信群等，为传达上级精神，通知活动安排，布置支部工作，开展学习交流，搭建了信息畅通的平台，增进与老同志的交流，加强了离退休工作的开展。

加大“四就近”工作协调指导力度，进一步总结、交流利用社区资源做好离退休干部服务工作经验，探索完善“四就近”服务、社会化养老等措施，更好地满足离退休干部日益增长的服务需求。

【组织老同志开展丰富多彩的活动】开展多种形式活动，丰富离退休干部的精神文化生活。广泛在老同志中开展老干部工作为党的事业增添正能量理论研讨活动，形成了一些具有较高理论水准的文章，其中北京市农业局退休干部阚世洪撰写的《开展为党的事业增添正能量活动的方式与途径》一文获市老干部局的表彰。举办老同志书画摄影手工作品展，2016年展出作品200多件。另外，还组织了农口老干部“迎春杯”门球赛和“金秋杯”台球赛，虽然是农工委组织的传统比赛项目，但老同志参与的热情很高。

【老干部工作队伍更加坚强有力】结合“两学一做”学习教育，聚集忠诚干净担当，着力抓好集中学习、党课报告、专题研讨、查摆整改等工作，打造过硬队伍的老干部工作队伍。积极参加老干部局工作培训班、老干部工作人才队伍建设专题培训班等，加强老干部工作队伍思想、能力和作风建设，不断增强为老同志服务的意识和本领。在参加北京市老干部工作者“主动作为创一流真情服务当先锋”主题演讲比赛中，市委农工委选送的市农业局老干部工作者徐然同志荣获三等奖。

（王岚）

郊区农情

朝阳区

概述

朝阳区总面积470.8平方千米，农村地区面积350.5平方千米，占全区总面积的74.4%，辖19个乡（地区办事处），154个行政村，202个社区。农村地区常住人口170.5万人，其中户籍人口64.7万人。2016年，在区委、区政府的坚强领导下，农村地区广大干部群众深入贯彻落实京津冀协同发展战略和首都城市战略定位，紧紧围绕建设国际一流的和谐宜居之都，建设“三区”、建成小康的奋斗目标，准确把握“新、转、疏、补、稳”阶段性特征，在“一绿”试点、人口调控、功能疏解和生态环境建设上狠抓落实，各项工作取得了积极进展。农村地区农民人均所得31 873元，形成区级财政收入76.1亿元。

城乡发展一体化

【概况】朝阳农村城市化进程取得积极进展，农村经济实现稳中向好，城市建设管理水平不断提升，农村社会建设不断加强，党的基层执政能力不断提高。

【经济提升】2016年农村地区农民人均所得31 873元，完成区级财政收入76.1亿元。分别增长13.9%和6.6%。

【功能疏解力度加大】坚持先“舍”后“得”、主动作为，拆除清退低级次市场46家、废品回收场站19处、出租大院131个，王四营万润汇鑫钢材市场等一批吸附人口多、规模体量大的低级次产业全面完成拆除清退。持续加大人口规模调控力度，实现调减流动人口19.5万人。

【产业发展层级提高】出台《朝阳区农村地区产业发展指导目录》，严把产业项目准入关口，产业发展方向和准入标准进一步明确。全力推动常营乡东方华瑞等一批重点产业项目建设，经济发展动力持续增强。产业用地及招商管理系统正式运行，农村产业用地信息资源实现区级共享。加大产业项目资金扶持力度，城乡结合部产业发展引导基金功效进一步发挥，农村产业发展持续向高端化迈进。

【人口调控力度加大】第一批6个试点乡城市化进程全面加快，完成拆迁腾退54.57万平方米，实现绿化1 747.6亩，调减人口2.93万人，南磨房等2个乡、3 800余农民身份全部转变，太阳宫等4个乡安置房项目和将台国际文化硅谷等7个产业项目加快推进，拆迁腾退、转居转工、人口调减总任务基本完成。

【安全管理】加强安全体系建设，30个城乡结合部重点村整治全面完成，9个平安示范小区和81个微型消防站全部建成，农村地区安全消防设施不断完善。加强消防安全隐患排查治理，一批潜在安全隐患得到消除。全面建立病死畜禽无害化处理体系，动物疫病防控和农产品安全工作扎实有效。强化矛盾排查调处，农村信访形势整体可控。

【民生更有保障】公共服务水平进一步提高。小红门、黑庄户等4个乡、6个村、6 400余名农民实现转居转工，农民保障水平大幅提升。

【重点区域棚户区改造与环境整治】加快推进棚户区改造，十八里店白墙子等7个项目2 143户完成腾退。广渠路二期周边环境整治扎实推进，孙河湿地公园总体方案编制完成，萧太后河两侧105万平方米低级次产业全部拆除清退，区域环境综合治理取得明显成效。稳步推进新农村建设，3 处“三起来”工程、5 个新农村基础设施建设和高碑店乡 450 户农宅抗震节能改造全部完成。

【集体三资监管】严格落实联预审制度，加大合同清理规范调整力度，规范清理合同 541 份，回收集体土地2 396.89亩，增加集体收益1 957.8万元。村干部任期和离任经济责任审计全面完成，乡集体经济组织审计整改深入开展，集体经济审计监督规范化、制度化、常态化建设水平有效提升。加快集体产权制度改革，常营、豆各庄等 2 个乡 22 个村级改革和东风乡原麦子店村集体资产处置全部完成。

【文化文明和谐建设】强化文化引领，9 个文化广场和 2 个乡情村史陈列室全面建成，“乡村大舞台”等特色文化活动蓬勃开展，群众性精神文明活动更加丰富。加强志愿服务常态化建设，11 个文化能人志愿服务工作室和 38 个学雷锋志愿服务站（岗）全面建成，平房“社区便民服务大篷车”等 34 项志愿服务项目扎实开展，志愿服务影响力进一步凸显。

基层组织与民主政治建设

【乡党组织换届】19 个乡顺利完成 2016 年乡党委、纪委换届工作，也同步完成区级党代会选举工作，为农村整体工作奠定了坚实的组织基础。共选出党代表2 065名，新一届党委委员 201 名，其中男 151 名，女 50 名，少数民族 12 名。各乡还同步选举产生了出席中共朝阳区第十二次代表大会代表 77 名。

【开展“两学一做”学习教育】深入实施“三不五讲”主题实践活动，打造“书记大讲堂”等思想教育平台，建立基层党组织整改任务清单，农村系统“两学一做”学习教育取得实效。强化舆论引导，开展农村系统“践行社会主义核心价值观十佳人物”评选活动，全面展示“一绿”试点建设等重点工作成效，努力营造干事创业的良好氛围。

【着力加强农村区域化党建】深入落实区委“一轴四网”党建工作体系，探索形成“五联四共”农村区域化党建工作模式。在“两新”组织中开展“党员聚拢行动”，完成“组织”“工作”两覆盖专项任务，着力打造一批“两新”组织党建品牌。大力推进“书记项目”党建示范工程，突出党委统筹和书记表率作用，培育高碑店乡“创客家”等 19 个党建品牌，党建科学化水平进一步提升。

【着力加强廉政制度体系建设】坚决落实“两个责任”，层层传递压力。聚焦“一绿”试点，制定“一绿”试点廉政风险防控意见，构建网络监督平台，试点建设风险防控能力有效提高。创新农村基层干部监督管理体制，设立基层廉情小组，建立信访举报五人小组排查机制，扎实推进党风廉政“两室合一”建设和“两个专项”治理，基层党风廉政建设水平切实提升。

村 镇 建 设

【概况】按照城乡一体化的发展要求，加快推进新农村建设，通过加强基础设施建设、加大绿化美化力度，着力改善村容村貌、村居环境，初步营造了“乡风文明、村容整洁”的和谐农村氛围。

【生态环境品质实现新提升】落实清洁空气计划，全面完成1.5万户“煤改清洁能源”和6.1万吨优质燃煤替代，四环路内“无煤化”基本实现。强化违法建设管控举措，拆除违法建设396.5万平方米。聚焦“美丽乡村”建设，加强环境常态化管理，5 个环境建设项目全部完工，32 条“环境优美示范街”创建全面实现，50 个环境脏乱点位有效治理，金盏乡东窑等 3 个村整体提升工程深入实施。

【基本公共服务水平提高】持续推进优质资源向农村地区延伸拓展，16 所幼儿园注册登记，八十中学睿德分校建成招生，东坝、崔各庄等 2 个社区卫生服务中心正式投入运营，单店养老产业示范基地和 24 个养老驿站项目建设深入实施。

【社区服务管理水平提升】新建 7 个社区，23 个社区星级服务站、37 个社区农民市民化工程和 377 项为民办实事项目全面完成，51 处社区办公服务用房改造扎实推进，社区阵地建设进一步强化，服务功能更加完善。

农村经济发展

【概况】落实国家补贴、惠农政策，加强农用地调研，加大基本农田保护力度，保护农民种粮积极性；巩固和发展都市型现代农业，丰富群众菜篮子，为群众休闲提供好去处；加强动植物检疫防疫，保证动植物食品安全。

【推广老北京特色蔬菜】年内，引进种植老北京心里美萝卜等 8 个品种。在农耕园、京城梨园等 12 个园区进行示范推广，共种植 200 余亩。推广环境友好型生物有机肥 500 余吨，推广滴灌、微喷节水技术近200亩。

【阳台菜园项目取得成效】 年内，都市型阳台菜园已在朝阳区5个乡、3个街道，5个机关单位、2个公园、3所学校、20个社区示范推广，推广阳台菜园标准示范户2 000户，推出阳台菜园室外露台集约式立体栽培等四种栽培模式。推出五彩番茄等四种特色景观品种组合，获得国家实用新型发明专利2项，在《北京农业》上发表论文1篇，编著专业科技书籍一部。

【蔬菜种植面积普查】 年内，对涉及蔬菜生产的6个乡开展蔬菜普查工作，全区菜田总面积3 925.4亩，其中设施蔬菜面积1 508.5亩，露地蔬菜面积2 416.9亩。全区蔬菜播种面积2 924.1亩，其中春播面积684.9亩，夏播面积1 269.7亩，秋播面积701.2亩，冬播面积268.3亩。

【农情上报】 年内，报送农情信息共21条；农情报表151套；农业局蔬菜处平台报表28套；粮食种植档案3套；其他报表106套；报表共288套。数据上报共5万余个。今年朝阳区玉米播种、收获面积共755亩，其中春玉米375亩，夏玉米380亩。

【动物防疫宣传】 年内，开展多次狂犬病防控、动物性产品安全以及食品安全等农业联合宣传活动。发放各种宣传材料34.9万份，受众人数达37万余人。利用户外LED电子显示屏每天滚动播出预防狂犬病知识，总计播出1 800余次。

【动物检疫净化】 年内，全面开展春秋防疫工作，实现禽流感、口蹄疫等重大动物疫病免疫率100%。完成全区存栏2 223头奶牛及1 518匹马属动物的结核、布病、马传贫和马鼻疽检疫净化工作。

【春季秋季动物疫病防控】 年内，区疫控中心开展春秋防疫工作，实现禽流感、口蹄疫等重大动物疫病免疫率100%。共免疫牛口蹄疫1 531头；羊口蹄疫免疫1 880只；羊布病免疫1 408只、免疫特禽1 085只次，免疫小反刍兽疫1 408只。共发放消毒药物30.3吨；各类防护用品38万余个（副、套）。

【狂犬病集中免疫】 年内，区疫控中心对辖区内的犬只进行了两次犬狂犬病集中免疫，共对6.2万余只犬进行免疫注射并且佩戴了免疫标识。

【犬防疫信息平台管理】 年内，区疫控中心对13个自免乡、44家动物医院、73名基层信息员进行培训。邀请北京市农业局平台技术人员讲解平台信息管理。

【行政审批】 年内，区疫控中心审批《动物诊疗许可证》21件，《兽药经营许可证》2件，《农作物种子经营许可证》3件，《特许运输证》15件，农机维修合格证1件，检疫标志审批3家，注册执业兽医师363人，助理执业兽医师86人，狂犬免疫定点单位4家。

【动物疫病监测】 年内，区疫控中心累计监测样品21 238份、34 292项次。其中，对3 361份血清共计6 963项次进行抗体监测，检测结果均达到部颁标准；对319份样品共计366项次进行病原学监测，检测结果全部为阴性；对17 502份样品共计26 476项次开展了兽药残留监测，检测合格率为99.7%；对56份水质检测样品共计487项次开展水质监测，检测合格率为100%。

【动物及动物产品检疫】 年内，区疫控中心共检疫动物1.02万头（条、只、羽、匹），检疫换证动物及动物产品6 167.5万千克。

【世界狂犬病日宣传】 年内，在“9·28世界狂犬病日”，区种养中心联合市农业局、区公安养犬办、区疾控中心、区动物疫病预防控制中心、各地区和街道办事处开展主题宣传日活动。以呼家楼、安贞为主会场，其他地方为分会场，开展“第十个世界狂犬病日”宣传活动。

【动物防疫工作绩效考核】 年内，由区种养中心、疫控中心、农业执法队组成4个考核小组，对43个街乡，通过“听、看、查”等形式对照绩效考核项目，按照标准对各街乡动物防疫工作进行考核打分，日常固化考核与现场检查考核综合评定后确定考核结果。

【项目验收】 年内，区种养中心组织有关专家对“北京市农产品质量安全监管创建示范区、先进区扶持奖励——农产品质量安全管理信息中心硬件升级改造工程（一期）”项目进行验收。专家组听取项目汇报，审阅有关资料，经质询与讨论，验收专家组一致认为，该项目完成了合同书要求的考核指标，同意通过验收。

【农业部领导调研指导工作】 年内，农业部党组副书记、副部长余欣荣一行到区种养中心调研指导工作。区种养中心汇报区农产品质量安全监管追溯体系在农产品质量安全管理以及农业信息化建设方面的应用和取得的成效。

【涉农信息数据采集和填报】 年内，开展行政村涉农信息数据采集和填报工作。共涉及14个乡、97

个行政村、23大类，共2 107个涉农信息数据的采集和填报工作。

【农产品质量安全检测工作会召开】年内，召开农产品质量安全检测工作会。区种养中心、区农业执法大队、区疫控中心、区植保站以及8个乡公共事务服务中心、23家企业及农贸批发市场负责人及检测员共65人参加会议。会议总结2015年农产品安全检测工作，部署2016年全区农产品质量安全检测管理工作。

【农产品质量安全普法宣传】年内，区种养中心结合3·15消费者宣传日，联合区农委、区食药局，组织种植、养殖、渔业等部门在宜家广场开展宣传，以现场发放材料、专业讲解等方式，引导消费者正确识别选购无公害农产品和地理标志农产品。发放宣传材料600余份。

【农产品质量安全监管追溯体系培训】年内，举办“朝阳区农产品质量安全监管追溯项目培训班”。区种养中心相关领导及科室，各乡农服中心，基地、市场、企业负责人及农产品质量安全检测员、信息员、内检员，共50余人参会。重点讲授农产品质量安全监管追溯系统维护，追溯系统数据信息填报等相关内容。

【标准化基地建设】年内，对全区现有符合条件的两家“菜篮子”工程标准化生产基地按照《标准化生产基地等级划分与评定考核表》的10大项66条标准进行检查与评定。金天茂基地被评为“2016年北京市‘菜篮子’工程优秀级标准化生产基地”。

【“三品”认证管理】年内，对蟹岛、大运河翰林的8个品种进行网上申报、文书申报以及现场认定检查。组织专业执法调查人员，对永辉超市、凤凰汇、欧尚等重点经营单位及京客隆、华堂等辖区内大型经营单位，开展无公害农产品和地理标志农产品标志使用专项检查、实地调查活动，全面摸清重点农贸市场、超市使用无公害农产品和地理标志农产品情况，建立数据档案。推行“三品”备案规范管理制度，对11家园区基地的29个无公害认证、19个绿色认证、44个有机食品认证品种进行备案；对全区从事三品认证管理的22名检查员、20名内检员进行备案（“三品一标”：三品指的是无公害农产品、绿色食品、有机农产品；一标：农产品地理标志）。

【农产品质量安全检测】年内，全区12家生产、加工配送、销售单位全年检验农产品样品161 272个，合格率为99.6%；其中蔬菜样品128 753个，合格率为99.5%；水果样品13 875个，合格率99.9%；畜禽样品18 644个，合格率为99.8%。

【水产品检测】年内，区种养中心对属地内散、多、杂的休闲垂钓小场开展自查自检，全年自检样品51个，合格率为98%；委托区疫控中心检测水质样本68个，理化项目检测458项次，重金属检测40项次，检测结果均符合地表水Ⅲ类水标准。

【开展增殖放流活动】4月，在奥林匹克森里公园开展景观水域增殖放流活动。共放流鲢鱼、鳙鱼、草鱼鱼种8 000千克，约8万尾。

【推广优质水产品种】年内，引进金鱼新品种泰狮、琉金、虎头、蝶尾、兰寿等400尾，锦鲤30尾，血鹦鹉等苗种1万尾、引进观赏龟200只，鳄龟300只，在郁金香锦鲤养殖中心、京朝花园农业发展中心和黑庄户观赏鱼养殖发展中心推广。

【开展农业文化遗产普查】年内，区种养中心普查朝阳区农业文化遗产，归纳整理以黑庄户金鱼、高碑店高跷老会和洼里龙王堂村等为代表的九项农业文化遗产普查材料，经北京市农业文化遗产普查相关部门审核，朝阳洼里油鸡养殖系统、朝阳黑庄户宫廷金鱼养殖系统、朝阳郎家园枣树栽培系统3项文化遗产入选北京市农业文化遗产名录。

【“三夏三秋”及秸秆禁烧】年内，三夏、三秋农机作业投入机具18台次，培训农机操作人员32人次。机播玉米50公顷、机播小麦8公顷，作物秸秆全部综合利用，实现秸秆全面禁烧。

【植物疫情普查】年内，区植保站在全区范围内进行美国白蛾、红火蚁等10种危险性有害生物普查，普查面积1 053.0公顷，未发现美国白蛾、红火蚁等10种危险性有害生物。

【推广生物防治病虫害技术】年内，区植保站引进烟盲蝽防治烟粉虱示范项目，在本区永顺华、自然乐章农庄等蔬菜园区实施生物防治技术，共释放烟盲蝽500 000头、东亚小花蝽30 000头、异色瓢虫500卡等天敌，放飞面积9.3公顷。

【农业执法宣传检查】年内，对全区5家种子销售单位、3个花卉市场进行执法检查；开展植物检疫知识宣传培训，发放《北京市农业植物检疫办法》展板4套、宣传材料200余份。强化种子、花卉和苗木经营人员的植物检疫意识。

【春季农区灭鼠】年内，区植保站完成6 666.7公顷春季农区灭鼠工作；完成1 333.3公顷秋季农区灭鼠工作；毒饵站使用面积2 666.7公顷。

【检疫站实验室通过资质认定评审】年内，植保站检查站实验室通过北京市农业局农产品质量安全检测机构资质认定评审，领取新的实验室资质认证证书，批准本站检测项目共计 54 项（重金属检测项目 3 项，农药及农药残留检测项目 51 项）。

【完成“朝阳区动植物快速检测技术研究”项目】年内，朝阳区科委批准植保站申报的“朝阳区动植物快速检测技术研究”项目，购置重金属快速检测仪，编写检测技术操作规程，填补本区重金属快速检测的空白。

【供应全国“两会”淡水鱼】年内，区鱼种场为全国“两会”供应 5 个品种共计10 468.37千克淡水鱼，其中罗非鱼754.2千克，鲤鱼1 014.69千克，草鱼7 611.78千克，花鲢615.45千克，鲫鱼472.25千克。累计送货 197 车次。

农村改革与管理

【概况】扎实推进农村产权改革、农村集体三资管理、政策研究等工作，农经改革与管理工作迈出了重要步伐。

【集体“三资”监管加强】严格落实联预审制度，加大合同清理规范调整力度，规范清理合同 541 份，回收集体土地 2 396.89 亩，增加集体收益 1 957.8万元。村干部任期和离任经济责任审计全面完成，乡集体经济组织审计整改深入开展，集体经济审计监督规范化、制度化、常态化建设水平有效提升。加快集体产权制度改革，常营、豆各庄等 2 个乡 22 个村级改革和东风乡原麦子店村集体资产处置全部完成。

【农村地区经济收入情况】年内，全区农村集体经济总收入124.6亿元、利润9.4亿元、税金9.5亿元，人均所得31 873元，分别增长－25.8%、14.5%、13.1%和6.6%。年内，全区乡镇企业营业收入210.35亿元、利润14.37亿元、税金14.18亿元。其中规模以上企业 88 家，营业收入171.65亿元，利润13.35亿元、税金13.12亿元。

【集体经济合同管理】年内，全区农村新签、续签 486 份经济合同，全部履行了联预审程序，年租金总额达3.56亿元，新续签合同土地亩均收益8.7万元，是实施合同联预审前亩均收益的 4 倍，为农村集体增收2.67亿元。

【农村土地承包调解仲裁体系建立】区农经办下发《朝阳区建立健全农村土地承包经营纠纷调解工作机制实施方案》（朝农经办发〔2016〕5 号）。根据“乡村调解、县市仲裁、司法保障”的工作思路，建立健全农村土地承包调解仲裁体系，全区 19 个乡成立调解委员会，154 个村成立调解小组。全区调解员备案人数达 778 人，其中乡级调解员 184 人，村级调解员 594 人。

【农民负担检查】年内，开展朝阳区农民负担秋季检查工作。结果显示，一是村级公益事业专项补助资金正常发放。2016 年全区 154 个村获得补助资金共计1 848万元，全部及时足额拨付到位。二是各村严格按照村级公益事业专项补助资金使用要求，坚持专款专用。三是坚持依法依规收费，无农民负担问题发生。

【社会统一信用代码换证试点工作】朝阳区作为北京市统一代码证书颁证试点区，圆满完成农村集体经济组织社会统一信用代码换证试点工作。年内，全区 197 个农村集体经济组织全部完成原组织机构代码证书和农村合作经济组织登记证书换证工作，实现“二证合一”，有了统一代码的法定身份标识，此项试点工作成果经验被《北京日报》《朝阳报》《北京城乡经济通讯》专题报道。

【产权制度改革推进】年内，朝阳区加快推进常营、来广营、南磨房、豆各庄、太阳宫、将台 6 个“一绿”城市化建设试点乡产权制度改革。全面完成豆各庄、常营 2 个乡 22 个村的村级集体产权制度改革，豆各庄乡量化和处置集体资产2.75亿元，量化股份258 701股，常营乡登记劳动年限26.7万年，量化和处置集体资产1.75亿元。原东风乡麦子店村完成集体资产处置工作。原太阳宫乡左家庄村、小黄庄村加快推进集体资产处置工作。

【社员代表换届选举】2016 年是北京市“社员权益保障年”，全区组织开展届满到期农村集体经济组织社员代表换届选举工作，完成换届选举集体经济组织 106 个，其中乡集体经济组织 11 个，村集体经济组织 95 个；涉及社员74 399人，选举社员代表3 208名；选举产生管委会委员 494 名，其中社长 106 名；选举产生监委会委员 332 名，其中监委会主任 106 名。

【集体资产年检】年内，朝阳区组织开展 2016 年农村集体资产产权登记证年检工作。实检乡村集体经济组织 173 个，其中乡级集体经济组织 19 个，村级集体经济组织 154 个。结果显示，截至年底，本区乡、村两级集体资产总额1 112.4亿元，其中乡级资产总额768亿元，村级资产总额344.4亿元。

【**集体资金预算管理**】年内，全区17个乡150个村村级预算总收入48.30亿元，其中，主要资金来源30.16亿元、财政拨款金额10.03亿元、其他资金来源8.10亿元；预算总支出金额46.45亿元，其中，基本支出31.35亿元、专项工程支出13.11亿元、资产（固定资产）支出1.98亿元；预算结余1.85亿元。

【**村干部任期和离任经济责任审计**】年内，按照2016年村委会换届选举要求，各乡采取自主审计或者委托审计的形式，完成90个村、107名村干部（29名兼任经济合作社社长）村干部任期和离任经济责任审计，审计金额353亿元，提出审计建议467条。

朝阳区领导名录

区委书记	吴桂英
副书记	王　灏　甘靖中
常委	何　明　马继业　刘军胜　张维刚　席成坡　黄晓伟
区人大常委会主任	陈宏志
副主任	朱春霞　常树奇　胡良森　牟燕东　叶　青
区长	王　灏
常务副区长	马继业
副区长	王志勉　牛国泉　李俊杰　杨建海　李国红　刘海涛
区政协主席	陈　涛
副主席	杨树旗　张永新　王文远　连玉明　张兴凯　战春燕
秘书长	王玉华
区委农工委书记、区农委主任	张克斌

朝阳区各地区办事处（乡）党政正职领导

	工委（党委）书记	办事处主任（乡长）
高碑店地区（乡）	李云飞	郭光辉
南磨房地区（乡）	郑　勇	张启顺
将台地区（乡）	连文胜	刘　涛
太阳宫地区（乡）	李　华	贾恩松
小红门地区（乡）	李贺清	王小红
十八里店地区（乡）	张宏明	李万军
王四营地区（乡）	张　奎	邢志新
平房地区（乡）	寇　晔	张志勇
东坝地区（乡）	黄宏春	于淑杰
金盏地区（乡）	孙玉辉	张晓宁
来广营地区（乡）	左景全	王　刚
东风地区（乡）	张士华	郭　君
孙河地区（乡）	李　欣	易湘林
崔各庄地区（乡）	吴选辉	齐宝良
三间房地区（乡）	张小峰	张军茹
常营地区（乡）	刘大庆	方　泽
豆各庄地区（乡）	陈　杰	于建国
黑庄户地区（乡）	秦　涛	王春增
管庄地区（乡）	高永荣	于　军

（朝阳区农委 周立轩）

海　淀　区

概　述

海淀区总面积430.77平方千米，农村地区面积261.11平方千米，占全区总面积的60.6%，辖7个镇、7个地区办事处、84个行政村，农业人口4.2万人。2016年，海淀区农村在区委、区政府的正确领导下，全区上下积极推进城乡发展一体化，农村改革发展各项工作取得了显著进展。2016年，全区农村经济总收入270.9亿元，同比增长3.1%。

农业与农村经济

【**概况**】2016年，全区农村经济总收入270.9亿元，同比增长3.1%。农田面积5.22万亩，同比减少5.6%。果树面积25 300.4亩、旱地4 349.46亩、设施农业6 927.08亩、水田2 088.24亩、水浇地3 020.66亩、苗圃10 065.54亩、其他414.36亩。果品产量557.77万千克、产值7 120.295万元，分别同比增长3.39%、6.46%。其中：主栽树种樱桃10 084亩，产量103.82万千克、产值3 832.83万元，分别同比增长35.45%、19.61%。蔬菜面积

0.7万亩，产量2 239万千克，产值5 801万元，分别同比增长－4.8%、8%。粮食面积0.604 1万亩，产量266.9万千克，同比减少5.7%。

【指导农村地区完成第十届村委会换届选举】 1—6月，从选前深入调研、摸排矛盾、找准问题、把好人选关口，到选举期间，规范程序、加强安保、严防贿选、防范突发事件，协调各部门上下联动、工作联促。全区62个村参选村全部组织了村委会投票选举，其中49个村一次选举成功，12个村另行选举成功，1个重新选举成功，选出组织放心、群众满意、能力强的村委会班子。

【开展“两学一做”专题学习教育】 5—12月，区农（工）委组织开展“两学一做”专题学习教育党员干部全部参加。“两学一做”专题学习教育围绕“学党章党规、学系列讲话，做合格党员”主题开展为期1年的集中学习。

【开展农村本土人才培养和社会治理相关研究】 5—12月，区委农工委与调研机构共同研究开展深化农村本土化人才选拔培养路径与引进高端社会化专业人才创新机制和创新农村社会治理改革两项重点课题的研究，起草了《海淀区农村培养选拔本土化人才与引进高端社会化专业人才政策的若干意见》和《海淀区农村社会治理改革创新的政策建议》。

【组织农村地区开展精准帮扶工作】 6月8日，区委农工委会同区委组织部、区民政局、区国资委和海淀园工委，制定下发《关于开展海淀区农村地区精准帮扶工作的实施方案》和《海淀区农村地区精准帮扶安排表》，通过组织一批区党政机关、11家区属国有企业和17家驻区高新技术企业与部分村党组织结对，深入开展精准帮扶活动，举全区之力破解南北部地区发展不平衡难题，尽快实现农村低收入农户增收和经济、组织基础薄弱村发展。

【召开海淀区村“两委”换届选举工作总结暨2016年农村基层干部培训班】 6月20—21日，海淀区委组织部、区委农工委在市委党校二分校举办了海淀区村“两委”换届选举工作总结暨2016年农村基层干部培训班，全面总结全区村“两委”换届选举工作，提高农村地区基层干部特别是基层党组织书记的能力和素质。区政府党组成员、副区长王际祥，区政府副区长高念东，区委农工委、区民政局等单位主要领导，7个区委督导组成员，各镇党委书记、党委副书记等近300人参加开班式。

【开展农村系统党的建设“三级联创”自查工作】 6月30日，区委农工委组织召开7个镇组织部长会，按照《海淀区“两学一做”学习教育督导暨城乡党的建设“三级联创”自查工作方案》要求，部署农村系统党的建设“三级联创”自查工作。7月4—5日，区委农工委组织人事科分两组到各镇、村自查党的建设“三级联创”工作，并提出意见建议。7月11—13日，迎接市委组织部检查农村系统党的建设“三级联创”工作。

【指导农村“三套班子成员”填写《海淀区农村基层干部个人有关事项报告表》】 6月，区委农工委指导各镇按照海组通〔2016〕12号文件要求，组织农村“三套”班子成员填写《海淀区农村基层干部个人有关事项报告表》。

【培训村级干部】 9月20—21日，区委组织部、区委农工委举办为期两天的2016年海淀区农村基层干部素质拓展培训班，参训学员来自海淀区除村、社区党组织以外的其他各领域基层党组织书记，社区专职副书记或专职党务工作者，共计160余人参加；10月8日至11月8日，区委农工委举办了海淀区2016年农村基层干部异地挂职锻炼培训班，选派15名农村基层干部赴广东省东莞市，担任村（社区）书记、主任助理，进行为期1个月的挂职锻炼培训；10月17—21日，区委农工委与区委组织部、区社工委联合开办2016年海淀区基层党建骨干能力建设培训班，海淀区农村系统共45名社区党组织专职副书记和专职党务工作者参加；11月22—23日，区委组织部、区委农工委举办为期两天的海淀区2016年村党组织新任书记能力提升专题培训班。海淀区27个新任村党组织书记和5个软弱涣散村党组织书记，共计30余人全程参加此次培训。

【培养新型农业实用人才】 年内，在发挥已有实用人才实训示范基地功能的基础上，新增四季青镇玉泉慧谷、四季青镇振兴村、西北旺镇北京盛智丰苑物业、温泉镇太舟坞都市菜园、苏家坨镇稻香湖畔物业共5个农村实用人才示范基地，新增农村实用人才190人。海淀区东升镇“铁皮石斛北方产业化”获得“2016年北京市农村实用人才优秀创业项目”荣誉称号。

【农村“三资”管理】 完善农资委职能，推动农村集体经济平稳增长。研究制定了股份经济合作社股权管理、农田流转奖励补贴、整建制农转非后集体农用地经营管理等方面的政策措施，完成村股份与村委会账务分离可行性研究。完成农村土地承包经营权确权登记颁证可行性分析，积极落实集体农用地的所有权、承包权、经营权“三权分置”。加快推进镇级集体经济产权制度改革，指导温泉镇成立股份合作经济联合社，指导四季青镇张榜公布清产核资结果，着手起草股份经济合作社收益分配、换届选举等政策。

【农事节庆活动】年内，先后举办海淀区第十六届樱桃文化节（5月）、金秋田园体验季（9月）等活动。今年的活动增加了田野阅读、图书捐赠、田园彩绘等体验形式，不仅宣传了应季特色农产品，同时让游客体验读书的乐趣，奉献一份爱心，用画笔描绘生态田园等，充分发挥了农业空间的生态、生活功能，丰富了休闲农业体验内容，增加了农业产业附加值。

【新品种育种引种】年内，利用已建成的北京市植物组织培养工程研究中心平台，开展樱桃、苹果砧木快繁、蔬菜育种等方面研究，自主选育的4个茄果类品种通过市品种鉴定。在上庄组培繁育基地开展自主选育蔬菜品种及乡土花卉示范展示，供全区菜田基地应用。引进品质优、市场认可度高的樱桃品种。京西稻越富品种选纯，培育优质壮苗。

【智慧农业】年内，苏家坨镇柳林村建设智慧农业中试基地，研究连栋温室西红柿、黄瓜及叶类菜的低成本产业化模式，通过欧盟认证标准监测的农产品直接供应科技园区，并与京东、首农签订包销协议。研究微型智能蔬菜工厂（果菜、叶菜、食用菌）推广进校园、进企业。

【休闲农业星级园区建设】年内，四季青果林所（御林观光园）提升为全国休闲农业与乡村旅游五星级园区。坐忘谷生态园（北京三元农业有限公司）被评为北京市休闲农业与乡村旅游四星级园区。全区已建成国家级休闲农业星级园区6个（2016年3个），其中五星级园区2个（2016年1个）。全市休闲农业星级园区15个。成功创建四季青一河十园国家观光休闲农业综合标准化示范区，打造标准统一、管理规范的休闲农业产业带。

【政策性农业保险】年内，区政策性农业保险总保费为235.06万元，向参保农户拨付区级保费补贴94.02万元。承保面积5 197.64亩、参保316户次；受灾面积2 502亩次、264户次，赔款金额292.773 9万元。

【新农村建设重点工作】年内，通过各主责单位和协办单位的共同努力，2016年市新农村建设重点工作涉及海淀区的31项任务已经按时完成，在坚持创新发展，持续深化农村改革、坚持协调发展，加快推进新型城镇化与美丽乡村建设、坚持绿色发展，大力转变农业农村发展方式、坚持开放发展，加强京津冀农林水合作、坚持共享发展，不断增进农民福祉、加强和改善党对“三农”工作领导六个方面取得了一批新成果。

【美丽乡村建设】年内，贯彻落实区政府办《关于印发〈海淀区提升农村人居环境推进美丽乡村建设实施方案〉（2014—2020年）》的通知（海政办发〔2014〕64号）精神，重点推进农村地区“减煤换煤”、农村电网改造、农宅抗震节能改造、农村污水处理、村庄绿化美化、农村环境整治、农村医疗卫生服务、村落文化遗产保护和农村基础设施管理九个方面工作。苏家坨镇柳林村和上庄镇东马坊、北玉河、西辛力屯村为美丽乡村建设村庄，各级投入全区农村地区美丽乡村建设资金共计93 112万元。

【农转非工作】年内，全区农转非共计5 462人，其中征地农转非1 851人、整建制农转非3 502人、大中专学生农转非68人、投靠亲属农转非24人、城镇购房农转非17人。西北旺镇唐家岭村实现了整建制农转非。东升镇塔院、小营、清河和西北旺镇东北旺及温泉镇白家疃、高里掌6个村完成农转非人员农业户籍变更工作。

【农村基础设施管理】年内，区相关部门组成农村基础设施工作联合检查组，每季度检查镇、村农村基础设施运行和管理情况，累计检查村庄189村次，印发村民调查表749份，区、镇、村投入农村基础设施养护资金共计5 848.1万元，农村基础设施管理村民满意率达到98.57%，农村基础设施运行基本正常。

【6个项目获得新农村建设奖励资金】年内，经市新农办评选，海淀区“煤改清洁能源”被评为2016年北京市社会主义新农村建设区综合奖励项目；“海淀区创立镇级集体产权制度改革新模式”“海淀区四季青镇‘一河十园’创建国家观光休闲农业综合标准化示范区”“温泉镇水岸家园推进农民回迁小区社会管理体制创新”“秸秆焚烧”“煤改清洁能源整村推进”5个项目被评为2016年北京市社会主义新农村建设创新及重点奖励项目，以上

6 个项目获得市级奖励资金共计 755 万元。

【农村社会管理】年内，为进一步落实《关于做好腾退回迁安置社区治理工作的指导意见》（京海办发〔2016〕18 号）文件精神，海淀区农委与中关村学院共同承担了"推进社区农民市民化试点工作"项目。以"新社区、新素质、新生活"为主题，通过组织开展"'我学习、我成长、我幸福'农村回迁安置社区治理与社区农民市民化培训班暨'推进社区农民市民化试点工作'骨干力量学习成长营""'知海淀、爱海淀'新型农村社区手机摄影大赛""系列讲座进社区"等活动，推动了新型农村社区农民生产、生活和思维方式的转变，同时保持了农村优良传统特色，促进了和谐邻里关系的构建，实现了地区和谐稳定和新型社区居民的平稳转化。

【农业企业安全标准化建设】年内，区农委组织开展农业企业安全生产标准化培训，推进落实农业企业安全生产标准化建设，完成了四季青镇果林所"一企业一标准一岗位一清单"标准化创建工作。落实农业专职安全生产员队伍建设方案，梳理委属各部门需求，按照市区要求招聘完成专职安全生产员的招聘录用工作，招聘录用了 1 名安全员。

【农村地区早期防空洞治理】年内，会同区民防局温泉镇、西北旺、苏家坨镇政府，多次赴温泉镇白家疃村、温泉村，西北旺镇冷泉村、苏家坨镇北安河村等的 6 处防空洞塌陷现场，应急处置，研究治理方案，完成温泉村、北安河村等 5 处隐患治理。根据温泉镇委托区房屋鉴定站对白家疃村受防空洞影响的危房鉴定结果，对 5 户鉴定为 D 级危房的农户进行了先期腾退。完成西北旺镇冷泉村早期防空洞勘测和其上 9 处房屋院落的鉴定。全年用于防空洞治理和监测费用共计投入 60 余万元。

【疏解调控】年内，根据《海淀区 2016 年人口调控重点任务实施方案》和《2016 年非首都功能疏解与人口调控责任书》的工作要求，海淀区农委继续以集体土地上的企业整治工作为抓手，推进农村地区疏解调控工作，采取多项措施对农村集体土地上的业态低端、合同不规范以及违章建设多的企业进行整治。2016 年全区共完成整治集体土地上企业 197 家，整改建筑面积共计189 706平方米，有效疏解外来人口24 506人，圆满完成全年人口疏解任务工作。

【农产品安全监管】与各镇签订农产品质量安全监管责任书。部署和开展了年度生产主体普查工作、标准化基地备案工作、年度农产品无公害认证工作。加强农产品质量安全监测和现场检查，全年抽取生产基地和农产品批发市场样本 456 个送检，检测合格率99.6%。农产品生产基地和批发市场共进行了10 000个样本的快速检测，合格率为 98%。对市场农残检测超标产品进行移交处置。共组织大型宣传活动 2 次，发放各类宣传材料 50 余种、2 000 余份，设置宣传展板 50 余块，为群众提供现场咨询服务 260 人次。

【养殖业】年内畜禽总存栏75 442头（只）。具体为：猪总存栏 16 632 头，其中猪场 3 个，存栏 11 640头，散养户 59 户，存栏4 992头；牛总存栏 1 271头，其中牛场 1 个，存栏 197 头，散养户 33 户，存栏1 074头；羊散养户 158 户，存栏5 594只；禽总存栏51 945只；养禽户 524 户，存栏51 945只。

【动物免疫】2016 年全区畜禽重大动物疫病累计免疫1 257 098头（只）次。其中禽类高致病性禽流感累计免疫465 828只次，偶蹄动物口蹄疫疫苗累计免疫153 383只次，猪高致病性蓝耳病累计免疫 23 109头次，猪瘟累计免疫65 637头次，小反刍兽疫累计免疫 612 只次，羊布病累计免疫5 594只次，鸡新城疫累计免疫508 211只次。犬狂犬病累计免疫38 716条。重大动物疫病强制免疫率达 100%，确保海淀区未发生重大动物疫情。

【动物卫生监督】全年共检疫各类动物185 716头/只，驻场官方兽医室监督换证动物产品48 481吨；检查被监管单位 454 个次；执行行政处罚 21 起，罚没款60 616.20元；处理群众举报 25 起；扑杀布病阳性动物 2 只；查扣假劣兽药 7 种 35 瓶/支；办理兽医师执业证 58 个，乡村兽医登记证 46 个；无害化处理病死猪 2 533 头，处理病死动物 260.5 千克。

【疫情防控】根据海淀区 2016 年巨灾情景构建总体工作方案，海淀区基于"羊布鲁氏菌病"疫情突发事件开展应急情景构建研究工作。2016 年 12 月 1 日举办了海淀区突发羊布鲁氏菌病疫情应急处置演练，7 个乡镇、村级动物防疫人员共 120 余人参加了演练。演练分为疫情报告、应急处置、相应终止、善后事宜 4 部分。全年共发放宣传材料6 000 份，上报送信息 47 篇。

【病死动物无害化处理暂存点建设】依据北京市人民政府《关于建立病死动物无害化处理机制的实施

意见》精神，结合海淀区实际，制定了《海淀区建立病死动物无害化处理体系的实施方案》，申请了项目资金117万元，在22个街道、7个镇依托动物诊疗机构和镇动物防疫站，建立病死动物暂存点29个。对29个暂存点逐一进行现场确认、GPS定位，配发了冷柜29台、拨付运行经费58万元，与北京市一清百玛士绿色能源有限公司签署了2017年《动物、动物产品无害化处理委托服务协议》。组织召开了暂存点业务技能培训会。印制了《致海淀区居民的一封信》和《海淀区病死动物收集暂存点联系名录》等材料40 000份。

【畜禽禁养区划定工作】制定了《海淀区畜禽养殖禁养区划定方》案，经区政府审定后划定全区为规模化畜禽养殖禁养区。

【规模化养殖场清退工作】开展规模化养殖场关停工作，协调苏家坨镇、西山农场完成5家区属企业退出和减量工作，商请市国资委、首农集团支持完成首农集团三家养殖场退出工作。

【畜牧兽医精细化管理信息系统上线运行】北京市畜牧兽医精细化管理信息系统。依据北京市农业局统一安排，正式启用了“北京市畜牧兽医精细化管理信息系统”，录入相关人员信息37条，采集上报了8类场所监管对象数据共592条。北京市重大办视频会议系统于11月正式运行。

【渔业】全区水产养殖水面为589亩，养殖户36户，养殖模式以垂钓为主，养殖品种包括花白鲢、草鱼、青鱼、鲤鱼、鲫鱼、罗非鱼、甲鱼等10余个品种，年产量341吨。组织执法检查43次、联合执法1次，出动人员118人次；发放水产养殖质量安全告知书38份；发放《水产养殖质量安全告知书》《依法健康养殖承诺书》各38份；处理群众举报23起。加强水产品质量安全监管，全年送检养殖水产品49个鱼样，快速检测100个鱼样，检出阳性鱼样品2个，已移交区食药局处理，其余检测结果符合国家规定标准。根据市农业局的部署，2016年增殖放流已于10月完成，放流地点为翠湖湿地公园，放流面积1 350亩，放流鲢鳙鱼鱼苗2万千克。

【保护消费者合法权益宣传】在上庄镇组织开展了“3.15消费者权益保护宣传”活动，此次活动通过发放宣传册、宣传单，悬挂横幅，布置展板，向广大市民宣传重大动物疫病防控知识。活动中展出了《预防布病》《狂犬病预防知识》等展板并发放《禽流感应急处置指南（试行）》《狂犬病预防知识》《羊布病防控知识》等宣传材料1 000余份，活动反响热烈，效果良好。通过此次宣传活动，以“3.15保护消费者权益活动”为契机，加大动物防疫工作宣传力度，提高市民防控重大动物疫病意识，保障养殖者合法权益，为确保海淀区不发生区域性重大动物疫情打下坚实的基础。

【“无煤化”工作】“无煤化”重点工作稳步推进。加强组织协调，创新项目管理方式，圆满完成全年无煤化工作目标。完成住户“无煤化”改造15 716户，其中农村地区3个镇26个村11 132户，四环路内10个街道4 584户。完成企事业单位“无煤化”改造102家，其中四环路内63家，北部26个村内完成改造39家。

【水治理】持续开展中小河道生态治理，完成5条中小河道治理工程和7处黑臭水体治理年度任务，完成稻香湖再生水厂（一期）工程、翠湖再生水厂和19座污水处理站升级改造工程，在全市率先建立“河长制”，全面启动“水清岸绿”行动计划。

【农村养老保险】加强农村劳动力就业帮扶力度，帮助2 218名登记失业农民实现就业，对64个农村就业服务站给予奖励，对8 773名务农人员参加城乡居民养老保险进行缴费补贴。最低生活保障基础养老金每人每月上调90元，达到827.5元。

【集体土地上企业清理整治】采取多项措施对全区业态低端、合同不规范以及违章建设多的企业进行整治。2016年全区共完成整治集体土地上企业197家，整改建筑面积共计189 706平方米，有效疏解外来人口24 506人，圆满完成全年人口疏解任务工作。

【农村医疗】在农村地区开展“互联网＋”医养结合服务。以签约服务包的形式开展居家养老服务。

【农村教育、文化、体育事业】向农村地区倾斜发展教育文化体育事业。制订《海淀区乡村教师支持计划行动细则》，保障乡村教师业务发展和生活待遇，优化教师队伍结构。开展名师教学指导团帮扶北部教育教学活动。88 100平方米的海淀北部文化中心按时开馆，初步实现了文化事业南北均衡发展。加强全民健身冰雪设施建设，积极建设冰雪运动基础设施，为金辉健身滑雪乐园、狂飙乐园等申报全民健身工程滑雪运动器材。

【环境整治】推动深化“三山五园”历史文化景区

整体规划和重要节点城市设计研究，加强香山、玉泉山周边等地区环境整治。完成中关村森林公园等一批骨干工程，城市绿化覆盖率达到52.1%。

海淀区领导名录

区委书记	崔述强
副书记	于　军　刘　勇
常委	肖韵竹(女)　周志军(女)　陈名杰　孟景伟　龚宗元　张欣欣(女)　王际祥　高念东
区人大常委会主任	刘长利
副主任	王鲁豫　臧桂武　杨　莉(女)　刘佩金　邓佑玲(女)
区长	于　军
副区长	孟景伟　龚宗元　郑海洋　陈　双(女)　王卫明　李长萍(女)　吴计亮　刘圣国　梁　爽
区政协主席	傅首清
副主席	刘　恪(女)　丁志明　胡淑彦　张维佳　王玉梅　徐凤芹
区委农工委书记、区农委主任	王桐慧

海淀区各镇党政正职领导

	党委书记	镇　长
四季青镇	苏国斌	陈爱清
东升镇	武　凯	张文涛
海淀镇	梁　爽	苏建华(女)
西北旺镇	赵小云(女)	马光耀
温泉镇	方海强	张洪雨
苏家坨镇	张春明	刘培宝
上庄镇	刘　涵(女)	杜陈生

（海淀区农委　侯进）

丰台区

综　述

丰台区总面积305.56平方千米，其中河东三乡总面积160.86平方千米，河西两镇总面积125.38平方千米。集体土地153.64平方千米，占全区面积的50.3%，其中农用地74.59平方千米，建设用地79.02平方千米。全区耕地保有量为2 600公顷，基本农田保有量为933.333 3公顷。基本菜田 800 亩。丰台农村地区辖三乡两镇一个地区办事处、70 个集体经济组织、64 个行政村，其中：卢沟桥、花乡、南苑三乡和宛平城地区办事处及下属 47 个行政村位于永定河以东，属于规划城区；长辛店、王佐两镇及下属 17 个行政村位于永定河以西，属于生态涵养区。全区常住人口225.5万人，其中常住外来人口79.9万人，农业户籍人口8.6万人。全区各级认真学习贯彻习近平总书记视察北京重要讲话精神，按照区委、区政府决策部署，围绕首都城市功能定位和建设国际一流的和谐宜居之都的目标，加大统筹协调力度，深化农村改革，促进农村产业疏解转型，健全社会管理体系，加强基层组织建设，全面加快城乡发展一体化步伐，促进农村地区经济社会持续稳定健康发展。全年集体经济总收入120.8亿元，比上年同期减少5.7亿元，下降了4.5%。全区农民人均所得为26 617元，比上年同期增加3 164元，增长13.5%。

城乡发展一体化

【概况】 丰台区通过新型城镇化改革、重点功能区和重点项目带动、绿隔政策实施、重点村和棚改项目推进、整建制农转居及征地转非等途径，疏解整治促提升，稳步推进城乡发展一体化进程。

【《丰台区“十三五”时期城乡一体化发展规划》印发实施】 按照“存量拓空间、统筹出效益、政策调利益”的思路，重塑发展定位，实现“一绿建成、全面实现城市化，二绿建好、加快城乡一体化”的总体目标。预期农村经济总收入年均增长 7%左右，农村居民收入年均增长 8%以上。明确了城乡一体化发展七大重点任务。

【统筹推进城乡一体化】 城乡结合部建设加快推进，南苑乡进一步完善城市化统筹方案，卢沟桥乡、花乡初步完成乡域统筹城市化方案制定。长辛店镇统筹利用集体经营性建设用地试点积极推进，先行先试地区完成控规调整。

【重点村城市化建设加快收尾】基本完成宅基地和集体企业腾退，农民实现回迁上楼，市属国企累计搬迁80%。土地入市加快推进，槐新组团7-9、周庄子、大红门一期等地块达到入市条件。产业推进不断加快，槐房万达项目竣工营业，西局项目实现开工，夏家胡同项目和石榴庄项目取得建筑设计方案规划函复，具备开工条件。转居社保逐步健全，夏家胡同、白盆窑、石榴庄、槐房、新宫等5个村已完成社保费用趸缴。

【启动成熟棚改项目】采用政府购买服务方式落实看丹村、榆树庄村棚改项目融资，两村宅基地签约腾退率分别达80%、77%；时村—东罗园方案已上报市政府，已完成腾退村集体土地上非住宅12万平方米；南苑村棚改项目规划调整方案获批，正在对接融资，编制实施方案及搬迁腾退前期准备工作；小井村启动非宅腾退工作，已完成腾退村集体土地上非住宅13万平方米；小屯村调整优化方案，正在对接融资；张家坟、东河沿村、张郭庄村棚改项目已落实融资，制定完成搬迁腾退补偿细则，开展入户清登工作，其中张郭庄村已启动搬迁腾退；青龙湖地区棚改项目编制完成规划方案及实施方案，正在进一步调整优化。全年累计腾退宅基地和集体企业100万平方米以上，疏解外来人口2.2万人以上。

【积极推进农转非工作】全区累计农转非总人数1 420人，其中：东河沿征地转非64人；河东4个村整建制转非980人；全区大中专学生转非151人；投靠亲属48人；本市农民城镇购房转非19人；其他158人。

农村经济发展

【概况】围绕稳增长、调结构，加强经济发展统筹，推进发展方式转变，集体经济稳中有进。全年实现农村集体经济总收入120.8亿元，比上年同期减少5.7亿元，下降了4.5%。税费为8.7亿元，比上年同期增加0.4亿元，增长4.8%。全区农民人均所得为26 617元，比上年同期增加3 164元，增长13.5%，增速为近五年最快。加大招商引资力度，引进注册资本亿元以上企业20家。实施经济薄弱村精准帮扶，加快推进经济薄弱村特色产业项目、配套服务项目建设。

【农村劳动力分布】年内，农村劳动力就业人数为74 682人，就业率为93.3%，依旧保持在较高水平。未就业劳动力为5 337人，失业率为6.7%。在就业劳动力中，在本地就业的有53 356人，占就业劳动力的71%，集体安置仍是农村劳动力就业的主渠道。从就业行业来看，在第一、二、三产业的劳动力人数分别为5 680人、6 156人、62 846人，占就业劳动力总数的比重分别为7.6%、8.2%、84.2%。

【农村产业结构进一步优化】农村集体经济产业结构继续稳步调整。第一产业实现收入1.4亿元，同比下降30.5%；第二产业受市场环境影响，实现收入21.4亿元，同比下降9%；第三产业实现收入78.5亿元，同比下降4.4%。第一、二、三产业实现收入占主营业务收入的比重分别为1.4%、21.1%、77.5%，与上年相比，第一产业和第二产业所占比重分别下降了0.4和0.8个百分点，第三产业所占比重上升了1.2个百分点，第三产业对农村集体经济的支撑作用有所增强。

【非首都功能疏解见成效】年内，强化政策保障，出台《工业企业调整退出奖励资金管理办法》《商品交易市场调整疏解分类指导意见》等政策文件。加强统筹协调，形成疏解合力，丽泽天兰天尾货市场、四合汽配市场等一大批市场关停，全年农村地区拆除商品交易市场3个，关停16个，升级改造20个。深入推进出租大院专项整治工作，圆满完成5个乡镇出租大院治理项目指标1 631处。农村地区常住人口下降，实现预期目标。

【农村集体资产运营平稳】年内，农村集体资产总量进一步增加，集体实力进一步增强。农村集体资产总额达到1 284亿元，比上年同期增加217亿元，同比增长20.4%。其中：乡级集体资产总额近100亿元，比上年同期减少近10亿元，同比下降9%，占全区农村资产的7.8%；村级集体资产总额为1 184亿元，比上年同期增加227亿元，同比增长23.7%，在农村集体资产中占有绝对比重，占92.2%。农村集体资产总额在亿元以上的村有65个，与上年相同，占全区70个集体经济组织的92.9%；资产总额超过10亿元的村有37个，比上年增加3个；资产总额在亿元以下的村有5个。

【乡镇企业发展平稳】年内，全区乡镇企业共计311家，其中，集体企业162家，私营企业148家，外资投资企业1家。乡镇企业从业人员3.57万人，总产值83.76亿元，营业收入102.5亿元，利润总额—1.4亿元，上交税金5.26亿元。

【都市型现代农业】年内，农林牧渔业总产值1.4亿元，同比下降30.5%；蔬菜观光园2个，收入共计1 750万元。

【种植业】年内，玉米种植面积716.4亩，同比减少17.7%。蔬菜播种面积1 900亩，同比下降44.3%，产量2 055.9吨，同比下降40%。

【养殖业】全区养殖户共计141户，无规模化养殖场，动物诊疗机构50家，狂犬病定点免疫医院45家，饲料生产企业3家，大中型动物产品经营性冷库7家，兽医实验室1家，乳制品加工企业1家，兽药经营企业6家。全区生猪存栏1 086头，蛋鸡存栏3.9万只，奶牛存栏61头，肉牛存栏317头，羊存栏3 977只，马匹存栏213匹，主要集中在河西两镇，全区畜牧生产继续呈缩减态势。

【观光休闲农业】年内，新建国家农业旅游示范点2家，市级民俗村2家，旅游新业态4家；全区共有旅行社198家，旅行分社20家，服务网点172家。

【落实农业补贴政策】年内，落实《北京市基本菜田蔬菜生产补贴办法（试行）》，基本菜田补贴资金72.609万元，其中菜田基础补贴资金49.137万元，考核奖励资金23.472万元。基础补贴划入北京市基本菜田信息系统的菜田面积1 808.4亩，按照生产补贴500元/亩、规模菜田补贴120元/亩标准进行分配。制定《2016年丰台区落实〈北京市基本菜田补贴实施办法〉工作方案》，落实补贴资金53.7万元。根据各乡镇和规模种植业生产企业的实际需求，认真制定国补农机具购置计划，农业补贴机具47台。

【无公害认证与标准化建设】年内，全区共有7家无公害认证企业，认证面积为1 084.5亩，认证产品34个。共有7家市优级标准化蔬菜生产基地。

【农业政策性保险】年内，抓好规范管理，严格按照统颁条款执行，进一步规范保险从业人员的行为。年内投保面积1 357.15亩，总保费962 003.4元，区级补贴192 400.68元。主要涉及苹果、樱桃、温室大棚等5个险种。

【举办第二十四届北京种子大会】10月22日，第二十四届北京种子大会在丰台区王佐镇东方美高美国际酒店隆重开幕。本届大会注册参会种子企业800余家，吸引了美国种子贸易协会代表团首次参会观摩，全国各地采购商近万人参会，展示高新品种300余个，实现交易额5亿元。

【农村金融】年内，区内小额贷款公司累计发放贷款203笔，金额10.33亿元，其中涉农贷款金额2.56亿元，占贷款发放总量的24.78%。棚户区改造和环境整治项目累计获批贷款407.78亿元。重点村项目置换贷款92亿元。积极开展“丰台区防范非法集资宣传月”和“5·15打击和防范经济犯罪宣传日”等多项金融安全宣传活动，制作并发放宣传品12.5万余份，覆盖全部社区村。

村镇建设

【概况】按照城乡一体化的发展要求，加强新型农村社区建设和基础设施建设，开展“减煤换煤、清洁空气”行动，推进农村环境综合治理，建设美丽乡村，营造优美整洁的环境。

【积极推进美丽乡村建设】年内，完成李家峪、大灰厂、西庄店、怪村4个美丽乡村创建，魏各庄村被评为“北京最美的乡村”。

【积极推进智慧乡村建设】7月，市农委村镇建设处、市城乡信息中心在卢沟桥乡政府对丰台区5个智慧乡村建设试点进行了验收。最终验收顺利通过，试点成果获得有关单位好评。下半年，开展了2016年度项目申报和立项评审工作。

【积极推进基础设施建设】年内，加强农村路网建设，京良路等主干路建设提速，槐房三号路、周云路等次支路主体基本完工。

【加强中小河道治理】年内，完成14千米河道治理任务，实施6条黑臭水体治理。新改建垃圾中转站12个。

【积极推进“减煤换煤、清洁空气”行动】年内，全力推进大气污染防治，提高财政补贴力度，完成河西地区农宅抗震节能改造3 712户，“煤改电”24个村1.6万户，订购优质燃煤5 542吨，淘汰低速皮卡车25辆，全面禁止秸秆焚烧，新建2座太阳能光伏发电站。

【大力推进农村绿化美化工作】年内，完成平原绿化任务1 000亩。完成王佐镇西庄店村千灵山路西侧的彩色树种造林工程500亩，长辛店镇太子峪路、王佐镇长青路、王佐镇云良路共计10千米公路河道绿化工程，完成看丹公园林体改造、王佐长青路林下播花、大苗基地林下栽花、长辛店中华名枣园林下播花等林下经济工程。完成260亩国家重点公益林管护工程和2 000亩森林健康经营林木抚育工作。完成岳各庄、六里桥城市休闲森林公园建设。

【积极开展群植绿化】组织各类义务植树主题活动，超额完成屋顶绿化工程1.53万平方米，创建1个首都绿色村庄。打造了卢沟桥乡周庄子家园、王佐镇汇馨家园小区和南苑乡石榴庄二社区3个市花月季社区。继续推进全区林木绿地认建认养，开展身边认绿管绿活动。

【加强农村环境综合治理】年内，共整治12条农村胡同街巷，规范广告牌匾49块，粉饰建筑外立面14 296平方米，拆除破旧房屋150平方米，修整道路30 268.6平方米，绿化补植164平方米，改造各类管线1 775.2平方米，拆除违法建设近百万平方米。

农村改革和管理

【概况】印发实施《丰台区“十三五”城乡一体化发展规划》，积极推进农村集体经济产权制度改革，加强农村集体三资管理，加大对农村财务管理和审计力度，规范合同管理，提高农村管理水平。

【积极推进产权制度改革深化】开展了“具备条件的社区股份合作制企业向公司制过渡”调研。长辛店镇完成村级有限责任公司向社区股份合作制企业变更。南苑乡、王佐镇深化乡镇级产权制度改革方案继续完善。进一步健全新型集体经济组织法人治理结构，提升科学决策水平。

【完成土地整理与耕地占补平衡】年内，全区土地征收工作稳步有序推进，共完成了丰台区高立庄西城区旧城保护定向安置房项目、岳各庄220千伏输变电项目等9个项目的征地结案工作，完成结案面积270公顷。共完成征（占）地11宗，审批用地面积221公顷。其中7个项目使用耕地30公顷，全部实现占补平衡。

【农村土地储备情况】年内，丰台区城乡一体化大红门村旧村改造项目（一期）、周庄子村（一期）、城乡一体化白盆窑项目（北地块）、西局村（三期）和槐房和新宫（七、八、九期）等旧村改造项目基本完成开发。完成开发土地总面积为76.32公顷，其中建设用地总面积43.36公顷，总建筑规模为102.31万平方米。

【落实耕地保护责任制】年内，全区耕地保有量为2 600公顷，基本农田保有量为933.333 3公顷。根据《北京市人民政府关于印发〈北京市耕地保护责任目标考核办法〉的通知》（京政办发〔2011〕22号）的要求，全区5个乡镇人民政府、1个办事处、2个国有农场及35个村委会均签订了年度耕地保护目标管理责任书，确定了各镇、各村耕地保有量和基本农田保护面积。

【推进农村集体产权交易】年内，共推进5宗产权交易项目完成，合同总金额达27亿元。其中，洋桥大厦项目溢价率达23%，合同期内溢价总金额近1.7亿元。

【扎实开展农村审计工作】完成新型集体经济组织经营效益审计工作。完成村级组织正常运转补助资金专项审计工作。完成南苑、花乡、卢沟桥三个乡级集体经济组织账务收支审计工作。对各乡镇、宛平城地区办事处审计人员，乡、村两级集体经济组织财务经理和主管会计等人员开展了两期具有针对性的培训。

农　村　民　生

【概况】把改善民生放在更加突出的位置，注重弥补短板，增加公共产品和公共服务供给，促进农民增收，加强新型农民培养，完善农村就业、养老和医疗保障体系，农村民生持续改善。

【农民收入持续增长】年内，全区农民持续增收，实现两位数增长，农民生活水平不断提高。全区农民人均所得为26 617元，比上年同期增加3 164元，增长13.5%。农民人均所得比上年同期增加2 128元，增长了11.9%，占人均劳动所得的75.4%。全区农村70个集体经济组织人均所得继续保持在万元以上。其中人均所得在全区平均水平26 617元以上的村有31个，比上年增加2个；人均超过20 000元的村有53个，比上年增加9个，占全区的75%以上；农民人均所得超过50 000元的村有7个，比上年同期增加4个。

【积极推进经济薄弱村帮扶工作】五年以来，共投入区产业发展引导基金、结构调整资金、支农资金和农业领域转移支付资金等9 000余万元，支持了薄弱村的30多个产业项目建设；投入4 000余万元，支持了包括便民市场和村民广场、道路桥梁建设改造、环境综合整治工程、示范乡村创建和公益场所清洁能源取暖等40个民生与基础设施项目建设。年内，通过多种帮扶措施，薄弱村农民人均所得达到15 620元。

【促进农村劳动力就业】加强农村劳动力就业培训，

建立农村劳动力外出就业补助制度和河西地区就业补贴制度，促进农村劳动力规范就业7 146人，181名农民通过自主创业实现就业。

【加强新型农民培养】年内，圆满完成区新型农民培养工作任务，共培养新型农民3 537人，超额完成区实事项目中确定的2 600人培训目标任务，相比上年培训总人数增加259人。其中完成引导性培训1 241人，职业技能初级培训583人、中级培训457人，特种作业和特种设备培训733人，中层管理人员培训523人。

【加强农村文化设施建设】投资202.3万元新建王佐镇魏各庄文化中心，投资174.9万元新建花乡葆台村文化活动站，投入293.7万元用于王佐镇文化服务中心改造及设备购置，投入457.8万元用于长辛店镇东河沿村文化活动中心设备购置。通过基层文化建设“六个十”示范项目工程，对评选出的村级优秀文化室、文化广场、优秀原创作品、特色文化活动、优秀文化团队给予文化方面资金奖励19万元。

【积极开展农村文化活动】1月，组织开展文化、科技、卫生“三下乡”活动，以文化“六送”到农家为主题，以弘扬北京精神为主线，开展送演出、送图书、送期刊、送光盘、送年画等活动。与中国戏曲学院合作，开展“戏曲进社区（村）”活动，该活动惠及全区58个业余票房，全年共开展174场（次）的专业辅导；4—10月，开展农村“星火工程”文艺演出130场，使百姓在家门口就能欣赏到内容丰富、形式多样、自己选择的文艺演出，切实满足了广大基层群众多样化的文化需求；5—10月，开展“周末百姓大舞台”活动，为各街乡镇演出总计228场次。

【大力推进教育优质均衡发展】年内，积极促进城乡教育资源均衡发展，全面推进教育集群建设与发展，提升农村地区办学品质，集团化办学，立足于探索“穿越区域、优质辐射、名校带动、协同合作、整体发展”的机制，已建成教育集团17个，69处校址。集群式发展立足于探索“政府主导、学校协同、资源共享、特色衔接、共同发展”的机制，已经建成教育集群8个，实现全区域覆盖。

【积极推进农村社会保障】年内，新型农村合作医疗实现区级统筹，人均筹资标准达到1 420元，参合率99.7%，部分经济实力较强的村对新农合报销范围外的医疗费用进行二次报销。城乡居民养老保险、最低保障以及临时救助范围和标准城乡并轨，城乡居民养老保险制度实现全覆盖，农民参保率保持在96%以上，续保率保持在98%以上。各村均建立了退休老人退休金发放制度。继续落实普惠和倾斜补贴政策，城乡居民养老保险参保率达到96%，新农合筹资标准达到1 420元/人，筹资水平位居全市前列，参合率99.7%。加强村级医疗卫生机构和乡村医生队伍建设，推进城乡一体化医疗卫生服务体系建设。

【加强农村社会救助工作】年内，农村低保标准为800元，农村地区共有低保201户、322人，年救助资金支出295余万元。农村五保标准为1 525.25元/月。农村医疗救助452人次，年救助资金支出90余万元。农村临时救助111人次，年救助资金支出21万元。

【加强动物防疫】切实做好重大动物疫病免疫工作，累计发放各类疫苗16.2万毫升，发放各种消毒药品206吨，鼠药190箱、灭蚊蝇药2 850袋。科学开展免疫抗体监测工作，全年共采集血样932份。广泛开展宣传普及疫病防控知识。

【行政许可审批工作】严格依法行政，严把行政许可关，全年完成50家动物诊疗机构、3家饲料生产企业、3家动物防疫合格证年检工作，受理并审批2家兽药经营企业、2家动物诊疗机构许可事项，完成91人次执业兽医师注册、注销工作，审核45家狂犬免疫定点单位资质认定。受理行政审批事项699件，接待全程代办事项1 378人次件，均在承诺时限办结，群众满意率100%。

【农村法制宣传工作】开展了“3·15消费者权益日”法制宣传活动、“放心农资进乡村 打假护农保春耕”为主题的2016年“放心农资下乡进村宣传周”活动；集中开展了春季农资打假专项治理宣传和“谁执法谁普法”执法检查宣传活动。在区级以上媒体进行普法宣传8次，组织各种法制宣传活动20余次，通过邮局投寄等方式发放各种宣传材料30余种共9.2万份。发放各种简明读本8 600本，设立咨询台24处，咨询群众590多人次。利用悬挂标语、条幅，向消费者和生产、经营企业发放宣传材料，现场展出农资产品、食品安全宣传展板（画）43块（幅）。

基层组织与民主政治建设

【概况】继续深化“三级联创”活动，党组织的核心作用进一步强化。深入开展“三严三实”专题教育活动，强化党组织为民务实服务理念。着力加强干部队伍建设，严格落实党风廉政建设责任制。

【深入开展“两学一做”学习教育】制定印发了农村地区开展“两学一做”学习教育的指导方案，各乡镇党委以落实“三会一课”为重点，以“一规两册”为抓手，加强党员日常教育管理，开展内容丰富多彩的学习和党日主题活动。

【抓好村干部教育培训工作】3 月 7—8 日，举办丰台区农村基层党组织干部培训班，村党组织全体成员、乡镇党委副书记或专职委员、乡镇组织部工作人员，共计 450 人参加培训；8 月 3—4 日举办集体经济组织投资促进实务培训班，全区 64 个集体经济组织 115 名负责人参加；10 月 25 日，举办以“统筹城乡，全面推进农村城市化”为主题的培训，乡镇及村领导干部共计 50 人参加；11 月 1—2 日，举办大学生村官培训班，全区 87 名在岗大学生村官参与培训；11 月 7—11 日，举办第二期农村城市化青年人才培训班，60 名学员参加。

【落实农村基层干部报告个人有关事项报告工作】结合村“两委”换届和乡镇人大换届选举等工作，对全区农村“三套班子”成员共计 773 人，开展农村干部个人事项申报工作，重点对村“三套班子”一把手共计 131 人的个人有关事项报告情况进行核查。经核查，填报情况与实际情况一致，没有瞒报漏报现象。

【加强党风廉政建设】严格落实“三重一大”“民主日”“四议一审两公开”制度，规范权力运行。9 月 26—28 日，组织全区新任村“两委”班子成员 190 余人到北京市人民检察院的反腐倡廉法制教育基地进行参观学习，接受廉洁履职警示教育。坚持以零容忍态度惩治农村腐败，严肃查处“小官贪腐”案件，纪检立案 32 件，给予党纪政纪处分 11 人。

【完成软弱涣散基层党组织整顿转化】完成永合庄村、小屯村、四合庄村、大红门村、张家坟村和魏各庄村共计 6 个软弱涣散村党组织转化工作。

【创新开展校乡联合项目】卢沟桥乡与中国人民大学合作，开启了北京市第一家“校乡联合办学”的创新项目，形成了“专家支持、乡域参与、村域发展”的新模式。

【第一书记】选派了 7 名市区机关、企事业单位科级干部到本区软弱涣散村任“第一书记”。2 月分别对 7 名“第一书记”工作情况进行调研，建立工作交流长效机制，使“第一书记”在农村发挥自身优势，更好地开展工作。

【农村实用人才】共培养开发农村实用人才 49 人。26 名初级人才晋级成为中级人才，经区级推荐，市级考核，共有 2 名中级实用人才被评定为高级实用人才。

【北京最美乡村】王佐镇魏各庄村被授予 2015—2016 年度“北京最美乡村”荣誉称号。

【圆满完成第十届村委会选举工作】58 个行政村参加并圆满完成村委会选举工作，共选举产生村委会成员 304 人，其中主任 58 人，副主任 88 人，委员 158 人；新一届村委会成员中党员 270 人，占 88.8%；女性成员 81 人，占26.6%；村“两委”交叉任职 107 人，占25.5%；大专以上学历 247 人，占81.3%；成员平均年龄45.3岁。58 名主任中，党员 57 人，占主任人数的98.3%；村总支书记、主任“一人兼”10 人，占15.4%；连选连任 30 人，占51.7%；女性 7 人，占12.1%；大专以上学历 51 人，占87.9%；村主任平均年龄 49 岁。

【深入推进农村社区建设】农村地区共有 16 个社区已按照程序完成居民委员会选举工作。积极推进 4 个社区建设，即：卢沟桥乡东管头丽泽景园社区；西局村西局玉园社区、西局欣园社区；花乡造甲村刘孟家园社区。积极推进社区（村）议事协商工作，推广设立“议事厅”，搭建村（居）民参与社区公共事务平台。继续深入推进村级组织“四议一审两公开”，加快村级民主自治机制建设进程。

“三农”工作部署和实施

【召开城乡一体化建设工作座谈会】4 月 16 日，区委常委、副区长刘宇主持召开城乡一体化建设工作座谈会，听取了各乡镇城乡一体化建设工作情况汇报。各乡镇梳理了本地区情况，对促进非首都功能疏解和产业转型升级，落实改革任务，加快推进河东城市化建设、长辛店镇统筹利用集体经营性建设用地试点、重点村建设以及棚户区改造和环境整治项目等重点工作进行了交流讨论，进一步明确了工作思路，提高了思想认识。

【完成人大建议、政协提案办理工作】年内，承办的政协人大提案议案 11 项、全部按时办结，人大代表和政协委员对办理结果满意率达 100%。

丰台区领导名录

区委书记 杨艺文（女）
副书记 冀 岩 钟百利
常委 张巨明 肖辉利 狄 涛
高 峰 吴继东 李正斌
李 岚（女） 周 健
区人大常委会主任 李昌安（侗族）
副主任 王建斌 王振华 李 屹
王百玲（女）
刘 颖（女，不驻会）
区长 冀 岩
副区长 肖辉利 吴继东 周 健
王新元 张 婕（女）
周新春 李春滨 张 鑫
杨振涛
区政协主席 刘 宇
副主席 李秀瑛(女) 连 宇 冯晓光
张兆旗（回族，不驻会）
张振军（不驻会）
徐朝辉（不驻会）
区委农工委书记、区农委主任 肖文燕（女）

丰台区乡镇党政正职领导

	党委书记	乡（镇）长
卢沟桥乡	李春生	郭新占
花乡	李 智	王世义
南苑乡	王振华	刘永宗
长辛店镇	王 萍（女）	张晓东
王佐镇	陈 阳	魏 楠（女）
宛平城地区	王 华(工委书记)	薄 澜(办事处主任)

（丰台区农委 刘艳艳）

门头沟区

综 述

门头沟区辖区总面积1 447.8平方千米，其中山区面积占98.5%，平原面积占1.5%。全区共有9个镇178个行政村，4个街道119个社区。2016年年末，全区共有常住人口31.1万人，比上年增加0.3万人。户籍人口总户数120 557户，总人数251 208人，其中非农业人口206 258人，农业人口44 950人。户籍人口中，全年出生人口3 132人，死亡人口1 268人，人口出生率为12.51‰，死亡率为5.07‰，自然增长率为7.45‰。全区森林覆盖率为43.27%，林木绿化率为67.22%。

2016年，门头沟区认真贯彻落实中央和北京市各项决策部署，立足生态涵养功能定位，围绕非首都核心功能疏解和供给侧结构性改革，加快城乡建设步伐，努力推进经济转型与产业结构调整，着力稳增长、转动能、提质效，实现了“十三五”的平稳开局。初步核算，2016年，全区实现地区生产总值（GDP）154.3亿元，按现价计算比上年增长7.1%。全区农林牧渔业总产值实现2.49亿元，同比增长3.2%；农村居民人均可支配收入21 861元，同比增长8.4%。农业农村经济继续保持稳中有进的发展态势。

城乡发展一体化

【概况】初步核算，全区实现地区生产总值（GDP）154.3亿元，按现价计算比上年增长7.1%。其中第一产业实现增加值0.9亿元，比上年增长10.2%；第二产业实现增加值72.0亿元，比上年增长3.3%；第三产业实现增加值81.4亿元，比上年增长10.7%。三次产业结构为0.6∶46.7∶52.7。2016年，城镇居民人均可支配收入45 872元，比上年增长8.3%；人均消费支出32 977元，比上年增长9.9%，恩格尔系数为24.6%。农村居民人均可支配收入为21 861元，比上年增长8.4%；人均消费支出20 271元，比上年增长6.8%，恩格尔系数为22.1%。

【工资性收入】年内，门头沟区城乡居民人均工资性收入25 641元，同比增长12.5%。分城乡看，城镇居民人均工资性收入27 502元，同比增长12.9%，占城镇居民人均可支配收入的比重60.0%；农村居民人均工资性收入15 016元，同比增长7.7%，占农村居民人均可支配收入的比重68.7%。增长的主要因素，一是2016年完善了机关事业单位工资收入分配结构，人均提高 300 元，同时新增物业补贴、冬季取暖补贴、公务交通补贴收入；二是各类奖金发放到位，行政事业单位补发 2014 年和发放 2015 年绩效考核奖，部分单位兑现年终奖等；三是北京市社会最低工资标准提高，同比增长9.9%，对农民工等群体的工资有上调作用；四是各级政府积极开拓就业渠道，劳动就业保持良好态势，从业人员稳中有升。截至 2016 年年底，全区城镇新增就业6 745人，城镇登记失业率控制在4.27%以内，失业人员实现再就业6 305人。

【转移净收入】2016 年，门头沟区城乡居民人均转移净收入9 115元，受转移性支出增长影响，同比下降0.3%。养老金和离退休金是城乡居民转移性收入的主体，占比达81.8%，对居民转移收入增长影响较大。全区城乡居民人均转移性收入同比增长11.7%，其中，人均养老金和离退休金收入同比增长0.9%。主要原因一是企事业单位退休人员养老金增长6.5%，城乡居民养老保险基础养老金逐年提高；二是城乡居民最低生活保障标准由 720 元提高到 800 元，同比增长12.7%。截至 2016 年年底，全区享受国家给予新型农村养老保险补贴人员达到10 539人，基础养老金支出5 956.66万元，分别同比增长 7.8% 和 12.6%。享受城市低保 3 024 户5 639人，农村低保1 153户1 810人，低保金支出同比增长14.8%。随着工资收入的增长，转移性支出中人均个人所得税支出 469 元，同比增长72.6%。同时，受社保基数调整以及机关事业单位养老金改革的影响，个人缴纳的社会保障支出人均2 852元，同比增长54.8%。转移性收入增长缓慢而转移性支出较快增长，二者导致居民人均转移净收入同比下降。

【财产净收入】2016 年，门头沟区城乡居民人均财产净收入5 488元，同比增长6.2%。增长的原因一是居民财产净收入受虚拟租金影响，同比增长12.8%；二是随着资本市场各项制度的日益健全，居民获得的分红越来越多。居民人均红利收入248.26元，同比增长90.6%；三是居民储蓄存款继续增加，上年全区居民储蓄存款年末余额达289.1亿元，同比增长12.2%。

【经营净收入】2016 年，门头沟区城乡居民人均经营净收入2 048元，同比增长6.1%。分城乡看，城镇居民经营净收入2 030元，同比增长6.2%；农村居民经营净收入2 149元，同比增长5.8%。截至 12 月底，全区私营企业新增 1 522 户，从业人员11 155人；个体工商户9 137户，从业11 130人，其中，2016 年新开业 99 户，从业 168 人。

【财政收支】全区实现公共财政预算收入27.8亿元，比上年增长6.6%。税收收入完成22.5亿元，同比增长11.3%，其中，实现增值税6.5亿元、营业税4.4亿元、企业所得税 3.6 亿元，增速分别为118.8%、−49.4%、33.6%。非税收入完成5.3亿元，比上年下降9.6%。全区区级政府性基金预算收入完成93.9亿元，同比增长15.7%。全区完成公共财政预算支出87.5亿元，比上年下降6.2%。其中一般公共服务支出7.7亿元，比上年增长15.4%；社会保障和就业支出 11.3 亿元，比上年下降14.3%；教育支出14.5亿元，比上年增长9.6%；文化体育与传媒支出2.4亿元，比上年增长 16%。

【投资】全区项目建设地全社会固定资产投资累计完成338.3亿元，比上年增长15.8%。完成城镇投资326.7亿元，比上年增长18.2%，其中房地产投资227.4亿元，比上年增长4.6%。完成社会投资257.3亿元，比上年增长6.2%。完成生态建设投资12.5亿元，同比下降10.4%。

【工业】2016 年，全区规模以上工业企业实现产值78.5亿元，比上年下降9.0%。实现现价销售产值71.4亿元，比上年下降9.5%。现代制造业实现产值46.4亿元，同比增长3.8%，都市型工业、高新技术产业和资源型工业分别增长4.6亿元、68.1亿元和17.0亿元，分别比上年下降 18.5%、8.3%和31.9%。

【建筑业】全区有资质的建筑业企业实现建筑业总产值93.5亿元，比上年增长0.9%。其中，建筑工程产值90.7亿元，比上年增长0.3%，安装工程产值2.8亿元，比上年增长30.2%。房屋建筑施工面积212.3万平方米，比上年下降20.8%，房屋建筑竣工面积137.4万平方米，比上年增长80.2%。

【房地产开发业】全区项目建设地房地产企业完成开发投资额227.4亿元，比上年增长4.6%。房屋施工面积 470 万平方米，比上年增长5.5%。房屋竣工面积84.7万平方米，比上年增长43.0%。商品房销售面积91.2万平方米，比上年增长26.5%，其中住宅销售面积55.9万平方米，比上年增长7.7%。

【商业】全区实现社会消费品零售额（产业在地口径）61.7亿元，比上年增长7.2%。按限额标准分，限额以上企业及个体实现零售额38.7亿元，比上年增长5.9%；限额以下企业及个体实现零售额22.9亿元，比上年增长9.4%。按行业分，批发业实现零售额1.1亿元，比上年增长15.0%；零售业实现零售额55亿元，比上年增长7.3%；住宿业实现零售额1.4亿元，比上年增长4.3%；餐饮业实现零售额4.3亿元，比上年增长4.7%。

【交通运输业】2016年，全区运输企业拥有货运车辆4 300辆，全年货运量702万吨，货运周转量22 294万千米；客运车辆800辆，全年客运量40万人次，公交线路36条。

【邮电业】2016年年末，全区共有邮政局所17处，其中局1处，支局6处，所10处。全年邮政业务总量8 398万元，通信业务总量7 953万元，出口函件353万件，包件3万件，汇票1万张，订销报纸累计份数1 002万份，杂志25万份，特快专递2万件，快递包裹4万件。

农村经济发展

【概况】年内，全区广大农村干部群众认真贯彻落实新发展理念和各项强农惠农富农决策部署，深化农村各项改革，着力促进农业绿色发展，不断拓宽农民增收渠道，加快改善农村民生，农业农村经济继续保持稳中有进的发展态势，实现了“十三五”良好开局。全区农村居民人均可支配收入实现21 861元，比上年增长8.4%。年内，全区农林牧渔业总产值实现24 925.8万元，比上年增长3.2%。其中，农业实现产值9 423.5万元，比上年下降3.3%；林业实现产值8 150.9万元，比上年增长103.4%；牧业实现产值6 468.9万元，比上年下降32.0%。设施农业实现收入3 650万元，比上年增长5.7%。乡村旅游实现总收入1亿元，比上年下降9.8%，其中，观光园实现收入4 433.8万元，比上年下降5.1%，民俗旅游实现收入5 669.8万元，比上年下降13.1%。

【农村经济收入】年内，全区农村集体经济总收入实现13.5亿元。从区域分布上看，门城地区主导农村集体经济发展，实现收入8亿元，占全区总收入的59.4%。从经营层次上看，村级集体经济是创收主要来源，实现收入10.5亿元，占全区总收入的78%。另外，镇、村集体企业经济是创收主要来源，实现收入9.4亿元，占总收入的70%。从产业结构上看，农村集体经济呈现三、二、一格局。三个产业主营业务收入实现9.8亿元，其中一产实现0.1亿元，二产实现3.6亿元，三产实现6.1亿元。

【观光休闲农业】年内，受部分景区停业整顿及拆迁后期效应的影响，全区观光休闲农业发展持续放缓，实现收入10 103.6万元，同比下降9.8%。全区经营的观光园61个，比上年减少5个。全区观光园总收入为4 433.8万元，较上年同期下降5.1%。其中，出售农产品收入2 072.3万元，同比增长7.4%；餐饮收入1 190.3万元，同比下降12.1%；采摘收入622.1万元，同比下降13.8万元。

【都市型现代农业示范镇创建】年内，王平镇被评为第三批北京都市型现代农业（高效农业）示范镇。

【一村一品示范村创建】年内，妙峰山镇涧沟村被评为第六批全国一村一品示范村镇。

【农业保险】年内，全区政策性农业保险保险规模13 297.2（亩、群），总保费249.76万元；房屋保险投保7 327户，总保费36.64万元；乡村干部险投保948人，保费18.96万元。

【蔬菜生产】年内，全区蔬菜（含食用菌）产量3 707.8吨，比2015年的3 905.6吨减少197.8吨，同比下降5.1%。全区蔬菜（含食用菌）播种面积1 249亩，与2015年的1 467亩相比减少218亩，同比下降14.9%。

【林果产业】年末，全区果园面积19 816亩，比2015年的20 333亩减少517亩，下降2.5%。其中，苹果园面积3 677亩，减少7亩；梨园面积4 571亩，增加293亩。2016年末，实有零星果树数量41 542株，比上年52 283株减少10 741株，同比下降20.5%。年内，全区园林水果产量3 095.8吨，比2015年的2 809.6吨增加286.2吨，同比增长10.2%。全区水果采摘量269.6吨，比2015年的421.7吨减少152.1吨，同比下降36.1%。年内，以雁翅红富士苹果和军庄京白梨为主的门头沟区特色果品产量呈双位数增长。苹果产量为2 116.1吨，比2015年的1 919吨增加197.1吨，同比增长10.3%。梨产量为374.2吨，比2015年的316.3吨增长57.9吨，同比增长18.3%。两者合计产量为2 490.3吨，占全区水果产量的80.4%，比上年提高0.8个百分点。年内，门头沟区水果采摘量269.6吨，比2015年的421.7吨减少了152.1吨，同比下降36.1%。

【农机安全检查】年内，对潭柘寺镇、永定镇、龙泉镇、妙峰山镇、军庄镇5个镇10家农机修理厂和 47 个大棚卷帘机进行逐家安全大检查。重点对大棚卷帘机的支撑结构、用电安全、开关位置、自锁装置、操作技能等进行全面检查，并与各大棚卷帘机使用单位负责人签订了《2016 年大棚卷帘机安全生产责任书》。

【农资执法检查】年内，对全区农资经营企业开展监督执法检查。执法人员认真检查进销台账、种子标签、农药标签、使用范围等，并同每家农资经营企业负责人签订了《2016 年门头沟区种子经营管理责任书》和《2016 年门头沟区农药、肥料经营管理责任书》。

【农机送检下乡】年内，深入全区 9 个镇，开展了"一站式"送检下乡活动，对全区农业机械进行了集中检验。共检验农业机械车辆 151 台，发放荧光条1 208条，代上保险 131 份。

【开展农资打假宣传活动】年内，开展"3・15"农资打假宣传活动，共挂横幅 4 块，发放了《强化红线意识，促进农机安全》系列宣传挂画、《北京市农机事故警示宣传手册》、《转基因知识 ABC》系列材料《如何区分真假肥料》《保护水生野生动物手册》《动物卫生便民手册》《肉品安全常识》等宣传材料2 000余份，发放环保书包 400 余个，解答过往群众现场咨询 300 余人次。

【灾后恢复农业生产工作】年内，向潭柘寺镇、龙泉镇、妙峰山镇、军庄镇、雁翅镇、斋堂镇、清水镇 7 个镇发放价值114 184元的救灾种子，积极开展"7・20"暴雨灾害后恢复农业生产工作。救灾种子包括大白菜、萝卜、油菜 3 个适宜当下播种的秋播品种，共发放白菜菜籽5 723袋，萝卜菜籽10 389袋，油菜3 291袋。

【国补机具发放】年内，发放总价值 7 万元的国补机具田园管理机 14 台。该批机具单价每台5 000元，由国家和北京市每台补贴 50%，农户及合作社只需自付2 500元每台，惠及 6 个镇 10 个村 14 个农户及农民专业合作社。

【全科农技员培训】年内，分 3 批组织 42 名村级全科农林技术员参加市级新型职业农民专题培训，包括林下经济开发、农艺技术人才、青年农场主 3 个主题。

【景观农业发展】年内，采取"先种后补""全程监理"方式，在清水镇、斋堂镇、雁翅镇、妙峰山镇、永定镇景点周边、国道沿线集中连片地块，种植景观植物及多年生中草药2 000亩。

【小反刍兽疫及羊布病防控技能培训】年内，开展 1 期小反刍兽疫及羊布病防控技能培训，全区 9 个镇、全体村级动物防疫员和大台办事处动物防疫负责人共 130 人参加培训。培训期间对小反刍兽疫、羊布病防治知识进行系统讲解，对强制免疫程序操作及防护技能进行实际培训。

【重大动植物疫病防控】年内，对禽流感、口蹄疫和新城疫等重大动物疫病实施 13 次集中强制免疫，免疫畜禽 53 万余头（只）。对规模化畜禽场、养殖小区、散养户采集血样等 583 份，实验室监测禽流感等样本1 317份，H7N9 专项检测 215 份，结果均为正常。对 45 个养殖场（户）开展 170 次流调；检测奶牛布病 44 头，羊布病 100 只，均正常。为各镇办防疫部门发放防护服、护目镜等防护设备7 000余套，火碱等消毒药0.85吨。推进犬狂犬病防控，发放狂犬病疫苗7 700头份，犬免疫标识7 700个。完成动物产地检疫76.75万头（只），动物产品 230 吨，消毒运输动物及动物产品车辆 645 车次。开展病虫测报、瓜果蔬菜病虫害调查，未发现虫情；完成豚草密度调查及生物防治实验豚草灭除工作；落实4.21万亩农田灭鼠任务。

【农产品质量安全】年内，落实"三品一标"奖励补贴政策，实施新的五年奖励方案，蔬菜无公害认证"应认证尽认证"，认证率达到 100%。

【农业综合执法】年内，开展动物卫生、渔业安全生产、农业机械维修销售与安全生产、农资市场等执法检查 365 次，出动执法人员1 229人次，检查企业、商超门店及场所 492 家次，组织夜查 24 次。立案查处违法案件 9 起，结案 8 起，罚款3 493.4 元。接到市民举报 28 件，回复率和满意率 100%。

【金融业】2016 年年末，全区金融机构存款余额达到669.6亿元，比上年末增长 17%，其中单位存款380.5亿元，比上年末增长20.9%，个人存款289.1亿元，比上年末增长12.2%。全区金融机构贷款余额134.6亿元，比上年末增长39.5%。其中，短期贷款19.7亿元，比上年末下降0.9%，中长期贷款112.4亿元，比上年末增长46.7%；对公贷款75.2亿元，比上年末增长13.6%，个人贷款56.9亿元，增长87.7%。

村　镇　建　设

【概况】成为国家可持续发展实验区，生态文明示范区、水生态文明试点城市创建工作全面展开，顺利通过国家卫生区复审。加快镇中心区污水处理厂建设，潭柘寺镇、妙峰山镇再生水厂投入运行。全区污水处理率为83.4%，比上年提高6.3个百分点。深入推进清洁空气行动计划，加大宣传和打击劣质燃煤工作力度，涉及18个村8 000余户的“煤改电”工程进展顺利，“煤改气”试点稳步推进。列入2016年险村搬迁计划中的5个村实现开工建设。投资5 318万元实施村级公益事业建设一事一议财政奖补项目45项，重点向搬迁村和低收入村的公共设施倾斜。

【险村险户搬迁】 2016年全区计划实施险村险户搬迁涉及3个镇7个村1 230户、2 272人。年内，黄塔村、东王平村、西落坡村、东落坡村和西马各庄村5个村实现开工建设；吕家村、西王平村2个村的搬迁方案及规划设计基本完成。

【沟域经济】 年内，重点打造以妙峰山镇玫瑰香谷沟域为主的特色沟域，实施村庄环境整治、生态治理、基础设施配套工程、推进新民居建设、发展特色产业等五大工程，吸引了大量的社会力量投资。

【一事一议项目】 年内，实施村级公益事业建设一事一议财政奖补项目45项，累计投资5 318万元。其中上级投资3 900万元、区级投入1 000万元、自筹资金418万元。

【传统村落保护利用】 编制雁翅镇碣石村、斋堂镇沿河城村传统村落保护发展规划。在龙泉镇琉璃渠村、三家店村，雁翅镇苇子水村，斋堂镇黄岭西村、爨底下村、马栏村、灵水村，大台街道千军台社区8个地区实施传统村落保护农村综合改革项目。

【减煤换煤工作】 年内，制定了《门头沟区2016年“煤改清洁能源”和“减煤换煤”工作实施方案》《门头沟区2016年农村地区“煤改清洁能源”和“减煤换煤”专项督查工作方案》《门头沟区农村地区空气源热泵、地热能热泵、太阳能辅助取暖应用奖励办法》。加强打击劣质燃煤力度，依托芹峪口、杜家庄2个检查站对进出门头沟区所有运煤车辆进行细致排查，全面遏制外省或本区运输劣质燃煤车辆进入各村居。加大宣传力度，利用区电视台《门头沟新闻》等栏目，讲解优质型煤的购买流程和相关政策，每日在《门头沟新闻》中反复滚动播放“减煤换煤 清洁空气 自觉抵制劣质燃煤”字幕，号召全区居民自觉抵制使用劣质燃煤。

【北京最美的乡村】 年内，妙峰山镇水峪嘴村和斋堂镇灵水村获评2015—2016年“北京最美的乡村”。

【园林绿化】 全年完成人工造林面积546公顷，全区林木绿化率67.2%，比上年提高1.3个百分点。全区林地面积134 757.79公顷，森林覆盖率43.3%，比上年提高1.5个百分点。绿化覆盖面积1 597.29公顷，园林绿地面积1 521.19公顷；绿地率为40.84%，城市绿化覆盖率达到42.9%，比上年提高0.5个百分点。人均绿地面积为65.35平方米，人均公园绿地面积为29.18平方米。城市人均公园绿地面积提升到29.18平方米。

【义务植树】 共发动16.3万人参加植树、抚育、宣传等活动，栽植树木25万株，养护树木59.8万株。在繁华路口设立宣传咨询站13个，发放“义务植树宣传手册”“碳汇知识宣传手册”“种子法”“林木病虫害防治手册”“森林防火宣传材料”绿色生态购物袋、宣传折页等18种2.2万份。

【园林绿化创建工作】 年内，创建首都绿色村庄4个，花园式社区2个，花园式单位3个、园林小城镇1个、精品月季社区2个。完成村庄五边绿化共10个村庄262亩。

【森林防火应急救援工作】 年内，为定都峰景区火灾防控管理提供多种支持，协助成立20人半专业救火队。物资包括2号工具50把，灭火弹30箱，风力灭火机2台，组合工具2套，灭火水枪2把，防火宣传牌10块。

【国有林场改革工作】 年内，《门头沟区国有林场改革实施方案》获得市国有林场改革领导小组批复。

【平原造林工程】 年内，完成2016年平原地区绿化建设工程200亩，共种植树木9 700株，其中常绿乔木2 272株、落叶乔木2 922株、亚乔木3 411株、花灌木1 095株。

【京津风沙源治理工程】 年内，完成2015年京津风沙源工程。包括宜林荒山造林6 000亩、困难地造林2 000亩、低效林改造7 000亩、封山育林17 000亩。实施2016年京津风沙源二期工程，包括低效林改造2万亩、封山育林7 000亩、困难地造林8 000亩，任务分布于全区8个镇和4个林场共89个地块。

【公益林管护】 年内，完成2016年度国家级公益林管护建设工程，实施中幼林抚育1.45万亩，建设生态林管护站13座。

【有害生物防治】 年内，全区共优化完善测报点

516个，测报虫种25种，测报员229人。全区应监测面积129万亩，实际监测面积128万亩，测报准确率98%。监测调查发生面积6.653万亩，防治面积6.653万亩，防治率100%，无公害防治率96%。

【退耕还林】年内，全区保存合格退耕还林面积3.37万亩，合计供应原粮168.44万千克，发放生活补助67.38万元。涉及退耕农户8 113户。

【水资源】全年供水（用水）总量4 516.1万立方米，比上年减少9.5%。其中，农业用水9万立方米，下降98.3%；工业用水318.7万立方米，下降11.6%；生活用水2 504.3万立方米，增长14.5%；生态环境用水1 684.1万立方米，下降11.5%；全区万元地区生产总值水耗累计下降16%。

【节水宣传】3月22日，开展以“节约水资源，保障水安全”为主题的“世界水日”宣传活动。5月7日举行“门头沟区全国城市节水宣传周启动仪式”。

【应对强降雨】7月19日7时至7月20日16时，全区普降大暴雨，平均降雨213毫米，最大降雨量为军庄镇东山村341毫米。在此期间，区气象局发布了暴雨红色预警信号，区防汛办启动了I级红色汛情响应。

【镇中心区污水处理厂建设】年内，潭柘寺镇、妙峰山镇再生水厂投入运行，大台、韭园、雁翅镇、王平镇中心区污水处理厂实现开工，斋堂镇完成扩建工作，军庄镇正在办理征地手续。

农村改革与管理

【概况】稳步推进“新三起来”，扎实做好农村土地承包经营权确权登记颁证，完成82个村的实测工作。26个产权交易项目实现签约，成交总额9 495.6万元。制定《门头沟区涉农产业项目立项及资金支持考核评定指导意见》，规范整理22项合作社规章制度，为10家合作社统一挂牌。发挥农村集体“三资”监管平台作用。完成91个村的“三资”监管定期检查及90个村105名村干部任期和离任经济责任审计。签订“富民12号”资金信托合同，出台农村集体资产监督管理意见，指导镇村建立集体资产台账和资源台账。

【农村产权交易】年内，共组织实施4批、27个项目，涉及土地类22个、资产类4个、股权类1个，涵盖清水镇、斋堂镇等8个镇21个村。其中26个产权交易项目实现签约，成交总额9 495.6万元。

【“富民”系列资金信托】年内，签订了龙泉镇“富民12号”资金信托合同，信托期限为两年，年预期收益率6.5%，信托期间村集体经济组织总收益3 978万元。指导协助镇、村妥善处理到期的“富民1号”和“富民7号”信托资金。

【农民专业合作社】研究制定《门头沟区涉农产业项目立项及资金支持考核评定指导意见》，对涉农37家企业和农民专业合作社进行专项审计。组织召开全区农民专业合作社联合会第四次理事会。规范整理22项合作社规章制度，为10家合作社统一挂牌、制度上墙。

【“三资”监管】年内，共查看941个村次、34 279笔账目，向镇、村发出预警40次，涉及金额8 177.3万元。完成91个村的“三资”监管定期检查工作。

【村干部离任和任期经济责任审计】年内，完成90个村105名村干部离任和任期经济责任审计，其中离任审计66人，任期审计39人。审计年限为2013年1月至2015年12月，审计总金额106.48亿元。

【财务公开抽查】年内，抽查61个村的村级财务公开情况。

【合同租金催缴】年内，开展农村集体经济合同租金催缴工作，收缴合同租金共计130万元。

【农民负担监督检查】年内，按照市农村负担监督管理领导小组办公室的统一部署，组织开展春、秋两季农民负担监督管理执法检查工作。

【农村管理信息化】年内，完成2015年度8.2万人、4.1万个劳动力、2.7万份家庭资料数据、专项补贴和186个村社会综合管理库的数据更新工作。

【经管培训】年内，举办农村“三资”管理、财务基础知识、村级管理信息化等各类培训班共7期，培训1 000余人次。

农村民生

【概况】2016年，门头沟区努力克服经济下行压力，全力落实国家各项惠民政策，城乡居民收入继续保持平稳增长，实现了“十三五”居民收入良好开局。据住户收支与生活状况调查资料显示，2016年门头沟区城乡居民人均可支配收入42 293元，同比增长8.3%，达到年初预期增速指标。从平均水平看，居民收入与经济同步增长，增速略高于GDP 1.2个百分点。从城乡看，城镇居民人均可支配收入45 872元，同比增长8.3%；农村居民人均可支配收入21 861元，同比增长8.4%。从生态涵养区对比看，门头沟居民收入绝对量位居生态涵养区第一位，增速位居生态涵养区第二位。

【农民人均所得】年内，全区农民人均所得实现18 203元。从区域分布上看，深山区、浅山区、门城地区农民人均所得分别实现13 641元、16 502元和24 270元。从收入构成上看，一是农民人均报酬性收入是农民增收的主要渠道，占全区农民人均所得的39.2%。三个地区人均报酬性收入分别实现1 861元、7 623元和11 775元。二是农民家庭人均经营净收入占全区人均所得的33.2%。其中第三产业人均实现4 851元，占家庭人均经营净收入的80.2%。三是农民人均财产性收入占全区人均所得的13.9%，三个地区人均财产性收入分别实现1 027元、2 277元和4 238元。四是人均转移性净收入实现2 500元，占全区农民人均所得的13.7%，是农民增收的关键保障手段。从区域分布上看，深山、门城、浅山三个地区人均分别实现1 672元、2 751元和3 080元，转移性净收入浅山区获得最多。

【农村劳动力就业】年内，全区农村劳动力总数49 474人，全区从业劳动力43 359人，就业率87.6%，待业劳动力6 115人，占劳动力总数12.4%。农村劳动力就业比较充分。农村从业劳动力外出择业居多，以第三产业就业为主。农村从业劳动力从就业渠道上看，从事家庭经营的有7 779人，占从业总人口的17.9%，以一、三产业为主，两产业从业人数占家庭经营人数87.3%，其中深山区第一产业从业1 509人，占第一产业从业人数的58%，门城地区第三产业从业1 892人，占第三产业从业总人数的44%；本地务工15 373人，占从业总人口的35%，以第三产业为主，占本地务工人数的72%，各地区第三产业从业人数较为平均，永定镇第三产业从业人数最多达2 065人；外地务工20 207人，占从业总人口的46%，以第三产业为主，占外地务工人数的88%；从产业结构上看，农民从业以第三产业为主，第三产业就业人数达到33 265人，占从业劳动力的76%。

【低收入村和低收入农户】年内，按照“精准识别、精准施策、精准帮扶”的工作目标，完成低收入农户和低收入村精准识别和建档立卡，认定全区共有低收入村45个，低收入农户5 725户、10 790人，涉及8个镇、124个村。年内，统筹整合财政资金1.5亿元，通过农业综合开发、财政奖补等95个项目，支持低收入村发展。

【“六个一”帮扶机制】结合低收入帮扶工作，提出“六个一”结对帮扶机制，即：实现每一个镇都有1～2名区级领导干部挂帅，每一个低收入村都有1名正处级领导具体联系，每一个低收入村都有1个区级帮扶单位＋1个团支部对口帮扶，每一个低收入村都有1名“第一书记”＋1名大学生村官参与帮扶，每一个低收入村都有1名全科农林技术员参与帮扶，每一个低收入村都有1个企业结对帮扶。

【科学技术】2016年，全区组织各级科技项目22个，其中区级科技计划项目14项，市级科技计划项目8项。技术合同成交金额0.8亿元，认定高新技术企业63家，申请专利604项，授予专利334项。全区科技经费筹集总额1 176万元，科技经费支出总额1 751.7万元。

【教育】年末，全区共有幼儿园32所，班数232个，全年入园（班）人数2 546人，在园（班）幼儿6 302人，离园（班）1 478人，教职工1 014人，其中专任教师599人。小学学校22所，班数381个，毕业生1 615人，招生数1 970人，在校学生数11 926人，教职工1 135人，其中专任教师883人。高中阶段学校6所，其中普通高中5所，毕业生数516人，招生数787人，在校学生数2 339人；职业高中1所，毕业生数19人，招生数135人，在校学生数325人。初中阶段学校11所，毕业生数1 412人，招生数1 430人，在校学生数4 433人。全区初中毕业及格率达到100%，优秀率达到53.67%。全年专科毕业227人，本科毕业136人。全年参加岗位培训5 071人次、参加技术培训4 622人次。

【文化】2016年，全区共有228个村居文化室，组织文艺活动次数956次。全年共开展不同形式演出733场，受众15.7万人次。下乡下基层辅导演出70余场，全年送书进村居、进学校、进军营、进企业3万余册，送电影下乡1万余场。图书馆馆藏总量达到89.9万册，当年新购入图书87 864册，办理借阅证件902个，流通读者11 089人次，馆舍面积1 355平方米。全区共有重点文物保护单位84个，其中，国家级5个，市级8个，区级71个。

【医疗卫生】年末，全区共有医疗卫生机构 252 个，其中医院 14 个。医疗卫生机构实有床位2 863张，其中医院2 415张。全区卫生技术人员达到3 532人，其中执业医师1 106人，执业助理医师 119 人，注册护士1 478人。全区卫生医疗机构总诊疗量328.5万人次，出院人数37 311人。

【体育事业】截至 2016 年年末，全区有各类体育健身场地 10 个，其中体育馆 1 个，游泳场馆 4 个，各种训练房 5 个。全区有等级裁判 636 人，其中国家级 5 人，一级 72 人，二级 559 人。全年组织区级比赛 48 次，参赛人数4.8万人次；参加市级比赛 21 项，参加全国比赛 5 项；共获金牌 48 枚、银牌 51 枚、铜牌 70 枚；向上一级体校输送优秀运动员 4 人。

【劳动和社会保障】年末，全区城镇登记失业率为4.3%；年末实有城镇登记失业人员 3 891 人，6 305名城镇登记失业人员实现就业。全区养老、失业、工伤、医疗和生育保险参保人数分别比上年增长1.3%、1.3%、1.7%、6.8%和1.7%。城乡最低生活保障应保尽保，城镇、农村居民最低生活保障人数分别达到5 639人、1 810人，农村五保户人数为 328 人。

基层组织与民主政治建设

【概况】年内，扎实推进农村基层党组织建设。以“我为帮扶尽些力，共产党员先锋行”为主题，深入开展“两学一做”学习教育。推动 14 个软弱涣散村党组织完成转化，村党组织凝聚力明显提升。加强培训指导，年内累计举办 15 期专题培训班，培训农村致富带头人和农村实用人才近千人次。开展“党纪严于国法，纪律挺在前面”主题教育竞赛活动，增强党员的主体意识。在推进险村搬迁、一事一议、低收入村帮扶等重点项目过程中，大力推行“四议两公开”工作法，进一步增强农村党员议事、监督能力，有效防范廉政风险。

【完成村“两委”换届选举工作】年内，全区 175 个农村基层党组织、178 个行政村全部完成换届选举工作，共选举产生新一届村党组织委员 616 名，新一届村委会成员 588 名，其中村党组织书记和村委会主任“一人兼”的村 89 个，比例为50.86%；交叉任职 238 名，比例为40.48%。

【开展党员组织关系集中登记排查】制定下发《门头沟区关于开展党员组织关系集中登记排查的实施方案》，在全区开展党员组织关系集中登记排查工作。通过集中摸排、联系查找、调查核实党员失联期间的具体表现、建立台账等，33 591名党员主动进行了登记，找到失联党员 87 人、“口袋党员” 67 人。

【召开 2015 年党建述职评议考核会】年内，召开2015 年门头沟区镇（街道）、系统党（工）委书记抓基层党建工作述职评议考核会。会上，部分镇街党（工）委书记和区委农工委、区委社工委、区民政局党组、区市政市容委党组书记共计 15 人进行了述职并接受评议。

【开展基层党建工作述职评议考核】年内，组织全区各级党组织开展基层党建工作述职评议考核工作，共有农村、社区、区直机关工委、区委教工委、区国资委、区委卫计工委等 403 名基层党组织书记先后通过现场述职、书面述职等多种形式向上级党组织述职，并接受上级领导、班子成员、党建领导小组成员、“两代表一委员”代表以及基层党员干部和群众代表等各类评价主体共计13 244人次的评议。

【深入开展“两学一做”学习教育】按照中央和市委要求，下发《中共北京市门头沟区委办公室印发〈关于在全体党员中开展“学党章党规、学系列讲话，做合格党员”学习教育的实施方案〉的通知》，组织全区1 156个党支部和33 800名党员深入开展“两学一做”学习教育。

【指导各镇按期召开党员代表大会】全区共有 273 个基层党组织参与了镇党代表选举工作，参与率为100%；8 787名党员参与了代表推选，参与率为91.99%，比上次提高1.78%；依法选举产生镇党代表1 006人，代表中有各级领导干部 355 人，占35.29%，比上次降低3.83%；基层一线代表 651 人，占64.71%，比上次提高3.83%，其中工人代表 215 人，占21.37%，比上次提高0.40%，农民代表 399 人，占39.66%，比上次提高1.71%。镇党代表平均年龄51.18岁，其中，35 岁以下的 87 人，占8.65%；36～50 岁的 353 人，占35.09%；51 岁及以上的 566 人，占56.26%。镇党代表中具有研究生及以上学历的 57 人，占5.67%；具有大学学历的 203 人，占20.18%；具有大专学历的224 人，占22.27%；具有高中中专学历的 301 人，占29.92%；具有初中及以下学历的 221 人，占

21.97%。镇党代表中有女代表 414 人，占41.15%；少数民族代表 15 人，占1.49%。

【举办北京市发展对象培训示范班】年内，与市委组织部联合举办了北京市发展对象培训示范班，通过专题讲座、现场教学、研讨交流等形式，对全区100 名发展对象进行了培训。

【推广应用党建智能 TV 系统】年内，启动了党建智能 TV 系统推广应用工作，共投入资金271 985元，为全区 336 个终端站点配发了党建智能 TV 机顶盒，并对全区远教站点管理员和党（工）委相关负责同志共计 580 多人进行了集中培训。

【组织开展建党 95 周年系列纪念活动】年内，开展了 2012—2016 年度门头沟区优秀共产党员、优秀党务工作者、先进基层党组织评选表彰工作，共评选出先进基层党组织 26 个、优秀共产党员 27 名、优秀党务工作者 12 名。在雁翅镇田庄村京西山区第一党支部纪念馆开展“感党恩、颂党情”门头沟区纪念建党 95 周年党员集体政治生日活动。全区各系统、各党（工）委主要领导、市区先进基层党组织负责人、优秀党务工作者、优秀共产党员、老干部、老党员代表及新发展的预备党员代表等共计 300 余人参加了活动，区四大部门党员领导同志出席活动，区委书记张贵林同志出席活动并讲话。

【稳妥开展党费收缴专项检查】制定下发《门头沟区关于在“两学一做”学习教育中开展党费收缴工作专项检查的实施方案》，按照先体制内、后体制外的原则，将全区党员划分为在职公务员党员、企事业单位党员、非公企业和社会组织党员、村居党员、离退休党员 5 类，分类压茬启动党费核算和补交工作。截至 12 月底，全区16 557名党员共补交党费 2 907.861 232 万元，平均每名党员补交1 756元。

【做好“第一书记”选派工作】年内，在全区机关、事业单位科级干部中开展第四批区派村级党组织第一书记选拔工作，最终李超轶、刘兰、雷震宇、张海波、王丰、贺健松、刘浩、陈少峰、周冬昆、刘斯剑、王庆鹏等 11 名优秀科级干部被选拔为区派第四批村党组织第一书记。在此基础上，市委选派冯京佐等 29 名同志到区内担任第二批市派第一书记，实现了全区低收入村第一书记全覆盖。年内，组织召开全区第一书记培训会，市、区选派第一书记共计 51 人参加培训。

【启动两新组织“‘两个覆盖’推进季”专项行动】年内，启动两新组织“‘两个覆盖’推进季”专项行动，突出抓好摸底排查、任务分解、联系指导，推进季开展 3 个月的时间，全区新建两新组织党组织 42 个，非公企业党组织覆盖率达91.2%，社会组织覆盖率达 70%。

【开展 2016 年党内统计工作】年内，开展 2016 年度党内统计工作。截至 12 月 31 日全区共有党员34 299名，基层党组织1 318个，其中党委 74 个、党总支 53 个、党支部1 191个。

“三农”工作部署和实施

【召开农村工作电视电话会】5 月 3 日，召开全区2016 年农村工作电视电话会议。区委书记张贵林、区委副书记代区长付兆庚及区人大、区政协、相关委办局领导、区龙头企业代表等参加了主会场会议，各镇在分会场组织镇、村干部参加了会议。会上，区委常委副区长张永同志作农村工作报告，区委副书记代区长付兆庚通报 2015 年村“两委”工作目标考核情况，4 名基层典型代表作交流发言。区委书记张贵林就贯彻落实中央和北京市农村工作会议精神，进一步做好全区农村工作提出要求。

【召开区第十二次党代表大会】年内，市委批复同意门头沟区筹备召开第十二次党代表大会。全区20 个选举单位严格按照民主程序开展推荐提名，经区委严格审查考察通过后，以无记名投票的方式差额选举产生了 258 名区党代表。代表中，各级领导干部 140 名，占代表总数的54.3%；基层一线代表 118 名，占45.7%，比上次提高了0.2%；妇女代表 105 名，占40.7%；少数民族代表 6 名，占2.3%；具有大专以上文化程度的代表 236 名，占91.5%；年龄在 50 岁以下的代表 175 名，占67.8%。中共北京市门头沟区第十二次代表大会于12 月 6—9 日在龙泉宾馆召开。其中，预备会议半天，正式会议 3 天。参加本次党代表大会的代表有258 名，分为 11 个代表团，列席人员 88 名，共计346 名。

【召开基层党建工作推进会】年内，召开基层党建工作推进会，对“两学一做”学习教育和党员组织关系集中登记排查、党代会代表和党员违纪违法未给予相应处理情况排查清理、基层党组织按期换届检查、党费收缴工作专项检查、非公有制企业和社会组织“两个覆盖”、抓党建促脱贫攻坚工作、领导机关党员干部学习教育等基层党建7项重点任务进行了部署。

【区人大召开精准帮扶专题工作推进会】6月2日，区人大常委会主任罗斌，区委常委、副区长张永，区人大常委会副主任谭杰就进一步落实精准帮扶工作组织召开了专题工作推进会。区人大常委会主任罗斌提出工作要求。

【市人大代表视察山区建设工作】年内，市人大代表先后到区内斋堂镇法城村和妙峰山镇水峪嘴村视察险村险户搬迁情况以及沟域经济建设情况。

门头沟区领导名录

区委书记　韩子荣（女，2月免）
张贵林（2月任）

副书记　张贵林（2月免）
付兆庚　丁　勇（9月任）

常委　张贵林　付兆庚　丁　勇
张　永　彭利锋
张兴胜（9月任）
陆晓光（9月任）
闫　中（女，9月任）
张金玲（女，9月任）
金秀斌（12月任）
陈国才（12月免）
赵潮英（女，7月免）
刘群立（9月免）
郑伟革（12月免）
李世栋（9月免）

区人大常委会主任　罗　斌（12月免）
陈国才（12月任）

副主任　郑伟革（12月任）
许　彪　何　渊
李　伟（12月任）
张　焱（女，不驻会，12月任）
韩生辉（12月免）
谭　杰（12月免）
李　轶（女，不驻会，12月免）

区长　张贵林（4月免）
付兆庚（4月任副区长、代区长，12月任区长）

副区长　彭利锋（12月任）
张兴胜　杨雄华（11月任）
赵北亭（11月任）
张翠萍（女，12月任）
王　涛（12月任）
庆兆珅（女，满族，10月任）
陈国才（12月免）
张　永（12月免）
陈卫东（10月免）
李　昕（女，10月免）
张满仓（12月免）

区政协主席　张　冰（女）

副主席　张满仓（12月任）　冯　飞
高连发　野京城（不驻会）
顾慈阳（不驻会）
安长生（不驻会，12月任）
张乐春（12月免）
孙善民（不驻会，12月免）

区纪委书记　赵潮英（女，7月免）
闫　中（女，9月任）

区委农工委书记、区农委主任　耿新民

门头沟区乡镇党政正职领导

	党委书记	镇　长
潭柘寺镇	占永谦	丁章春
永定镇	王　涛	周　杨
龙泉镇	刘军生（5月免） 亓建军（6月任）	张　伟（女）
军庄镇	付军利（女）	刘甫通（11月免） 娄相峰（11月任）
妙峰山镇	曹子扬	姜春山
王平镇	韩兴无	朱　凯（11月免） 刘甫通（11月任）
雁翅镇	亓建军（6月免） 孙东宇（6月任）	张书军
斋堂镇	杨少培	谢晓东
清水镇	贯卫东	崔兴珠

（门头沟区农委　符乃清）

房 山 区

综 述

房山区设办事处1个、街道办事处4个、乡6个、镇14个，有居委会123个、村委会459个。2016年年末，全区常住人口109.6万人，比上年末增加5万人。其中，常住外来人口28万人，占常住人口的26%。常住人口中，城镇人口78.4万人，占常住人口的72%。常住人口密度为每平方千米550人，比上年末增加24人。2016年年末，全区户籍人口81.3万人，比上年末增加1.3万人，增长2%。5年来，全区常住人口年均增加2.58万人，年均增长2.5%；常住外来人口年均增加1.32万人，年均增长5.5%。

2016年，全区地区生产总值（GDP）实现593亿元，比2015年增长6.7%。2016年全区地区生产总值比2011年增长42.6%；5年来，全区地区生产总值年均增长7.3%。全区财政收入93.7亿元，比2015年下降14.3%。其中，一般公共预算收入53.7亿元，增长7.1%；政府性基金预算收入39.7亿元，下降32.8%。2016年全区一般公共预算收入比2011年增长54.3%，一般公共预算支出比2011年增长91.8%；5年来，一般公共预算收入和一般公共预算支出累计分别达到234.5亿元和820.8亿元，年均分别增长9.1%和13.9%。2016年，全区区域税收完成235.7亿元，比2015年下降2.9%。其中，房山地区完成137.6亿元，增长25.1%；燕山地区完成98.2亿元，下降26.1%。农村居民人均可支配收入19 161元，增长9.2%。农村居民恩格尔系数为28.5%，与上年基本持平。

城乡发展一体化

【概况】2016年，房山区统筹城乡发展，坚持建管并重，城乡一体化迈出新步伐。制定提升城市规划建设管理水平意见，全面启动国家新型城镇化综合试点建设，城市发展由外延式扩张向内涵式提升转变，户籍人口城市化率60%。城镇建设加挡提速，棚户区改造工作稳步推进，城关街道中心区、河北镇中心区、拱辰街道渔儿沟、长阳镇黄管屯项目相继启动。利用固有资源深化与大企业合作，选取长沟、良乡、青龙湖、张坊、琉璃河、周口店6个乡镇为试点先行区，全面启动特色小镇建设，长沟镇入选首批中国特色小镇。加大城乡结合部治理力度，西潞街道“北五村”改造等项目扎实推进。大力改善群众居住条件，老旧小区改造2.1万户，建成5个新型农村社区，农宅抗震节能改造8.3万户。山区人口迁移建成安置房4 327套，人员安置稳步推进。新城承载力持续提升。基础设施建设累计投资650亿元。大通道和公路主干网建设取得突破，轨道交通房山线并入全市轨道交通网络，燕房线建成并进入动车调试阶段，京昆高速房山段、京良快速路通车，新建改造石夏路、良常路二期、黄良路二期、千榆路等31条道路，全区道路总里程比届初增加167千米。城市交通体系不断健全，优化公交线路60条，篱笆房客运枢纽投入使用，新增停车位5万个，投放电动出租车400辆、公共自行车3 300辆，实施5项重点路段疏堵工程。城市运行保障能力稳步提高，建设7座集中供水厂、9座污水厂，建成污泥处置中心。老旧小区天然气改造4 534户，铺设市政天然气管线60千米，全区集中供热率达76%。供电设施同步跟进，累计实施351项工程。城乡管理迈向精细化。完成市级环境建设项目20项，重拳治理城市顽疾，新城街区环境持续改观。启动循环经济产业园和建筑垃圾资源化项目，垃圾分类达标小区达103个，被评为全国生活垃圾分类示范区。智慧城市建设取得新成效，经济信息港项目获中国城市信息化服务创新奖，长阳镇列入第二批国家智慧城市试点。村庄环境整治、农业面源污染治理成效显著，农村污水处理率、清洁能源利用水平不断提高，韩村河村被评为“全国美丽乡村”，窦店村等11个村被评为“北京最美乡村”。

【房山区被批准为农村产业融合发展试点】10月，经国家发改委批准，房山区被列为国家农村产业融合发展试点。结合经济社会发展实际，房山区立足“创新、协调、绿色、开放、共享”新发展理念，围绕“产城融合发展型”的房山区新型城镇化的特征和要求，优化农村产业与空间布局，发挥乡镇统筹利用集体建设用地的体制优势，推进城乡社会结构转型，缓解人口资源环境矛盾的大城市病，全面提升城市化和城镇化质量。

【2个村被评为“北京最美的乡村”】 10月，市委农工委发布2015—2016年“北京最美的乡村”评选结果，房山区周口店镇黄山店村、蒲洼乡东村获此殊荣。

【房山区获“全国休闲农业与乡村旅游示范县”称号】 11月，农业部公布2016年全国休闲农业和乡村旅游示范县认定名单，房山区名列其中。

【两园区获“全国五星级休闲农业园区”称号】 11月，农业部社会事业发展中心公布了《2016年全国十佳休闲农庄、中国最美休闲农庄、星级示范企业创建名单》，房山区“中粮智慧农场、莱恩堡酒庄”获得“全国五星级休闲农业园区”称号。

【推进国家新型城镇化综合试点建设】 12月，房山区编制完成《北京市房山区国家新型城镇化综合试点建设实施方案》，指导试点建设。“十三五”时期，房山区坚持整体推进和重点突破，以就地就近城镇化为主，以特色小城镇建设为核心，采取“新城城市化＋乡镇特色化＋新农村社区化”相结合、相带动的试点建设模式，并提出选取长阳、良乡等6个基础较好、特色鲜明的区域作为试点先行区，努力破解城乡二元结构城镇化建设难题，加快形成高端引领、创新驱动、绿色低碳的新型城镇化发展格局。

减　煤　换　煤

【概况】 2016年，房山区实施农村地区“减煤换煤、清洁空气”行动，坚持城市化改造上楼一批、拆除违建减少一批、炊事气化解决一批、城市管网辐射一批、优质燃煤替代一批的“五个一批”的方式，全面落实“减煤换煤清洁空气”行动各项工程。在城乡结合部地区实施“煤改电”“煤改气”工程实现“无煤化”，同时继续推进优质型煤替代，实现优质型煤全覆盖。筹集市、区资金，重点抓好“煤改电”“煤改气”的“百村无煤化工程”。确定在农村12个乡镇74个村38 745户实施“煤改电”工程，在5个乡镇31个村1.5万户实施“煤改气”，以逐步改善群众使用清洁能源取暖的需求。在半山区、山区确定液化气单体入户取暖试点，涉及宅院200多个，通过试点探索在不同地区因地制宜使用清洁能源取暖的新路径。为确保“减煤换煤、清洁空气”行动实施工作顺利完成，坚持以“整村推进、区域覆盖、因地制宜、分步实施”的工作原则，坚持组织保障到位、统筹协调到位、服务落实到位，政策宣传引导到位，采取措施全力做好农村地区“减煤换煤、清洁空气”行动实施工作。精心谋划，强化管理，组织保障到位。为进一步做好“减煤换煤、清洁空气”行动实施工作，成立减煤换煤领导小组办公室专职此项工作。2016年，区减煤换煤领导小组提早入手，制定并下发了“减煤换煤、清洁空气”行动实施方案等文件，召开会议部署工作。为防止工作出现漏洞，制定工程管理细则、财务管理细则等措施，实行审计跟踪、安全监理，建立政府督查、效能监察，使工程项目开展、资金使用、招投标等每个环节按照“依法、公正、公开、公平”原则开展工作。对于挪用、滞留、虚报、冒领、骗取财政专项资金等违法行为，发现一起，处理一起，绝不姑息。强有力的组织保障为减煤换煤工作保驾护航。精细摸排，狠抓落实，统筹协调到位。对全区所有涉及“减煤换煤、清洁空气”行动计划的村户实行拉网式排查，对农民用燃情况、取暖设备的选择等情况进行摸底，做到底数清、情况明、数字准，为改电、改气工程开展提供准确依据；与乡镇签订落实项目责任书，保证工程顺利实施；制定减煤换煤领导小组成员单位联席会议制度，研究解决全区减煤换煤工作中的重大问题，统筹协调相关部门职责分工，确保各项工作有人牵头，有人落实，有人监管，环环相扣，不留死角；加强与房山区新能源协会的联系，为新能源使用提供技术支撑。精准发力，加大补贴，服务落实到位。在原有相关政策基础上，房山区出台多项支持政策，在全市区县中补贴力度最大。“煤改电”“煤改气”资金投入加大，在统一补贴的基础上，增加了改电、改气入户线网改造和取暖设备的补贴。加大用煤和炉具补助力度。补贴政策减轻了农民负担，有效地调动了农村居民减煤换煤的积极性，推动劣质燃煤治理工作的开展，确保“煤改电”“煤改气”改得起，用得上，不反弹，让农民得到实实在在的实惠。精益求精，创新思路，政策宣传到位。充分利用区内广电中心等各种媒体资源，制作专题片、设立专题板块，提高广大农户对减煤换煤工作的知晓率；以会代训，宣传政府对用电、用气的各项补贴政策，普及电、气取暖设施、设备以及燃煤炉具的使用技术；下户宣传，为村民进行煤改清洁能源产品选择知识普及，引导村民选择适合自己的取暖方案；与房山区新能源协会密切配合，制作宣传材料下发基层单位。强有力的宣传指导为减煤换煤工作营造了良好的思想舆论环境。

【房山区成立专职机构助推减煤换煤工程】为做好“减煤换煤、清洁空气”行动实施工作，房山区按照“五个一批”的总体要求，加强领导、突出重点、全面推进，坚持“整村推进、区域覆盖、因地制宜、分步实施”的原则，全力推进减煤换煤各项工作有序开展，为促进农村地区环境改善和建设生态宜居示范区做出贡献。专门成立减煤换煤领导小组办公室，由一名区领导挂帅，从各部门抽调32名骨干力量，专职此项工作；制定并下发实施方案，针对以往煤改电、煤改气工作中遇到的困难和问题，以入户调研，召开村干部座谈会、乡镇（街道）干部片会等形式，研究制定《房山区2016年农村地区“减煤换煤、清洁空气”行动实施方案》和实施细则，提出适合房山区的具体操作措施。各项补贴资金预算基本落实，房山区已将减煤换煤资金纳入预算，共安排专项资金10亿元。蓄能式取暖器在市补贴2 200的基础上提高到1.2万元；空气源热泵在北京市补贴1.2万元的基础上提高到2.6万元；燃气取暖壁挂炉在市补贴2 200元基础上提高到2.2万元；优质型煤在市财政补贴200元/吨的基础上提高到530元/吨；炉具更换根据采暖面积的不同，给予1 800元至3 500元的补贴；燃煤配送费由原来的25元/吨提高到40元/吨；同时，增加农村居民用电、用气的补贴，对使用电取暖的居民，在享受峰谷电价补贴的基础上，给予500元补贴；对使用燃气取暖的居民，给予500元至2 000元的补贴。强化监管，确保安全，建立联席会议制度。排出时间表，做到倒排工期，周有通报，月有报告；建立煤改电、煤改气农村居民户台账、档案，登记线路施工、配电设备、取暖设备采买等各项明细。同时，建立联席会制度，明确成员单位分工，对项目工程实施以及项目资金的预算、拨付、使用、管理实行全过程监管，形成“部门联动、政策集成、资金聚集、资源整合”的工作格局。

【首次减煤换煤领导小组成员单位联席会议】8月2日，房山区减煤换煤领导小组成员单位联席会议在区政府应急指挥大厅首次召开，区人大副主任、区减煤换煤办公室主任孔庆远等领导出席会议，来自区研究室、区财政局、区质监局等35家减煤换煤领导小组成员单位负责人参会。联席会旨在加强部门间的协调配合，促进工作的制度化、规范化以及决策的民主化、科学化，及时调度、安排、研究、处理减煤换煤重大问题，及时交流和沟通思想，统一行动，提高工作效率。会上，区农工委领导通报了2016年农村地区减煤换煤重点工程进展情况以及下一阶段主要工作。会议要求：要按照联席会议制度，每月召开一次；成员单位要按照职责分工，主动研究涉及减煤换煤工作的有关问题，随时上报工作情况；各成员单位之间要互通信息，相互配合，形成合力，充分发挥联席会议作用。会议一同下发《房山区2016年农村地区减煤换煤工作实施细则》《房山区农村地区减煤换煤领导小组成员单位联席会议制度》等相关文件。

【“煤改电”“煤改气”工作推进会】9月6日，房山区委常委、常务副区长吴会杰主持召开煤改电、煤改气工作推进会，传达市领导关于减煤换煤工作的讲话精神，听取减煤换煤工作总体进展情况，并对房山区煤改电、煤改气工作作出重要指示。涉及煤改电及煤改气的14个乡镇行政正职参加会议。区人大常委会副主任孔庆远、政府副区长卢国懿，政府副区长童书玮出席会议。

【全力开展减煤换煤工作】9月12日，房山区召开减煤换煤工作推进会，23个乡镇（街道）主管领导参加会议。会议分析了房山区减煤换煤、清洁空气行动面临的严峻形势，解读部分相关政策，要求各乡镇加大人员配备，及时跟进工作进展，提高效率，紧抓落实，按时完成各项工作。加强宣传工作，首先要从政治高度大力宣传减煤换煤、煤改电、煤改气的计划、意义、目的；其次要加大政策宣传，此次减煤换煤、清洁空气行动政府惠民政策多、补贴力度大，要将政策宣传到每家每户；再次，要宣传设备选型方法，将不同类型设备的优缺点逐一展示，保证百姓选择科学合理的设备类型。组织机构到位，各乡镇、村要建立包村、包户领导机制，做到村村有人负责，户户有人负责，按照工作量配备相应人员，不分节假日，随时负责相关工作。加强各项保障措施，各乡镇要全过程服务到位，积极协调百姓与企业，做好准备工作与接洽工作；全力配合煤改电、煤改气工作，各乡镇要讲究方法，俯下身子，查明情况，倒排工期，及时解决问题，化解矛盾，确保10月20日完成各项工作。

【房山区与取暖设备供应企业签订购销合同】9月18日，房山区政府采购中心、区新农村办分别与28家空气源热泵企业、4家煤炭企业、2家兰炭企业及6家炉具企业签订购销合同。至此，房山区煤改电工程将进入入户施工和设备安装阶段。据了解，中标企业与乡镇对接采取划片的方式，每家企业本着安装至少700台的标准，3家至5家企业包1个乡镇，每个乡镇安排1～2个备选企业，确保入户安装任务在取暖季到来之前圆满完成。同时，为确保工程质量，采用3天一报告、7天一汇总、10天一调整的方式，统筹协调各企业工程进度，保证按时完成设计安装工作。

【"煤改电"宣传服务周活动启动】11月14日，国网北京市电力公司在房山区青龙湖镇常乐寺村举行国家电网首都电力共产党员服务队"煤改电"服务站的揭牌仪式，标志着国网北京市电力公司"煤改电"宣传服务周活动在房山正式启动。国网北京市电力公司副总经理安建强、区人大副主任孔庆远、国网北京房山供电公司经理李臻等领导出席仪式。据了解，此次活动从11月14日起至18日止，开展为期一周的"煤改电"宣传。2016年，在区委区政府主导和各乡镇街道的支持下，国网北京房山供电公司全面完成房山区75个村、3.2万余户的煤改清洁能源建设目标，全面服务保障全区"煤改电"用户冬季采暖用电安全。活动中，以分发宣传材料和现场咨询的形式向常乐寺村民进行了煤改电的宣传。同时，还建议"煤改电"用户下载"掌上电力"APP软件，绑定自己的客户编号后，可以准确了解用电情况，并网上购电，使村民做到用电心中有数，购电方便快捷。

【"煤改电"应急演练】11月16日，为应对房山区"煤改电"村大面积断电故障，房山区减煤换煤办公室协同区电力应急指挥部、国网北京房山供电公司及阎村镇等单位，在阎村镇二合庄村首次开展2016年度冬季"煤改电"应急演练，全面考验房山区对"煤改电"村突发断电故障的反应速度及处置措施。区人大副主任、区减煤换煤办主任孔庆远，国网北京房山供电公司经理李臻，区农委主任、区新农村办副主任、区减煤换煤办副主任刘宝忠等领导坐镇指挥。据了解，此次演练活动采用桌面推演、实地抢修、数据传输等方式，通过故障报备、故障排查、发电车临时供电、线路抢修等环节，全面演示"煤改电"线路故障抢修的整个流程。供电公司负责全面协调，与抢修现场及时联系、果断处理，在最短时间内完成故障抢修任务，保障"煤改电"用户采暖用电不受影响。

【开展保障减煤换煤工程】年内，房山区为做好"减煤换煤、清洁空气"行动计划实施工作，加强各部门间的协调配合，促进工作的制度化、规范化以及决策的民主化、科学化，制定了联席会议制度、周例会制度和督查制度，确保全区减煤换煤工程实施。建立房山区减煤换煤领导小组成员单位联席会议制度，35家成员单位按照职责分工，研究审议全区减煤换煤工作中的重点和难点问题，提出解决方案，建立长效工作机制，组织联合专项执法行动，预防、打击使用劣质燃煤等违法行为，维护环境安全。建立减煤换煤周例会制度，区减煤办与区供电公司、燃气公司加强信息沟通与交流，建立每周例会制度，及时解决减煤换煤工程在立杆、架线、管道铺设过程中遇到的占地、穿道、过林等难题，做到一事一议，确保各项工程的实施。建立督察制度，区督查室、区大气办、区发改委全程跟踪减煤换煤工程进度和政策制定，多次组织劣质燃煤清理工作，确保政令畅通，合法合规开展各项工程。房山区被环保部列为"月调度"督查对象，通过各项督查，使办公室各项工作责任到人，做到事事有人承办、有人负责，提高工作效率，保障各组按规定依法办事。

【搭建清洁能源设施管护平台】年内，为全力保障房山区农村地区"煤改电""煤改气"等新能源设施的安全稳定运行，房山区减煤换煤办委托房山区新农村能源技术综合服务站建立后期服务平台，全权负责取暖设备中标企业所有设备安装、调试及设备的维护、保养和排除故障等后期服务工作，采取措施全力保障房山区农村居民取暖设备正常运行。强化质量把控，由12名专业技术人员组成的4个质量督查组，全程介入采暖设备安装、运行全过程质量监督和技术指导，发现问题及时与企业沟通进行整改和完善。建立服务热线，设立2部服务热线电话，由专人负责，24小时值守，接到报修和服务电话立即组织企业上门服务，及时解决问题。建立在线监测平台，与北京市计算中心合作，安装远程数据采集设备，对电、气取暖设备运行状况和运行效果实施抽样监测，对设备性能、每日运行情况、进回水温度、能耗情况、能效比等各项数据进行采集、分析、汇总。制定应急预案，与中标企业签订售后服务协议，明确责任，要求中标企业在接到用户或服务平台报障信息后，30分钟内做出回应，1小时内到达故障现场，4小时内完成故障排除。做好设备检测，委托北京市专业检测机构对设备质量、性能进行全面检测，确保设备质量。

农村经济发展

【概况】2016年，房山区北京农业生态谷中粮智慧农场建成开园，7大板块集成27项行业领先技术；酒庄葡萄酒产业加速迈向国际化，青龙湖、张坊两大主产区渐成规模，全区签约酒庄33家，酿酒葡萄种植2.1万亩，产值8.3亿元，惠及农民近万户，举办北京房山国际葡萄酒大赛。休闲旅游业各具特色，石楼景观农业、周口店红叶节、大石窝佛文化、河北户外运动、十渡山水农家、大安山山地运动、霞云岭红色旅游、史家营养生度假等备受市民青睐。围绕生态、治河、增绿、建园实施“两个100亿工程”。投入百亿元系统治理16条河道，实行“河长制”管理，启动8条黑臭水体整治。投入百亿元打造林田园，平原造林16万亩，山区造林营林79万亩。建成景观农田2万亩，登山步道38条。建成万亩滨水森林公园、青龙湖森林公园一期、兰花文化主题公园等35家公园，新增城市公共绿地221公顷。

【房山区、涞水县森林防火工作联防会】2月2日，房山区与河北省涞水县2016年度森林防火工作联防会在房山区园林绿化局召开。房山区园林绿化局与涞水县林业局签署2016年度森林防火工作联防协议。

【首次种植羊肚菌成功】2月，房山区首次引进种植的羊肚菌栽培成功。依托北京市农业技术推广站，区种植中心农科所在琉璃河镇石村海龙食用菌种植基地首次试验种植羊肚菌，引进3个优良羊肚菌菌株。2015年12月播种，经过70多天的精心栽培，于2016年2月中旬出菇，长势良好，10余天就能够采摘。羊肚菌，其菇体上部呈褶皱网状，既像个蜂巢，也像个羊肚，因而得名，是一种珍稀的食、药两用真菌，被收录在李时珍《本草纲目》中，羊肚菌“性平、味甘”，具有益肠胃、消化助食、化痰理气、补肾、壮阳、补脑、提神之功能。

【生猪全链条可追溯标签项目启动】3月2日，房山区生猪可追溯标签项目开始实施。房山区生猪屠宰企业——北京燕都立民屠宰有限公司安装溯源设备，严格履行把关作用，对无全链条可追溯标签进厂的生猪，视情况一律拒收。在窦店、琉璃河公路动物防疫监督检查站试点安装标签扫描设备，加强对供京生猪查证、验物、车辆消毒和签章准入，按照“预防为主、风险管理、严格准入、强化监管”的原则，对检查结果不符合要求的，不予签章准入。

【房山区获“第二届北京草莓之星”评选活动五星奖】3月9日，来自京郊53家草莓种植园的参赛“选手”，经过本区农业部门筛选、推荐，评选出符合农产品安全生产标准，并具有一定采摘接待与生产辐射带动能力的园区。参赛草莓样品101个，包括51个草莓果品、30个新品种、12个草莓包装和8个深加工产品。房山区推举3个园区参加果品和创意产品2项区域的评选，参赛果品品种为红颜，创意产品是草莓酱。经过激烈的角逐，房山区的北京中天洋森农业科技发展有限公司赢得“五星奖”，北京龙乡杰合鹏种植中心不仅获“优秀奖”，还赢得“加工创意展品奖”。

【设施蔬菜园区高效节水改造项目启动】3月11日，区农业局联合区水务局、区种植业服务中心召开设施蔬菜园区节水改造座谈会。整合3个部门的资源优势，建设惠欣恒泰、中天洋森等5家设施蔬菜高效节水示范园区，3个单位联合推动项目启动。会议首先参观北京慧田蔬菜种植专业合作社蔬菜生产情况，特别是2015年实施节水改造后的节水效果，为2016年开展节水改造的基地提供借鉴。会上，各基地介绍生产情况及改造需求。区水务局、区种植业服务中心领导表示根据基地提出的节水改造需求完善方案，在项目开展过程中扬长避短，力争使改造后的节水设备及节水技术能最大限度地服务于基地的蔬菜生产，提高生产效率。

【农产品质量安全信息化监管平台建设项目启动】3月，区农业局启动农产品质量安全信息化监管平台建设项目，该项目投入资金590万元，探索农产品质量安全信息化监管工作模式，构建房山区区级、乡镇和生产基地三级农产品质量安全信息化监管系统，通过相关软件开发和硬件设备配备，实现三级信息数据的实时传输，实现了对农产品生产与流通全过程的监管，逐步实现农产品质量安全监管数字化、信息化和便捷化，进一步提升农产品质量安全监管水平。项目已完成37家种植养殖基地和30家农资经营店的建设任务。

【国家酿酒葡萄综合标准化示范区项目通过验收】4月12日，国家酿酒葡萄综合标准化示范区项目通过考核和验收。该项目推动了房山区酒庄葡萄酒产区标准化体系建设，促进了产业健康发展。

【清理河道违法网具专项行动】 4月19日，为保护野生渔业资源，维护自然水域生态环境，区农业局渔政站联合区水务局水政监察大队对拒马河流域开展了“清理河道违法网具专项行动”。此次行动，出动渔政、水政执法人员9人次，执法车3辆。检查中，执法人员发现违法捕捞工具地笼400余米，均打捞上岸并就地销毁，渔获物当场放生。同时，还向周边村民进行相关法律法规的宣传，提高了村民知法、守法意识。

【中草药防治鱼病技术推广】 4月25日，区农业局水产技术推广站开展“中草药”防治鱼病技术推广工作。有关技术人员在石楼镇、琉璃河镇、河北镇、窦店镇等发放中草药制剂共计400千克，推广面积645.5亩。并对中草药的使用方法进行讲解，下发使用说明。应用中草药制剂可有效预防鱼病发生，降低水环境污染，减少换水量，达到节水目的。此项技术的推广能够引导养殖户科学用药，增强无公害用药意识，有效保障水产品质量安全。

【保护野生动物宣传月宣传活动】 4月26日，由北京市园林绿化局主办，房山区园林绿化局和十渡镇政府联合承办的2016年“爱鸟周”“保护野生动物宣传月”宣传活动暨“爱鸟人家”授牌仪式在房山区十渡镇举行。北京市园林绿化局与房山区园林绿化局、十渡镇相关领导，十渡镇各村代表、野生动物保护志愿者及社会各界爱鸟人士100余人参加此次活动。

【林下中草药除草剂筛选试验】 4月27日，房山区植保站开展林下中草药除草剂筛选试验。试验在石楼镇草根堂中草药种植基地进行，主要针对林下中草药草害发生地块进行试验，本次试验使用不同除草剂防治阔叶性杂草，查看防治效果的同时对林下中草药进行药后检测，保证中草药品质的同时筛选出高效的除草药剂。同时，还为基地提供生物、植物源杀虫剂以及物理防治杂草的黑色地膜，并与基地负责人交流在种植中草药过程中病虫害发生情况。

【新增3家市级农业产业化重点龙头企业】 5月4日，北京市农业产业化工作会在首农香山会议中心召开。会议系统总结了全市2015年农业产业化工作开展情况，公布了北京市第四批农业产业化重点龙头企业评定结果，房山区北京首诚航天农业生物科技有限公司、北京德润通农业科技发展有限公司、北京琦彩鸿农业发展有限公司3家企业获得市级龙头企业认定。

【渔业微生态制剂应用推广】 5月12日，区农业局水产技术推广站在石楼镇吉羊村“北京现代渔业创新园”举办微生态制剂应用现场会，旨在宣传节水养殖技术，提升养殖户节水意识，促进房山区渔业健康、可持续发展。相关技术人员现场讲解微生态制剂的作用原理和使用方法，并现场演示、答疑解惑。会后，为石楼镇、琉璃河镇、窦店镇、十渡镇的40家养殖户发放微生态制剂250千克，推广面积约1 250亩。

【房山区太行山绿化三期工程春季造林完工】 5月16日，房山区太行山绿化三期工程人工造林2万亩主体任务完工，栽植油松、华北落叶松、侧柏、白桦、黄栌、元宝枫、山杏、栓皮栎、核桃等各类苗木148万株。

【兽药“二维码”溯源管理】 5月16日，区农业局动监所召开兽药行业二维码追溯体系培训会。培训会上，授课老师对《兽药管理条例》《中华人民共和国农业部公告 第2210号》等法律法规进行解读，并要求4家兽药生产单位在规定时限内完成兽药产品的赋码、扫码，及时、准确上传产品信息。会后，执法人员现场指导养殖者，如何通过手机APP扫描兽药包装上“二维码”，以辨别真伪及查询产品相关基础信息。

【2016年农业部水产品抽检工作完成】 5月24日，按照农业部有关2016年国家产地水产品质量安全监督抽查工作部署，农业部水产种质监督检验测试中心（江西分中心）对房山区进行产地水产品质量安全抽样检测，市、区渔政站执法人员一同参加抽检工作。本次抽检范围涉及房山区5个水产养殖单位，现场抽取10个样本，其中草鱼样本4个、鲤鱼样本6个，抽检人员将每个样本分成正、副样本，分别为检测样本和备检样本，每个样本由抽检人员、渔政执法人员和养殖单位负责人签字后现场封存备检。

【兽用疫苗专项整治】 5月24日，区动监所开展全区兽用疫苗专项整治活动。此次专项整治活动实行属地管理，针对本辖区内兽用疫苗经营企业、动物诊疗机构及规模养殖企业进行拉网式排查。执法人员通过查看养殖档案、疫苗仓库、仓储设备及疫苗购进发票和使用记录等，检查企业是否存在经营无产品批准文号、走私进口、过期失效疫苗和“自家苗”，或无兽药经营许可证、超范围经营疫苗等违法行为。未发现兽用疫苗在经营中有如上违法行为出现。

【农资打假专项治理】 5月，房山区开展农资打假专项治理行动。通过严格市场准入、加强市场监管、加强质量监督抽检、强化案件查处、开展放心农资下乡进村、建设诚信责任体系、推进社会共治七项工作，加强对重点品种、重点时段、重点区域、重点对象的监管力度，实现农资生产经营单位现场检查覆盖率达到100%，重大假劣农资案件查处率达到100%，假劣农资投诉举报案件查处率和反馈率达到100%，上级督办案件查处率达到100%，涉嫌犯罪案件移送率达到100%。此次行动以坚持“标本兼治、打防结合、属地管理”为原则，通过对兽药、饲料和饲料添加剂等行业的管理，着力构建农资监管的长效机制，提升农资打假工作能力水平，推动农资市场秩序持续好转。

【窦店村二农场小麦亩产673.8千克】 6月17日，房山区种植中心农科所邀请北京市农业技术推广站专家对窦店镇窦店村二农场的小麦进行实收测产，该籽种示范田经收割机实收测产3.525亩，平均亩产673.8千克，仅次于2014年创造的历史最高纪录681.8千克，也是北纬40°地区小麦单产历史第二高。窦店二农场面积253亩，在市农业技术推广站与房山区农科所两级推广部门专家的指导下，从种到收，应用了精细整地、冬季镇压、喷灌施肥、一喷多用等节水轻简技术，节省了成本；同时，应用田间去杂技术，打造高标准籽种繁育田，出售籽种，以增加产值。成熟时，麦田里穗层整齐，在京津冀籽种推介会上受到河北多地种子企业的青睐。窦店二农场的小麦籽种生产，实现节本、高产、高附加值并重，为房山区小麦生产树立了节本增效的典范。

【优质锦鲤养殖推广】 6月，为推进观赏鱼产业发展，促进休闲渔业功能，区农业局水产技术推广站引进锦鲤水花100万尾，分别在石楼镇、窦店镇、琉璃河镇开展养殖推广工作，并定期深入养殖场提供技术指导。区水产技术推广站结合养殖户需求和市场状况，与北京市观赏鱼创新团队开展合作，引进推广优质锦鲤苗种，逐步形成本地区特色的养殖品种，提升观赏鱼产业经济效益，为房山区休闲渔业发展奠定基础。

【一例行政处罚案卷获农业部典型案件】 7月6日，农业部办公厅下发《关于2015年度查处兽药违法行为典型案件的通报》，对2015年度兽药违法行为查处工作成绩突出的兽医管理部门予以通报表扬，“房山区农业局查处××种猪有限公司使用假兽药案”位列其中。区农业局动物卫生监督所自2009年成立以来，认真履行兽药监管职责，严格贯彻落实《兽药管理条例》及农业部公告第2071号中从重处罚要求，加大兽药监督执法力度，从重处罚触及红线、底线的违法行为。截至2016年共查处兽药违法行为15起，罚没款金额共计11万元，销毁假劣兽药258.5千克。

【生态浮床技术推广】 7月，区农业局水产技术推广站在石楼镇、良乡镇、窦店镇推广“生态浮床治理池塘富营养化”技术，应用面积960平方米，栽培空心菜、千屈菜、美人蕉、水生鸢尾等水生蔬菜、花卉3.5万株。

【释放生物天敌防治玉米螟现场会】 7月25日，房山区植保站在窦店镇窦店村开展释放生物天敌防治玉米螟现场会，技术人员现场向农户讲解赤眼蜂投放方法，再次上演“以虫治虫”。现场会后，在窦店镇、琉璃河镇、石楼镇等8个玉米主要种植乡镇开展统防统治，共释放5亿头松毛虫赤眼蜂，有效控制区内二代玉米螟发生危害，同时减少农药使用量。

【生鲜乳专项整治】 8月19日，区动监所开展为期20天的生鲜乳专项整治行动。严格遵守《动物防疫法》《乳品质量安全监督管理条例》等法律法规，专项行动以规模养殖场及生鲜乳运输车辆为检查重点，采取日常检查、不定期巡查、监督抽查等监管方式，对11家规模奶牛养殖场的基础设施、人员资质、规章制度、档案记录、防疫条件、免疫情况、卫生条件、检测手段、运输车辆的驾驶员资质、车辆运载能力、运输范围、冷藏、卫生条件等方面进行监督检查和指导。此次专项整治行动，共出动执法人员40人次、车辆15台次，检查规模奶牛养殖场11家、生鲜乳运输车14辆，养殖场和运输车辆检查覆盖率达到100%。养殖及运输车辆抽检生鲜乳32批次，监测合格率达100%，未发现有非法添加违禁物质行为，生鲜乳质量安全总体良好。

【屠宰企业“瘦肉精”专项风险监测】 8月25日至9月15日，房山区开展为期20日的屠宰环节“瘦肉精”风险监测工作。对北京燕都利民屠宰有限公司、北京卓宸清真食品有限公司、北京窦店益生清真食品有限公司进行现场采样，共采集待宰生猪、牛、羊尿样 900 份，重点对“瘦肉精”3 项盐酸克伦特罗、莱克多巴胺、沙丁胺醇实施了官方检测。通过检测，样品合格率为 100%。指定专人作为专项监督检测联络员，将此次检测结果上报市级动物卫生监督部门。

【2015 年度基本菜田蔬菜生产补贴工作会】 8 月 30 日，房山区召开 2015 年度基本菜田蔬菜生产补贴工作会，副区长卢国懿及区农委、区农业局、区财政局、区种植业服务中心主要领导出席会议，23 个乡镇的主管领导及农业科科长参加会议。会议通报了全区 2015 年度基本菜田蔬菜生产补贴工作情况，传达了北京市“两田”补划会议精神。会议强调，2015 年度全区共申报菜田补贴面积4.1万亩，其中，露地菜田 2 万亩（含蔬菜工厂化折合面积），设施菜田2.1万亩，覆盖全区 20 个乡镇 400 余个村，补贴资金2 215.2万元，惠及全区广大蔬菜生产者。会议指出，与建设任务相比，房山区 2015 年“两田”上图面积还存在亏缺，根据全市统一安排，将全面启动补划工作。各乡镇要提高认识，克服困难，完成 10 万亩粮田和4.8万亩菜田的划定任务，守住宝贵的农业生产空间。副区长卢国懿就相关工作提出具体要求。

【秋季动物防疫工作完成】 9 月初至 10 月中旬，房山区开展秋季动物防疫工作。完成禽流感、口蹄疫等 7 种重大动物疫病强制免疫118.47万只（头、羽）次，开展新城疫、猪丹毒等指导性免疫133.71万只（头、羽）次；加强动物疫病科学监测，随机采集畜禽血样6 019份进行疫病监测，对监测不达标的场（户），及时下发补免通知单督促其进行补免，秋防期间共发放检验报告 135 份、补免通知单 87 份；开展流行病学调查，实地走访养殖户2 120 个，查看奶牛1.2万头、猪16.8万头、羊6.9万只、禽类38.4万羽，出具流行病学调查报告1 322份；积极开展养殖环境治理，技术人员对辖区内7 772 个养殖场（户）开展集中消毒，共发放消毒药 4 种、9.3吨，消毒面积1 903.2万平方米，进行统一灭鼠，共计发放鼠药溴敌隆 910 千克。

【房山区创建全国农产品质量安全县工作通过农业部核查】 9月 14 日，市农业局总农艺师陶志强带领农业部、北京市农业局的 11 名专家到房山区核查创建全国农产品质量安全县工作。副区长卢国懿及区农委、区农业局、区种植中心、区食药、区质监局主要领导参加会议。考评组一行首先对房山区区级农产品监测站、泰华芦村种植专业合作社等单位进行现场检查，随后听取区农业局的创建工作汇报。听取汇报后，考评组查阅档案材料，并针对具体问题进行了质询；第三方机构宣布群众满意度调查结果；市农业局通报房山区 2015 年农产品抽样综合检测结果。经过考评组严格核查，对房山区农产品质量安全工作给予肯定，认为房山区监管体系健全，监管制度机制基本完善；地方政府属地管理责任和生产主体责任落实到位；农业投入品监管、质量安全监测、质量安全执法等工作措施扎实有效，形成具有房山特色的农产品质量安全监管模式。房山区考评的所有关键项均符合要求，考核总分为97.6分，专家组一致建议通过全国农产品质量安全区县核查。

【新增 2 个北京都市型现代农业（高效农业）示范创建乡镇】 9 月，北京市农委公布了第三批创建北京都市型现代农业（高效农业）示范乡镇名单，房山区大石窝镇、周口店镇获得该项称号。

【2016 年“一带一路”国际葡萄酒大赛】 10 月 8—12 日，2016 年“一带一路”国际葡萄酒大赛在房山区举办，大赛覆盖全球 40 个国家和地区，有 30 个国家的 60 名葡萄酒专家担任评委，来自全球的 1 000余款酒品参加比赛，130 家酒庄、45 个葡萄酒产区、500 余款葡萄酒参展，同期举办了 40 场高端论坛。

【房山区“秋收”工作结束】 截至 10 月 9 日，房山区“秋收”工作结束，11.1万亩的秋收任务全部完成。秋种面积3.06万亩。在 2016 年“秋收”生产中，房山区种植中心积极组织技术人员深入乡镇指导种植户做好收、种工作，共投入优质小麦种子 70 万千克，各种化肥1 050吨，秋播小麦杀菌剂、杀虫剂等拌种农药2.8吨；共投入各类农机具1 100 台件。经过各部门的共同努力，全面完成“秋收”工作既定目标：实现农机生产“零事故”，整个“秋收”安全有序，未发生安全生产事故；完成全区11.1万亩作物收获任务；实现秋季农作物秸秆全面禁烧，秋种实现全部免耕覆盖，保护性耕作面积 100%。

【20 家农业标准化基地通过验收】 10 月 13 日，区农业局、区质量技术监督局、区园林绿化局等单位组成的联合验收组对房山区 2016 年申报的 20 家（其中种植业 12 家、畜牧业 6 家、水产业 2 家）农

业标准化基地的创建情况进行考核验收。验收组依据区级农业标准化基地的建设要求，对各建设单位的组织管理、标准体系建立、标准的贯彻实施等情况进行现场检查，审阅标准体系文本、生产记录等相关资料，听取了项目单位负责人关于项目建设情况的汇报。各基地都建立组织管理责任，制定标准体系，做到生产记录清晰完整，园区环境整洁，验收组同意20家创建单位通过验收。截至2016年，全区有农业标准化基地235家，其中种植业142家、畜牧业71家、水产业19家、其他类3家。

【增殖放流工作结束】11月2日，房山区完成2016年度增殖放流工作，区渔政监督管理站全程负责放流苗种的检查、验收，确保放流苗种质量。本年度增殖放流水域为崇青水库、龙门口水库、龙泉湖等6处水域，共5 000余亩水面，共投放鲢鱼、鳙鱼、草鱼、鲂鱼优质苗种9.1万斤，成活率达到99%以上。整个放流工作在区渔政站的监督检查下，完全依照程序进行，充分保证将优质苗种投放到放流水域。

【房山展团参加第十四届中国国际农产品交易会】11月8日，在云南昆明举办的第十四届中国国际农产品交易会圆满结束。房山展团成果丰硕，现场贸易额达5 700万元（其中贸易成交额3 000万元、意向成交额2 700万元），现场零售额50.2万元。北京德蜂堂健康科技有限公司“德蜂堂”蜂胶液获得本届农交会金奖产品称号。

村镇建设

【房山区被授予“保护森林和野生动物植物资源先进集体”】2月23日，房山区园林绿化局在国家林业局组织开展的“保护森林和野生动物植物资源先进集体、先进个人、优秀组织奖评选活动”中被评为“保护森林和野生动植物先进集体”。北京市园林绿化局代表国家林业局为房山区园林绿化局颁发奖牌及光荣册。

【房山区太行山绿化三期工程春季造林完成】5月16日，房山区太行山绿化三期工程人工造林2万亩主体任务全部完工，共栽植油松、华北落叶松、侧柏、白桦、黄栌、元宝枫、山杏、栓皮栎、核桃等各类苗木148万株。

农村改革与管理

【“房山农经”微信公众号开通】1月13日，房山经管站官方微信号正式开通，公众只需搜索“房山农经”或通过二维码扫一扫即可关注。“房山农经”微信公众号是房山区经管站打造的新媒体宣传平台，立足“信息发布、政务服务、业务互动”定位，紧贴经管工作职能，突出重点、聚焦热点、关注重点，及时、准确地发布经管部门服务农村经济发展、服务农民致富增收、深化农村改革、推进城乡一体化的相关信息。

【新增7家市级农民专业合作社】1月，经专家组评审和市相关部门联合审定，房山区有7家农民专业合作社被评为第四批北京市农民专业合作社示范社，分别是：北京黄土坡种植专业合作社、北京金冠种植专业合作社、北京书平绿圃食用菌专业合作社、北京御蜂堂蜂业专业合作社、北京金利农机服务专业合作社、北京龙乡腾飞种植农民专业合作社联社、北京三岔民俗旅游专业合作社。截至2016年，全区农民专业合作社市级示范社累计达21家。

【2016年春秋两季农民负担监督执法检查】3月和9月，房山区采取乡镇自查为主，区级组织抽查的方式，重点对涉农乱收费、村集体负担、2016年村级公益事业专项补助资金拨付使用情况、一事一议筹资筹劳等工作进行检查。未发现超标收费、乱摊派及乱收费问题。同时发放新一轮的农民负担监督卡。

【农村“三资”监管员任职培训】4月19日，房山区举办农村集体“三资”监管员任职培训班。培训对象主要是各乡镇“三资”监管服务中心新增招的监管员和未参加区经管站组织的任职资格培训的现在岗人员。培训内容涉及农村集体资金、资产、资源监管的相关政策、法规；农村集体资金、资产、资源监管的方法程序及实际操作；农村财务管理、合同管理知识；农村经济审计实务等方面。

【产权制度改革前期调查】4月至5月，区经管站对全区23个乡镇集体经济组织及其所属机构基本情况开展专项调查工作，重点对乡镇级集体经济组织及其所属机构设置、人员、组织登记情况，集体资产的管理与经营状况，集体企业经营规模情况等内容进行调查，5月底完成村集体经济组织成员（股东）台账管理、备案工作。

【农村土地承包经营权确权登记颁证】5月12日，房山区召开农村土地承包经营权确权登记颁证工作电视电话动员会，按照先山区后平原逐个推进的思路，对全区工作进行了安排部署，出台《房山区农村土地承包经营权确权登记颁证工作方案》《房山区农村土地承包经营权确权登记颁证资金管理办法》，成立房山区确权颁证工作领导小组，建立颁证事项会商机制，接受市农委和区人大的检查和指导。年内，全区 18 个乡镇的 258 个村开展这项工作，涉及土地面积 22 万亩。

【2016 年农村管理信息化村级培训】 5 月 23 日至 6 月 3 日，区经管站对 23 个乡镇、466 个村的信息员进行业务培训，培训内容主要包括北京市农村"三资"监管平台和北京市低收入农户建档立卡信息系统的具体应用及操作。

【农村土地承包经营纠纷调解仲裁培训】 9 月中旬，区经管站举办农村土地承包经营纠纷调解仲裁培训班，培训的主要对象是区级仲裁员、各乡镇、街道经管科长和农村土地承包纠纷调解员、合同管理员。培训班对调解仲裁业务、工作能力培养、调解技巧和有关法律法规等内容进行讲解。组织学习《农村土地承包法》《农村土地承包纠纷调解仲裁法》《农村土地承包经营纠纷仲裁规则》等法律法规。听取全国十佳仲裁员刘海亮同志传授的仲裁经验和调解技巧。农业部和市中级法院有关领导，分别从仲裁调解角度和依法办案角度，对土地承包纠纷实际案例进行讲解。

【农民专业合作社财务管理人员培训】 9 月底，区经管站组织全区规模合作社财务管理人员、乡镇辅导员进行合作社规范建设的专题培训。主要对"北京市农民专业合作社综合管理系统"的应用进行讲解并开展实际操作练习，要求市级以上示范社、"五化"建设试点社要逐步使用该系统代替手工记账，力推财务电算化。针对合作社规范发展中现存的问题，安排合作社规范建设重点环节解析及案例分析、如何规范档案管理、各类报表专题解析、经验交流等内容。

【《关于加强农村集体经济审计工作的意见》出台】 11 月中旬，区委办、区政府办印发《关于加强农村集体经济审计工作的意见》(以下简称《意见》)。《意见》以明确部门职责、强化审计发现问题的整改、重视审计结果应用、严肃审计问题移交等为主要内容，在审计的体制机制上有所突破，同时实现审计监督、审计结果应用、执纪问责等方面的常态化。

【5 家市级示范社成为全市合作社信用评价体系首批试点】 12 月 7 日，北京市召开"农民专业合作社信用评价体系建设项目暨首批试点启动大会"，房山区周庄慧田、御蜂堂、书平绿圃、韩继养殖、金立农机 5 家市级示范社成为首批试点。

【农村集体资产"重构"】 年内，区经管站参与西潞街道北三村新经营主体构建设计、特色小镇重点项目的建议及指导；到丰台、通州等兄弟区县交流学习，拓宽对新型经营主体的认识；整理汇编 17 篇资产经营典型案例；撰写《关于农村集体资产重构的实践与思考》《关于房山区新型城镇化建设中几个问题的认识》等 6 篇调研文章，完成《农村集体资产重构路线图》；此外，与房山电视台合作制作《新引擎》、制作内部交流片《农村集体资产"重构"访谈》。通过学习交流，指导实践、调研总结、梳理思考，农村集体资产"重构"的基础框架逐渐清晰。

【推进村级集体经济事项权力清单工作】 年内，区经管站编印《村级集体经济事项管理手册》《房山区村集体经济事项权力清单》，完成制作 20 集《房山区村集体经济事项权力清单》原创动画，完成对西潞街道 8 个"权力清单"试点村的宣教工作，赢得基层干部和群众的支持和肯定。累计对全区镇、村干部和财务人员1 751人次进行培训。年底，部署全区"权力清单"推进工作，统一镇、村思想，明确下一步工作思路，为 2017 年"权力清单"工作创造了良好的开端。

【化解农村土地承包矛盾纠纷】 2016 年，房山区累计受理土地承包纠纷 19 起，其中调解 18 起，有 1 起正在履行仲裁程序；参与、指导乡镇纠纷调解员调解纠纷 82 起。完成12 345非紧急救助案件 22 起。

【一事一议财政奖补项目完成】 2016 年，全区共确定 61 个一事一议财政奖补项目（含美丽乡村项目 21 个），投资总额7 058.29万元，其中：财政奖补资金6 638.78万元，村级自筹419.51元。12 月，51 个项目完工，并完成三级验收，其余 10 个项目因天气等原因 2017 年完成施工。完成路面硬化8.4千米，新建及整修排水沟10.1千米，铺设排水管道5.56千米，新修护坡4.5千米，新修小型沉淀池雨水井 504 座，新增垃圾池 8 座，绿化及新增草坪2 000平方米。全区累计有6.6万农民从中受益。

农　村　民　生

【低收入精准识别及建档立卡工作完成】 5 月 20 日，区经管站召开低收入农户和低收入村精准识别及建档立卡工作部署会，对新一轮低收入农户确认工作进行部署。编写《房山区低收入户、村识别工作方案》《房山区低收入档案管理办法》《房山区低收入农户登记卡发放工作实施方案》《房山区低收入工作监测实施方案》。通过组织培训、实地指导、入户核查加强业务指导。建立低收入电子档案、完成信息录入。撰写《低收入农户及低收入村分析报告》《房山区低收入农户、低收入村情况调研报告》《房山区收入较低村调研报告》供区领导参考。

【实施“新三起来”工程】年内，房山区农村集体经济产权制度改革基本完成，集体林权制度改革主体任务全面完成，扎实推进农村土地承包经营权确权登记颁证。探索农村闲宅利用开发模式，佛子庄第三空间、周口店黄山店试点村建设成效显著。新型农业经营主体和服务体系不断完善，创建示范合作社 60 个。推行村集体经济事项权力清单，开展农业水价综合改革试点，建立农村集体资产委托监管制度。累计建成一事一议财政奖补项目 225 个，20 万农民直接受益。

“三农”工作部署和实施

【农民培训和实用人才培训】6 月 6—8 日，房山区举办 2016 年农民培训和实用人才培训，由区委组织部、区农委共同组织。此次培训主要针对涉及此项工作的组织部门和培训机构，重点围绕“三农”发展形势、创意农业、京津冀一体化、合作组织发展、美丽乡村建设进行专题培训。区农广校、区农机学校、区职业学校及农口各单位 100 余人次参加培训。

【新增 3 件涉农北京市著名商标】6 月 14 日，北京市工商局下发《北京市工商行政管理局关于认定谷雨等 199 件商标为 2015 年度北京市著名商标的通知》，其中房山区“燕都中原”食品商标、“首诚”植物饮料商标和“京一根”食品商标被认定为 2015 年度北京市著名商标。

【2 家企业获北京十大农业电商称号】6 月 16 日，2016 年北京农业电商产业发展峰会暨最受喜爱的农业电商评选颁奖盛典在京召开。房山区利民恒华公司的“皇城货郎”电商平台获得北京创新型农业电商及最受农民喜爱的十大农业电商称号；臻味坊公司的“臻味”电商平台获得最受农民喜爱的十大农业电商称号。

【新增 4 家北京市休闲农业星级园区】7 月，在北京市休闲农业星级园区颁牌仪式上，房山区 4 家园区获评第二批北京市休闲农业星级园区。芦西园（北京泰华芦村种植专业合作社）为 5 星级园区，张坊野竹林生态园（北京珍奇芾苑养殖有限公司）为 4 星级园区，北京金冠果业采摘园（北京金冠果业有限公司）、张坊镇薰衣草庄园（北京爱琴海农业观光有限公司）为 3 星级园区。

【新增全国一村一品示范村 1 个】8 月，农业部公布第六批全国一村一品示范村镇认定名单，窦店镇河口村（翠林花海辣椒）获全国一村一品示范村称号。

【开展低收入精准帮扶工作】年内，房山区按照“稳定第一、实事求是、严格程序、严格标准、民主公开”的原则，根据工作方案、时间节点有序开展精准识别工作。成立联合督察组，严格执行认定标准，在乡镇入户核查达到 100%的基础上，聘请第三方公司按 20%～30%入户抽查核实。出台《关于进一步推进低收入农户增收和低收入村发展的意见》，明确精准施策内容，细化帮扶措施，建立低收入增收区级项目库，落实村级公益事业一事一议财政奖补项目，计划到 2019 年实现低收入村一事一议项目全覆盖。建立区级统筹、乡镇一把手负总责的领导机制和区领导包乡镇、委办局包村，民主党派、无党派、工商联、党代表、人大代表、政协委员、处级以上领导干部包户帮扶制度，同时把低收入增收工作落实情况作为党政一把手绩效考核的重要内容之一，双签责任书，实行双线考核。确保低收入农户人均可支配收入年增速高于全区农民平均水平，每年按不低于 20%的比例减少低收入农户、低收入村。

房山区领导名录

中共房山区第七届委员会

区委书记 刘　伟（2 月免）
曾赞荣（2 月任）

副书记 陈　清（4 月任）
李　江（满族）

常委 赵家琛（女）
鹿进宝（9 月免）
高云峰　吴会杰
刘　兵（9 月任）
赵　军　于　波　郝恭平
吕守军　王明哲（9 月任）

中共房山区第八届委员会

（2016 年 12 月 9 日中共房山区
第八次代表大会选举产生）

区委书记　曾赞荣
副书记　陈　清　李　江（满族）
常委　高云峰　吴会杰　刘　兵
于　波（满族）　曹　蕾（女）
魏广勋　王明哲

第七届房山区人民政府

区长　曾赞荣（4 月免）
陈　清（4 月代）
常务副区长　吴会杰
副区长　刘　兵（10 月任）　赵　军
卢国懿（10 月免）
李宝虎（10 月任）
曹　蕾（女）　刘胜国
翟　东（兼）　魏广勋
刘　兵（10 月任）

第八届房山区人民政府

（2016 年 12 月 23 日房山区
第八届人民代表大会第一次会议选举产生）

区长　陈　清
副区长　吴会杰　刘　兵　李宝虎
齐文东　陈广利
廖春迎（女，壮族）　于吉顺

第七届房山区人大常委会

区人大常委会主任　孙　强
副主任　刘欣国（1 月退休）
刘顺林（1 月退休）　苗宗启
郭志族　王淑红（女，不驻会）

第八届房山区人大常委会

（2016 年 12 月 23 日房山区
第八届人民代表大会第一次会议选举产生）

区人大常委会主任　孙　强
副主任　赵　军　郭志族　任正宽
孔庆远　周　蕾（女）

政协房山区第七届委员会

区政协主席　唐淑荣（女）
常务副主席　高维魁（12 月退休）
副主席　李惠英（女，彝族）
任振秋（12 月退休）　赵永祥
赵润东　肖　武（女）

政协房山区第八届委员会

（2016 年 12 月 21 日政协房山区
八届一次会议选举产生）

区政协主席　赵佳琛（女）
常务副主席　吕守军
副主席　刘胜国　赵永祥　谢宝元
刘　琼（女）　王　擎（女）

房山区办事处、乡镇党政正职领导人

	党委（工委）书记	乡（镇）长、主任
燕山办事处	翟　东	王明哲（11 月免） 李光明（11 月任）
城关街道办事处	陈广利	高武军
西潞街道办事处	李　军	肖　丹（女）
拱辰街道办事处	马春雷	米忠诚
新镇街道办事处	王广健	王广健
良乡地区办事处、良乡镇	耿纪民	任国强
周口店地区办事处、周口店镇	方玉祥（满族）	许志华（8 月免） 张福利（9 月任）
琉璃河地区办事处、琉璃河镇	陈立新	周有成
窦店镇	李进伟	宋爱茹（女，6 月免） 李冠华（11 月任）
石楼镇	樊会来	刘荣秀（女）
长沟镇	臧金凤（女）	高运华
张坊镇	樊宗军	游向荣（女）
十渡镇	刘　金	许金涛（6 月免） 魏　然（11 月任）
河北镇	胡建光	翟凤航
大石窝镇	安保良（4 月免） 杨海峰（4 月任）	薛满德（4 月免） 朱华俊（11 月任）
阎村镇	张　杰（1 月任）	张　杰（1 月免） 栗鹏程（11 月任）

韩村河镇	豆宝才(4月免) 薛满德(4月任)	邵志杰(满族)
青龙湖镇	刘松华	王春年
长阳镇	慈建民	王永民
佛子庄乡	杨生军	薛全英
大安山乡	韩继华	隗合庆
南窖乡	刘永玘	张喜利
史家营乡	钱新宇	陈峰岩(11月任)
霞云岭乡	李雪生	张福利（8月免） 杨叶辉（9月任）
蒲洼乡	于吉顺(4月免) 许金涛(6月任)	刘　芳（女）

（房山区史志办公室　蔡晓东）

通　州　区

概　　述

通州区位于北京市东南部，京杭大运河北端，面积905.95平方千米（土地面积数据为2009年全国第二次土地调查数据）。辖10个镇、1个回族乡、4个街道、470个行政村、119个居委会。2016年，户籍人口74.7万人，其中，非农业人口47.5万人、农业人口27.1万人。全年，地区生产总值650.3亿元，同比增长8.7%。三次产业构成为2.5∶45.7∶51.8。税收总额250.8亿元，同比增长19.8%；地方公共财政预算收入实现76.5亿元，同比增长8.1%；全社会固定资产投资939.9亿元，同比增长17.4%；实现社会消费品零售额388.1亿元，同比增长9.2%；城镇居民人均可支配收入40 845元，农村居民人均可支配收入23 538元，同比分别增长8.6%和8.7%。

2012—2016年，通州区围绕城市定位的提升与明确，主动调整思路，积极破解难题，搭建起统筹综合的规划体系。围绕非首都功能与人口疏解，推动编制了北京城市副中心建设行动计划，明确了以行政办公、商务服务、文化旅游为重点的城市空间与功能布局。围绕“四个城市”和“三个示范区”建设，系统开展基础数据清查，针对城市管理、基础设施、生态环境等方面组织15个专家课题组，逐项突破各类深层次问题。聘请国际顶级设计团队，与市规划国土委共同组织方案征集以及编制通州区总体规划，开展了北京城市副中心总体城市设计和6个重点地区详细城市设计，进一步完善提升了17项专项规划，为打造“千年城市”绘制蓝图。

功能区建设持续提速。连续实施大规模搬迁改造和土地一级开发，为承接主导功能预留空间。行政办公区完成15平方千米、3 947宗宅基地、9 300户的拆迁任务，安置人口1.8万人，全程“零滞留、零诉讼”。商务中心区标志性项目梯次推进，东关大道、北环环隧、能源中心等重点基础设施取得重大进展，市政管网全线贯通。文化旅游区核心区域实现供地，环球主题公园实现开工。环渤海高端总部基地、宋庄文化创意产业集聚区各项工作稳步推进。

城乡发展一体化

【概况】区域统筹发展态势逐步显现。城区155平方千米、全境906平方千米及临津冀周边协同发展思路逐步明确，政务服务、综合配套、生态屏障、产业聚集、区域合作等大范围功能布局初步展开，城乡统筹迈向区域统筹。永顺、梨园地区基本实现城市化，台湖、于家务、潞城新型城镇化综合试点取得初步成果，宋庄、台湖统筹利用集体建设用地试点稳步推进。西集中心区等5个重点中心镇开发建设持续推进，小城镇聚集效应和辐射带动作用不断增强。与河北廊坊、天津武清达成框架合作协议，在水系治理和园林绿化等方面开展合作。

【城乡基础设施建设】交通体系不断完善，加快对外联络通道建设，广渠路通车，壁富路（北段）实现开工；不断加密内部路网，潞苑中路、潞邑西路等开工建设，完成5条街巷改造和5条微循环改造；着力解决交通堵点和停车紧张问题，果园环岛改造加快推进，两处垂直循环立体车库投入运行，利用人防工程增加车位4 287个；绿色出行更加便利，公共租赁自行车达2万辆，454个租赁站点全部实现APP扫码租还车。市政基础设施全方位推进，南水北调通州水厂一期试水运行；启动运河220千伏变电站及“煤改电”配套“1＋4”变电站建设；城西五号燃煤锅炉房清洁能源改造、城区13座下凹式立交桥雨水泵站改造完工；地下管线及城市部件数字化档案系统二期平台建成使用。镇村配套设施同步加快，马驹桥新凤河跨河桥竣工通车，潞小路、太平西二路、110千伏望君疃变电站、北神树变电站等加快推进，于家务再生水厂、潞县消防站完工。

【城乡经济繁荣互促】高端要素加速积聚，北京罗克佳华信息技术有限公司总部、步长集团医药研究院正式落户。金融业发展势头强劲，全区金融机构达22家，华夏保险总部落户。金融业增速居主要行业之首。科技农业和观光休闲农业发展加快，中国农科院、农业部规划设计院等4家院所在国际种业科技园建立创新示范基地。乡镇经济保持较快增长，11个乡镇实现投资826.5亿元，同比增长30.5％，永乐店、潞城、于家务、西集四个乡镇增速均在40％以上。园区在转型中谋求更快发展，光机电天使街项目投入运营，物流基地口岸项目开工建设，金桥基地加快打造产城融合示范区。

【新型城镇化深入推进】成立区新型城镇化综合试点工作领导小组，制定完成《通州区国家新型城镇化综合试点实施方案》，初步建立农业转移人口市民化成本分担机制、多元化可持续的城镇化投融资体制等，初步形成以棚户区改造为抓手的潞城模式、以集体经营性建设用地整治为抓手的台湖模式和以农村集体建设用地整治为抓手的于家务模式；借力社会资本，与招商局集团共同开发台湖镇项目。

农村经济发展

【概况】全区实现农林牧渔业现价总产值42.4亿元，比上年下降15.4％。其中，农业产值21.9亿元，比上年下降3.8％；林业产值5.7亿元，下降27.8％；牧业产值12亿元，下降23.8％；渔业产值1.8亿元，下降33.5％；农林牧渔服务业产值1亿元，增长0.2％。

全年设施农业收入13.8亿元，下降3.4％。设施农业实际利用面积2 297公顷，下降10.6％。其中，温室占地面积1 639公顷，下降11.9％；大棚占地面积601公顷，下降0.3％；中小棚占地面积57公顷，比上年下降47％。

【培养农村实用人才】通州区农村实用人才开发培养工作自开展以来，通过狠抓开发培养、系统培训、基地建设、搭建平台等手段，有效调动和利用各方资源和力量，使农村实用人才队伍不断壮大，整体工作稳步提升，有效推进了农村实用人才队伍建设。一是统筹谋划，加强监督，巩固实用人才工作格局。北京城市副中心的定位，给通州区农村实用人才工作带来新的形势和任务。通州区着力发挥农村实用人才工作领导小组作用，充分调动各成员单位和11个乡镇的工作积极性，加强“十三五”人才工作统筹谋划，不断提升实用人才工作应对新形势新任务水平。二是精准培养，强化师资，加大实用人才开发力度。近年来，通州区将工作重心向提升现有农村实用人才能力素质转移，逐步减少农村实用人才开发数量，调整开发培养类别和比例，提高开发培养工作精细化水平。三是搭建平台，凝聚合力，打造实用人才培养主阵地。通州区通过打造区级农村实用人才实训示范基地，发挥实用人才协会引领作用等方式，为农村实用人才发展提供平台。四是精准培养，强化师资，加大实用人才开发力度。加大实用人才指导老师奖励支持力度。年初，为参与上一年度开发培养工作的指导老师发放补贴。以先进典型为引路标，引领农村实用人才共同成长。截至2016年年底，全区新增农村实用人才247名，农村实用人才总数达到5 104名。

【农村金融】面对农村地区金融服务渠道匮乏的实际现状，结合市政府金融服务村村通工程，北京农商银行通州支行创新服务模式，按照农村地区客户特点量身打造了全新的“乡村便利店”农村金融服务模式。截至年底，开通运行36家“乡村便利店”，覆盖辖内各乡镇。

村镇建设

【概况】2016年，优质煤订购达到20万吨，实现优质煤替代全覆盖。“煤改电”工作覆盖9个乡镇138个村，改造4.8万户。宋庄镇小堡村试点建设“煤改气”，改造1 100户。全区农宅抗震节能新翻建改造328户。创建50个美丽乡村。

【农村地区“减煤换煤、清洁空气”行动】年内，按照“五个一批”的方式推进农村地区“减煤换煤”工作，制定并出台《通州区2016年农村地区“减煤换煤清洁空气”行动实施方案》。优质煤替代方面：在2015年基本实现优质煤替代全覆盖工作的基础上，对未进行“煤改清洁能源”改造的住户全部进行优质煤替代，订购优质煤约20万吨，实现优质煤替代全覆盖。“煤改电”方面：在试点村改造经验的基础上，2016年全区对9个乡镇138个村实施“煤改电”改造，完成改造约4.8万户。同时，在全市“煤改电”工作中创建“通州模式”，创新“四早、四快”“三级调度”等多种工作机制，规范流程，严格管理，为“煤改电”工作的推进奠定坚实的组织保障。此次“煤改电”工作在不增加农村居民负担的前提下，切实保障了农村居民供暖，生活品质和居住环境得到提升。

【农宅抗震节能工程】年内，为贯彻落实市新农办、市住建委、市财政局关于印发《2016年北京市农民住宅抗震节能改造工作实施方案》的通知要求，推进通州区农民住宅抗震节能工作及配合2016年北京市农村地区“煤改清洁能源”工作，通州区完成新建翻建328户。

【美丽乡村建设工作】年内，按照《北京市“提升农村人居环境，推进美丽乡村建设”实施意见（2014—2020年）》文件精神，2016年，通州区创建50个美丽乡村。减煤换煤方面，29个村约8 600户实施“煤改电”改造，21个村完成优质煤订购约1.7万吨。农宅抗震节能方面，15个村49户进行新建翻建改造工程。村庄环境综合整治方面，乡镇出动人员12.3万次，各种车辆0.85万次，治理乱堆乱放9 480处，清理卫生死角430处，种植树木、多品种花草，改善村民生活环境。各乡镇根据实际情况购置垃圾箱、果皮箱，满足辖区内村庄、小区、企业等单位产生垃圾收集需要。截至2016年年底，通州区50个参创村庄主要大街、人员密集场所、公园等地点均配置垃圾箱。同时完善保洁队伍建设及垃圾收集容器及转运车辆等设施的配置。

【农村基础设施管护工作】年内，根据《通州区农村基础设施维护和管理实施意见（试行）》文件精神，通州区加强新农村村邮员、农村街坊道路、节能路灯、村庄绿化、公厕、太阳能浴室、农村户厕、“两气”等基础设施的管护工作。2016年，通州区重点集中打造23个村庄的绿化美化提升工程。各乡镇、村加强组织领导，明确职责分工，制定绿化方案。充分对村内沟、路、河、渠等零星地进行绿化，做到乔、灌、草合理配置；聘请专业队伍进行施工，确保施工工期和绿化景观效果。针对市政建71座公厕的年久失修、设施损毁导致不能正常使用运行问题，新农办组织实施市政建公厕及150座新农村公厕外墙保温及厕所内部装修等修缮工作，公厕开放使用率为91%，有效提高了农村地区公共厕所开放使用率，解决了农村地区如厕难问题。

为加快农村社会公共服务事业发展，确保发挥新型村邮站功能，2016年，经区新农办与邮政通州分公司协商，在3个乡镇4个村实施智能包裹柜安装建设试点工作，为农村提供优质的邮政服务。邮政通州分公司及时将村邮员工作情况及村邮站情况反馈给区新农办和各乡镇，充分落实《通州区村邮员队伍建设工作实施意见》文件，分季度对村邮员队伍管理考核，建立有效的反馈机制和通报制度。全年村邮员及村邮站工作基本良好。村邮员能够完成接收邮件、报刊并及时完好送到户的任务。

2016年，农村街坊路修复和维护1.1万多平方米，全区农村街坊路和连村路完好率达90%。修复损坏节能路灯灯头5 400余盏。由于部分路段线缆损坏，重新铺装线缆7 558延米，零部件及设备27台套，亮灯率达到90%以上，农村街坊路及节能路灯的管护工作，保障了农村地区道路安全行驶，使广大农村居民夜间出行更方便、安全。

太阳能公共浴室、“两气”工程两项设施，由区种植中心委托区能源站，实行专业化管理和维护，定期进行安全隐患检查，要求项目村安排专人看管，通过各项工作开展，浴室、“两气”工程无安全事故发生，实现稳定运行目标。

由区种植中心下属能源站负责农村户厕的管护和配件更换及维修工作，充分利用45个零配件供应点，采取统一采购、统一配送的方式，有效提升了服务质量。通过实施农村基础设施管护工作，保证了农村基础设施正常运行，大幅改善了农村的生活环境，提升了农民的生活水平，得到广大农民朋友的拥护和好评。

农村改革与管理

【概况】深入破除发展障碍，农村改革有新突破。一是完成一事一议、筹资筹劳、财政奖补项目41个，通过一事一议财政奖补项目争取财政奖补资金4 703万元。给百姓带来真正实惠。二是加强农民专业合作社规范化建设。有3个乡镇5家合作社申请市级示范社规范化建设，7个乡镇30家合作社申请区级示范社规范化建设，启动2017年市级示范社动态监测及市农联星级会员评选推荐工作。三是指导农村土地承包经营权规范、有序流转。推进农村土地确权办证工作，通州区累计有 372 个村启动农村土地承包经营权确权登记颁证工作。其中，完成全年任务的有 281 个村，涉及确权土地面积 31.92万亩，占全区确权土地总面积的 65%。21 个村完成权属调查，70 个村正进行基本信息登记和外业测量。截至 2016 年年底，全区农村集体土地承包经营权流转面积42.6万亩。四是建立健全农村产权流转交易服务体系，完善相关管理制度和交易规则，强化定期检查和动态监管，及时查处违规交易行为，妥善解决矛盾纠纷，保障农村产权依法自愿公开公正交易。截至 2016 年年底，通州区产权交易市场完成农村产权流转交易事项 119 宗，成交总金额1.47亿元，增收节支2 018万元。

【新型集体经济组织规范化建设】年内，进一步提高新型集体经济组织的市场化经营水平，健全法人治理结构，完善民主管理、监督和决策机制，完善收益分配制度，提高按股分红比例。理顺现行农村集体经济组织机构代码管理体制机制，加快推进农村经济组织统一社会信用代码制度建设，切实做好农村集体经济组织存量登记证换发工作。2016 年，全区完成在政府登记的 371 个社区股份合作社的信息比对及管理系统测试和赋码结果核对工作。

【推进村级产权制度改革】年内，与有关乡镇沟通未完成产权制度改革村的相关工作。本年度，完成 2 个重难点村（永顺镇龙旺庄村、张家湾镇里二泗村）的改革任务。

【农民合作社】2016 年，加强农民专业合作社规范化建设。继续推进示范社建设工作，培育产业基础好、带动能力强、示范效应明显的市级、区级示范社，并实施动态监测和运行分析，实现优胜劣汰，发挥示范社的规范引领作用，激发示范社建设活力和内在动力。本年度，有 3 个乡镇 5 家合作社申请市级示范社规范化建设，7 个乡镇 30 家合作社申请区级示范社规范化建设。推动农民专业合作社创新发展。以推进农业供给侧结构性改革为主线，依托村级主导产业、优质资源，因地制宜，引导农民专业合作社拓宽服务领域，发展多种形式的农民专业合作社联合发展，以适应北京城市副中心的功能定位，探索北京农联农产品展销服务中心——裕群生鲜超市合作模式，根据各合作社产业特色和品种布局，支持农民专业合作社打破组织界限，实现跨区域合作发展模式，将低端种、养业生产外移。探索“互联网＋合作社”市场营销模式，指导北京聚牧园养殖专业合作社、北京专平林下经济合作社、北京绿蜻蜓种植专业合作社等 5 家电子商务实体店，拓宽合作社产品销售渠道。指导区级农民专业合作社联合会规范发展。建立健全联合会组织机构，组织召开第二届换届选举大会，将联合会还于合作社，推动联合会完成工作人员竞争上岗，不断优化管理层结构。此外，加强联合会信息化建设，通过网站建设搭建全区合作社电子商务公共服务平台。

【强化农民负担事项监督管理】年内，强化涉及农民负担事项监督检查，继续做好春秋两季农民负担执法检查工作，切实加强村级组织负担监管。以农村集体“三资”监管信息系统为载体，拓展监管范围，创新监管思路，健全政策措施，实现对涉及农民负担事项的全程、实时、动态监管。

【一事一议财政奖补项目】年内，完善和规范村级公益事业，建设一事一议财政奖补各项工作。本年度，助建项目 41 个，涉及 7 个乡镇 41 个村，工程投资总额5 221万元，其中，财政奖补资金4 703万元。项目主要涉及村内排水、路面硬化及村庄绿化等工程。

【深化农经统计制度改革】年内，在市级指导下，按照采集更便捷、数据更精准、统计更有效的原则，从指标体系、报表频率、调查方式和成果应用四个方面对农经统计制度进行改革，使农经统计内容更加聚焦“三资”，统计成果更加规范可用。

【完善农村集体“三资”监管信息系统建设】年内，深化建设农村集体“三资”监管信息系统。指导乡镇完成村级年度账务数据的结转，监督各村制定财务预算方案，运用系统组织各乡镇进行村级财务网上互查。截至 2016 年年底，系统监管大额资金使用15 673笔，金额205.3亿元，否决不合理资金使用 665 笔，金额12.7亿元；监管资产处置 94 笔，否决不合理资产处置 6 笔；监管经济合同签订 1 186份，否决不合理经济合同 140 份。

农　村　民　生

【概况】2016 年，城乡居民收入平稳增长，消费结构不断优化。抽样数据显示，农村居民人均可支配收入23 538元，同比增长8.7%；农民人均生活消费支出17 098元，同比增长 10%。

【城乡就业困难人员就业工作】年内，全区城乡就业困难人员就业13 451人，完成任务指标的254%，就业困难人员就业率达到76%。

【创业促进就业工作】开展创业培训17期，培训各类学员包括失业人员及农村转移就业劳动力等431人。培训后取得工商营业执照可持续经营的176人，创业成功率为40.8%。直接带动就业539人。开展特色创业一体化见习培训13期，包括北京环球主题公园就业培训行动计划创业培训项目的特色培训班、“互联网+”商务创业培训班以及大学生“村官”创业培训班等，涉及学员362人。

【职业技能培训工作】2016年，开展城乡劳动力培训14 609人，其中，城镇失业人员技能培训686人，农村劳动力技能培训1 088人；外省市来京务工人员3 235人；在职职工培训9 600人。开展创业一体化见习培训17期，452人，完成培训任务（200人）的226%，培训合格率为100%。组织专场职业资格鉴定考试32场次，涉及4个工种，有2 368人参加初级工鉴定考核，1 951人取得证书。加大高技能人才的培养力度，认定第二届通州区首席技师工作室11家。

【城乡居民养老保险续保率达99.2%】年内，全区城乡居民养老保险累计参保22.28万人，续保率达99.2%。累计收缴基金4.42亿元，有4.98万人享受居民养老保险待遇。

【社会保险待遇水平不断提高】年内，及时上调养老、失业、工伤等社会保险待遇标准。其中，全区6.77万名企业离退休人员月人均领取养老金达3 285.2元，同比增长8.6%；城乡居民养老保险待遇人员基础养老金调整为每人每月510元，同比增长8.5%；无保障老年人福利养老金调整为每人每月425元，同比增长10.4%；一至四级工伤职工伤残津贴发放标准每人每月分别上调410元、390元、370元和350元；工亡人员供养亲属抚恤金标准每人每月上调180元。

【转非人员安置工作】按照区政府工作部署，年内完成历史遗留建设征地已转非劳动力和文化旅游区未进行征地转非劳动力社会保险补缴工作，为潞城、梨园、台湖、于家务、宋庄、张家湾等9个乡镇、136个村、20 227名转非劳动力补缴并趸交社会保险费28.5亿元。

【完成新农合机构移交接收工作】按照市、区两级政府关于新农合管理机构移交接收工作的统一部署和“先理顺管理体制、后进行制度整合”的工作要求，及时研究制定移交接收工作方案，于8月31日前按时完成了机构、人员、资产、基金、档案等接收工作。

基层组织与民主政治建设

【概况】年内，全区10个镇、1个民族乡的470个行政村全部依法开展换届选举，选举产生新一届村委会成员1 562名、主任470名。此次换届选举，实现村委会全部依法依规参加换届选举、并成功选举产生新一届班子，为最大限度保障基层党员群众的民主权利、扎实推进基层组织和基层民主建设奠定了坚实基础；全区39.3万名村民群众有序参与换届选举；村党组织书记、村委会主任“一肩挑”的村达到348个、占74%，村党组织、村委会成员交叉任职有1 118人、占71.5%，新一届村委会成员中有党员1 297人、占83%，较上届均有不同程度提高；村委会成员中全部实现至少有1名妇女成员。每个乡镇班子至少各配备1名30岁左右和35岁左右的干部；至少配备1名全日制硕士以上学历的干部。调整后乡镇领导班子平均年龄为43.5岁，其中，37岁以下干部配备36人，远超出市委要求的22人标准，大学本科以上学历的达到98%，乡镇领导班子结构和整体功能均实现了新的提升，农村基层组织的创造力、凝聚力、战斗力明显提高。

【城乡基层自治组织建设】深入贯彻落实《北京市委办公厅、北京市人民政府办公厅印发〈关于加强城乡社区协商的实施意见〉的通知》，进一步完善基层群众自治制度，稳步开展基层协商，推进城乡社区协商制度化、规范化和程序化。2016年，在全区范围内于1月、7月组织两次村级“民主日”活动、召开两次社区居民会议，极大地调动了居民群众参政议政的积极性，提高了城乡基层干部的决策水平和解决实际问题的能力，进一步密切了党群、干群关系。以第十届村委会选举为契机，组织全区470个行政村全部依法修订村民自治章程和村规民约，明确民主决策的基本规则，完善民主管理的基本制度，为进一步健全党领导下的村民自治机制提供了制度保障。

【监督检查】针对政府投资工程招投标工作中存在的违规行为和涉农领域骗取支农惠农补贴款等问题，先后向区政府发送两封监督建议函，指出问题，分析成因，提出具体、可操作的监督建议，得到区委、区政府领导的充分肯定。针对张家湾镇、永乐店镇、宋庄镇等村级干部较为典型的违纪问题，下发了纪律审查监督意见书，对基层单位起到了很好的警示提醒作用。同时，开展村级党组织设立纪检委员试点工作，有效延伸了乡镇纪委的监督“手臂”。

“三农”工作部署和实施

【概况】年内，区农委从实际出发，强化政策研究和贯彻执行，新出台《通州区基本菜田生产补贴实施方案（试行）》《2016年蔬菜种苗补贴实施方案》《通州区低端养殖业和种植业调整退出工作意见》《通州区关于开展低收入农户和低收入村精准识别及建档立卡工作实施方案》等多个政策文件，这些政策完善了通州区强农惠农富农政策体系，为推动城市副中心建设中的“三农”工作营造了良好的环境，注入了强大的动力。

【落实惠民、惠农政策】一是部门联动，政策集成推动蔬菜产业健康发展。为实现稳面积、提产量、保安全的目标，制定《通州区基本菜田生产补贴实施方案（试行）》《2016年通州区蔬菜集约化育苗场优化提升扶持奖励办法》《通州区工厂化食用菌生产企业综合生产能力优化提升扶持奖励办法》《2016年蔬菜种苗补贴实施方案》，为通州区蔬菜生产规模化、设施化、质量安全化发展提供政策保障。重点保障蔬菜生产能力，发展工厂化蔬菜生产，提升蔬菜集约化育苗场综合生产能力。二是推进漷县节水示范镇建设。漷县镇制定了农业节水实施方案及用水收费标准、管护机制等措施，管水员经过培训，全部上岗，各村开始水费征收工作。开展农业节水示范，在漷县镇黄厂铺村推进家庭粮田农场滚移式喷灌，完成农田节水灌溉面积245亩；在后地村和柏庄村蔬菜大棚内安装微喷节水设施，完成菜田节水灌溉面积210亩。三是助推产业转型，开展低端落后产能清退工作。制订《通州区低端养殖业和种植业调整退出工作意见》《通州区低端种植业清退工作意见》，设定工作目标，2016年，京哈高速公路以北地区的低端种养殖业全部退出，京哈高速公路以南区域的其他乡镇，完成低端种养业退出50%的任务。指导各乡镇政府加快推进低端种植业清退工作，引导养殖户和草坪种植户调整生产规模和种植茬口，开始退出。四是完成“两田”划定工作。根据全市“两田”划定工作部署，划定14万亩农业生产空间，其中，6万亩粮田，8万亩菜田，完成实地测绘和数据上报工作，将粮田、菜田落实到乡镇、村、地块，实现“两田”上图入库和数字化管理。五是创新农业保险工作，保障基础农业生产。2016年，通州区进一步规范农业保险市场环境，将辖区内11个乡镇分成4个片区，并将四个片区作为四个标段通过政府采购平台分别进行政府采购招标，每个标段的第一名作为本片区的政策性农业保险服务机构。招标工作历时两个月的时间，确定新一年进行服务的4家保险公司，为后续开展工作奠定了良好基础。六是坚持共享发展，持续推进农村民生改善。大力推进低收入农户精准帮扶工作，在前期制定《通州区关于开展低收入农户和低收入村精准识别及建档立卡工作实施方案》并完成精准识别工作的基础之上，针对已识别的876户低收入农户及3个低收入村建立低收入农户、低收入村监测系统，研究制定区级政策《通州区关于进一步推进低收入农户增收及低收入村发展的指导意见》开展精准帮扶工作。七是支持种业科技园区打造国家种子硅谷，创建国家现代种业创新试验示范区。实施通州区国际种业园区种业高端服务平台示范等项目，重点支持园区基础设施建设和公共服务平台建设，提高园区科技水平。园区新入驻企业1家——北京凯蒂尔农业科技发展有限公司，累计注册企业126家。举办第五届现代种业展博会，邀请35家企业及科研院所参展。

【人大办理代表议案、建议情况】区五届人大六次会议期间，代表提出建议、批评和意见110件，全部依法办复。常委会高度重视建议办理工作，加大建议督办力度，形成建议督办新格局。一是坚持依法督办。严格法定程序和时限，及时分类、及时转交。二是坚持主任、副主任督办制度，推动重点建议的办理。三是坚持多方联动、分类督办。常委会各工作机构分口督办，代表参与督办，市区代表联动，提高办理质量。四是坚持统筹协调，进行综合分析，把握办理进度，督促复查补办。五是全程跟踪督办。录制建议办理专题片，广泛开展宣传。代表提出的建议、批评、意见全部办复。其中，农村地区“煤改电”，加强新型诊疗模式改革，建立“河长制”、加大污水治理力度，实施老旧小区市政配套设施升级改造，加强农村地区文化设施建设等一大批建议，都得到有效落实，代表和群众给予高度好评。

【社会力量参与】2016年，中国农业银行股份有限公司北京通州支行服务城市副中心建设，为通州区重点项目提供资金支持。为通州区生态环境建设指挥部园林绿化分指挥部开立基本账户，该账户将用于副中心80多个生态建设项目，约200亿元资金结算；支持棚改建设，为潞城镇棚改项目二期代发资金50.72亿元；向通州区八里桥集体土地腾退项目提供5亿元资金投放。中国农业发展银行北京市通州区支行在支持北京城市副中心建设方面，支行为“轻轨L2线通州段次渠站、垡渠站、亦庄火车站土地一级开发”项目提供金融支持，在2016年末与多家银行共同签署银团贷款协议，为该项目提供10亿元资金支持，为进一步推动副中心建设和改善人居环境做出了积极贡献。2016年，北京银行通州管理部持续加大对“三农”领域的金融支持力度。截至2016年12月31日，通州管理部涉农贷款余额6 467万元，较年初增加764万元；涉农贷款户17户，较年初增加2户。金融服务覆盖通州区于家务乡、张家湾镇、台湖镇、宋庄镇等乡镇，满足农村的多层次、多元化的金融服务需求，取得良好的效果。深化与通州区社保所合作，支持小额担保贷款。2016年，通州管理部累计发放涉农小额贷款175万元，共计5户，直接为农村个体工商户解决融资需求，推动居民增收致富。北京农商银行通州支行代理发放农村地区各项政策性资金，包括农村地区无保障人员养老金、城乡居民养老保险、民政部门各项低保金、抚恤金等30余项政策性资金，涉及城乡居民达20余万人，每年发放金额超过23亿元。人保财险通州支公司借助“新国十条”颁布契机，坚持践行“普之城乡、惠之于民”的普惠金融服务理念，把支持“三农”健康发展作为重要使命，承办政策性农业保险，认真落实好各项惠民政策。2016年承保小麦、玉米等农作物6 531亩，承保果树、温室大棚等经济作物面积9 870亩，承保奶牛、生猪、种猪等牲畜12.5万头，累计承担农业保险责任2.89亿，补偿农户经济损失1 071万元。

通州区领导名录

区委书记 杨　斌

副书记 岳　鹏（10月免）
杨静慧（女，12月免）
张力兵（9月任）
付晓辉（12月任）

常委 杨　斌　岳　鹏（10月免）
杨静慧（女，12月免）
于世疆（10月免）
付晓辉　张春秀(女，8月免)
李耀光（12月免）
崔志成（8月免）
芦　峰（12月免）
洪　波　肖志刚（9月免）
崔松光（4月任）
郑　宇（8月任）
查显友（8月任）
张力兵（9月任）
洪家志（9月任）
韦　江（女，9月任）
刘贵明（12月任）

区人大常委会主任 李玉君

副主任 罗明光（12月离任）
宋京璋（12月离任）
刘汝林（12月离任）
刘　卉（女）
张晓燕(女,不驻会,12月离任)
尚祖国（12月当选）
薄立军（12月当选）
张绍武（12月当选）
金文岭（不驻会，12月当选）

区长 岳　鹏（10月免）
张力兵（10月代，12月任）

副区长 崔志成（8月免）
于世疆(10月免)　李亚兰(女)
崔松光　刘贵明（12月免）
王岩石
陈少敏（2月任，12月免）
张德启（8月任）
雷晓宁（女，8月任）
洪家志（10月任）
李耀光（12月任）
阳　波（12月任）

区政协主席 赵玉影

副主席 张振泉（12月免）
季志会（女）　贾君刚
杜少勋（不驻会，12月免）

	王子江（不驻会）
	田春华（女，不驻会）
	石宝玉（12 月任）
	吴　涛（12 月任）
区委农工委书记	杨泽军
区农委主任	刘雪峰（8 月免）
	刘庆生（8 月任）

通州区乡镇党政正职领导

	党委书记	镇（乡）长
永顺镇	邓忠义	邓小民
梨园镇	于立东(9 月免)	
	冯利英(女,9 月任)	周东振
宋庄镇	孙奎亮(8 月免)	柳德利(9 月免)
	柳德利(8 月任)	王　艳(女,9 月任)
张家湾镇	程卫民(6 月免)	阳　波(7 月免)
	阳　波(6 月任)	聂玉泉(7 月任)
漷县镇	孝　军	朱春彬
马驹桥镇	鲁新红	孙　伟
西集镇	杨　利(回族)	张全启
潞城镇	雷晓宁(女，7 月免)	关　平(8 月免)
	关　平(8 月任)	吴孔安(8 月任)
台湖镇	倪德才	曹东波
永乐店镇	魏　国	刘德昉(1 月免)
		卢庆雷(4 月任)
于家务回族乡	王德松	何海龙(回族,4 月免) 古　剑(回族,6 月任)

（中共通州区委党史工作办公室
通州区地方志办公室　张亚昆）

顺 义 区

概　　述

顺义区位于北京市东北郊，面积 1 019.89 平方千米。区辖 19 个镇（地区办事处）、6 个街道办事处、426 个行政村、125 个社区居委会。全区人口 627 365 人，其中男性 311 218 人，女性 316 147 人；农业人口 251 727 人，非农业人口 375 638 人；出生 9 643 人，出生率为 16‰，其中男孩 4 859 人，女孩 4 784 人。截至 2016 年年底，全年实现地区生产总值 1 565.6 亿元，同比增长 7.9%；完成一般公共预算收入 137.9 亿元，同比增长 10.5%；完成全社会固定资产投资 485 亿元，社会消费品零售额 443 亿元，分别增长 4.3% 和 8.1%，投资与消费协调拉动的格局进一步得到巩固。其中，地区生产总值和一般公共预算收入稳居全市第五、城市发展新区之首；规模以上工业总产值达到 3 112 亿元，同比增长 10.3%，总量稳居全市第一。人均地区生产总值达到 14.7 万元，位居全市第三。规模以上工业总产值达到 3 010 亿元，总量稳居全市第一，5 年实现千亿级跨越，年均增速达到 8.1%，高于全市 3.4 个百分点。累计引进投资 500 万元以上项目 2 521 个，协议投资额 2 769 亿元，亿元以上项目达到 330 个，同比分别增长 44%、23% 和 9%。上市挂牌企业从 2011 年末的 14 家发展到 47 家，累计融资 1 210 亿元，资本市场直接融资空间进一步扩大。

年内，顺义区区委、区政府农村的工作部署严格按照北京市农村工作电视电话会议精神，坚持把解决好“三农”问题作为重中之重，深刻认识农业农村工作面临的新形势，牢固树立和切实贯彻“创新、协调、绿色、开放、共享”的发展理念，坚持用新理念解决新问题，用新理念引领新发展，正确认识全区农业农村工作在全市的地位和水平，将顺义农业农村工作放到全区甚至全市的发展大局下来思考和谋划，把握阶段性特征，推动转型升级，着力抓好“十三五”开局各项工作，努力确保农民增收、农业增效、农村稳定。2016 年，顺义区完成农林牧渔业现价总产值 53.4 亿元；农村居民人均可支配收入 24 649 元，同比增长 8.8%。

城乡发展一体化

【概况】着力推进城乡发展要素均衡优化配置，统筹兼顾、综合平衡，形成城乡一体化协调发展格局。出台推动河东河西协调发展的意见，河东地区基础设施投资由 2011 年 4.7 亿元增加到 2016 年的 12.7 亿元，一批基础设施和功能项目相继实施，河东地区发展进一步加快。新型城镇化扎实推进，入选国家新型城镇化综合试点地区，产城融合、城乡统筹等领域获得国家重点扶持；重点镇建设初见成效，承载、辐射和带动能力进一步提高；行政区划调整和撤镇设街前期工作深入开展，棚改和村庄拆迁步伐不断加快，11个项目列入全市棚改计划，整建制拆迁村庄6个，全区城市化率进一步提高。新农村建设深入开展，农宅抗震节能改造等工程基本实现农村全覆盖，10万余户农民居住条件有效改善；南陈路新型农村社区建设效果明显，石家营村、庙卷村成为带动全区农民实现“就地城镇化”的典型代表。

【就业增收成效显著】就业工作在全市实现“十一个率先”，城乡劳动力二、三产业就业率始终保持在95%以上，城镇登记失业率控制在2%以内，连续5年被评为北京市“充分就业区”；城镇居民、农村居民人均可支配收入分别达到36 400元和24 700元，年均分别增长9%和10.4%；“一助一”精准扶贫成效显著，低收入村由2012年的53个减少到3个。

【群众住房条件有效改善】累计开复工定向安置房和保障性住房392万平方米、43 066套，竣工470.8万平方米、48 234套；保障性住房轮候家庭全部实现配售配租，20个村3万人实现回迁上楼，不同层次住房需求得到有效保障；累计投入资金17.7亿元，完成城区全部老旧小区310万平方米建筑节能综合改造、14个老旧小区综合治理一期工程，3.5万户居民受益，老旧小区居住环境得到显著提升。

农村经济发展

【概况】2016年，顺义区认真贯彻十八届六中全会、中央和北京农村工作会议精神，以深化农村经济体制改革，创新农村经营体制机制为主线，发挥市场在资源配置中的决定性作用，扎实推进“新三起来”，不断发展壮大集体经济。推进农村经济转型发展，坚定维护农民合法权益。

【科学调整农业产业结构】一是高耗水农作物持续调减。小麦面积调减至7.6万亩，同比减少16.3%，重点推广应用节水抗旱品种、抢墒等雨播种、培肥保墒、长效肥（缓释）一次底施、保护性耕作、绿色防控等春玉米雨养旱作技术。二是养殖业退出工作扎实推进，完成畜禽养殖禁养区划定，制定《顺义区关于加快养殖业退出工作的奖励办法》和《顺义区养殖业退出工作的实施方案》，共涉及养殖场（小区）65家，畜禽总存栏超过64万头只，均签订退出工作保证书或承诺书，其中列入市级考核部分35家，完成退出30家。此外，本区自加压力，另行安排30家，将在春节前完成退出工作。2016年全年出栏生猪75万头，同比持平，肉鸡335万只，同比减少40%，肉鸭155万只，同比减少34%。三是抓好现代农业节水示范区建设。按照“典型引路、试点先行”的思路，重点抓好粮食、蔬菜、果品、花卉、畜禽、水产等多个不同类型的节水示范基地建设，2016年全区新增、改善节水灌溉面积9 000余亩，涉及9个镇，总投资3 000余万元，完成粮田、设施农业、果园、园林花卉、林业再生水利用等5个不同类型的节水示范基地建设，农业用新水由1.5亿立方米调减到1.37亿立方米，灌溉水利用系数达到0.76。

【农产品加工产业发展】一是全区共有农产品加工企业83家，年销售收入1亿元以上的重点农产品加工企业20家。2016年销售收入达到210亿元。目前本区共有市级以上龙头企业31家，其中国家级龙头企业7家。二是全年累计办理通行证668张，有力的保证本区生产的农产品按时、保质、保量的供应到北京市场。

【“菜篮子”工程建设推进】努力提高设施农业利用率和蔬菜产品产量贡献率，实施设施农业改造工程，重点推进老旧竹木大棚改造近4 000亩；落实菜田补贴政策，落实政策资金5 000余万元，安排八大类具体工程，全年全区蔬菜产量7.6亿千克，同比增长约4%。

【农业休闲观光产业做大做强】一是从市级转移支付资金中安排1 000万元，在木林、龙湾屯两镇继续实施五彩浅山龙林沟域项目建设，重点打造木林镇浅山百草园和龙湾屯镇西坡山庄项目。二是完成全国都市型现代农业现场交流会考察点（鲜花港）接待任务，举办鲜花港郁金香文化节和菊花文化节；举办顺义区首届樱桃采摘节，期间举办樱桃音乐晚会、农副产品博览等多项活动，进一步提高“顺义樱桃”的知名度和影响力；河北村民俗园等14个园区获评北京市休闲农业星级园区；龙湾屯镇柳庄户村获评全国一村一品示范村，特色产品为翠柳葡萄；推荐顺丽鑫等19家园区参评第三批北京市休闲农业星级园区；完成10家休闲农业园区提档升级。

【完善科技支撑体系】一是推进村级全科农技员建

设，目前在岗的村级全科农技员共315名，全年指导农民次数29 252次，解决实际问题11 580个。二是继续实施“百名专家兴顺工程”，组织中国农科院等91名专家、教授与农业种植基地、养殖基地、农业企业进行对接，安排示范、推广课题91项。三是组建科技服务专家团队59人，共同协商制定科技服务工作目标和工作计划，开展新品种、新技术、新成果的引进、展示、示范、推广等科技服务。

【农机购置补贴】年内，共购置各种补贴机具622台套，主要包括拖拉机、打捆机、青贮收获机、卷帘机、田园管理机、秸秆粉碎还田机、打药机和种子生产机械等，总价值1 498.809万元，其中中央和市级补贴50%，即749.404 5万元，部分机具区级给予补贴20%，即282.081 8万元，其余部分农户自筹。截至年底，全部发放到用户手中。

【重要农时季节农机作业】春耕生产期间，投入各种机械1 200台（件），完成机播4.31万亩，其中玉米4.08万亩，完成机灌12万亩，完成机植保9万亩；三夏生产期间，投入各种机械1 850台（件），完成小麦机收8.9万亩，完成机播玉米8.9万亩，完成小麦秸秆机打捆0.75万亩；三秋生产期间，投入各种机械1 460台（件），完成玉米机收13.9万亩，其中谷穗收获7.04万亩，全株青饲收获6.1万亩，完成小麦机播7.6万亩。

【农村集体经济合同管理】一是对现有农村集体经济合同进行规范。合同缺少必要条款的补充完整、存在不符合法律法规规定的条款的合同进行纠正。二是对相关业务人员进行培训。三是严格合同签订程序，对新签订的合同从制度上进行管理。对于农村集体经济合同应该怎样签，履行什么程序做出明确细致的规定，使新合同的签订有章可依，清楚明白，便于执行。

【农经培训工作】加大农经业务培训力度，重点抓好乡镇财务代理机构、村集体经济组织以及合作社等农村财会人员的培训。开展农村经管在线培训，完善培训教材，改进培训质量，提高农村经管队伍的整体素质和业务水平。2016年6月，举办镇村两级财会人员培训班2期，对500余名镇村两级财会人员进行业务培训。20余名镇级财会人员参加市站举办的会计师资培训班1期，内容涉及涉农政策、业务知识及农村三资监管平台应用。

【种植业科技培训工程】①2016年承担果类蔬菜、叶类蔬菜、西甜瓜、食用菌和粮经五个北京现代农业体系综合试验站建设工作。对接岗位专家落实试验示范项目53项，展示新品种140个，推广优新品种9个、新技术11项，创建高产点36个。开展集中培训和观摩交流活动70多期3 000多人次。②2016年5月成立北京市植物总医院顺义分院，并开通微信诊断群，坐诊和上门诊断相结合。全年3家植物诊所开具处方1 147个，发放明白纸300份。

村镇建设

【概况】顺应人民群众对改善生态环境的热切期盼，下大力气弥补环境建设短板，重拳治理大气污染，深入推进水系治理，大幅拓展绿色空间，全面打响生态环境治理的攻坚战。城乡环境质量明显提升。环境建设体制机制不断健全，有效整合环境建设协调、执法部门，引入第三方专业检查考核，形成无缝衔接、齐抓共管的良好局面。重大环境难题有效解决，累计投入资金40余亿元，实施市区两级环境建设任务1 217项，治理环境问题台账2 835处，完成机场北线回民营桥周边、进顺第一印象区域等重点环境整治工程，解决一大批老大难环境问题。

【农业生态环境建设加强】一是落实禁烧责任，落实《顺义区农作物秸秆和园林绿化废弃物禁烧联合工作机制》，建立区镇村三级禁烧监管网络，2016年全区基本实现“零火点”。二是推进农业废弃物综合利用，小麦、玉米秸秆综合利用率保持100%；制定《顺义区蔬菜废弃物循环利用试点工作方案》，投入资金300万元，在北务、李遂两镇率先开展试点工作，有效回收、处理菜田废弃物约4.5万吨，生产有机肥约1.5万吨，有效改善农村生产生活环境、避免露天焚烧、探索出生态农业发展新路径及政府购买服务新机制，在全市打造农业废弃物综合利用的“顺义模式”。三是加强农业面源污染治理，编制《顺义区农业面源污染综合防治实施方案（2017—2020年）》、《顺义区农用地土壤污染防治工作方案》，明确工作目标及具体任务，全力打造产出高效、产品安全、资源节约、环境友好的现代农业发展之路。

【美丽乡村建设加快推进】2015年本区共有17个镇、58个村申请参加2015年美丽乡村创建工作，村庄发展建设工作全面完成，村庄自评和市级主管部门考评验收工作已经完成。2016年，《顺义区

“提升农村人居环境，推进美丽乡村建设”实施方案（2016—2020年）》通过区政府常务会审议通过已经下发，完成2016年美丽乡村创建村庄的申报工作。

【治河工程】 落实《顺义区水利工程建设实施方案（2013—2015年）》，完成第三、四阶段中小河道治理任务。从2012年开始累计投资17亿元（争取市级资金12亿元），分四个阶段治理方氏渠、金鸡河、蔡家河、小中河、月牙河、箭杆河、白浪河、西牤牛河等8条总长146公里的河道，防洪标准从10年一遇提高到20年一遇。实施全国中小河流治理重点县综合整治项目，工程总投资1.28亿元，治理无名河、小东河、鲍丘河3条总长25.8公里河道。编制完成《“十三五”时期潮白河（顺义段）治理工程实施方案》，计划投资50亿元，实施水生态修复、河道治理、水源补给、景观提升等工程建设。实施潮白河水源地地下水回补工程，2015年和2016年累计补水4 500万立方米。

【治污工作】 完成区污水处理厂升级改扩建项目，日处理规模由8万方提高到18万方；李遂和北务两座镇级再生水厂完成主体工程建设及设备安装工作。按照“两年完成任务”的要求，采取控源截污、水质净化、生态修复等措施，完成小中河、顺三排水、方氏渠、月牙河、龙道河等5条河道黑臭水体段的治理任务。按照“统一标准、属地实施”的原则，投资4.3亿元，完成全区205处河道排污口治理工程（该工程于2014年开始）。启动实施第二个三年治污方案，主要任务包括污水处理厂（再生水厂）升级改造及扩建、新建张镇再生水厂、农村治污截污、配套管线建设、黑臭水体治理等六大类工程。编制出台《顺义区水污染防治工作方案》，分解并落实35项重点工作任务。

【节水管理】 实施农业高效节水试点工程、小型农田水利项目，发展和改善节水灌溉面积1.93万亩，其中大田喷灌1.05万亩，果树小管出流0.23万亩，设施滴灌0.23万亩，果树滴灌0.37万亩，微喷0.05万亩。更新农业机井，配套水泵和控制设备，新建泵房，铺设输水管道、田间管道等，全区灌溉用水亩均减少33立方米。全年完成市级节水型单位创建2个，创建区级节水型单位90个、节水型小区1个和节水型村庄5个。实施14个老旧小区节水器具换装工作，换装节水花洒4 000套。编制完成《顺义区“十三五”时期节水型社会建设规划》和《顺义区节水型区创建实施方案》，计划2018年完成节水型区创建工作，2020年全面建成节水型社会。

【供水保障】 区自来水公司和镇级水厂供水5 545.09万立方米，较上年增加10.8%；农村地区自备井供水1 862万立方米，较上年减少30%。推进农村居民用水计量收费，发放供水补贴263.4万元。

【蔬菜废弃物循环利用】 年内，北京奥格尼克生物技术有限公司在李遂、北务两镇试点基础上，又将杨镇、大孙各庄两镇扩充为试点范围。年内，四镇共收集瓜菜废弃物2.76万亩，总量达6万吨，生产有机肥1.8万吨，创产值1 080万元。公司对提供瓜菜废弃物的种植户实行优价供应有机肥政策，价格优惠10%～15%。北京市农业局将蔬菜废弃物循环利用技术列为“顺义模式”。

【城乡结合部重点地区整治】 深入推进市、区两级城乡结合部挂账8个重点村（南卷村、米各庄、西马各庄、杨二营，南半壁店、铁匠营、东海洪、后俸伯）违法出租专项整治行动。整治工作开展以来，各村均对一户一档和九本台账进行规范，流管站硬件建设水平明显提升，按照3‰～5‰配齐配强专兼职管理员。通过宣传教育、自查自改、联合执法等方式有效整治违法出租行为。

农村改革与管理

【加快推进城乡综合改革】 全区集体经济产权制度改革基本完成，土地承包经营权确权登记颁证工作全面开展。完成“以村（居）规民约为抓手，创新基层社会协同共治模式”改革试点工作，并将试点经验在全区进行推广，初步形成“遍地开花”、齐头并进的良好局面，广泛实现党委政府主张和群众意愿的有机结合，提高基层社会治理能力，巩固党的执政基础。

【农民组织化程度提高】 一是全区工商注册的合作社210家，基本运营且备案的187家。全区农民合作社涵盖林果、瓜菜、畜牧、花卉、农机、民俗旅游等行业，入社社员1.89万户，带动农户数3万户。二是本区拥有市级以上示范社19家，其中国家级示范社5家，国家级农产品加工类示范社3家。三是落实合作社市级菜田补贴工作，本区6家合作社符合补贴标准，经营面积8 051亩，落实扶持资金161.02万元。四是组织本区合作社示范社申报农村实用人才创业项目。其中，北京吉祥八宝葫芦手工艺品产销专业合作社和北京金旺果品产销专业合作社获评顺义区优秀农村实用人才创业项目。五是配合区委组织部完成本区12家合作社的农村实用人才“一帮一，签协议”工作。

【农产品质量安全监管体系完善】启动“国家农产品质量安全县”创建工作。制定《2016年顺义区农产品质量安全工作意见》，继续落实《顺义区农产品质量安全工作扶持办法》，对农业标准化生产和农产品质量认证工作予以专项扶持；抓住农产品质量安全突出问题和薄弱环节，开展农资（农药）打假专项检查、兽用抗菌药专项整治、畜禽屠宰专项整治、蔬菜质量安全专项整治、水产品质量安全等专项整治工作；制定印发《2016年顺义区农产品质量安全统一监测计划》，已抽检各类农产品样本62 668个（其中定量1 234个），合格率100%；新申报认证无公害基地24家，申请无公害扩项基地17家，10家生产基地参评北京市优级农业标准化基地，开展农产品质量安全培训17次，累计培训4 319人次。

【促进政策性农业保险落到实处】制定下发《顺义区政策性农业保险实施意见》，完善政策性农业保险各项制度建设，增加险种，延长保险责任期，全年完成总保额23.5亿元，出险农户4 881户，出险赔付金额9 149万元。

【农村改革创新能力提高】进一步规范农村资产有序流转，出台《农村土地承包经营权确权登记颁证意见》（京顺办发〔2016〕9号），同时制定《实施方案》《档案管理办法》《检查验收办法》《政策问答》等一系列规范性文件，全面启动确权登记颁证工作。截至12月30日，应确权登记颁证村数量312个，应确权土地面积53.97万亩。已有305个村启动此项工作，占比97.5%；301个村完成权属调查，222个村完成审核公示，公示村二轮延包确权面积384 912.4亩，占全区应确权登记面积的74.1%，完成2016年市级下达60%的工作任务。

【产权交易平台建设】贯彻区政府《关于规范农村产权交易工作的意见》精神，进一步增强农村产权交易的规范性，确保公开、公平、公正，切实维护农民合法权益。年内，本区累计交易额8 129.33万元，累计成交项目18宗，成交项目涉及土地流转面积3 993.36亩，租赁房屋面积4 876平方米。其中土地项目数量15宗，实物资产项目数量3宗。

【农村集体财务规范化建设】通过农村集体“三资”监管平台，实现对“三资”的网上监控和动态管理。定期对“三资”管理情况进行监督检查，督促整改发现的问题。同时及时组织专业人员对农村财务管理情况进行专项检查调研，围绕农村财会基础工作开展情况、农村审计工作开展情况、村级财务民主监督落实情况、农村财会队伍建设情况、农村集体“三资”监管平台运用情况等进行全面检查，对发现的问题分析原因，提出整改意见和建议，进一步强化农村财务管理工作。

【农村集体经济审计监督】一是引入社会专业部门审计，镇级聘请会计师事务所进行村级财务审计，区经管站聘请事务所对每个镇抽调一村进行审计，区站审计人员对事务所的审计过程和审计结果进行抽查。社会审计与农经专职审计相结合，拓宽审计监督范围。二是加强在线审计力度，使在线审计方式过渡为常态。三是用好审计结果，督促被审计单位整改落实，进而提高农村审计工作的权威性。村级组织正常运转专项补助资金2015年度审计工作已于2016年3月底完成。新型集体经济组织2015年度审计工作已于2016年3月底完成。农村集体经济审计情况统计工作已于2016年6月底完成。

【合作社规范化建设】依法指导农民专业合作社的设立、登记注册等服务工作，依法指导监督农民专业合作社建立健全各项规范管理制度。本单位2016年受理自愿申请办理合作社营业执照业务指导，依法指导2家合作社办理人设立登记注册等相关服务工作，并指导合作社建立健全相关的管理制度。继续完善本区19家市级示范社的规范化建设。按照市农经办的工作要求，组织本区19家北京市农民专业合作社示范社的负责人参加的北京市农民专业合作社综合管理系统的培训。为下一步合作社财务管理规范化建设奠定基础。

【农村“三资”管理】深化农村集体资产监管平台在基层的管理应用，推进“三资”管理的制度化、规范化、信息化。推进“三资”监管平台的跨部门应用和资源共享。按时保质完成农村经济统计年报等报表的基层基础数据资料的审核上传工作。通过调查摸底、核查汇总、镇村逐级上报形式完成全区农村收益分配情况统计。

【农业执法】对农药、种子、肥料等农业投入品质量进行监管。开展执法活动293次，出动执法人员728人次，抽取样品359份。对违法经营行为立案查处5起，当场行政处罚26起，没收违法所得和罚款17 877元，没收假劣农药31.652千克，下架不合格农药69种127.97千克。

【农产品质量安全监管】①农药质量抽检99个，合格率92.9%；农药标签抽检2 600个，合格率97.3%；种子发芽率、水分及净度三项指标抽检50个，合格率100%；肥料质量抽检210个；签发产地检疫合格证56批次，签发检疫要求书3次，调运检疫备案210批次，签发调出检疫证书310批次。②全区蔬菜获得无公害认证基地52家、绿色认证基地2家、有机认证基地12家，“三品”认证率达40.3%；北京市优级标准化基地达43家。③2016年对全区生产基地的蔬菜产品开展上市前的农药残留抽检，农业部级抽检18个，合格率100%；北京市级风险监测抽检170个，合格率100%；北京市级监督抽检179个，合格率98.99%；区级快速抽检19 697个，合格率99.99%；区级定量抽检406个，合格率100%。

农　村　民　生

【概况】据顺义区2016年农村住户抽样调查资料显示：农村居民人均可支配收入为24 649元，比上年增加2 001元，增长8.8%，高于全市同比增速（8.5%）。绝对额在五个发展新区中排首位，增速排名仅次于大兴区（9.9%），与房山区并列第二位。人均生活消费支出为15 245元，比上年增加1 318元，增长9.5%，低于全市同比增速（9.6%）。

【全年收支平稳增长，同比增速放缓】2016年农村居民人均可支配收入分阶段看，一季度和上半年同比增速都是9.3%，前三季度和全年同比增速都是8.8%。人均生活消费支出分阶段看，一季度同比增速10.5%，上半年、前三季度、全年同比增速分别是9.5%、9.4%、9.5%。收支水平都呈现稳定放缓趋势。从生活消费支出占可支配收入比重角度看，一季度、上半年、前三季度、全年人均生活消费支出占人均可支配收入比重分别是55.1%、57.0%、59.5%、61.8%，呈现逐步提升趋势。

【城市化推进农村居民就业增收】一是工资性收入保持稳定增长，既是收入的主要来源，也是增收的主要来源。人均工资性收入为17 993元，同比增长4.8%，占可支配收入的73.0%。二是经营净收入有所增长。人均经营净收入为1 515元，同比增长22.3 %，占可支配收入的6.1%。三是财产净收入较快增长，是仅次于工资性收入的重要增收因素。人均财产净收入为1 945元，同比增长44.1%，占可支配收入的7.9%。四是转移净收入稳步增长，是仅次于工资性收入的重要收入来源。人均转移净收入为3 197元，同比增长10.5%，占可支配收入的13.0%。

【农村居民消费不断升级】顺义区农村居民八大类生活消费中，除其他用品和服务消费支出同比增速有所下降外，其他各项生活消费支出指标呈现增长态势，体现农村居民生活质量的改善。其中食品烟酒消费支出4 619元，增长6.5%，占生活消费支出的比重（恩格尔系数）为30.3%；衣着消费支出1 036元，增长4.0%；居住消费支出3 141元，增长11.5%；生活用品及服务消费支出1 063元，增长3.7%；交通通信消费支出2 393元，增长13.4%；教育文化娱乐消费支出1 392元，增长25.8%；医疗保健消费支出1 442元，增长7.0%；其他用品和服务消费支出160元，下降15.3%。

【社会保障】全区职工五项保险平均参保人数达49.83万人，同比增长2.59%。职工养老、医疗、失业、工伤、生育保险参保人数分别达58.16万人、57.48万人、45.9万人、46.91万人、40.7万人；城乡居民基本养老保险当年参保人数达到9.7万人，城镇居民基本医疗保险、新农合当年参保人数分别达到9.25万人和23.71万人；实现全区80%在建工程以趸缴方式参加工伤保险；完成征地转非2 473人，其中劳动力1 576人，完成就业转非635人；全区退休职工月领取基本养老金调整为3 014元，同比增长6%，惠及退休职工5.8万人；城乡居民基础养老金、福利养老金每人每月分别提高至570元和485元；完成城乡居民养老保险补贴工作，其中缴费补贴5.59万人，基础养老金补贴4.86万人，特殊群体补贴6 404人，丧葬补助663人；认真落实城镇特困职工一次性医疗救助和城乡居民大病保险工作，缓解1 429人因病致贫问题。加大社保稽核力度，未足额缴纳社会保险费追缴到位率达91%，受理社保投诉案件180件，追回漏缴社保基金357.75万元；全年社保基金总收入111.46亿元，社保基金总支出66.99亿元，其中职工五项社会保险基金收缴88.58亿元，支出46.17亿元，基金运行安全平稳。

【“减煤换煤、清洁空气”行动全面开展】全区优质燃煤订购数量超过16.6万吨，已完成配送15.5万吨；燃煤炉具订购 14 266 台，全部配送到位。取暖煤改电工作先行推进的 22 个村、5 700 余户已全部完成。在此基础上，本区自加任务实施的 29 个村、14 000 户电网增容改造已接近尾声，待完成后实施户内设备安装和线路改造。同时，正在探索实施农村取暖煤改气工作，前期调研和规划工作已经完成。

【农宅抗震节能改造工程继续实施】农宅新建翻建工程完成 1 070 户，农宅单项改造工程完成 10 873 户，农村旧村改造自建楼房综合改造工程完成 4 380户。

【农村公共基础设施完善】完成新建 9 座浴室，本区已累计建设太阳能公共浴室 302 座，基本实现重点村庄的全覆盖，满足村民冬季洗澡的需求。完成新建连村路灯 2 022 盏，已全部投入使用。

【促进低收入农户增收】按照“2015 年家庭人均可支配收入低于 11 160 元”的基本标准，精准识别低收入农户 4 044 户、9 025 人；认定低收入村 3 个，分别为南彩小营村，杨镇荆坨、下营村。对低收入村配备“第一书记”、驻村工作队，确定帮扶计划和产业项目。要求各镇落实低收入户帮扶责任人，下发《低收入农户登记卡》，同时，组织区内成员单位，起草帮扶低收入具体实施方案。

【“二气一室”管护】对全区 21 座“两气”站和 291 座太阳能浴室加强安全管理，综合运行率居全市首位，分别惠及农民 8 000 余户和 10 万余户。

【文化事业】一是全面贯彻北京市“1＋3”公共文化政策文件，加快推进首都公共文化服务示范区创建工作，加快推进文化服务软、硬件建设，提升城市文化品质。加大公共文化投入，利用市场竞争优势，明确支持方向、实施程序、监管方式，提高公共文化服务效能，使其成为促进文化艺术事业发展的新平台、新渠道、新机制。区级文化中心建设有序推进，图书馆、文化馆等区级公共文化服务设施功能不断完善。为 9 个村级剧场、335 个村级广场配备固定灯光音响设备，实现村级文化广场灯光音响设备全覆盖。“农村文艺演出星火工程”引入第三方抽查监测机制，参演团队演出场次与质量明显提高，全年共有 62 支文艺表演团队参加农村“星火工程”文艺演出 1 008 场。策划组织第四届惠民文化消费季，推出五大主题惠民活动。邀请市、区艺术家送戏进社区、进学校、进工地公益演出活动，文化惠民力度不断加强。二是全年开展“二月新春”“五月的鲜花”“十月金秋”等三大系列群众文化活动 1 600 余场，吸引观众 50 万人次，成为顺义特色、全市公认的群众文化活动品牌。“高丽营杯”戏曲票友邀请赛、“天竺杯”合唱大赛等 10 大杯赛活动逐渐形成品牌，吸引观众 100 万人次。成功引进国家歌剧院合唱团、中国电影交响乐团、开心麻花团队、繁星戏剧社入区演出。组织“放歌新顺义”全国原创歌曲征集活动、顺义区纪念建党 95 周年暨党史宣传月主题文艺演出、第八届北京端午文化节非遗项目展演和民间手工艺展销活动、顺义区首届重阳爱老敬老戏曲艺术节等特色活动。

基层组织与民主政治建设

【概况】2016 年顺义区基层党建工作深入贯彻落实十八大、十八届三中、四中、五中、六中全会和习近平总书记系列重要讲话精神，牢牢立足“四个全面”战略布局，紧密围绕“把握三个阶段性特征，推动四个转型升级”的工作总要求，正确认识、主动适应、科学引领新常态，自觉服从服务京津冀协同发展大局，坚持问题导向，注重顶层设计，加强统筹谋划，严格落实党要管党、从严治党主体责任，将从严的精神贯穿组织工作始终，扎实开展好区镇领导班子换届、基层党组织建设、临空经济高端人才聚集区建设，锤炼高素质执政骨干队伍，构筑坚强的战斗堡垒，打造高端人才队伍，为全区发展转型升级提供组织保障和干部人才支撑，彰显组织工作“围绕中心、服务大局”的核心价值。

【完成第十届村委会换届选举工作】完成第十届村委会换届选举工作，取得“一全、两无、七提高、两降低”的优异成绩。一全：全区 426 个村全部参加村委会换届选举，首次实现村委会换届选举 100%全覆盖。两无：无“白点村”和无拉票贿选行为，连续 4 届实现无“白点村”，无查实的拉票贿选行为。七提高：群众参与度高，登记选民419 222 人，同比增加 8 480 人，上站率为 92.4%，同比上届提高 1 个百分点；　“一人兼”比例提高，达 88.0%，比上届提高 0.3 个百分点。南法信、天竺、北小营、龙湾屯四个镇“一人兼”比例达到 100%（没有实现“一人兼”的 51 个村中，有 33 个村沿袭上届分设，13 个村因优化年龄结构培养的新人当选，杨镇下营、于庄，李桥苏庄、大孙各庄、谢辛庄、高丽营南王路等 5 个村是因村内竞争激烈，支部书记未能实现兼任村委会主任）；交叉任职率提高，达78.4%，比上届提高2个百分点；妇女成员比例提高，妇女委员占32%，比上届提高2个百分点；班子成员学历提高，新一届村委会班子成员大专以上学历占45%，比上届提高7个百分点；大学生村官当选人数提高，共有39名大学生村官当选村委会班子成员，比上届增加24人；村民代表中党员比例提高，达38.1%，比上届提高3个百分点。两降低：不是党员的村委会主任有20人，比上届降低2人。村委会班子成员平均年龄48.07岁，比上届降低0.03岁。有78名60岁以上的上届村委会成员，退出本届选举，为进一步优化全区村委会班子年龄结构奠定基础。

【贯彻落实《顺义区关于建立城乡社区居民委员会工作意见》】加强督促相关街道、镇建居工作，2016年审批成立居委会11个，全区社区居委会数量达到125个。

【2016年顺义区新一届村党组织书记、主任培训班】举办2016年顺义区新一届村党组织书记、主任培训班，对全区600余名村党组织书记、村委会主任在民主自治、社区治理、廉洁自律等方面进行培训，从而进一步增强农村干部整体素质，提升社区治理水平。

顺义区领导名录

区委书记 王　刚

副书记 高　朋　林向阳（9月免）
车克欣（女，3月任，12月免）
于庆丰（12月任）

常委 车克欣（女，3月免）
于庆丰（12月免）
肖韵竹（女，10月免）
李国营（8月退休）
朱家亮（4月免）
陈卫明（12月免）
初军威（9月任）
张　良（10月任）　肖承继
霍光峰　禹学垠（6月任）
贺亚兰（女，9月任）
张晓峰（12月任）

区人大常委会主任 胡尚云（12月免）
车克欣（12月任）

副主任 冯庆森（1月免）
赵贵恒（11月退休）
吴建国　盛德利（12月任）
赵殿江（1月任）
董建华（1月任，12月免）
丁文强（12月任）
白丽洁（女，不驻会）

区长 高　朋

副区长 于庆丰（12月免）
朱家亮（4月免）
张晓峰（12月免）
禹学垠（8月免）
盛德利（12月免）
霍光峰（8月任）
初军威（9月任）
赵为民（10月任）
李向英（女）
吴耀新（10月任）
张爱冬（8月任）
郑晓博（12月任）

区政协主席 杨宝华（1月免）
周颖博（1月任）

副主席 田建国　闫志广
孙桂祥（12月免）
韩凤桐（1月任，12月免）
单成刚（12月任）
郭振江（12月任）
刘　静（女，不驻会）
金泰希（女，朝鲜族，12月任，不驻会）
田家玉（不驻会，12月免）
杨凤辉（12月任，不驻会）

区农工委主任 刘振河

顺义区街道、镇（乡）党政正职领导

	党委书记	镇长(主任)
光明街道办事处	郭树文	姜慧琴(女)
胜利街道办事处	贾崇彪	冯江全(5月免) 王洪涛(5月任)
石园街道办事处	赵金明(12月免) 徐志国(12月任)	衣　晶(女,6月任)
旺泉街道办事处	郑晓博(12月免) 黄学英(女,12月任)	黄学英（女，12月免） 于宝鑫(12月任)

双丰街道办事处	赵靖宇	刘海丰(7月免) 乔　龙(7月任)
空港街道办事处	柳亚辉	李　莉(女)
仁和镇 (地区办事处)	赵洪涛(3月免) 刘　洋(3月任)	刘　洋(3月免) 杨文仲(5月任)
马坡镇 (地区办事处)	贾文禹(7月免) 武　捷(7月任)	于长雷(1月免) 贾　睿(1月任)
牛栏山镇 (地区办事处)	郝蔚泉	陈　红
赵全营镇	李在东	李志刚
高丽营镇	范学智(3月免) 王海松(3月任)	王彦利(女)
北石槽镇	王鉴远	胡小刚
南法信镇 (地区办事处)	李　衍(8月免) 黄永志(8月任)	徐志国(12月免) 王　民(12月任)
后沙峪镇 (地区办事处)	王学武(3月免) 史卫东(3月任)	孙雪松(5月免) 冯江全(5月任)
天竺镇 (地区办事处)	王　江	杨登科
李桥镇	黄海鹏	张春和
南彩镇	黄永志(8月免) 赵海波(8月任)	闫　岩(女，3月免) 刘海峰(7月任)
杨镇 (地区办事处)	赵志勇	陈向东
张镇	刘晨光	赵海波(8月免) 张　涛(8月任)
北小营镇	马　强	朱新生(8月免) 孙海江(8月任)
木林镇	王海松(3月免) 李　健(3月任)	李　健(3月免) 李　浩(3月任)
龙湾屯镇	史卫东(3月免) 闫　岩(女，3月任)	张　伟
李遂镇	武　捷(7月免) 朱新生(8月任)	李子腾(3月免) 李　黎(3月任)
北务镇	李　刚	张小军(12月免) 马占磊(12月任)
大孙各庄镇	马卫国	王秀刚

（顺义区史志办　刘秀娟　兰岚）

昌　平　区

昌平区位于北京市西北部，面积1 343.5平方千米。辖区共有15个镇（含5个地区办事处）、5个街道办事处，301个行政村，220个社区居委会。

2016年年末全区常住人口201万人，比上年末增加4.7万人，增长2.4%；其中常住外来人口103.8万人，增长1.2%，占常住人口的比重为51.6%，比上年末降低0.7个百分点。年末全区户籍人口61.1万人，比上年末增加1.6万人，增长2.7%。

昌平区都市型现代农业的发展按照“强二优三精一”的产业发展思路，以“精一”为奋斗目标，以促进农村经济发展和农民持续增收为出发点，以增强农业生产和生态功能为工作主线，以发展低消耗、高效益的生态农业为主攻方向，推进产业结构调整，毫不动摇地加快农业经济发展方式转变，巩固农业在社会经济中的基础地位。

2016年全区农村集体经济总收入380 838.3亿元；农村居民人均可支配收入达到21 871元，比上年增长8.7%。全年实现农林牧渔业增加值7.8亿元，比上年下降7.6%。完成农林牧渔业总产值20.7亿元，比上年下降6.3%，其中，农业产值完成7.3亿元，比上年下降5.5%；林业产值完成4.6亿元，比上年下降13.9%；牧业产值完成7.8亿元，比上年下降1.7%；渔业产值完成0.2亿元，比上年下降30%；农林牧渔服务业完成0.8亿元，比上年增长0.3%。

城乡发展一体化

【概况】全区坚决落实“以疏解非首都功能为重点的京津冀协同发展战略”，把疏功能、控人口统筹起来，努力破解人口资源环境矛盾。围绕推动城市发展转型，按照“以规划引领建设、以服务促进管理”的思路，出台了提升城市规划建设管理水平的工作意见和分工方案，实施了一系列有针对性的改革举措。

【城乡结合部重点村迁建工作】根据北京市总体规划，昌平区“一道绿隔”具体涉及东小口镇辖区11个村庄，其中中滩村、单村、东小口村、芦村、马连店村6个村已完成拆迁腾退工作，基本实现城市化，剩余兰各庄村、店上村、半截塔村、魏窑村、小辛庄村5个村分两个组团进行城市化。年内，东小口镇与北京市城市规划设计研究院详细规划所签订了城市化建设规划实施方案技术咨询合同，同时与北京中地鸿创土地信息技术有限公司签订了资金平衡分析专篇技术服务合同。目前，“一道绿隔”村庄规划编制工作已经完成。

【煤改清洁能源工程】年内，共有29个村煤改清洁能源工作圆满完成，正常供暖。一是农村取暖“煤改电”工程，在兴寿镇、崔村镇、南口镇、流村镇共24个村实施，其中兴寿镇率先成为北京市第一个冬季取暖无煤镇；二是农村取暖“煤改气”工程，在城南街道、南口镇、马池口镇共5个村实施。通过四年的“煤改电”“煤改气”工作，截至目前全区共有49个村实现冬季取暖无煤化。

【提前超额完成实际下达减煤换煤五年任务】2013—2016年供暖季结束，全区农村地区累计减煤换煤51万吨，提前完成市级下达的五年（2013—2017年）总任务（50.5万吨）。年内，全区继续实施优质燃煤替代全覆盖，共涉及17个镇、203个村、8万户，共配送优质燃煤14万吨。煤改清洁能源实现减煤2.8万吨，城市化改造上楼实现减煤0.3万吨，拆除违建实现减煤5万吨，全年共实现减煤换煤22.1万吨。

【控增量、疏存量，疏解整治促提升】一方面，严格实施产业负面清单制度，累计限制不符合区域定位的企业项目319个；另一方面，坚持挂账整治违法建设和低端产业，全年共拆除违法建设460万平方米，关停工业污染企业40家、区域性市场7家，撤并改造工业大院5家。强化政策倒逼作用，继续实施了人口倒挂村水电总量控制、房屋租赁税征缴、自备井集中整治等一系列坚决举措。加大综合执法力度，按期完成了32个市、区级城乡结合部重点村的整治任务，累计取缔无证无照和非法经营场所3 236处，消除各类安全隐患4 098处。

【重点加大城乡统筹力度】集中推进了城乡结合部16个棚户区改造项目，全面启动了山区低收入村低收入户的精准帮扶工作。

【加强关键基础设施建设】突出抓好交通治堵，在全力保障兴延高速、京张城际、地铁17号线等国家和市级重大项目的同时，开（复）工道路工程43项，其中回南北路等21条道路竣工通车，并在昌平老城区试点实施了综合疏堵工程。

农村经济发展

【概况】2016年，昌平区以促进农村经济发展和农民持续增收为出发点，以增强农业生产和生态功能为工作主线，以发展低消耗、高效益的生态农业为主攻方向，推进产业结构调整，加快农业经济发展方式转变，促进农业增效、农民增收、农村和谐，农村经济保持平稳较快增长。

【特色产业发展】一是苹果产业，2016年产优质苹果1 595万千克，年产值1.27亿元。二是草莓产业，2016—2017年草莓种植季，全区种植草莓5 000栋，全区草莓总产量625万千克，比去年增产8.5%，总产值3.25亿元，比上年增收1.9%。三是花卉产业，现昌平花卉产业逐步形成多种花卉并举的花卉产业格局。全区花卉种植总面积2 255亩，设施面积为62.5公顷，其中联栋温室9.8万平方米，日光温室919栋。四是传统果品，全区现有柿树60余万株。2016年产值为273.7万千克，产值为532万元。五是栗蘑产业，全区共计有94户农户，种植栗蘑菌袋总计385.85万袋，其中新增农户34户。全年栗蘑产量115万千克，农民种植收入达到2 400万元。

【完成新政策的起草工作】一是经区政府专题会后，由区政府下发《关于农业产业化发展的扶持意见》，进一步扩大扶持范围，加大扶持力度。二是区委、区政府联合下发了《昌平区推进低收入农户增收及低收入村发展的实施方案》，实施“八个一批”，推进低收入农户增收。三是由区政府与京东签订了《战略合作框架协议》，进一步促进昌平区“互联网+农业”的发展。

【举办第五届农业嘉年华】在市委、市政府的坚强领导下，在农业部、天津市农委、河北省农业厅和市有关部门的指导支持下，由昌平区人民政府主办、北京农业嘉年华组委会承办的第五届北京农业嘉年华，于2017年3月11日至5月7日在昌平区草莓博览园成功举办。活动安全、平稳、高效运行58天，累计接待入园游客136.9万人次，实现总收入3.41亿元。活动围绕国家“一带一路”和“京津冀协同发展”的战略部署，紧跟昌平全域旅游的发展步伐，以都市型现代农业为主题，打造了一个融合性的产业平台，将北京农业嘉年华的社会效益、经济效益和品牌效益推向了新高度。

【“三品”基地认证情况】按照市、区政府关于积极推进认证工作的政策和要求，按照以无公害认证为主，绿色、有机认证为补充的原则，认真履行工作流程，加强和完善了认证工作组，各镇(街)确定了人员，管理服务顺畅到位，确保有效推动认证工作的开展。2016年完成新认证基地13家，全区“三品”认证基地达到115家，认证率达到57%。

【农产品质量安全主体普查情况】按照全市农产品质量安全管理工作要求，2016年对全区开展农产品质量安全责任主体普查工作。主要目的一是摸清农产品质量安全监管对象底数，为实现全覆盖监管，不留监管死角提供支持；二是全面排查风险隐患，及时发现问题及时整改。共备案监管基地5 094个，总备案面积24 280亩。

【农产品安全检测】制定年度农产品质量安全检测计划，落实检测工作任务。全区以区级检测为主，以基地检测为补充，检测面全覆盖。农产品质量安全检测工作顺利实施，完成检测样本3.5万个，产品检测合格率达到要求标准。

【标准化生产基地建设】按照市农业局的工作要求，对建设完成满5年的标准化基地进行了重新复查备案。新建设2个种植业标准化基地，全区已建设优级标准化基地40个。

【农产品质量安全整治工作】2016年继续在农产品生产的不同行业分别开展安全整治工作，包括种植业、养殖业、农药兽药经营行业等行业开展专项整治。整治重点是四个突出，突出重点产品、突出重点基地和配送中心、突出认证基地。突出重点时期。共计检查1 000余场次，出动检查人员4 000余人次。

【参加第十四届国际农交会】11月，第十四届中国国际农产品交易会在云南昆明国际会展中心举办，昌平区共组织11家农民专业合作社和4家采购商参展。

【果品质量安全认证和管理】年内，完成11个果树树种、500份果品随机取样和送检工作，结果99%以上均符合无公害食品安全标准。协助14个果园完成无公害认证和复查换证，全区累计认证果园面积1 000余公顷。

【苹果文化节】年内，举办第十三届苹果文化节，设置展板160多块，展示苹果样品246份，利用微信、高德地图、昌平苹果网平台发布4条采摘线路、43片重点采摘园信息，在北京电视台、交通台、每日头条等媒体开展广告宣传，吸引数十万市民前来采摘。

【农村实用人才队伍壮大】一是开展农村实用人才技术等级评定工作，现全区农村实用人才共计3 381人。二是组织优秀农民骨干分批次参加市农委组织的相关培训。三是与区教委、农口职能部门等联合开展各类农民技能培训近1.4万人次。

【“信息进村入户”初见成效】已建设完成标准型益农信息社10家，专业型益农信息社81家，全年帮助村民提供公益服务267次，便民服务1 531次，帮助村民网上销售农产品1.12万千克，培训职业农民1 120人次。

【继续教育工作取得的成效明显】先后组织申报农业科技项目13项。在各种学术刊物上刊发论文48篇，参与出版著作6本，10人次获得2014—2016年度全国农牧渔业丰收奖，品种鉴定4项次，申报专利2项。组织下属各单位四批、50余个专业技术人员参加了市农业知识系列更新培训。通过全国农业远程教育平台的卫星远端接收站开展了20期、752人次集中培训。全年共组织基层农技人员专业技术培训15期，培训568人次。

【高级研修班办出农业系统特色】自2005年举办高级研修班开始，组织昌平区农委专业技术人员开展了11年度的研修任务。本届市级高研班组织了18次活动，其中9次为专业科技培训，培训农业技术人员380余人次，培训农户1 060余人次；区级高研班全年共办班8次，完成了32学时的授课，区、镇两级中级以上技术人员共385人次参加了培训，上交论文23篇，通过各种培训使今年获得的实用新型专利的“半基质栽培技术”顺利推广。

【完善涉农专项贴息贷款工作】2年内，继续落实《关于进一步完善涉农专项贴息贷款工作的实施办法》，今年共发放涉农专项贷款2 023万元，为到期农户、农民专业合作社、农业企业补贴利息及担保费112.9万元。

村镇建设

【概况】以保障好、发展好农民利益为原则，切实做好城乡结合部重点村农民回迁安置上楼、集体产业发展、农民就业、社会保障、社区建设等关系农民切身利益的工作。按照突出特色、规划引领、产业为本、适度配套、多元投入的原则，加快全国小城镇建设试点的建设步伐。

【小城镇建设】 昌平区确定并经市及国务院批准了五个各具特色重点小城镇，分别是小汤山镇、北七家镇、阳坊镇、南口镇和十三陵镇。根据区住建委会同区财政局召开的昌平区重点小城镇工作的会议精神，发挥小城镇建设专项资金的引领作用，推进小城镇特别是五个重点小城镇的基础设施和公务服务设施建设，2016 年五个重点小城镇专项资金支持项目市财政下拨支持资金 567 万元。具体项目是：小汤山镇尚信村道路大修工程；北七家镇东沙西路道路工程；阳坊镇阳坊小学东停车场工程和阳坊镇政府停车场工程；南口镇关沟河西岸道路工程，关沟河东路沿线道路工程；十三陵镇小宫门村上水系统工程和泰陵园村污水管道工程。

【完成新农村建设任务】 年内，区农服中心承担了流村、南口、阳坊等 16 个镇（街）、128 个村的 1.24万盏太阳能路灯以及3.34万盏 LED 节能光源改造路灯的管护任务。共接收报修信息 600 余份、出动车辆 580 班次、出动人员2 089人次、管护路灯3 760盏；根据人大代表建议，新安装圆灰电线杆 55 根、节能改造路灯 71 盏。

【开展"美丽乡村"建设工作】 继续推进美丽乡村建设，申请建设第二批美丽乡村 32 个。由 12 家区属职能部门对减煤换煤、电网改造、农宅抗震节能改造、农村地区污水处理、村庄绿化美化、村庄环境整治、农村医疗卫生服务、历史文化保护、村庄长效管护机制等 9 大项内容 11 项具体任务进行提升。8 月初，市新农办组织专家组对 2015 年申请建设的 32 个美丽乡村进行验收。10 月对第一批命名的 38 个美丽乡村进行公布。

【突出抓好交通治堵】 在全力保障兴延高速、京张城际、地铁 17 号线等国家和市级重大项目的同时，开复工道路工程 43 项，其中回南北路等 21 条道路竣工通车，并在昌平老城区试点实施了综合疏堵工程。

【重点功能区的土地管护】 2016 年继续以"三强化一提高"即"强化领导责任，强化制度管理，强化巡查力度，提高管护效果"为工作重点，加大了对重点功能区违法违章建设的治理力度，全年未出现新发生违章违建现象。重点功能区管护总面积为 67 132.406亩，涉及 15 个镇（街）106 个村。

【对设施农业用地"慎批严管"】全年通过设施农用地备案联席会，联合相关部门对 10 个镇上报的 32 个有意向的农调项目，进行实地勘察，召开了农调备案联席会。连同上年度会议审核通过项目，2016 年共完成设施农业用地备案工作 37 项。

【污水治理】 完成小汤山、流村、昌平二期、沙河二期再生水厂工程建设；TBD 再生水厂选址规划及配套污水干线规划已通过市规划委审查，南口污水厂升级改造项目已取得国土预审及规划手续，正在进行可研评审，污泥厂项目选址规划编制完成，可研上报市发改委待审；温榆河以南地区污水收集管网工程已完成3.4千米管线铺设，温榆河以南地区污水收集和再生水利用管网项目已报市发改委待审；小城镇污水配套管网累计完成 40 千米管线铺设；解决 31 个村庄污水治理问题。

【中小河道治理】 第二阶段 9 条治理河道中，回龙观河、孟祖河等 7 条河道已基本完工，温榆河王家元水库下游段、兴隆口沟受拆迁工作影响，现已完成 65%。第三、四阶段中小河道治理涉及 7 条河道，总长度 56 千米，其中蔺沟河、南沙河段已基本完工，工程总体形象进度为 55%。

【区域水环境治理】 完成了温榆河流域 11 个排污口治理和三处跨境断面水环境整治工作，完成 5 条河段黑臭水体治理和 37 平方千米生态小流域综合治理，区域水环境质量持续改善。全面落实"河长制"，明确河道责任主体，进一步完善河湖管护机制。

【平原地区重点区域造林】 年内，完成平原地区重点区域造林任务233.3公顷，共栽植各类乔灌木 14.7万株。

【小微绿地建设】 年内完成包括林萃路西侧、科星西路—龙跃路东北侧等 4 个代征绿地的立项、招标和施工，现已竣工投入使用，总面积32 000平方米。

【彩叶树种造林】 年内，完成彩色树种造林工程 66.7公顷，共栽植黄栌、元宝枫等彩叶树种 5 万株，建设地点位于南邵镇官高村、崔村镇麻峪村、兴寿镇桃峪口村。

【森林健康经营】 年内，完成生态效益促进发展机制森林健康经营工程林木抚育2 933.33公顷（含国家重点公益林抚育），其中重点地区林木抚育面积 1 113.8公顷，一般地区林木抚育面积1 819.53公顷；作业道路建设46 802米。

【林木伐移管理】 年内，共发放《林木采伐许可证》

461 件，采伐林木142 801株，蓄积21 951.63立方米。严格执行限额采伐管理，林木移植发证 77 件、51 536株，树木砍伐审批 27 件、123 株，树木移植 12 件、127 株。

【野生动物保护】年内，累计监测野生鸟类 160 万只，未发现野生动物传播疫源疫病异常现象。救助雕枭、猫头鹰等野生动物 58 只。

【古树名木管理】年内，对区内5 919株古树进行日常养护，完善健全古树名木档案资料。重点展开盘龙松、青檀等古树的保护复壮。

【退耕还林工程】年内，向退耕农户兑现生活补助费67.9万元，兑现粮食169.7万千克。巩固退耕还林成果专项规划建设，完成 5 个采摘示范园建设，建设地点为：流村镇新建村、留石港村，南口镇辛力庄村、长水峪村，阳坊镇后白虎涧村；建设内容为：新建围栏1 023米，铺设观光采摘道路2 250平方米。

【家庭林场改革试点工作】年内，昌平区流村镇韩台村的试点工作稳步推进，在深入调研的基础的上，进一步完善了韩台村家庭林场改革试点方案，规范家庭林场改革程序，探索现有林业政策集成和林地经营管理体制。2016 年组织韩台村进行林下种植和养殖试验，已进行林下试种的药材主要有荆芥、黄芩和柴胡等共计 100 亩，林下种植栗蘑 15 000菌棒。

【山区生态林管护工作】年内，昌平区山区生态林管护总面积为85.78万亩，其中山区集体生态林面积72.62万亩，国有生态林面积13.16万亩。涉及流村、南口、十三陵、延寿、崔村、南邵、兴寿、阳坊、城北 9 个镇（街）的 140 个村，现有生态林管护员4 850人，生态林管护补偿金4 478.4万元。

【全面落实低收入增收工作】精准帮扶低收入农户增收和低收入村发展。一是全区精准识别建档立卡低收入农户3 739户，8 169人，低收入村 25 个。二是组建区、镇工作队进村入户，按照“一户一策”“一村一计划”为低收入农户和低收入村量身定做增收方案。三是整合生态管护补偿、山区造林、土地整体流转等政策促进山区低收入农户大幅增收，预计到 2016 年年末全区现行标准（家庭人均收入低于11 160元）下的低收入农户将减少 2/3 以上。四是落实 2016 年对口支山专项资金2 000万元，实施基础设施和产业发展项目 19 个，有效地改善了山区低收入村生产和生活环境。

【沟域经济建设】以提质增效为目标，重点打造市级重点沟域——延寿沟域。一是发展特色农业，扶持农户种植栗蘑菌袋148.85万袋，种植中药材 700 亩，农民实现种植收入1 000万元。二是发展休闲产业，打造以黑山寨地区为中心的“板栗宴、栗蘑宴”和以湖门地区为中心的“特色宴”，形成标准化、规范化的民俗旅游产业。三是探索实施了西湖—湖门民宿旅游产业发展项目，完成相关规划，实现了 22 座闲置民宅的租赁，完成了 3 处民宿试点的风格设计。四是在基础设施建设方面，成功申报了市发改委沟域基础设施项目，完成了延寿寺和百合村两处骑行驿站建设。

【开展对口支山工作】2015 年起区委区政府每年安排2 000万元财政资金专项用于山区低收入村产业发展和基础设施建设。截至目前，2015 年对口支援山区低收入村专项资金项目共计 24 个，目前已全部完工。2016 年安排对口支山专项资金项目 19 个，总金额18 037 052.88元。区农委已根据各个项目资金评审结果把项目资金的 90%拨付到各镇，部分项目已开工，其中 1 个项目现已完工，预计明年 6 月底之前，所有项目将全部完工。

【推进山区搬迁工作】2013—2017 年昌平区列入市政府泥石流易发区搬迁计划且有搬迁意愿的农户为 543 户、1 558人，其中整村搬迁涉及流村镇禾子涧村、十三陵镇果庄村和大岭沟村。由于山区搬迁安置用地问题制约，搬迁工作推进缓慢。目前，涉及搬迁的十三陵、流村两镇共 14 个村均已完成了搬迁用地选址、地灾评估和村庄规划调整工作，规划公示后已经得到了区政府的批复。

农村改革与管理

【概况】根据北京市有关京津冀协同发展的工作部署，围绕全区中心工作和重点任务，以实现“新三起来”目标为着眼点，以贯彻落实“1+5”系列文件为支撑点，积极推广经验做法，扎实推进重点工作。有序推进农村土地承包经营权确权登记颁证工作，大力推广应用“农村集体经济运行实时监控系统”，推广使用产权交易平台，规范农村产权交易行为，助推农交所入驻区综合行政服务中心，进一步加大农经地理综合信息系统的推广应用，不断提高农民专业合作社规范化建设，认真核查农民负担，规范推进一事一议财政奖补项目。

【推进农民专业合作社规范化建设】年内，区经管站培育示范社工作取得明显成效，全区累计获评区级以上示范社 49 家，其中：国家级示范社 11 家，市级示范社 9 家，区级示范社 29 家。全区登记注册的农民专业合作社已达 484 家，入社社员总数16 181人，辐射带动非成员农户29 423户。经营范围共 34 类，涵盖了养殖、种植、种苗生产、科技服务、农产品加工、销售、运输等产业，其中“一花三果”、食用菌等优势产业合作社 142 家，占全区合作社总数的29.34%。

【规范股份经济合作社管理】 年内，区经管站进一步深化产权制度改革，规范股份经济合作社管理。一是开展年度审计工作，审计了 45 个村级新型集体经济组织资产总额、负债总额和所有者权益总额。二是完成上年度农村集体资产产权年检工作，全区参检单位共 351 个；同时完成农村集体股份经济合作社和经济合作社组织登记证书的变更和年检工作，完成率为 90%。三是完成上年度农村股份经济合作社分红统计工作，完成产权制度改革的有 305 个村，其中 293 个村在 2015 年实现分红。

【市农交所入驻区综合行政服务中心】 2016 年 3 月 7 日，北京市农村产权交易所昌平办事处进驻区综合行政服务中心，成为全市第一家进驻区级综合行政服务中心的办事处，也是昌平区首个进驻区级综合行政服务中心的农口单位，区经管站以此为契机，稳步推进农村产权交易平台发挥效用。年内，北七家镇、十三陵镇等六个镇上报的共计 21 个预交易项目已在昌平区农村产权交易服务中心审定，通过农村产权交易平台完成交易项目 11 笔，挂牌待交易项目 9 笔，已完成交易项目中包括实物资产项目 6 宗、土地出租项目 5 宗。

【推进农村经济统计报表制度改革工作】 年内，配合北京市农经办完成农村经济统计报表制度改革、新三资监管平台升级改造工作，对指标修改、指标统计范围、报表设计、报表制度、系统功能需求等提出了意见与建议，适应新形势，对农经统计报表的部分指标做了更改，在全区镇（街）实施新的农经统计报表制度，统计全区农村集体经济总收入和农民人均所得。

【加强农村经济管理信息化建设】 继续在全区全面推广地理综合信息系统，及时完成农村管理信息化数据更新工作，主要包括人口数据库、收益分配数据库、社务管理数据库等主要数据库的数据更新，区经管站被评为了“北京市农业农村信息化示范基地”。

【土地确权工作顺利开展】 根据昌平区农村土地承包经营权确权登记颁证工作整体进度安排，2016 年昌平区三个镇共有 78 个村需要进行此次确地形式的确权登记颁证工作。截至年底，已经有 72 个村陆续开展工作，其中 55 个村完成了权属调查和土地外业调查任务，完成村数占总工作任务的 70.5%，超额完成 60%的既定工作任务。

【推广应用“农村集体经济运行实时监控系统”】 年内，区经管站在原有城南街道及兴寿、延寿、南口 3 个镇共 75 个村成功试点投入使用“农村集体经济运行实时监控系统”的基础上，大力推进全区农村全覆盖，加强硬件支持和系统使用指导，完成了“农村集体经济运行实时监控系统”在 183 个村的推广工作，进一步促进了农村集体“三资”管理的精细化。

【持续开展村集体经济合同年度清查】 年内，区经管站围绕全区“五管”中心工作，持续开展合同年度清查。严格实施镇（街）合同“月报制”，及时更新合同管理台账和扫描件，时时掌握合同变动情况。截至上年，全区共有农村集体经济合同17 586份，涉及出租土地面积共计533 610.82亩。

农　村　民　生

【概况】 进一步采取有力措施，健全对低收入村的专项帮扶、行业帮扶、社会帮扶机制，逐级建立农民增收目标责任制，落实农村经济薄弱地区发展规划，加大帮扶力度培育造血机能，提升低收入村集体经济发展能力。

【农民收入和消费】 2016 年全区农村集体经济总收入380 838.3元，农村居民人均可支配收入21 871元，其中工资性收入17 047元，占比77.9%；经营净收入1 262元，占比5.8%；财产净收入1 883元，占比8.6%；转移净收入1 679元，占比7.7%。农村居民人均消费支出18 949元，比上年增长2.8%。

【农村劳动力非农就业】 2016 年，城乡劳动力实现就业11 587人，城乡困难劳动力实现就业7 898人，城镇新增就业26 932人，实现创业 577 人，带动就业2 007人，用人单位招用困难人员1 804人。依托第四届农业嘉年华等活动，重点围绕草莓采摘等特色产业发展，加大绿色岗位开发力度，共开发绿色就业岗位1 911个，扶持1 520人实现绿色就业。

【区财政支持农业发展】年内，投入5.7亿元支持强农惠农。落实粮食补贴、农业保险等惠农惠民政策。改善农业基础设施，提升农村环境品质。持续扶持草莓、苹果及栗蘑等产业发展，引导农民创业增收，吸纳本地劳动力参与做好生态林养护管理工作。推进低收入村发展、低收入户增收致富。继续支持农宅抗震节能改造。

【举办会计支农培训】11 月组织开展了“昌平区 2016 年农村财会人员财政支农培训”工作，就农村民主管理相关政策、“营改增”规则及会计核算、农村一事一议有关文件进行详细解读。进一步增强农村财会人员对新财税政策、专项资金规范管理意识，提高农村会计核算能力，推动昌平区镇（街）及村级财务管理规范化、制度化建设。来自 21 个镇街的行政村及农村集体经济组织的会计、出纳和村报账员、代理会计等 307 人参加了培训。培训进一步增强了农村财会人员对新财税政策、专项资金规范管理意识，提高了农村会计核算能力，更有力地推动了昌平区镇（街）及村级财务管理规范化、制度化建设进程，为全区经济发展服务做出了应有贡献。

【区财政支持社会保障和就业】年内，投入13.1亿元支持社会保障和就业。全面落实城乡低保对象、优抚对象、残疾人等特殊群体补助标准提高政策。推进退役士兵安置工作。做好社会公益性就业组织建设，促进农村劳动力、残疾人就业。推进养老产业发展，启动机关事业单位养老保险制度改革等。

【农业保险有序推进】政策性农业保险工作方面，结合本区实际，共开办险种 24 个，有2 813户种养殖户参保，保费总额 1 562.36 万元，总保额 38 640.70万元；农村家庭财产保险工作方面，全区73 815户农户参保，保费共计442.89万元。截至 12 月底已出险 670 起，估损金额 321 余万元。

基层组织与民主政治建设

【概况】深入开展“两学一做”专题学习教育，切实做好基层组织建设、干部队伍建设、思想宣传工作和群团组织建设等各项工作，为农委系统各项工作的顺利开展提供了坚强的政治组织保障和思想文化支撑。

【开展“两学一做”学习教育】组织开展了 12 次理论中心组学习和 7 次全体党员集中学习，分阶段召开了专题研讨会并开展了主题党课教育；监督指导系统单位及其所属各基层党组织开展学习教育，到水务局勘察设计所等系统基层党支部，对专题研讨情况进行了现场督导，并结合“两学一做”学习教育，在系统内开展了失联党员管理处置、党员违纪违法排查清理、党费收缴、党组织关系集中排查和基层党组织按期换届情况专项自查等工作。

【推进党员教育管理工作】举办了区委农村工委系统党的十八届六中全会精神宣讲报告会，做好了领导干部进高校大讲堂、电子政务培训、公务员和事业编制人员新入职培训、公务员科级干部任职培训、科级以下公务员轮训、科级干部能力素质提升培训、干部在线学习等市、区有关部门开展的各项教育培训活动的组织工作。2016 年 11 月，区农委被评为北京市级公务员管理先进集体。

【加强领导班子和干部队伍建设】一是进一步规范了正科级干部选拔任用工作，要求提职人员所在单位和区委农村工委考察组进行考察前，需提前报送党委（党组）初步意见，明确了考核考察管理权限，全年任免科级干部 23 名。二是协助区委对农委领导班子和领导干部进行集中考察，围绕区农委 2011—2015 年党的建设、履行职责、选人用人等 10 方面工作情况和领导班子成员情况进行总结和自查。三是对农委机关全体科级以下公务员和科级事业编制人员的人事档案进行了全面核查，重点对“三龄二历一身份”等重要信息进行了审核认定。四是完成了上年度农委系统处级领导班子、领导干部民主测评、领导干部抓基层党建工作考核测评、重大事项报告、选拔任用“一报告二评议”工作及全系统机关、事业单位人员的年终考核评比工作。

【推进基层党建规范化示范化建设】针对系统基层党建中存在的标准不统一、党组织发展不平衡等问题，结合区委农村工委实际，研究制定了具体指导方案，从阵地、组织、制度、活动四个方面进行了统一规范，明确了创建要求、创建数量和时间节点。截至目前，全系统90.6%的基层党支部已完成了规范化建设工作。经过系统单位推荐和工委筛选，确定了农产品监测检测中心和种子管理站 2 个党支部为基层党建工作示范点，确立了“党员带头农业废弃物变废为宝”和“在全方位打造节水型社会中发挥战斗堡垒作用”这 2 个基层党建工作品牌。

【贯彻落实基层党建重点任务】组织开展了党员党组织关系集中排查工作，对党组织关系未及时调转人员进行了集中调转，督促缺少党组织关系转移回执的党员及时补齐了材料。开展了党代会代表和党员违纪违法未给予相应处理情况排查工作，系统内共排查出违纪违法的党员6名，均已由纪委和司法机关完成处理。完成了党费收缴补缴工作，系统787名党员共计补缴党费152.93万元。

【协助区委组织部抓好农村基层党建工作】为贯彻落实市委组织部、市委农工委关于各区农工委协助组织部抓好农村基层党建工作的职责的有关要求，农委设立党建工作科，自2015年6月起，抽调专人到区选办，全程参与村“两委”换届工作，积极配合区委组织部、区民政局，较好地完成了预期目标。协调区财政局发放了2017年度第一书记生活补贴，并在每村2万元工作经费的基础上，协助区委组织部安排专项资金760万元，指导第一书记申报工作项目14个，帮助所在村改造升级党员活动室等村级活动场所。协助区委组织部制定了第一书记任职考核办法，配合完成了第一书记培训和述职考核工作。

【党风廉政建设】落实党风廉政建设责任制，进一步强化工委统一领导、纪委组织协调、各科室齐抓共管的工作机制，严格贯彻落实中央八项规定、《廉洁自律准则》和《纪律处分条例》，以长效的监督手段强化制度刚性，把整改阶段制定和修订的各项制度落到实处，结合区委农村工委工作实际，健全完善改进工作作风、密切联系群众的各项规章制度，修订了《领导班子“三重一大”决策制度的实施意见》《机关财务资产管理制度》和《主任办公会议事规则》，进一步提高了领导班子民主、规范、科学决策水平。

“三农”工作部署和实施

【概况】全区上下进一步加强对“三农”工作的重视和领导，明确责任和分工，细化措施和要求，严格监督检查，确保农村改革发展各项工作任务落到实处。全面贯彻落实全市农村工作会议精神，重点做好促进农民低收入增收工作。强化组织领导，完善领导机制，转变政府职能，加大政策和资金保障力度。

【落实全市农村工作会议精神】4月16日，2016年北京市农村工作电视电话会召开。会上，副市长林克庆就全面提高新时期城乡一体化发展水平做报告介绍，本市将统筹规划建设雪上运动小镇、环球影城小镇、新机场服务小镇等一批特色小城镇。会后，昌平区分会场分组讨论会议随即召开，会议由区委书记侯君舒同志主持，区相关职能部门负责人、镇党委书记代表、市级龙头企业代表就如何落实市农村工作会议精神、做好2016年各项工作进行了交流发言。最后，区委书记侯君舒、副区长李志杰分别作了讲话。

【学习全国改善农村人居环境工作电视电话会议精神】12月13日，全国改善农村人居环境工作电视电话会议召开，随后召开了北京市改善农村人居环境工作电视电话会议，昌平区组织各委办局及各镇（街）负责人在昌平分会场收看并学习了会议精神。会议回顾近年来改善农村人居环境工作情况，交流了好经验好做法，全面部署“十三五”时期改善农村人居环境重点工作。

【低收入工作部署会】5月14日，区农委召开低收入农户和低收入村精准识别和建档立卡工作部署会，下发了区农委《关于开展低收入农户和低收入村精准识别及建档立卡工作的通知》（昌农发〔2016〕9号），要求有关乡镇在前期调查摸底的基础上，认真开展精准识别、建档立卡工作，遵循农民意愿，严格履行“自愿申请、民主评议、张榜公示、镇级审定”的认定程序，精准识别帮扶对象，对每个低收入农户和低收入村建档立卡，做到不虚报，不瞒报，并且要逐村逐户摸清发展需求，研究帮扶措施。

【精准帮扶工作推进大会】11月2日，协同区委办组织召开昌平区低收入村低收入农户精准帮扶工作推进大会，全面打响精准帮扶工作的攻坚战。会议全面部署了全区低收入村低收入农户精准帮扶工作。侯君舒、张燕友、朱光彤、陈秋生等区委、区人大、区政府、区政协领导出席会议。

【落实粮食直补和生态补贴政策】2016年在全国全面推开农业“三项补贴”改革，将农作物良种补贴、粮食直补和农资综合补贴合并为农业支持保护补贴，政策目标调整为支持耕地地力保护和粮食适度规模经营。按照北京市文件要求的补贴原则、补贴范围、补贴标准和工作程序，2016年完成小麦补贴面积1 731.7亩，补贴资金24.2万元，涉及7个镇、8个村，28户农户。玉米补贴面积18 594.5

亩，补贴资金180.37万元涉及 14 个镇、140 个村，8 777户农户。

【严格落实各项补贴政策】 2015—2016 年草莓种植季，向财政申请草莓种苗补贴、微生物菌剂补贴、农药补贴、土壤化学消毒补贴、立体基质栽培补贴以及营养液补贴六项，共计申请财政资金 7 279 203.25元，已全部发放到位。

【建议提案办理情况】 年内，农委共收到人大代表建议和政协委员提案 3 件，其中人大代表建议 1 件（金圣海代表第 011 号建议），政协委员提案 2 件（贾俊委员第 017 号提案，于红艳委员第 127 号提案）。内容主要集中在农业主导产业发展和农产品流通营销方面。这些工作既是农民和涉农企业关注的热点，也是农委近几年来工作的重点。昌平区农委本着高度尊重人大代表和政协委员权利，切实当好人民群众公仆的态度，按照办实事、求实效的原则，认真做好人大代表建议、政协委员提案的办理工作，并以办理建议和提案为契机，切实做好各项“三农”服务工作。

【区人大重点督办、农委系统承办的代表建议】 7 月 6 日上午，由区人大常委会主任朱光彤、副主任奚增森、郑国柱带队，率部分区人大常委会委员、区人大代表，对区政府农委系统单位承办区人大代表建议的情况进行重点督办。会上，区农委汇报农委系统办理的总体情况，系统各单位依次逐件报告办理代表建议的进展情况、存在问题及下一步打算。随后，区人大代表对建议办理情况提出了具体的意见建议，并提出希望区政府能继续扶持和服务昌平区“三农”工作，切实促进农民增收。最后，区人大常委会主任朱光彤强调了以下几点：一是认真落实区委、区政府的部署，全力做好人大建议办理工作。二是推动农村的发展创新，要让全社会重视“三农”问题，切实带动农民增收。三是充分发挥人大代表的作用，做好政府与百姓之间的联络人。

【义务植树活动】 年内，累计约 35 万人参加植树活动，新植树木31.12万株，新植树面积 401 公顷；圆满完成 4 项大型义务植树活动。

昌平区领导名录

区委书记　侯君舒
副书记　张燕友　鲁　亚
常委　孙　启　王燕庆　孙　卫　苏贵光　刘绍坚　徐　萍（女）　贺　军
区人大常委会主任　朱光彤
副主任　杨国昌　奚增森　李春菊（女）　杨洪达　张强斌
区长　张燕友
副区长　孙　卫　苏贵光　刘　泽　李志杰　刘长永　吴　彬（女）　周金星
区政协主席　张晓兰
副主席　李永生　靳增立　洪起国　李雪红（女）　姚仰平　明占学
区纪委书记　徐　萍（女）
副书记　瓮　民　王海津　王双锋
区委农工委主任　董锦华
区农委书记　李元和

昌平区各镇（街道）党政正职领导

	党（工）委书记	镇长（办事处主任）
回龙观镇	杨玉宝	雷　涛
东小口镇	王　军	冉　灏
沙河镇	黄建军	王玉君（9 月免） 柴龙钢（9 月任）
小汤山镇	刘　芬（女）	张大鹏（9 月免） 王红敏（9 月任）
崔村镇	韩　军	王月林（9 月免） 李桂美（女,9 月任）
兴寿镇	杨玉文	黄森华（9 月免） 郭卫东（9 月任）
阳坊镇	李　昌	徐冬云（女）
南邵镇	李　欣（女）	李　勇
百善镇	李怀来	李文慧（女）
北七家镇	周金星	齐俊国
十三陵镇	王建成	刘长德
延寿镇	鹿伟强	李　攀
南口镇	徐　强	曹晓兵（9 月免） 唐朝辉（9 月任）
流村镇	史佑民（9 月免） 桑先军（9 月任）	王志强
马池口镇	张新亮	柴龙钢（9 月免） 柳　强（9 月任）
城北街道	王　建	刘庆海

城南街道	郑森堂	张田华
天通苑南街道	黄先锋	苏贵峰
天通苑北街道	刘智勇	张学广
霍营街道	刘宝君（9月免）	张海明（9月免）
	张海明（9月任）	黄森华（9月任）

（昌平区农委　郑贤）

大　兴　区

概　述

大兴区位于北京市南部，总面积1 036平方千米。下辖黄村、西红门、旧宫、亦庄、瀛海、青云店、长子营、采育、礼贤、安定、榆垡、魏善庄、庞各庄、北臧村 14 个镇和清源、兴丰、林校、观音寺、天宫院、高米店、荣华、博兴 8 个街道办事处。共有 527 个行政村，197 个社区。常住人口169.4万人，比上年末增加13.2万人。常住人口出生率10.44‰，死亡率4.24‰，自然增长率6.20‰。年末户籍人口68.2万人，比上年末增加1.9万人。2016 年是“十三五”规划的开局之年，是新区加快转型创新、推动协同开放、深化改革攻坚、实现生态宜居的关键之年。全区坚持“稳中求快进、创新大发展”的总基调，牢牢把握供给侧结构性改革工作主线，坚定不移“抓落实、建机制、强督查”，全区经济社会总体保持平稳健康的发展局面。2016 年，大兴区实现农林牧渔业总产值48.8亿元，比上年下降12.6%。农村居民人均可支配收入19 555元，比上年增长9.9%。截至年底，大兴区拥有农业观光园 97 个，实现观光园总收入1.4亿元。实现设施农业销售收入12.8亿元，比上年增长4.3%。实现民俗旅游总收入0.2亿元，比上年增长2.7%。实现种业收入1.1亿元，比上年增长2.6倍。

城乡发展一体化

【新型城镇化建设】年内，城市建设管理水平不断提升。积极推进市政道路建设，京良路快速路系统、马西路南延、庞魏路等道路完工通车；京台高速年内实现通车。全面实施新城交通疏堵工程，对兴华大街等 26 个路口因地制宜实施改造。积极推进市政公共设施建设，对兴丰大街等 19 条道路污水管线进行置换更新大修。启动张华等 4 座 110 千伏变电站建设。倡导绿色出行，累计建设公共自行车站点 410 个，投放公共自行车1.7万辆。通过出台城市公共空间管理制度，运用现代信息技术等手段，进一步提升城市精细化管理水平。

【交通运输】年内，大兴区公共电汽车区内运营线路达 57 条，运营线路区内长度达1 564.2千米；轨道交通运营线路 2 条，轨道交通运营线路区内总长度达21.8千米；年末大兴区新能源出租车 500 辆，客运量 305 万人次；接驳车 150 辆，接驳车运营线路 26 条，客运量285.5万人次。大兴区公共自行车已累计建设站点 410 个、车桩1.4万个，投放公共自行车1.7万辆，办卡11.6万张，累计租借次数5 990万次，日最高借还次数超 10 万次。

【新机场新航城建设】年内，为保障北京新机场建设，新区扎实开展区域管控、征地拆迁、服务保障、规划编制等各项工作。截至年底，顺利完成13 个村7 005户拆迁任务，供地2.34万亩，转非安置实现即征即转；完成永兴河功能切换，正式通水；实现南航、东航基地航空公司筹建总部进驻大兴；启动机场周边地区三年行动计划，投入资金63亿元，落实各类项目 64 个；完成新航城 11 个专题规划研究，启动起步区控规及新机场综合交通体系规划编制，城市发展指标体系研究形成初步成果，临空经济区规划获批。

【城乡结合部改造】年内，西红门城乡结合部累计拆除地上物约 350 万平方米，腾退土地6 000余亩，实现还绿约4 000亩。3 号地“三横两纵”5 条市政道路建成通车，鸿坤金融谷和星光影视园北区两个项目开工建设约 30 万平方米，已注册企业 63 家。旧宫城乡结合部累计拆除地上物 70 余万平方米，腾退土地5 000余亩。“三场一基地”累计拆除违法建设 271 万平方米，腾退土地万余亩，综合整治提升 170 万平方米。黄村镇积极推进农村集体经营性建设用地入市试点，拆除腾退狼垡地区地上物 220 万平方米。

【京津冀协同发展】疏解与承接同步推进。加快非首都功能疏解，全年共调整退出工业污染企业 70 家，清理整治违法违规排污及生产经营行为3 024家，有序推进 3 个镇村产业集聚区整治工作，组织各镇拟转移企业与津、冀、内蒙古等地区进行产业转移对接。积极承接中心城区优质公共服务资源和产业资源，北大医院南院区、北京儿童医院大兴院区前期手续进展顺利，世界500强企业艾默生项目落户本区，区域合作有效开展。充分发挥北京亦庄品牌优势，与廊坊市共建“亦庄·永清”产业园区，打造“国家京津冀协同发展综合改革示范区”，惠买在线等首批7个承接项目实现开工，累计签约项目达到29个，储备项目达到130个。中关村（大兴）生物医药基地固安合作园建设有序开展，产业方案、空间规划初稿已编制完成。与廊坊共建CED固安园，在招商、人才、宣传等多方面进行一体化合作，探索区域经济发展新模式。

【环境保护】 大气污染防治稳步推进。建立环境保护网格化监管体系，不断提升精细化管理水平。全面实施燃煤削减工程，对区级行政事业单位、农业园区、农村地区实行清洁能源改造。持续加强控车减油力度，检查各类机动车79.4万辆，查处违规车589辆，完成任务的124%；累计淘汰老旧机动车24 101辆，完成任务的1.8倍。扎实推进扬尘污染治理，加大工业及施工工地扬尘管控。深入开展绿色施工检查考核，确保施工工地达标率不低于92%。严格落实扬尘排污收费制度，有效提升整治效果。生态环境加快建设。围绕机场周边、京冀交界等重点区域，在安定、榆垡、礼贤、庞各庄等七镇，完成2.03万亩大尺度生态林建设。古桑城郊森林公园、长子营湿地公园规划建设有序推进。探索生态林管护新模式，在榆垡、北臧村、采育等八镇通过落实“九控”“三拆”“三整”专项治理及挂账地区清理整治等措施，开展8个、规划面积11 605亩的管护示范区建设。围绕健康城镇化目标，利用城市边角地打造城市微景观，新建和改造城市绿地75.3公顷，实施屋顶绿化1.2万平方米。完成农村“五边”绿化232亩、低效林改造420亩，农村绿化美化质量得到进一步改善。水环境治理取得阶段性成果。制定《大兴区水污染防治工作方案》，明确到2017年新城建成区基本消除黑臭水体。制定《污水处理与再生水利用第二个三年行动方案》，完成8条河段27.07千米的黑臭水体治理任务，启动59个村庄的污水治理工程，西红门工业区污水处理站投入运行，新航城再生水厂加快建设，全年全区污水处理率达到80%。

都市型现代农业

【发展符合首都功能的现代化农业】 年内，调减高耗水农作物1万亩，发展景观农田1.8万亩，新建、改造设施农业3 600余亩，划定畜禽业禁养区，农业产业结构实现优化升级。

【加大一、二、三产业联动】 年内，获评国家级农村产业融合示范区，建设都市型现代农业园区120个，推进长子营航食基地、2 600万株蔬菜育苗基地等高端项目建设，成功举办2016年世界月季洲际大会，农业生态、休闲、会展功能不断彰显。

【标准化基地建设】 年内，新建5个种植业标准化基地，规范12个种植业标准化基地，评定菜篮子工程市级优级种植业标准化基地4个，复审2011年菜篮子优级基地4个，全部通过验收。

【蔬菜产业规模】 年内，全区蔬菜（不包括西甜瓜）播种面积22.70万亩，上市量8.65亿千克，上市总收入12.33亿元，平均销售单价1.43元/千克。

【“菜篮子”工程项目】 年内，全区新建集约化育苗场3个，提升集约化育苗场1个，创建园艺化设施蔬菜标准园1个，小型设施蔬菜标准园3个，新建蔬菜专业村1个。提升蔬菜专业村1个，创建万亩镇1个，试点开展种苗补贴5家。

【菜田补贴项目】 年内，落实完成基础菜田补贴面积69 746.11亩，完成菜田补贴考核创建类项目共14个，其中创建蔬菜专业镇1个，新建蔬菜专业村2个，提升专业村1个，新建集约化育苗场1个，创建重大园区1个，创建绿色防控基地3个，开展品牌创建5个。完成化肥减量有机肥补贴29 457吨。地膜回收项目回收旧地膜1 163吨，兑换新地膜581吨。

【设施农业建设】 年内，开展新建设施农业项目和老（危）旧设施农业改造项目，共完成设施农业新建及改造3 213.91亩。

【种植业项目初审】 年内，共接收种植业项目初审申报材料46份，召开项目汇报会6次，共有16个项目点通过项目初审。

【设施蔬菜高产高效创建】 年内，按照春大棚、秋大棚、春温室、秋温室、越冬温室5个不同茬口，创建黄瓜、番茄、茄子、甜辣椒4种果菜高产示范点共计14个。

【蔬菜集约化育苗】 年内，全区共有蔬菜集约化育苗场15个，集约化育苗生产面积98 901平方米，全年育苗总量为5 100.2万株。在北京市第四届蔬菜嫁接竞赛中大兴区获得团队合作组一等奖，同时包揽个人组一、二、三等奖。

【蔬菜科技项目】年内，完成“大兴区都市型现代农业蔬菜产业园区提升项目”等6个区级蔬菜科技项目。

【院区合作引进蔬菜优良品种】年内，通过院区合作引进优良品种3个。组织菜农、高产示范户、园区技术人员等观摩通州于家务新品种展示园2次，累计培训农民150人次。结合院区合作邀请蔬菜中心专家开展专题技术培训2次，培训农民120人次。

【草莓工作】全区草莓育苗面积63 200平方米。2015—2016年全区草莓生产面积290亩，平均亩产量为881千克，平均亩产值6.64万元。年内引进“越丽”“白雪公主”白草莓等草莓新品种。开展区级技术培训、田间指导等7次，组织草莓园区参加市推广站草莓培训学习3次，组织开展区级新品种新技术观摩活动3次。参加北京市第二届草莓之星评选，获得草莓果品三星奖2名，获得加工创意展品奖1名。举办大兴区第四届草莓育苗竞赛，共评出一等奖1名，二等奖2名，三等奖及创新奖各1名。

【蔬菜价格监测】年内，落实蔬菜产地价格监测点9个，其中涉及蔬菜企业2家，蔬菜种植重点村8家，监测蔬菜品种20余个，采集入库蔬菜价格等数据3 000余条。

【常规蔬菜的价格监测分析】年内，监测大兴西沙窝和北京新发地2个市场10种常规蔬菜的交易价格，撰写蔬菜价格行情分析报告12份。

【蔬菜质量安全追溯】全区共有北京市农业局蔬菜质量安全追溯试点企业23家，追溯面积约15 500亩，品种100余个。全年使用标签约180万枚，累计使用追溯标签约2 110万枚，产品销往加乐福、华联等40多家超市和多家社区及机关团体。

【国家西甜瓜产业体系大兴综合试验站】开展试验22个，示范21个，引进西甜瓜及砧木新优品种227个，推广面积1.25万亩。完成西甜瓜主要产区的产业数据调查。西甜瓜水肥一体化技术示范面积500亩，全市推广水肥一体化技术5 000亩。累计培训农民5 000人次。完成西瓜蜜蜂授粉技术推广工作，示范推广面积达到21 200亩。

【设施西瓜优良品种示范与推广】年内，重点推广航兴天秀6号和华欣等西瓜新品种21 793亩，蚜虫黄板防治技术1 000亩，推广京颖3 000余亩，推广京欣砧2号和京欣砧4号优良砧木1 000余亩，培训瓜农3 084人次。发放优质中果型西瓜种子航兴天秀6号2 000袋，优质小果型西瓜种子京颖7 500袋，发放配套砧木共计2 000袋，发放蚜虫防治专用黄板20 000张。

【西瓜院区合作项目】年内，与中国农科院合作开展都市型特色西瓜新品种及延长供应期配套栽培技术示范与推广项目，进行中小果型无籽西瓜品种错季栽培示范，因7月暴雨袭击导致棚室淹水，示范未获得预期效果。与北京农林科学院合作开展春大棚中型高品质西瓜品比试验和西瓜砧木新品种品比试验，以验证中果型新优品种及新型砧木在大兴区栽培的适宜性，其中8424类型3号和美都类型8号品种表现较好。西瓜砧木品种表现相似，未得出明确结果。

【设施西瓜微喷灌溉施肥技术集成与推广】年内，为提升肥料及水资源利用率，缓解大兴区地下水资源紧张问题，在主产瓜镇开展西瓜微喷灌溉施肥技术集成项目。在全区推广西瓜微喷灌溉施肥技术600亩，培训农民200余人次。通过推广微喷灌溉施肥技术，每亩节水100立方米，共节水6万立方米，亩节肥5千克，共节肥3 000千克，每亩增收1 000元，共使农民增收60万元。

【海南西甜瓜基地建设】年内，开展西甜瓜材料测配组合的筛选8亩，选择5亩地进行西甜瓜亲本材料的自交繁殖。西甜瓜新品种鉴定用地12亩，选择5亩地进行种子繁育。8月8日举行北京市种子管理站——大兴区种植业服务中心海南繁育基地合作签约仪式。

【测土配方施肥补贴项目】年内，全区范围内布点开始土壤样品采集工作，共采集土壤样品300个，化验有机质、全氮、碱解氮、有效磷、速效钾、pH等6项内容，取得有效数据共计2 300项次，植株样品80份，化验水分、氮、磷、钾含量，取得有效数据320项次；补贴配方肥共计1 600吨，缓释肥400吨；年内举办培训班65期，培训技术骨干300人次、培训农民23 000人次、培训营销人员56人次、发放技术宣传资料1万余份。网络宣传70次、开展科技赶集5次、召开现场会2次；安装测土配方施肥技术应用展示牌4块；肥料配送连锁店挂牌10个。

【北京市面源污染治理控制化肥用量项目】 年内，完成蔬菜、粮食、经济、果树等不同作物的3个国家级、10个市级、2个新建长期定位监测点的监测工作，采集土壤样品56个，全部送到市土肥工作站进行化验。推广缓控释肥400吨。同时开展缓释肥对比示范试验1项，种植作物为玉米，与传统施肥相比，减少化肥施用纯量6.5—1.0—2.2千克/亩（$N\text{-}P_2O_5\text{-}K_2O$），平均增产6.43%，平均节水32立方米/亩；补贴有机肥2 300吨，水溶肥17.5吨，二氧化碳22 500袋。

【设施蔬瓜菜生态型生产施肥技术的示范与推广项目】 年内，完成200个土壤样品采集工作，获得有效数据2 600个。进行试验示范3项，种植作物分别为芹菜、西瓜和番茄，实验结果表明施用有机肥＋生物菌剂后作物产量提高；补贴生物菌剂20吨，配方专用肥50吨，有机微生物肥500吨，水溶肥22吨，吊袋式二氧化碳气肥12 000袋。

【北京市耕地保护与质量提升项目（大兴）】 年内，玉米秸秆腐熟还田技术推广面积8万亩，补贴秸秆腐熟剂160吨，尿素320吨，建设一个5 000亩连片示范基地，定点设置5个典型地块，进行秸秆还田技术模式效果的监测；设施蔬菜废弃物加工还田部分针对基地、示范园区等以购买服务方式回收处理2 400亩设施秸秆（果类蔬菜）。

【节水增效农业物联网技术引进与示范】 年内，在大兴区建立400亩水肥一体化示范区，主要进行微灌及便携式微喷施肥技术培训改造；引进示范40套自动化监测、自动化/半自动化灌溉设备。

【节水试验示范项目】 年内，节水试验示范项目共6项，筛选出一家一户番茄种植最佳的微喷带类型为折径4.5厘米的3孔微喷带；摸索出芹菜微喷条件下最佳灌溉量为171立方米/亩，早春茬番茄纯钾最佳用量为18千克/亩；秋季滴管白菜冲施肥（26∶10∶15）最佳用量为30千克/亩。

【墒情监测】 年内，设立5个小麦墒情监测点，5个玉米墒情监测点，全年采集土样780个，指导灌溉面积1 200亩。全年监测土壤墒情共19次，并在全国农业节水信息网发布墒情监测简报19期。

【土壤样品检测】 年内，检测土壤样品共计1 200余份，化验土壤有机质、全氮、碱解氮、有效磷、速效钾、缓效钾、pH、EC值、容重及铁锰铜锌等中微量元素；检测植株样品共200余份，涉及茄子、西瓜、玉米等多种作物，化验取得植株水分数据、全氮、全磷、全钾数据各200余项。

【肥料执法】 年内，共下乡执法115次，出动执法人员345人次，通过“双随机”摇号抽查机制检查销售门店及企业575家，全年开展法治宣传12次，联合执法3次，发放宣传材料7 000余份，现场咨询1 000人次。

【农作物病虫预测预报】 全年集中培训41次，培训人员1 740人次；田间指导191次，指导农民980人次；发布病虫简报18期、防治方法手机短信14条；发布工作动态信息68条。全年病虫草鼠合计发生面积231万亩次，防治面积223.35万亩次，共计挽回损失36 836.3吨，实际损失9 528.28吨。

【农区灭鼠】 年内，设立监测点5个，在每月5—6日定点进行鼠情系统监测，监测时间为1月至12月，月平均捕获率0.35头/百铗，植保站对监测点进行不定期检查指导。全年春、秋两季开展灭鼠25万亩次，共计发放成品毒饵8吨，塑料毒饵盒3万个，粘鼠板2.3万张，防治效果为92.1%以上。

【农作物化学农药减量控害技术集成与推广项目】 年内，在菜田推广天敌、色板、性诱芯等节药技术，累计推广面积3 200亩；推广生物农药及高效低毒低残留农药面积19 200亩；推广土壤消毒等专业化统防统治技术，辐射、示范面积共300亩；在大田推广赤眼蜂防治鳞翅目害虫技术4万亩。向16个基地共计发放黄板、蓝板和高效低毒农药等物资。

【植物诊所建设】 年内，3个植物诊所共计开具处方1 158条，服务周边农民、农业合作社、种植园区等；区植保站技术人员全年累计坐诊48次，接诊190余次，解决实际生产问题190余个，服务农户190余人次。

【蔬菜基层测报点建设】 设立8个基层测报点，涉及庞各庄、榆垡、礼贤等6个镇的7个农户和1个基地，并开展相应的培训。

【植物检疫执法】 年内，植物检疫执法工作加强，启动双随机执法检查工作；与河北省固安县、霸州县执法人员开展执法交流座谈会；完成市联合检查小组对绿色防控基地执法检查。全年出动执法车辆92台次，出动执法人员190人次，检查经营店371个次。全年共开具责令整改6个，简易程序行政处罚2起，罚款金额共计100元。

【疫情防控】 年内，共监测、普查14种检疫性有害生物，并加强对瓜类果斑病、小麦腥黑穗病及豚草的普查工作，按时将监测普查数据上报至植物疫情监测网。全年共普查 9 个镇 81 个村，普查代表面积共计3.4万亩次，速测样本 68 个，未发现检疫性有害生物。

【疫情监测点建设】全年组织知识培训 3 次，举办第一届植物疫情监测点知识竞赛。全年监测对象共 10 种，检疫性有害生物 3 种，重大农业害虫 7 种。监测到检疫性有害生物美国白蛾 580 头，桔小实蝇 13 头。普查对象共 11 种，监测点累计普查面积 5 691亩次。未发现检疫性有害生物。

【农药管理执法】全年共组织执法活动 159 个次，出动执法人员 525 人次，检查农药经营单位 636 个次，检查农药生产企业 31 个次，检查中农药生产企业和经营单位签订农药安全经营保证书共 161 份。联合区农委、种植中心、区工商局执法 21 个次，全年共办理一般程序 3 起，简易程序 12 起，共计罚没款6 522元。

【优化农机装备结构】全年投入产业升级资金 4 809.7万元，涉及瓜、菜、林果、畜牧、花卉、水产 6 个产业。在花卉产业投资 486 万元，为庞各庄镇龙运逢兰花种植基地购置移动苗床、水净化系统等设备；畜牧产业投资 800 万元，为长子营镇九鼎养殖外埠基地配备饲料粉碎机、饲料搅拌机等农机设备；水产产业投资3 209万元，为魏善庄镇红运联合锦鲤养殖基地和长子营博兴水产养殖基地配备水净化处理及养殖成套设备；林果产业投资 56 万元，为安定镇凝瑞金源农业科技园区配备樱桃选果机 2 台。投资 180 万元，为榆垡镇果园配备滴灌、枝条处理以及打药、开沟等农机设备，逐步实现全程机械化服务。瓜菜产业总投资 79 万元，为青云店镇青云龙腾农业园区配备喷灌系统、水肥一体化系统、蔬菜播种机、移栽机等农机设备。

【规范农机购置补贴】市区投入购机补贴资金2 471万元（其中补贴资金1 235.5万元）。补贴机具 237 台套，保鲜库 1 万平方米。主要包括：拖拉机 78 台，秸秆粉碎还田机 4 台，卷帘机 100 台，旋耕机 30 台、玉米收割机 5 台、打药机 20 台，保鲜库 1 万平方米。聘请第三方机构对全区 2014—2016 年补贴机具进行全面核查，补贴机具普遍使用效果良好，未发生恶意倒卖现象。其中大田已经基本全面实现全程机械化。蔬菜在整地、播种、育苗、移栽等环节，林果在剪枝、打药、枝条处理等环节，畜牧在饲喂、环境处理等环节，水产在水净化处理、投饲等环节机械化水平明显提高。

【农机技术推广】年内，完成深松整地作业补贴任务，完成涉及采育、魏善庄、庞各庄、榆垡、礼贤 5 个镇的 2 万亩作业任务。经过第三方核查公司及市农业局抽查，作业面积真实，作业质量合格。深松作业任务规范、高效完成。开展设施瓜菜机械化示范作业服务，引进二氧化碳发生器、空气净化消毒器、温湿度采集等农机设备。开展林果机械化示范作业服务，引进枝条粉碎机，在安定凝瑞金源果园开展枝条粉碎覆盖处理模式的示范。开展开沟、剪枝及打药作业 240 亩，逐步示范、推广林果全程机械化作业服务。开展秸秆禁烧机械化技术及服务，扶持秸秆处理厂。通过各级政策资金支持，为青云店镇西鲍村秸秆处理厂配备秸秆处理设备、有机肥翻抛机等农机设备，提高其秸秆处理能力。投入575.26万元，为各镇配备秸秆粉碎机、粉碎还田机、割草机、碾丝揉搓粉碎机等秸秆处理设备 121 台（套）。强化秸秆禁烧督查，对督导镇进行“四禁一治”、清洁能源、煤改电等内容的监督检查。及时掌握煤改电进度，督促指导其按时、保质完成任务。

【农业培训】全年组织农机技术培训 91 期，培训人员2 600余人次。培训内容包括：拖拉机、收割机、操作工取证培训；小麦玉米播种机、收割机专项培训；农机维修网点、农机从业人员素质提升培训；农村能源设施维修维护培训；农机监理人员培训；设施农业安全生产培训；重点农时农机操作复训以及农机田间学校学员培训等。新型农民综合素质提升培训。全面完成 9 个镇10 025名农民的培训任务。新型职业农民培育工程完成涉及 9 个镇 120 名职业农民的培训任务。

【农机安全管理】年内，先后在青云店、礼贤、庞各庄等镇开展 8 次农机安全宣传咨询活动。共出动执法人员 24 人次，出动执法车辆 8 次，发放宣传材料3.2万余份，解答群众咨询 400 人次。

【农业机械管理】全年注册登记国补农业机械 119 台，上牌率 100%。检验国补农业机械 782 台（拖拉机 596 辆、收割机 186 辆），拖拉机检验率达到 85%，收割机检验率达到 90%。对 20 家农机维修网点进行换证工作。在机械管理中，采取集中受理、上门服务等形式，简化工作环节，方便群众办理，不断提高服务水平。

【农机执法检查】年内，确保安全生产加强对农机维修网点以及“春耕、三夏、三秋”重点农时以及设施农业园区农机作业执法检查。全年组织执法活动78次、出动执法人次234人次、检查车辆80次、检查人员90次、纠正违章22起，做出行政处罚3起，全年未发生农机安全生产事故。

【高效节水示范果园建设与管理】年内，新植（更新）高效节水果园66.67公顷、改造提升低效果园200公顷。对666.67公顷高效密植果园加强管理，采用全托管（委托专业化管理队伍，全年负责地下及地上的管理）、半托管（委托专业化管理队伍，全年负责地上技术管理内容，地下管理自己负责）和一般指导（全年管理自己负责，定期请技术人员现场指导）的管理模式，主动开展技术培训和现场指导。

【优质果树示范基地建设】年内，完成26.67公顷示范基地建设。其中完成3.33公顷种质资源圃建设，完成新植梨、桃、苹果、樱桃、核桃等23.33公顷，储备品种400余种，成活率超过95%。完成苗木繁育实验室的装修改造及设备采购工作。

【果品产业管理与服务】年内，帮助果农联系果树花粉100千克；给30个果园配备喷药机、拖拉机等机械50台（套）。组织20个重点果园参加北京市园林绿化局的农场云网络销售；推荐8个单位参加全国百家优质果品示范基地评选活动，进行品牌和市场对接；安排南九镇林业站和23个重点果园参加，共同商讨秋季果品销售工作。

【蜂产业】年内，按照《2016年大兴区蜂产业发展实施意见》，推进大兴区蜂产业发展扶持项目。项目建设通过奖励措施推动，年内实现新发展蜂群1 000群。项目投资30万元，用于资助木制蜂箱和授粉纸质蜂箱。鼓励引导养蜂合作组织推进蜜蜂授粉在新区都市型现代农业发展中的作用，授粉覆盖面积达800公顷。组织蜂农参加专业技能知识培训会2次。申请大兴区首批规模化标准化无公害蜂产品生产基地2个。

【花卉产业】年内，全程参与、全方位服务世界月季洲际大会，引进国内外优新月季品种2 300个，发展月季产业333.33公顷。以“美丽月季，美好家园”为主题建设的大会外展区大兴展园荣获室外展览特等奖。以“新生态产业公园”为目标建设13个月季主题产业园区。承担市级重大花卉科技支撑项目，建立月季种质资源圃3.33公顷，申请国家新品种审定9个，完成6种基质的盆栽月季技术操作规程。开展院区合作项目，引进月季自育新品种8个，引进试验、示范兜兰品种5个。

【林下经济】年内，完成林下食用菌种植对林业生态环境影响的专题研究。重点发展林菌66.67公顷，林药66.67公顷，带动绿岗就业1 000余人，搭建农民增收致富新平台。

【规模化苗圃】年内，建设规模化苗圃总面积233.98公顷。10—11月，对2014—2015年度建设的规模化苗圃开展2016年度检查验收工作，共检查验收规模化苗圃7家，涉及采育、安定、魏善庄、北臧村、长子营、青云店6镇，已验收苗圃总面积528公顷，全部通过检查验收。

非 农 产 业

【提升农产品流通效率】年内，建立完善“一会一社一中心”营销模式，整体打造“大兴农品”品牌。创建区级农民专业合作社示范社29家，对24家新型经营主体给予贷款贴息471.17万元，对9家新型经营主体给予担保费补贴71.98万元，进一步激活农民组织活力。推动10个“农邮通”服务站试点建设工作，推动“农产品上行、工业品下乡”。积极搭建流通领域“互联网+农业”平台，推动农网对接、农超对接、农社对接工作，共销售特色农产品1 034.08万千克，实现销售收入1.96亿元。

【2016世界月季洲际大会】5月19—23日，2016世界月季洲际大会圆满召开。共吸引来自全球40余个国家和地区800余位月季专家、行业人士、月季爱好者参会；100余个城市、单位和200余名个人参赛。高标准、高质量完成大会“四园六路一馆三中心一基地”建设。大会期间累计接待游客38.4万人次，实现旅游综合收入3 174.49万元。通过举办月季大会，推动大兴实现产业转型、社会转型和生态环境提升，为可持续发展奠定良好基础。

【第四届大兴乡村美食节】4月22日，第四届大兴乡村美食节在美食购物小镇青云店东辛屯民俗旅游村开幕。本届乡村美食节紧抓世界月季洲际大会契机，以“月华青云，季季飘香”为主题，依托古镇特有乡村美食、青云大集和传统工艺，将文化与旅游紧密结合，放大和提升乡村美食节的品牌效应。活动内容上，以“老娘”手擀面为主打的美食一条街上，旅游产品和文娱活动集养生、民俗、亲子、互动、公益等。乡村美食节除东辛屯村主会场之外，还专门开通了两条美食专线。北线以东大屯村林下养殖基地分会场为中心：观赏兔子、香猪、鸡、鹅、孔雀，现场捡柴鸡蛋，体验乡村生活乐趣。南线以孝义营村分会场为中心：现场体验揉制馒头，参观孝心馒头加工厂，探寻孝心馒头制作出的奥秘。

【第二十八届北京大兴西瓜节】 5月28日，以“城南绿海，甜美大兴”为主题的第28届北京大兴西瓜节在庞各庄西瓜小镇开幕。本届西瓜节坚持“政府搭台、社会参与、企业承办、市场化运作”，进一步明确政府、社会、企业、市场的职责，充分调动企业、市民、农民及社会各界的参与积极性，充分发挥市场化运作的优势，努力把西瓜节办成群众满意的节日。

村镇建设

【推动美丽乡村建设】 年内，持续加大投入，开展58个美丽乡村和6个最美乡村候选村建设工作，2016年度参选的魏庄村及半壁店村均获选“北京最美的乡村”称号。实施42个村级一事一议财政奖补项目，投资总额达到6 950.2万元。

【新型农村社区试点建设】 年内，安排专项资金2 000万元，重点实施羊坊村3条道路基础设施建设及梨花村市政基础设施提升改造工程（二期）。

【拓宽设施服务范围】 年内，投资313.7万元开展新农村能源设施维修维护服务。承担太阳能公共浴室、沼气、秸秆气化、户用沼气的维修服务、技术咨询等内容。全年完成庞安路太阳能路灯维修维护180盏，拆除礼贤镇小刘各庄村老旧太阳能路灯128盏，在北臧村、魏善庄等9个镇安装LED节能灯2 631盏。采取政府购买服务的形式，在全区范围内开展LED节能灯维修3 345盏，巡检113个村维护LED灯11 961盏。对全区63处公共浴室进行维修维护服务114次，巡检巡查291次。对托管公司维修维护情况进行实地抽查和电话回访共计186次。与农委、能源办、气象局、安监局、消防局等部门联合开展消防演练1次，联合进行安全执法检查6次，自行进行入户检查200余次。

【北京大兴国际机场综合发展行动计划】 年内，24个重点项目实现开工、8个项目立项评审，落实资金62.9亿元。区农委牵头实施机场周边非拆迁地区民生建设项目，全年共推进16个村。

农村改革与管理

【三资平台建设和使用】 完成大兴区农村三资综合管理平台的开发工作，于9月底投入试运行。通过北京农交所交易平台流转土地66宗，流转面积2.2万亩，成交金额5.5亿元。

【推进农业部集体资产赋权改革】 年内，全面落实占有权和收益权，在瀛海、亦庄、北臧村、黄村4个镇的75个股权固化村，开展集体资产股份有偿退出、继承、抵押、担保四项权能的试点工作。

【集体经济组织规范化建设】 年内，开展镇、村两级集体资产产权证书的年检工作，完成全区561个农村合作经济组织18位统一社会信用代码证书换证工作。镇村两级集体经济组织共换发新型证书1 032个，新证改为18位统一社会信用代码，实现与技术监督局二证合一，使镇村集体经济组织有了身份证，具有市场主体地位。

【农村集体土地征收收入管理】 继续落实《农村集体土地征收收入管理使用暂行规定》。督促各镇规范开设账户，有效开展使用。年内，全区共有4个镇30个征地村，协议补偿金额为103 966万元，实际到位补偿金额为103 966万元，纳入专户管理的补偿款金额为101 828万元。全区有13个镇182个村累计发生委贷金额94.4亿元（国企9亿元、镇企4.4亿元），分别通过委托银行或村社直接签订等方式，将资金委贷给区属国有企业，年委贷理财利息收入6.72亿元，平均年利率7.1%。

【农村集体土地征收收入监督管理】 年内，指导礼贤和榆垡两镇制定完成《关于村集体股份分红分配指导意见》，完善集体经济收益分配机制，规范各村集体股份分红分配。落实《大兴区农村集体土地征收收入管理使用暂行规定》，加强农村集体土地征收收入监督管理，指导两镇合理有效运营资金，实现保值增值。礼贤镇共有17个村开展委贷，资金总计214 014.21万元，榆垡镇共有5个村开展委贷，资金总计8 123.07万元，年利率均达到7%。指导整建制转非村在集体资产股份设置形式上，完成固化成员、固化股份工作。

【农村集体经济审计】 年内，全区共审计391个单位，审计金额共计132 103.73万元。其中财务收支审计306个，经济效益审计25个、干部离任审计8个，专项补贴审计49个、其他审计3个。所审单位制度建设和制度执行情况良好，未发现违纪违规现象。

【对45个新型集体经济组织的审计】年内，区经管站组织各镇经管站完成对上年度45个新型集体经济组织经营状况、资产增减变动情况的审计工作。集体总资产160 544.5万元，同比增加14.1%；集体总负债37 718.8万元，同比增加38.1%；所有者权益122 825.7万元，同比增加8.3%；经营总收入16 441.5万元，同比增长13%。经营总支出8 218.7万元，同比增加2.3%。

【村级专项补助资金管理使用情况审计】年内，全区504个村上年度村级组织正常运转专项补助资金应收11 809.45万元，实际收到11 801.45万元。其中：公益事业专项补贴资金比应收少8万元（瀛海镇有3个村应拨付36万元，实际拨付28万元）。专项补助资金使用金额11 140.61万元，（包括2013年末余额2 365.87万元）其中：用于村干部报酬金额966万元，用于办公经费金额271.30万元，用于集体公益事业补助金额9 873.82万元，用于其他开支金额29.49万元。

【农村财务规范化管理】年内，继续加强“账款章”三托管和财务预决算工作。结合村级民主活动日加强村级财务公开工作，加强调研，研究制定集体经营性建设用地入市资金管理办法，将入市集体经营性建设用地取得的收益纳入农村集体资产统一管理，由镇经管部门进行“账款双托管”，实行专户存储，在联营公司分配和使用该款项时，按照“初始动议、决策留痕”的民主程序，严格审批手续，做到专款专用。

【村级财务预决算执行情况】上年度全区村级集体经济组织实现总收入为535 828.2万元，同比增长117.7%，占年初预算的120.2%；总支出为296 926.3万元，同比增长78.5%，占年初预算的97.9%；全区管理费用总计39 578.5万元，同比下降16.6%，占年初预算的72.3%；2015年部门无偿投入账外资产入账金额为2 385.7万元；固定资产投资总计6 750.4万元。

【村级用章管理使用情况】年内，严格落实镇级托管村级用章管理双锁制度和使用情况上报统计制度。全区有13个镇托管村级公章1 935枚，全年累计盖章30.1万余次，其中村委会盖章23.2万余次，经济合作社盖章6.9万余次，主要用于经济合同、报表、资金申请及各类证明等村级一般性事务和村级重要经济事项，全区村级公章管理使用情况整体态势良好。

【农村承包合同规范化管理】年内，继续落实农村土地承包合同订立程序的合法性、内容的健全性、条款的严谨性，指导青云店、安定、礼贤、魏善庄等镇鉴证家庭土地承包合同1 197份。

【土地流转规范管理】年内，引导“农用地”有序流转，把农民从土地中解放出来，提高土地产出率。截至年底，全区流转农地约35.4万亩，占已确权总面积55.4万亩的63.9%。接转后土地用途为一产与三产高度融合的都市型现代农业（观光休闲农业）、现代种业、生态农业等，具体用途为平原造林、高效农业园区、特色产业发展等。

【村级重要经济事项监管】年内，继续落实村级重要事项事前咨商和招投标工作办法，按季度开展对各镇村级重要事项事前咨商情况和招投标事项的统计工作。全区11个镇开展工作，共召开联席会议255次，招投标事项128件，涉及金额1.76亿元。

【农地纠纷仲裁调解】全年接待来访25件涉及52人次，完成区信访办、区信访联席办等信访件解释答复3件，仲裁立案2起，切实维护农村社会稳定。

【春、秋季农民负担执法检查】3—4月，开展春季农民负担监督管理执法检查工作。9—10月，开展农民负担监督管理执法检查。均未发现涉农乱收费和乱摊派情况。

【收益分配统计分析】年内，全区集体经济总收入完成225 859.8万元。其中主营业务收入完成40 670.7万元。人均所得22 669元，同比增长9.3%。

【低收入农户监测情况】年内，开展全区9个镇1 989户的低收入农户收入情况监测工作，全年低收入农户人均可支配收入9 873.9元。家庭经营净收入人均1 488.1元，工资性收入人均2 955.7元，财产性净收入人均1 602.5元，转移性净收入人均3 827.6元。

【农民专业合作社培育】全区共登记705家农民专业合作社，其中工商登记成员数8 583个，带动非成员农户数3 329户，统一销售农产品总值34 315.28万元。完成47家市级农民专业合作示范社“221信息平台”数据填报工作，为市级平台分析决策提供数据支撑。与区农委一起和北京中同兴会计师事务所签订《2016年农民专业合作社示范社财务代理服务协议》，对区内19家农民专业合作社示范社进行财务咨询代理服务，年底对农民专业合作社示范社财务代理工作进行验收。

【农村信息化系统的维护和建设】年内，完成从村、镇、区到市四级平台的数据统计、分析和上报工作。完成“三资”监管平台升级改造工作，成为农村管理信息化综合应用平台，由原来的492张原始表单、6 000多个采集指标优化为不到100张原始表单、3 000多个采集指标。完成4个镇四级网络的建设，开展农村信息化人员培训500人次。

【村级公益事业项目建设】年内，配合区农委对全区村级公益事业建设一事一议筹资筹劳财政奖补项目进行审查筛选，最终确定42个项目。

农民生活

【促进农民持续增收】年内，农村居民人均可支配收入达到19 555元，同比增长9.9%，高于城镇居民8.2%的增速。6月底完成新一轮建档立卡工作，认定低收入农户1 989户工作，低收入村2个。研究出台增收发展实施意见，2个低收入村完成产业发展规划的编制。异地购置物业项目最终选定首农电商谷物业项目，于5月完成物业的购置，260万元资产运营收益全部用于低收入村户发展。

【就业服务】年内，持续深入落实新机场地区就业优惠政策，榆垡、礼贤两镇1 808人次享受到此项优惠政策。组织新机场地区专项招聘活动4场，提供岗位3 500余个。继瀛海、黄村职介分中心后，成立榆垡职介分中心，进一步增强机场建设地区基层服务能力。

【征地转非工作】年内，顺利完成2016年征地转非工作，共涉及榆垡、礼贤、庞各庄等镇，7个村，约1 800名劳动力，补缴社会保险费2.51亿元。

【农村地区减煤换煤】年内，全力推动“煤改电”工程，完成农村及城乡结合部地区住户煤改电37 950户。协调市政市容委完成20个村7 448户煤改气工程。研究农业园区清洁能源利用政策。开展全区395个农业产业园区煤改清洁能源调研工作，研究补贴政策。推动4家农业产业园区实施煤改空气源热泵、煤改地源热泵和煤改气试点工作，主体工程已完工。实施6个村级公益设施多能联动采暖试点，探索改造的有效途径，推动煤改清洁能源过渡期优质燃煤全覆盖。共涉及159个村，截至年底配送到户13.4万吨，送检的样品合格率为100%。

【农村卫生】全区村卫生室238家，乡村医生365人，全年总诊疗25.03万人次。全年进行乡医岗位培训361人。新型农村合作医疗参合257 347人，参合率99.9%；人均筹资标准1 200元（含大病保险基金），其中个人缴费160元，政府补助1 040元；总筹资30 881.64万元；门诊报销43 687人次、3 408.60万元；住院补偿39 088人次、28 294.50万元，住院实际报销比例54.53%。2016政策年度新农合基金累计结余3 817.25万元。

【文化生活】11月15日，“一方水土一方人—大兴区农耕文化展”在大兴区文化馆一层展厅隆重开幕。本次展览由大兴区委宣传部、大兴区文委、大兴区文联共同主办，由大兴区文化馆承办，中华耕织文化园协办。12月，“不忘初心、筑梦起航”第二十七届农民艺术节在大兴剧院举行。本届艺术节以“不忘初心、筑梦起航”为主题，集中展示优秀原创节目。节目类型涵盖戏曲、舞蹈、曲艺、诗朗诵等多个门类。

基层组织与民主政治建设

【完成村委会换届选举】5月，全区14个镇527个行政村中，共有451个村参加本次村委会换届，高标准完成换届任务。选举产生村委会成员1 668名，选举中守住“三条底线”，完成“两保持、两提高、两确保、两降低”的指标任务，书记、主任“一人兼”比例为83.6%，比上一届提高4.5个百分点。

【涉农干部培训】年内，先后举办涉农科级干部、基层支部书记、入党积极分子培训班，累计培训500余人次。持续推进农村基层党建。

【落实基层党组织服务群众专项经费】年内，向487个村党组织、191个社区党组织共拨付基层党组织服务群众专项经费11 125万元，确保村、社区党组织有钱为民办事。

【启动新一轮“双百双千”城乡共建工作】3月，对上一轮共建工作进行总结，并启动新一轮城乡共建活动。新区148家单位千余名干部进村入户，开展“一对一”帮扶共建，重点覆盖软弱涣散村、选派“第一书记”的村、低收入村、有资源有发展优势的村四类村。根据帮扶单位的职能、资源禀赋和帮扶村存在的问题进行合理对接，实行分类结对。

【抓实“第一书记”驻村工作】年内，根据工作实际，增派1名“第一书记”，并对市、区选派的36名“第一书记”逐一调研走访，督促指导工作，挖掘发现工作典型。落实每人每年 2 万元工作经费，配套每村每年 30 万元工作项目资金，共落实 330 余项重点任务，实施完善村内基础设施建设、建设群众文化活动场所、居家养老送菜、天然气入户等惠民项目 50 余个。

“三农”工作部署和实施

【推动农村土地承包经营权抵押贷款试点】年内，出资设立 500 万元规模的大兴区农业发展融资担保基金，积极协调金融机构创新产品，向庞各庄镇、礼贤镇合作经济联合社发放土地流转贷款5 200万元，通过“流转贷”“租益贷”等金融产品，发放贷款2 610万元，“三农”领域的金融瓶颈在创新中不断得到突破。

【长子营镇赤鲁村“新三起来”试点】上年度市农经办选择长子营镇赤鲁村作为市级“新三起来”试点，成立赤鲁村民俗旅游专业合作社，该合作社是北京市首家以“资金融通、资源共享、养老互助”为核心的农民专业合作社。年内，指导合作社制定《试点工作方案》《资金互助办法》《合作社章程》《北京长亦兴赤鲁民俗旅游专业合作社内部资金互助办法》等文本，完成闲置房屋收储 8 处，土地收储意向 24 户。

【农村土地制度改革】年内，西红门镇农村集体经营性建设用地上市成交，实现与国有建设用地的“同权同价”。出台《集体经营性建设用地建设项目审批制度改革方案》，进一步提高项目审批效率。创新金融产品，实现集体土地使用权证贷款融资，黄村镇狼垡地区拆除腾退项目融资 74 亿元，瀛海拆除腾退项目融资 60 亿元。完成权属调查实测承包地面积31.8万亩，农村集体资产股份权能改革试点顺利推进，逐步建立农民对集体资产股份占有收益、抵押担保等配套政策。

【政策性农业保险】年内，开展种植业险种 16 个，投保面积达到86 135.07亩，农房投保121 691间(不含安定未到期)。受极端天气影响，年内种植业和农房均不同程度受到损失。据两家保险公司统计，在“7・20”和“6・30”灾害中种植业受灾面积达47 186.82亩，受损金额达29 662 667元。受灾农房5 610户、受损金额达1 460 000元。

【农村土地承包经营权确权登记颁证工作】大兴区作为全市试点，从上年度开始在全区范围内开展农村土地承包经营权确权登记颁证工作。截至年底，全区共启动 278 个村的确权登记颁证工作，累计开展确权面积32.5万亩，按计划 100%开展，完成审核公示村 248 个，完成公示审核面积（合同面积）27.3万亩。

【农民对集体资产股份权能改革试点】大兴区作为全国 29 个试点区县之一，年内制定《大兴区农村集体资产股份管理办法》，明确农民对集体资产股份占有、收益、有偿退出、抵押、担保、继承的条件、形式、程序等，进一步健全和规范集体资产股份管理；完善股东、股权登记管理，与市农委共同开展对集体经济组织股东名册台账登记簿设计，选取黄村镇、亦庄镇试点村完成台账填制，研究制定《股份合作经济组织股东登记台账》和《个人股东分红统计表》模板，与市农经办开展股权平台建设，准备纳入市农经系统监管；研究有偿转让和继承实施文本，采取重点区域固化村试点先行，进一步试制度、试规则，针对已完成转非安置的村（共 94 个），重点研究固化成员、固化股份，在集体经济组织内部进行有偿退出和继承的试点工作，制定继承、转让、集体赎回等合同模板。黄村镇 24 个村已经完成固化，亦庄镇 20 个村已经完成固化。亦庄镇已经有 20 个村发生继承股权，黄村镇已经有 19 个村发生继承股权。

【农村集体经营性建设用地入市试点】年内，研究制定《大兴区农村集体经营性建设用地入市试点入市主体及组织运行管理暂行办法》，制定出台集体经营性建设用地“镇级统筹”指导意见，细化镇域统筹、区片统筹和镇集体经济组织三种统筹的操作方式，进一步丰富入市主体。指导各镇成立镇级统筹联营公司，完善公司章程并制定《股东代表会决议》模版，完善联营公司组建运行办法；推进镇集体经济组织改造，明确其为镇集体经营性建设用地所有权主体、入市主体、管理主体。西红门镇、黄村镇、瀛海镇完成土地股份联营公司的工商注册、公司章程的制定和三会制度的建立。庞各庄镇、北臧村镇、长子营镇、青云店镇正在组建镇土地股份联营公司。调研起草《集体经营性建设用地入市收益资金管理办法》，完善财务管理制度，加强审计监督。调研西红门镇和旧宫镇土地股份联营公司统筹管理，探索和尝试租赁、入股合作等多种方式的经营管理模式。

大兴区领导名录

区委书记 李长友（2月免）
谈绪祥（2月任）

副书记 谈绪祥（2月自然免职）
崔志成（4月任）
梁　胜　王有国

常委 李长友（2月免）
谈绪祥
崔志成（4月任）
梁　胜　王有国
吴问平（12月换届不再提名）
邵　恒（12月换届不再提名）
贺　锐（12月换届选举任命）
王合生　戴明超（1月免）
王荣武（2月任）
贺安钢（9月免）
张耀邦（9月免）
王清旺（9月免）
沈　洁（女）
贾永清（结束挂职，9月免）
金卫东　喻华锋（9月任）
袁海鹏（9月任）
许玉增（12月换届选举任命）

区人大常委会主任 张晓林（12月换届不再提名）
邵　恒（12月换届选举任命）

副主任 李永贵（12月换届不再提名）
刘志茹(女，12月换届不再提名)
张　岭（12月换届不再提名）
张丽英(女，12月换届不再提名)
赵显鹏
陈晓君(女，12月换届选举任命)
张德广（12月换届选举任命）
郭金江（12月换届选举任命）
刘振宝（12月换届选举任命）

区长 谈绪祥（4月免）
崔志成（4月代区长，12月换届选举任命）

副区长 崔志成（4月任副区长、代区长，12月换届选举任区长）
梁　胜
邵　恒（12月换届不再提名）
贺　锐　戴明超（3月免）
王荣武（3月任）
贾永清（结束挂职，9月免）
金卫东（3月免）
喻华锋（10月免）
陈晓君(女，12月换届不再提名)
许玉增（12月换届不再提名）
方　健（8月任）
刘禹锡（10月任）
杜志勇（12月换届选举任命）
杨彦光（12月换届选举任命）
李　强（12月换届选举任命）
杨蓓蓓(女，12月换届选举任命)

区政协主席 王　新（12月换届不再提名）
吴问平（12月换届选举任命）

副主席 李维民（12月换届不再提名）
汪宝国（12月换届不再提名）
赵长虹（12月换届不再提名）
李亦武（12月换届选举任命）
冯　波（12月换届选举任命）
荣俊艳(女，12月换届选举任命)
郭　耕（不驻会，12月换届不再提名）
杨蓓蓓（女，不驻会，12月换届不再提名）
苏　荣（不驻会）
韩占生（不驻会，12月换届选举任命）
刘会新（女，不驻会，12月换届选举任命）

区纪委书记 吴问平（12月换届不再提名）
袁海鹏（12月换届选举任命）

副书记 李尚贤（8月免）
戴光伟（8月任）
芦君英（女）　关　卓

大兴区各镇党政正职领导

	党委书记	镇长
黄村镇	白立成	刘　耕
北臧村镇	贾卫国	谢景然(女,3月免) 高志纯（3月任）
庞各庄镇	王学军（11月免） 王春晖（11月任）	张志全（8月免） 付建国（8月任）
榆垡镇	杨彦光（8月免）	刘志刚（8月免）

	刘志刚（8月任）	张国柱（8月任）
礼贤镇	杜志勇（8月免）	任喜军（8月免）
	任喜军（8月任）	方　勇（8月任）
安定镇	胡宝琛（8月免）	曹　跃（5月免）
	耿晓梅(女,8月任)	白建松（5月任）
魏善庄镇	戴光伟（8月免）	孔祥森（11月免）
	谢景然(女,8月任)	王　烨（11月任）
青云店镇	李亦武（8月免）	张存忠（8月免）
	张存忠（8月任）	孔　永（8月任）
长子营镇	张　辉	潘郁峰
采育镇	杨永政	张新颖（女）
西红门镇	李　强（8月免）	郑亚君（8月免）
	郑亚君（8月任）	司文韬（8月任）
旧宫镇	刘景瑞	张廷武（6月免）
		庄卫华(女,6月任)
亦庄镇	刘素然（6月免）	王　森（6月免）
	王　森（6月任）	李　燕(女,6月任)
瀛海镇	何景涛（8月免）	张　华（8月免）
	张　华（8月任）	徐振涛（8月任）

（大兴区史志办　田亚南）

怀　柔　区

综　述

怀柔区位于北京城区东北部，东靠密云，南连顺义，西和昌平、延庆为邻，北与河北省丰宁、滦平、赤城三县接壤。全区总面积2 122.6平方千米，山区面积占88.7%。区辖12个镇、2个满族乡、2个街道办事处，共284个行政村。常住人口39.3万人，其中城镇人口26.6万人。年末全区户籍人口28.2万人。2016年，在区委、区政府的坚强领导下，全区人民牢固树立新发展理念，坚持稳增长、促改革、疏功能、调结构、惠民生，围绕怀柔区域定位，抢抓京津冀协同发展机遇，经济社会发展取得了新成绩，人民生活水平再上新台阶，实现了“十三五”良好开局。2016年全年实现地区生产总值252.2亿元，比上年增长7.3%；实现一般公共预算收入35.6亿元，同比增长6.8%，完成年度预算的100.4%，其中，税收收入27.4亿元，同比增长0.6%；实现社会消费品零售总额111.5亿元，同比增长8.4%；完成全社会固定资产投资121.1亿元，同比下降7.5%。

城乡发展一体化

【概况】 全力加快新城建设，以重点功能区和龙头项目为引领，统筹推进新城各街区综合开发，积极完善基础设施和服务环境。扎实做好老城改造，大力推进棚户区改造项目，不断改善老城区和城乡结合部地区整体面貌，统筹推进城乡一体化发展，逐步形成新格局。以创建全国文明城区为总抓手，全面加强城乡地区精神文明、民主法治、安全稳定等各项工作。

【城乡居民收入平稳增长】 2016年，怀柔区城镇居民人均可支配收入36 013元，同比增长8.3%，农村居民人均可支配收入21 620元，同比增长8.4%。城乡居民收入增速趋势与全市趋同，延续“十二五”以来逐步放缓的态势，农村居民收入增速高于城镇居民收入增速0.1个百分点。

【城乡居民人均消费支出增势良好】 2016年，全区城镇居民人均消费支出23 633元，同比增长8.8%，农村居民人均消费支出17 195元，同比增长10.5%。农村居民消费增速自2013年以来持续高于城镇居民，2016年较城镇居民高出1.7个百分点。

【专题调度棚户区改造工作】 3月10日，区委书记齐静、区长常卫专题调度本区棚户区改造工作。会上，区住建委首先汇报了本区棚户区改造总体情况，新城14街区、刘各长村、欧马可地块、新城04街区等项目实施主体就项目进展情况、存在问题进行了具体汇报。各职能部门对项目存在的问题分别进行了政策指导。年内，本区共有9个棚户区改造项目纳入市级棚改计划。9个棚改项目共占地363公顷、规划建筑面积约260万平方米，涉及宅基地58万平方米、3 300户、9 000余人。

【召开创建全国文明城区工作推进会】 5月13日，区文明创建工作部召开工作推进会。会上，文明创建组对测评体系台账进行了逐项梳理。创城办综合组介绍了创城办现阶段工作情况，对创城工作规范性文件进行了梳理和讲解。

【深入推进创建文明城区工作】 9月6日，区城乡环境工作部召开创城工作会议，对《怀柔区创建文明城区工作第三方评估报告》中涉及城乡环境工作部承担的实地考察点位共 8 项 12 条的评估结果进行通报，并逐一进行分析。对 2016 年网上申报中的规范文件、12 个说明报告的撰写和 2 个实景图片的提供等具体工作进行了详细辅导。

【完成年度农转非工作】年内，全区农转非总人数为 805 人，其中征地转非 236 人，大中专学生转非 420 人，投靠亲属转非 49 人，农民城镇购房转非 31 人，其他转非 69 人。

农村经济发展

【概况】2016 年，实现农业总产值15.2亿元，同比减少13.9%。农业结构调整成效显著，顺应“调粮、保菜、提升养殖、做大做强林果业”发展方向，粮食生产不断缩减；同时，为了更好地保护水源和生态环境，发展高效节水农业，怀柔区部分高耗水、高污染形式的传统畜牧业、种植业生产被限制或禁止，因此农林牧渔业总产值下降明显。除林业在京津风沙源治理和平原地区重点区域绿化建设工程等项目的带动下，实现产值4.3亿元，同比增长10.9%，农、牧、渔业产值均有大幅下降。其中，生猪饲养实现产值22 841.9万元，同比增长11.7%；受“调转节”政策和华都肉鸡公司关停的影响，肉禽产值7 332.4万元，同比下降61.8%；产量和价格同步下降造成全区牛奶产值滑到7 190.5万元，同比减少52.0%；渔业总产值7 884.2万元，同比下降28.9%。全区农业观光园210 个，比上年减少 32 个，同比下降13.2%；观光园总收入2.1亿元，增长8.7%。民俗旅游农户2 893户，比上年增加 92 户；民俗旅游总收入1.9亿元，增长11.6%。设施农业实现收入0.6亿元，下降21.0%。

【企业通过农业部畜禽标准化示范场复验】6 月 13 日，农业部对北京市怀发种鸡场进行畜禽标准化示范场复验工作并顺利通过，这也是区内唯一一家被评为农业部畜禽标准化示范场并复验通过的养殖企业。

【建成现代化养殖产业示范园】北京“湘村黑猪”良种产业示范园占地 80 亩，共投资1.1亿元，建设现代化组装式猪舍 10 栋，采用全自动化模式养殖。猪舍全程实现自动喂料、自动气候调控、地沟通风，废弃物处理采用资源化利用模式，福利养猪和污水的零排放相结合，是目前国内现代化、智能化、自动化程度都具有较高水平的生猪养殖场。

【完成禁养区划定工作】综合考虑区域主体功能定位及生态功能重要性，以饮用水水源保护区、自然保护区的核心区和缓冲区、风景名胜区、城镇居民区等区域为重点，兼顾重要河流岸带等对水环境影响较大的区域，科学合理地划定禁养区370.73平方千米，关闭禁养区内 41 家规模化畜禽养殖场，促进环境保护和畜牧业协调发展。

【发展生态景观农田】重点布局在区级以上的公路沿线、旅游景区和民俗旅游专业村周边，以种植旱作的彩色作物向日葵、油菜花、薰衣草等生态景观农田约6 200亩，把传统农田转变为美丽田园。

【推进高效节水现代果园发展】伴随农业结构调整的不断深入，我区利用调减高耗水种植作物面积建设现代化高效节水果园4 000亩，全区累计达到6 000亩。

【完成 221 信息平台数据采集】年内，全区共采集农业生产、农产品加工、休闲观光、农业科技及农业服务等各类信息 1 万余条。“怀柔区都市型现代农业 221 信息平台”截至 2016 年年底信息总量达到 15 万条。

【打造绿色防控蔬菜基地】年内，怀柔区建成北京三山蔬菜产销合作社、龙泽宇农有机农业（北京）有限公司等病虫害绿色防控基地 4 家。基地内蔬菜生长全程使用绿色防控技术，并向周边蔬菜种植户推广普及，提高种植户对于物理防治、统防统治技术理念的认知度。

【试种珍稀食用菌羊肚菌成功】年初，怀柔区庙城月亮湖种植合作社试验试种的羊肚菌开始出菇，试种初步成功。羊肚菌属稀有珍菌，在国内外市场价格昂贵，由于菌盖表面凹凸不平，状如羊肚，故名羊肚菌，其既是宴席上的珍品，又是久负盛名的食补良品，具有益肠胃、消化助食、化痰理气、补肾、壮阳、补脑、提神之功能，每百克干样钾、磷含量是冬虫夏草的 7 倍和 4 倍，锌含量是香菇的4.3倍、猴头菇的 4 倍，铁含量是香菇的 31 倍、猴头菇的 12 倍。

【推进物联网建设】种植业方面，板栗管理应用互联网和人工智能技术，在渤海镇板栗主产区打造2 500亩生态板栗种植园，实现板栗从种植到收获中的整个过程可视化、可追溯、可控制，达到有机绿色标准，使传统板栗产业升级。养殖业方面，在渤海镇杏福生态园装置了农场生态直播系统，对该生态园饲养的特色油鸡，养殖过程开通 24 小时直播，让消费者可以亲眼见证从幼鸡到长大，到产蛋全过程。直播开通后，关注生态园的粉丝大量增加，产品的销量也随着增长，园区的鸡也成为“网红鸡”。

【开展“高效观光果园综合经营管理”培训】针对怀柔区现代高效观光果园建设项目，聘请中果日升（北京）生态农业有限公司，对果树种植大户从投资众筹、果园规划、有机栽培、冷库储藏和网上营销等方面进行全方位培训，全年共计培训 650 人次。

【实施渔业综合整治】制定《怀柔区怀沙河怀九河雁栖河流域渔业综合整治方案》，对河道周边的渔业养殖场（户）开展综合整治，对养殖排水达不到排放标准的限期整改。对拒不整改或整改后仍不达标的，由农业、水务、环保等相关部门牵头，镇乡政府配合，对其进行依法查处、关闭。截至 2016 年底，已完成河道周边渔业养殖场（户）的摸底调查、养殖排水检测和建立台账等工作。

【推进科技补助项目实施】依托基层农技推广补助项目，以虹鳟鱼、鲟鱼为主推品种，推广了虹鳟鱼造血器官坏死病传染源消毒杀灭控制技术、环境净化处理节水设备试验示范、新品种推广泥鳅、柳根养殖技术及全区鱼类疫病防控技术四项新技术，年内完成了补助项目初步试验数据分析工作。

【应用电子标识技术进行动物疫情捕杀】通过与安华保险公司洽谈、沟通，成功引进阳性牛追溯技术，此项技术在区奶牛结核检测工作中被投入使用，用于在疫情处置过程中准确找到目标牛。区动物疫病预防疫控中心联合镇乡动监所对检测结果为阳性的结核牛进行了电子标识注射，确保准确扑杀阳性牛，有效避免了发生偷换病牛事件。

【首次应用工厂化循环水养殖液氧技术】5 月 19 日，怀柔顺通虹鳟渔场首次将液氧技术应用到工厂化循环水养殖中，成为区内首家应用液氧技术的养殖场。液氧利用在工厂化循环水养殖中，通过智能化控制实现水体溶氧量的自动调节改善水质，使放养密度增加 100%～150%，生长速度增快 15%左右，成活提高 8%左右，相比传统的增氧机等设备，耗能减少 20%～30%。结合工厂化循环水养殖模式，真正实现节能、节水、节地、增产、增效。

【推广农业绿控技术】7 月 27 日，依托《北京市农作物化学农药减量控害技术集成与推广》项目，启动了农业绿控技术推广工作。当天，工作人员向北部山区玉米制种田、玉米种植大户发放了赤眼蜂，统一对 3 万亩大田推广了赤眼蜂防治鳞翅目害虫（玉米螟）技术，建立了天敌与物理防控技术规范应用示范。

【完成玉米新品种示范试验】完成 2016 年春播抗旱玉米品种栽培试验和夏播杂交玉米联合品种比较试验两项工作。已对每个参试品种的生育进程及性状、玉米经济性状、抗性等情况进行了调查汇总，并已完成风干脱粒，得出干穗重和籽粒重，全部数据已整理统计完毕，为下一年春播、夏播工作提供了有价值的数据支持。

村镇建设

【概况】坚持“大环境”建设与“微环境”治理相结合，着力提升区域生态涵养功能和环境品质，切实增强了城市宜居度和发展竞争力。强化水资源管控，集中力量加快重要水系生态修复和重点流域生态治理，健全城乡污水治理体系，持续改善区域水环境质量。深化大气环境治理，全力落实清洁能源替代、治污减排、绿色交通等举措，全年保持了较高的空气质量水平。扎实推进新型城镇化，结合产业转型升级，加快特色村庄、特色沟域建设。

【完成推进美丽乡村建设实施方案】根据市政府办公厅《关于印发提升农村人居环境推进美丽乡村建设的实施意见（2014—2020 年）的通知》要求，结合怀柔区实际，制定实施方案。4 月 22 日，经 2016 年第 5 次区政府常务会审议通过。

【超梁子、田仙峪获北京最美乡村荣誉称号】9 月初，宝山镇超梁子村、杨宋镇田仙峪村获 2015—2016 年度“北京最美的乡村”荣誉称号。杨宋镇北年丰村获提名荣誉称号。

【完成 10 村庄五边绿化工作】年内，怀柔区完成农村边角地绿化工作，任务区包括怀柔镇、北房镇、九渡河镇、怀北镇、琉璃庙镇、喇叭沟门乡 6 个镇（乡）10 个村的绿化栽植，共栽植乔木3 058株、灌木1.7万株、地被花卉2.5万平方米，新增绿化面积 97 亩，全区农村生态环境有了很大的改观。

【完成 3 个智慧乡村建设】投入资金 100 万元，分别委托北京亿高高科信息技术有限公司、北京奥科美技术服务有限公司，完成了渤海镇北沟村、怀北镇河防口村、桥梓镇北宅村 3 个智慧乡村建设。北沟村建设村级电商平台，实现了在线购买、在线支付，带动板栗销售和旅游产业发展。河防口村应用物联网，建立产品追溯制，对生产全过程进行在线视频监控，建立二维码履历标签，增加消费者黏度，提升产品的附加值。北宅村建立2个微信公众服务平台，一个为村民社交平台，为村民提供村务动态、“三农”政策、农事气象、政策咨询等服务；另一个为导游服务平台，为游客提供地理位置导航、讯息查询、在线支付订购等服务。

【完成转年村新型农村社区主体建设】截至2016年年底，宝山镇转年村电力、通信、歌华迁改、地质勘查等各种审批手续均已完成，214套房屋已全部完成主体工程建设。

【安装照明设施】2016年，安装LED节能路灯13 867盏（单臂无杆7 008盏，单臂、双臂带杆6 859盏），安装太阳能路灯432盏，基本解决了农房村地区夜间出行难的问题。

【完成抗震节能改造工作】6月23日，区新农办通过公开招投标的形式确定了农民住宅抗震节能单项改造工程施工企业共14家，监理公司共5家；新建翻建监理工作继续由2015年中标的5家监理公司承担。年内，完成3 700余户农民住宅抗震节能改造。

【完成新建翻建补贴款拨付】年初，拨付2015年新建翻建1 774户7 096万元补贴款，共涉及14个镇乡141个村，完成423卷档案。

【农民安全饮水完善（第三批）工程主体完工】2016年，区水务局投资1 500万元实施农民安全饮水完善项目（第三批）工程。该工程涉及琉璃庙镇、长哨营乡、桥梓镇、喇叭沟门乡、怀北镇、九渡河镇、北房镇在内的7个镇乡共计11个村以及北房集中供水厂，累计新打岩石井、机井累计6眼，新建蓄水池5座、截流坝1座，铺设给水管线20千米，新建泵房5座、消毒间2座，安装水泵14套，安装消毒设备、变频调速器各7台，换装IC卡水表620块。项目惠及8 600余名农村居民，其生活饮用水水质得到保证，饮水安全指数得到进一步提升。

【农民住宅抗震节能单项改造工程实施范围扩大】依据《北京市农民住宅抗震节能改造工程建设规划（2014—2017年）》《2016年北京市农民住宅抗震节能改造工作实施方案》，制定了怀柔区2017年度农村住宅和村属公共、公益场所用房抗震节能单项改造实施方案，增加了村属公共、公益场所用房抗震节能单项改造工程（包括村委会办公用房、村级文化活动室、村级卫生室、村级数字影院、村级幼儿园、太阳能公共浴室、公厕等），每个村补助按照审定金额最高不超过22.5万元，其中，市财政按三分之二给予补助，区财政按三分之一给予补助，不足部分由村级自筹。

【印发《农村基础设施运行维护和管理实施方案（2016—2020年）》】依据《北京市人民政府关于加强农村基础设施运行维护和管理的意见》精神，2016年底印发了本区《农村基础设施运行维护和管理实施方案（2016—2020年）》，对补助范围及标准进行了调整及细化，其中村内污水管网及太阳能灯补助标准有所提高，取消“两气”维护管理费用补贴。

【召开减煤换煤工作调度会】6月1日，怀柔区召开减煤换煤工作调度会。会上，各镇（乡）相关负责人汇报了各自镇域内优质燃煤替代和煤改电工作的详细进度和遇到的问题，区农委和供电局对相关问题和解决办法进行了详细解读。各镇乡优质燃煤替代工作在区级政策的基础上，初步研究制定各自的奖励政策；各煤改电村对线路和相关基础设施进行了改造。

【完成减煤换煤工作】2016年，“煤改电”工程共涉及30个村庄，10 577户，订购电采暖设备9 035户，除14户翻建房屋外，实际安装9 021户，预计减煤27 105吨。“煤改气”工程共涉及3个村庄，434户，全部具备供暖条件，预计减煤1 302吨。优质燃煤替代工作共涉及220个村庄，共订购节能炉具4 964台，订购无烟煤4.08万吨，订购兰炭2.88万吨，合计6.96万吨。全区全年共实现减煤换煤98 007吨，减少二氧化硫排放784吨，烟尘1 592吨，氮氧化物288吨。

【北京市平原绿化工程和林木养护管理工作会在怀柔区召开】10月19日，北京市平原绿化工程和林木养护管理工作会在怀柔区召开，市政府党组成员、市平原地区造林工程建设总指挥部总指挥夏占义出席会议，市政府副秘书长赵根武主持会议。会议通报了全市平原绿化完成情况和林木养护管理情况，并就下一步工作进行了安排部署。

【完成我区34座村级污水处理站升级改造工程】怀柔区34座村级污水处理站升级改造工程于2016年8月30日正式开工建设。其中，改造污水处理站

30 座，新建 4 座。工程总投资达1 050万元。村级污水处理站升级改造工程是区政府的折子工程，共涉及渤海、九渡河、杨宋等 7 镇乡的 19 个村。项目投入使用后，将进一步提升上述 19 个村的污水处理能力，防止污水直排，降低污染指数，有效改善村民人居环境。

【全面推行“河长制”】 12 月 13 日，国家水利部、环保部等十部委联合召开《关于全面推行“河长制”的意见》的视频会议，区委常委、副区长鲍晓健参加会议。此前，区政府已于 8 月 3 日正式印发实施了《怀柔区实施河湖生态环境管理“河长制”工作方案》，实现了市级、区级、镇乡级“河长制”全覆盖。由区长担任总河长，对全区的河湖生态环境质量负总责；区政府分管水务工作的副区长担任副总河长，是全区河湖生态管理工作的总调度；区级河长由主管水务和环保工作的 2 名副区长担任，负责市管的潮白河、京密引水渠、怀柔水库及区属的怀河、白河两大流域的总体监督管理。河湖属地镇（乡）政府、示范区管委会、开发区管委会的行政一把手担任镇乡级河长，负责协调有关单位共同开展辖区内的河湖生态环境管理工作。

【进一步推进秸秆综合利用】 全年循环利用秸秆7.7万亩，综合利用率由 57%增加到 86%，山区、半山区秸秆综合利用率由原来的不足 10%增加到 73%。

【市农委副主任调研怀柔区山区工作】 3 月 8 日，市农委副主任张宏图带队先后到怀柔区桥梓镇、宝山镇调研“十三五”时期山区工作，就山区产业、山区搬迁和沟域建设工作进行了座谈。区农委和宝山镇主要领导陪同调研。

【推进水长城沟域（九渡河段）建设项目】 水长城沟域（九渡河段）是怀柔区 2016 年市级重点建设沟域，于 3 月底全面开工，项目共集成发改、园林、水务、财政等部门项目 13 个，集成政策资金16 503.31万元，年内共完成投资6 740万元。怀柔区围绕环境综合整治、生态治理、基础设施建设、新村民居建设、特色产业五大工程，对四渡河—九渡河段进行了重点建设，其沟域内生态环境水平、公共服务配套设施、民俗旅游产业和产业发展步伐均有了不同程度的提升。

【2016 年山区搬迁工程全面开工】 4 月初，怀柔区 2016 年山区地质灾害易发区及生存条件恶劣地区农民搬迁工程全面开工。市农委下达 827 户、1 756人的搬迁任务，列入 2016 年区政府好事实事工程。

【111 国道二期沿线沟域规划工作正式启动】 5 月 12 日，111 国道二期沿线沟域规划正式启动。该沟域涉及汤河口镇、长哨营满族乡、喇叭沟门满族乡三个镇乡，从汤河口镇马圈子隧洞一直向北到北京市市界，与河北省交界处，以 111 国道为主轴，辐射规划到汤河口镇庄苗路沿线、长哨营乡栾赤路沿线、长司路沿线、胭脂谷沟域（兰七路沿线）、喇叭沟门乡白桦谷沿线、河北省丰宁满族自治县杨木栅子乡和汤河乡，沟域总面积776.5平方千米，沟域范围内实施生态治理工程、环境整治工程、基础设施、特色产业和新村民居五项工程，实现沟域规划京津冀一体化。

【参加 2016 年山区建设培训班】 8 月 31 日至 9 月 2 日，市农委在北京农学院开办 2016 年北京市山区建设培训班。区农委及所有涉及山区搬迁和市级重点沟域建设的镇乡政府、村委会领导和相关工作人员 57 人参加培训。参训人员认真学习了市有关部门和专家对山区发展、沟域经济、山区搬迁、支农资金及其他山区政策的解读，极大丰富了怀柔区山区建设工作的理论基础。

【市农委检查组对 2013—2016 年山区搬迁工作检查验收】 11 月 30 日至 12 月 1 日，由市农委和相关专家组成的联合检查组，到怀柔区检查验收 2013—2016 年山区搬迁工作。检查组以现场座谈和随机实地抽查的方式分别对怀柔区渤海镇铁矿峪村，琉璃庙镇安洲坝村，汤河口镇东帽湾村、庄户沟门村，宝山镇转年村搬迁工作进行检查验收。区农委、各镇乡相关领导陪同检查。

【完成 2016 年山区搬迁工作】 年内，完成 5 个镇（乡）13 个行政村山区搬迁工作。共拆除旧房 495 处，开工建设新房 708 处，其中完成瓦房等主体工程 646 处并基本达到入住条件，实现入住 280 处，顺利完成市农委下达的年度搬迁任务。

【水长城沟域建设项目获市级新农村建设创新奖】 水长城沟域建设项目获北京市 2016 年社会主义新农村建设创新奖，奖励资金 100 万元。

【多单位获北京市社会主义新农村建设奖项】 在 2015—2016 年度北京市社会主义新农村建设先进集体评选表彰工作中，怀柔区长哨营乡满族乡获评山区发展先进镇乡；喇叭沟门满族乡对角沟门村、琉璃庙镇白河北村、宝山镇江村获评山区发展先进村；北京天河峪旅游投资发展有限公司获评社会力量支援新农村建设先进单位。

【2016 年京津风沙源治理二期工程（易地搬迁项目）获得批复】该项目于 8 月 8 日获得市发改委批复（京发改（审）〔2016〕75 号）。计划搬迁 400 人，共涉及 3 个镇乡、4 个村，其中宝山镇道德坑 100 人、汤河口镇黄花甸子 170 人、长哨营满族乡上孟营村 75 人、长哨营满族乡西沟村 55 人。按照搬迁每人 2 万元的补贴标准，计划总投资 800 万元。年内开工建设，完成总工程量的 30%，拨付资金 480 万元。

农村改革与管理

【概况】在现有经验基础上，围绕农村经济区域化、沟域化、流域化的发展思路，探索推广农村闲置资源、资产盘活利用新模式，积极引进社会资本，发展多种形式适度规模经营，推进土地流转起来、资产经营起来、农民组织起来，推动农村改革工作进一步向前发展。加快农产品电子商务建设工作，促进农民专业合作社规范化建设提档升级。数据显示，区级以上农民专业示范社已经成为带动全区合作社经济发展的主力军，有效带动了本区农民增收。

【农民专业合作社示范社作用显著】截至 2016 年 6 月底，全区各级示范社已达 94 家，资产总额达4.9亿元，占全区合作社资产总额 45%，实现销售收入2.01亿元，占全区合作社销售收入的 79%。全区共有 49 家农民专业合作社拥有品牌，共计各类品牌 89 个，其中 38 家区级以上示范社拥有品牌 77 个，占全区总数的86.5%。

【北京市深化农村改革现场会在怀柔区召开】10 月 9 日，北京市深化农村改革现场会在怀柔区召开，副市长林克庆出席会议并讲话。市政府副秘书长赵根武，市委农工委书记、市农委主任孙文锴，怀柔区领导周东金、鲍晓健参加会议。林克庆对怀柔区推进农村改革工作取得的成绩给予了充分肯定，并指出，近年来怀柔区委、区政府高度重视“三农”工作，在盘活农村闲置资源方面，按照闲置农宅所有权、使用权、经营权“三权分离”的原则，采取“农户＋合作社＋企业”的经营模式，逐步形成了“农民所有、合作社使用、企业经营、政府监督指导”的四位一体运行机制，不仅盘活了农村闲置资源，改善了农村环境，还通过发展相关产业，进一步拓宽了农民增收渠道，取得了显著成效。

农村民生

【概况】强化民生服务保障，大力发展养老助残事业，加强就业创业服务、社会福利、社会救助等工作，进一步完善面向大众的公共文体设施，优化科技、信息、文化、体育、人口计生等各项服务。全区居民人均收入平稳增长，农民增收效益较城镇居民收益更加明显；居民消费支出增势良好，农民消费支出增速高于城镇居民消费支出。总体看来，全区居民整体生活水平稳步提升。

【完成年度低收入农户增收工作】围绕“社会保障兜底、就业创业帮扶、社会力量帮扶”三个精准帮扶举措，全年共完成低收入农户4 100户、8 291人的增收达标任务，统计监测全区低收入农户人均可支配收入达9 581元，列全市第三位，获得全市低收入农户增收综合奖励 500 万元。

【开展农村实用人才素质提升培训工作】3 月 28 日至 4 月 1 日，怀柔区与承德市携手在承德市开展培育新型职业农民活动，70 名两地实用人才参加，其中怀柔区 20 人、承德市 50 人。培训围绕京津冀一体化形势下“互联网＋”时代的农民创业、怀柔承德农民之间的合作交流等内容的培训，为农村实用人才培训搭建了学习、交流、合作的平台。

【组织“我们的农家院 我的院”培训活动】针对怀柔区部分农家院缺特色、档次低、收益差等问题，委托北京爱渡一生文化发展有限公司开发农家院风格打造、节点装饰、茶道、香道、插花、等选学课程，免费为全区民俗旅游实用人才选学。年内共有 6 镇乡申请举办了定制培训，培训1 500多人次。

【开展“农村电商进村入户”定制培训】针对一家一户网上宣传销售产品的需求，聘请北京合鑫聚旺民俗旅游咨询服务中心进村入户，从简单的微信朋友圈开始，手把手教大家做微信—建微店—做微商。年内举办 30 班次，1 000余人参加了培训，其中通过发朋友圈销售农产品有 800 余人，开设微店 400 人，小有规模的微主 40 余人。实施板栗、大枣网上销售专题培训项目，与小鱼传媒等专业公司合作，组织种植户就宣传、采摘、分类、线上线下销售等进行一条龙专题培训。

【启动“乡土专家师资库”定制培训项目】依托北京市农广校从怀柔区农村实用人才库里遴选 40 人，涉及乡村酒店、民俗旅游、文艺表演、蔬菜配送、观光休闲、农村电商等领域，进行专业化培训，培养他们的授课能力，发挥他们的引领带富作用。

【举办汤河川满族民俗风情节】6月9日，为期3天的2016年怀柔汤河川满族民俗风情节在喇叭沟门、长哨营、汤河口三镇乡盛大开幕。国家质检总局动植司副司长张朝华，北京市民委副主席范宝，北京电视台副总编辑艾冬云出席活动。三地满族风情节各具特色，农副产品展卖、逛八旗大集、游文化新村、住八旗客栈、品满族美食、观满族歌会等独具满韵的各类民俗风情活动，让游客们充分体验了360多年的满族文化历史。

【举办九渡河首届蓝莓文化节】6月16日，九渡河首届蓝莓文化节开幕。开幕式上，来宾参观了蓝莓产品展厅，体验了采摘乐趣，蓝莓专家就下一步蓝莓产业如何做大做强以更好推动五彩九渡沟域经济发展充分研讨。文化节期间，九渡河镇推出三条精品旅游线，方便游客走进蓝莓谷、畅游九渡河。

【举办第四届长城板栗文化节】9月14日，“怀柔区第四届长城板栗文化节”在水长城盛大开幕。此次文化节以“品明代板栗文化·览山水长城风采”为主题，开展了游大明古栗树园、摘优质清甜板栗、享舌尖美味盛宴、逛板栗产品展销会、观摩非遗手工艺制作、手机摇一摇赢大奖等系列活动，让游客感受怀柔长城板栗文化的魅力。

【举办喇叭沟门满族乡首届金秋“红叶文化节”】9月30日，喇叭沟门满族乡首届“红叶文化节”暨喇叭沟门首日封和《中榆树店村志》开幕仪式隆重举行。除喇叭沟原始森林灵秀山水和丹枫迎秋等美景，篝火晚会、摄影征集大赛、满族美食一条街、对角沟门村喜鹊登科满族风情园开展的秋收亲子互动、胡营村开展的晚秋黄梨采摘季等系列活动全面展示了该地自然风光和民俗文化。

【优秀评剧社团评比怀柔区《草帽书记》喜夺冠】12月12日、13日两天，北京市第二十七届农民艺术节“唱响美丽乡村”评剧优秀社团评比活动决赛在海淀剧院小剧场火热进行。经过两天的激烈角逐，怀柔区选送的利达鑫戏剧活动中心以原创评剧曲目《草帽书记》荣获金奖第一名。《草帽书记》由北京利达鑫戏剧活动中心与区戏剧家协会共同创排，该剧以怀柔区喇叭沟门满族乡中榆树店村党支部书记彭兴利为原型，讲述了他带领村民致富，舍小家顾大家的事迹。因为他每天都头戴草帽为村里大小事务奔波，所以村民们亲切地称他为“草帽书记”。

【启动棚户区改造土地开发项目安置房建设工程】7月30日，庙城村棚户区改造土地开发项目安置房开工典礼，在庙城镇庙城村隆重举行，标志着棚户区改造土地开发项目安置工程正式启动。怀柔区于2015年底启动棚户区改造项目，正式打响了棚改攻坚战。截至2016年7月，10个项目纳入市级棚改计划，项目数量占10个远郊区项目总数的14%；总计占地392公顷、规划建筑面积347万平方米，预计惠及1.2万人。庙城村棚户区改造土地开发项目位于怀柔新城14街区，东至融城园小区，南至新新小镇，西至京承铁路，北至怀长路，涉及庙城镇庙城村、怀柔镇石厂村，总占地面积38.18公顷、建筑规模28.4万平方米、总投资约21亿元，其中安置房地块占地2.9公顷，建筑规模6.95万平方米，原址回迁建设700余套住房。按照安置房标准不低于商品房标准的总原则，该项目设计方案先后征求了村民和专家意见，并报区规委会、市联审会审定，做到了从源头把好品质关。

【实施2016年农村饮水健康行动项目】年内，怀柔区投资600万元，对长哨营满族乡上孟营村、下孟营村、窝沟门村，汤河口镇西帽湾村、后安岭村、大蒲池沟村，北房镇大罗山村、小罗山村和梨园庄村共计3个镇乡9个村实施村级供水设施实施风险管理和水质消毒设备安装。主要建设内容包括新打机井3眼，新建蓄水池1座；铺设供水管线12千米；新建泵房3座，安装水泵7套、消毒设备7台、变频调速器6台、超声波流量计7台。项目解决了以上9个村8 015人的饮水安全问题，同时也进一步提高了农民的生活质量，保证了农民的身体健康。

基层组织与民主政治建设

【概况】巩固深化党的群众路线教育实践活动、“三严三实”专题教育和“两学一做”学习教育成果，施行党内学习教育制度化、常态化。深入推进基层党建工作，规范村级事务决策、公开、监督等制度，加强基层干部队伍建设和党员教育管理。坚持不懈抓反腐倡廉工作，全面落实党内监督责任，引导各级干部永葆遵规守纪、奋发有为的政治本色，全区基层党建工作再上新台阶。

【选聘70名大学生“村官”】怀柔区2016年大学生“村官”选聘工作坚持“控制数量、提高质量”的原则，共选聘70名大学生到农村任党支部书记助理、村委会主任助理等职。本次选聘要求大学生全部为本科（含本科）以上学历，中共党员、优秀学生干部、回原籍者优先，同时年龄限制放宽到30周岁以下。在专业要求方面，结合本区经济转型和产业结构调整，重点选聘农林类、法学类、社会学类、工学类、管理学类、经济学类、文学类及与文化创意产业相关专业考生。

【举办基层党组织书记委员培训班】9月22日，2016年区直机关基层党组织书记、委员培训班正式开班。本次培训共计两天，培训采取“2＋X”精准培训方式，对全体机关基层党组织书记、委员进行轮训。课程安排包括“七一讲话”、新常态下从严治党新要求、北京市机关党建形式和任务等理论解读和党支部工作方法、党总支和支部建设、党支部在“两学一做”学习教育中的作用发挥等实践剖析，顺应新时期机关党建的形式要求和对党务工作者能力素质的需要。

【召开2016年选派第一书记动员部署会】11月22日，怀柔区召开2016年选派优秀干部到村担任第一书记动员部署会。此次动员会旨在组织第一书记与所到任职乡镇的领导见面对接，并就第一书记工作明确任务、鼓励指导。会议要求，一是要提高思想认识，切实增强履职意识。二是要注重方式方法，循序渐进推进工作。三是要严格要求自己，争做扶贫攻坚表率。

【召开乡镇、街道党（工）委书记基层党建工作评议会】1月18日，怀柔区召开2015年度乡镇、街道党（工）委书记基层党建工作述职评议会。会议听取各乡镇、街道党（工）委书记抓基层党建工作和党风廉政建设情况，与会人员就关心的问题与各位书记进行了交流，区领导对各位书记抓工作情况进行了点评。区委委员、区纪委委员、区农村基层组织建设工作领导小组成员和部分“两代表一委员”以及基层党员群众代表对各乡镇、街道党（工）委书记履行党建第一责任人情况进行测评。市委组织部部务委员、办公室主任阎晓东到会并讲话。此次述职评议会，是第一次向区委委员、区纪委委员述职，第一次由区领导分别点评联系乡镇、街道，第一次将基层党建工作和党风廉政建设同述同评。与以往相比，会议规格提高，点评人员扩大，“一岗双责”落实，也充分体现了区委从严治党的坚决态度和抓基层、打基础的坚定方向。

【市农村“两委”换届选举办公室到怀柔区调研】3月15日，市委组织部部务委员、组织处处长张强带队到怀柔镇郭家坞村调研农村村委换届选举工作。与会人员集体观看了区委组织部制作的村委换届选举宣传片，随后就怀柔区村委换届选举工作筹备情况、怀柔镇换届选举重点村、难点村情况和应对可能出现的措施办法作重点汇报，并对村民代表推选工作提出了建议。会议要求怀柔镇要做好村委换届选举准备工作，统一干部群众思想，密切关注参选人选情况，从严从实做好村委换届选举工作。

【启动第十届村民委员会选举工作】3月30日，怀柔区委、区政府在双阳宾馆会议楼三层主会场召开怀柔区第十届村民委员会选举暨农村基层党建工作电视电话部署会。会议对第十届村民委员选举工作做了总体部署，对《关于加强农村基层党建工作的实施意见》进行了说明安排，区委书记齐静从高标准抓好村委会选举工作、全力推动农村基层党建工作再上新水平两个方面，对做好此次换届选举工作和抓好农村基层党建工作提出了明确要求。此次会议的召开标志着怀柔区第十届村民委员会选举工作正式启动。

【召开第十届村委会选情分析专题会】4月18日，怀柔区召开第十届村委会选情分析专题会，深入了解各镇（乡）村委会换届选举工作，保障第十届村委会选举工作和村“两委”换届目标落实。会议传达了4月15日市委常委、组织部部长姜志刚来怀调研时提出的目标和要求，听取了全区村委会换届进展情况、各镇乡当前选举工作情况以及选举工作存在重点难点问题的村情况的汇报。与会领导针对各镇乡汇报情况对下一步工作提出了明确要求。

【完成社区党建“三级联创”第一季度督导检查工作】截至2016年5月初，怀柔区社区党的建设“三级联创”活动督导组完成了对全区6个街镇党（工）委、9个社区党组织相关创建情况的督导检查工作。此次工作重点围绕社区党建“三级联创”活动中心工作，分别在街镇、社区两个层面开展检查指导。从检查情况看，全区社区党组织抓“三级联创”活动意识明显增强，社区办公用环境得到明显改善，社区党组织服务居民成效明显，同时，社区区域化党建工作和“在职党员进社区”活动等还有待进一步加强。

【举办区、镇（乡）人大换届选举集中宣传日活动】9月19日，区、镇（乡）人大换届选举集中宣传日活动在滨湖公园景观剧场举办。活动旨在动员广大选民根据换届选举安排，按照有关规定，积极主动配合选举机构，依法做好投票选举等相关工作，同时要求各级选举机构统筹做好选民登记、代表候选人提名推荐和组织投票选举等工作，依法保障广大选民民主权利，确保区、镇（乡）两级人大换届选举工作依法顺利开展。

【召开乡镇街道纪（工）委书记信访矛盾排查例会】 4月8日，区纪委举办2016年第一季度乡镇街道纪（工）委书记信访矛盾排查例会，区委常委、区纪委书记武克出席，各乡镇街道纪（工）委书记参加。会议学习传达了全国信访举报工作座谈会、北京市执纪审查和信访举报工作会议精神，听取了各乡镇街道2015年下半年及2016年第一季度信访举报工作和纪律审查情况。通过学习国家和北京市相关会议精神、查找工作中存在的问题，加强沟通交流，促进乡镇街道执纪审查和信访举报工作进一步深入开展。

【召开镇乡纪委书记专题会议】 北京市第十届村民委员会选举工作期间，区纪委召开镇乡纪委书记专题会议，区委常委、区纪委书记武克与全区十四个乡镇纪委书记签订了《第十届村民委员会选举工作责任书》，明确各乡镇纪委书记在农村换届选举中所承担的责任，即：加强换届纪律宣传，努力营造风清气正的换届选举环境；加强监督检查，确保村委会换届选举工作依法依规进行；发挥牵头作用，及时、严厉查处村委会换届选举中拉票贿选等违纪违规行为。督促指导各乡镇纪委进一步聚焦监督执纪问责，把严肃选风选纪贯穿换届工作始终，确保换届工作风清气正。

【召开2016年廉政工作会】 5月12日，怀柔区召开2016年廉政工作会，贯彻落实国务院和市政府廉政会议精神，安排部署怀柔区2016年政府廉政建设工作。会议要求，各单位、各部门、各镇（乡）、各街道以及区属企业要全面增强做好政府系统党风廉政建设工作的责任感和使命感，紧紧围绕2016年工作目标和任务，严格落实主体责任，充分发挥各级领导干部的表率作用，不断完善廉政风险防控、监督检查等各项制度建设，齐抓共管、常抓不懈、抓好落实，为实现“十三五”良好开局，推动怀柔经济社会平稳健康发展做出新的贡献。会上，区政府领导分别与镇政府、区政府部门代表签订了2016年度党风廉政建设目标责任书。区长常卫与属地代表签订了7项生态文明和城乡环境建设责任书。

【组织新提乡镇领导干部廉政知识测试】 7月27日，怀柔区组织新提任的35名乡镇领导干部参加任前廉政法规知识在线测试，通过测试后，领导干部才能任职。测试旨在促使领导干部将廉洁理念贯穿于履职始终，避免踩红线、触雷区。

【召开新农村建设工程廉政教育培训会】 7月7日，怀柔区召开新农村建设工程廉政教育培训会，会议就抗震节能改造工程的施工程序、施工质量、施工安全等几方面进行了部署与安排。同时，由农工委纪检书记就新农村工程建设领域腐败发生的主要原因，以及按程序办事、按规矩办事、打造廉洁优质建设工程等方面进行了分析解读。

“三农”工作部署和实施

【概况】 坚持把“三农”工作摆在突出重要位置，推动重心下移、政策下倾、力量下沉。围绕全面小康总目标，构建社会保障兜底、就业创业帮扶、社会力量帮扶有机结合的“三位一体”帮扶格局，精准落实各项帮扶措施，促进低收入农户增收和低收入村发展工作取得实效。聚焦增进民生福祉，增强社会公共服务供给能力，积极落实各项惠民、惠农政策，切实让农村居民有所收益、有所受益。

【区领导带队调研低收入农户增收工作】 3月1日，区委书记齐静、区长常卫带队到长哨营满族乡和喇叭沟门满族乡调研低收入农户增收工作。区领导姜泽廷、周东金、朱家亮、鲍晓健一同调研。会议指出，低收入农户增收工作涉及农村“两委”班子建设、农村产业发展、三资管理、低保社会救助等方方面面问题。调研工作不仅是为了研究解决农村低收入村、户的增收问题，也是为了了解、梳理怀柔区“三农”工作中存在的问题，为进一步做好相关工作奠定基础。

【召开2016年农村工作会】 4月27日，怀柔区召开2016年农村工作会，对去年“三农”工作进行了总结，对今年工作进行了部署。会议要求各相关单位、镇（乡）认清“三农”发展新形势，深入推进党风廉政建设，转变工作方式和作风，对照年度工作任务、明确责任分工，及时对接、加强协调，有效落实好各项工作，使怀柔区农村面貌进一步提升、农村工作得到新发展。

【召开低收入农户增收工作会】 5月18日，怀柔区召开低收入农户增收工作电视电话会。会议对《关于加快推进低收入农户增收及低收入村发展的实施意见》（以下简称《意见》）进行了说明。《意见》要求，在“十三五”期间，怀柔区将确保低收入农户人均可支配收入增速高于全区农民平均水平，提前实现比2010年翻一番的目标；低收入村自主发展能力不断增强，现行标准下的低收入村全部消除。会议强调：一是充分认识做好精准帮扶工作的特殊重要性。二是要准确把握怀柔帮扶工作的实际特点。三是要综合施策、精准发力，坚决打赢帮扶攻坚战。四是要全力确保帮扶工作落在实处、取得实效，确保到2020年全面建成小康社会的目标顺利实现。

【完成低收入农户精准识别及建档立卡工作】怀柔区组织镇乡主管领导、主管科长，各行政村党支部书记、村主任、村会计和大学生村官约1 000人，开展了为期两天的专题培训会，在怀柔电视台“今日三农”栏目和怀柔报专版上各做了政策宣传和解答的专题宣传，编制了《怀柔区低收入农户和低收入村精准识别及建档立卡工作知识问答》，做到政策宣传无死角。通过广泛的宣传和培训，各镇乡按照“既要算，也要看”的认定原则，经过两个月时间，“三上三下”的反复核实，全区共认定低收入农户10 694户，21 953人，认定低收入村45个。低收入农户监测系统信息全部填写完成并投入使用。

【市领导调研怀柔区低收入村、户增收工作】9月14日，市政协副主席王永庆带领部分市政协经济委员会委员、市委农工委委员到喇叭沟门满族乡、长哨营满族乡调研低收入村、户增收工作。王永庆对怀柔区低收入村、户增收工作取得的成绩给予了充分肯定，他指出，低收入村、户增收工作要在一产、三产上下工夫，充分利用首都资源优势，引进和培育产业扶贫项目，促进农村闲置资源盘活，提高就业率。同时，要进一步调整政策方针，加大宣传教育力度，积极运用社会资源，推进低收入村、户增收。

【召开促进低收入农户增收及低收入村发展工作推进会】9月20日，怀柔区召开促进低收入农户增收及低收入村发展工作推进会，全面梳理总结前一阶段工作，深入查找分析工作中存在的问题，并对下一步工作进行安排部署。会议强调，低收入村、低收入农户精准帮扶工作已经进入关键期，全区各镇乡、各责任单位要充分认识工作中存在的问题，切实增强工作紧迫感，提高认识、加强统筹、创新方法、细化任务，加强低收入村的公共服务、基础设施等建设，切实做到精准帮扶，确保年底前各村发生变化、见到成效，为打赢精准帮扶攻坚战奠定坚实基础。

【市领导到宝山镇调研】10月26日，北京市人大常委会副主任、党组副书记、北京市总工会主席牛有成到宝山镇调研。在考察山里中国乡村酒店建设项目情况后，他指出，要利用生态资源优势，加强规划引领，立足区位特点和资源禀赋，以点带面，发挥周边村庄资源优势形成规模效益；要深入研究消费者需求，提供有效供给，聘请专家和职业经理人，推进乡村旅游营销管理升级，不断丰富镇域旅游内涵和形式；要充分发挥山水文化资源优势，做大做强旅游产业，不断壮大经济力量，带动山区农村经济发展，为北京市全域旅游发展增添新的力量。

【召开全域永久基本农田划定工作动员部署会】11月8日，怀柔区召开全域永久基本农田划定工作动员部署会。会议要求，一是各单位务必提高认识、高度重视，主责单位、主要领导要亲自抓好落实；二是务必统一思想、上下协同、分工合作，以“多规合一”的思路开展工作，合理预留全区“十三五”期间发展的用地空间；三是务必立即启动整改工作，对未批先建、挖砂取土、土地撂荒等破坏耕地的问题进行整改；四是务必强化核实举证的主体责任意识，严格按照核实举证的技术标准，按时按质完成全域永久基本农田划定工作。

【市领导来怀调研农村养老服务工作】12月14日，副市长王宁来怀调研农村养老服务工作，市政府副秘书长尹培彦等一同调研。王宁一行先后来到庙城镇桃山村常红托老所、渤海镇六渡河村鸿德慈托老所和渤海镇田仙峪乡村休闲养老社区，实地查看了养老机构内老人们的生活环境、医疗设施以及室内外配套设备，详细询问了怀柔区农村养老基础设施建设、运营模式、护理人员基本技能等情况。调研中，王宁对怀柔区高度重视农村养老工作、积极创新农村养老模式等给予了充分肯定，并提出了具体要求。

【启动送气下乡工作】3月4日，怀柔区召开送气下乡工作会，启动北部山区汤河口镇、琉璃庙镇、宝山镇等8个镇乡人户分离的农村住户新开户工作，解决了北部山区几千户在外务工家庭换气难问题。

【上调6项社会保障待遇】9月1日起，按照北京市最低工资标准调整方案，怀柔区最低工资标准将从1 720元调整为1 890元，月增170元。本次调整中，怀柔区企业退休人员的基本养老金人均上调215.4元，调整后人均领取基本养老金2 959.3元，惠及全区1.67万名企业退休职工，自1月补发。城乡居民养老保险基础养老金标准由每人每月470元提高到每人每月510元，惠及全区2.4万名参保人，自1月起补发。2.36万名无保障老年居民福利养老金从每人每月385元提高到每人每月425元，自1月起补发。工伤人员伤残津贴、供养亲属抚恤金共涉及怀柔区155家单位254名人员。工伤保险定期待遇根据伤残等级每人每月分别增加：一级伤残410元、二级伤残390元、三级伤残370元、四级伤残350元，供养亲属抚恤金每人每月增加180元，自1月起补发。自7月1日起，生活护理费也相应提高，共涉及48人。失业保险金月发放标准在现行基础上平均每档上调90元，9月1日起执行。

【举办“第三期惠农拖拉机驾驶员培训班”】培训于6月30日正式开班，历时3个多月，来自宝山、琉璃庙、汤河口、渤海、喇叭沟门等镇乡的学员免费进行理论和实操学习。10月11日，培训班圆满结束，51名拖拉机驾驶学员考试合格，领到了拖拉机驾驶证，即将持证上岗。此项工作的开展，为怀柔区农民从事农业运输就业、提高农机作业水平和保障农机操作安全提供了有力支持。

【发放大中型水库农村移民后期扶持资金】2016年度大中型水库农村移民后期扶持人口核定登记工作涉及全区14个镇乡184个村。经核定，累计登记人口数为5 482人，在2015年度登记的5 519人的基础上，新增（漏登、出生、嫁入和入赘移民家庭、外省迁入）47人，死亡、转非等减少人口84人。农村移民后期扶持资金按照每人每年600元的标准，通过银行直接打入个人账户。截至年底前，后期扶持资金328.92万元已经全部发放到符合条件的农民手中。

【换发北京通—养老助残卡】截至2016年年底，怀柔区65周岁及以上北京户籍及常住外埠老年人发放北京通—养老助残卡工作已基本完成，全区逾两万四千余名符合条件的老人领到了北京通—养老助残卡。北京通—养老助残卡是集养老服务补贴额度账户、金融借记账户、电子现金账户、市政交通一卡通等于一体的银行卡，也是今后老人享受各类优待政策的凭证。换卡后，老人免费乘坐公交车、逛公园等福利将通过刷养老助残卡实现。相关部门可通过刷卡记录对老人出行区域、时间进行科学的数据分析，为老人提供更周到的服务。

怀柔区领导名录

区委书记　齐　静（女）

副书记　常　卫　姜泽廷（12月任）
彭丽霞（女，满族，12月免）

区委常委　齐　静（女）
常　卫　姜泽廷
迟行刚（9月任）
朱家亮（2月任）
刘久刚　崔占辉（10月任）
于海波（7月任）
鲍晓健（9月任）
任武军（12月任）
田一农（9月免）
胡　东（9月免）
武　克（10月免）
彭丽霞（女，满族，12月免）
周东金（12月免）

区人大常委会主任　王仕龙（12月免）
彭丽霞（女，满族，12月任）

副主任　祝自河　堵凤春（12月任）
郇秀海（满族，12月任）
张书远（12月任）
吴秋红（女，12月任）
朱淑霞（女，12月免）
赵学恭（12月免）
金庚申（12月免）
肖　坤（女，12月免）

区长　常　卫

副区长　朱家亮（3月任）
于海波（8月任）
王　弢　李志遂（8月任）
王　赤（满族）
肖　坤（女，12月任）
焦宝军（12月任）
鲍晓健（12月免）
任武军（12月免）

区政协主席　武占刚

副主席　周东金（12月任）　王玉山
史宗祥　范淑玲（女，12月任）
马春秀（女，12月任）
李永旺（12月任）
杨万悦（12月免）
钟建忠（12月免）
闫振佳（女，12月免）
尹永利（12月免）

区纪委书记　崔占辉（10月任）
武　克（10月免）

副书记　杜连明　王　征（女，10月任）
刘　蔚（9月任）
史　勍（10月免）
冯庆霞（女，满族，6月免）

区委农工委书记　薄振山

区农委主任　田志兵

怀柔区街道、镇（乡）党政正职领导

	党委书记	主任、镇(乡)长
泉河街道	乔玉龙(2月免) 穆宗生(5月任)	朱　刚
龙山街道	王学明	曹　岩(女,9月免) 姜亦生(11月任)
怀柔镇	张建民	田墨华
北房镇	胡文云(7月免) 肖正凯(7月任)	田　杰
杨宋镇	王建刚	温春霞(女)
庙城镇	魏海涛	宋霁朋
桥梓镇	李树海	彭玉柱(满族)
九渡河镇	任占智	孟海龙
渤海镇	王立臣	孙　逊
雁栖镇	周福刚	于永慧
怀北镇	马天彪	张茹苹(女)
琉璃庙镇	肖正凯	赫金峰
汤河口镇	苗志强	张海玉(3月任)
宝山镇	张　军	王　琦
长哨营满族乡	王怀秋(7月免) 于德利(满族，7月任)	于德利(满族，7月免) 魏海珍(女,满族，7月任)
喇叭沟门满族乡	肖　坤(女，3月免) 彭明卫(满族，3月任)	彭明卫(满族，5月免) 彭兴思(满族，5月任)

（怀柔区委研究室　毕珊）

平　谷　区

平谷区位于北京市东北部，总面积950.13平方千米，其中山区、半山区和平原面积各占1/3。辖14镇2乡2个街道办事处。年末，全区共有272个行政村和34个居委会，户籍总人口43.7万人，其中农业人口19.2万人。2016年，平谷区主动适应经济新常态，积极融入首都发展大局，始终坚持“生态立区”，认真执行区人大及其常委会决议决定，顺利完成了“十二五”各项工作任务，良好开局“十三五”，经济社会发展取得了新的成绩。年内，完成地区生产总值211.7亿元，比上年增长6.7%；完成固定资产投资164.7亿元，增长12.1%；社会消费品零售额达到100亿元，增长8.6%。农业经济总体运行平稳。2016年，平谷区紧紧围绕“农业增效、农民增收、农村发展”工作主线，开拓创新，求真务实，顺利完成了农业农村各项工作任务。全年农业总产值45亿元，同比负增长3.7%。

城乡发展一体化

【金海湖中心镇开发建设加快】年内，A、B地块完成土地一级开发，畅春园地块完成收储；环镇路、幼儿园、污水处理厂项目均已进入扫尾阶段。文体中心项目已经完善了相关手续，于11月开工建设。获批了镇中心区道路工程，其中平蓟路、新平蓟路已批复立项，韩庄西路、胡陡路、东老虎山东路北段项目已批复建设。

【新城建设区开发项目加快进行】大兴庄镇天润香墅湾、旭辉满庭春、首创悦泇汇等房地产开发项目进入楼盘销售阶段。部分市民入住这些小区，促进了平谷区商业、服务业、房屋租赁业的快速发展。白各庄土地一级开发二期快速推进。项目储备整理总用地规模约近6万平方米，已经取得发改立项批复、拆迁许可等手续。

【进行优质煤配送工作】年内，累计储存优质煤61 027万吨。全区各乡镇、街道订购优质煤52 469.5万吨，其中17 216户居民订购38 851.5吨；村公益性场所订购3 316.3吨；设施农业、畜禽舍订购10 301.8吨。

【进行节能炉具安装工作】建立节能炉具回收机制，与相关炉具销售企业达成协议，以不收费或少收费的租赁方式为居民提供1～2年节能炉具的使用权。年内，完成节能炉具安装6 866户。

【“煤改电”工作全面完成】通过招投标方式确定空气源热泵厂家10家，蓄能式电采暖设备5家，监理单位3家。年内，完成“煤改电”6 356户，其中空气源热泵6 227户，蓄能是电采暖设备129户。

【农民住宅抗震节能改造完成】抗震节能型农民住宅建设和既有农民住宅节能改造工作共设定10个施工标段，并于5月通过招投标方式确定施工企业10家，监理单位5家。年内，完成农宅7 446户改造和公益性组织25处改造，并全部通过验收。

农村经济发展

【农业产业结构优化】“两田一园”建设完成，划定粮田7万亩、菜田5.1万亩，农业产业发展空间进一步明确。“调转节”步伐持续加快，调减高耗水作物1万余亩。发展高密植果园7 000亩，引进晚熟等果树优新品种50余个，推广2 000余亩，其中设施晚桃实现突破，11月中旬、春节成熟桃试验成功。完成畜禽养殖禁养区划定，实现禁养区内养殖场全部关停。蔬菜产业工厂化、园区化水平稳步提升。生态节水养殖示范模式逐步完善。

【“互联网＋农业”发展快速】建成了平谷区农产品电商交易中心，为打通农产品网销新渠道搭建了服务平台。完善、提升了西柏店等6个智慧乡村建设水平。支持、培育了鑫桃源等一批成长性好的农业电子商务平台营销主体。全区49个合作社和果品专业村成功加入农场云平台。“农村淘宝”和信息进村入户项目正式启动，镇罗营镇成为全市首家开展“农村淘宝”乡镇。全年电商销售农产品达5 000万元。

【生态循环农业快速发展】健康土壤工程全面启动，开展土壤改良2万亩，编制完成了《平谷区“十三五”时期耕地质量保护与提升规划》。正大生态循环农业园区建设项目加快推进。11 750亩农业高效节水灌溉工程顺利完成。

【一产加快与三产融合】完善提升了镇罗营蜜梨等5个“一镇一品、一村一品”特色生产基地。新增张家台村等13个果园公园化休闲采摘园区。紫色、金色、桃花3条景观大道绿化效果进一步提升。九里山桃花谷、丫髻山等沟域项目顺利实施。

【农产品质量安全水平不断提升】建成平谷区农产品质量安全管理信息系统综合管理平台。新认证无公害农产品15个，认证面积111.3公顷，全区“三品一标”认证覆盖率达40%。“生态原产地产品保护示范区”创建工作加快推进，围绕大桃、豌豆、文玩核桃三个产品的考核体系制定完成。平谷区荣获“国家农产品质量安全县”称号。刘家店、峪口、熊儿寨三个乡镇荣获“北京市农产品质量安全示范乡镇”称号。

【农产品品牌营销方式深化创新】建成平谷区自产优质、安全农产品展示营销公益性服务平台，线上线下销售额达1 000余万元，农产品品牌影响力进一步扩大。成功举办“甜桃王”擂台赛、北寨红杏采摘节等活动。“北寨红杏”、茅山后“佛见喜梨”获批国家地理标志保护产品。四座楼麻核桃生产系统纳入“中国重要农业文化遗产”。“平谷大桃”品牌价值达到94.39亿元。正大、农众物联作为全国都市型现代农业现场交流会参观点，成为展示首都农业发展新成就的窗口。

【科技支撑生物肥产业发展】阿姆斯公司承担的北京市科技计划项目——“绿色抗病型解淀粉芽孢杆菌生物肥料的开发与应用”顺利通过验收。通过项目的实施，一是筛选出对多种土传病害病原菌具有拮抗作用的解淀粉芽孢杆菌菌株1株，优化了解淀粉芽孢杆菌发酵培养基组成和发酵条件，建立了该菌种的高密度液体发酵工艺。二是筛选出了最佳的生物肥料菌种吸附工艺，确定了高浓度喷雾干燥工艺参数，制定了操作规程，研制出高浓度解淀粉芽孢杆菌微生物菌剂新产品1个。三是在河北省、辽宁省、青海省的番茄、黄瓜上进行了田间增产和防效试验，并制定了新产品使用说明1份。年内，累计试验推广该生物肥料2.3万亩，实现销售收入522万元，经济和生态效益明显。

【“平谷区特色果品产业走廊科技示范工程”通过验收】引进了桃、苹果、梨、甜柿、樱桃、葡萄等果品优质特色新品种12个，引进了5个树种、10种矮化砧木。建立了桃种苗、砧木快速繁育基地120亩，繁育桃种苗、砧木苗115万株；建立了新品种示范基地80亩。总结出高效密植果园栽培管理综合配套关键技术，推广建设了高效密植果园5 200亩。进一步完善了区、镇（乡）、村三级果树专业技术服务队112个，强化了村级科技推广服务能力。创建了优质农产品展示中心；建设了平谷区农业有害生物监测预报站1个、标准病虫观测场1个、病虫预测预报点10个。开展形式多样的果树技术培训，培训1 128场次，培训科技特派员1 236人次，年培训果农8.15万人次，印发各种技术材料10多万份。

【区县科技专项工作进展顺利】 建立了绿色防控核心示范区900亩，通过应用农业防治、生物防控、理化诱控、化学防治等综合措施防控病虫害；同时，通过喷施叶面肥、施用发酵腐熟有机肥等措施提高树体抗性，从而达到联防联治、绿色防控的目的，使高密植园区内病虫害发生为害率减轻，综合防治效果达到85%以上，实现化学农药减量和切实提高农产品质量安全。

【“微生物技术在平谷桃树种植区土壤保护的研究与示范”正式立项】 将利用三年时间，重点开展平谷桃种植习惯和土壤情况调查。筛选、优化适宜桃树种植区且具有降低土壤硝酸盐含量的微生物菌种；通过抗逆性驯化等手段筛选出目标菌株间最佳配比；确定菌株规模化发酵生产和肥料制备工艺；开展田间试验、示范和推广等内容。

【农业机械化作业水平逐步提高】 年内，全区机收小麦1 227公顷；机播玉米6 102公顷。玉米收获6 102公顷，机收面积6 039公顷，机收率99%；玉米秸秆还田4 706公顷，还田率77%，机播小麦1 099公顷，土壤深松面积1 200公顷。

【主要农机具投入】 全区投入各类农机具1 210台套，其中：大中型拖拉机375台、小麦联合收获机35台、玉米联合收获机35台、玉米青贮机3台、玉米播种机156台、小麦播种机179台、秸秆粉碎机70台、深松机9台、其他机具348台。

【农业机械研制试验示范推广】 区农业机械化技术推广站研制试验示范小型豌豆收割机取得成功。为推动平谷区豌豆产业发展奠定了基础。

【落实国补农业机械化装备】 年内，市农业局分配平谷区国补机具指标如下：120马力拖拉机15台、85马力拖拉机5台、75马力拖拉机5台、30马力拖拉机5台、35马力大棚王5台、40马力拖拉机14台；骑乘式割草机4台；卷帘机200台；田园管理机60台；种子加工机械1套；秸秆粉碎机36台。涉及大田机具、设施机具、农产品初加工机具等3大类。新增农机动力2 562千瓦。总金额1 296.7万元，补贴资金648.35万元。

【做好农机安全防范】 录制农机安全操作知识专题片2期，刊登农机动态、安全信息30篇。利用村级广播，定期宣传农机法律、法规、安全操作知识。在各乡镇集市、广场开展农业法律、法规宣传活动，利用设置展板、贴横幅、发放农机法律手册等形式，向机手宣传农机法律、法规和安全操作知识。年内，举办农机安全宣传活动17次，发放各种农机安全宣传材料3万余份，接待群众咨询2 500人次。

【构建农村服务体系】 制定下发了《平谷区农村土地的经营权抵押贷款试点工作方案》，首家电子交易中心获批。北京木业电子交易中心于2016年7月获市政府批准设立。新华村镇银行获批设立，自年初试营业以来已发放涉农贷款1.2亿元。规范有序发展小额贷款公司。引入4家小额贷款公司，注册资本4亿元。区内共3家融资性担保公司，其中谷诚担保公司为平谷区国有企业。

村镇建设

【马坊镇商业开发项目进展顺利】 首城置业A区住宅开发项目56栋楼基本完成施工，其中15栋楼已入住，共完成投资13.5亿元，完成总工程量的99%；首城置业B区住宅开发项目共66栋楼，其中13栋楼正在进行外墙施工，53栋楼未动工，共完成投资9.3亿元，完成总工程量的30%；新华联慧谷项目16栋楼全部完成施工，共完成投资2.5亿元；智晟置业B06-02地块9栋楼正在进行主体施工；新华联悦谷B07-02地块2栋楼已完成结构封顶，地下车库已完成顶板结构施工，4栋楼正在进行二次结构施工；福佳密码空间9栋楼正在进行主体施工；YOYO悦城7栋楼正在进行二次结构施工。

【马坊镇南区西片区拆迁稳步推进】 年内，159户非住宅全部完成评估，已签约拆除119户，拆迁完成了75%；495户住宅完成评估485户；回迁楼地块已完成拆迁工作，正在办理征地手续。

【夏各庄拆迁、回迁工作稳步推进】 实施拆迁工作，签约总数达到2 439户，累计完成拆迁总量的99.5%。年内完成新城76栋回迁房建设，百姓有序回迁入住。

【夏各庄新城基础设施更加完善】完成新城大部分基础设施和配套建设工程，已建成集中供热中心、自来水厂、燃气临时CNG站、污水处理临时站、110千伏安变电站。建成市政道路18条，道路总长22公里，绿化面积11.4万平方米，安装路灯548盏。

【镇罗营镇镇村建设加快】年内，实施抗震节能房屋改造987户，保障村民住房安全。桃园村新民居建设稳步推进，建成样板房5栋，完成民居基础108栋，争取市发改委基础设施建设资金2 506万元。完成东牛角峪村第一批的19户村民通过“工程治理、就地搬迁”政策，搬入新居，住房条件得到极大改善，2016年就地搬迁51户，172万元基础设施建设项目按程序正在进行招标工作。

【金海湖新农村建设加快】金海湖镇将军关、黑水湾、向阳村、罗汉石四个新农村建设村，分四种模式建设，都取得了不错的效果。为解决靠山集村和周边4个村村民宅基地、泥石流险户和住房紧张户的住房问题，试点了靠山集保障性住房试点工程，共建218户，村民已经入住。年内将军关新村三期工程完工，完成166套新民居分房工作。

【白各庄新型农村社区建设有序推进】年内，白各庄村民自住楼二期如期建设。总用地面积为4.4万平方米，规划建筑面积5.6万平方米，年底，主体结构已封顶，240余户村民即将入住新民居，享受新型城镇化带来的美好生活环境。

【农村基础设施日趋完善】硬化街坊路和田间路近60万平方米。新安装太阳能路灯500盏。农村公益设施长效管护机制逐步落实。农村饮水改造工程深入实施，7个村饮水困难问题得到解决。山东庄、夏各庄两个气象为农服务示范园顺利建成，气象为农服务及防灾减灾体系不断强化。山区地质灾害易发区搬迁任务顺利完成。

【水生态建设加快推进】年内，第二阶段4条河道共48.5千米中小河道治理基本完工，16千米河道实现蓄水，环城水系初步建成。治理生态清洁小流域23平方千米。节水工作全面推进，全年实现用新水量9 450万立方米，万元地区生产总值水耗同比下降6%。“平蓟三兴”河道砂石盗采联合打击机制顺畅运转，共查处水事违法案件11件。

【绿化美化工作持续开展】完成京津风沙源治理1.4万亩、林木抚育3.2万亩、彩色树种造林3 000亩。绿化公路河道30千米。顺利建成城北湿地公园、平蓟路“金三角公园”。京平高速等主干路节点景观水平进一步提升。“国家森林城市”创建工作扎实推进，创建规划编制工作顺利完成。全区森林覆盖率达66.37%，位居全市第一。

【农村环境治理水平不断提升】完成农村“五边”绿化村庄49个，绿化面积220亩。莲花潭村海棠花道等多条特色道路景观初步形成。成功创建6个“首都绿色村庄”、6个“首都绿化美化花园式单位”、1个“首都绿化美化花园式社区”。45个村的水环境得到有效治理。“减煤换煤、清洁空气”行动扎实推进，完成农宅抗震节能改造7 446户、煤改电6 356户、煤改气780户、优质煤替代7万吨。“美丽乡村”五年发展规划编制完成。东四道岭村荣获“北京最美乡村”称号，玻璃台村荣获“中国美丽休闲乡村”称号。

【沟域经济建设稳步推进】桃花谷沟域段大华山镇项目投资653万元，栽植紫薇7 737棵，其中瓦官头园子栽植紫薇3 778棵、大峪子油库门口南侧栽植392棵紫薇、泉水峪停车广场绿化工程2 335棵紫薇、李家峪绿化工程1 232棵紫薇。九里山沟域段熊儿寨乡项目，投资200万元，涉及花峪长城垛、马蹄坑停车场、熊儿寨石河护栏、乡政府前步道和小水库停车场等子项目。

【山区搬迁工作进展顺利】确定镇罗营镇东牛角峪村为山区地质灾害易发区及生存条件恶劣地区农民搬迁村，任务88户、358人。年内，有62户完成新民居主体工程。

农村改革与管理

【成立北京东方龙泉旅游专业合作社】选择镇罗营镇东四道岭村为内置金融发展模式的试点村，积极探索农村集体资产经营管理的新模式，建立农民专业合作组织。上半年，经市农研中心、乡建院、平谷区经管站与镇罗营镇政府共同协商，与东四道岭村共同寻找合作伙伴，引进社会资金介入，形成内置金融与外部资金相互上补充。

【完成农村集体资产产权登记年检工作】年内，平谷区资产总额为674 342万元，比上年同期的627 543.3万元增加46 798.7万元；负债总额339 332万元，比上年同期的332 943.6万元增加

6 388.4万元；所有者权益总额 335 010万元，比上年同期的294 599.7万元增加40 410.3万元。土地资源和林木资源情况基本没有发生变化。

【继续做好林权制度改革】 3 月 24 日，为全区山区生态林上保险，保险期限为一年，从 3 月 25 日零时起保至 2016 年 3 月 24 日 24 时止。完成全区总面积3.9万公顷，山区生态林森林保险投保工作，保额7.027 4亿元，每亩保险金额为1 200元。

【推行林权抵押贴息贷款工作】 制定《平谷区园林绿化局关于加强监督规范使用林业贴息贷款资金的办法》，监督、规范使用林业贴息贷款资金，防范金融风险，促进林业发展。年内，北京金果丰果品产销合作社使用贴息贷款 296 万元。

【农业社会化服务能力逐步强化】 供销社改革稳步推进，果品统一植保服务、粮经“保姆式”服务、农产品电商品牌化营销服务等社会化服务能力进一步提高，服务规模进一步扩大。

【农村土地承包经营权确权登记颁证】 在全区确权登记工作已基本完成基础上，继续对未全部完成村的难点问题进行深入探讨，寻求解决方法。同时，针对 2015 年未开展的 23 个难点村、有争议村和今年即将到期的村进行了动员部署，针对各村实际问题，一村一策制定了解决方案。年内，全区共有 226 个村已基本完成确权登记工作，共涉及农户 6.55万户，涉及人口22.03人，涉及农业承包合同 9.94万份，涉及确权土地17.25万块、面积29.88万亩。

【农村土地流转】 探索土地合作社、“农户＋合作社＋公司”“农户＋村集体＋政府”“农户＋村集体＋政府”等多种农用地使用权流转模式，积极鼓励农民有偿转让土地使用权，从根本上杜绝大量存在的土地粗放经营或抛荒的现象，使土地资源得到有效利用。年内，共完成土地流转10 298亩。

【农村资产经营】 农民将土地承包使用权入股，使经营者获得较为充分的自然资源，同时农民按照土地股份享受年终分红。在分配制度上建立了土地流转费递增机制和农民二次分红机制，带动农民增收。“农户＋合作社＋公司”流转模式主要通过引进龙头农业产业项目，发挥资本和技术的整合力量，促进土地流转，带动本地农民就业，形成生产联合体，实现经营收益共享。

【规范农村财务管理】 落实“三资”监管制度，做好农村集体资产监督工作。全面开展村级债务清查工作开展；分步推进账户归集工作，配合财政实施账户零余额工作；掌握三监管中心落实情况。年内，对全区 17 个镇乡、275 个经济合作组织的资产状况进行了全面的审查、登记，并做好低收入农户统计监测工作。

【强化农村审计监督】 开展了农村集体经济组织征地补偿费管理管理使用情况的审计，未发现有公款私存、私设小金库、侵占挪用，损失浪费等违规违纪行为。扩展审计内容，创新审计方式，布置了村干部离任审计工作。探索引入社会审计机构审计，2016 年 10—12 月，平谷区采取政府购买服务方式，聘请社会审计机构，对每个镇选出一个村的财务收支及村级组织正常运转专项补助资金管理使用情况进行了审计。

农 村 民 生

【农民人均收入稳步增长】 2016 年，农村居民人均收入21 866元，增速为8.5％，其中，工资性收入15 089元，同比增长10.1％，工资性收入对纯收入增长的贡献率为71.3％，拉动纯收入增长9.1个百分点。在农村居民家庭经营纯收入中：第一产业人均纯收入为2 183元，同比减少 126 元，负增长 4.6％，占家庭经营纯收入的比重为42.6％，虽然有所下降，但仍是农村家庭经营收入的主要来源。第二产业人均纯收入为 669 元，同比增加 310 元。其中建筑业人均纯收入增加 703 元。从业人员中从事建筑业的人员增加和工人报酬的提高是建筑业纯收入增长的原因。第三产业人均纯收入为3 186元，同比增加 209 元，增长9.6％。

【农民生活消费支出稳步增长】 人均生活消费支出 24 579元，负增长1.7％，其中人均食品消费支出 3 718元，同比增长9.6％。人均购买服装消费支出 835 元。人均居住消费支出 5 287元，同比增长 15.2％。人均家庭设备用品及服务消费支出 948 元，同比增长0.6％。人均医疗保健消费支出1 217元，同比增长17.6％。人均交通和通信消费支出 2 328元，同比增长6.8％。

【促农增收取得实效】 年内，引导城乡劳动力就业 10 725人。公益性就业组织安置农业就业困难人员 5 103人。培养高级实用人才 101 人、中级实用人才1 041人，开展农业实用技术培训 10 余万人次。1.2万农户投保政策性农业保险，5 603户农户得到理赔款4 000余万元。高密植果园建设、基本菜田补贴、病死猪无害化处理补贴等惠农政策全部落实。精准识别全区低收入农户3 729户、8 126人，全部进行了建档立卡。

【公共就业服务体系逐步健全】全面实施精准化公共就业服务，深化完善“异地同步就业信息发布机制”和“就业状况跟踪回访机制”，充分运用网络、微信、短信等多媒介信息发布渠道，采集发布各类岗位信息8.04万个次，举办招聘会168场。每村配备了1名专职劳动协管员充实就业服务队伍，实现村站建设“专职化”。全面运行覆盖全区劳动力的人力资源就业信息管理系统，实时统计城乡劳动力调查失业率。在全市率先完成档案数字化平台上线工作，全面提升档案管理规范化、标准化和数字化水平。

【加大职业技能培训】实施全员免费培训政策，全年免费培训城乡劳动力3 197人。扩大社会力量参与职业培训，指导北京市鑫洁森家政服务公司成立职业培训机构，累计培训家政服务类人员500余名。跟踪调查低收入农户劳动力培训需求，截至年底有108人参加技能培训，26人实现就业。

【重点群体就业帮扶不断强化】开展毕业生就业服务月、专场招聘、实名登记等活动，实施“一对一”就业帮扶，回区应届毕业生就业率达97.3%。2016年平谷区低保家庭、低收入家庭毕业生181人、残疾毕业生17人。通过精准帮扶，32名回区低保、低收入家庭及残疾毕业生全部得到安置，就业率100%。年内，促进城乡就业困难人员实现就业7 959人，完成任务指标的177%。

【兴谷食品产业聚集区项目通过验收】年内，北京市科技计划课题“兴谷食品产业聚集区科技示范工程”顺利通过市科委组织的专家验收。该课题研发了薏仁、高粱等杂粮冲调粉营养配方2套；建成了杂粮冲调粉生产线1条，年生产能力2 000吨；完善了卤蛋自动化生产线1条，日产量达到30万枚；建立了豌豆蛋白与豌豆精粉干法分离中试生产线1条，开发的豌豆蛋白粉蛋白质含量≥80%，豌豆精粉的淀粉含量≥85%；建立北京地区巢蜜生产技术规范1套，设计出生产清洁一体化巢蜜蜂箱1种。

【身边的科学科普项目通过验收】年内，“身边的科学——桃树与健康”北京市科普活动专项顺利通过验收。围绕平谷区大桃主导产业，抓住身边的科学，以健康科普为主线，开展讲座、咨询、义诊，建立科普画廊、发放编制的《桃树与健康》、播放宣传片，普及桃树健康科普知识，让百姓及游客科学使用桃树及相关产品，达到治未病的目的，进而带动了平谷区大桃产业及旅游业的发展。

【特色果品产业走廊项目通过验收】平谷区人民政府承担的科技部科技富民强县专项行动计划“平谷区特色果品产业走廊科技示范工程”项目顺利通过市科委组织的专家验收。该项目引进了桃、苹果、梨、甜柿、樱桃、葡萄等果品优质特色新品种12个、树种5个、矮化砧木10种。建立了桃种苗、砧木快速繁育、新品种示范基地200亩，繁育115万株。总结出高效密植果园栽培管理综合配套关键技术，推广建设了高效密植果园5 200亩；完善了区、镇（乡）、村三级果树专业技术服务队112个；建设了平谷区农业有害生物监测预报站1个、标准病虫观测场1个、病虫预测预报点10个。印发各种技术材料10多万份，培训科技特派员1 236人次，年培训果农8.15万人次。

【生物肥料的开发与应用项目顺利通过验收】组织阿姆斯公司承担的北京市科技计划项目“绿色抗病型解淀粉芽孢杆菌生物肥料的开发与应用”顺利通过验收。筛选出对多种土传病害病原菌具有拮抗作用的解淀粉芽孢杆菌菌株1株，优化了解淀粉芽孢杆菌发酵培养基组成和发酵条件，建立了该菌种的高密度液体发酵工艺。筛选出了最佳的生物肥料菌种吸附工艺，确定了高浓度喷雾干燥工艺参数，制定了操作规程，研制出高浓度解淀粉芽孢杆菌微生物菌剂新产品1个。年内，累计试验推广该生物肥料2.3万亩，实现销售收入522万元，经济和生态效益明显。

【农村体育工作蓬勃开展】年内，举办镇村全民运动会及各类比赛300余场次，参与群众达12.5万人次，农村体育活动覆盖率达到98%。代表北京市参加全国首届农民三对三篮球赛，荣获体育道德风尚奖和优秀组织奖；参加北京市第十七届农民象棋赛荣获了“新人奖”及团体优秀奖。举办2016年“乒乓促和谐、健康乐生活”走进乡村社区活动，包括峪口镇、平谷镇、山东庄镇和兴谷街道等10个乡镇、街道的千余名乒乓球爱好者参加比赛。举办了“美丽乡村、舞动平谷”农民运动健身操舞大赛，在层层选拔基础上，共有17支代表队306人参赛。走基层，进村庄、进社区，以各类形式指导群众健身累计超过5万人次。

【完成农村体育生活化社区创建工作】引导1 000余

人参加了体质促进项目进社区推广活动，开展了体育生活化社区达标工作，马坊镇社区体育健身俱乐部正式投入使用。完成了大兴庄镇 2017 年北京市社区体育健身俱乐部申报工作。

【新型农村合作医疗参合率高】 年内，平谷区新型农村合作医疗参合人数为 174 089 人，参合率 99.8%。人均筹资1 200元，其中个人缴费 160 元/人。当年个人缴费 2 666.5 万元，政府补助 18 216.18万元，利息收入 36.11万元，其他收入 3.89万元，当年资金合计20 922.68万元。上年结余4 431.53万元。2016 年全区基础补偿702 865人次，参合农民医疗支出45 609.29万元，新农合基金基础补偿支出18 860.83万元。其中，普通门诊补偿675 035次，补偿支出5 555.74万元，门诊补偿率为30.5%；住院补偿22 444人次，补偿支出 12 208.97万元，住院补偿率为47.26%；门诊特殊病补偿5 386人次，补偿支出1 096.12万元，门诊特殊病补偿率为70.96%。大病保险基金补偿 948 人，补偿支出636.98万元。2016 年 8 月 25 日，按照市政府整合城乡居民基本医疗保险制度工作方案部署，本市城乡居民基本医疗保险管理机构整合，区卫生计生委新农合管理机构划转到区人力社保局。

【农村卫生建设力度加大】 年内，全区共建有村卫生室 203 个、全部为私人办。共有乡村医生 269 人，乡医覆盖率 100%；全年诊疗量33 612人次。2016 年全年为基层卫生人员培训 162 学时。

【农村体育工作有成绩】 以乡镇（街道）为重点，积极落实“八个一工程”，全年举办镇村全民运动会及各类比赛 300 余场次，参与群众达12.5万人次，农村体育活动覆盖率达到 98%。217 名农民运动员参加了北京市第八届农运会，共获得三个一等奖、八个二等奖，并荣获优秀组织奖和体育道德风尚奖。推荐王辛庄镇莲花潭村、马昌营镇马昌营村等 6 个村庄参加全市体育特色村的评选，年内全区体育特色村达到 24 个。部分乡镇自发举办全民健身体育节，除举办全镇运动会外还要求各行政村组织各项活动，并以村为单位按人口给予专项资金支持。

【参保范围持续扩大】 年内，养老保险参保单位 6 717家，医疗保险7 365家，失业保险6 866家，工伤保险6 878家，生育保险6 877家。全区五险参保人数分别达到：养老19.29万人、医疗20.92万人、失业15.02万人、工伤15.91万人、生育13.5万人，同比分别增长2.01%、0.10%、5.85%、4.19%、2.82%。城乡居民养老保险续保人数为 7 万人，续保率达 98%，超额完成 96%的任务指标。

【完成城乡居民医保机构整合】 按照全市统一部署，农合管理中心机构、人员、档案、财务等全部合并到区人力社保局，完成城乡居民医保机构整合，于 9 月 6 日正式对外办理业务。年内，共有72 118户，173 641人加入新农合，农业人口参合率达99.8%。

【做好占地转非工作】 共为 825 人办理转非手续，妥善解决占地转非村历史遗留问题，为 503 人补缴养老保险，补缴金额4 779.31万元；为 639 人补缴医疗保险，补缴金额233.16万元。为 625 人办理建档手续，为 585 人办理灵活就业，帮助 305 人办理退休手续。

基层组织与民主政治建设

【做好干部教育培训】 年内，建立完善理想信念、党性修养、政治理论、政策法规、道德品行和能力素质“六大模块”体系培训，突出理想信念和党性教育，将习近平总书记系列重要讲话纳入各主体班次，举办“学习贯彻五大发展理念”专题研讨班，开展红谷党员教育基地现场教学。分别与北京市委党校、上海市委党校、江西省委党校三家党校合作，举办平谷区优秀处级干部研修班，探索构建高端培训模式。紧扣平谷发展定位，指导各系统各部门分类开展专业化和精准化的政策、科技、管理等培训，强化研究式教学，将全区发展中的问题与学员调研紧密结合，提升干部解决问题能力。全年共举办各级各类培训班 96 项 354 期次，培训各类干部4.2万人次。

【抓好人才队伍建设】 年内，制定《平谷区人才公寓使用管理暂行办法》，推进人才公寓建设，完成 327 套人才公寓分配入住工作，有效解决了人才安居问题。编印《人才创新创业政策汇编》，提升了人才优惠政策宣传效果。完善区内区外两本人才台账，组织开展“平蓟三兴”青年创业人才展示交流活动。

【建设基层文化队伍】 年内，邀请文化工作方面的专家教授对平谷区各委办局相关人员、基层文化干部、文化组织员进行授课，每次学员 300 人左右；6 月 23 日，在碧海山庄隆重举行了“北京大学·平谷区文化大讲堂”开学典礼；从 5 月开始，举办

“放飞艺术梦想”公益大讲堂系列培训。培训立足基层、面向社会，针对不同群体的需要，以系列讲座的形式，聘请各艺术门类（音乐、舞蹈、书法、美术等7个门类）的知名专家讲课，提升平谷区文化干部的鉴赏、创作能力以及全区老百姓的文化艺术修养，累计培训人数达到3 500人。

【完成乡镇换届选举】4月22日，区委常委会讨论通过《关于做好2016年乡镇领导班子换届工作的实施意见》《关于加强乡镇换届风气监督的实施意见》。5月18日，区委召开乡镇换届工作动员部署会议，全面启动乡镇换届工作。5月下旬至6月下旬，区委派出9个考察组对全区16个乡镇开展换届考察工作，对2个街道进行任中考察。建立责任倒查机制，强化问责追究，严格落实“四必看”“四必谈”“凡提四必”，防止“带病提拔”，树立鲜明的好干部导向、实绩导向和基层导向。11月底全部完成换届选举。

【完成村委会换届选举】1—6月，按照全市统一部署，开展了第十届村委会选举工作。按照“高、准、严、深、实”方针，坚持高起点开局、高标准定位、高质量推进，做到压力逐级传导到位、选情有效把控到位、组织依法规范到位、思想教育引导到位、工作全部落实到位“五个到位”，全区272个行政村圆满完成村委换届选举任务。

【创新村级组织“体检”】8—9月，采取“村级自检、乡镇把脉、区级会诊”的方式，重点从“班子建设、和谐稳定、民主公开、为民服务”等八个方面进行全面“体检”，掌握运行情况，找出突出问题，明确整顿目标、责任人、完成时限，形成《村级组织体检台账》《重点村整改台账》。

【抓好基层党建七项重点任务】年内，采取“党委领导、支部负责、部门协同、上下联动”机制，推进党员组织关系排查、党费收缴、党组织按期换届等七项重点任务。突出抓好非公企业“两个覆盖”工作，按照挤干泡沫、二次创业思路，采取“寻、建、管”同步落实，在底数不降的前提下，实现非公企业党组织覆盖率达到86%的目标。

【软弱涣散基层党组织整顿】围绕治穷、治乱、治散的要求，确定28个软弱涣散村党组织，“一村一策”制定落实整顿方案，年内累计选派52名“第一书记”，实现“示范村全面创优、后进村精准转化、中间村稳步提升”。

【做好干部监督管理】采取日常联系、定期联席、专项审核等方式，用好批评教育、提醒、函询、诫勉、岗位调整等手段，及时发现和纠正干部苗头性、倾向性问题，全年共书面提醒11人、函询9人。实行全程监督纪实制度，对科级干部选拔任用注重日常监督检查，全面开展“一报告两评议”，严格领导干部离任检查。严格执行领导干部个人有关事项报告制度，并将报告范围延伸至科级干部、组工干部和国企领导人员。稳妥有序消化超职数配备干部，超配处级干部已全部清理消化完毕，有序推进超配科级干部的清理消化工作。抓好规范领导干部亲属经商办企业行为、领导干部因私出国（境）管理等专项整治工作。

“三农”工作部署和实施

【召开2016年农村工作会议】2月26日，平谷区2016年农村工作会在区影剧院召开。会议对2015年平谷区农业农村工作进行了简要回顾，对2016年农业农村工作进行了全面部署。区委常委、常务副区长姚忠阳主持会议，区委常委组织部长刘震部署了2016年农村党建工作，副区长吴连江做了《顺应发展新形势，落实发展新理念，不断增强农业农村可持续发展能力》的报告，区委农工委书记乔福刚做了《加强领导，周密部署，扎实推进农村新型集体经济组织换届选举工作》的报告。区委书记王成国出席会议并讲话，他充分肯定了平谷区2015年农业农村工作取得的成绩，并提出了2016年平谷区“三农”工作要坚持“农业增效、农民增收、农村发展”的主线，围绕两个战略定位抓“三农”、围绕生态立区抓“三农”、围绕巩固执政基础抓“三农”。具体提出了六个方面的意见：一是农业要增效，促进农民增收致富；二是农村要美丽，提高农民生产生活条件；三是改革要深化，增强农村发展内生动力；四是帮扶要精准，解决低收入人口难题；五是根基要打牢，夯实党在农村执政基础；六是作风要增强，提高“三农”工作的能力和水平。区领导李宝峰、李永生、李福芝出席会议。各乡镇、农口单位、区直部门、村主要领导以及农民专业合作社、农业产业化龙头企业代表参加了会议。

【召开经济科技农林委员会】就大桃市场发展现状和发展休闲服装产业可行性等问题开展研究会议，为相关部门提供有价值的意见建议。召开财政预算民主监督小组会议，先后听取区财政局2015年财政预算执行情况汇报和区审计局全区2014年预算执行和其他财政收支情况的审计工作报告，提出意见建议。会后，组织委员视察夏各庄新城周边、马坊小龙河湿地平原造林和林下经济发展情况。

平谷区领导名录

区委书记	王成国
副书记	王明浩（满族） 李宝峰
常委	姚忠阳 刘 震 吴小杰 李 威 王红艳（女） 底志欣（回族） 吴连江
区人大常委会主任	刘 军
副主任	屈志奇 刘 忠 李福芝(女) 王 欣 张东伟（女，满族）
区长	王明浩（满族）
副区长	姚忠阳 吴小杰 张利民 徐素芝(女) 李永生 付湘生 王晓东
区政协主席	闫维洪
副主席	张双全 刘 英(女) 于海山 狄长安 陈月侠(女) 田 禾（女）
区纪委书记	李 威
副书记	王浩文 张光旺 见莉欣(女)
正局级	王春辉
副区级	张彦友 王如生 周 民 白长河 杨凤山 石来福
区委农工委书记	乔福刚
区农委主任	李小丰

平谷区乡镇党政正职领导

	党委书记	镇（乡）长
平谷镇	崔 跃	沈 炎
金海湖镇	韩小波	王永峰
王辛庄镇	见小东	宋小勇
夏各庄镇	邢广宏	王 静
东高村镇	秦海滨	孙学新
马坊镇	付湘生	梁茂辉
马昌营镇	杨河清	陈 亮
山东庄镇	王晓全	崔成立
南独乐河镇	张艳革	刘久兴
刘家店镇	马立文	刘晓东
大兴庄镇	沈立军	高 磊
峪口镇	见国柱	刘 昉
镇罗营镇	任利泉	路卫红（女）
大华山镇	王立宝	宋长文
黄松峪乡	马思亿（女）	刘东明
熊儿寨乡	王晓东	张武祥

（平谷区委研究室 梁自山）

密 云 区

概 述

密云区位于北京市东北部，北部分别与河北省承德市的兴隆、承德、滦平三县交界，西、南部与怀柔区、顺义区、平谷区接壤。全区土地面积285.2万亩，其中农用地227.2万亩、占80%，建设用地16.7万亩（宅基地6.7万亩），未利用土地41.3万亩。辖17个镇，327个行政村。2016年年末，全区常住人口48.3万人，其中常住外来人口7.2万人；户籍人口43.6万人，其中农业人口24.7万人、占户籍人口的56.7%，农户11.3万户。

2016年，深入实施密云生态涵养发展区工作方略，紧紧围绕“三个走在前列”奋斗目标和“绿色国际休闲之都”发展定位，大力统筹稳增长、促改革、调结构、惠民生、防风险等各项工作，经济社会保持了平稳较快发展。全年实现地区生产总值243.6亿元，同比增长7%；实现一般公共预算收入31.2亿元，同比增长5.6%；实现社会消费品零售总额129.8亿元，增长8.1%；乡村旅游实现总收入8.5亿元，同比增长9.9%；城镇居民人均可支配收入36 588元，增长8%；农村居民人均可支配收入20 798元，增长8.4%。

城乡发展一体化和生态文明建设

【概况】2015年10月13日，国务院批准撤销密云县，设立密云区，这是密云经济和社会发展到一定阶段，现代化、城市化达到一定程度的重要标志。

【固定资产投资】年内完成全社会固定资产投资126亿元，比上年增长17.1%。其中完成基础设施投资52.2亿元，增长33.5%。分城乡看，城镇地区完成投资96.1亿元，比上年增长15.8%；农村地区完成投资29.9亿元，增长21.6%。分产业看，第一产业投资7.6亿元，比上年增长19.5%；第二产业投资26.3亿元，增长93.3%，其中工业投资占99.3%；第三产业投资92.1亿元，增长5.1%。

【推进城区"三起来"工程】推进城区"三起来"，即：居民小区亮起来、胡同巷道畅起来、市容市貌美起来。打通了檀阳路等3条断头路，完成滨河路交通综合整治和14处公交港湾、5处路口渠化。完成43条无灯道路和34个社区照明工程。实施城区39万平方米步道维修、久润等4个片区环境提升工程，52座公厕实现提档升级，道路清扫保洁全覆盖试点成效显著，"一带十桥八景"照明工程点亮白河两岸。

【推进城乡基础设施建设】继续整合山区搬迁、农宅抗震节能改造、减煤换煤等相关政策、资金，启动50个美丽乡村创建工作。大力实施农村基础设施供水管网、污水管网、垃圾收运处理网、电网、乡村路网、互联网等"六网"改造提升工程，解决安全饮水、街坊路、污水处理等突出问题。持续开展农村环境综合整治，完善长效管护机制，使农村环境保持干净、整洁、有序。

【推进生态文明试点示范建设】深入推进"全国水生态文明城市建设试点"，高标准通过了国家发改委、水利部等10个部委实行最严格水资源管理制度工作的考核，为建设试点城市夯实了基础。研究制定了《密云区主体功能区试点示范建设实施方案》《密云区国家生态文明先行示范区建设实施方案》，广泛开展宣传教育活动，传播生态文明知识和理念，调动和凝聚全区力量，全方位推进生态文明建设。

【全面改善密云水库生态环境】库区155米高程以下10.4万亩土地全部退耕禁种，一级区内养殖行为全部清退，94个库中岛退出生产经营。建成库滨带一期109千米围网，造林1.7万亩。实施中小河道治理项目4项，建设生态清洁小流域6条，治理水土流失面积51平方千米，实现"清水下山、净水入库"。密云水库全面实现封育保护、涵养水源目标，水体质量始终保持在国家地表水二类标准以上，2000年以来蓄水量首次超过16亿立方米。

【空气质量进一步改善】依据《北京市2013—2017年清洁空气行动计划重点任务分解2016年工作措施》要求，2016年全区细颗粒物年均浓度须在64.4微克/立方米以下。2016年，全区细颗粒物（PM2.5）和可吸入颗粒物（PM10）年均浓度值分别为61微克/立方米和75微克/立方米，分别比上年下降10%和14.4%。

【实施绿化造林工程】2016年完成平原造林工程1 194亩，安排在京承高速路南侧及大沙河东岸，涉及河南寨、西田各庄2镇。全区已累计完成50 897亩，投资14.32亿元。

【推广高效节水器具】为老旧小区4 325户居民安装高效节水型生活用水器具，按每套每年节水8吨，预计每年可节水34 600吨，大大提高了小区居民生活用水的使用效率和循环利用率。

农村经济发展

【概况】全区农业内部结构明显优化，传统农业、牧业种养规模缩小，都市型现代农业发展稳健。截至2016年年底，全区共完成农林牧渔业总产值40.89亿元，比上年减少2.4%。其中，农业总产值18.96亿元，同比增长1.39%，林业产值4.68亿元，同比增长21.56%；畜牧业产值15.43亿元，同比减少11.17%。农林牧渔服务业0.87亿元，同比不变。渔业0.94亿元，同比下降10.48%。

【重点产业和特色产业】制定了密云区重点农业产业项目扶持政策，对包括菜园、果园、花园"三园"建设，养蜂、谷子、甘薯、食用菌等特色产业，农民合作社以及低收入村、低收入农户等十大类、28个项目进行重点扶持。精准施策，结合水库155米高程以下土地退耕禁种等工程，针对一级区内43个行政村，研究制定了《密云水库一级保护区产业发展及职业技能培训扶持政策》，对养蜂、筐栽甘薯等七个项目以及合作社进行重点扶持。

【"调转节"】按照农业"调转节"总体要求，围绕"调粮、稳菜、减畜牧、控水产、大力发展林果业"的目标思路，优化都市型现代农业产业布局，努力实现农业差异化、特色化发展。认真做好"两田"基础数据现场核实划定工作，初划工作已经完成，对划定的17万亩粮田、5万亩菜田、10

万亩果园实施精细化管理，整合资金，提高建设标准。在水源保护区顺利完成密云水库155米高程以下10.4万亩土地退耕禁种和畜禽养殖禁养区初步划定工作。在地下水超采区推广“生态作物＋雨养旱作作物”等种植模式调整农业产业结构，引导河南寨镇逐步退出生产性小麦种植。大力推广蔬菜生产园区水肥一体化、无土栽培、内置式秸秆反应堆等技术实现高效节水目标。积极引进优质节水旱作品种，发展谷子、甘薯等抗旱节水作物种植2.5万亩。

【“三园”建设】围绕“三园一场”农业产业基础，推进休闲农业与乡村旅游深度融合，深入打造了蔡家洼玫瑰情园、天葡庄园、金巨罗农耕体验园等一批观光园、采摘园、农业主题园，发展种植油菜花、向日葵等景观农业1万亩，按照星级园区标准对10个休闲农业园区实施改造提升。新创建河南寨、高岭2个都市型现代农业示范镇，形成“5＋2”共7个镇的创建格局，建设套里蔬菜、石匣甘薯、金巨罗小米、北台大葱等10个农业特色产业村，为密云建设现代农业示范区奠定基础。持续打造河南寨镇平头、两河、金沟“三优田”示范区，实现统一播种、统一植保、统一收获、统一绿化美化，营造横到底、纵到边的大农田景观。组织开展了第四届北京农业嘉年华密云主题日、巨各庄第六届葡萄文化艺术节、东邵渠御皇李子节、雾灵湖首届鱼王节等休闲节庆活动，拓展农业功能，宣传展示区域农产品品牌。

【山区特色产业】发展谷子、甘薯、有机小杂粮等特色种植3万亩，推广平菇、香菇、黑木耳等食用菌种植1 000万棒，打造了金巨罗、石匣等一批专业村和有机杂粮产业种植集群。巩固发展养蜂产业，提供优质蜂王2 000个，新发展中华蜜蜂4 000群，建设生态原产地标准化蜂场2个，以蜂文化为主题的蜜蜂大世界正式投入运营，带动蜂产品销售300余万元，年内荣获“中国蜜蜂之乡”称号。

【沟域经济建设】按照北京市提出的“抓完善、上水平、创品牌”的发展目标，2016年密云区继续打造“酒乡之路”“云蒙风情大道”两条沟域，实施生态治理、环境建设、基础设施、新民居建设、特色产业等五大工程22个项目，计划总投资312 437万元，目前已完成投资32 711万元。

【农产品流通体系】发挥合作社联盟的联动作用，组织合作社抱团闯市场，成立了由50家农产品专业合作社加盟的产销联盟，实现利益最大化；形成产销服务新模式，以实现“打造密云农业品牌、充分发挥合作社职能”为工作目标，采取“引进、试验、推广”的工作方法，为企业与合作社搭建合作平台，并积极探索产销服务新模式，实现农超、农企、农校对接；以行业骨干合作社为龙头，鼓励合作社合并联合。以密农产销合作社为平台，创建蔬菜联社，发展蔬菜产加销新链条。

【规范农民专业合作社】全区合作社共1 325家，其中：种植业314家，果品业331家，养殖业393家，农产品销售137家，农机服务业32家，手工艺4家，联合社3家，民俗旅游104家，农宅合作社7家。登记入社61 264户，带动非入社成员19 528户，入社率84%。全区三级示范社105家，其中国家级18家、市级10家、区级77家（包括：民俗旅游市级示范社3家，区级示范社28家）。注册总资本9.015亿元，资产总额195 940万元。合作社数量和成员总数在北京市及五个生态涵养区中名列第一，盈余率在全市名列第三、在五个生态涵养区名列第一。

【政策性农业保险】年末参加基本养老、基本医疗、工伤、失业和生育保险的人数分别为18.9、21.7、17.5、15.6和14.1万人，分别比上年末增加0.3、1.4、0.9、1.3和0.5万人。全年人均养老金水平为2 878元，比上年增长5.5%。全年社会救助1.3万人，享受城市最低生活保障的人数为1 086人，享受农村最低生活保障的人数为11 123人。城乡居民养老保险续保率达到98%以上；新农合参保率保持99%以上。

【“美丽乡村”创建工作】继续整合一事一议、移民后扶、减煤换煤、农宅改造、山区搬迁等项目资金，合力推进美丽乡村建设，2016年新启动50个美丽乡村创建工作。年内67个村通过北京市美丽乡村考核验收，荣获北京市美丽乡村称号，全区美丽乡村累计达到140个。

【乡村旅游业发展】大力推进休闲农业与乡村旅游提档升级，全区农业观光园累计141个，民俗户3 384户，其中星级民俗户1 000余户；全区乡村旅游接待人次逐年大幅增加，2015年接待游客达775.5万人次，收入以年均18%的速度增长，2015年实现7.7亿元，同比增长10.6%；人均消费由2010年的58.2元增长到2015年的99.9元，年均增幅10%；乡村旅游收入和人均消费连续五年位居生态涵养区首位。民俗旅游带动就业2万人，70%以上的民俗户年收入达10万元以上。其中，古北水镇年内共接待游客244万人次，同比增长66%；实现综合收入7.24亿元，同比增长57.4%；实现税收5 397万元，增长82.6%；财政收入1 837万元，增长23.4%。

【都市型现代农业持续优化】完成了17万亩粮田、5万亩菜田、10万亩果园"两田一园"基础划定工作。全面推进25个重点设施园区提升工作。成立了由50家农产品专业合作社加盟的产销联盟，成产销服务新模式，打造密云农业品牌。积极培育"互联网＋现代农业"，涌现了春播科技、奥仪凯源、爱农等以电子商务、智能化控制技术为特色的农业企业，实现了农业精准化生产、智能化管理、产品质量安全追溯。2016年，穆家峪镇、巨各庄镇、太师屯镇、十里堡镇四个镇被北京市农村工作委员会认定为首批北京都市型现代农业（高效农业）示范乡镇，认定数量在参评的九个远郊区中排名第二。

【河南寨镇套里村成为全国一村一品示范村】河南寨镇套里村被农业部认定为第六批全国一村一品示范村。套里村以种植蔬菜为主导产业，有菜田面积520亩，日光温室123栋，钢架春秋大棚80个，年生产蔬菜450万千克，产值达850万元。套里村蔬菜种植基地，由农户自己建造、自主经营，并自发成立了蔬菜合作社，依托专业公司、电商等签订供应合同，形成了"公司＋合作社＋农户"的产业化经营模式。

农村建设与管理

【山区搬迁】根据《北京市人民政府关于实施新一轮（2013—2017年）山区地质灾害易发区及生存条件恶劣地区农民搬迁工程的意见》和密云区山区搬迁工作总体安排，2016年实施山区搬迁212户525人。

【农宅抗震节能改造】根据市政府"凡实施'煤改清洁能源'的居民住宅必须已经完成节能保温改造"的要求，优先安排"煤改电""煤改气"村实施农宅抗震节能改造工作，确保整村实施"煤改清洁能源"的农村住户完成农宅抗震节能改造，2016年实施农宅抗震节能改造8 107户。

【传统村落保护】2016年，太师屯镇令公村被纳入第四批全国传统村落名录。密云区全国传统村落达到三个：新城子吉家营村（2013年第二批）、古北口镇古北口村（2014年第三批）、太师屯镇令公村。吉家营村、古北口村传统村落保护性规划已编制完成，相关建设项目有序推进。

【完善农村建设与管理的长效机制】密云区继续实施《关于建立和完善新农村建设与管理长效机制的补助办法》，为农村保洁员补助工资，对环境排名前9镇给予农村垃圾处理综合补助，对正常照明的太阳能路灯给予管护补助，对正常运转的大型沼气集中供气工程、大型生物质气化集中供气工程给予补助、太阳能公共浴室给予补助资金，确保了人员到位，设施正常运行。

【密云入选2016旅游业最美中国榜】由新华网主办的第四届旅游业融合与创新（中国·思南）论坛暨2016年最美中国榜盛典召开，密云区脱颖而出，成功入选"2016旅游业最美中国榜目的地城市"，成为北京市唯一入选的地区。

【蔡家洼村入选2016中国名村影响力300佳排行榜】巨各庄镇蔡家洼村成功入选2016中国名村影响力300佳排行榜，北京市共有15个村入选。

【农村地区"煤改清洁能源"和"减煤换煤"】2016年完成"煤改电"12 701户，完成"煤改气"729户。全区累计完成农村地区"减煤换煤"13.49万吨，其中为3.9万户农村居民推广优质燃煤9.5万吨，更换无烟煤炉具16 259台，圆满完成了北京市下达的"减煤换煤"年度工作任务。

【提升社会治理水平】深入推进村务公开民主管理"六全模式"，88个村实现村章镇村共管，全区327个村全部推行村民代表履职量化管理制度，321个村实现村民代表会议音频直播，293个村实施村级重大事项社会参与型协商机制。

农　村　民　生

【完善城乡居民生活条件】127项惠民政策全部落实，全年用于民生方面的支出97.9亿元，占一般公共预算支出的84.6%。30项为民办实事工程解决了一批关系群众切身利益的现实问题。建成5分钟便民蔬菜零售网点319家，社区蔬菜零售网点实现全覆盖。推广"邻里互助""老年扶助"居家养老服务模式，20家"幸福晚年驿站"、10个服务点投入使用。强化就业保障，城镇登记失业率稳定在2%左右，"零就业家庭"保持动态为零。

【城乡低保】2016 年 1 月 1 日起，城乡低保标准由家庭月人均 710 元调整为 800 元，城乡低收入标准由家庭月人均 930 元调整为1 050元。2016 年密云区享受低保人员共7 594户、11 874人，财政支出8 132.65万元。

【水库移民核定及资金发放】核定农业户口水库移民60 384人，发放补贴资金3 623.04万元；核定农转非移民11 563人，发放培训补贴资金647.528万元；核定密云水库一级保护区内群众生活困难补助人员34 243人，发放补助资金2 951.321 4万元。

【低收入农户、低收入村精准识别建档立卡工作】按照“农户申请、入户核查、民主评议、公示公告、镇级审定、区直备案”的流程，完成了低收入农户、低收入村精准识别、建档立卡工作，全区共认定低收入农户 15 823 户 33 495 人，低收入村 31 个。

【低收入村发展和低收入农户增收】出台了《密云区关于进一步促进低收入农户增收及低收入村发展的工作意见》，明确产业帮扶、就业帮扶、生态建设帮扶、山区搬迁帮扶、社会力量帮扶、社会保障政策救助帮扶的“六个一批”帮扶原则，因地制宜，因村因户而异，加快推进低收入户增收工作。通过多措并举，2016 年实现了 30%的低收入农户年人均可支配收入超过11 160元的目标。

基层组织与民主政治建设

【中国共产党北京市密云区第二次代表大会隆重开幕】中国共产党北京市密云区第二次代表大会 12 月 7 日上午隆重开幕。会议要求全区各级党组织和党员要更加紧密地团结在以习近平同志为核心的党中央周围，牢固树立政治意识、大局意识、核心意识、看齐意识，在市委、市政府的坚强领导下，营造良好政治生态，遵纪守法有规矩，心态平和有静气，脚踏实地有定力，昂扬向上有朝气，团结干事有业绩，推进“绿色国际休闲之都”建设，为实现“四个走在前列”目标、建设和谐宜居的首善之区而努力奋斗。

【密云区突出“四讲”，上好年轻干部进乡镇任前第一课】密云区按照市委关于乡镇领导班子换届人事安排意见的要求，坚持“信念坚定、为民服务、勤政务实、敢于担当、清正廉洁”的好干部标准和“五凭四事一潜力”的用人导向，反复比选，优中选优，选拔出 18 名 30 岁左右的年轻干部进入乡镇领导班子。区委组织部突出“四讲”，集中为新任职年轻干部上了任前第一课。

【城中小吃店，流动党员作驿站】位于深山的冯家峪镇，距城区最近的村有 40 多千米，最远的有 100 多千米。全镇有农村党员 700 余人，其中长期不在当地居住的流动党员 49 人，大都在密云城区务工或经商。以往，流动党员回村参加组织生活，受交通条件和时间限制，一是请假不便，二是影响学习效果。如何让流动党员及时有效地参与组织生活，成了冯家峪镇党委迫切需要解决的问题。为此，该镇打破常规，根据流动党员的生活居住地和数量，就近设立“流动党员驿站”，鼓励有条件的流动党员提供场地，为流动党员与党组织密切联系搭建桥梁。“两学一做”学习教育开展以来，冯家峪镇已在城区设立了 3 个“流动党员驿站”，有的设在流动党员工作企业的会议室里，有的设在镇企业的办公室里。每个驿站内都配有党报党刊、科技、经济、文化类等书籍，方便流动党员学习和交流。

【2016 年“春风送暖”行动获捐款 60 万元】密云积极响应市民政局号召，于 2016 年 4 月在全区开展以“春风送暖”为主题的社会救助活动，共收到捐款近 60 万元，将用于帮助灾区和贫困地区群众解决生活困难。活动中，区民政局制定下发了《关于在全区开展 2016 年“春风送暖”社会捐助活动的通知》安排，明确活动主题及意义，积极动员社会各界广泛参与捐助活动。同时加大宣传力度，在全区范围内营造扶危济困、救急解难的活动氛围，发放宣传海报 600 余张，捐助指南折页 500 余份。对接受捐助的款物向每一位捐助者开具收据，登记造册，做到账物相符，手续完备并及时向社会公布接收情况，确保捐助活动公开透明。截至 4 月 25 日，捐助活动圆满结束，全区 173 个单位21 902人共捐助59.6万元。

“三农”工作部署和实施

【发挥农业资源优势，大力发展精品特色农业】不断优化密云都市型现代农业“三个三”的发展格局。推进现代高效观光果园建设2 000亩，完成低效园改造及发展3 000亩，加强7.8万亩有机果品生产基地管理。重点推进 2.5万亩谷子、甘薯等特色种植，打造溪翁庄金巨罗、高岭石匣等一批专业村和有机杂粮产业种植集群。推广平菇、香菇、黑木耳等食用菌种植 707 万棒。依托奥金达、京纯养蜂专业合作社和育种中心建设，巩固发展养蜂产业，提供优质蜂王2 000个，新发展中华蜜蜂4 000群，建设生态原产地标准化蜂场 2 个，以蜂文化为主题的蜜蜂大世界正式投入运营，带动蜂产品销售 300 余万元。规模养殖业、生态渔业健康发展，为市民提供了肉、蛋、奶、鱼等丰富优质农产品。

【突出产业融合，加快发展休闲观光农业】围绕“三园一场”农业产业基础，推进休闲农业与乡村旅游深度融合，深入打造了蔡家洼玫瑰情园、天葡庄园、金叵罗农耕体验园等一批观光园、采摘园、农业主题园，发展种植油菜花、向日葵等景观农业 1 万亩，按照星级园区标准对 10 个休闲农业园区实施改造提升。新创建河南寨、高岭 2 个都市型现代农业示范镇，形成“5＋2”共 7 个镇的创建格局，建设套里蔬菜、石匣甘薯、金叵罗小米、北台大葱等 10 个农业特色产业村，为密云建设现代农业示范区奠定基础。持续打造河南寨镇平头、两河、金沟“三优田”示范区，实现统一播种、统一植保、统一收获、统一绿化美化，营造横到底、纵到边的大农田景观。组织开展了第四届北京农业嘉年华密云主题日、巨各庄第六届葡萄文化艺术节、东邵渠御皇李子节、雾灵湖首届鱼王节等休闲节庆活动，拓展农业功能，宣传展示区域农产品品牌。

【强化现代农业支撑，加强服务体系建设】一是完善农业科技服务体系。积极推广抗旱优质品种、测土配方施肥等技术，提高园区生产技术水平。玉米新品种制种配套技术试验示范推广等 3 项北京市农业科技项目通过中期验收考核。组织农业龙头企业、合作社完成申报“百企联百社”、“菜篮子”保障、农产品加工能力提升、“互联网＋现代农业”4 大类 29 个北京市农业产业化项目，共获得市级资金支持1 250.9万元。二是加强农村金融服务。开展诚信贷款贴息奖励和担保费补贴，绿润、金地达源等 11 家合作社获得贴息金额154.62万元，担保费补贴38.46万元。继续开展政策性农业保险，扩大和提高保障范围、保障程度，从保成本逐步向保价格、保安全、保收入延伸。共开展险种 23 项，总保费1 867万元，保额2.5亿元，投保农户7 000余户。三是深入实施“密云农业”品牌战略。规范使用授权商标，加快引导以密农人家、春播科技等为代表的 90 余家农业电商健康发展，农产品线上销售收入过亿元。为搭建交流合作、共赢平台，实现资源共享，组织注册成立北京市首家农产品电子商务协会，全市“农邮通”综合服务站建设现场会在密云区成功召开，密云区农产品集散配送服务中心建设正式启动。

密云区领导名录

区委书记	汪先永
副书记	潘临珠　刘　颖（女）
常委	张　岩（女）　杨　珊（女） 刘名义　王　宇　程建新 李光辉
区人大常委会主任	王玉江
副主任	孔令昌　郭瑞权　赵秦岭(女) 王铁明　何继玲（女,不驻会）
区长	潘临珠
副区长	杨　珊(女)　李光辉　蒋学甫 郭　鹏　郭洪泉　刘　滨
区政协主席	钱福生
副主席	王稳东　孙　奇　吴成全 李长春　王森林（不驻会） 杨伟兰（女，不驻会）
区委农工委书记	付全利
区农委主任	王德云

密云区乡镇（街道办事处）党政正职领导

	党(工)委书记	乡(镇)长(办事处主任)
鼓楼街道	郭生民	周广明
果园街道	陶小明	杨建军
檀营满族蒙古族乡	关佩君	张　波
密云镇	付小平	吴显生
河南寨镇	马　超	郭保林
十里堡镇	张明智	郑　伟
西田各庄镇	何立新	赵双武
溪翁庄镇	宋印双	晁怀新
穆家峪镇	赵志政	任玉文
巨各庄镇	王　东	李阔林
太师屯镇	王东利	马守新
古北口镇	张洪娟	李　东
高岭镇	杨光辉	杨爱革
不老屯镇	齐　超	朱立志

冯家峪镇	季荣旺	王大捷
大城子镇	李海林	常艳军
东邵渠镇	祝 刚	刘 永
北庄镇	方建卿	付宝东
新城子镇	庆兆珅	赵 勇
石城镇	孙立军	彭守创

（密云区农委 贾雪）

延庆区

综述

延庆区位于北京市西北部，距北京市区 74 千米，是首都北京的北大门。全境平均海拔 500 米，气候独特，冬冷夏凉，有着北京“夏都”之美称。东西最长 70 千米，南北最宽45.5千米，东、南、西、北分别与怀柔区、昌平区、河北省怀来区和河北省赤城区接壤，总面积1 994.88平方千米，其中：平原面积371.60平方千米，山区面积1 623.27平方千米。耕地面积42.5万亩，乡村人均耕地近 2 亩。全区辖 11 镇、4 乡、3 个街道办事处，376 个行政村，乡村共81 864户，20.2万人，户籍总人口27.97万人，农业人口15.95万人，非农业人口12.02万人，农业人口占全区的 57%。立足首都生态涵养发展区功能定位，坚定不移地实施生态文明发展战略，抢抓发展机遇，谋大事、稳增长、调结构、促改革、惠民生，全区实现地区生产总值117.5亿元，同比增长7.8%；完成公共财政预算收入10.02亿元，同比增长 12.1%。完成财政支出91.57亿元，同比增长27.2%。全社会固定资产投资完成1 072 355万元，同比提高50.7%；城镇居民人均可支配收入38 442元，同比增长8.0%。实现农村经济总收入1 732 972.6万元，同比增长9%；农民人均所得19 533元，同比增长9.5%；农村劳动力108 992人，其中就业劳动力104 804人，就业率为96.2%。

城乡发展一体化

【政府投资项目】 年内，共有 31 个项目争取到位，市政府固定资产投资资金14.9亿元。其中，世园会、冬奥会项目 19 个，获市政府固定资产投资支持11.4亿元；其他城乡基础设施项目、生态环境提升项目、社会事业项目共 12 个，获市政府固定资产投资支持3.52亿元。

【生态环境项目建设】 年内，完成 2015 年巩固退耕还林成果专项规划建设项目建设（建设工期为 2016 年 1—12 月）和 2015 年京津风沙源治理二期建设（建设工期为 2016 年 1 月至 2016 年 12 月）两项工程。

【国家循环经济示范县建设】 年内，全力推进国家循环经济示范县建设，落实完成实施方案目标任务。编制发布“十三五”时期循环经济发展规划。完成当年循环经济建设工作台账。

【水资源调度】 年内，白河堡水库入库水量10 110万立方米，出库水量10 774万立方米。其中：向密云水库输水9 506万立方米，向延庆西湖输水1 268万立方米，历年向密云水库总输水11.8亿立方米。

【水源地保护】 水利部水资源函〔2016〕383 号《水利部关于印发全国重要饮用水水源地名录（2016）的通知》，白河堡水库水源地被列入全国重要饮用水水源地名录。

【供排水】 年内，全区总用水量5 588.45万立方米，其中农业用水2 359.80万立方米，园林绿化用水344.83万立方米。全区镇级以上污水处理厂污水处理量累计1 346.58万吨，再生水利用量 930 万吨，污水处理率达到82.3%。

【地下水】 年内，全区地下水位平均埋深18.32米，比上年全区地下水平均埋深18.31米下降了0.01米。

【降水量】 年内，经人工观测统计，全区全年平均降雨量 583 毫米，与上年相比增加14.7%；与多年平均降雨量增加31.9%；降雨量最大的人工站为大庄科站715.8毫米，最小站为沈家营站446.9毫米。汛期平均降雨量432.4毫米，比上年同期增加25.5%；与多年平均汛期降雨增增加40.2%；最大一次降雨发生在 7 月 20 日，全区平均降雨128.7毫米，降雨最大站为大庄科站，降雨量为216.6毫米。

【防汛抢险】 6 月 1 日至 9 月 15 日，对区境内及黑、白河上游 53 处雨情自动遥测站、18 处人工雨量监测站、6 处水情自动遥测站等设施进行检修和维护。开展各种防汛宣传演练，参与群众 1 万余人。

组建专业防汛应急抢险队伍 28 支1 953人。汛期应对 31 次降水过程；其中“7·20”强降雨造成 18 个乡镇街道 260 个自然村共计25 589人受灾，倒塌房屋 803 间，公路中断 42 次条，供电中断 4 条，转移安置2 910人，直接经济损失21 170.7万元；其中农作物受灾面积共 37 723 亩，经济损失4 049.5万元。灾情出现后，延庆区各防指共出动3 815余人次，运输设备 431 班次，排水及其他设备 31 台次投入抢险。

【妫水河水环境应急治理工程】 年内，完成超磁水体净化设备安装工作，运行超磁水体净化设备，处理溢流污水。安装推流曝气机 7 台，设置生物浮岛4 000平方米，向湖中投撒生态除藻剂 2 吨。完成污水处理厂北侧、谷家营断面、谷家营河岔等五地重点水域实施试点工程。在 3 个水质考核断面处安装视频监控系统，投挂宣传警示牌 14 块。

【小城镇污水处理市场化建设配套管网工程】 工程分为 5 个标段，涉及永宁镇、井庄镇、大榆树镇、康庄镇、八达岭镇、旧县镇、香营乡 7 个乡镇。年内，完成钢筋混凝土管及 PVC 污水管网铺设61.7千米。

【节水型社会建设】 年内，创建 10 个市级节水型村庄；创建 30 个市级节水型单位。编制并印发实施《延庆区节水型区创建实施方案》及《“十三五”时期节水型社会建设规划》。

【城乡环境整治】 年内，组织各乡镇开展季节性环境整治活动 6 次，围绕小营、石河营、胜利街等城中村及城乡结合部、延琉路、延康路公路沿线等重点整治区域开展城中村专项整治行动，发现环境问题2 500余处，督办群众举报 60 余起，督促各乡镇完成市级挂账任务 301 个点位，处理环境热线、每日舆情、新闻曝光等各种渠道反映的问题 72 余处，整改率 99%；完善农村环卫设施。截至年底，各乡镇共购置单臂吊车 4 辆、农用车 12 辆，新配备户分类垃圾桶20 500套，新增密闭式垃圾箱 150 个，更新人力收集车 850 辆。截至年底，农村保洁员压缩剩余6 856人。

农村经济发展

【都市型现代农业】 年内，全区粮食作物面积1.36万公顷，同比减少7.9%，总产9 953.3万千克，同比减少 6%。全区蜂群保持在1.5万群。鲜果面积常年稳定在0.54万公顷。2016 年全区玉米种植面积为12 785.93公顷，完成精量播种玉米12 698.13公顷，机播率超过 99%。

【蔬菜生产】 全年蔬菜播种面积23 975.6亩，同比减少5.7%。其中，露地蔬菜播种面积16 474.3亩，同比减少1 565.22亩；设施蔬菜播种面积7 501.3亩，同比增加124.96亩。蔬菜总产量6 077.13万千克，同比减少15.2%。蔬菜总收入13 556.11万元，同比减少18.3%。地头收购均价2.23元/千克，同比下降0.09元/千克。

【畜牧产业】 截至年底，全区奶牛存栏12 448头，蛋鸡存栏284.53万只，生猪年出栏10.969 9万头，鲜奶产量47 146.6吨，肉牛出栏4 905头，羊出栏53 571只。全年畜牧业产值 10 亿元，占农业总产值51.97%。

【“三品”认证】 全区新增无公害认证 5 家，总数达到 55 家、新增绿色认证 2 家总数达到 3 家、新增有机农产品认证 2 家总数达到 42 家。9 月 23 日举办全国有机宣传周启动仪式。成功举办 2016 年京津冀有机农产品认证交流研讨会，联合京津冀三地8 个相关部门开展有机认证监管和沟通协调，检查有机产品获证企业 35 家次。

【畜禽养殖禁养区划定及禁养区内规模养殖场关停】 年内，关停畜禽养殖禁养区内规模养殖场（小区）12 家、千家店镇下奶山养猪场 1 家、永宁镇新华营村南 15 个养猪户，共计清理存栏畜禽42 247头只。

【政策性农业保险】 年内，全区种植业承保总面积75 762.6亩，同比减少 12%，种植业总保额23 001.9万元，同比增加3 375.9万元，涉及7 580户（企业或合作社），保费收入1 187.8万元，同比增加 23%，种植业全年理赔993.7万元。投保畜禽总量23.5万头（只），投保总额1 960万元，共计理赔854.15万元。

【全程农业标准化基地建设】 年内，北京归原生态农业发展有限公司被评为北京市全程农产品质量安全标准化示范基地，也是延庆区的首家全程农产品质量安全标准化示范基地。

【农产品质量安全监管示范乡镇创建】 年内，沈家营镇通过现场检查与材料核查，被评为 2016 年北京市农产品质量安全监管示范乡镇。延庆区共有延庆镇、旧县镇、康庄镇等 5 个乡镇完成北京市农产品质量安全监管示范乡镇创建。

【菜田补贴】 年内，全区享受蔬菜补贴总面积

13 952.73亩，其中，露地蔬菜8 583.21亩、日光温室蔬菜1 515.5亩、钢架大棚蔬菜3 854.02亩，补贴金额合计733.167 1万元。

【延庆区农产品产销对接会】7月5日，农业局与中国邮政集团北京市延庆区分公司达成战略合作，解决农产品物流投递问题。11月24日，在北京绿富隆农业股份有限公司召开全市“农邮通”服务站建设工作现场会，并为延庆区绿富隆公司“农邮通”服务站揭牌，全区共建设分站10处。累计运输农产品1 556车次、1 730吨。

【制定设施农业项目用地备案管理办法】9月1日，制定《延庆区设施农业项目用地备案管理办法》，建立设施农业项目用地联席会议制度，规范设施农业建设。

【荣获“十佳兽医服务团队”和“百佳基层兽医”称号】延庆区疫病控制中心、延庆区农业局旧县所祁永志荣获首届全国“十佳兽医服务团队”称号和首届全国“百佳基层兽医”称号。

【建成农业应急管理指挥视频会议系统】区动物卫生监督所四楼，建设面积60平方米的农业应急管理指挥视频会议系统，满足全区农业突发公共事件应急处置和召开全国性、区域性、行业性视频会议的需求。

【动物及动物产品检疫】严格按照“有报必记、有报必接、有报必检”的工作制度，产地检疫受理率100%。全年检疫各种动物104.8万头、只，检疫动物产品48.8吨，消毒车辆857车次。

【屠宰环节监管】全区共有3家禽类定点屠宰场，探索派驻官方兽医轮岗制度，严格品质检验。全年屠宰检疫禽类11.83万只。严查私屠滥宰黑窝点，严厉打击私屠滥宰违法行为，共查处流动摊贩无证经营行为7起。依法加强对运输动物及动物产品的车辆逐一检查，共检查进京车辆12 892辆，同比增长2.86%；检查动物460.75万头（只），同比增长133.22%。

【动物卫生监督执法】共出动执法车辆346车次，出动执法人员2 415人次，检查场所577场次，下达监督笔录251份，下达监督意见书249份。办结行政处罚案件50件，罚没款共计49 964.5元，应用休眠条款2件。立案数同比增长108%。

【病死动物收集暂存系统建设】年内，建设病死动物无害化收集暂存点57个，已于年底全部运行，实现了动物的养殖、屠宰加工、诊疗各环节病死动物收集暂存全覆盖。

【畜禽疫病免疫、消毒】共免疫口蹄疫70.30万头（只）次，禽流感1 794.82万只次，新城疫2 071.23万只次，猪瘟36.68万头次，蓝耳病29.97万头次，羊布病7.16万只次，小反刍兽疫6.01万只次，强制免疫疫病均达到应免的100%。全年累计鉴定过敏现象659起。过敏反应补偿资金共计16.13万元。免疫抗体监测畜禽血样16 536份，涉及各类场（户）1 507个，确保抗体合格率全年保持在70%以上。展了春、秋两季奶牛两病净化工作。结核病检疫净化工作共涉及78个场（户），检测奶牛17 440头，全部合格。组织开展“预防重大动物疫病”消毒灭源工作2次，共投入消毒药品8.8吨，累计出动708人次，316车次，涉及场（户）192个，累计消毒面积达201.76万平方米，覆盖全区所有规模、重点养殖场（区、户）。

【狂犬病集中免疫】全区13个犬只狂犬病免疫定点单位共免疫犬只17 370条。狂犬病应免免疫率100%，免疫标识佩戴率100%。

【京张优质农产品推介会】10月14—16日，2016年京张优质农产品推介会在北京市延庆八达岭国际会展中心举办。本次推介会由延庆区农委、张家口市农委主办，延庆区有机农业协会、北京绿富隆农业股份有限公司承办，2019北京世界园艺博览会延庆筹备领导小组办公室、延庆区农业局、延庆区商务委、北京八达岭国际会展中心、北京行遍天下文化传媒有限公司协办，京张两地128家企业共600余种产品参展，总展出面积2 700平方米。

【企业参加中国国际农产品交易会】11月5—8日，组织北京绿富隆农业股份有限公司、北京前庙葡萄种植专业合作社、四海田园农副产品加工有限责任公司、北京独山清泉陶艺文化有限公司参加在云南昆明举办的第14届中国国际农产品交易会，展示有机蔬菜、有机葡萄、无公害杂粮、菊花茶、玫瑰茶、盆窑陶艺等20余个品种。北京前庙葡萄种植专业合作社培育的“前龙”葡萄获得第十四届中国国际农产品交易会金奖称号。

【一村一品】年内，香营乡新庄堡村（鲜食杏）和沈家营镇河东村（葡语农庄葡萄）被农业部认定为全国第六批一村一品示范村镇。

【农民培训规划发布】年内，印发《延庆区农民培训就业增收“十三五”发展规划》，组织企业负责人、青年农场主等参加我市新型农民培训班，内容涉及家庭农场、种植业合作社专业技能型（蔬菜种植）和草莓立体栽培技术等。

【北京市第四届农业职业技能大赛】年内，组织164名选手参加北京市第四届农业职业技能大赛，其中菌类园艺工获得全市第1、2、6、9名，动物疫病防治员获得全市第10名。

【休闲农业】年内，千家店镇下湾村被评为中国美丽休闲乡村。截至2016年年底延庆区已评定国家星级园区15家，其中国家五星级1家、国家四星级5家、国家三星级9家；已经评定市级星级园区40家，其中五星级3家、四星级6家、三星级21家、二星级6家、一星级4家。

【物联网建设】为376个设施大棚进行“互联网＋设施农业”物联网建设，有效提升了农业生产管理的智能化、节能减排及农产品质量安全水平。

【信息进村入户工程】选取珍珠泉村作为农业部信息进村入户工程试点单位建设标准型益农信息社，11月15日开始试运营，面向农村开展公益服务、便民服务、电子商务服务及培训体验服务。

【园艺公司纷纷落户延庆】年内，妫景郦园科技有限公司、北京开源泰达生态科技有限公司落户延庆，计划总投资1.1亿元，建成具有一定规模、示范、科研于一体的年月季基地和苗木推广。

【凤凰坨百合固园区落户延庆】12月30日，由西诺（北京）花卉种业有限公司出资，位北京世园会HBD一区多园建设项目——凤凰坨百合固园项目开工建设。项目于北京市延庆区四海镇，占地共391亩，计划总投资1 800万元，项目核心区由国家级百合属植物种质基因库、芝樱谷、郁金香谷、薰衣草谷、杜鹃谷等繁殖基地6个部分构成，将成为我国百合育种和百合属植物研究的重要基地。

【中国重要文化遗产】年内，延庆区香槟果栽培系统（分布在八达岭镇帮水峪村）、八棱脆海棠栽培系统（分布在八达岭镇帮水峪村、石峡村，康庄镇榆堡村等地）、玉皇庙李子栽培系统（分布在张山营镇玉皇庙村）和葡萄栽培系统（分布在我区西部沿北和南山的张山营镇等地）被评为中国重要农业文化遗产。

【专项转移支付项目】年内，出台《关于2016年农业领域专项转移支付整合资金统筹使用的指导意见》，明确了项目统筹原则、资金安排方向、项目申报、资金管理、项目验收等相关办法。安排农业领域专项转移支付项目26个，重点推进农民增收、“新三起来”工程，建设“菜篮子”工程等重点工作。

【延庆区2016年小型农田水利重点县建设项目】年内，完成节水灌溉面积共9 670亩，其中管道灌溉160亩，喷灌4 445亩，滴灌3 230亩，微喷灌995亩，小管出流840亩。

【水土保持监测】更新上辛庄水土保持科技示范园园区内监测设备，包括径流、分流桶72个，拆除及翻建基础68处。年内，接待参观考察人员与科研人员968人次，其中中小学生535人次，高等院校师生161人次，全国各地水土保持人员272人次。

【联合执法百日行动】8月18日至11月25日，全区范围内开展货车、农用车整治百日专项行动，配合环保、路政、交通、城管、市政市容等部门，对辖区内农业机械上路违章行为展开严厉打击。检查中发现挪用牌照一起，移交交通部门处理；发现无证驾驶两起，罚款200元；警告教育40余起。

【玉米收获机模拟事故演练】10月8日，在大榆树镇刘家堡村举行玉米收获机在作业过程人员负伤事故处理演练。

【农机补政策】年内，引进国补机具83台套，国补资金478万元。

【引进机械、技术及推广】年内，引进1台翻转犁，推广作业1 000亩。完成2台拖拉机无人驾驶操作安装实验；1架无人机植保施肥打药实验；玉米播种、土壤深松2套田间作业监测系统安装试验。引进东方红2204型单向双轮胎拖拉机。在延庆区广积屯村开展“露地甘蓝生产全程机械化集成与示范”项目，并在京冀两地协同推进26.67公顷露地蔬菜全程机械化技术支撑工作。

【秸秆禁烧及综合利用】年内，出动执法车辆32台次，人员96人次对秸秆禁烧情况进行检查和督导。秸秆综合利用主要有机械还田、机械青贮、机械黄贮、捡拾打捆、堆沤制肥、直接饲喂、家用燃料等方式。秸秆综合利用率达到96%，其中完成秸秆粉碎还田5 333.33公顷，用于青贮饲料2 666.67公顷，收贮秸秆2 133.33公顷。

【行政处罚】年内，日常执法检查农业机械380台，超额完成规定指标，并全部录入执法平台。制作处罚文书12卷，其中简易程序7卷，一般程序5卷，罚款350元。

【乡村美食大赛】5月28日，“美丽延庆 食在乡村”

延庆区2016年乡村美食大赛在上磨村举办，来自各乡镇的30家民俗户参加了此次比赛。

村镇建设

【国家生态文明先行示范区建设】年内，全力推进国家生态文明先行示范区建设，落实相关指标任务，推进探索编制自然资源资产负债表、完善污染物排放许可制和企事业单位污染物排放总量控制制度、探索环保法庭审判制度三项制度创新工作。完成环境资源审判庭建设，成功审理2起环保案件。打造旧县镇白河堡村、大庄科乡铁炉村和八达岭镇里炮村三个国家生态文明先行示范村。

【国家新型城镇化综合试点工作】年内，完成《北京市延庆区重大活动带动、特色城镇发展新型城镇化试点工作方案》申报工作，延庆区成为第三批国家新型城镇化综合试点地区。启动《北京市延庆区国家新型城镇化综合试点实施方案》编制工作，加快推动新型城镇化建设。

【新能源建设】年内，制定《延庆区分布式光伏发电项目管理暂行办法》，发布《延庆区分布式光伏备选产品目录》。完成农村阳光浴室项目考核，运行率达到84%。康庄镇王家堡村和珍珠泉乡下花楼村地源热泵项目完成可研并获得批复。京能北京八达岭太阳能综合试点工程项目完工，正式并网发电。新能源和可再生能源占能源消耗比重进一步提高，达到31%。

【美丽乡村】年内，制定《美丽乡村示范村工作方案》，有效运用协作规划机制，全力推进大吉祥、沙塘沟、霹破石等30个美丽乡村示范村试点的村庄规划和实施方案编制。旧县镇盆窑村和永宁镇上磨村获评“北京最美的乡村”，铁炉村获提名奖；八达岭镇被确定为第四批“美丽宜居小镇示范”，盆窑村和铁炉村被确定为第四批“美丽宜居村庄示范”。

【传统村落】年内，岔道村、榆林堡村、东门营村、柳沟村、南天门村被列入第一批北京市传统村落名录。

【沟域经济建设】年内，“乡宴柳沟”沟域被列为市级重点建设沟域，在高标准规划基础上启动建设，规划涉及井庄、永宁2个乡镇40个行政村；建设豆腐文化体验馆，打造柳沟“冰雪嘉年华”；印发《延庆区“十三五”时期沟域经济发展规划纲要》。

【山区搬迁工程】年内，提出按照美丽乡村示范村标准推进山区搬迁村建设，全面统筹考虑生产、生活、生态问题，启动15个村规划方案编制工作。

【一事一议财政奖补项目】年内，区农委、区财政局、区水务局和区经管站联合出台《关于开展延庆区村级公益事业建设一事一议财政奖补工作的实施意见》，安排一事一议财政奖补项目70个，有效解决了群众安全饮水、农业生产配套和村容村貌整治等民生问题。

【农村减煤换煤】年内供暖季，重点推进优质燃煤替代、取暖“煤改电”、更换无烟煤炉具等工作，实现减煤800万千克、换煤8 580万千克，更换优质燃煤炉具1 978台。

【个人原有宅基地房屋建设管理办法出台】制定《个人原有宅基地房屋建设管理办法》，进一步保证了农村建设依法合规，有序进行，合理引导农民改善居住条件。

【抗震节能改造工程】年内，完成农宅抗震节能改造5 606户，其中新建翻建2 177户、单项保温3 429户；完成9个乡镇52个村的村属公益用房外墙改造20 860.34平方米、门窗改造4 399.3平方米。

【园艺风情小镇、冬奥冰雪特色小镇规划】积极推进张山营冬奥冰雪小镇和西大庄科冬奥村规划建设。全面启动14个乡镇域规划编制工作，目前张山营、康庄等乡镇总体规划已形成初步成果，为试点建设园艺风情小镇和冬奥冰雪体育休闲等特色小镇提供了科学的规划支撑。

【生态环境质量有效提高】落实清洁空气行动计划，减煤换煤26.9万吨，液化气送气下乡实现全覆盖，累计淘汰老旧机动车23 895辆（2016年清空总结数据为6 266辆），引进新能源电动出租车150辆，淘汰低速货车18辆，完成城东、城南、八达岭开发区集中供热燃煤锅炉脱硝治理工程，PM 2.5浓度2016年比2014年下降19.8%。

【农村地区供水改造工程】年内，统筹上年延庆区农村供水工程、2016年农村饮水健康行动工程、延庆县农村饮水应急解困工程及其他资金，解决千家店镇、张山营镇、珍珠泉乡、大庄科乡等9个乡镇的32个村庄供水问题。完成供水管网25 036米，新建及维修井房13座，新建及维修蓄水池4座。水泵2套、消毒设备10套、开关柜及变频器4套，街道井16座。

【生态清洁小流域综合治理工程】年内，完成37平方千米生态清洁小流域综合治理任务，完成投资

2 432.3万元。工程分 3 个项目，其中，2015 年延庆县京津风沙源小流域综合治理工程 14 平方千米，涉及大楝树小流域 7 平方千米，里炮小流域 7 平方千米；2016 年延庆区生态清洁小流域综合治理工程 15 平方千米，涉及周四沟小流域 15 平方千米；2016 年延庆区国家水土保持重点建设工程 6 平方千米，涉及马坊小流域 6 平方千米。

【绿色燃气工程】年内，完成德青源园区沼气生产、提纯、运输系统及张山营、康庄、延庆、大榆树 4 个乡镇已通气的 12 村 11 个储气站的安全评价。

【白河南干渠柳沟村段过渠桥修复工程】9 月 14 日开工，10 月 2 日竣工。年内，完成工程竣工验收并通车。

【白河堡水库大坝安全鉴定工作】年内，完成了工程质量评价、运行管理评价、防洪标准复核、结构安全评价、渗流安全评价、抗震安全复核、水利机械安全评价等系列工作。

【葡萄产业带集中供水工程】年内，完成佛峪口水厂改扩建，古城加压泵站、白河堡加压泵站、沿途管线扫尾工作，并持续运行。

【送气下乡】年内，继续推进液化石油气“送气下乡”工作，完成 15 个乡镇 361 个行政村的开户工作（其余村使用天然气、沼气）。截至年底，共建设村级换瓶点 282 个，开户4 846户，销售203 007瓶。累计开户62 970户，累计销售508 808瓶。

【农村煤改气】年内，17 个村庄通气，累计安装壁挂炉3 410台，敷设燃气管道约 7 万米，改造村庄数量占全市完成总量的 27%，减少农村地区用煤量约为8 400吨。

【新型农村社区试点】年内，八达岭、石峡关 2 个新型农村社区被纳入市级试点建设。

【水务规划】年内，完成了《世园会水环境建设规划》《延庆区“十三五”时期水资源保障与利用规划》，修改完善了《“十三五”水务发展规划》《北京 2022 年冬奥会和冬残奥会水资源与水环境保障规划（延庆赛区）》。

【野鸭湖被列入首批北京市级湿地名录】9 月 18 日，北京野鸭湖国家湿地公园被列入北京市第一批市级湿地名录。

农村改革与管理

【概况】年内，开展农村集体经济合同清理规范专项行动，规范整改经济合同7 030份，开展农村土地承包经营权确权登记颁证工作；推进农村集体财务管理规范化建设，全区99.8%的乡镇、村达到规范化建设要求，创新村级财务公开方式，以张山营镇为全市试点，开展北京美丽智慧乡村信息服务平台建设；引入 3 家会计师事务所完成对 5 个乡镇 109 个村的村级财务审计；以规范建设为重点，提升农民专业合作社管理水平，完成 18 家农民专业合作社“社账托管”工作；根据 2015 年农户人均可支配收入低于11 160元为基本标准，开展新一轮低收入村、户精准识别和建档立卡工作；启动智慧沟域建设，推进信息进村入户工程，建设全区首家益农信息社，实现“十三五”农经管理工作良好开局。

【农村改革专项】年内，印发出台了《关于推进“十三五”时期低收入农户增收及低收入村发展的实施意见》《关于落实新发展理念、全面推动新时期城乡一体化发展的实施意见》和《关于推进低收入农户增收及低收入村发展任务分工方案》等 7 个文件，建立优势农产品营销网络方案已提交区委农村改革专项小组专题会研究审议，其余 3 项改革任务已形成讨论稿并等待区委农村改革专项小组专题会研究审议。

【农民专业合作社发展】截至年底，全区登记注册农民专业合作社 669 家，较上年增加 42 家，其中运营合作社 166 家，成员总数13 966户，带动非成员农户数25 734户，资产总额78 774.7万元，同比增长 10.9%，总收入 53 823.2 万元，同比增长8.1%。

【农民专业合作社升级】北京金粟种植、北京北菜园农产品产销和北京市大庄科中药材种植 3 家市级示范社被评为国家级示范社，国家农民专业合作社示范社达到 13 家；市级示范社 8 家，区级规范社 27 家，进行合作社“社账托管”试点。北京市大庄科中药材种植、北京王木营蔬菜种植和北京市前庙村葡萄种植 3 家农民专业合作社获得贷款贴息及担保费用补贴。

【土地确权】年内，农村土地承包经营权确权登记颁证工作稳步推进，完成 240 个行政村公示，合同面积1.45万公顷，完成总任务的 61%。

【土地流转】年内，流转农户承包地土地2 940亩，签订流转合同 728 份。截至 2016 年年底，全区土地流转总面积16.6万亩，涉及农户4.9万户，签订土地流转合同5.5万份，累计兑现土地流转收益

46 224.4万元。

【村级公益事业专项补助资金监督管理】全区应享受村级公益事业专项补助资金8 425.7万元，截至年底15个乡镇376个村到位资金总额8 484.9万元（含以前年度暂缓拨付资金92.6万元），资金到位率99.6%，较上一年度增加0.3个百分点，本年累计可支配资金12 074.2万元（上年余额3 589.3万元），累计支出8 061.5万元，占当年资金总额的95.7%，占可支配资金总额的66.8%。

【农村集体经济合同清理规范】创新建立“1142”工作格局（1个工作领导小组，下设1个办公室，4个工作组，引入会计师事务所、律师事务所2个社会服务机构全程参与）和“社会监督、自我监督、组织监督、民主监督”四个监督并行的监管机制，清查集体经济合同12 057份，其中问题经济合同9 475份，涉及规范整改7 030份，整改率达到74.2%。

【农村集体财务管理规范化建设】全区15个乡镇级单位、375个村级单位达到农村集体财务管理规范化建设要求，占全区391个乡村两级单位的99.8%，超额完成95%的任务目标。

【农村集体经济产权制度改革分红】年内，继续深化产权制度改革，全区共有18个村实现股份分红，分红总额1 316.9万元，其中：集体股东分红111.6万元，个人股东分红1 205.3万元，个人股东人均分红1 315元。

【农村集体经济组织登记证换发】以香营乡、珍珠泉乡为试点开展农村集体经济组织登记证换发工作，将原有的登记管理部门和其他部门发放的机构代码整合为十八位统一社会信用代码，完成了43个村农村集体经济组织统一社会信用代码证换发工作。

【委托审计】委托瑞华会计师事务所、北京华益和会计师事务所、中审众环会计师事务所，完成对井庄镇、沈家营镇、大榆树镇、珍珠泉乡、刘斌堡乡5个乡镇109个村2013—2015年村级财务的审计。

【美丽智慧乡村信息服务平台试点建设】选取张山营镇作为北京市“三务公开”首个试点乡镇，开展“北京美丽智慧乡村信息服务平台”建设，平台包括综合概况、镇村快报、党务公开、村务公开、财务公开等十个模块。11月，下芦凤营、马庄、吴庄3个村村民可通过电视查看本村“三务公开”情况。

农村民生

【低收入村户增收】年内，确定低收入村58个、低收入农户13 225户，完成低收入村户动态监测，全部实现建档立卡。监测对象为13 089户27 390人，其中人均可支配收入在11 160元以上的有5 435户，占低收入户数的41.5%。出台低收入村户产业发展资金指导意见及管理办法，向26个低收入村安排一事一议项目资金2 000万元。

【农村矛盾纠纷调处】年内，接待涉及农村集体“三资”管理、土地承包纠纷来信来访87起、120人次，受理农村土地承包仲裁案1起；到延庆镇李四官庄村、谷家营村，大榆树镇下屯村，康庄镇大王庄村等村就征地补偿费管理和使用的政策向村民进行宣传、解答，指导拆迁村的集体资产清产核资工作。

【法律宣传下乡】年内，举办“法律明白人”法治培训、法律知识竞赛等形式20余场次，法治春联下乡活动20余场等。

【延庆区实现村村通公交】7月15日，延庆区实现村村通公交。

【民主法治示范村创建工作】年内，完成延庆镇鲁庄村等8个区级“民主法治示范村”；张山营镇龙聚山庄村等15个市级“民主法治示范村”的创建工作，并在永宁镇上磨村创建第七批国家级民主法治示范村。

【农民各类比赛】1月8日，延庆区第三届农民象棋比赛在旧县镇文体中心举行。3月24日，延庆区首届农民双升拖拉机比赛在永宁镇文体中心进行。4月19—21日，延庆区体育局承办的“第十七届北京市农民象棋赛”在延庆举行。5月20日在延庆区体育馆举行舞动乡村农民健身操舞比赛。11月5—26日，延庆区派12名农民参加在昌平区体育馆举办的北京市农民篮球比赛。10月31日至11月4日，延庆区健身秧歌队代表北京市参加全国农民健身秧歌大赛。

【村级全科农技员进行新型职业农民培育】年内对103名村级全科农技员实施新型职业农民培育工程，设置公共基础、专业核心、能力拓展3类课程。

【举办第二届（总第四届）基层农技推广知识竞赛】12月30日，全区15个乡镇各选派1支代表队参加，每队由3名村级全科农技员组成。永宁镇代表队荣获一等奖，大榆树镇、珍珠泉乡代表队荣获二等奖，延庆镇、四海镇和刘斌堡乡代表队荣获三等奖。

【开办全国首个农民休闲体育中专班】6月22日，延庆区井庄镇柳沟村开办全国首个农民休闲体育服务与管理中专班。学习内容为“民族传统体育”“体育健康与救助”“运动心理学”等10个专业课程，学制为3年。

【51名农民获花卉园艺工中级证书】3月14日，延庆八达岭镇营城子村花卉园艺工培训班举行结业仪式，该村51名农民获国家级花卉园艺工中级证书。

【举办园林修剪技能大赛】4月8日，延庆区在张山营镇平原造林带举办“世园杯”园林修剪技能大赛。36人参赛，3人获一等奖。

【组织“世园会围栏区园艺类”培训班】5月11日，延庆教委组织“世园会围栏区搬迁村园艺类”培训班，为世园会搬迁村李四官庄村和谷家营村300名村民培训园艺、计算机、服务、手工4个类别，涉及小盆栽种植、插花、服务礼仪、网上开店、布艺制作等20门课程。

【全国职业院校技能大赛获奖】5月23—25日，全国职业院校技能大赛中职组烹饪技能比赛在江苏省扬州商务高等职业学校举行。比赛共设中餐热菜、西餐热菜、中西式面点、冷拼与雕刻4个项目。延庆一职学生2人参加，全部获奖，其中1人获冷拼与雕刻项目二等奖，1人获中西点项目三等奖。

【农民田间学校】年内，开办农民田间学校5所，覆盖延庆、康庄、永宁、井庄四个乡镇，培训学员120人，组织农民活动日62次，组织学员观摩5次，田间技术指导48次，解决技术问题60个，推广新技术20项，新产品4个，培训农民辅导员5个，科技示范户50户。辐射带动农户80户、133.34公顷地。

【妇女培训】11月22—25日，举办花卉园艺培训班，70余名妇女参加了培训班，其中低收入妇女占52%。10月12—19日，延庆区在北京妇女干部学校举办30人的月嫂育婴早教培训班。

【推进农村实用人才开发培养工作】3月，召开农村实用人才工作会，年内计划培养农村实用人才122人，选配区级指导教师35人，配备乡土专家29人。同时为上年创建达标的农村实用人才示范实训基地举行授牌仪式。

【开展区域人才联合培养培训】7月，北京农学院植物科学技术学院牵头，与延庆、怀来两区县的“共建乡镇”联合举办“延怀河谷”产区葡萄酒行业管理技术基础培训班。对来自延庆区15名、怀来县12名乡镇干部、农民合作社骨干和农村实用人才进行了培训，提升了酿酒葡萄种植管理以及葡萄酒评鉴、推介等方面的能力。

【开展农村实用人才创业项目评选活动】8月，积极组织开展农村实用人才创业项目评选资助活动，推荐5个优秀创业项目参加市级评选，康庄镇“‘北菜园’大农业模式下的‘互联网+’”项目最终进入前14名，并接受全市表彰。

【世园会人才支撑项目全面实施】围绕世园会的筹办，依托区农委、区人力社保局、区职教中心、区种植业服务中心、区园林绿化局等单位的师资和平台，开设园林园艺等方面的专题培训和普及培训，对技能型人才进行能力提升培训，全面实施世园会人才行动计划。

【水库移民后期扶持登记和资金发放】年内，核定农业户口水库移民24 748人，其中核减371人，新增199人，补发2015年漏登2人，发放直补资金1 484.94万元；核定无固定职业农转非水库移民4 523人，补发2015年以前漏登17人，发放培训补贴资金241.184万元。

【移民精准扶持项目】年内，完成教育补贴、大病救助、创业扶持3个项目。其中，核定考取高职大专239人、本科402人、研究生15人，发放教育补贴117.8万元。核定患15种大病85人，发放救助资金69.12万元。核定符合乡村能人创业、妇女双学双比创业和大学生创业条件的创业人员8人，发放扶持资金2.4万元。

【移民接收村专项资金扶持项目】年内，完成11个乡镇专项资金扶持项目40个，拨付资金3 200万元。工程内容包括供水、排水（雨水、污水处理）、村级环境整治、街道硬化、公共设施维修、产业发展（大棚、冷库建设）、节水灌溉、铺设农田路、购买防汛和生产设备等。

【移民接收村中央资金扶持项目】涉及王家堡村“5+2”美丽家园试点项目、延庆镇西北片农村安全饮水工程、旧县镇东龙湾村污水治理工程、张山营镇小河屯村污水治理工程、大榆树镇程家营村供排水改造工程、大榆树镇宗家营村排水工程6个项目，总投资6 246万元。其中，延庆镇西北片农村安全饮水工程、旧县镇东龙湾村污水治理工程、张山营镇小河屯村小河屯村污水治理工程、大榆树镇程家营村供排水改造工程，年内完成总工程量80%。

【河湖生态环境管理“河长制”】年内，制定并印发

《延庆区实行河湖生态环境管理“河长制”工作方案（试行）》，设立延庆区“总河长”办公室，在延庆区46条4级以上河道设立河长信息公示牌68块，15个乡镇分别完成本地区河长制工作方案、管护台账、河道档案的编制。

【市级少数民族乡村经济发展专项资金考评会】 3月25日，北京市民族事务委员会组织召开2015年度少数民族乡村经济发展专项资金以奖代补考评会。延庆区政府获得主体作用发挥优秀奖三等奖；大庄科乡政府获得乡镇主体作用发挥优秀奖三等奖；井庄镇南老君堂村获得经济发展达标奖；井庄镇王仲营村、永宁镇吴坊营村分别获得经济发展进步奖。

【统筹城乡劳动力就业】 年内，实现城镇新增就业7 793人，农村劳动力转移就业4 359人。生态就业岗位安置农村就业困难人员8 530人；社区公益性就业岗位安置城乡就业困难人员2 555人。

【城乡居民养老保险】 年内，参加城乡居民养老保险人数65 021人，其中农村居民64 168人，收缴金额6 829.12万元。领取养老金人数23 644人，其中农村居民23 102人，领取保险金额15 402.87万元。

【新型农村合作医疗】 8月30日，新型农村合作医疗管理机构正式划归区人力社保局。年内，新型农村合作医疗参保人数15.57万人，基金累计收入18 684.72万元，累计支付18 288.67万元。

【城乡最低生活保障】 调整全区城乡低保标准，全区共有城乡低保对象3 147户，4 608人，累计支出低保金43 088 929.51元；城市特困人员和农村五保对象共计811户823人，全年累计支出资金10 440 052.75元。此外，为城乡低保和城乡特困人员发放电价补贴349 669.08元。对依靠燃煤自采暖的3 787户低保家庭和分散供养特困人员给予采暖补助3 772 500元；为50户集中供热采暖的低保家庭和分散供养特困人员发放集中供热采暖补助51 200.56元，保障困难家庭冬季燃煤取暖。为8 710人次发放医疗救助资金1 122.96万元。

【民政救助】 推行“月台账清单式”业务管理基本模式，扎实开展各项民生服务保障工作，全年为7大类民政服务对象约1.47万人发放19项民政救助资金共约1.65亿元。

【关爱“三留守”人员】 截至7月底，延庆区共统计摸排城乡留守儿童169人，困境未成年人338人，农村留守妇女2人，农村留守老人11人。政府通过购买服务方式委托北京市延庆区鹏鲲社会工作事务所开展留守儿童（困境未成年人）关爱服务项目。

【第三次全国农业普查】 11月1日，延庆区第三次全国农业普查清查摸底工作全面展开。

【旅游景区对军人免门票】 在全市率先推出包括八达岭长城、龙庆峡在内的国有“4A”级以上旅游景区对全国现役军人、残疾军人免收门票政策。

基层组织与民主政治建设

【第十届村民委员会换届选举工作】 5月26日，全区376个行政村全部顺利完成换届选举工作任务。村委会换届共选举产生新一届村委班子成员1 213人，其中主任376人，连选连任220人，非党员主任99人，两委交叉任职443人。此次村委会换届，坚持“七不能六不宜”原则，严格人选把关，圆满完成了换届选举工作目标。

【软弱涣散基层党组织整顿转化】 年内对存在党组织形同虚设、有历史遗留问题、社会治安问题严重、村党组织换届选举存在重点难点等问题的28个村党组织完成转化提升。

【抓党建促脱贫攻坚工作】 9月30日，下发了《关于在低收入农户增收及低收入村发展工作中切实加强社会力量帮扶工作的通知》，选取98个区直单位与全区58个低收入村、40个低收入户较为集中的非低收入村结成帮扶对子，安排第一书记与低收入户建立帮扶关系，实现区直单位与低收入村结对帮扶全覆盖，促进低收入村、促收入农户脱贫增收。

【选派机关优秀干部到村担任第一书记】 11月24日，选派92名优秀机关干部到村担任第一书记工作，其中市委组织部、市委农工委从市级部门、市属国有企业中选派19人，延庆区自行选派73人。

【发展党员工作】 按照“控制总量、优化结构、提高质量、发挥作用”的总要求，年内共发展农村党员227名。

【创新党员教育模式】 在全区党员中推广使用“党员小书包”手机客户端，有党员活跃用户12 672人，通过客户端推送学习文件、通知29条，发布学习任务、测试12次，11月22日组织开展了全区“两学一做”学习教育成果测试，“万人答题”活动。

【安装远程电教智能TV系统】 按照市委组织部的统一安排部署，延庆区为全区376个村和37个社区共配发413个智能TV系统机顶盒。

“三农”工作部署和实施

【农村工作会】 5月16日，延庆区召开2016年农村工作会。穆鹏主持会议，区领导李志军、穆鹏、胡耀刚、张远、刘学亮、吕桂富、唐富臣、刘明利、刘瑞成、徐凤翔出席会议。区社会主义新农村建设领导小组成员单位、农口单位、乡镇党委政府、龙头企业和合作社代表与负责人参加了会议。刘瑞成做农村工作报告，李志军做重要讲话。

【少数民族乡村经济发展工作协调会】 1月20日，区民宗、区农委、区财政局召开2016年度少数民族乡村经济发展工作协调会。确定2016年实施少数民族乡村经济发展项目5个：大庄科乡慈母川村特色村寨建设二期工程项目；井庄镇王仲营村特色村寨建设一期工程项目；永宁镇新华营村菊花育苗基地建设项目；永宁镇东灰岭村水源工程及满族文化展示设施项目；永宁镇南张庄村改水工程项目。

【审议《防洪法》贯彻落实情况】 6月27日，区一届人大常委会举行第三次会议，听取并审议区人民政府贯彻实施《中华人民共和国防洪法》加快实施地质灾害易发区搬迁工作的报告。

【开辟“连心菜园”打造“齐家文化园”】 5月11日，祁家堡村“连心菜园”正式启动，市民可通过租赁土地开展“农事体验”项目，基地共有200个地块，标号挂牌175个，路面、管道、排水硬件设施完善，内部环境干净优美，以蔬菜种植合作社的形式良好运行。10月21日，与首都师范大学师生联合在祁家堡村打造以“齐家文化园”（取祁家堡村“齐家”的谐音）为主题的文化墙，在主街和部分拐弯处的小街墙面上以绘画的形式“晒家训、传家风、展民情”。

【美丽乡村建设情况报告】 9月30日，区一届人大常委会举行第六次会议。会议听取了区人民政府关于推进60个具有示范带动作用的美丽乡村建设情况的专项工作报告。

【人大建议办理情况】 人大共收到代表提出的涉农建议4件，于5月28日办复。

【政协提案办理情况】 政协共收到委员提出的涉农提案4件，主要涉及延庆区农村改革、沟域经济建设、小城镇建设、新型农村社区、农村减煤换煤等多方面热点、难点问题，于5月31日全部办复。

延庆区领导名录

区委书记 李志军
副书记 穆　鹏　李军会
常委 李志军　穆　鹏　李军会　张　远　刘学亮　祁金利　黄克瀛（女）　吕桂富　虞宝才　谢文征
区人大常委会主任 胡耀刚
副主任 武　克　郑世华　郭永华　闫承发　吴辰英（女，不驻会）
区长 穆　鹏
常务副区长 张　远
副区长 谢文征　刘瑞成　祖　宇　罗　瀛（女，满族）　董　亮　吴世江
区政协主席 陈合安
副主席 刘明利　谷艳兰（女）　张立新　张留全　程大庆（不驻会）　杨雪平（女，不驻会）
区委农工委书记 徐自成
区农委主任 程大庆

延庆区乡镇党政正职领导

	党（工）委书记	镇（乡）长（街道办主任）
延庆镇	闫承发	郭慧成
永宁镇	黄金龙	陈志海
康庄镇	陈桂芬（女）	张春元
张山营镇	崔旭龙	郁世民
八达岭镇	孟顺利	曹凯锋
旧县镇	郭铁石	王秦江
大榆树镇	辛文军	赵满江
沈家营镇	郭雄强	王建柱
井庄镇	曲荣杰	刘　军
千家店镇	张利忠	王晓娟（女）
四海镇	贺常荣（女）	崔秀海
香营乡	李新生	李英铁
刘斌堡乡	葛　新	程立军
大庄科乡	徐志中	荣欣锋
珍珠泉乡	王　琦	闫茂先
百泉街道办事处	赵振华	谷建英（女）
儒林街道办事处	贺建昌	杨雪平（女）
香水园街道办事处	冯浙军	李艳芬（女）

（延庆区农委　李永翔）

市农业系统行政、事业机构

中共北京市委
农村工作委员会
北京市农村工作委员会

2016年，在市委、市政府坚强领导下，市委农工委、市农委领导班子团结带领全体机关干部，全面贯彻落实党的十八大和十八届三中、四中、五中、六中全会及中央农村工作会议精神，深入贯彻落实习近平总书记系列重要讲话及视察北京时的重要讲话精神，自觉践行新发展理念，坚持服务首都城市战略定位，积极疏解非首都功能和主动承接中心城功能转移，全面完成所承担的市委、市政府11大类共99项重大决策任务，进一步提升了城乡一体化发展水平，实现了“十三五”良好开局。

一、深入推进农村改革，内生发展动力不断增强

（一）农村土地制度改革取得新进展

在农村承包土地方面，全市135个乡镇2 712个村开展了土地承包经营权确权登记颁证工作，占全市应确权乡镇、村数的93.1%和84.8%，稳妥推进承包土地经营权抵押贷款试点，累计发放贷款85笔、金额1.16亿元。在集体建设用地方面，积极探索乡镇统筹、集约高效利用集体经营性建设用地试点，丰台区长辛店镇试点已进入实质实施阶段。本市首宗2.6万平方米集体建设用地顺利入市交易，以溢价77%成交，有效探索了集体建设用地与国有土地“同权同价”。在宅基地方面，继续探索开展闲置农宅盘活利用，发展健康养老、乡村旅游产业，怀柔田仙峪村试点稳步扩大运营规模，延庆、房山等区利用山区闲置农宅和搬迁后的旧村，积极探索发展乡村酒店，并取得良好成效。

（二）农村集体经济产权制度改革不断深化

大兴区集体资产股份权能改革试点稳步实施，指导大兴区起草了集体资产股权管理办法，进一步研究股权继承、流转机制和流程，设计印制股东登记簿和分红登记表并组织村级试点。加快推进农村产权流转交易服务体系建设，全年成交农村产权项目156笔、金额22.58亿元，完成通州区农村产权流转交易市场建设试点到期评估工作。落实国家关于法人和其他组织统一社会信用代码制度，在大兴区和朝阳区开展了《集体经济组织证明书》和《组织机构代码证》“两证”合一试点工作。

（三）新型农业经营主体加快培育

新评定市级农业产业化龙头企业24家，递补国家级龙头企业1家，市级以上农业龙头企业累计达到180家，其中国家级39家。登记注册农民合作社达到7 168家、成员18.4万名，合作社规范化建设取得积极进展，重点开展了22家国家级农民专业合作社示范社申报工作，完成了对全市216家市级示范社的经营情况监测工作，3个区成立了区级农民专业合作社联合会，全市农民专业合作社联合社已经达到31家。

（四）农村金融改革继续深化

制定了《关于加大农业领域贴息等金融扶持的办法》，支持融资规模达到5.75亿元，缓解了新型经营主体“融资难、融资贵”问题。进一步完善政策性农业保险制度，不断扩大保险覆盖面，提升保障水平，实施险种23个，全年保费收入达到5.4亿元，同比增长4.9%，参保农户10余万户次。

（五）农转非工作成效显著

印发了《关于切实保障农转非人员集体资产

权益的函》，强化对农转非人员的权益保护。积极研究户籍制度改革政策，梳理了农业户口与非农业户口的待遇差别。全年共完成各类农转非24 532人，其中征地农转非11 652人。全市剩余指标37 504人，其中2011年12月31日前剩余指标已经由初期积压的128 067人下降到29 322人，减少了77%。

二、深入推进农业发展方式转变，发展质量和效益加快提升

（一）农业"调转节"扎实推进

完成了"两田一园"划定，建成农业生产空间管理信息平台。积极调整农业结构，粮食作物播种面积调减至131万亩，比2015年减少了25.7万亩，下降16.4%；占地面积由2013年的176万亩减少到110万亩，调减了66万亩，完成"调转节"计划任务的69%，其中高耗水作物小麦生产面积同比减少20万亩。实施了100家规模化养殖场粪污治理，划定禁养区5 202.3平方公里，禁养区内379家养殖场加快搬迁和关闭。全年生猪和家禽出栏分别调减了3.2%和41.9%，禽蛋和牛奶产量分别调减了6.4%和20.1%。新增节水灌溉面积5.5万亩，全年农业用新水同比减少4 500万立方米。全面实现了农作物秸秆综合利用和禁烧，农业向绿色生态方向加快转型发展。

（二）农业供给侧结构性改革加快实施

围绕"吃得放心"，着力增加中高端农产品供应，组织实施化肥、农药使用量零增长行动，"三品"认证覆盖率提高到46.7%，质量合格率保持在全国前列。围绕"游得开心"，加快推动休闲农业和乡村旅游提档升级，昌平和房山被认定为全国休闲农业和乡村旅游示范区，累计达到7个区；8家农业园区被认定为全国休闲农业和乡村旅游五星级园区，累计达到24家；延庆下湾村等4个村被推介为2016年中国美丽休闲乡村，累计达到14个村。成功举办了世界月季洲际大会和第四届北京农业嘉年华。全市观光园和民俗旅游接待游客4 547.9万人次，实现收入42.4亿元，同比分别增长12.5%、8.2%。

（三）国家现代农业示范区创建加快推进

制定完善了市级示范区和示范乡镇创建管理办法，新认定15个北京都市型现代农业示范乡镇，累计达到68个；新增10个全国"一村一品"示范村镇，累计达到57个。据农业部监测，本市现代农业发展指数在全国排名第一。还成功承办了全国都市现代农业现场交流会，充分展示了北京农业发展新成就，汪洋副总理、韩长赋部长都给予了充分肯定和表扬。

（四）"互联网＋"现代农业创新发展

首次召开全市"互联网＋农业"大会，成立了北京农业互联网联盟，组织评选"最受喜爱的农业电商"，培育了一批农产品电商企业和行业垂直电商平台，引导和扶持了一批"海归"、博士成为农业领域创业创新的"新农人"。积极推进郊区农产品集散中心建设，开通近80个"农邮通"服务站，促进了本市农产品优质优价。支持龙头企业和市级示范社在1 000余栋温室安装了农业物联网设备。

（五）京津冀农业协同发展和农业区域合作积极推进

研究起草了2016年农委系统推进京津冀协同发展工作要点及任务分工。筹办了京津冀现代农业协同发展工作座谈会、项目对接会、考察洽谈等活动，签署了合作备忘录、框架协议等一系列文件；张承地区农业合作进一步加深，新建成一批环京蔬菜基地和养殖基地；启动房山区十渡—河北野三坡沟域景观协同建设发展，京津冀三地在农产品产销对接、休闲农业协作和沟域经济带建设等领域合作迈上了新台阶。继续推进援疆、援藏、援青等对口支援工作和巴东、金寨、南水北调水源区等对口帮扶工作。京台农业合作进一步加强。农业国际合作稳步开展，完成了本市对外农业投资信息采集，配合农业部组织了农业"走出去"农机及贷款项目征集工作。

三、深入推进新型城镇化和美丽乡村建设，城乡发展更加协调

（一）农村地区"煤改清洁能源"取得显著成效

坚决贯彻落实国务院京津冀大气污染防治要求及市政府部署，采取超常规措施，大力治理农村散煤。自我加压，两次提高任务目标，最终完成"煤改清洁能源"663个村庄、22.7万户，超额完成200个村、3.7万户，对未进行清洁能源改造的村庄实现优质燃煤全覆盖，配送优质燃煤112万吨。

为按时保质完成各项工程任务，研究制定了“煤改清洁能源1+3文件”，为改造农宅实施“一户一设计”，成立了专家顾问组，全面加强各项工程的巡查指导。

（二）城乡结合部建设加快推进

“一绿”地区，第一批朝阳区6个乡城市化试点完成90%腾退任务和70%绿化任务，农民全部整建制转居，疏解人口10.8万，转居1.98万，建设集体产业项目11个，绿化面积5 000亩；新启动了第二批6个单元的试点。“二绿”地区，继续总结推广大兴区西红门、海淀区东升等镇的“乡镇统筹”经验做法，稳步扩大集体经营性建设用地集约节约利用试点，有效带动了本地区城乡一体化发展。

（三）功能性特色小城镇加快培育

进一步加强42个重点镇的建设与监测评价。落实国家相关部委要求，开展了全国特色小城镇推荐工作，房山区长沟基金小镇、昌平区小汤山农业嘉年华小镇、密云区古北水镇被评为第一批全国特色小镇。延庆区千家店镇、怀柔区雁栖湖镇、门头沟区妙峰山镇、延庆区八达岭镇被评为全国美丽宜居小镇，累计达到7个。大兴区魏善庄月季小镇、延庆区康庄世园小镇、平谷区金海湖休闲旅游小镇等建设初具规模。

（四）美丽乡村建设扎实推进

新开展300个美丽乡村建设，完成了2015年启动的519个村庄的实地验收。出台了深入推进新型农村社区试点的意见，43个试点完成规划编制，其中22个启动建设。传统村落保护进一步加强，对列入中国传统村落名录的16个村庄完善了资源档案，其中14个编制了保护发展规划；初步确定市级传统村落44个。完成农宅抗震节能改造7.6万户，超额完成2万户。农村基础设施“六网”改造提升工程有序实施，农村基础设施长效管护机制进一步健全落实，基础设施完好率超过90%。

（五）山区可持续发展能力进一步增强

坚持生态优先，更加注重发挥沟域经济生态功能，扎实推进9条重点沟域建设，市区镇投入资金15亿元，带动社会投资9.9亿元，完成“五项工程”项目227个。调整完善了山区生态公益林补偿机制，补贴标准由每年每亩40元提高到70元，山区127万农民人均收益由340元提升至594元。全面启动了3 811户7 687人山区险户搬迁工程。

四、深入推进农村公共服务均等化，民生持续改善

（一）农民收入继续保持“两个快于”的良好态势

2016年，农村居民人均可支配收入达到22 310元，同比增长8.5%，扣除价格因素，实际增长7%。增速比城镇居民高0.1个百分点，这是自2009年以来农村居民收入增速连续第8年快于城镇居民。低收入户收入增速连续6年快于全市农民整体，20%低收入户人均可支配收入实现9 359元，同比增长10.2%，增速比农民整体高1.7个百分点。

（二）新一轮低收入农户增收帮扶工作全面启动

出台了《关于进一步推进低收入农户增收及低收入村发展的意见》，明确以2015年家庭人均可支配收入低于11 160元为基本标准，全面完成低收入户精准识别、建档立卡工作，认定低收入农户7.26万户、15.6万人、低收入村234个，同步开发建设了低收入农户监测信息系统。组织召开全市促进低收入农户增收电视电话会议，全面推动“六个一批”分类帮扶措施落地生效。一事一议奖补资金继续向低收入村倾斜，中央和市级共投入4.3亿元，建设项目553个，60%投向了低收入村。

（三）大力促进农民转移就业

抓住转移就业这个农民增收的关键点，进一步完善城乡一体的就业服务制度，3.68万农村劳动力实现转移就业。积极拓展公益性就业岗位，引导和支持平原造林新移交面积养护岗位尽量安排本地农村劳动力，吸纳2.4万名农民实现绿岗就业。

（四）农村社会保障水平继续稳步提升

积极配合市相关部门完善和提升农村基本公共服务水平。基础养老金由每人每月470元提高到510元，福利养老金由每人每月385元提高到425元；城乡低保标准由家庭月人均710元提高到800元，医疗、入学、住房等救助力度不断加大。推动“空白村”医疗卫生机构建设及人员配置，远郊区新建村卫生室310个，乡村医生岗位补贴由1 600元提高到3 500元。

五、深入推进乡村治理，农村社会保持和谐稳定

（一）圆满完成乡镇党委和村“两委”换届选举

会同市委组织部加强对乡镇领导班子换届工作指导，182 个乡镇党委全部顺利换届，新选出的 1 864名乡镇党委委员中，大学本科以上学历占96.4%，研究生学历占33.6%，乡镇领导班子学历结构进一步优化。圆满完成3 906个村级党组织换届选举，书记、村主任“一人兼”比例达到64.3%，“两委”交叉任职比例达到55.4%；彻底消除了“白点村”，非党员村主任比例下降为11.7%，村民代表中党员比例比上届提高 10 个百分点，达到33.7%，党在农村的执政基础更加稳固。

（二）农村基层党组织建设进一步加强

制定了《关于在全市村党组织和党员中开展“两学一做”学习教育的指导意见》，加强对学习教育活动的指导，以学习教育新成效推动农村经济社会发展。新选派 216 名机关企事业单位优秀干部到村担任第一书记，实现低收入村全覆盖，进一步增强了基层党支部引领发展的能力。启动实施农村基层干部人才培养工程，面向 35 岁以下社会青年和 45 岁以下的在职村“两委”干部，开展免费学历教育。举办了全市村党组织书记示范培训班、低收入村“两委”负责人培训班，指导各区做好基层干部培训，全年共培训农村基层干部7.8万人次。完善村干部待遇保障机制，实施《关于村干部基本待遇和基本保障的实施办法（试行）》，村干部基本报酬调整至最高每年4.5万元、最低 2 万元，进一步调动了农村基层干部团结群众、引领发展的积极性。

（三）创新完善党组织领导下的乡村治理机制

以村“两委”换届选举为契机，指导基层修改完善村规民约和村民自治章程，推动形成多元主体共同参与的“公约化协同共治”，推进农村社会治理体系和治理能力现代化。全面加强农村基层民主政治建设，深化村务监督委员会规范化建设。2016 年，全市村务公开满意度达到 74%，同比提高 8 个百分点。

（四）大力培育乡风文明

加强农村精神文明建设，举办了第二十七届农民艺术节，开展了三大系列 9 项活动。加强乡村文化的继承发扬，开展了 5 个文化试点村建设。围绕强化“共建美丽乡村、共享美好生活”的社会氛围，新评选出 20 个“北京最美的乡村”，累计达到 113 个；在《北京晨报》开设专栏，刊发 50 期“乡村休闲·新鲜品味”的专题宣传；组织开展了“美丽乡村·筑梦有我”大型新闻公益行动，在协调北京广播电视台 135 位主持人牵手 148 个村庄的基础上，重点对接帮扶了 50 个低收入村庄。

（五）农村社会更加安全稳定

会同市相关部门选派了 100 名市级机关干部到城乡结合部地区 100 个重点村（社区）担任村（社区）党组织书记助理，指导推动公共安全隐患综合整治，并取得了新成效。不断完善信访工作机制，妥善处置 50 批次 70 人上访。加强基层矛盾纠纷排查调处，开展了 4 次矛盾纠纷大排查和 5 次专项排查。农村社会继续保持安定祥和的良好局面。

六、深入推进全面从严治党，营造风清气正的政治生态

（一）深入学习贯彻党的十八届六中全会精神

两委把深入学习贯彻党的十八届六中全会精神作为一项重大政治任务，制定了学习方案，两委理论中心组先后组织了 3 次集中学习，进一步坚定了抓好党建就是最大政绩的理念。举办了两期专题研讨班，组织系统 300 余名处级干部全员轮训。通过学习，两委领导干部进一步增强了政治意识、大局意识、核心意识、看齐意识，特别是核心意识、看齐意识，更加自觉地在思想上、政治上、行动上同以习近平同志为核心的党中央保持高度一致。

（二）不折不扣抓好巡视整改落实

两委把巡视整改工作作为全面从严治党的新起点，巡视反馈会后，立即成立了巡视整改工作领导小组，制定了《关于对市委专项巡视情况整改工作方案》，将巡视反馈的三方面问题细化为 19 项具体问题，建立了巡视整改工作督办台账，层层传导压力、压实整改责任。在两个月的集中整改期间，召开专题会议 10 余次，研究部署和解决巡视整改工作重大问题，确保对反馈的问题事事有着落、件件有回音。截至 2016 年年底，巡视反馈意见中所指

出的19个方面问题的整改措施已全部落实，其中5个问题立行立改，其余14个问题正在抓紧整改。两委高度重视巡视整改成果运用，注重长效机制建设，先后研究制定了《开展农业“三项补贴”改革工作实施方案》《农村地区煤改清洁能源相关实施意见的通知》等29项政策意见以及11项内部管理制度。

（三）严格落实主体责任

两委认真落实中央和市委关于党风廉政建设的部署要求，坚持把主体责任作为必须履行的政治担当，研究制定了《关于2016年党风廉政建设和反腐败工作的意见》和《2016年党风廉政建设和反腐败工作分工方案》，对两委机关和系统各单位党风廉政建设进行具体布置，明确了两委领导班子14项主体责任，对主体责任“签字背书”，开展全程纪实，强化责任落实考核。两委领导带队，对系统6个局级单位党委（党组）落实党风廉政建设责任制的情况进行检查评估。严格落实系统各单位党委（党组）主体责任和党委（党组）书记第一责任的职责，工作中主动做到“四个亲自”。两委领导班子其他成员严格落实“一岗双责”，认真履行对分管处室（单位）的管理监督责任。组织召开了机关各处室负责人年度述责述廉工作会，推进落实责任常态化机制建设。2016年以来，两委办公会、工委委员会共研究党风廉政建设相关议题14次，并及时向市纪委报告了党风廉政建设责任制落实情况。

（四）严明政治纪律和政治规矩

深入开展党纪党规宣传教育，认真学习和贯彻《关于新形势下党内政治生活的若干准则》和《中国共产党党内监督条例》，使其成为规范两委及系统单位党组织和广大党员干部行为的硬约束。坚持把纪律和规矩挺在前面，注重抓早抓小，将谈心谈话及落实“四种形态”之中的“咬耳扯袖、红脸出汗”等教育提醒措施，纳入落实主体责任全程纪实中。支持和保障纪工委监察处聚焦主责主业，开展监督、执纪、问责，严格做到有案必查，有腐必惩，坚决维护党的纪律和规矩的严肃性。对巡视组移交的7件信访件进行了认真办理，谈话函询3件，转办1件，初步核实3件；除此之外，另处置问题线索5件，其中谈话函询3件，转办2件，立案2件2人，拟对2名正处级领导干部因履职不力予以问责。

七、深入推进领导班子和干部队伍建设，机关自身建设全面加强

（一）扎扎实实开展“两学一做”学习教育

制定了农委系统开展“两学一做”学习教育实施方案，牵头成立了工委协调小组办公室。先后18次组织党员干部系统学习党章党规和习近平总书记系列重要讲话，推出了学习教育宣传栏。创新学习形式，开展了“认识新常态、践行新理念、推动新发展”主题论坛，处级以上干部提交论文超过300篇。召开了系统纪念建党95周年大会，评选表彰了100名优秀共产党员、50名优秀党务工作者、50个先进基层党组织。举办了系统单位和农村党员专题培训班，加强对系统单位的督促指导，推动了学习教育顺利开展。

（二）进一步完善两委领导班子议事制度

坚持以两委办公会、工委委员（扩大）会的形式，研究决策重大事项，会上主要领导末位表态，充分发扬民主，广泛听取意见建议。实行系统各单位和各处室负责人列席两委办公会制度，凡涉及基层的重要事项都要事先征求各区、乡镇和基层干部群众的意见。2016年共召开两委办公会36次，研究讨论议题146项；召开工委委员会26次，研究讨论议题47项。两个会议共研究讨论重大决策问题69项。每项议题均坚持民主讨论、集体决策与明确分工、落实责任的有机结合，同步加强了对决策事项的跟踪督办，确保班子决策落地见效。

（三）切实加强机关基层党组织建设

印发了《关于进一步规范落实党支部“三会一课”制度的通知》，对“三会一课”开展情况进行了抽查，对落实不到位、记录不认真的提出了整改要求。组织开展了农委系统党员组织关系集中排查、党代会代表和党员违纪违法未给予相应处理情况排查清理、基层党组织按期换届专项检查、党费收缴专项检查等工作。完成了七一党员走访慰问工作，共慰问了11名优秀党员和生活困难党员，发放慰问金3.4万元。机关工会新建了“职工之家”，支持组建了11个文体兴趣小组，举办了2次集体文体活动日，开展了慰问和送温暖活动，进一步增强了机关的凝集力，丰富和活跃了职工生活。

（四）切实加强两委干部队伍建设

抓好思想理论武装。以深入开展“两学一做”学习教育为契机，认真贯彻落实《干部教育培训工作条例》，重点抓好局、处级干部培训，组织局级领导干部参加市委组织部“学习贯彻五大发展理念专题研讨班”12人次、“十八届六中全会精神专题研讨班”12人次。组织做好局级干部党校、干部学院进修班、调训班、专题培训班等7人次，组织处级干部中青班、公务员任职培训班等11人次。在全市干部在线学习中，两委干部考核通过率为100%，在全市排名并列第一。

从严管理监督干部。依据有关政策，修订了《关于两委机关干部因私出国（境）管理的有关规定》。及时做好两委机关干部出入境登记备案工作，完成了79名登记备案人员因私出国（境）证件的集中保管工作。严格按照相关规定为12名局处级干部办理了因私出国（境）审批手续。严格落实领导干部报告个人有关事项规定，两委机关16名局级干部、系统单位33名局级干部均报告了个人有关事项变动情况，完成了两委机关和直属单位70名处级干部的个人有关事项报告工作，报告比例100%；对4名正处级干部、4名副处级干部进行了信息抽查核实，对存在问题的1名干部进行了诫勉谈话。严谨细致地完成了两委机关18个处室、5个事业单位，66卷处级干部、49卷科级及以下干部人事档案的审核认定工作。统筹做好系统单位干部人才援疆、援藏、对口支援和选派“第一书记”、人才京郊行等工作。

严格认真抓好干部任免调配。始终坚持党管干部的原则，坚持好干部标准，坚持正确的选人用人导向，坚持公道正派，确保干部选拔任用工作经得起实践和历史的检验。根据市委巡视组提出的意见，修订完善了《两委处级领导干部选拔任用工作流程（试行）》，按照“凡提四必”“三个不上会”“两个不得”“五个不准”的要求，加大对建议人选干部档案和个人有关事项的审核力度，确保事前监督到位。在动议、组织考察、会议决定上，征求纪检监察部门的意见，强化纪检监察部门的监督作用。把好民主推荐、组织考察、任前公示等环节，充分尊重群众意愿，确保干部选拔任用依法依规、公开透明，自觉防范用人方面的不正之风。2016年两委机关选拔任用了1名处长、2名副处长、4名调研员，完成试用期满转正定级为主任科员2名、副主任科员核职为主任科员6名，对1名处长、1名副处长、1名主任科员进行了交流，从其他市级机关调入2名主任科员，落实安置军转干部2名。

（五）持之以恒抓好机关作风建设

两委主要领导带头落实中央八项规定精神，严格遵守廉洁自律及相关规定，及时传达中央纪委、市纪委对“四风”问题处理的通报，持续释放越往后执纪越严的强烈信号；每逢重要节日，都要重申加强作风建设的纪律规定和落实要求，坚决查纠“节日病”。持续深入改进机关干部作风，紧紧围绕两委中心工作，组织党员干部持续深入开展“进村入户”活动，2016年，两委机关干部共走访慰问114个村、342户，组织开展机关党支部与低收入村党组织结对子、在职党员干部与低收入农户结亲戚帮扶活动，进一步密切了两委机关干部同农民群众的血肉联系。坚决整治群众身边的不正之风，继续开展“为官不为”“为官乱为”和“整治查处侵害群众利益不正之风及腐败问题”两项专项治理工作，进一步巩固了有权必有责、有权必担责、滥权必追责的良好氛围。切实落实厉行勤俭节约有关规定，严格控制“三公”经费，切实做到只减不增，坚决反对铺张浪费和奢靡之风。

（六）全面落实依法行政工作

制定实施《市农委2016年推进依法行政工作要点》，印发了《市农委贯彻落实〈法治政府建设实施纲要（2015—2020年）〉的实施方案》。做好行政规范性文件、重大决策事项以及两委专项资金项目合同的合法性审核工作，对5份文件、163件专项资金项目合同进行了合法性审核。对两委执行的7部涉农地方性法规开展了清理工作，保留6部，废止了《北京市农民负担管理条例》。严格做好文件、会务、财务、值班、信息报送刊发等工作，确保机关规范有序高效运转。制定了《关于加强和改进保密工作组织领导的意见》，成立了两委保密委员会，认真开展保密检查和整改。认真做好建议提案办理，共承办市人大建议48件、市政协提案46件（含党派提案3件、界别提案3件）、全国政协提案1件，已按要求全部办结。切实加大了隐患排查治理、矛盾纠纷调处、重点人监管等安全维稳工作力度，确保了农委系统各单位在重点时期及日常工作中的安全平稳。

市委农工委、市农委领导班子成员

市委农工委书记 孙文锴
副书记 康　森
委员 尚延华（8月免）　李海平
王建中（1月免）
吴宝新　苏卫东
吴更雨（2016年9月挂职延长至2017年8月）
张宏图（3月任）　王修达
周洪生（6月任）
农村纪工委书记 尚延华（8月免）
市农委主任 孙文锴
副主任 李海平　王建中（1月免）
吴宝新　苏卫东　吴更雨
张宏图(3月任)　马荣才(5月任)
韩鲁佳(5月任，挂职1年)
委员 郝　霞　刘春成（11月免）
薛有才　左晓波　寇文杰

（市委农工委研究室　贾寒智　余路婧）

北京市农业局

主 要 工 作

2016年北京农业围绕非首都核心功能疏解、京津冀协同发展战略、建设一流和谐宜居之都，深入落实“调转节”，努力打造“高精尖”，突出的亮点有以下几个方面：

一是农业结构调整快速推进。粮食作物调减66万亩至现在110万亩，已经完成“调转节”计划任务的69%，“两田一园”划定工作基本完成。肉禽出栏调减43.9%（华都肉鸡停产），生猪出栏调减3.5%，禽蛋产量调减6.1%（市场竞争力弱的小养殖场户退出），牛奶产量减少18.2%（首农部分奶牛场迁至河北、山东）。水产面积稳定在5万亩以上。在市、区各级政府的高度重视下，农业结构调整2016年步伐加快。农业结构的调整，一方面为非首都核心功能疏解作出了显著贡献；另一方面，也为北京都市现代农业健康发展提供了良好的基础条件，农业发展迎来了瘦身健体、转型升级的新气象。

二是畜禽养殖禁养区划定全面完成。全市划定禁养区5 202.3平方公里，涉及养殖场和养殖小区379家，对照“水十条”应该关闭的规模养殖场全部包含，现已全面完成关停、治理工作（依照“水十条”，二级保护区内已经治理不再排污的视为关停），2017年开始实施搬迁。

三是农产品质量安全保持良好形势。加快推进农产品“三品一标”认证，即使在部分已认证大企业停产搬迁的情况下，全市“菜篮子”农产品“三品”认证率达46.5%，超额完成年初预计目标，而质量合格率稳居全国前列，没有发生重大农产品质量安全事件。

四是病死动物无害化收集处理体系建设取得显著性突破。与北京环卫集团深度合作，签署正式协议，政府购买服务，由政府监管，财政扶持，企业运作，保险联动。全市病死动物统一收集运输处理体系已经于2017年1月1日正式开始商业运营。

五是农作物秸秆禁烧继续保持零火点。2016年，山区继续加大种植业结构调整，减少秸秆总量；大力推广秸秆肥料化、饲料化、能源化和基料化，促进农作物秸秆全利用；在“三夏”“三秋”等重点时节联合城管执法局、环保局强化联合督查，对督查发现的问题向相关区政府专门通报并约谈。调、转、用、看多措并举下，综合施策效果非常明显。2016年全年未发现农作物焚烧火点（环保部通报北京市10处焚烧火点，经市区两级环保、城管、农业部门实地核查，均不属于农作物秸秆焚烧火点）。全市农作物秸秆利用率达到98.1%（2016年全市粮食收获124万亩，其中：小麦25万亩，玉米99万亩；全市秸秆可收集总量87.8万吨，综合利用量86.1万吨，其中：肥料化包括秸秆还田57.2万吨，饲料化26.9万吨，能源化和基料化2万吨）。

机 构 设 置

单位名称	地　址	邮　编	电　话
北京市农业局	西城区裕民中路 6 号	100029	82031800
北京市农业技术推广站	朝阳区惠新里高原街 4 号	100029	84638460
北京市土肥工作站	西城区裕民中路 6 号	100029	82078454
北京市种子管理站	海淀区北太平庄路 15 号	100088	62051552
北京市植物保护站	西城区北三环中路 9 号	100029	62016348
北京市优质农产品产销服务站	朝阳区安外北苑路 88 号	100101	64965639
北京市农业环境监测站（北京市农业绿色食品办公室）	西城区裕民中路 6 号	100029	82031875
北京市农业局信息中心	西城区裕民中路 6 号	100029	82031894
北京市动物疫病预防控制中心	大兴区生物医药基地祥瑞大街临 17 号	102600	60275629
北京市畜牧总站	朝阳区安外北苑路甲 15 号	100107	64891950
北京市动物卫生监督所	西外上园村甲 3 号	100044	62248621
北京市兽药监察所	大兴区生物医药基地祥瑞大街临 17 号	102600	60272616
北京市饲料监察所	朝阳区安外北苑路甲 15 号	100017	84934332
北京市畜牧业环境监测站	昌平区昌平镇超前路 21 号	102200	89740848
北京市水产技术推广站	朝阳区潘家园华威西里甲 48 号南楼	100021	87702636
北京市水生野生动植物救护中心	延庆县大榆树镇西杏园 300 号	102100	81198253
北京市渔政监督管理站	丰台区永外西罗园二区 23 楼二层	100077	67274269
北京市农业机械试验鉴定推广站	丰台区南方庄甲 60 号	100078	67631575
北京市农业机械监理总站	海淀区复兴路 2 号	100038	63312505
北京市农业局后勤服务中心	西城区裕民中路 6 号	100029	82078481
北京市农民体育工作办公室	西城区裕民中路 6 号	100029	62024158
北京市农业局宣传教育中心	西城区裕民中路 6 号	100029	82078183
北京市农业局财务服务中心	西城区裕民中路 6 号	100029	82085018
北京市农业局老干部活动站	西城区裕民中路 6 号	100029	82078496

此外，农业发展着重突出提质增效。表现在：一是以“菜篮子”农产品生产为核心打造都市现代农业产业带。以蔬菜产业为主体，以基本菜田补贴政策等为推动，着重扶持建设了一批生产区域适度规模化的蔬菜专业镇、专业村和百亩示范园，并以此为主体打造都市现代农业产业带。2016 年重点建设了大兴、房山区的 3 个专业镇（覆盖菜田面积4.6万亩）和大兴、密云、顺义、通州和平谷区 15 个专业村（覆盖菜田面积1.6万亩）。通过两年的建设，全市万亩蔬菜镇达到 4 个，千亩蔬菜专业村达到 29 个，覆盖面积约 8 万亩，成为本市蔬菜产业的集聚区和优势区。二是建设一批高标准农业生态园区。为了强化农业生态功能，农业科技与技术推广、农机装备、生产力布局等主动跟进围绕结构调整和方式转变，集成技术，全年打造了市级生态农业示范园区 28 个。三是加快发展现代种业。进一步完善了国家（北京）现代种业创新试验示范区建设方案，正与科技部协商报国务院审批。制定南繁科研育种基地（海南）建设方案，总投资2.43亿元，拟新建基地5 000亩。确定了市农林科学院、北京农学院和市农业技术推广站为种业人才发展和科研成果权益改革试点单位，加快推进北京市种业体制改革。四是加快推进农产品优质优价。挖掘互联网潜力，试点农村电商，发展“互联网＋农业”，完善农产品滞销应急机制，在有效防止农产品滞销的同时推动优质优价。2016 年在昆明举办的中国国际农产品交易会上，北京展团签约4.4亿元，精品、特色农产品、网络销售占据主力。开展农产品

供给侧、需求侧研究，专门建立专业的产销平台，开拓性地开展“北京农业进社区”活动，由政府搭台，企业唱戏，使百姓受益。

农业生产加快转变生产方式。表现在：一是农业面源污染防治取得新成效。实施测土配方施肥全面覆盖，调整化肥使用结构促进养分配比平衡，开展有机肥替代化肥，全市粮食、蔬菜化肥总用量（折纯量）6.39万吨，化肥利用率达到32.5%，同比提高2.7个百分点。应用生物防治、物理防治等，大力推广绿色防控技术，实施精准科学施药，推行病虫害统防统治，全市农药总用量降低至568吨（折百量），农药利用率提高到41.2%，同比提高1.4个百分点；病虫害统防统治比例达到31.9%，同比提高5.7个百分点。对保留的规模养殖场不断改造提升，全力治理畜禽养殖粪污，完成年度100家规模养殖场粪污治理任务，还联合市财政出台专门意见，确保2019年底禁养区划定后保留的全部规模化猪场、牛场治理任务的完成。二是持之以恒实施农业节水。2015年节水4 000万立方米以上，2016年新增节水灌溉面积5.5万亩，全年农业节水近4 000万立方米，基本完成年度节水任务。农业转方式系列工作，逐步改变了传统农业部分产业耗水、散脏乱、污染环境的特点，使得农业生产的正面形象逐渐提升。

农业生产发展重点难点不断破解。表现在：一是从源头防范控制疫情风险。建立了“以监促防、网格管理、风险评估”等防疫监管模式，开展打击瘦肉精、三聚氰胺等非法添加为重点的专项行动，2016年畜禽养殖环节抽检合格率100%。2016年夏天怀柔区部分乡镇出现牛炭疽疫情，市区镇联动，京津冀协作，强制免疫、快速扑杀、追根溯源同时开展，应急处置及时到位。2016年狂犬病全部实施强制免疫，狂犬病例截至目前仅发生3起（2015年11起）。二是农业生产领域“减煤换煤”快速推进。全市农业生产领域（不含花卉）冬季供暖总面积为1 303.6万平方米，总用煤量为11.1万吨。思想动员和政策推动并举，将农业生产领域的“减煤换煤”纳入农村地区“减煤换煤”清洁空气行动的整体工作。2016年已启动农业生产领域“煤改清洁能源”技术试点，全市共完成“煤改清洁能源”技术改造151家，改造面积总计约为79.5万平方米，减煤约为1.3万吨。2017年设施农业、各类养殖场将全面推广清洁能源或实现优质煤替代。三是京津冀农业协同发展加快。明确了环北京1小时物流圈内20个河北主产县的蔬菜生产及流通情况；确定了8家企业建设17个“菜篮子”农产品外埠基地，总面积达39 340亩。联合开展农药、植物检疫、渔业资源保护等联合执法9次，协同建设绿控基地70个；召开了京冀农产品市场会商，在京冀区域范围内布局生猪全产业链数据监测试点等。

市农业局党政领导班子成员

党组书记　吴宝新
成员　王振邦(6月退休)　郑　渝　马丽英　李全录　阎晓军　陶志强
局长　吴宝新
副局长　王振邦(6月退休)　郑　渝　马丽英　马荣才(5月调离)　李全录　阎晓军
总农艺师　陶志强

（市农业局　黄生斌）

北京市气象局

概　　况

中华人民共和国成立初期，北京市气象工作由中央气象台兼管，1958年7月，北京市农林水利局设气象组，开始组建市属气象台站网，1959年11月，北京市气象服务台成立。1960年10月，经国务院批准成立北京市气象局，逐步健全各级气象机构，开展各项气象业务工作。1964年2月与市水利工程局合并为市水利气象局，1968年10月与市农林局、市农机局、市农场管理局合并为市农业局，1973年7月恢复市水利气象局建制，1978年6月恢复市气象局建制。1980年以后，北京市气象局实行中国气象局和北京市人民政府双重领导管理，以部门领导为主的管理体制，作为中国气象局的下属机构，同时是北京市政府的工作部门。负责北京市行政区域内的气象管理工作并承担北京地区气象监测、制作和发布北京地区天气预报和灾害性天气预警任务，开展气象科学研究和气候变化研究等工作。

北京市气象局同时是中国气象局华北区域气象中心，负责对该区域内的其他省（自治区、直辖市）气象局开展气象业务技术协调和指导，科研组织，技术支持及业务培训等工作。2016 年 4 月 25 日，中国气象局与北京市政府召开气象工作部市合作第二届联席会议，总结 2011 年以来部市合作工作进展，研究部署“十三五”时期部市合作重点任务，进一步推进北京气象现代化建设。

50 多年来，北京市气象局内设机构和直属单位经历过多次变化与调整。2016 年市气象局内设有局办公室（应急管理办公室、行政管理处）、应急与减灾处、观测与预报处、科技发展处（气候变化处）、计划财务处、人事处、政策法规处（气象服务管理处）、党组纪检组、机关党委办公室（精神文明建设办公室）、离退休干部办公室 10 个机关处室、10 个直属事业单位，下设 14 个区气象局（东、西城区政府明确由区应急办承担气象工作职责）。代管北京市人工影响天气办公室、北京市突发事件预警信息发布中心；北京气象学会、北京减灾协会挂靠北京市气象局。

人员与机构

年内，全市气象部门在编职工 554 人。其中，参照公务员管理 122 人；事业单位管理人员和专业技术人员 421 人；工人 11 人。职工学历不断提升，学历结构：博士 78 人，硕士 189 人，本科 223 人，大专 36 人，中专以下 28 人。职称结构：高级职称 171 人（其中正研级职称 25 人），中级职称 215 人，初级职称 105 人。

机构设置

单位名称	办公地点	邮　编	联系电话
北京市气象局	海淀区紫竹院路 44 号	100089	68400858
北京市气象台	海淀区紫竹院路 44 号	100089	68400581
北京市气候中心	海淀区紫竹院路 44 号	100089	68400552
中国气象局京津冀环境气象预报预警中心	海淀区花园路街道北洼西里 55 号	100089	68400755
中国气象局北京城市气象研究所	海淀区花园路街道北洼西里 55 号	100089	68400745
北京市气象服务中心（专业气象台）	海淀区紫竹院路 44 号	100089	68400562
北京市气象灾害防御中心	海淀区花园路街道北洼西里 55 号	100089	68400678
北京市气象信息中心	海淀区紫竹院路 44 号	100089	68400527
北京市气象探测中心	大兴区成寿寺路临 1 号	100176	68400731
北京市气象局机关服务中心	海淀区紫竹院路 44 号	100089	68400808
北京市人工影响天气办公室	海淀区紫竹院路 44 号	100089	68400535
北京市突发事件预警信息发布中心	海淀区紫竹院路 44 号	100089	58991332
北京市避雷装置安全检测中心	海淀区紫竹院路 44 号	100089	68400707

主　要　工　作

1 月 18—19 日，召开全市气象局长会议，会议全面贯彻落实全国气象局长会议、市委全会和市“两会”精神，总结回顾 2016 年气象工作，分析形势和不足，明确思路，部署 2017 年重点任务。

（一）气象预报预警服务

重大活动保障方面，年内圆满完成 27 项首都大型活动服务保障任务。发布“9·30 烈士纪念日”献花篮、“2016 年中国网球公开赛”等重大活动气象服务专报 493 期。与冬奥组委建立气象服务联系协调机制，派专人进驻冬奥组委和延庆运行分中心，冬奥组委会设立冬奥气象服务办公室。制定冬奥、冬残奥会气象服务筹备工作方案。冬奥气象科技攻关项目获得市科技计划 4 个重大项目支持。启动冬奥探测系统建设，进行赛场自动气象站建设与改造规划，升级延庆风廓线雷达。推进延庆赛区人工增雪综合观测试验场建设，组织 7 次人工增雪综合观测试验。保障国际奥委会单项专家组实地考察、申冬奥一周年纪念活动等系列活动。

专业专项气象服务方面，年内强化热、电、气联供联调保障。发布供暖气象服务专报37期。在采暖季，利用电台、电视等媒体为公众提供供暖气象指数预报，通过“供热节能气象服务系统”为供暖企业提供供回水温度预报，指导自采暖用户和供热企业科学供暖。开展电网雷击和大风等灾害分析和电力负荷预测研究，完成400个变电站的精细化气象要素预报产品，建立电力气象服务系统；通过“北京市电力负荷趋势预测系统”，5—9月提供“迎峰度夏”气象服务专报及供电负荷预测22期。通过自主研发的“北京热电气联调气象服务系统”，为城市管理委员会提供燃气旬月季报46期及采暖季燃气需求预测服务4期。通过“北京道路交通气象灾害监测预警服务系统”，为市交通委、交通运行监测调度中心（TOCC）提供交通气象服务日报336期，交通气象快报250期，针对早晚高峰的高影响天气，发布交通气象专报7期。新增北京西客站春运专项服务。成功预测玉渊潭第一朵樱花的开花期，以及香山红叶观赏初期、盛期和结束期，发布樱花和红叶气象服务专报6期。4—9月开展花粉浓度实况和预报服务，面向公众开展花粉过敏提示服务。通过自建的“北京特色旅游气象服务系统”，为全市AAA级以上重点景区提供精细化景点预报。

为保障行业重点用户及城市生命线的安全运行，向北京电力、华北铁路、排水集团、首都机场、自来水、环卫集团等重点用户共发布北京地区专业专项警报65期，华北地区警报135期，铁路交通气象日报332期，扫雪铲冰专报23期。为东、西城区提供精细化的气象信息和分区预警服务，加强高影响天气的跟踪保障和应急联动。全年累计发布《中心城区重要天气报告》64期，东、西城区分区预警102期。

公众气象服务方面，服务水平稳中有升。年内，完善跟进式服务和重大天气应急跟踪播报机制。改进交通气象服务客观技术方法，升级交通运行监测调度中心（TOCC）气象服务等信息平台，提供1公里分辨率精细化气象监测与预报产品。强化城市生命线热、电、气联供联调保障。针对日常天气和高影响天气过程，全年共发布2 984期服务材料。决策服务工作满意率为100%。与2015年相比，“气象北京”微博粉丝增长60%；“气象北京”微信关注数翻一番，并入驻“今日头条”。年内“气象北京”官方微博在第三季度“全国十大系统微博”中再次跻身四强。

防雷气象服务方面，完成中央政府、轨道交通、文物古建、高等院校、易燃易爆、住宅小区等系统共计4 600个单位防雷检测任务，为3 680家存在防雷安全隐患的单位提出整改意见，完成市局与朝阳、海淀、丰台、石景山气象局新建建筑物及工程验收委托检测55家。年内，圆满完成地铁4号线、大兴线、14号线、16号线全程115.6公里，82个地下站、5个车辆段的防雷服务保障工作。共开展通信、IT、信号等7个专业的7 400个防雷检测点检测工作。重点做好文物古建防雷服务保障工作。组织技术力量开展故宫博物院养心殿、景仁宫、坤宁宫、慈宁宫等殿宇以及东华门、午门、神武门、角楼等建筑物的防雷安全检测工作；完成中南海内各个会议厅、行政楼、紫光阁防雷检测。此外，还为国家博物馆、圆明园、颐和园等46家文物保护重点单位开展防雷服务保障工作，保障文物古建的防雷安全。年内，检测易燃易爆场所近200家，涉及加油站、危险品库以及化工厂等。完成对首都机场T1、T2、T3航站楼、要客候机楼等重要区域，以及国航办公区及家属区等配套设施区域（包括机场气象观测站、雷达站，国航所有产权楼，国航飞训基地等新增项目）防雷服务保障工作，检测覆盖面近100%；全面开展机场油库防雷安全巡查工作。

（二）气象防灾减灾长效机制

气象防灾减灾精准有效。年内，修订暴雨预警标准及预警信息发布办法，发布公众防御指引。巩固完善“三维三进”预报预警工作模式，精细服务汛期43次降雨过程，特别是准确预报、科学预警“7·20”特大暴雨过程，受到市委常委会表扬。积极服务12月16—21日和12月30日开始的长达9天的持续大范围雾霾天气过程。完善市区两级人影安全保障工作机制，联合市农委、市安监局、市公安局等单位开展人影作业点安全等级评定和检查。全市地面作业537点次；飞机作业34架次；联合河北、天津开展两库上游区域增雨作业33日。全面融入城市网格化社会服务管理体系，实现气象防灾减灾工作覆盖网格单元。

（三）气象现代化建设

继续推进气象现代化基础设施建设。重点工程项目建设稳步推进。年内，完成市突发事件预警信息发布中心项目大楼主体结构建设，完成市人工影响天气综合科学试验基地装修及附属设施安装。门头沟国家级气象观测站新址正式投入运行，大兴、通州、石景山观测站新址及备份站投入使用，大兴、海淀区气象局业务楼等基础设施建设进入收尾阶段。启用观象台业务楼和市气象计量站。编制完成冬奥会气象服务保障工程、预警信息发布与气象能力提升工程、重大国事活动保障人影能力建设工程等“十三五”重点项目可行性研究报告。

气象预报预警能力提升显著。年内，建立重大灾害性天气过程国内外专家联合攻关和预报偏差个例复盘研讨机制。持续推进、快速更新多尺度分析及预报系统（RMAPS）关键技术研发，实现10分钟滚动更新逐小时临近预报系统业务化。建立主客观融合的精细化气象格点预报技术体系，实现0～10天无缝隙精细数字格点预报产品制作发布。与2015年相比，24小时晴雨、最高气温预报准确率再创历史新高，分别提高0.93%、0.75%，120小时晴雨预报准确率提高1%，24小时暴雨预报TS评分达到41%。暴雨、雷电预警提前量分别达100分钟、44分钟，明显超过2015年（18分钟、36分钟）。市突发事件预警信息发布中心实现了与全市各相关委办局和18个专项指挥部预警信息及提示信息的对接。年内共发布各类预警及提示信息313条。

综合观测应用水平稳步提高。优化上甸子区域大气本底站能见度和辐射观测业务。启动京津冀大城市综合气象观测试验，提高京津冀地区气象观测数据整体质量和模式可同化率。完成华北区域站遴选，升级19个国家级台站称重降水观测系统。建成房山、昌平、顺义、通州4部X波段双偏振雷达，建成北京X波段双偏振多普勒雷达组网应用系统。完善风廓线雷达观测站网布局，新建4部、升级3部风廓线雷达。建设3部激光云高仪和云量自动观测仪。

气象信息化进展明显。年内，全力推进CIMISS业务化运行和系统对接，并基于此建立统一的基础数据环境。优化基础资源和资料传输流程，搭建实时数据下载平台，建设信息综合显示系统。推进新版综合气象显示系统（LDAD）业务试用，集约化展示数据服务产品。完成华北区域数值预报产品向“数值预报公有云”的上传，新增100M电信互联网带宽，为数值预报上传公共云以及共享全国数值预报产品提供互联网带宽保障。全面梳理数据流程，完成预警中心新址信息网络及业务平台布局设计。

（四）气候预测和应对气候变化工作

气候预测方面，气候业务和应用服务能力提升。优化延伸期气候预测业务流程，完成市干旱监测预测平台、市气候变化业务平台及北京卫星气象服务系统（一期）业务平台建设。开展气候可行性论证，形成通风廊道规划气候论证业务服务体系。与市农委、市园林绿化局等单位联合开展农产品气候品质论证，制定认证办法，组建专家库，主动融入“农场云一绿色履历”农产品追溯平台和在线农场管理“221农业服务平台”。强化农业气象灾害风险管理服务，并纳入“北京市农村金融与风险管理信息”平台。

年内，共完成月季气候预测产品15期，延伸期预报产品33期，专题服务产品2期，区域指导产品11期。圆满完成2016年春运期间、2015/2016年供暖结束日、2016年供暖起始日期、北京马拉松赛等气候预测服务工作。参加供暖终日会商1次、供暖初日会商2次。圆满完成2016年秋冬季空气污染气象条件趋势会商工作。

应对气候变化方面，提升城市气候服务能力，推进气候可行性论证工作实施。年内，在城市规划和重大工程等气候可行性论证方面，开展了“通州区通风廊道划定及管控思路专题研究”等5项气候可行性论证业务。配合市政府《通州区总体规划》，牵头实施了通州区通风廊道划定及管控思路制定，为北京城市副中心建设提供了气象科技支撑。与北京市城市规划设计院合作开展北京中心城内涝模型敏感性试验和风险评估分析，构建了海绵城市相关评估体系气象指标，划分了北京地区海绵城市规划分区。

（五）气象为农服务

不断完善“两个体系”建设。组织门头沟区申报第四批标准化气象为农服务县，组织昌平区小汤山镇等11个乡镇申报标准化气象为农服务乡（镇）。

完成“春播”和“三夏”“三秋”等关键农时的精细化农业气象服务。制作发布服务产品22期。针对年初发生的连续雾霾天气导致的设施农业寡照灾害、早春霜冻、春玉米干旱，发布监测预警指导产品 3 期，监测评估服务产品 3 期，主要针对农业气象灾害造成的损失进行定性和定量相结合的评估，对灾害的可能影响提出防御措施，并指导农民有效防灾减灾。

建立设施农业小气候条件预报、设施农业气象灾害影响评估模型，建立相关农业气象数据库和农业气象服务系统，并形成设施农业气象灾害监测预警、设施小气候条件预报、设施农业气象灾害影响预报的业务技术流程，定期制作产品已应用于各区气象为农服务工作中。指导各区气象局面向当地农业部门、种植中心等提供特色农业气象服务。定期开展农田调查和灾害调查，了解该作物生长状况和发育进程。制作设施农业小气候监测、预报产品 62 期，地质灾害土壤水分监测预报 5 期。

开展气象为农服务分类短信服务。年内，通过短信向农业主管部门等共发布短信产品 262 条，农业气象电视专题节目 8 档期。

（六）人工影响天气作业

年内，积极开展人工增雨（雪）防雹作业。利用 1 架“空中国王”飞机和 1 架运-12 飞机开展人工增雨（雪）作业和综合科学探测；全年共计开展增雨（雪）作业飞行 22 架次、飞行时间 64 小时 13 分，作业时间 16 小时 27 分，燃烧机载碘化银烟条 380 根。

年内，全市地面作业共使用火箭 306 枚，高炮炮弹7 964发，烟条3 213根。其中，开展地面增雨（雪）作业 46 日，碘化银发生器作业 391 点次，燃烧碘化银烟条3 213根，火箭作业 86 点次，发射增雨火箭 243 枚，高炮作业 13 点次，发射高炮炮弹 619 发；开展防雹作业 23 日，高炮作业 160 点次，发射高炮炮弹7 345发，火箭作业 20 点次，发射火箭弹 63 枚。

联合河北、天津开展两库上游区域增蓄作业。根据天气条件，适时组织河北张家口、承德多次开展跨区域联合增雨作业，累计开展增雨作业 33 日，火箭作业 158 点次，发射增雨火箭 849 枚。

人影作业效益显著。全年人影增雨（雪）作业使得全市平均增水率为21.8%，有效增加“两库”蓄水，同时对改善土壤墒情、降低森林火险等级、保护生态环境有积极作用；人工防雹作业保护区范围内未见雹灾。

（七）科研教育和科技创新

科研立项方面，科研投入与科技产出成果丰硕。年内，科研项目到账经费1 822万元，较 2015 年增长 14%。研究实力和水平得到明显提升，全年获国家和北京市自然科学基金 13 项，完成省部级以上项目 18 项，发布 2 项行业标准和 1 项地方标准。完成科技成果业务转化和应用 26 项。获省部级科技奖励 5 项，发表 SCI、EI 等高水平研究论文 30 多篇。召开城市观测国际研讨会，进行城市气象研究进展与预报应用培训。

科技成果和进展方面，首都气象大科技格局效果初显。丰富大科技研发格局内涵，推进“0～12 小时短时临近预报预警准确率提升工程”科研成果转化，有效解决了 0～2 小时临近预报和 2～12 小时短时预报产品科研支撑不足的问题。积极发挥区域中心带动示范作用。与华北区域各省合作编制完成《华北区域数值预报业务体系建设方案》。与山西、内蒙古、河北等地气象局签订数值预报业务发展合作协议，构建华北区域数值预报业务研发平台，实现与内蒙古、山西、河北等地气象部门之间高性能计算资源共享访问。实现华北区域业务交流常态化。RMAPS 核心技术在华北区域内实现共享，并推广到新疆、甘肃、安徽、厦门、杭州等地气象部门，精细化预报产品实现在河北、山西、内蒙古等地业务应用。环境气象数值预报产品共享到京津冀和中央气象台。

（八）人才队伍建设

人才培训方面，年内职工参加中国气象局培训中心和有关职能司培训 127 人次；参加地方组织的公务员和司局级、处级干部培训 6 人次，另外送非气象部门培训 4 人。年内在职教育送学计划 19 人，其中博士生 5 人、硕士生 11 人、本科生 3 人。

成才育才方面，年内发挥首都人才优势，1 人入选北京市百千万人才工程，1 人入选北京市高层次创新创业人才支持计划领军人才，引进海聚工程 1 人。选派 2 名预报员到中央气象台学习交流，2 人到国家气候中心交流学习，2 人到国家公共气象服务中心交流学习；安排 2 名业务人员到宁夏局参加东西部交流。提任 21 名处级干部，其中正处级 9 人，副处级 12 人；市局机关 6 人，直属单位 7 人，区气象局 8 人；各单位主要负责人 4 人，副处级领导干部 5 人，非领导干部 12 人。

全国气象部门 2015 年度人才高层次人才队伍建设评估、人才综合评估排名第一，总体素质评估排名第二。正研级高工比例达4.5%、高工比例达

26.4%。12名优秀人才分别入选北京市海聚工程、北京市百千万人才工程和中国气象局首席专家、科技领军人才、青年英才，创历史新高。年内接收硕士毕业生5人，博士毕业生12人，博士后4人，其中安排到区气象局1名硕士。

（九）国内国际合作交流

年内，扩大国际合作，针对核心技术开展联合研究。与韩国首尔市气象厅签署气象合作框架协议，派员参加韩国冬奥气象相关科技会议与测试赛调研。与美国俄克拉荷马大学签署合作协议，双方拟在高分辨率观测资料质量控制技术和同化应用技术、高分辨率数值预报系统等领域开展深入合作。

丰富开放合作内涵，吸引国际智力资源协同攻关。继续与美国NACR孙娟珍、陈飞博士，奥地利国家气象地震局王勇博士等国际知名专家合作，推进数值预报、短临预报及城市精细化预报核心技术的研发；聘请美国圣何塞州立大学、纽约城市大学相关专家教授为客座研究员，指导城市气象研究；聘任美国俄克拉荷马大学教授薛明、张贵付为“城市气象研究—国际科技合作基地”特聘专家。邀请美国、英国、荷兰等国际专家50余人次进行交流讲学。

发挥国际科技合作基地作用，组织国际科学观测和研讨培训。组织召开“第四次城市降水与空气质量研讨会”“2016年秋季工作组会议”以及“城市气象研究进展与预报应用培训班”。

鼓励科技业务人员参与双边及中长期国际合作交流，年内共派出23人出国（境）执行任务，全部为业务科研管理人员，其中超过1个月出访任务的共计12人次，占42%。年内组织全局出访成果汇报会2次。全年完成法国、韩国、俄罗斯等国来访接待任务共计39人次。

发挥首都区位优势，推进开放、合作、共赢的国内合作。与中国气象局气象探测中心在区域雷达三维数字化拼图资料同化应用、与中国科学院大气物理研究所在灾害性天气机理研究和区域数值预报模式研发、与环境科学研究院及清华大学等在环境气象预报技术研发等方面继续开展科技合作。牵头组织华北区域环境气象学术交流与发展研讨会、地基GPS资料解算、质控和同化应用研讨会、华北区域气候技术交流会、华北八省（自治区、直辖市）人工影响天气协作技术交流会、云降水物理研究和云水资源开发北京市重点实验室学术年会。

（十）气象改革、法规建设及社会管理

年内，深化气象科技体制改革。统筹优化全局资源，组建城市气象研究院，聚焦城市精细化预报核心科技问题，建立链条式研发模式和分类考核与绩效管理机制，完成公开竞聘上岗。与国家级业务单位、国内高校广泛开展合作。建立外国专家为引领的创新团队。强化区域协同创新，构建华北区域数值预报业务研发平台，牵头组建“大北方区域数值模式体系协同创新联盟”。气象科技创新纳入北京市科学技术委员会科技发展计划。深化气象服务体制改革。推动气象服务业务集约化、规范化发展，建立公共气象服务产品准入和退出制度。完善公共服务产品业务及监控，主动融入“互联网+”工作。成立气象服务管理处，出台《北京市气象信息服务单位备案管理办法》（试行）。建立监管对象台账，与市网信办建立联动机制。开展气象服务传播质量评价工作，与市工商局共同推进气象服务企业诚信体系建设。深化防雷减灾体制改革。全面完成《北京市防雷减灾体制改革实施方案》5大方面、14项改革任务。与市住建委、市规划国土委联合发文，出台北京市防雷管理规范性文件。重组气象探测中心和观象台，成立气象灾害防御中心，完善防雷减灾监管技术支撑机构，稳妥做好人员安置工作。放开北京市防雷检测资质，6家社会企业获得防雷检测资质。

年内，推进气象灾害防治立法工作，气象法规不断完善。《北京市气象灾害防治条例（草案）》通过市人大三审。《北京市气象设施和气象探测环境保护专项规划（2014—2020年）》获批印发。

气象执法检查方面，科学管理水平不断提升。年内，市气象局进一步加大执法力度，全年开展执法检查1 700余次，立案查处各类气象违法行为40起。深化联合执法机制。持续推动部门内部“上下联动、片区协作”以及部门间“横向联合、综合协同”的联动机制构建。气象与城管施放气球联合执法已成常态，与网信办联合开展气象信息服务单位监管，与安监联合推进防雷安全监督管理，与工商局共同推进气象服务企业诚信体系建设等。

气象标准化建设方面，明确气象标准化职责分工，标准化归口管理。完成气象灾害防御标准体系建设，搭建涵盖3个层次、5个分体系、20个子体系的北京市气象灾害防御标准体系。按进度完成标准制修订工作。年内，有1项行业标准和3项地方标准获批立项，2项地方标准完成报批，1项行业标准和1项地方标准获批发布。完成2017年度地方标准申报工作，共申报一类项目4个，二类项目1个。北京市气象标准化技术委员会在2015年度全市专业标准化技术委员会考核评估中获得优秀。

（十一）党建和精神文明建设

党组织建设和党员干部教育方面，年内市气象局夯实党建工作基础，成立党组党建工作领导小组，严格执行“三重一大”决策制度。开展基层支部换届和党费收缴专项检查等工作。深入开展“两学一做”学习教育，党组中心组理论学习13次，党组专题党课报告2次。

党风廉政建设方面，年内市气象局严格监督执纪问责，开展巡视试点，认真抓好巡视整改落实工作，实现区局巡查督查和直属单位专项督查全覆盖，强化“四风”问题集中检查和选人用人进人监督，严肃查处违纪问题。严格落实中央“八项规定”精神，狠抓制度执行。全年完成26个项目审计，22项基建审计，审计总金额4.17亿元。严格控制三公经费，各单位三公经费预算均未超过2015年水平。

群团工作方面，年内市气象局发挥工会、共青团等群团组织作用。开展职工运动会、拔河比赛，利用羽毛球、乒乓球、舞蹈队等体育兴趣小组，加大力度支持绿洲书架建设，增加新图书。12月，北京市气象局第六届工会委员会任期届满；召开第七届会员代表大会并选举产生新一届局工会委员。市局工会被市总工会评为2015年北京市优秀工会工作标兵单位。开展第三届“青年气象之星”评选表彰活动；组织“青年气象之星”代表亮相北京生活频道《生活气象》栏目展示风采；组织青年职工代表参观北京市方志馆；依托绿洲爱书人俱乐部，开展道德经典诵读、书画讲座等活动；组织开展全市气象部门“两学一做”青年知识竞赛。成立北京市气象局妇女工作委员会。年内，环境气象中心市级职工创新工作室晋级为“张小玲命名创新工作室”。万云公司FAST项目防雷设计方案获得北京市总工会、北京市科学技术委员会颁发的2015年度“首都职工自主创新成果三等奖”。气候中心、环境气象中心、防雷中心获得2016年度首都职工创新项目助推名单。

深化精神文明创建，加强学习型党组织建设，年内相继邀请北京大学、市政府秘书处、中国气象局办公室等有关单位领导专家为党员干部授课。开展“读书、荐书、评书”活动。局职工图书室年内新购进图书200多册，并依托绿洲爱书人俱乐部在业务楼显要位置设置了开放式借阅书架，推动读书活动的开展。编制印发《北京市气象局党员应知应会知识手册》。各支部组织观看《永远在路上》警示教育片。结合“两学一做”学习教育开展征文活动。在学雷锋纪念日、妇女节、世界气象日等时间节点，以气象科普宣传志愿服务活动、劳模风采录、青年气象之星和宣传十八届六中全会精神等为主题，利用电梯显示屏滚动播出宣传视频；以“两学一做”学习教育、六中全会精神、深化气象改革、提升首都气象现代化建设和夯实文明创建基础等理论热点和重点工作为主要内容，更新局宣传橱窗，展现首都气象干部职工积极向上的精神风貌，营造和谐文明的工作氛围。携手康纳洲孤独症家庭支援中心，共同开展“温暖同行——如何陪伴自闭症孩子”培训讲座；对自闭症儿童亲手制作的点心进行义卖。据统计，气象局28支志愿服务队年内共组织开展志愿服务活动47次，共有近400人次参与活动。

年内，多个先进集体和个人受到表彰。北京市气象局被地方志编纂委员会办公室和北京年鉴社授予2015年度《北京年鉴》编纂工作先进集体；曹冀鲁获得先进个人称号。北京市气象台荣获中共北京市委市直属机关工作委员会、北京市人力资源和社会保障局授予的先进基层党组织称号。城市气象研究所支部书记苗世光同志被评为市直机关优秀共产党员。城市气象研究所城市气象应用技术研究室荣获“北京市工人先锋号”集体荣誉。气候中心副主任房小怡同志荣获“北京市三八红旗奖章”。

（十二）发挥华北区域气象中心作用，推进京津冀气象事业协同发展

发挥区域气象中心作用，兄弟省份合力，推进区域站遴选工作。组织华北区域各省局开展区域站遴选，形成《北京市区域气象观测站骨干站遴选方案》。制定县级综合气象业务技能竞赛方案，为全国竞赛做支撑。组织全市和华北区域竞赛。加强核

心技术研发，提升客观化预报业务能力。持续推进快速更新多尺度分析及预报系统（RMAPS）关键技术研发。6月RMAPS-IN正式业务运行，RMAPS-ST系统准业务运行，产品在LDAD上显示，在华北区域重大天气过程预报服务中得到了很好应用。优化资料传输流程，提升区域信息化业务能力。组织召开华北区域信息共享与合作技术研讨会，优化资料传输流程，提升区域信息化业务能力。组织建立实时数据下载平台。组建大北方区域数值模式体系协同创新联盟，推进跨区域科技协同创新。

推进京津冀交通一体化气象服务。年内，参加"京津冀冰雪天气交通保障应急联动综合演练指挥和技术推演"；联合河北、天津市气象局完善京津冀交通气象监测网，初步建成京津冀一体化交通气象服务系统，共同开展京津冀交通气象关键技术研发，初步实现京津冀交通气象信息共享和一体服务。强化市内交通气象服务保障，升级与市交通运行监测调度中心、铁路局、北京西客站等信息平台、手机APP系统，为市交通委提供1公里分辨率精细化气象监测与预报，为北京西客站管委会提供与西客站有关的全国始发/达到列车铁路沿线城市天气实况和预报预警，为市铁路局提供华北地区铁路沿线的气象服务信息内容。

（十三）"十三五"规划编制工作

年内，按时完成"十三五"规划编制任务。按照中国气象局和北京市政府的要求，组织完成《北京市"十三五"时期气象事业发展规划》编制工作，并于2016年7月26日由市发展改革委和市气象局联合印发。各区相继出台当地"十三五"时期气象事业发展规划，并将城市气象服务和防灾减灾等内容纳入当地总体规划纲要以及生态、应急、智慧等专项规划；大力推进政府购买气象服务，将气象为农服务、人工影响天气、突发事件预警信息发布平台建设等纳入区政府公共财政预算。围绕新时期首都城市战略定位和京津冀协同发展战略，制定并印发《北京市"十三五"时期气象科技发展规划》，推进重点任务实施。

组织做好"十三五"项目编制工作。按计划推进"冬奥会气象保障工程""预警信息发布与气象能力提升工程"和"重大国事活动保障人影能力建设工程"三个重点工程的可研编制与立项沟通工作；同时实时督导区气象局开展规划实施和重点工程立项工作。

（十四）冬奥气象服务

加强冬奥气象服务顶层设计。完成《北京2022冬奥会气象服务需求分析报告（初稿）》，编制《2022年冬奥会气象服务筹备工作方案》并由中国气象局正式印发。加快推进冬奥会延庆气象服务分中心建设工作。落实"十三五"规划及第二届市部合作协议要求，完成"冬奥气象服务保障工程"和"重大国事活动保障人影能力建设工程"可行性研究报告编制，并得到市发展改革委认可。加强国际合作交流，与韩国首尔气象局签署双边合作协议，并邀请国内外专家共同研讨，凝练冬奥综合观测试验、高分辨率预报技术、气象服务技术及人工增雪研究4个科技专项，争取北京市科技计划重大项目支持，4个攻关项目均已通过专家论证。针对核心技术开展联合研究，派员参加韩国冬奥气象相关科技会议与测试赛调研。

加快推进冬奥探测系统建设。完成高山滑雪、雪车雪橇赛场和城区场馆自动气象站建设与改造规划，升级延庆风廓线雷达和海坨山地区4个自动气象站，并在延庆石京龙滑雪场新建4个专业气象站。推动海坨山天气雷达选址建设工作，组织制定《海坨山天气雷达选址建设工作方案》。加强地面观测数据质量控制及应用，提高重要探测设备数据质量，特别是为冬奥会服务的固态降水、雪深等观测数据。天气雷达频率使用许可问题基本得到落实。

重点保障场馆选址规划等专项服务。严谨分析，完成冬奥会、雪车雪橇和冰壶项目场馆选址气候适应性分析报告，服务保障国际奥委会单项专家组实地考察，并参与现场陈述答辩，精心做好申冬奥一周年纪念活动等冬奥系列活动保障服务。

共谋冬奥气象科技发展，冬奥项目纳入地方科技计划。针对冬季气象业务服务需求，邀请美国、奥地利等国的知名专家，研讨确定冬奥会气象服务重点、科技创新目标和关键研发领域。积极与市科学技术委员会研讨沟通，推进冬奥气象科技工作纳入相关科技计划，组织申报市科技计划重大项目《复杂地形冬季气象综合保障技术研究一期》，并顺利通过实施方案论证。

学会、协会

登记证号	社团名称	业务主管单位	理事长/会长	电话	地址	邮编
0010262	北京气象学会	北京市科学技术协会	朱　江	68400820	海淀区紫竹院路44号	100089
0010834	北京减灾协会	北京市科学技术协会	林克庆	68400821	海淀区紫竹院路44号	100089

市气象局党政领导班子成员

党组书记　姚学祥
成员　王迎春　曲晓波　庞鸿魁　梁　丰
局长　姚学祥
副局长　王迎春　曲晓波　庞鸿魁　梁　丰
纪检组长　庞鸿魁
巡视员　刘燕辉

（市气象局　王翌）

北京市农林科学院

概　况

北京市农林科学院成立于1958年，主要从事农业应用基础、应用及开发性研究以及农业科技成果转化，是一所学科齐全、设备先进、学术水平较高、产业能力较强，为北京农业发展提供强有力科技支撑的地方综合性农业研究机构。现占地1 370亩，各类建筑32万平方米，拥有价值5万元以上的各类设备1 944台（套），资产总值25亿多元。

市农林科学院下设林业果树研究院、蔬菜研究中心、畜牧兽医研究所、水产科学研究所、植物保护环境保护研究所、植物营养与资源研究所、农业信息与经济研究所、农业信息技术研究中心、农业生物技术研究中心、杂交小麦研究中心、玉米研究中心、草业与环境研究发展中心、北京农业质量标准与检测技术研究中心和国家农业智能装备工程技术研究中心14个研究所（中心），现有5个国家级工程技术研究中心，7个农业部学科群重点实验室，4个农业部检测中心，1个国际ISTA检测资质认定的检测机构，1个农业部转基因植物试验基地，1个国家发展改革委批准建设的重点实验室，8个国家级原种基地、良种场、资源圃及野外科学观测站，18个北京市重点实验室及工程技术研究中心，6个国际联合实验室，1个具有独立招生资格的博士后科研工作站。经过长期建设，形成了覆盖农、林、牧、渔等领域的综合性农业科研体系，在动植物种质资源创新，农产品优质、安全、高产、高效、节水生产技术创新，农业信息技术与智能装备研发，农产品采后保鲜、冷链物流配送与精深加工研究，农业生态治理、资源高效利用与休闲农业技术研究，农业发展战略与科技情报学六个方面形成了优势研究领域。

截至2016年12月31日，全院有在职人员1 122名，其中有专业技术人员873人，高级专业技术人员444。博士、硕士研究生比例达到80%。拥有国务院参事1人，十八大党代表1名，全国人大代表1名，全国政协委员3名。国家杰出青年1人，优秀青年1人，全国杰出专业技术人才1人，入选农业部“杰出青年农业科学家”2人，国家级百千万人才工程10人，国家级突出贡献专家7人，农业科研杰出人才7人，国家农业产业技术体系首席科学家2人，岗位科学家2人，科技部重点领域创新团队2个，享受国务院政府特殊津贴80人。拥有北京学者2人，入选市级百千万人才30人，科技北京百名领军人才6人，北京市突出贡献专家24人，市级优秀青年知识分子20名，市科技新星160名，市优秀人才189人。组建了7个院级创新团队。基本形成了以中青年人才为主，老中青相结合的优秀人才队伍。

“十三五”开局之年，发起成立了京津冀农业科技创新联盟，新上各类项目301项，获得省部以上科技奖励36项；审定新品种76个；首次获批国家一类新兽药证书；获得国家授权专利294项；发表SCI论文150篇。在京郊11个区的近300个基地，示范推广各类新品种及相关配套技术400多项，建立核心试验示范面积3万亩，累计开展各类培训近1.5万人次。

“十三五”期间，立足“首都功能定位”总体要求和京津冀区域现代农业发展的科技需求，落实国家和北京市创新驱动发展战略，按照农业供给侧结构性改革的要求，建设京津冀农业科技协同创新共同体。以改革促发展，推进“四个创新”，即以推进原始和自主创新为重点的科技创新、以转变服务方式为主线的服务创新、以建立适应公益院所运行机制为核心的机制创新、以推进现代院所治理建设为突破口的管理创新；提升“四种能力”，即全面提升科研创新能力、服务区域和产业发展能力、公共服务能力和对外合作拓展能力；强化“四个着力”，即着力增强原始创新和自主创新能力，着力提高创新成果供给的质量，着力建设创新型人才队伍，着力营造开放合作的创新环境。力争通过不懈的努力，逐步建设成为有影响力的区域农业科研创新中心、农业科技自主创新重要源头，整体水平处于全国地方农科院前列。

机构设置

北京市农林科学院直属单位

单位名称	办公地点	邮编	联系电话
林业果树研究院	海淀区香山瑞王坟甲 12 号	100093	62591506
蔬菜研究中心	海淀区曙光花园中路 9 号	100097	51503032
畜牧兽医研究所	海淀区曙光花园中路 9 号	100097	51503351
水产科学研究所	丰台区永外角门路 18 号	100068	67586098
植物保护环境保护研究所	海淀区曙光花园中路 9 号	100097	51503330
植物营养与资源研究所	海淀区曙光花园中路 9 号	100097	51503325
农业信息与经济研究所	海淀区曙光花园中路 9 号	100097	51503304
农业信息技术研究中心	海淀区曙光花园中路 11 号	100097	51503187
玉米研究中心	海淀区曙光花园中路 9 号	100097	51503404
农业生物技术研究中心	海淀区曙光花园中路 9 号	100097	51503293
杂交小麦研究中心	海淀区曙光花园中路 9 号	100097	51503104
草业与环境发展研究中心	海淀区曙光花园中路 9 号	100097	51503297
北京农业质量标准与检测技术研究中心	海淀区曙光花园中路 9 号	100097	51503892
国家农业智能装备工程技术研究中心	海淀区曙光花园中路 11 号	100097	51503425
综合管理事务中心	海淀区曙光花园中路 9 号	100097	51503217
现代农业科技创新试验示范中心	海淀区曙光花园中路 11 号	100097	51503466

主要工作

年内，在院党委的领导下，紧紧围绕国家创新驱动发展战略和京津冀协同发展战略，聚焦全国科技创新中心建设，立足北京、面向京津冀、放眼全国，以都市型现代农业调转节和农业供给侧改革重大科技需求为导向，齐心协力，攻坚克难，开拓创新，各项工作取得显著成就，实现了“十三五”良好开局。

（一）科研创新实现新突破

2016 年，市农林科学院新上各类项目 301 项，在研项目 795 项。主持国家重点研发计划项目 5 项，主持和参加课题 57 项。获得各类政府奖励 36 项，包括全国农牧渔业丰收奖 7 项，北京市科学技术奖 4 项，北京市农业技术推广奖 23 项，其他省市科技进步奖等 10 余项；审定、鉴定、认定品种 76 个；首次获批国家一类新兽药证书 1 项，获得植物新品种权授权 24 项、授权国家专利 294 项、软件著作权 142 项；发布行业标准和地方标准 20 项；发表 SCI 论文 150 篇，较 2015 年增长61.3%。

作物育种基础性研究和新品种创制势头强劲。该院培育出“京春黄”“京春 CR”等 16 个大白菜新品种、“京葫 36”改良型品种、“中型贝贝”南瓜品种，打破了蔬菜高端品种的国外垄断。培育出抗根瘤、矮化、早果樱桃砧木“京春1号”，保持全国领先优势。观赏草、能源草、生态草、菊花、百合新品种为2019年“北京世界园艺博览会”提供了品种支撑。全球最大的玉米标准DNA指纹库样本量达到2.6万余个，小麦、蔬菜DNA指纹库建设保持国内领先，并获得了农业部检测资质。完成了西瓜基因组变异图谱测序，初步探明了西瓜果实瓤色与糖分形成的分子机制。“鸭坦布苏病毒病灭活疫苗（HB）株”达到国际领先水平。农业信息技术与产品竞争力持续提升。发布了国内首个作物育种云平台——“金种子云平台”，有效推动我国商业化育种技术体系的构建与升级。全年推广深松监测装备7 000台套，有力支撑了农业部全国农机深松整地工作。研发成功无人机精准喷洒与控制系统，航空植保作业监管与自动计量等系统全年作业面积达600万亩，有效提高了飞防作业质量和效率。软科学研究影响力彰显。参与中央农村工作会议文件起草工作，国务院研究室专门向北京市人民政府致信感谢。参与起草了《“互联网+”现代农业三年行动实施方案》《“十三五”全国农业农村信息化发展规划》，承担编制了《农业生产安全保障体系建设规划（2016—2020年）》《国家现代农业示范区数字农业示范工程建设规划（2017—2020年）》。《农业物联网发展模式及扶持政策研究》获农业部软科学优秀研究成果一等奖。2016年，该院新获批国家发展改革委农产品质量安全追溯技术及应用国家工程实验室，农业部蔬菜产后处理重点实验室、农业遥感机理与定量遥感重点实验室、农业信息软硬件产品质量检测重点实验室以及北方果树病虫害绿色防控北京市重点实验室和北京市功能花卉工程技术研究中心。

（二）科技服务和成果转化实现新跨越

完成科技惠农行动计划折子工程10项，新增双百对接基地79个，新建专家工作站3个。在京郊11个区的近300个基地，示范推广各类新品种及相关配套技术400多项，建立核心试验示范面积3万亩，累计开展各类培训近1.5万人次。制定了《关于开展低收入村户科技帮扶精准对接的工作方案》，深入到密云、房山、延庆、门头沟等地了解低收入农户科技需求，组织专家与37个低收入村的41个新型生产经营主体进行“一对一”对接。对接十堰市农业科学院，共同推动丹江口库区十堰生态农业研究院建设；与拉萨市农牧局签署对口支援合作协议，从人才培养、技术服务等方面加强科技帮扶；与兵团第十四师签署全面合作协议，科技支撑昆玉市和224团现代农业建设。全年转化成果33项，技术开发30项、技术咨询41项、技术服务203项。“鸭坦布苏病毒病灭活疫苗（HB）株”及相关的6项专利技术、“京科968雄性不育三系配套制种技术”实现成功转让。

（三）人才队伍建设取得新进展

年内，市农林科学院有2人获得农业部“杰出青年农业科学家”2016年度资助项目，实现了国家自然科学基金“优青”项目零突破。新增政府特殊津贴4人、入选国家“万人计划”领军人才2人、科技部创新人才推进计划2人、农业科研杰出人才及其创新团队4人、北京市有突出贡献人才3人，市优秀人才拔尖个人4人、市优秀人才集体项目1个。1单位获得全国农业先进集体，1人获得全国农业先进个人。启动了杰出人才引进计划，经过严格的程序遴选，初步确定领军人才2名、青年英才2名。新聘13个正高级、26个副高级、41个中级专业技术职务，3名科技人员晋升二级研究员岗位。

（四）京津冀农业科技协同创新呈现新局面

年内，由市农林科学院牵头，会同天津市农业科学院、河北省农林科学院共同发起，联合京津冀地区23家单位成立了京津冀农业科技创新联盟，联盟重点围绕现代农业调结构转方式和“三农”发展科技需求，在资源环境、生态治理、种业、农产品质量安全等领域开展联合攻关，加速各类新品种、新技术在京津冀转化落地，提升区域现代农业科技总体水平，支撑了区域农业协同发展。联盟成立以来，市农林科学院积极协调资源，先后启动“生态涵养区退化生态系统植被恢复技术研究与示范”等项目20余项，启动果蔬有害生物绿色防控、农业资源与环境、农产品质量安全3个联合实验室的建设工作。联合津冀科研单位争取到国家“十三五”重点研发计划“京津冀设施农业面源和重金属污染防控技术示范”项目，同时争取到一批地方科技项目。同时，市农林科学院还与唐山市、张家口市、承德市、沧州市、邯郸市等地开展科技对接活动，推进了系列科技成果在京津冀地区转化落地。

（五）国际交流与合作取得新成效

举办了智慧农业创新发展国际研讨会、国际智慧城市专题研讨会、畜禽健康养殖及疫病防控技术学术研讨会、中英草资源和生态环境治理学术研讨会等国际学术交流活动，共有10余个国家（地区）的1 130余人参加。与国际应用生物科学中心（CABI）签订协议，共建“农业部—CABI生物安全联合实验室北京合作研究平台”。蔬菜种质改良与产业化国际科技合作基地、杂交小麦工程技术北京市国际科技合作基地分别被认定为国家和市级国际科技合作基地。截至2016年12月底，市农林科学院共有国家级国际合作基地2个、市级基地5个、共建联合实验室6个，落实各类国际合作项目20余项。玉米新品种京科糯2000在越南的种植面积超过120万亩，占到越南糯玉米种植面积的64%。

（六）院所改革迈出新步伐

出台了《北京市农林科学院杰出科研人才引进实施暂行办法》，启动了领军人才与青年英才引进工作。发布了《北京市农林科学院青年英才海外培养计划管理办法》（“海培计划”），每年拟遴选10名左右青年科技骨干到国外一流实验室开展一年以上合作研究。修订了职称评聘办法，实现了科学分类并提高了职称申报门槛，为专家队伍质量提升奠定了制度性基础。出台了《北京市农林科学院科技成果转化管理办法》《北京市农林科学院技术开发、技术咨询、技术服务管理办法》，使科研人员的价值得到更加充分的体现，大大地激发了科研人员的创新动力和活力。首次设立了“北京市农林科学院科技创新奖”，向科研人员释放出加强创新的明确信号，有利于促进重大成果培育。修订了《北京市农林科学院专业技术人员职务成果奖励办法》，奖励进一步向高水平成果倾斜，引导创新成果质量提升。

积极贯彻落实国家深化种业体制改革的有关文件精神，完成了所属种业企业的脱钩改制工作，权益分配改革取得明显进展，构建了以产业为主导、以企业为主体、产学研相结合、育繁推一体化的现代种业体系。京研益农（北京）种业科技有限公司成为全国种业事企脱钩改革的成功典型，进一步增强了创新活力，巩固了全国蔬菜种子行业的领军地位。

完成了信息中心、装备中心、质标中心、生物中心独立法人变更登记。进行了机关处室的优化调整和重组，合并成立了“成果转化与推广处”，设立了“基建规划处”；将全院行政后勤综合管理服务工作从“行政处”剥离，设立了“综合管理事务中心”。积极适应都市型现代农业产业结构调整和生态建设需求，将“林果所”更名为“北京市林业果树科学研究院”。优化学科配置，对原“综合所”进行调整，将“农业科技信息研究所”更名为“农业信息与经济研究所”，软科学研究力量得到增强。

落实学术报告常态化制度，开展了“科技大讲堂”活动，邀请4位知名专家作专题报告。制定了《北京市农林科学院青年学术交流活动章程》，开展青年学术交流活动3次，成功举办了第一届“青年学术论坛”，累计参加人员450人次，营造了浓厚的学术氛围，对激发科研人员创新动力、弘扬科学精神起到了积极作用。

（七）党的建设得到新加强

切实加强党员干部思想理论武装。扎实开展“两学一做”学习教育，坚持以上率下，精心组织，强化学习、推进交流，联系实际、分类指导，推动学习教育与落实重点折子工程、事业单位改革和全院创新发展相结合，实现了“两不误、两促进”，广大党员干部的政治意识、大局意识、核心意识、看齐意识不断增强。

切实加强基层领导班子和干部队伍建设。严格程序，完成了基层党组织换届选举；认真落实从严管理干部要求，完成65名处级干部档案审核认定和91名科级干部的档案复审工作；坚持“好干部”标准，共任免处级干部101人次、科级干部84人次。充分利用援疆援藏、京冀干部互派、第一书记挂职等平台，先后选派20名干部到艰苦地区和乡镇基层挂职锻炼，为干部成长搭建了平台。

切实加强基层服务型党组织建设。进一步完善考核制度机制，组织开展了基层党建工作专项述职；完成了党员组织关系集中排查、党代会代表和党员违纪违法未给予相应处理情况排查清理、基层党组织按期换届情况专项检查、党费收缴工作专项检查等重点工作；开展了“双结双促”帮扶活动，18个在职党支部和市级低收入村“结对子”，54名处级党员领导干部与低收入户“结亲戚”；组织举办了纪念建党95周年大会，一批先进基层党组织、优秀党员和优秀党务工作者受到表彰；认真落实老干部政治待遇、生活待遇，周到细致做好老干部工作。

切实加强全院精神文明建设。制定并落实中共北京市农林科学院委员会意识形态工作责任制，加大新闻媒体宣传力度，全年在中央及市属媒体刊发报道30余次，精心编印《院报》，打造微信平台，传播正能量，提高了社会影响力；开展院史馆建设，完成了策展咨询工作；开展形式多样的文体活动，举办了趣味运动会、单身青年联谊会、女职工技能大赛等系列活动，组织开展了“三新”主题论坛活动，增强了员工的凝聚力和幸福感。

切实加强党风廉政建设。坚持从严治党、依规治党，不断强化主体责任，层层签订责任书；加强党委自身建设、严肃党内政治生活；强化廉政风险防范，修订了廉政风险防范手册，研究制定了院内控手册；强化审计监督，共对15个下属单位开展了新制度落实情况检查，开展了主要领导经济责任审计、院创新能力建设审计和财政专项审计。

学会、协会

序号	登记证号	社团名称	业务主管单位	理事长	电话	地址	邮编
1	10257	北京农学会	北京市科学技术协会	李云伏	51503848	海淀区曙光中路9号，市农林科学院	100097
2	10070	北京水产学会	北京市科学技术协会	苏建通	67586268	北京市丰台区角门路18号，市农林科学院水产所	100068
3	10265	北京作物学会	北京市科学技术协会	赵久然	51503936	海淀区曙光中路9号，市农林科学院玉米研究中心	100097
4	10591	北京蔬菜学会	北京市科学技术协会	李武	51503200	海淀区曙光中路9号，市农林科学院蔬菜研究研究中心	100097
5	50030065-9	北京畜牧兽医学会	北京市科学技术协会	李德发	51503210	海淀区曙光中路9号，市农林科学院畜牧兽医研究所	100097
6	10192	北京食用菌学会	北京市科学技术协会	刘宇	51503437	海淀区曙光中路9号，市农林科学院植保与环保研究所	100097
7	10277	北京昆虫学会	北京市科学技术协会	高希武	51503688	海淀区曙光中路9号，市农林科学院植保与环保研究所	100097
8	110000-3363479-1	北京植物病理学会	北京市科学技术协会	李健强	51503695	海淀区曙光中路9号，市农林科学院植保与环保研究所	100097
9	10738	北京土壤学会	北京市科学技术协会	徐明岗	51503524	海淀区曙光中路9号，市农林科学院营养与资源研究所	100097
10	11456	北京农业信息化学会	北京市科学技术协会	赵春江	51503593	海淀区曙光中路11号农科大厦A座908室，市农林科学院信息中心	100097
11	11586	北京农产品质量安全学会	北京市科学技术协会	王纪华	51503729	海淀区曙光中路9号，市农林科学院质标中心，种质楼1003	100097
12	京民社政字第0011663号	北京山区发展研究会	北京市科学技术协会	李云伏	51503341	海淀区曙光中路9号，市农林科学院作物所留守处	100097
13	社政字第3755-13号	中国水产学会观赏鱼分会	中国水产学会	苏建通	67042023	北京市昌平区小汤山镇中心街155号	102211
14	中经林协字〔2014〕39号	中国经济林协会文玩核桃分会	中国经济林协会	秦树福		海淀区香山瑞王坟甲12号，市农林科学院林果院	100093
15		中国园艺学会樱桃分会	中国园艺学会	张开春	82596007	海淀区香山瑞王坟甲12号，市农林科学院林果院	100093
16		中国园艺学会草莓分会	中国园艺学会	张运涛	82598882	海淀区香山瑞王坟甲12号，市农林科学院林果院	100093
17	社政字第3802-9	中国经济林协会板栗专业委员会	中国经济林协会	黄武刚	82590742	海淀区香山瑞王坟甲12号，市农林科学院林果院	100093

（续）

序号	登记证号	社团名称	业务主管单位	理事长	电　话	地　　址	邮　编
18	3531-4	中国畜牧兽医学会禽病学分会	中国科学技术协会	杨汉春	51503678	海淀区曙光中路9号，市农林科学院畜牧兽医研究所	100097
19		北京畜牧兽医学会小动物分会	北京市科学技术协会	刘爵	51503671、51503210	海淀区曙光中路9号，市农林科学院畜牧兽医研究所	100097
20	10329	北京微生物学会兽医专业委员会	北京市科学技术协会	张培君（副理事长）	51503455	海淀区曙光中路9号，市农林科学院畜牧兽医研究所	100097
21	京民社证字第0011881号	北京智慧农业物联网产业技术创新战略联盟	北京市科学技术委员会	赵春江	51503128	北京市海淀区板井曙光花园中路11号，北京农科大厦	100097
22	中经林协字〔2016〕4号	中国经济林协会植物香料分会	中国经济林协会	黄丛林	51503801	海淀区曙光花园中路9号，市农林科学院生物中心	100097

市农林科学院党政领导班子成员

党委书记　高　华
党委副书记　喻　京
党委委员　程贤禄（正局级）　喻　京（女）　王金洛（至8月）　唐桂均　赵春江
院长　李成贵
副院长　程贤禄（正局级）王金洛（至8月）　唐桂均　苏建通　刘建华（5月任）　王之岭（11月任）
院长助理　刘建华（至5月）王之岭（至11月）

（市农林科学院　郭建强）

北京市农村经济研究中心

在市委、市政府坚强领导下，市农经办（市农研中心）深入贯彻落实党的十八大和十八届三中、四中、五中、六中全会精神，习近平总书记系列重要讲话和对北京工作的重要指示精神，中央及北京市农村工作会议精神，牢固树立发展新理念，着力推进供给侧结构性改革，按照“依法履职，服务大局，爱岗敬业，当好管家”的总要求，以“新三起来”为总抓手，以“社员权益保障年”为主题，围绕农业增效、农民增收、农村增绿，勇于改革创新，扎实推进全市农村经济改革发展，各项工作迈上了新的台阶，实现了“十三五”良好开局。

一、加快推进供给侧结构性改革

乡镇级集体产权制度改革试点纵深推进，农村产权制度改革取得新的突破。一年来，准确把握改革的总体要求，把准方向，守住底线，尊重农民意愿，乡镇级集体产权制度改革稳妥有序推进。制定了《北京市乡镇级集体产权制度改革试点工作方案》，朝阳区来广营乡完成了改革方案和资产、人员等情况的摸底，试点工作纵深推进。截至2016年年底，全市21个乡镇完成乡镇级产权制度改革。

二绿地区乡镇统筹利用集体建设用地试点扎实推进，农村集体经营性建设用地改革试点取得新的突破。完成丰台区长辛店镇等试点区及乡镇规划调整与试点实施方案，启动了地块拆除腾退工作。目前，试点已进入实施阶段。市委郭金龙书记高度肯定该工作，在市委全面深化改革领导小组第十一次全体会议上专门指示：进一步扩大乡镇统筹利用集体建设用地试点工作。其后，各区乡镇统筹利用集体建设用地试点工作加快推进，报送了乡镇统筹利用集体建设用地及集体建设用地规划编制试点名单。目前，正在深化相关试点政策研究。

全市首个全域土地股份合作化村完成改造，农村土地经营创新取得新的突破。扎实推进怀柔区二台子村第二阶段土地股份合作制试点，二台子村250亩耕地和8 000余亩山场林地经营权完成土地股份合作制改造。5月，合作社改造方案和合作社章程获得二台子村股东代表大会和绿林榛发种养殖专业合作社社员代表大会通过，标志着二台子村成为北京市首个完成全域土地股份合作化的村。平谷区管家庄村北京福兴顺农机服务专业合作社“土地托管”试点顺利推进，签订了合作试点协议。

内部资金互助试点有序进行，农民专业合作社信用评价体系建设项目暨首批试点成功启动，农村合作社金融创新取得新的突破。扎实开展农村金融改革创新，深化大兴赤鲁、平谷西柏店和东四道岭三个村内部资金互助试点。大兴赤鲁村第一批房屋流转入社已签订了房屋流转入社协议，西柏店村内部资金互助合作社北京兴柏民俗旅游专业合作社完成了注册工作。同时，积极推进农民专业合作社信用评价体系建设，12 月 7 日，全市农民专业合作社信用评价体系建设项目暨首批试点正式启动，现已完成了合作签约、工作部署和业务培训，为构建多类型、广覆盖的农村普惠金融新体系夯实了基础。

完成北京市农经统计制度改革试点，农经基础工作再上新台阶。研究制定了《北京市农村合作经济经营管理综合统计报表制度》，构建了适应新时期“三农”工作要求和具有北京特色的农村经济统计指标新体系和报表新制度。目前，已通过北京市统计局审批，取得正式表号，标志着北京农经统计工作进入发展新时期。同时，全市农经统计制度改革试点有序推进，双轨先行、全市测试、试点调研、全面培训、推广应用、探索总结的全过程质量管理和统计数据质量全过程控制管理保证了统计质量和水平新的提升。经农业部考评，市农经办（农研中心）再次被评为全国农经统计工作优秀单位，连续 8 年获此殊荣。

农村生态文明建设试点工作扎实推进，美丽乡村建设取得新的突破。农村资源循环利用、农村环境治理等农村生态技术及其运作模式试点工作平稳推进，成效显著。丹麦大使馆专程考察了平谷区西柏店村的农村生活污水资源化利用项目。农村生活垃圾资源化利用、农村浅源地热的开发试点得到市领导的高度关注。平谷区金海湖镇、门头沟区斋堂镇休闲养生农业研究不断深化，试点工作取得了新进展。成功举办第二届农园节，吸引上千市民及上百亲子家庭参与，有力提升了农园节品牌效应。

“美丽智慧乡村信息服务平台”试点建设扎实推进，智慧乡村建设取得新的突破。与北京歌华有线公司合作的“美丽智慧乡村信息服务平台”试点建设工作不断深入，延庆区张山营镇 33 个村的信息采集和平台的开发建设工作扎实推进，即将开通试运行。美丽智慧乡村信息服务平台创新了农村“三务”公开载体，丰富了信息服务。

二、持续强化农村集体资产管理

扎实做好农村集体审计监督。建立了审计整改工作台账，实行审计问题销号制，出台《关于进一步加强农村集体经济审计监督工作的意见》，明确了整改期限、整改措施和具体责任人，强化审计发现问题整改落实情况专项检查，开展了审计发现问题的有效整改，取得了积极的成效。强化集体经济审计监督，完成 2015 年度村级组织正常运转专项补助资金管理使用情况和新型集体经济组织全市性审计工作。全市审计单位数量9 230个，审计金额2 734亿元。

扎实做好农村合作经济组织登记工作。研究解决了合作经济组织 18 位统一登记代码的关键码位统一问题，建立了与市质监局的协调机制。农村合作经济组织登记管理系统开发进展顺利，确定了6 643家赋码换证的存量农村集体经济组织。大兴区和朝阳区试点工作进展顺利，全市农村合作经济组织登记有序推进、分批实施，已有2 633个乡村集体经济组织换发了统一代码证书。

扎实做好农村集体“三资”管理。不断强化全市新签订合同规范化管理和合同签订流程管控，着力完善合同档案制度，农村集体经济合同管理规范化水平不断提高。积极培育农村集体“三资”管理示范县，指导昌平、门头沟、大兴三个区参评农业部全国农村集体“三资”管理示范县。完成农村集体资产年检工作，提炼了一批农村集体资产经营管理的典型。

扎实做好农村集体财务管理。不断规范和完善村级会计委托代理服务。截至年底，全市实行村级会计委托代理的村3 842个，占总村数的96.7%，实行财务与资金双代理的村2 987个，占总村数的75.2%。不断推进农村集体财务管理规范化建设，全市 141 个乡镇、2 969个村完成了规范化建设任务，完成比例分别达到73%和 75%。3 030个村实行了按月和按季财务公开，占总村数的 76%。

扎实做好农民专业合作社财务管理。组织基层合作社管理人员和财务人员开展软件测试，解决了农民专业合作社成员账户管理和盈余分配记账难等问题，简化了工作流程，降低了工作强度。2017年，合作社财务软件将在全市示范社推广。

推进村集体经济事项权力清单范围扩大试点工作。指导房山试点区制定了扩大试点工作实施方案，印发了4 000余册《村级集体经济事项管理手册》，累计培训农村基层干部1 721人，为进一步扩大试点创造有利条件。

三、深入推进农村土地制度改革

配合市农委推进农村土地承包经营权确权登记颁证工作。强化组织协调，召开了3次推进协调会，保证了确权工作按计划进行。强化培训，举办了3期业务培训班，340多人参加了培训。强化督导，深入顺义、房山、延庆、密云、通州等区进行督促检查，保证了工作进度。启动土地承包经营权信息应用平台建设，完成了项目招标、需求调研工作，设计了1种确权合同、7种流转合同示范文本，编制了纠纷仲裁流程，制作了统计报表式样。截至2017年1月15日，全市共有119个乡镇2 478个村开展了确权登记颁证工作，分别占全市应确权乡镇、村数的92.2%和83.8%，涉及承包土地面积257.7万亩，占全市拟确权土地总面积的88.6%。其中，已完成权属调查的承包土地面积为238万亩，占拟确权土地总面积的81.8%；已完成审核公示的承包土地面积为202.7万亩，占拟确权土地总面积的69.7%。

持续推进农地流转价格和规模经营效益动态监测。认真做好土地承包与流转年度统计分析工作，完成了2015年全年、2016年上半年农地流转价格监测报告，上半年农地流转面积15 722亩，农地流转平均价格1 607元。做好农地适度规模经营效益监测工作，完成了《2015年农地适度规模经营效益监测分析报告》，71个监测主体平均净利润39.3万元，亩均净利润872元。继续做好农村土地承包与流转情况年度统计分析工作，完成了《2015年全市农村土地承包经营情况分析报告》，全市确权面积431.5万亩，土地流转总面积235.2万亩，占全市确权面积的54.5%。

指导区县依法开展农村土地承包经营纠纷调解仲裁工作。认真答复、处理来信来访，其中处理中心领导批复信访件16件，妥善化解了矛盾纠纷。开展全市基层农村土地承包调解体系建设情况调查，参与制定了《市农委关于进一步加强本市农村土地承包调解仲裁体系建设的意见》。举办全市仲裁员培训班，培训仲裁员和相关工作人员90多人。参加了全国农村土地承包仲裁师资骨干人员培训班。指导郊区依法开展纠纷调解仲裁工作，全市共发生农村土地承包经营纠纷799件，调处解决780件，调处率97.6%，其中受理仲裁申请47件，调处率100%。

四、提高农民专业合作社服务水平

加强农民专业合作社服务指导。研究确定了全市2016年参加国家农民合作社示范社及农民用水合作组织示范组织申报名单，北京益农缘生态农业专业合作社等21家农民专业合作社被评定为国家农民合作社示范社。做好农民专业合作社培训，组织召开全市市级农民专业合作社示范社京台合作培训会，在现代农业的品牌建设与推广、农产品加工业等6个方面，强化专题培训和典型案例分享。积极探索专家指导服务新路径，探索采取“一事一议”的形式，创新专家指导服务方式，为农民专业合作社的发展建设提供更有力的智力支持。深入开展《农民专业合作社法修改草案》的意见修改，对法律名称、法律调整范围、登记条件等内容提出了修改建议。完成农民专业合作社供给侧改革调研，调研报告上报农业部，《京津冀农民合作社协同发展案例研究》课题圆满结题。

开展市级农民专业合作社示范社监测工作。认真做好10个远郊区农民专业合作社骨干信息的统计登记工作。与市农委体改处合作，联合印发了《关于开展市级农民专业合作社示范社监测工作的通知》，强化了全市216家市级农民专业合作社示范社监测。举办了两期区级、乡镇级统计信息系统培训班，为确保农民专业合作社统计信息数据的准确性和有效性奠定了基础。

全市农民专业合作社联合会工作稳步推进。着力打造北京农联品牌，实现北京农联联合全市合作社共赢发展、做大做强。通过搭建社区服务平台、交流合作平台、宣传推介平台和公益服务平台，扎实开展形式多样的、内涵丰富的服务活动。与首农、京农集团开展合作交流，优质产品实现对接，组织100多家合作社参加了“京交会”、国际农业产业化展览会等活动，参加第二届北京社会公益汇活动，开展社区贫困户帮扶、慰问老人等活动，公益服务活动成效显著。北京农联获得北京市第三届社会组织公益服务品牌铜奖。

五、积极推进农村金融服务创新

创新“三农”金融服务工作。完成了《关于加强农村产权流转交易规范发展的意见》，编制了《农村金融政策法规及北京市涉农金融产品汇编》和《北京市涉农金融机构及金融产品介绍》。制定并通过了13项协会内部管理制度。完成北京农村产权交易所“苗木抵押融资创新产品”的方案设计，3家农业经营主体将获得贷款2 100万元。联合北京银行和市农担公司，开展“核心社员贷”创新产品试点，密云的试点正在办理各项手续。积极推进市农村金融协会与平谷区政府共同出资成立“平谷区农村产业基金”，基金规模计划1.5亿元，“三农”金融服务创新将实现新的突破。

推进农村集体资产产权交易。着力规范农村产权交易，维护农村集体经济组织和农民的经济权益。起草了《关于加强农村产权流转交易规范发展的意见》，扎实推进各区经管站农村产权交易服务中心与北京农交所在各区设立的分支机构的联动工作机制。截至2016年11月底，累计成交项目116宗，成交额21.2亿元，成交额同比增长41.3%。

六、继续强化农业农村生态文明建设

深化以生态文明为导向的理论研究。开展《农村经济供给侧改革研究》，从农村体制与机制和农村政策提出了改革措施和建议，为领导决策和制定相关政策提供理论支持。完成《京津冀休闲农业协同发展机制研究》《北京市民农园建设标准和经营规范研究》《2016年北京市郊区土地利用消长变化监测分析报告》《京津冀协同发展背景下的平谷区金海湖镇休闲农业发展概念性规划》《门头沟斋堂镇黄芩仙谷健康养生农业示范园总体规划》等课题研究。北京市郊区“无煤村”课题滚动研究新成果《“五低一零”的农村供暖新技术值得大力推广》报告得到林克庆副市长肯定，赵根武副秘书长进行了专项考察。《农村生活污水景观化处理模式研究与试验》获“中国农业资源与区划学会科学技术奖”一等奖。

扎实开展京津冀区域协同发展区划研究。不断深化《京津冀区域协同发展综合农业区划》研究，与天津、河北区划办公室建立了战略合作研究机制，为三地农业资源统筹利用，实现优势互补奠定了基础，将有力促进京津冀农业和农村区域协调发展。目前，京津冀三省市区划办实现了较为良好的工作协同、研究同步的工作格局。

积极推进休闲农业建设。完成对北京市10家申报全国休闲农业与乡村旅游五星级企业（园区）验收，完成北京观光休闲农业行业协会、农研沟域经济发展促进中心、资源区划办年检工作，协会和沟域中心的审计工作扎实推进，两单位的财务状况和业务成果得到了充分的肯定。举办2016年全国休闲农业与乡村旅游星级示范创建和北京市休闲农业星级园区（企业）评定内审员培训班，北京市休闲农业与乡村旅游固定观察点建设进一步完善。完成了四个季度、五一和十一的监测点数据整理上报。北京乡村旅游网服务功能不断充实，发布新闻及相关信息1 683条，整理、上传图片4 623张。全市休闲农业与乡村旅游星级企业（园区）评定五星级企业（园区）14家，四星级企业（园区）20家，三星级企业（园区）40家。

七、做好农民负担监督管理工作

完成减轻农民负担各项工作任务。开展春季农民负担监督检查和涉农乱收费专项治理工作，突出重点治理，延伸监管领域，强化监督检查，有效推进了该项工作的落实。围绕对农民负担的各项管理制度执行、一事一议项目筹资筹劳民主议事、村级公益事业专项补助资金使用等开展了重点检查。对农民合作社、家庭农场、专业大户等新型农业经营主体的农民负担问题开展治理。13个区的市级抽查表明，没有发现各区存在加重农民负担的情况及违反国家有关规定乱收费乱摊派等行为，农民减负工作取得了良好的成效。

深入开展农民负担重点治理工作。对农民反映问题较多的领域开展专项治理，落实监管责任和治理任务。加强对村级组织负担的监管，将村集体经济组织承担歌华有线电视设备电费问题作为一项重点内容开展专项检查。同时，针对个别区反映一些部门向村级组织摊派工作任务和以捐款等名义向村级组织摊派费用的情况及时纠正，并将进一步对这些问题进行深入研究。完成农民负担监管与一事一议政策培训工作。组织各区农民负担相关工作人员参加农业部农民负担监管与一事一议政策培训班，在市级培训中大胆探索创新，尝试由农业部、市农委及农经办三家单位联合举办农民负担工作培训。

落实农民负担监督卡制度。开展全市第八次农民负担监督卡印制及发放工作。及时对监督卡中农民负担相关法规、政策及监督举报电话进行更新，接受群众监督，为农民负担监督卡发放工作有序开展打下了坚实基础。同时，切实加强对区县相关工作人员培训。目前，全市农民负担卡已基本发放到位，该项制度为保护农民合法权益、推进农民负担规范化管理起到重要保障作用。

创新农民负担监管满意度调查。开展农民负担监管及一事一议政策问卷调查，进一步加强农民负担监管工作力度，宣传村级公益事业建设一事一议筹资筹劳财政奖补政策。选取全市12各区、29个乡镇、56个村的1 440个农户，共发放1 440份调查问卷。从调查结果看，村民普遍希望在医疗、教育、加大“三农”资金补贴力度等方面出台一些好的减负政策。通过本次调查，为今后进一步加大政策宣传力度，更好地促进农民减负工作落到实处提供了有力的现实依据。

八、加强农经统计基础工作

完成农业部、市统计部门相关报表。完成2015年北京市《农村经济基本情况统计表》《农村土地承包经营及管理情况统计表》《农业部门认定家庭农场情况统计表》《农民专业合作社情况统计表》《村集体经济组织收益分配统计表》《村集体经济组织资产负债统计表》《农村集体资产财务管理情况统计表》《农民负担情况统计表》《农经机构队伍情况统计表》《农村经营管理信息化统计表》10套报表和2016年全市农村经营管理情况的半年和年终预报统计报表工作。完成市统计局和农经系统内部各项报表的审核汇总、分析和资料汇编工作。5个经营层次（乡镇组织、村级组织、乡企业、村企业、农户家庭）的《北京市农村经济收益分配表》、乡村两级组织和企业4个经营层次的《乡村级集体经济组织及其企业资产负债表》及由村级上报的《劳动力统计表》等10套报表的数据核实、汇总工作。

完成低收入户村监测分析工作和全国固定观察点专项调查和常规调查。高质量完成2015年度23万个低收入农户、645个低收入村的监测汇总分析工作。创新低收入村、户帮扶“三同步”工作方式，低收入村户监测系统研发及测试工作基本完成，确保7.3万个低收入农户和234个低收入村的近800万条数据准确录入。建立了精准识别电子台账指标体系，低收入村户建档立卡信息系统共设立4 000余个账号。完成了延庆、通州、密云3个乡镇，王家堡、大营、石马峪3个村和100个农户的常规调查和5项专项调查工作。

扎实推进三资平台升级改造和农村管理信息化运维培训工作。完成三资监管平台升级改造的招标、需求调研、组织开发、数据移植、系统集成、试运行、专家验收等工作。12月12日正式上线运行，全面推广应用，各区实现了通过系统进行年报工作。完成农村管理信息化各项运维工作和农村管理信息化培训。处理电话及远程处理问题8 539次，现场处理问题925次，确保了市、区、乡、村四级农村管理信息化建设的顺利实施。举办培训班25期，培训人员5 047人次，涵盖了北京14个区、196个乡镇、3 986个村。

九、加强“三农”发展智库建设，调查研究工作取得新成果

完成“十三五”农经调查研究顶层设计。认真组织《北京市农经办（农研中心）“十三五”时期调查研究工作规划》编制，编印完成《北京市农经办（农研中心）“十三五”规划汇编》，确立了“以加强农村研究智库建设为主线，以提高农村政策研究和决策咨询服务水平为目标”的农经调查研究新思路，明确了打造“在全市农村改革发展中具有重要参谋助手作用、在京津冀乃至全国具有一定知名度和影响力的新型农村研究智库”新目标，服务领导机关决策的思想库、满足农村基层需求的智囊团、助推农村改革发展的生力军、汇集“三农”研究人才的大本营、创建首都农村研究智库的排头兵的新定位更加清晰，将为“十三五”调研工作起到有力的引领作用。同时，不断完善调研管理制度体系，《调研管理制度与流程汇编》《对外委托项目管理办法（试行）》《调研课题考核办法（试行）》《出

版管理办法（试行）》等规章制度形成了较完整的调研管理体系，为“十三五”时期调研工作再上新的台阶提供了保障。

持续强化“三农”改革发展重点难点问题调查研究。《非首都功能疏解背景下乡村集体经济改革与转型研究》课题聚焦非首都功能疏解背景下集体经济发展中的难点问题，完成了石景山区集体经济改革与转型、门头沟区王平镇西王平村险村搬迁项目调研报告。《大兴区集体经营性建设用地改革试点研究》不断拓展，完成了《全国集体经营性建设用地入市试点工作进展综述》《全国集体土地入市试点进展分析报告》《乡镇统筹要义——兼谈大兴区集体土地入市试点的体制机制设计》等多篇研究报告为试点实践提供了有力的理论保障。扎实开展《北京市农民住宅财产性收益实现路径研究》《北京市城乡结合部地区农村城市化发展机制研究》《北京市集体资产市场化经营及城镇化中农民保障问题研究》《精准扶贫典型调查》《北京市农地农房“两权”抵押登记系统研究》《北京市农村金融协会建设及农村金融创新研究》等课题研究工作，积极开展新型集体经济组织财务管理情况和密云区、延庆区村、镇农村财务委托代理开展情况专题调研，为解决“三农”改革发展中的重点难点问题提供理论支撑。扎实推进平谷改革试验区和试点总结研究，系统总结平谷试验区5年来的改革实践，制作了《平谷农村改革创新研究5年纪实》电视专题片，编印完成了《平谷区农村改革实践与创新成果汇编》。全年，发表文章160余篇，其中公开发表文章48篇，内部发表文章115篇；出版著作19部；调研成果获得市级领导批示8次；成果获奖12次。

纵深推进“社社对接”改革试点和公平贸易改革试点。“京合农品”平台信息网络运维改造进展顺利，制订“京合农品”准入制度与标准体系。推进“社社对接”试点项目总结研究，深化公平贸易改革试点。开展全市10个区、86个乡镇、496个收入较低村的大型抽样调查，完成《北京市收入较低村抽样调研报告》。组织3家合作社参加了以“城乡联动、爱心奉献”为主题的“二十四集市”活动，成功开展公平贸易区的销售活动。

编刊史志实现新突破。出版《2015北京市农村经济发展报告》，完成《北京农村经济》月刊编辑、出版、发行，完成2016年《北京农村年鉴》编纂。《北京农村经济史稿（上下）》《北京市农村集体经济产权制度改革历程》《北京市农民负担历史回顾》《北京市农民合作经济发展历程》陆续出版，北京农村改革史研究提升到了新的水平。举办2015年度“郊区党建”有奖征文活动，评选出60篇获奖征文。截至12月底，出版各类书籍13部，刊物12期。

学术交流取得新成果。成功举办京津冀协同发展研讨会，全国政协常委、经济委员会副主任、中央农村工作领导小组原副组长兼办公室主任陈锡文，农业部副部长陈晓华，北京市副市长林克庆，中央政策研究室经济局局长冯海发，中国社会科学院学部委员、研究员张晓山等领导专家出席，取得了预期的成果。第十九届京台科技论坛农业合作论坛成效显著，京台六次产业发展的3个合作项目成功落地。举办城郊会第七届换届大会，深化了农业供给侧结构性改革、农业经营体制创新、农村土地三权分置等城郊发展与农村改革的核心问题理论与学术交流，形成了系列智库思想成果。

十、加强农业农村信息化建设，农信融合发展实现新跨越

统筹推进全市农业农村信息化。组织召开市级涉农单位、各郊区农委参加的农业农村信息化座谈会、全市的农业农村信息化工作会、市级涉农单位、各郊区农业农村信息化座谈会，确定了2016年北京市农业农村信息化重点工作任务，督促各项重点工作任务的有效落实。组织农委系统各单位开展了2017年度项目计划和“十三五”项目库的申报工作。完成2017年度19个项目的初步评审，总计金额4 383万元。

深化智慧乡村建设的指导与服务。完成平原区5个村、山区3个村的2015年度验收和2016年度的部署，平谷区西柏店村、房山区黄山店村、大兴区东辛屯村、怀柔区北沟村、昌平区八家村、门头沟区涧沟村智慧乡村建设突出区域特色与应用，完成情况良好。密云区溪翁庄镇石马峪村、平谷区大兴庄镇良庄子村、门头沟区雁翅镇太子墓村、通州区北京碧海圆生态园区等2016年市级智慧乡村扩大试点示范建设进展顺利。“乡慧”微信公众号发刊41期，社会影响力日渐提高。与北京歌华有线公司的合作不断深化，补齐了经营、服务的短板，

为打造智能、便捷、安全、绿色乡村提供了技术支撑。

“221”物联网应用服务平台推广应用。推进17家农业园区开展了农业物联网试点示范建设，平台用户已发展到520家。同时，围绕“221”物联网应用服务平台建设，积极探索渠道对接的有效方式，产前、产中、产后全产业链应用取得了积极的成效。

加强信息员队伍建设。强化信息员队伍的管理，不断提升信息员队伍的能力水平，修订《北京市农村经管系统信息报送工作考核评价办法》，着力提高信息员报送信息的积极性，强化信息员队伍培训，不断提升信息员编写信息的能力。2016年，信息员自撰信息比例明显提高。

强化涉农舆情信息发布。采集监测农业新闻17 225条，编辑制作“每日‘三农’舆情快报”206期，收录涉农舆情信息3 127条，敏感信息872条，发送手机短信提示872条，完成涉农舆情月度分析报告10期。结合社会热点，撰写舆情专题分析报告4期，包括“‘互联网＋’与农业供给侧结构性改革”专报，“大兴、房山遭遇冰雹灾害”专报，“农村改革”专报，“非法集资”专报等。

十一、党的建设、干部队伍建设和机关建设水平不断提高

强化党的作风建设，“两学一做”学习教育取得新成效。一是突出以上率下，强化责任落实。成立“两学一做”组织机构，中心党组书记、主任郭光磊担任组长，设立学习教育协调小组办公室。一年来，中心党组开展集体学习10次，交流研讨6次，坚持领导干部讲党课制度，党组成员分别为分管支部讲党课，16个党支部书记以党支部为单位组织党员开展集中学习。二是突出周密部署，强化全员覆盖。研究制定了《市农研中心（农经办）关于在全体党员中开展“两学一做”学习教育的实施方案》，明确了学习教育“四讲四有”的目标要求和具体措施，制定“两学一做”学习教育流程任务表，对具体学习的内容、学习方式、任务、措施做出具体安排。三是突出形式多样，强化学习效果。开展主题党日活动，深入农村开展交、传、解、促，请村支部书记讲党课，进一步提高“两学一做”学习教育成效。充分利用微信公众平台，北京农经网、城乡经济信息等平台进行学习体会交流，举办农研智库大课堂5期。组织干部职工参观红军长征胜利80周年展览，组织职工合唱团参加市直机关文化艺术节合唱比赛和纪念红军长征胜利80周年演出。四是突出常抓长抓，强化常态长效。倡导佩戴党徽上岗，亮身份展形象作表率。开展带头做合格党员活动，号召广大党员以更高的思想自觉、更严的标准要求、更实的工作举措，促进各项工作落实。一年来，“两学一做”学习教育全程贯穿了严的标准、严的措施、严的纪律，真正把支部党课、学习讨论、组织生活会、民主评议党员等关键动作做到了扎实、做出了成效。7月1日，召开表彰大会，表彰了5个先进支部、23名优秀共产党员和5名优秀党务工作者。

持续推进干部队伍建设。加强经管体系和机构职能建设，完成了全市“十三五”时期农村经管体系和人才队伍建设规划。不断加强制度建设，制定了《中共北京市农村经济研究中心党组议事决策工作规则》，编制了中心党组议事决策流程图、议事决策内容目录，对党组议事决策原则、议事决策范围、议事决策程序、决策事项落实、领导责任作出了明确规定。研究制定了《市农研中心（农经办）处级干部选拔任用工作流程》，对干部选拔任用的动议、民主推荐、考察、讨论决定、任职各环节工作进行了规范，进一步扩大干部选拔任用工作的公开透明度。加强对干部从严管理和监督，做好领导干部报告个人有关事项工作，开展人事档案专项审查，规范领导干部配偶、子女及其配偶经商办企业行为。加强年轻干部队伍建设，开展了年轻干部培养情况问卷调查，形成了《市农研中心年轻干部培养工作的调研报告》。全年共招录人员6名，其中从基层遴选公务员3名，信息中心招录工作人员2名，农财中心招录工作人员1名，均为硕士研究生以上学历。同时，接收军转干部2名。开展了4次农村财务管理培训培训工作，合计培训820余人，提高了农村财务会计和审计人员业务素质，农村财务事务培训工作取得新成效。

机关运行保障能力不断提高。按照高效规范的要求，努力做好内外组织协调工作，包括办文、办会、办事和督查工作。按照积极主动的要求，认真做好运行保障工作，包括机关办公楼、机关食堂、人才公寓的安全保卫、环境绿化、卫生保洁等工作，加强聘用人员管理工作，办公设备和

各类固定资产合理配置、正常运转。完善财务管理制度，印发了《北京市农村经济研究中心委托项目经费使用管理办法》《关于进一步加强预算执行管理工作的意见》《北京市农村经济研究中心预算编制指南》《财务管理补充规定》《关于明确公务用餐有关事宜的通知》和《加强公务用车管理工作》等规章制度，做好项目绩效评价工作，绩效考评专家评审认为，中心项目资金使用效益明显，财务管理规范，规章制度健全。做好机关工会服务工作。积极开展丰富多彩的文体活动，成立了健步走、瑜伽、太极拳兴趣小组。定期组织职工健步走活动，组织中心合唱队参加市直机关第四届文化艺术节，获得市直机关大合唱组“二等奖”优异好成绩。

市农研中心（市农经办）
党政领导班子成员

党组书记	郭光磊
党组成员	张秋锦　曹四发
	蒋洪昉　吴志强
	刘军萍　戚书平
纪检组长	戚书平
主任	郭光磊
副主任	张秋锦　曹四发
	蒋洪昉　吴志强
市城乡经济信息中心主任	刘军萍
副巡视员	熊文武

［市农研中心（市农经办）办公室］

北京农业职业学院

概　况

2016年，北京农业职业学院设有南校区、北校区、国际教育学院和机电工程学院4个校区，9个系部，开设园艺技术、畜牧兽医和绿色食品生产与检验等40个专业。

占地面积81.22万平方米，产权校舍建筑面积30.67万平方米。固定资产总值68 740.14万元，其中，教学、科研仪器设备总值15 855.57万元。图书馆建筑面积8 669平方米，藏有纸质图书50.56万册、电子图书64万册。拥有计算机3 699台，多媒体教室185间。信息化设备资产8 153.67万元，网络信息点4 600个，校园网出口总带宽1 010Mbps，电子邮件系统用户970个，上网课程27门，教学资源库60个，管理信息系统数据总量400GB。

全年教育经费投入45 331.55万元，其中，国家拨款42 168.55万元，自筹经费3 163万元。

教职工846人，其中，专任教师397人，包括教授及教授级高级工程师19人，副教授及高级工程师134人；博士42人，硕士235人；“双师型”教师310人。聘请校外教师111人。

毕业生1 818人，其中，高职生1 420人、中职生251人、成人教育专科生147人。毕业生一次就业率96.63%。招生1 278人，其中，高职生1 139人、中职生105人、成人教育专科生34人。高考北京地区提档线文科150分、理科150分，单考单招150分。在校生4 445人，其中，高职生3 690人、中职生521人、成人教育专科生234人。

工作亮点

（一）制定实施学院“十三五”规划

规划提出，主动适应首都城市战略定位、京津冀协同发展、城乡一体化和都市型现代农业发展的新形势和新要求，以立德树人为根本，以产教深度融合、校企紧密合作为导向，以人才队伍建设为支撑，以深化管理改革、创新驱动和内涵建设为抓手，为区域经济社会发展提供有效的人才支撑、科研支持与社会服务，建设国内领先、国际先进的服务区域城乡发展的高等职业院校。

（二）开设高端技术技能人才贯通培养试验项目

首批招生105名，由国际教育学院承担2年文化基础课教育任务。配备18名教师（其中社会招聘12名）；出台《高端技术技能人才贯通培养教师队伍管理暂行规定》，修订《班主任工作考核办法》等7项制度，完善集体备课、周例会、推门课、相互听评课、考教分离、教师考核等管理制度；管理人员到已有项目的高职院校交流学习，组织教师深入北京市十二中听课，参加丰台区新教师培训；对国际教育学院教学综合楼进行抗震加固，同时改建7个教室、1个实训室，新建3个实验室并改建食堂、更新设备，项目经费支出2 818.55万元；严格管理学生晨练、晚自习、查宿、卫生及考勤，开设合唱艺术、国画艺术选修课，组建 6 个学生社团，丰富校园生活。

（三）推进中学生学农教育工作

以“一周学农教育，影响孩子一生”和“以孩子发展为本，将孩子放在教育的正中间”为工作理念，全年接受 6 个城区、51 所试验校、286 个学农班级10 272名学生、1 050名教师的学农任务，共计 17 批，每批 6 天；从农业与生产、农业与生活、农业与生态、农业与创意、农业与文化 5 个板块安排 91 门学农课程，帮助学生从不同角度、全方位地认识农业、体验农业，加深感触；学院各系部、教辅部门 150 名专兼职教师完成10 010学时教学任务；学生提前进行网上选课，按课程安排统一分班管理；学院探索制定《学农课程开发计划书》、引入《课程任务单》等一系列规范化文件，细化、规范教学，积极创新构建学农师资合作模式，广泛借助社会资源参与课程及管理体系建设。学院因此获市新农村建设领导小组颁发的 2016 年创新项目奖。学农工作同时受到教育部、北京市领导的关注，劳动教育工作还得到了国务院副总理刘延东的批示。

（四）新型职业农民学历教育获得突破

113 名农业广播电视学校优秀毕业生通过高等职业教育自主招生进入家庭农场经营与管理、农民合作社运营与管理、现代农艺技术、休闲农庄经营管 4 个专业方向进行高职学习。学院实行“三免一补”，即免学费、住宿费、教材费，同时参照有关标准，根据学员实际给予伙食补助。学生通过半农半读、农学交替的方式接受为期 3 年的高等职业教育，学业期满并符合条件，可取得全日制高职毕业证书。此项工作为市农业职业学院在全国农业高职院校中率先进行的改革，有效探索了农业职业教育成人教育与普通教育相融通，中等职业教育和高等职业教育相衔接新途径。

（五）促进两个职教集团开展实质性工作

作为中国（北京）两个都市农业职教集团理事长单位，学院坚持以就业为导向，校企合作、产教结合，推进“订单培养”，与首农集团举办首个“奶牛养殖人才定向培养班”，与北京海联力通经贸有限公司合作举办“海联力通大众定向班”，与环球行国际旅行社有限责任公司合作举办“环球行旅游订单班”；与北京菜篮子集团开展紧密型校企合作，设立“北菜”奖教金和奖学金。

（六）推进北京市农村基层干部人才培养工程

农村基层干部人才培养工程，即对农村基层干部人才、实用人才开展专题研修班和重点示范培训班，对农村后备干部开展全日制大专层次的学历教育。学院制定《北京市农村基层干部人才培养五年规划》和 2016 年培训计划，6 月 13 日正式开班启动，先后承担全市村党组织第一书记培训、全市村党组织书记示范培训等 12 个班次，共计培训1 658人。

主　要　工　作

（一）积极推进内涵建设

专业布局进一步优化。重点打造 6 个品牌特色专业，支持 8 个重点建设专业。农产品流通与管理、互联网金融、设施农业与装备 3 个新专业，已通过市教委审批并上报到教育部。

教学改革进一步深化。新增“环球行旅游订单班”等 6 个订单班、冠名班，在机电工程学院启动了现代学徒制试点项目，开展了“双师”制教学和项目化教学。

技能大赛成果丰硕。教师在第三届全国农业职业院校信息化教学设计大赛中，荣获一等奖 3 项、二等奖 4 项、三等奖 3 项；在第十届全国农业职业教育优秀论文评选中，荣获一等奖 3 项、二等奖 3 项、三等奖 4 项。学生参加国际大赛获得一等奖 1 项，全国职业院校技能大赛获得二等奖 1 项、三等奖 7 项，北京市高职院校技能大赛获得一等奖 5 项、二等奖 13 项、三等奖 23 项，全年共有2 000余名学生参加各级职业技能大赛，183 名学生在省部级及以上技能大赛 83 个奖项获得奖励。

积极开展国际交流合作活动。派出教师和管理人员 10 批 30 人次外出访问交流，派出学生 6 批 36 名赴德国等开展培训和交流。完成“一带一路”国家 29 名留学生的短期培训。

（二）进一步加强师资队伍建设

师资队伍建设进一步加强。教师参加技能培训、学历学位进修等 500 余人次，1 名教师荣获第十二届“北京市教学名师”称号，9 名教师通过北京市教委青年英才项目验收结题工作，40 名专任教师、20 名优秀教育工作者荣获“北菜”奖教金表彰奖励，17 名教师取得高校教师资格证书。

教师结构进一步改善。引进教师 23 人，其中博士 7 人，硕士 15 人，学士 1 人。全年共有 42 人晋升专业技术职务，教师高级职称比例由30%提高到50%，高级职称指标增加131个。

（三）学生管理服务得到加强

学风建设取得进展。以学生一日行为养成为抓手，以学生“三率”（出勤率、优秀率、违纪率）情况检查为手段，以《学情通报》为平台，以课堂内外联动为遵循，以全面实行学生体质测评为目标，培育了学生良好的学习生活习惯和行为能力。

营造了良好的育人氛围。以第十一届科技文化体育艺术节为平台，先后开展各类教育活动37项，参与学生13 000余人次。积极开展了志愿服务与社会实践，18岁成人仪式、读书会、校园之星评选等多种活动。学院代表队分别在多项体育赛事中名列前茅，取得优异成绩。学院征兵工作被评为北京市先进单位，“北京市征兵工作站”也落户学院。

（四）科研与社会服务成绩显著

科研工作成绩显著。教职工获省部级成果奖5项，发表论文249篇，出版著作46部，取得专利65项，课题立项148个。

精准帮扶工作得到加强。围绕“教育帮扶、项目帮扶、知识帮扶、科技帮扶、培训帮扶”主题，组合实施了5项精准帮扶计划（招收低收入村学生36名；为9个低收入村包装10个项目，投入资金90万元；选派12名教师参加；完成了3批546人培训；与房山区贾峪口和石板房村开展了结对帮扶）。进一步整合校内资源，聚焦发力，选派两名驻村第一书记，参与市政府低收入村帮扶工作，在市农委系统“双结双促”活动中，15个党总支和5个直属党支部与18个低收入村开展“结对帮扶”活动。同时，继续推进了院乡合作，组织26名推广教师和22名挂职教师，开展了85个市级农业科技项目的年度推广服务工作。积极开展了“三农”培训，完成市农委委托的北京市骨干新型职业农民示范培训等9期843人，完成北京市及农委系统对口援建系列培训272人。

以农业广播电视学校为平台，完成新型职业农民培育等专项培训2 536人。中专学历班全年招生13个专业，1 993人，在校生10 063人，毕业生2 631名。农艺入户工程全年推广社区1 000余个，受训人员6万余人。为河北省培训基层农技人员384名。与门头沟区炭厂村对接，实现结对帮扶。

继续教育得到推进。学院荣获北京市高等教育自学考试2016年度工作质量一等奖。职业技能鉴定完成8个批次1 398人次。完成了《鉴定许可证》申请换发工作，新增茶艺师等4个工种。

（五）综合服务保障管理得到加强

财务和资产管理更加规范。实现九户合一，减小了资金使用风险，预算执行更加完善。完成了资产动态管理信息化平台建设，实现了网络化实物管理，新增固定资产4 400余万元。

基础设施建设全面推进，完成南校区体育馆项目、新建锅炉房工程、青年农场大门工程等。产业管理取得新成绩，成立了学院经营性资产管理委员会，建立了学院资产公司董事会、监事会及相应工作制度，为学院产业开发奠定了基础。

后勤服务保障水平得到提升，推进了煤改气项目，车改方案得到上级批准，荣获“首都全民义务植树先进单位”称号。

（六）党的建设进一步加强

院党委以高度的政治责任感积极配合巡视组做好巡视及整改工作。期间，完成了基层党组织换届，推动全面从严治党向党支部和党员延伸。“两学一做”学习教育取得了很好的效果，举办了各种活动，对优秀党员、党务工作者和基层党组织进行了表彰，农业广播电视学校党总支获北京市先进基层党组织称号。

成立北京农村廉洁研究中心，廉政建设成效显著。狠抓了全体党员和教职工群众的思想政治教育和形势政策教育。宣传工作实现新突破，人民日报分别以报纸、内参和视频等形式对学院“三农”服务典型事迹进行了全媒体报道。举办了第十三届教职工趣味运动会，进一步加强了离退休工作。学院安全稳定工作得到加强，按照“党政同责、一岗双责、失职追责”的要求，进一步强化红线意识和忧患意识，全面提高了校园安全防范能力。在首都社会治安综合治理（平安建设）工作考核中被评为良好，获得北京市奖励。

北京农业职业学院党政领导班子成员

党委书记 李云伏
院长 杜晓林（4月免）
王福海（4月任）
副书记 杜保德
纪委书记 冯学会
副院长 李俊英 程文华 王福海（4月免）

（北京农业职业学院 肖兵）

北京农产品中央批发市场管理委员会

主要工作

2016年，是北菜集团“十三五”发展规划开局之年，是继“十二五”巧布局、强基础之后着力筑巢之年，集团公司在市委、市政府的领导下，牢固树立新发展理念，坚持稳中求进的总基调，全面贯彻落实《京津冀协同发展规划纲要》，积极在国际一流和谐宜居之都建设中建功立业，实现了“一主两翼”发展的开门红。

截至2016年年底，全系统资产总额101亿元，比年初增长57.8%；实现各项收入1.57亿元，下属各公司都超额完成了收入指标，实现了100.36%的增长；实现净利润3 400万元，比2015年增长2 452万元；农产品交易量104.7万吨，交易额139.2亿元，比2015年增长了0.02%。年初确定的重点工作、经济指标完成情况较好，部分指标超额完成。

（一）主副同红，各项工作成绩显著

流通中心工程建设顺利推进。4月22日，项目正式动工，春节前完成交易区地下各项基础工作。通马路和专用路于7月先后取得了设计方案批复，完成了定线；鲁店北路、黑庄户东路、双桥西路的前期基础等各项工作有序进行。配套电网规划完成复核，取得了道路市政管线建设需求的回复意见，正在编制各条道路市政管线综合方案。圆满完成债权融资置换，积极推进股权融资，争取政府支持，最大限度降低财务成本。编制运营管理方案，开展商户对接，做好项目正式运营的准备工作。

怀柔新城14街区棚户区改造项目全面落地，安置房主体结构施工达到正负零。庙城村棚改项目已取得安置房用地的控制性详细规划、土地预审、立项等上市前的重要函件；19亿元融资款全部到位；集体土地安置房主体结构封顶达到正负零。庙城中学北棚户区改造项目取得市规划和国土资源管理委员会控制性详细规划批复，正式进入一次性招标工作。银地西路9号院公租房项目正式竣工，正在进行验收。

金融支撑十分给力，助力集团事业扩张。北菜基金公司通过与建信信托、浙商银行、北京农商行的合作，累计为流通中心项目和怀柔14街区棚改项目融资到位69亿元，极大保障了项目的资金需求；配合物流园公司做好债务置换工作，择优遴选北京农商行作为第二轮融资合作伙伴，并完成首笔放款48.5亿元，极大降低了项目财务成本；实现营业收入4 051万元，上交集团利润901万元，超额完成年度收入指标。小贷公司积极开展贷款业务，总贷出资金超过3亿元，收入超过3 000万元，人均创利过百万元，上交集团利润925万元。

新兴业态崭露头角，流通链条日趋完整。终端公司积极开展市场调研工作，完成终端市场电子地图制作，将调研数据可视化展示；探索社区商业新业态即W-GT模式，构建网格化终端体系建设。大数据公司构建北京市主要消费农产品十年数据库，初步搭建北京“菜篮子”主要鲜活农产品预测预警模型，提出保障价格稳定的政策建议，为生产基地、中间经销商、高校科研院所、政府相关部门等会员主体提供数据信息服务，初步实现数据产品商业化和公益化。

市场公司平稳运营，稳步推进升级改造和周转工作。全年完成租金收入5 574万元，同比增长0.74%，实现交易额139.2亿元，交易量104.7万吨。积极推进市场改造和北水中央市场食品园区改造，取得了区政府升级改造项目批复，并将批复报送至市规划和国土资源管理委员会。部分商户迁至北水嘉伦工作有序进行。

物业公司积极服务，高水平营造和谐社区。全年实现收入2 418万元。对银地家园楼顶实施雨水管改造工程，完成27号、28号楼地下管线改造工程，杜绝安全隐患，得到了业主的一致好评。拆除违章违建，整治周边环境，解决脏、乱、差问题。与开发公司、住保中心积极做好对接9号院公租房项目物业管理的准备工作，确保顺利接收9号院项目。

多方位精准服务，进一步加强公益职能。流通协会以会员为本，开展农产品产销对接活动，打开市场，拓宽营销渠道。多方协同，利用下属公司业务拓展优势，形成以协会为主导，物流园、大数据、小贷公司为实体化依托的精准服务新模式。

（二）内外兼修，集团形象全面提升

转企改制，完善法人治理结构。集团公司由

《中华人民共和国企业法》注册改为《中华人民共和国公司法》注册，由全民所有制公司变更为法人独资的有限责任公司，设立了股东会、董事会、监事会，明确了党组织在企业治理中的法定地位，向着“产权清晰、权责明确、政企分开、管理科学”的现代企业管理制度迈出了坚实的一步。

制度建设，依法依规从严治企。集团开展制度建设梳理专项工作，集中研究制定、修改了一批制度，包括《总部办公区固定资产管理制度》《目标责任制考核办法》《增值税专用发票管理制度》等34项，夯实制度基础，提升了管理的精细化水平，真正做到企业管理有规可依，有章可循。

改革创新，加强集团信息化建设。搭建信息化传播媒体，集团公司PC端官网、移动端官网及微信公众号平台、订阅号平台“两网两平台”全部上线；搭建集团OA协同办公系统，积极推进无纸化办公；完成集团官网基础内容完善工作，保证信息及时发布。集团信息化传播有了丰富载体，社会声誉、影响力明显提高。

强化监督，发挥审计督查考核保障作用。坚持内部审计监督不放松，完成系统离任审计和合规性审计；实时督查重点项目进展；审慎做好项目风险管控和相关风险评估论证，向怀柔十四街区棚户区改造项目和流通中心建设项目派出审计员。对企业经营管理和党工团工作开展严肃认真的目标责任制考核，提高考核工作的权威性和实效性，为事业健康发展保驾护航。

预防为主，安全管理常抓不懈。明确安稳目标，落实安稳责任，做好日常工作；严格执行安全维稳工作监督机制，奠定安全工作基础；抓住各项契机，开展安全教育开展事故隐患排查，加大防范监控力度。安全管理成效显著，确保全系统未发生一例安全责任事故，筑牢集团发展的安全基石。

集团总部迁址，入驻新办公大楼。6月26日，集团公司总部顺利搬迁至新址，真正拥有了北菜人自己的“总部基地”和“精神家园”，办公条件和工作环境得到极大改善。北菜集团“面子里子”并重，企业形象全面提升。

（三）打造软实力，企业文化建设和团队建设不断提升

企业文化建设丰富多彩，增强凝聚力和归属感。开展“司歌宣唱月”“我行我思——股权融资主题徒步”、“强健体魄，助力北菜发展”徒步和“北菜杯”三人制篮球比赛等活动；组织全系统女员工“我为O2O网格化工程献一策”主题征文；选拔6位同志参加市农委举办的“美丽乡村”乒乓球比赛并取得优胜奖；举办升旗仪式，弘扬企业文化，充分展示“北菜人”积极向上、勇攀高峰的风采，进一步激发广大干部员工“爱我北菜、建设北菜”的主人翁精神。

团队建设不断加强，增强核心竞争实力。对全系统干部进行年度考核、交流调整。开展公开招聘，选拔优秀人才。组织营改增、审计业务等培训。组织完成干部人事档案专项审核工作。举办35岁以下青年干部笔试培训活动，系统内143名干部职工参加了此次培训。评选出3个“创新增效”先进集体、14名“爱岗敬业”先进个人和3名“北菜事业突出贡献奖”，树立先进典型，进一步激发全系统干部员工干事创业的积极性和创造性。

（四）加强党的建设，积极营造良好政治生态

深入学习贯彻党的十八届六中全会精神。认真开展“两学一做”学习教育，领导带头开展内容丰富的党课教育活动，认真做好对二级单位专题教育开展情况的督促、检查、指导工作。积极支持、认真做好市委巡视有关工作。加强基层党组织和党员队伍建设工作，及时完成支部委员补选，5个基层党支部与京郊困难村开展结对帮扶工作。接收23名同志为中共预备党员，及时安排20名预备党员转正，为党组织补充新鲜血液。按照市委统一部署，圆满完成党员组织关系排查、党费收缴专项检查等工作。在物流园有限公司和银地房地产开发有限责任公司两个支部率先增设纪检委员，强化工程项目的廉政风险监控。做好第一书记推选工作，推荐1名优秀干部到郊区任职。

北京农产品中央批发市场管理委员会领导班子成员

党委书记 赵文广
副书记 刘春广
委员 吴守荣
主任 刘春广
副主任 吴守荣

（北京农产品中央批发市场管理委员会 解巍）

统 计 资 料

农村基本情况
2016 年

指标名称	计量单位	北京市	朝阳区	丰台区	海淀区	门头沟区	房山区	通州区
1. 村委会个数	个	3 941	154	65	84	178	459	480
2. 乡村户数	户	2 326 317	303 836	123 927	156 376	34 980	215 775	297 437
3. 乡村人口	人	6 126 040	714 059	316 362	457 030	73 455	625 501	822 482
4. 乡村从业人员	人	3 858 850	477 966	190 540	301 422	38 960	327 810	435 430
指标名称	计量单位	顺义区	昌平区	大兴区	怀柔区	平谷区	密云区	延庆区
1. 村委会个数	个	426	301	527	284	273	334	376
2. 乡村户数	户	230 382	386 757	174 903	91 720	109 282	119 078	81 864
3. 乡村人口	人	603 789	894 511	575 270	226 496	331 726	282 980	202 379
4. 乡村从业人员	人	368 090	685 511	362 814	143 750	204 855	199 975	121 727

农林牧渔业总产值（现价）

单位：万元

郊 区	农林牧渔业总产值			农 业			林 业		
	2016	2015	2016 年比 2015 年增长（%）	2016	2015	2016 年比 2015 年增长（%）	2016	2015	2016 年比 2015 年增长（%）
北京市	3 380 635.1	3 682 372.2	−8.2	1 452 011.5	1 544 776.6	−6.0	522 090.4	573 278.6	−8.9
朝阳区	31 935.1	35 054.1	−8.9	5 287.9	8 548.0	−38.1	20 174.8	16 960.0	19.0
丰台区	17 012.3	18 503.6	−8.1	8 015.9	6 034.6	32.8	6 734.7	9 906.8	−32.0
海淀区	51 718.7	52 984.8	−2.4	17 985.5	16 619.1	8.2	18 167.0	21 181.4	−14.2
门头沟区	24 925.8	24 146.4	3.2	9 423.5	9 740.5	−3.3	8 150.9	4 007.7	103.4
房山区	382 035.3	402 495.7	−5.1	180 407.7	173 327.2	4.1	54 470.4	68 234.5	−20.2
通州区	424 141.3	501 234.3	−15.4	219 283.6	227 962.8	−3.8	57 409.0	79 463.5	−27.8
顺义区	534 110.6	581 054.7	−8.1	178 925.3	208 491.8	−14.2	92 232.5	96 612.4	−4.5

（续）

郊区	农林牧渔业总产值			农业			林业		
	2016	2015	2016年比2015年增长（%）	2016	2015	2016年比2015年增长（%）	2016	2015	2016年比2015年增长（%）
昌平区	206 738.1	220 530.6	−6.3	73 178.9	77 412.1	−5.5	46 353.2	53 865.5	−13.9
大兴区	488 174.9	558 665.5	−12.6	239 758.9	267 199.4	−10.3	85 222.1	107 489.3	−20.7
怀柔区	152 464.1	177 007.8	−13.9	48 602.6	55 792.8	−12.9	43 214.2	38 967.9	10.9
平谷区	449 870.9	467 073.5	−3.7	224 821.3	244 626.3	−8.1	15 827.2	16 987.1	−6.8
密云区	408 905.3	419 025.6	−2.4	189 606.0	187 457.1	1.1	46 831.7	38 575.5	21.4
延庆区	193 145.7	205 845.6	−6.2	56 714.4	61 564.9	−7.9	27 302.7	21 027.0	29.8

郊区	牧业			渔业			农林牧渔服务业		
	2016	2015	2016年比2015年增长（%）	2016	2015	2016年比2015年增长（%）	2016	2015	2016年比2015年增长（%）
北京市	1 226 873.9	1 358 578.1	−9.7	92 269.0	118 689.5	−22.3	87 390.3	87 049.4	0.4
朝阳区	161.2	2 636.8	−93.9	3 286.9	3 885.0	−15.4	3 024.3	3 024.3	0.0
丰台区	846.6	1 111.1	−23.8	0.0	36.0	−100.0	1 415.1	1 415.1	0.0
海淀区	8 528.6	8 194.8	4.1	82.6	73.7	12.1	6 955.0	6 915.8	0.6
门头沟区	6 468.9	9 515.7	−32.0				882.5	882.5	0.0
房山区	126 487.2	140 642.3	−10.1	7 184.0	6 870.8	4.6	13 486.0	13 420.9	0.5
通州区	119 945.7	157 465.6	−23.8	17 553.8	26 414.3	−33.5	9 949.2	9 928.1	0.2
顺义区	233 274.6	242 754.2	−3.9	11 690.4	15 334.9	−23.8	17 987.8	17 861.4	0.7
昌平区	77 927.1	79 248.3	−1.7	1 737.8	2 483.4	−30.0	7 541.1	7 521.3	0.3
大兴区	151 387.1	172 073.8	−12.0	2 875.5	3 005.2	−4.3	8 931.3	8 897.8	0.4
怀柔区	51 881.2	70 269.7	−26.2	7 884.2	11 095.5	−28.9	881.9	881.9	0.0
平谷区	195 278.5	186 708.8	4.6	11 933.2	16 740.6	−28.7	2 010.7	2 010.7	0.0
密云区	154 308.0	173 747.8	−11.2	9 411.6	10 517.5	−10.5	8 748.0	8 727.7	0.2
延庆区	100 379.2	114 209.2	−12.1	3 172.0	3 482.6	−8.9	5 577.4	5 561.9	0.3

注：全市数据含远洋渔业数据。

主要农产品产量

单位：吨

郊区	粮食			蔬菜（含食用菌）			干鲜果品（不含瓜果类）		
	2016	2015	2016年比2015年增长（%）	2016	2015	2016年比2015年增长（%）	2016	2015	2016年比2015年增长（%）
全　市	536 917.2	626 362.4	−14.3	1 835 771.2	2 051 446.8	−10.5	660 909.8	713 827.2	−7.4
朝阳区	58.0	91.0	−36.2	6 262.6	6 437.1	−2.7	381.9	386.4	−1.2
丰台区	151.5	386.8	−60.8	4 856.3	2 871.8	69.1	863.4	1 205.5	−28.4

（续）

郊区	粮食			蔬菜（含食用菌）			干鲜果品（不含瓜果类）		
	2016	2015	2016年比2015年增长（%）	2016	2015	2016年比2015年增长（%）	2016	2015	2016年比2015年增长（%）
海淀区	2 669.0	2 838.5	−6.0	19 209.2	21 304.2	−9.8	4 779.4	4 041.5	18.3
门头沟区	1 184.3	1 269.2	−6.7	3 707.4	3 905.6	−5.1	3 475.0	3 097.5	12.2
房山区	54 699.3	62 231.8	−12.1	155 057.0	167 139.5	−7.2	29 936.7	46 479.0	−35.6
通州区	47 129.6	61 820.6	−23.8	402 989.1	468 012.4	−13.9	43 441.7	45 877.1	−5.3
顺义区	82 934.9	97 884.3	−15.3	259 402.8	312 355.3	−17.0	53 899.2	55 022.8	−2.0
昌平区	7 606.3	8 264.1	−8.0	39 392.2	37 633.1	4.7	31 923.4	34 044.5	−6.2
大兴区	84 287.3	124 158.9	−32.1	539 555.0	574 668.0	−6.1	72 844.2	87 265.1	−16.5
怀柔区	37 361.3	44 140.4	−15.4	22 521.1	25 964.1	−13.3	23 405.3	27 163.8	−13.8
平谷区	45 814.6	49 084.4	−6.7	149 040.4	183 298.8	−18.7	310 142.5	319 019.4	−2.8
密云区	65 189.6	49 856.1	30.8	169 625.8	184 730.6	−8.2	65 084.8	68 138.1	−4.5
延庆区	99 545.8	105 209.0	−5.4	64 152.3	63 126.3	1.6	20 732.3	22 086.5	−6.1

郊区	肉类			#猪牛羊肉		
	2016	2015	2016年比2015年增长（%）	2016	2015	2016年比2015年增长（%）
全市	303 721.1	364 165.7	−16.6	243 658.8	252 256.3	−3.4
朝阳区	9.9	4.0	147.5	9.9	4.0	147.5
丰台区	118.0	206.5	−42.9	114.1	193.3	−41.0
海淀区	1 931.6	1 890.9	2.2	1 696.3	1 674.0	1.3
门头沟区	2 744.4	4 177.7	−34.3	808.2	404.9	99.6
房山区	39 000.1	42 982.1	−9.3	32 709.0	36 499.0	−10.4
通州区	30 983.3	44 333.9	−30.1	24 931.1	26 094.6	−4.5
顺义区	70 634.5	78 903.5	−10.5	65 829.6	64 738.0	1.7
昌平区	8 799.3	9 894.5	−11.1	8 199.6	8 162.6	0.5
大兴区	44 683.4	54 837.5	−18.5	34 476.8	37 822.4	−8.8
怀柔区	15 156.5	21 213.7	−28.6	11 035.3	10 717.8	3.0
平谷区	44 878.3	46 987.1	−4.5	35 651.9	36 711.2	−2.9
密云区	30 396.7	36 920.6	−17.7	18 462.5	18 862.4	−2.1
延庆区	14 385.1	21 813.7	−34.1	9 734.5	10 372.3	−6.1

郊区	牛奶			鲜蛋		
	2016	2015	2016年比2015年增长（%）	2016	2015	2016年比2015年增长（%）
全市	456 952.8	572 154.8	−20.1	183 333.9	195 803.9	−6.4
朝阳区	157.5	7 689.9	−98.0			
丰台区	109.4	218.9	−49.9	360.1	396.1	−9.1

（续）

郊 区	牛奶			鲜蛋		
	2016	2015	2016年比2015年增长（%）	2016	2015	2016年比2015年增长（%）
海淀区	2 535.5	7 673.5	−67.0	156.8	352.5	−55.5
门头沟区	24.5	52.2	−53.1	123.5	158.0	−21.9
房山区	39 851.1	47 933.9	−16.9	8 548.9	8 123.9	5.2
通州区	88 269.3	111 097.6	−20.5	6 775.2	8 188.7	−17.3
顺义区	55 183.5	55 556.5	−0.7	8 688.3	15 016.4	−42.1
昌平区	32 387.3	47 905.2	−32.4	3 239.5	6 805.3	−52.4
大兴区	88 988.5	113 896.4	−21.9	11 573.0	12 823.6	−9.8
怀柔区	20 167.8	39 536.3	−49.0	1 818.0	1 873.1	−2.9
平谷区	3 460.6	3 496.2	−1.0	85 088.5	83 365.7	2.1
密云区	78 671.2	77 903.7	1.0	19 322.7	20 695.8	−6.6
延庆区	47 146.6	59 194.5	−20.4	37 639.4	38 004.8	−1.0

注：全市粮食产量为抽样调查推算数据，故与区县合计数不等。

农作物播种面积

单位：亩

郊 区	农作物播种面积			#粮食作物			#蔬菜及食用菌		
	2016	2015	2016年比2015年增长（%）	2016	2015	2016年比2015年增长（%）	2016	2015	2016年比2015年增长（%）
全市	2 271 063	2 649 484	−14.3	1 309 930	1 566 802	−16.4	711 753	814 061	−12.6
朝阳区	4 705	5 407	−13.0	140	293	−52.2	3 836	4 287	−10.5
丰台区	3 443	4 166	−17.4	595	1 295	−54.1	2 498	1 938	28.9
海淀区	17 015.6	18 486	−8.0	7 188	6 993	2.8	8 749.6	10 633	−17.7
门头沟区	31 242	35 407	−11.8	12 604	15 134	−16.7	1 253	1 467	−14.6
房山区	249 408	281 224	−11.3	161 196	184 860	−12.8	67 628	73 754	−8.3
通州区	265 288	345 732	−23.3	111 934	150 663	−25.7	140 421	175 354	−19.9
顺义区	363 633	433 257	−16.1	201 357	240 588	−16.3	97 437	122 983	−20.8
昌平区	55 848	61 636	−9.4	26 601	31 175	−14.7	16 227	17 324	−6.3
大兴区	477 878	593 471	−19.5	194 526	287 155	−32.3	224 767	242 554	−7.3
怀柔区	121 534	139 155	−12.7	95 544	114 337	−16.4	12 617	14 325	−11.9
平谷区	176 694	196 098	−9.9	118 615	127 004	−6.6	53 594	63 160	−15.1
密云区	246 757	261 090	−5.5	175 571	185 619	−5.4	55 185	58 807	−6.2
延庆区	257 618	274 355	−6.1	204 059	221 686	−8.0	27 541	27 475	0.2

设施农业情况

2016年

指标名称	占地面积（亩）			销售收入（万元）		
	本年实际	上年同期	增减（%）	本年实际	上年同期	增减（%）
合计	231 063	260 953	－11.5	543 706.9	555 012.1	－2.0
一、温室	125 160	138 148	－9.4	385 097.5	396 448.1	－2.9
1. 蔬菜				234 431.5	238 793.1	－1.8
2. 食用菌				61 453.8	60 688	1.3
3. 花卉苗木				30 014.6	32 578.4	－7.9
其中：鲜切花				5 205.1	5 207.3	0.0
盆栽花				24 314.9	27 208.9	－10.6
4. 瓜果类				42 526.8	45 188.9	－5.9
其中：草莓				39 685.3	42 460.4	－6.5
5. 水果				13 199.2	13 407.6	－1.6
6. 其他				3 471.6	5 792.1	－40.1
其中：盆栽观叶植物				1 167.2	1 881.9	－38.0
二、大棚	87 578	92 419	－5.2	140 024.2	136 992	2.2
1. 蔬菜				103 855.0	97 392.2	6.6
2. 食用菌				3 275.0	4 175.6	－21.6
3. 花卉苗木				6 556.7	7 095.6	－7.6
其中：鲜切花				1 153.5	816.7	41.2
盆栽花				5 383.2	6 199.9	－13.2
4. 瓜果类				22 302.6	24 571.7	－9.2
其中：草莓				516.9	786.6	－34.3
5. 水果				2 840.3	1 839.1	54.4
6. 其他				1 194.6	1 917.8	－37.7
其中：盆栽观叶植物				2.0	11	－81.8
三、中小棚	18 324	30 386	－39.7	18 585.2	21 572	－13.8
1. 蔬菜				11 675.4	13 251.3	－11.9
2. 食用菌				272.1	410.3	－33.7
3. 花卉苗木				1 234.3	1 108.1	11.4
其中：鲜切花				4.5	67.7	－93.4
盆栽花				1 087.8	855.4	27.2
4. 瓜果类				5 148.1	6 269.1	－17.9
其中：草莓				196.0	225.9	－13.2
5. 水果				83.3	29	187.2
6. 其他				172.0	504.2	－65.9
其中：盆栽观叶植物						
附：设施个数	221 249	314 622	－29.7			

生猪生产

郊 区	存栏（头）			出栏（头）		
	本年	上年	幅度（%）	本年	上年	幅度（%）
北京市	1 653 117	1 656 081	−0.2	2 753 386	2 844 164	−3.2
朝阳区						
丰台区	1 028	1 152	−10.8	1 008	1 985	−49.2
海淀区	16 654	18 750	−11.2	19 095	21 511	−11.2
门头沟	2 361	3 269	−27.8	6 299	5 433	15.9
房山区	230 841	247 677	−6.8	379 817	414 974	−8.5
通州区	136 909	140 813	−2.8	261 240	266 104	−1.8
顺义区	476 142	481 551	−1.1	763 382	746 647	2.2
昌平区	75 088	74 195	1.2	95 202	94 534	0.7
大兴区	180 683	194 680	−7.2	398 690	425 418	−6.3
怀柔区	95 843	76 136	25.9	117 671	121 387	−3.1
平谷区	253 137	233 042	8.6	403 858	425 173	−5.0
密云区	117 562	117 023	0.5	197 425	206 293	−4.3
延庆区	66 869	67 793	−1.4	109 699	114 705	−4.4

牛的生产

郊 区	存栏（头）			出栏（头）		
	本年	上年	幅度（%）	本年	上年	幅度（%）
北京市	161 556	174 848	−7.6	73 827	84 370	−12.5
朝阳区	541	909	−40.5	38	4	850.0
丰台区	90	118	−23.7	44	13	238.5
海淀区	1 073	1 320	−18.7	1 113	176	532.4
门头沟	29	28	3.6	0	23	−100.0
房山区	13 438	14 527	−7.5	7 440	11 947	−37.7
通州区	24 838	29 063	−14.5	10 096	11 935	−15.4
顺义区	33 457	31 968	4.7	18 774	20 988	−10.5
昌平区	9 539	10 909	−12.6	2 199	2 374	−7.4
大兴区	23 837	25 867	−7.8	7 580	10 605	−28.5
怀柔区	11 605	11 970	−3.0	4 377	2 776	57.7
平谷区	4 986	6 011	−17.1	6 213	6 950	−10.6
密云区	23 291	25 671	−9.3	11 048	10 665	3.6
延庆区	14 832	16 487	−10.0	4 905	5 914	−17.1

羊 的 生 产

郊 区	存栏（只）			出栏（只）		
	本年	上年	幅度（%）	本年	上年	幅度（%）
北京市	596 194	693 511	−14.0	696 410	709 944	−1.9
朝阳区	768	880	−12.7	365	260	40.4
丰台区	1 797	2 549	−29.5	2 000	2 234	−10.5
海淀区	2 851	2 963	−3.8	1 362	1 546	−11.9
门头沟	8 093	15 149	−46.6	19 846	4 697	322.5
房山区	126 880	145 386	−12.7	93 566	88 259	6.0
通州区	55 459	65 632	−15.5	78 513	95 106	−17.4
顺义区	74 957	82 803	−9.5	84 909	97 553	−13.0
昌平区	30 638	37 424	−18.1	32 523	27 073	20.1
大兴区	54 336	71 273	−23.8	99 597	137 369	−27.5
怀柔区	47 367	44 318	6.9	34 030	27 440	24.0
平谷区	75 477	88 318	−14.5	118 016	122 915	−4.0
密云区	66 131	71 286	−7.2	78 112	64 521	21.1
延庆区	51 440	65 530	−21.5	53 571	40 971	30.8

家 禽 生 产

郊 区	存栏（万只）			出栏（万只）		
	本年	上年	幅度（%）	本年	上年	幅度（%）
北京市	1 838.05	2 128.44	−13.6	3 882.74	6 688.44	−41.9
朝阳区				0.00	0.05	−100.0
丰台区	2.61	2.76	−5.4	0.24	0.99	−75.8
海淀区	2.81	9.2	−69.5	17.51	16.15	8.4
门头沟	6.68	20.39	−67.2	113.54	255.30	−55.5
房山区	118.23	152.27	−22.4	417.97	418.59	−0.1
通州区	104.54	117.71	−11.2	397.70	1 104.51	−64.0
顺义区	99.9	192.13	−48.0	302.09	820.08	−63.2
昌平区	62.8	69.57	−9.7	40.47	74.71	−45.8
大兴区	155.09	165.73	−6.4	617.10	738.25	−16.4
怀柔区	78.16	99.83	−21.7	247.01	647.18	−61.8
平谷区	642.18	689.02	−6.8	665.01	722.43	−7.9
密云区	268.52	290.86	−7.7	764.48	1148.00	−33.4
延庆区	296.53	318.97	−7.0	299.62	742.20	−59.6

农业观光园

郊区	农业观光园个数（个）		高峰期从业人员（人）		接待人次（人次）		经营总收入（万元）	
	2016	2015	2016	2015	2016	2015	2016	2015
全市	1 258	1 328	40 349	42 617	22 504 746	19 033 334	279 770.9	263 138.9
朝阳区	11	11	1 770	1 871	1 605 401	1 268 274	40 337.1	38 046.5
丰台区	13	15	769	822	1 718 661	1 359 653	9 428.0	6 397.3
海淀区	56	64	2 729	2 339	372 894	308 827	7 179.7	5 689.7
门头沟区	61	66	805	899	395 704	436 525	4 433.8	4 672.6
房山区	97	110	2 435	2 563	1 804 875	1 294 700	15 071.7	13 085.4
通州区	56	57	2 836	3 809	1 346 770	790 527	25 073.4	19 491.2
顺义区	51	51	2 188	2 345	909 651	669 322	10 720.7	11 133.6
昌平区	209	208	6 748	6 856	1 904 970	1 749 100	34 544.1	39 889.8
大兴区	97	107	3 696	4 389	1 543 023	1 216 059	13 729.0	14 770.3
怀柔区	210	242	2 419	2 364	2 214 836	1 958 094	20 873.8	19 203.7
平谷区	210	208	9 039	8 686	4 398 069	4 307 089	38 594.0	35 696.9
密云区	144	144	3 658	4 271	3 391 012	3 159 340	53 096.9	48 356.4
延庆区	42	44	1 227	1 400	898 180	515 704	6 665.7	6 704.4

注：全市合计数中含石景山区数据，故分区数据相加不等于合计。

民俗旅游

郊区	民俗旅游接待户数（户）		高峰期从业人员（人）		民俗旅游接待人次（人次）		民俗旅游总收入（万元）	
	2016	2015	2016	2015	2016	2015	2016	2015
全市	9 026	8 941	22 215	22 313	22 974 198	21 396 673	143 540.6	128 550.1
朝阳区	3	5	5	6	800	900	6.5	7.2
海淀区	26	26	45	42	38 798	40 262	257.4	264.7
门头沟区	463	510	1 144	1 198	857 041	752 888	5 669.8	6 527.2
房山区	1 324	1 340	2 176	2 321	1 827 490	1 715 643	9 451.3	9 431.8
通州区	77	78	115	151	40 116	27 385	1 608.4	1 113.8
顺义区	32	33	164	68	51 540	25 223	802.8	114.3
昌平区	351	370	1 572	1 745	2 412 172	2 341 711	10 422.4	8 911.1
大兴区	96	136	627	696	427 940	450 469	1 737.0	1 691.8
怀柔区	1 585	1 556	4 226	3 979	2 467 082	2 460 771	19 142.4	17 146.4
平谷区	1 844	1 873	4 929	4 912	4 704 247	4 432 264	31 187.5	28 207.9
密云区	2 185	2 060	4 470	4 288	4 933 420	4 595 315	31 988.9	29 099.8
延庆区	1 040	954	2 742	2 907	5 213 552	4 553 842	31 266.2	26 034.1

注：民俗旅游接待户数为实际经营的户数。

索 引

本索引采取主题索引法编纂，主题词以年鉴正文出现的重要专业名词或名词词组、机构名为主。按汉语拼音音序排列，汉字的标目按首字的音序、音调依次排列，首字相同时，则以第二字排序，依此类推。

图书在版编目（CIP）数据

北京农村年鉴．2017/《北京农村年鉴》编委会编．—北京：中国农业出版社，2018.5
ISBN 978-7-109-24010-0

Ⅰ.①北… Ⅱ.①北… Ⅲ.①农村经济—北京—2017—年鉴 Ⅳ.①F327.1-54

中国版本图书馆CIP数据核字（2018）第056686号

中国农业出版社出版
（北京市朝阳区麦子店街18号楼）
（邮政编码 100125）
责任编辑 姚 红 孙鸣凤 潘洪洋 边 疆

北京通州皇家印刷厂印刷 新华书店北京发行所发行
2018年5月第1版 2018年5月北京第1次印刷

开本：889mm×1194mm 1/16 印张：26 插页：16
字数：1035千字
定价：200.00元